# 간디 평전

# 간디 평전

ⓒ 박홍규 2024

| | | | |
|---|---|---|---|
| 초판 1쇄 | 2024년 1월 31일 | | |
| 지은이 | 박홍규 | | |
| 출판책임 | 박성규 | 펴낸이 | 이정원 |
| 편집주간 | 선우미정 | 펴낸곳 | 도서출판 들녘 |
| 기획이사 | 이지윤 | 등록일자 | 1987년 12월 12일 |
| 편집진행 | 이수연 | 등록번호 | 10-156 |
| 디자인진행 | 하민우 | 주소 | 경기도 파주시 회동길 198 |
| 편집 | 이동하·김혜민 | 전화 | 031-955-7374 (대표) |
| 디자인 | 고유단 | | 031-955-7381 (편집) |
| 마케팅 | 전병우 | 팩스 | 031-955-7393 |
| 경영지원 | 김은주·나수정 | 이메일 | dulnyouk@dulnyouk.co.kr |
| 제작관리 | 구법모 | | |
| 물류관리 | 엄철용 | | |

ISBN    979-11-5925-827-5 (03990)

# 간디 평전

## 문명에 파업한 비폭력 투쟁가

박홍규 지음

들녘

# 머리말

언젠가는 한국식 이름을 가진 미국인이나 일본인이 미국 대통령 또는 일본 수상이 되는 날이 올지 모른다. 아마도 미국 대통령이 먼저일 것이다. 이미 미국에서는 한국계가 하원의원을 비롯해 각종 고위직에 진출했지만, 일본에서는 비슷한 사례를 찾아볼 수 없기 때문이다. 그렇지만 일본에도 결국 그런 날이 오리라고 기대한다. 인도계 영국인 리시 수낵(Rishi Sunak, 1980~)이 수상으로 취임했듯이 말이다. 2022년 10월에 있었던 일이다. 그는 영국인이지만 힌두교도이며, '순종' 인도인 부모 사이에서 태어난 '순종' 인도계다. 아내 또한 그와 같은 인도계 영국인이다. 그가 영국 수상에 취임하자 인도인이 적극 환영한 것은 충분히 이해할 수 있는 일이다. 나처럼 영국을 싫어하고 인도를 좋아하는 외국인에게도 내 일처럼 감격할 만한 일이다. 인도 언론이 "수낵은 과거 인도가 당한 모욕에 복수했다"며 "윈스턴 처칠 전 영국 총리가 '인도 지도자는 매우 약하다'고 말했지만, 이제 영국의 총리는 인도계"이고 "인도의 아들이 제국을 정복했다. 역사는 돌고 돈다"는 식으로 보도한 점에도 백분 공감한다.

1947년 8월 15일 인도가 독립한 이후 75년 만에 생긴 일이다. 1757년 플라시 전투로 영국이 프랑스 세력을 몰아내고 인도 전역을 지배한 뒤로 약 이백 년, 최초의 독립전쟁인 1857년 세포이 항쟁으로 무굴 제국이 무너지고 영국이 직접 지배하고부터는 약 백 년 만이다. 1600년 영국에서 동인도회사가 창립되어 인도에 본격적으로 진출하고부터는 422년 만의 일이니, 실로 역사적인 사건이라 할 수 있다. 그러나 수낵은 인도인이 아니라 영국인이다. 영국에는 인도계 인구가 약 7퍼센트에 이른다. 수낵의 총리 취임은 인도인 디아스포라의 힘이 영국 정치에 반영된 결과라고 할 수 있다. 그러나 영국이 식민지로 지배한 많은 지역의 출신들이 인도계처럼 영국에서 두각을 나타내고 있는 것은 아니다. 가령 아프리카에 있는 구 영국 식민지 국가 출신들이 영국에 이민 와서 수상이 되기란 한반도 출신이 일본에서 수상이 되는 것보다 더 어려울지 모른다.

수낵이 영국인이나 인도인은 물론 세계인에게, 나아가 역사에까지 그 이름을 남기게 될지는 알 수 없다. 하지만 세계적인 금수저 출신 엘리트라는 점만 생각하더라도 그럴 가능성은 낮아 보인다. 반면 간디가 세계인들에게 영국 수상 처칠과 함께 기억될 인도인이라는 사실은 분명하다. 그는 영국은 물론 인도에서도 아무런 공직을 갖지 않았다. 처칠은 제2차 세계대전을 승리로 이끈 정치인이지만, 간디와 같은 영원한 정신적 지도자나 사상가는 아니다. 간디는 분명 인도를 영국의 식민 지배로부터 해방한 독립운동가지만, 인도에는 간디 말고도 독립운동가가 많았다. 그러므로 오늘날 우리에게 나타나는 그는 '비폭력 시민저항' '청빈' '자기성찰' 등을 보여준 사상가이자 행동가로서의 간디다. 처칠의 말처럼 간디는 약한 지도자였을지 모른다. 하지만 우리가 사는 현대에 미루어보면 가장 훌륭한 인간이었음은 분명하다. 아인슈타인은 그가 죽자 "앞으로 인류 앞에 그와 같은 사람이 다시 나타나기는 힘들 것"이라 말하며 애도했다. 그런 간디를 처칠과 비교할 수 없다. 그 어떤 정치가와도 비교할 수 없다.

이 책은 간디의 일생을 다룬 평전이지만 기존의 간디 평전과는 그 내용이 많이 다르다. 기본적으로 간디의 지성사이자 사상사, 사회사로 썼기 때문이다. 즉 간디의 역사를 여러 측면에서 다룰 것이고, 그 역사 또한 기본적으로 변하는 것이라는 생각에 근거한다. 정신도, 지성도, 사상도, 사회도, 문화도, 문명도 변한다. 따라서 이 책은 간디는 '불변의 위대한 인물'이라는 종래의 관점을 거부한다. 태어나서부터 죽을 때까지 불변했다는 관점은 물론, 청년기의 어느 시점에 형성된 사상이 그 뒤로 죽을 때까지 불변했다고 보는 관점도 거부한다. 즉 사상은 죽을 때까지 변하는 것이다. 이때 사상은 그 자체만으로 변하는 것이 아니라 사회의 변화에 대응하여 언제나 변화한다. 간디 자신 역시 이러한 변화를 부정하지 않았다. 그래서 어제 한 말과 오늘 한 말이 다를 수 있다고 했다. 그것은 조령모개(朝令暮改)를 합리화하기 위함이 아니라, 불교에서 말하는 무상(無常)과 같은 것이라고 볼 수 있다. 우리는 흔히 무상한 인생을 슬퍼하지만, 그것은 당연하게 받아들여야 할 일이다. 살다가 죽는 것도 마찬가지 아닌가? 심지어 간디가 죽은 뒤에도 변화는 계속된다. 1947년 간디가 죽은 뒤 76년이 지났다. 간디에 대한 견해도 많이 변했고, 앞으로도 변할 것이다.

우리가 사상가 간디에게 배울 점은 무엇보다도 이의 제기 정신, 비판 정신에 있다. 간디 자신도 평생을 그렇게 살았다. 심지어 그는 자신을 무조건 숭배하는 것을 극도로 경계했다. 그러니 우리는 간디에 대해서도 이의를 제기해야 한다. 그래야 그를 넘어설 수 있다. 간디를 철저히 비판해야 한다. 이 책은 그 점에서도 기존의 간디 평전과 다르다. 따라서 이 책은 '비판적 간디 평전'이라고 할 수 있다. 나는 나 자신의 비판뿐만 아니라, 지금까지 간디에 대해 제기된 비판을 내가 읽을 수 있는 한에서 모두 검토하고 공정하게 판단하려고 노력했다. 특히 최근 아룬다티 로이(Arundhati Roy, 1935~) 등이 제기한 비판에 대해 집중적으로 검토했다. 마찬가지로 최근 우리나라에 소개된 인도 공산당의 간디 비판에 대해서도 필요한 만큼 언급했다. 1993년 인도를 처음 방문했을 때 만났던 공산당원들의 간디 비판이 아직도 귀에 쟁쟁하다. 하지만 나는 그 뒤 공산당에 실망했고, 내 마음은 더욱더 간디에게 기울었다.

나는 항상 비판적 태도로 저술해왔고, 간디에 대해서도 마찬가지의 태도로 임한다. 2007년에 그의『자서전』을 번역한 뒤『남아프리카에서의 사티아그라하』와『인도의 자치』를 번역하여 각각『간디, 비폭력 저항운동: 남아프리카에서의 사티아그라하』(2016),『간디가 말하는 자치의 정신』(2017)이라는 제목으로 출판했다. 그의 주저를 모두 번역해 출판한 셈이다. 2012년에는『영혼의 지도자 간디에게 배우는 리더의 철학』을, 2015년에는『함석헌과 간디』를 썼고 루이스 피셔의 간디 평전『간디의 삶과 메시지』도 번역하여 출판했다. 그 모두가 이 책을 쓰기 위한 준비 작업이었다. 그리고 1990년대 초반부터 2020년까지 약 삼십 년간 인도를 여러 차례 방문하여 간디 평전을 쓰기 위한 자료를 수집했다. 특히 2018년 10월 한 달과 2019년 11~12월 두 달 사이에 집중했다. 이 원고는 그사이에 집필한 것이다. 서현숙, 박미령, 이정수, 이주상과 함께 지낸 석 달은 내 생애 최고로 행복한 추억이다. 물심양면으로 연구를 지원해준 박규만, 가끔은 집필을 회의하기도 했던 나를 격려하고 이 책을 출판해준 도서출판 들녘에 깊이 감사한다.

2023년 10월 2일
간디 탄생 154주기이자
국제 비폭력의 날 16주년 기념일에
박홍규

## 차례

# 일러두기

이 책에서 1회 이상 인용하는 책들이나 신문을 표시하는 방법은 다음과 같다. 1회만 인용되는 경우에는 본문에 주를 달았다.

## 1. 간디

### 1) 간디의 저술

모든 간디 평전이 그러하듯이, 이 책은 간디가 쓴 두 권의 자서전 『간디 자서전: 나의 진실 추구 이야기』와 『남아프리카에서의 사티아그라하』를 기본으로 삼는다. 그러나 이 두 권에는 1920년 정도까지만 언급되어 그 뒤 1948년까지의 생애는 다른 문헌을 보아야 한다. 간디가 남긴 글은 인도 정부 출판국에서 나온 간디 전집 백 권에 수록되어 있고, 누구나 인터넷을 통해 이를 무료로 볼 수 있다. 하지만 분량이 권당 오백 쪽 이상으로 방대하여 읽기가 쉽지 않다. 우리말로 볼 수 있는 간디의 글 모음으로 가장 방대한 것은 라가반 이예르가 엮은 『마하트마 간디의 도덕·정치사상』 1~3권이다. 간디가 낸 세 개의 신문에 쓴 글을 인용하는 경우에는 그 신문 이름의 약자로 인용한다. 그 인용 근거는 시대순으로 엮은 간디 전집에 있지만, 그 권수나 쪽수는 독자들에게 큰 의미가 없다고 생각하여 별도로 표시하지 않는다.

**남아프리카**   Gandhi, *Satyagraha in South Africa*. (www.mkgandhi.org)
**바가**   간디 저, 이현주 역, 『바가바드기타』, 당대, 2001.
**자서전**   Gandhi, *An Autobiography: The Story of My Experiments with Truth*. (www.mkgandhi.org)

| **자치** | 간디 저, 박홍규 역,『간디가 말하는 자치의 정신』, 문예출판사, 2017. |
| **전집** | 간디 전집, 인터넷. |
| **이예르** | 라가반 이예르 저, 허우성 역,『마하트마 간디의 도덕·정치사상』, 나남, 2018. |
| **IO** | *Indian Opinion.* |
| **YI** | *Young India.* |
| **H** | *Harijan.* |

## 2) 간디 관련 저술

간디의 평전이나 관련서는 엄청나게 방대하다. 한국인이 쓴 평전으로는 이정호의『마하트마 간디 평전』이 유일하고, 그밖에 인도인 차다가 쓴『마하트마 간디』는 이정호가 쓴 책의 세 배 크기다.『간디의 삶과 메시지』는 간디를 직접 취재한 기자가 쓴 것이다. 영어로 구할 수 있는 평전 중에서 가장 최신이자 최고, 최대의 것은 인도인 라마찬드라 구하(Ramachandra Guha)가 쓴 것으로, 그 두 권은 이 책을 집필하는 데에도 큰 도움이 되었다.

| **본두라트** | 요안 V. 본두라트 저, 유성민 역,『간디의 철학과 사상』, 현대사상사, 1990. |
| **에릭슨** | 에릭 H. 에릭슨 저, 신승철 역,『비폭력의 기원: 간디의 정신분석』, 청하, 1987. |
| **영혼** | 박홍규,『영혼의 지도자 간디에게 배우는 리더의 철학』, 21세기북스, 2012. |
| **이정호** | 이정호,『마하트마 간디 평전』, 한국외국어대학교출판부, 2013. |
| **차다** | 요게시 차다 저, 정영목 역,『마하트마 간디』, 한길사, 2001. |
| **톰슨** | 마크 톰슨 저, 김진 역,『인도에는 간디가 없다』, 오늘의책, 2003. |

| | |
|---|---|
| **피셔** | 루이스 피셔 저, 박홍규 역,『간디의 삶과 메시지』, 문예출판사, 2015. |
| **함석헌** | 박홍규,『함석헌과 간디』, 들녘, 2015. |
| **Green** | Martin Green, *Gandhi : Voice of New Age Revolution*, Continum, 1993. |
| **Guha1** | Ramachandra Guha, *Gandhi Before India*, Penguin Books, 2013. |
| **Guha2** | Ramachandra Guha, *Gandhi the Years that Changed the World*, Penguin Books, 2018. |
| **Herman** | Arthur Herman, *Gandhi & Churchill*, Arrow Books, 2009. |
| **Payne** | Robert Payne, *The Life and Death of Mahatma Gandhi*, E. P. Dutton, 1969. |
| **Pyarelal** | Nayar Pyarelal, *Mahatma Gandhi: The Early Phase*, vol. one, Navajivan, 1965. |

## 2. 간디 외

| | |
|---|---|
| **네루자서전** | 네루 저, 이극찬 역,『정의의 도전』, 삼중당, 1964. |
| **센** | 아마티아 센 저, 이경남 역,『아마티아 센, 살아 있는 인도』, 청림출판, 2008 |
| **소로** | 박홍규,『나의 헨리 데이비드 소로』, 필맥, 2008. |
| **아히르** | 디완 챤드 아히르 저, 이명권 역,『암베드카르』, 에피스테메, 2005. |

# 1부
# 간디 안내

"밤은 어둡고 집까지 갈 길은 머니 당신이 저를 이끌어주소서."

# 1 _____ 나는 왜 이 책을 쓰는가?

## 이 책의 특징

우리나라에 출간되었던 간디 평전 가운데 가장 방대한 것은 요게시 차다(Yo-gesh Chadha, 1934~)가 쓴 『마하트마 간디』(2001)다. 마하트마(Mahatma)란 그의 이름이 아니라 '성자'라는 뜻의 존칭이다. 차다는 그 책의 서문에서 간디를 그렇게 부르는 것은 "그의 진정한 인격을 반영하지 못한다(차다, 49쪽)"고 하면서 원서의 제목을 『간디 재발견Rediscovering Gandhi』이라 했다. 즉 그는 간디를 성자로 보지 않으려고 했는데, 우리말 번역본은 간디를 굳이 '성자'라고 부른 셈이다. 마치 한국에서는 그렇게 불러야 통한다는 듯이. 우리나라 사람이 쓴 최초의 간디 평전 역시 『마하트마 간디 평전』(2013)으로, 그 서문에서 간디를 "위대한 성자(이정호, 4쪽)"라 부른다. 이처럼 우리말로 읽을 수 있는 간디 평전은 대부분 사실의 나열이나 성자니 뭐니 하는 찬양에 그치고 있다. 반면 나는 이 책에서 간디를 성자로 보지 않는다. 성자란 누군가를 종교적인 차원에서 절대적으로 숭상해 부르는 표현인데 무신론자인 나는 그 누구도 그렇게 성스럽게 부르고 싶지 않다. 이 책에서도 나는 간디를 성자가 아닌 보통 사람으로 본다. 이는 붓다나 예수도 보통 사람으로 보는 것과 같다.

간디는 성자도, 도사도 아니다. 그는 평생 책을 읽고 행동한 사람이다. 그래서 많은 사람의 영향을 받았다. 나는 그 점을 중시한다. 반면 대부분의 간디 평전은 그러지 않는다. 가령 『마하트마 간디 평전』은 톨스토이가 간디에게 미친 영향을 "도덕적 원칙과 그것의 일상생활과의 일치에 대한 강조는 자신을 계발 발전시키는 그의 노력의 원천이 되었다(이정호, 126쪽)"고만 설명하는데, 도덕과 생활의 일치는 간디에 대한 톨스토이의 영향력 가운데 지극히 일부에 지나지 않고, 그것도 굳이 톨스토이가 아니어도 누구에게서나 볼 수 있는 지행합일 원칙에 불과하다. 간디가 톨스토이에게 배운 것은 그밖에도 얼마든지 있다. 특히 내가 간디의 가장 중요한 가르침이라고 보는 '비폭력' '청빈' '자기 성찰'을 간디는 톨스토이를 비롯한 여러 사람에게서 배우고 실천했다. 뿐만 아니라, 그 책은 톨스토이와 함께 간디의 사상을 형성하는 데 지대한 영향을 준 라이찬드라나 비베카난다 등에 대해서는 아무 설명을 하지 않는다. 반면 나는 이 세 사람을 비롯하여 간디에게 영향을 미친 사람들을 상세히 설명할 것이다. 그런 점에서 이 책은 간디를 중심으로 하는 하나의 거대한 지성사이고 정신사다.

간디를 보통 사람으로 본다는 것은 그의 약점이나 문제점도 인정한다는 것이다. 인도의 저명한 공산주의자가 1950년대에 낸 간디에 대한 비판서가 최근 우리말로 번역되어 국내에서 간디에 대한 혐오가 생겨나고 있다. 당시는 간디의 후계자인 네루가 인도의 수상일 때로, 간디를 성자니 국부니 하며 숭배하는 분위기였음에도 그런 비판서가 나온 것을 보면 역시 인도는 민주주의 국가다. 당시의 한국은 물론이고 지금의 한국보다도 더 민주적인 나라가 아닌가 한다. 간디에 대한 비판은 그가 죽기 전부터 나왔다. 사실 그의 죽음 자체가 극단의 비판자 내지는 혐오자가 쏜 흉탄에 의한 비극이었다. 그의 삶 자체가 비판자들과의 투쟁이었다. 그는 공산주의자뿐 아니라 민족주의자나 국가주의자, 심지어 힌두교나 이슬람교의 지도자들과도 싸웠다. 물론 가장 큰 싸움은 대영제국과의 싸움이었다. 그런 싸움들 속에서 그에 대한 갖가지 비판과 혐오가 생겨났다.

나는 이 책에서 간디에 대한 비판이나 혐오를 모두 소개하고 그것들에 대한 나의 관점을 밝힐 생각이다. 나는 간디를 미화하거나 우상시할 생각은 추호도 없다. 누군들 완전하랴? 설사 신과 같은 완전한 존재가 있다고 해도 나는 그를 존중하거나 숭배할 생각은 추호도 없다. 나는 스스로 불완전한 인간이기에 불완전한 인간을 좋아한다. 간디도 약점이 많았다. 실수도 많이 했다. 그러나 그는 언제나 그것을 솔직하게 드러냈고, 고치려고 노력했다. 그 점에서 그는 철저히 자기성찰하는 인간이었다. 언제나 자신을 정직하게, 진지하게, 치열하게 들여다보고 반성했다.

간디가 만년에 어린 손녀들과 나체로 동침했다는 사실을 들어 색광이라 비판하는 것이 있다. 간디가 그렇게 한 것은 물론 사실이다. 그러나 그는 그 사실을 전혀 숨기지 않고 공개했으며, 손녀와 그 부모에게도 미리 충분히 설명하고 허락을 구했다. 그것은 성욕을 통제하고자 한 간디의 '진실 추구 실험'이었다. 이에 대해서는 뒤에 다시 상세히 설명하겠지만, 분명한 것은 간디가 성관계를 가진 것은 아니므로 '색광'의 짓이라고 볼 수는 없다는 점이다. 간디는 성욕을 비롯한 자신의 욕망을 통제하는 일과 인도의 독립을 항상 일치시켰다. 이 점은 인도뿐 아니라 세계 어떤 나라 역사에서도 찾아볼 수 없는, 오직 간디만의 특색이다. 물론 할아버지나 위인 등의 지위를 이용한 성폭행이라 하는 분도 있을지 모르겠지만, 나는 그렇게 생각하지 않는다.

이 책에서는 간디를 비판했던 암벳카*나 타고르, 간디의 후계자이면서도 서로 많이 달랐던 네루 등에 대해서도 그런 비판이 나온 연유를 알 수 있을 정도로 상당히 상세히 설명하고자 했다. 그러나 암벳카 전기에서 그리한 것같이 그를 "간디보다 훨씬 더 훌륭한 인물이었다(아히르, 47쪽)"고 말하는 식으로 유치하게 비교하는 짓은 하지 않겠다. 그 훌륭함의 근거 중 하나로 암벳카가 영국의 인도 총독부에서 오 년간 노동부 장관을 지낸 것을 드는 등 나로서는 이해하기 힘든 점이 너무나 많다. 그런 암벳카는 과연 인도의 독립을 위해 무엇을 했을까? 그가 소위 불가촉천민으로서 그들의 해방을 위해 노력했고 카스트에 반대했다는 것은 사실이지만, 간디도 불가촉천민의 해방을 위해 노력했다. 차이가 있다면 간디는 카스트가 본래의 직업 제도로 기능하는 측면도 있음을 인정했고, 그것을 철폐하면 인도 독립이 불가능해질 수 있다는 이유에서 즉각적인 철폐에 반대했을 뿐이다.

---

\* 　종래 암베드카르로 표기했으나 이하 현지 발음에 따라 암벳카로 표기한다.

## 이 책의 구성

모두 8부로 구성되는 이 책의 1부는 간디에 대한 최소한의 기본 사실을 안내한다. 평전이 본격적으로 시작하는 2부에서는 어린 시절을, 이어 3부에서는 영국 유학 시절을 다룬다. 유학 시절은 삼 년도 채 안 되지만, 간디가 자신의 사상을 형성하는 데 기본이 된 경험과 지식을 쌓은 시기라는 이유에서 하나의 부로 상세히 다룬다는 점이 이 평전의 특색이다. 우리나라 사람들 중에는 일제강점기의 지식인들이 일본에 유학하며 자기 사상의 기본을 쌓았다고 하면, 반민족적인 발언을 한 것처럼 비판하는 경향이 있다. 그것도 일본인을 통해, 또는 그들의 저술을 통해 그렇게 했다고 하면 비판은 고조된다. 그러나 간디를 비롯하여 세계의 많은 식민지 청년이 제국에서 흡수한 지식을 토대로 자신들의 사상을 형성했다. 호지명이나 프란츠 파농도 예외가 아니었다. 제국은 침략국인 동시에 해방을 교육하는 측면도 갖는다. 특히 제국에 비판적인 제국 지식인과의 연대를 통해서 민족해방운동이 행해지는 것이 보통이다. 불행히도 36년간 우리를 식민 지배한 일본이라는 제국에서는 그러한 연대가 거의 불가능했지만 말이다.

간디의 경우, 그러한 견습·수련·연마의 기간은 4부와 5부의 아프리카 시절까지 이어진다. 그 뒤로도 간디는 오랫동안 동서양의 다양한 사상을 섭취하고 종합하여 자신의 독특한 사상을 만들었고, 그것에 근거하여 실천하려는 치열한 시행착오를 통해 인도 역사상 최초로 대중을 민족독립운동, 나아가 아나키즘적인 민중운동으로 이끌 수 있었음을 6부부터 8부까지에 걸쳐 볼 수 있다. 흔히 간디는 민족주의자로 인도의 독립을 성취한 리더라고 하지만, 나는 그런 점을 무시할 수는 없어도 크게 강조할 필요는 없다고 생각한다. 인도의 독립은 간디 없어도 가능했다. 여타 많은 독립투사와 인도인 전체의 노력, 무엇보다도 제2차 세계대전 이후 식민지 민족 독립을 중심으로 한 세계정세 변화에 힘입은 바가 크기 때문이다. 그중 어느 것이 더 큰 요인이라고 보기는 힘들지만, 나는 간디의 영웅적 리더십이 인도 독립의 가장 큰 요인이었다고는 생각하지 않는다. 여하튼 그런 점을 분석하는 것은 이 책의 과제가 아님을 미리 분명히 밝혀둔다.

6~8부의 독립운동이 이 책의 절반가량을 차지하지만, 이는 그 대목이 책의 대부분을 이루는 많은 간디 평전과 구별되는 이 책의 특색이다. 간디가 독립운동 이전에 남아프리카에서 했던 사티아그라하 운동을 중시한 점 또한 그러하다. 나는 이 책을 통해 독립운동가로서 간디 삶의 측면보다 비폭력 불복종 운동가 또는 인권 투쟁가로서의 보편적이고 실천적인 측면을 더욱 강조한다. 나아가 그의 인권투쟁은 정치적 독립이나 자유만이 아니라, 사회·경제적 평등과 새로운 삶의 형태를 추구한 점에서 어떤 인권투쟁보다도 폭넓고 깊이가 있다는 점을 강조하는 것도 이 책의 특징이다.

## 이 책의 기본 입장

간디를 비롯한 인도인의 노력으로 인도는 영국의 식민지 상태를 벗어나 독립했지만 파키스탄과 분리되었고, 간디는 독립 일 년 만에 암살당했다. (이 점은 한국의 김구를 떠올리게 한다.) 그리고 지금까지 인도에서 간디는 국부로 추앙되어 왔지만 간디 정신이 살아 있다고 볼 수는 없다. 간디는 영국의 인도 지배가 옳은 일이 아니기에 반대한 것이지, 그 지배자가 영국이어서 반대한 것이 아니다. 그래서 지배자가 영국인에서 인도인으로 바뀌는 것은 아무런 의미가 없다고 생각했다. 그는 인도가 영국의 지배를 받게 된 것은 인도인이 영국의 문명을 인정한 탓이라 보고, 인도의 독립은 영국 문명으로부터의 독립이어야 한다고 주장했다. 그리고 독립된 인도는 하나의 강대한 나라가 아니라 수만 개의 마을 독립국으로 이루어진 연방이기를 바랐다. 그런 발상은 인도에서는 물론이고 어떤 제3세계 지도자들에게서도 볼 수 없다. 한반도에서도 마찬가지다.

자유롭고 평등한 개인이라도 혈연 공동체를 완전히 벗어날 수는 없지만, 그런 인연에서 벗어나 남들과 함께 살고자 하는 의지를 가진 개인들이 스스로 만들고 운영하는 작은 사회인 아슈람을 간디는 자기 삶의 기본으로 삼았다. 그리고 새로운 인도를 아슈람과 같은 작은 사회들로 구성된 작은 나라들의 연방으로 구상했다. 또한 그 아슈람과 개인들은 자연과 조화롭게 살기 위해 동물들을 존중하여 육식을 하지 않고 채식을 하는 것을 이상으로 삼았다.

이처럼 간디가 동서양의 다양한 사상을 비판적으로 받아들여 자신의 사상을 창조하고 대중과 함께 실천한 것이야말로 우리가 본받아야 할 가장 소중한 점이지만, 더욱 중요한 부분은 그가 실패를 두려워하지 않고 평생에 걸쳐서 시행착오를 거듭하며 자신이 '참*', 즉 진실이라고 믿은 것을 추구한 점이다.

무엇보다도 중요한 간디의 교훈은 그런 행동을 이끈 사상의 내용인 비폭력과 청빈, 자기성찰이다. 그러나 간디에게는 이것들도 절대적이지는 않다. 간디의 비폭력은 단순히 폭력을 행사하지 않는 것이 아니라 모든 불의에 대한 저항이고, 청빈도 그저 가난하게 사는 것이 아니라 물질주의에 대한 저항이며, 자기성찰도 단순히 형이상학적인 것만이 아니라 몸과 마음의 건강을 포함하는 형이하학적인 것까지 포함한다고 보는 점도 이 책이 다른 책과 구별되는 관점이다. 그러나 이 책은 그것조차 절대적인 것이 아님을 강조한다. 즉 단순히 도덕적인 차원을 떠나 문명 비판적인 차원에서 이해되어야 한다는 것이다.

나는 그것을 자유-자치-자연에 대한 믿음인 아나키즘이라고 생각한다. 그것은 우리가 적어도 일제강점기 이후 식민지 당국과 그 후예들에 의해 강요되어온, 권력에 의한 물질적 근대화라는 것에 대한 비판이다. 그렇다고 해서 나는 일제강점기 이전의 전근대로 돌아가자고 주장하지는 않는다. 유교로 돌아가자고 할 생각은 더더욱 없다. 간디는 힌두교를 완전히 새롭게 해석하여 민중을 통합하고 동원하는 데 이용했지만, 나는 지금 여기에서 유교를 새롭게 하여 그렇게 할 수 있다고 보지 않는다. 유교보다는 불교에 관심 있지만, 지금의 불교에 대해서도 기대하는 바가 없다. 그 어느 것도 우리 시대에 대한 철저한 이의 제기가 될 수 없기 때문이다.

---

\*    truth. 이를 진리라고도 번역한다. 진리란 '참된 이치나 도리' '언제 어디서나 누구든지 인정할 수 있는 보편타당한 인식의 내용'이라고 풀이된다. 이러한 진리 개념은 보통 학문적인 의미에서 사용되는데, 간디가 그런 의미에서 자신의 삶을 추구했는지는 의문이다. 따라서 이 책에서는 그 말을 '참'이나 '진실'이라고 번역한다.

## 사티아그라하는 파업

머리말에서 이 책을 쓰는 이유에 대해 설명했지만, 간디에 대해 정확하게 쓴 책이 많지 않다는 점도 이 책을 쓰는 이유 중 하나다. 특히 그의 핵심 사상이자 그가 평생 영국에 저항하는 독립투쟁의 목적이요 방법으로 사용한 사티아그라하가 우리나라에서는 일제강점기에 독립투쟁 수단으로 사용된 적도 거의 없고, 일제로부터의 해방 후 지금까지는 그것을 민주화 투쟁 등의 방법으로도 사용한 적이 거의 없을 뿐 아니라, 오히려 매우 나쁜 것으로 생각하는 경향이 있기 때문이다.

간디의 사티아그라하에 가장 가까운 한국말은 '파업'이다. 파업이란 하던 일을 중지하는 것이다. 이를 법을 어긴다는 의미로 '파법'이라고 할 수도 있지만, 파법 역시 지금까지 법을 지키던 일을 그만두는 것이므로 역시 파업이다. 그런데 '파법'이란 우리나라에서 곧잘 '떼법' 등으로 불리며 비난받는다. 떼법(mob rule, mob justice)이란 다수의 어리석은 민중이 이끄는 정치를 이르는 말로, 민주주의의 단점으로 지적된다. 그러나 파업은 헌법 제34조에 규정된 국민의 기본권 중 하나인 단체행동권에 속하는 신성한 인권이다. 따라서 노동자들의 파업은 정당한 인권 행사로 존중되어야 한다. 그러나 우리나라 정치판이나 언론판은 파업을 떼법의 하나라 비난하고, 대중들 역시 이에 덩달아 비난을 퍼붓는다.

사티아그라하가 우리나라에서 '파업'으로 번역되어 사티아그라하를 찬양하듯이 파업을 찬양했더라면 어땠을까, 라는 의문이 남는다. 그러나 그것은 '진리 파지 운동' '진리 실험 운동' 따위의 어려운 말로 번역되어, 대단히 신비롭고 난해하여 보통 사람들은 이해하기도 어려운 철학적 또는 종교적 운동처럼 알려져왔다. 우리가 인도를 '정신의 나라' '신비의 나라' '힐링의 나라' '도사의 나라' '종교의 나라' '구원의 나라' '요가의 나라' 등등으로 부르듯이 말이다. 인도의 무지하고 가난한 사람들이 처음 듣고서도 금방 실행한 지극히 쉽고 단순한 말인데, 왜 우리에게 와서는 그렇게도 어렵고 복잡하게 바뀌었는가! 어린아이도 당장 알아차린 지극히 단순명료하고 현실적인 것인데도,

왜 우리에게는 복잡애매하고 비현실적이며 관념적인 것, 현실에서는 있을 수 없는 이상향의 그것으로 오해되는가? 그렇게 간디를 철학이니 종교니 신비니 하며 애써 꾸미는 짓은 그런 것을 직업으로 삼는 자들이 자신이 아는 것을 비싸게 팔아먹으려고 하는 지적 사기가 아닌가?

사티아그라하를 '비협력운동'이라고 번역해도 그것은 지금까지 하던 협력을 그만둔다는 의미에서의 파업이다. 마찬가지로 '시민 불복종'이나 '불복종 운동'이라고 번역해도 그것은 지금까지 복종하던 것을 더 이상 하지 않는다는 의미에서 역시 파업이다. '진리를 잡는 운동'이라는 뜻으로 '진리 파지 운동'이라고 상당히 어려운 말로 번역하는 경우에도, 그전까지는 진리에 따르는 행동이 아니었으니 이제는 그것을 그만둔다는 의미에서 역시 파업이다. '진리 실험 운동'이라는 말도 마찬가지로 그전까지 하던 일을 중지하고 새로운 진리를 찾아 실험을 한다는 뜻이니 역시 파업이다.

그런데 간디는 유한한 인간은 무한한 영원의 진리인 궁극의 참이나 진실을 알 수 없고 단지 그것을 추구할 수 있을 뿐이라고 했다. 그래서 나는 그 말을 '진실 추구 운동'으로 번역해왔다. '참 찾기 운동'이라고 하면 더 좋았는데 귀에 익숙한 것 같지 않아 포기했다. 여하튼 진리가 뭔지는 잘 모르지만 그래도 인간이 진실에 대해서는 어느 정도 알 수 있기 때문에 그렇게 번역했다. 진실은 거짓, 불공정, 부정의, 불평등, 억압, 착취, 비겁, 침략, 폭력, 욕망 등과 반대되는 것들이다. 즉 인간이 당연히 추구해야 할 가치다. 참, 공정, 정의, 평등, 자유, 배려, 용기, 비폭력, 절제 등 상식적이고 보편적인 것이 진실이다. 간디는 평생 그런 진실을 추구했을 뿐, 대단한 만고의 진리를 추구한 과학자나 철학자, 종교인, 특히 만사를 다 안다고 하는 거룩한 도사 따위가 아니다.

## 사티아그라하의 방법

우리에게 간디의 사티아그라하는 이해하기 어려울지 모른다. 우리의 상식과는 다르기 때문이다. 바로 그 점 때문에 이 책을 쓰게 되었다고 해도 과언이 아닐 정도로 이는 중요하다. 인도인들 역시 그것을 처음 접했을 때는 이해하기 어려워했다. 네루처럼 인도 최고 지성에 드는 사람들도 마찬가지였다. 그러나 그 이유는 그것이 당시의 상식에 어긋나기 때문이지, 그 자체에 무슨 난해한 부분이 있었던 탓이 아니었다.

첫째, 그것은 처음부터 끝까지 숨김이 없는 것이다. 우선 적에게 자기가 하려는 일을 모두 알리고 적이 할 수 있는 일을 할 것을, 즉 나를 구속하거나 내가 요구하는 바를 들어주라고 해야 한다. 적이 모르게 숨어서 급습하거나 뒤통수를 치는 짓을 해서는 안 된다. 자신의 수법을 빤히 적에게 보여야 하니 흔히 말하는 백전백패의 길이 될지도 모른다.

둘째, 상대방에게 요구하는 것은 최소한의 참에 그쳐야 한다. 눈치를 보면서 처음에는 조금 요구하다가 차차 요구 조건을 늘리는 짓은 허용되지 않는다. 마찬가지로 흥정이나 물물교환 따위에 빠져서는 안 된다.

셋째, 적과 명예롭게 협조해야 한다. 그러나 무엇보다도 그것은 기본적으로 독립독행(獨立獨行)이어야 한다. 경우에 따라서는 남에게 의존할 수 있으나 기본적으로는 혼자, 또는 우리들만의 행동이다.

이러한 싸움의 방법은 우리에게 익숙하지 않다. 어쩌면 그것은 싸움의 방법이라고 볼 수도 없다. 그렇게 하면 백전백패이기 때문이다. (특히 정치판이 그렇다.) 이러한 싸움은 소위 페어플레이도 아니다. 나는 처음부터 적에게 모든 것을 보여주는 반면 적은 아무것도 보여주지 않기 때문이다. 소위 기사도의 싸움도 아니다. 1930년에 간디가 말한 싸움의 원칙을 들어보자.

1. 적의 분노에 대해 분노하지 말고 고통을 당하라. 적의 공격을 공격으로 대하지 마라.
2. 분노로 취해진 어떤 명령에도 복종하지 마라. 명령 불복으로 엄중한 처벌을 받는다 해도.
3. 적을 모욕하거나 욕하지 마라.
4. 생명을 걸고 적을 모욕이나 공격에서 보호하라.
5. 체포를 거부하지 말고 보관인으로서 맡은 남의 재산이 아닌 한 재산

압류를 거부하지 마라.

6. 보관인으로서 맡은 남의 재산은 생명을 걸고 포기하지 마라.

7. 구금되어도 모범적으로 행동하라.

8. 사티아그라하 단체의 일원으로 그 지도자에게 복종하라. 단체와 불화하면 단체에서 나오라.

9. 독립의 유지를 위한 보증을 기대하지 마라.

간디는 그렇게 참되게 살려고 했다. 물론 쉬운 일은 아니었다. 그러나 그는 우리보다 열심히 노력했다. 그리고 남들에게도 그렇게 하자고 권했다. 그래서 그는 우리의 모범이다. 그는 평생을 그렇게 살았다. 그래서 우리는 그를 생각한다. 그는 천재도, 초인도, 거인도, 미남도, 전쟁 영웅도, 대통령도, 아무것도 아니다. 초등학교 때부터 성적이 좋지 않았다. 갓 개교한 인도의 시골 대학교에서도 진도를 따라가지 못해서, 돈만 내면 누구나 딸 수 있는 영국 변호사 자격을 얻기 위해 유학을 갔다. 변호사가 되어 귀국한 뒤에도 변호를 제대로 하지 못해서 쫓겨나듯 아무도 가지 않는 남아프리카로 떠나야 했다. 못생기고 매력도 없었다. 평생 왜소하고 허약했다. 그런 그가 남아프리카에서 인종차별을 당하고서 그것은 참이 아니라고, 옳지 못하다고 생각하게 되었다. 그 일을 계기로 참을 찾기 위한 노력을 시작해 평생을 그렇게 살았다. 법을 가지고 살아야 할 변호사로서 법을 어기는 파업을 하기 시작했다. 그게 간디의 삶이다. 그게 이 책의 내용 전부다. 간디의 '파업 인생' 이야기다.

우리나라에서 파업은 쉬운 일이 아니다. 파업은 주로 노동조합이 하는 '대단히 나쁜 짓' '나라 경제를 파괴하는 짓'으로 알려져 있고, 법적으로도 많은 제약이 따르며, 파업한 뒤에는 엄청난 민·형사책임을 지게 된다. 게다가 사회 분위기도 적대적이다. 그러나 간디는 영국이 지배하는 식민지 인도에서 평생 파업'질'을 한 파업'꾼'이었다. 한때 한국에서 유행한 소위 '떼법 전문가'라고 할 수도 있다. 그러나 그가 파업했다는 이유로 지금 한국에서와 같은 엄청난 민·형사책임을 지지는 않았다. 나는 간디에 대한 수많은 책을 읽으면서 왜 한국에서는 이 점을 지적하지 않는지 평생 회의하다가 이 책을 쓴다. 한국식으로 보면 간디는 엄청나게 '나쁜 놈' '반사회적인 놈' '떼법을 선동하는 악당'이다. 간디도 감옥에 자주 갔지만, 우리나라였다면 일제강점기에는 물론이고 오늘날이라 해도 평생 감옥에서 썩을 '나쁜 놈'이다. 지금 한국에서라면 '공산당보다 더 나쁜 놈' 취급을 당할 것이다.

게다가 그는 공장이나 회사에서의 '노동 파업'만을 한 것이 아니다. 그는 '영국의 세계 지배'라는 거대한 '역사적 과업'을 파업하자고 했고, 나아가 '근대 서양 문명'이라는 것 자체를 파업하자고 했다. 그야말로 대영제국의 파괴자이자 서양 문명의 파괴자였다. 거기에는 종교, 학문, 사상, 제도 등 서양의 모든 것이 포함되었다. 심지어 육식이라는 식사 양식도 포함되었다. 간디는 흔히 말하는 모든 것에 대한 반체제자였다. 뿐만 아니라 그는 잘못된 제국과 문명에 의해 타락한 인도의 전통도 파괴하고 새롭게 거듭나야 한다고 주장했다. 그러니 민족 고유문화라는 것도 그에게는 중요하지 않았다. 인도를 이끌어야 한다는 이유에서 항상 조심스럽게 말하기는 했지만, 그는 인도의 고유문화 따위에는 아무런 흥미가 없었다. 내가 간디에 관심을 가진 지는 반세기가 넘고, 오로지 그를 찾아 여러 번 인도로 떠난 것도 벌써 삼십 년이 되었다. 그이유는 오로지 그의 '파업' '반체제' 때문이었다.

간디가 사티아그라하라는 '파업'을 한 이유는 '그때 그 사람'이 진정으로 두려움이 없어져 남들은 불가능할 정도의 '자유'를 누리는 까닭이다. 마음에서 공포가 제거되면 타인의 노예가 되는 것에 절대로 동의하지 않기 때문이다. 즉 파업은 우리를 자유롭게 하고 독립인임을 느끼게 한다. 그래서 국가나 정부는 물론이고 사회나 가족에 대해서도 대항할 수 있다. 그런 자유로운 개인이야말로 국가나 사회에 의존하지 않고 자신의 사회를 창조하는 자치를 할수 있다. 간디는 그런 자유로운 사람들이 자치하는 새로운 사회를 꿈꾸었다.

# 2 _____ 간디를 알기 위한 인도 소개

## 간디라는 남자

죽기 이 년 전인 1946년 11월 16일, 77세의 간디는 인도 독립을 목전에 둔 가운데 힌두교도와 무슬림 사이에 끊이지 않는 폭력을 가라앉히고자 인도의 벽지를 맨발로 돌아다니고 있었다. 사람들이 그에게 경찰이나 군대를 동원해야 한다고 말했지만, 그는 간단히 답했다. "두려워하지 말자." 간디는 언제 어디서나 두려워하지 말자고 말했다. 그는 비폭력을 주장했지만 비겁한 자들의 비폭력에는 동의하지 않았다. 분노를 외부가 아니라 내부, 즉 자기 자신에게 돌리라고 말했다. 그는 새롭게 만나는 사람들의 말을 배우고 물레를 돌리며 오두막의 빈민을 찾아다녔다. 그리고 홀로 노래했다. "밤은 어둡고 집까지 갈 길은 머니 당신이 저를 이끌어주소서." 그 '당신'이 그가 '신'이라고 부른 '참'이었다. 나도 그런 심정으로 이 책을 쓴다. 간디가 나를, 우리를 이끌어줄지도 모른다고 기대하며 이 책을 쓴다.

평생 싸움다운 싸움을 한 번도 제대로 해보지 못한 나를 일평생 싸웠던 그와 비견할 수 없다는 것을 잘 아는 만큼, 저 목소리는 나에게 감동을 준다. 그는 누구보다도 패배를 잘 알았을 것이다. 수많은 패배를 겪었기 때문이다. 그럼에도 불구하고 그는 다시 일어섰다. 77세의 나이로. 어쩌면 다시 실패할 것을 잘 알면서도. 그리고 한 해 조금 지나 그는 총격으로 죽었다.

간디는 비폭력주의자로 유명하지만, 비겁보다는 차라리 폭력이 낫다고 했다. 그가 가장 싫어한 것은 비겁이었다. 그것은 악이나 거짓이나 이웃의 불행을 보고도 모른 체하는 겁쟁이로 타락하는 일이었다. 간디는 인도인이 비겁한 겁쟁이라서 영국의 침략을 당했다고 생각했다. 따라서 비겁하지 않아야 영국을 물리칠 수 있고, 나라를 제대로 세울 수 있다고 주장했다. 지배자가 영국인에서 인도인으로 바뀔 뿐인 독립은 무의미하다고도 했다. 인도인 각자가 악이나 거짓, 이웃의 불행을 직시하고 공감하며 그것들을 이겨내야 한다고 생각하며 인도인들이 그렇게 바뀌도록 평생을 싸웠다. 간디의 삶은 그런 싸움이었다. 간디 자신도 어려서는 겁쟁이였다. 크면서 엄청난 노력으로 용기를 갖게 되었고, 죽을 때까지 그런 노력을 게을리하지 않았다.

그러나 간디의 외모를 보면 그런 면모를 상상하기 어렵다. 간디의 평전을 쓴 로맹 롤랑(Romain Rolland, 1866~1944)은 그 책의 처음에서 간디의 생김새에 대해 다음과 같이 썼다.

**부드러운 검은 눈동자와 야윈 얼굴, 더구나 커다란 퉁방울눈을 지니고 있고 키가 작달막하며 약해 보이는 남자. 흰 모자를 덮어쓰고 거칠고 흰 천으로 몸을 감싼 맨발의 남자. 그는 쌀과 과일을 먹고 살며, 마시는 것은 물뿐이다. 바닥에서 자지만 거의 눈도 붙이지 못하고 쉴 새 없이 일한다.**[*]

간디의 키는 162센티미터였고, 몸무게는 약 오십 킬로그램이었다. 흰 천으로 몸을 감싸는 독특한 복장은 46세인 1915년경부터 시작한 것이다. 그전에는 양복을 입었다. 롤랑의 묘사 중 "거의 눈도 붙이지 못하고"라는 말은 사실과 다르다. 그는 대체로 저녁 아홉 시에 잠들어 새벽 세 시에 일어났으니 하루 여섯 시간을 잔, 소위 아침형 인간이다. 하루 세 끼를 먹었지만 평생 채식을 했고 물만 마셨다.

이 책에 실린 간디의 사진 가운데 가장 어려서 찍은 모습을 보면 "쾌활하고 귀여운 용모에 사랑스러운 눈"을 가진 조그만 아이였음을 알 수 있다. 그는 평생 웃고 웃기를 좋아했다. 아무리 슬픈 상황에 있어도 남들에게는 드러내지 않고 도리어 남들을 기쁘게 하려고 노력했다. 그런 간디를 훌륭한 사람이라고 칭찬하기는 쉽지만, 그렇다고 해서 그가 어려서부터 열등감이 없었으리라고

---

[*]    Romain Rolland, *Mahatma Gandhi*, Maple Press, 2019, p. 1.

생각해서는 안 된다.

인도 사람들도 우리나라 못지않게 외모지상주의의 지배를 받는다. 얼굴만이 아니라 몸에 대해서도 그렇다. 피부가 흴수록, 키가 클수록, 체격이 좋을수록 환영받는다. 간디는 못생기고 피부도 검으며, 키가 작고 몸매도 볼품없었다. 그래서 어릴 때는 육식을 시도하기도 했고, 젊어서 영국에 유학 갔을 때는 최고급 양복을 사서 입기도 했다. 성적 능력을 대단히 중시하는 인도에서 성적인 문제에 대한 고민도 없지 않았기에 결국 36세라는 젊은 나이에 '자발적 고자'로 살겠다고 선언했다. '얼마나 불쌍한 남자냐.' '한심한 남자가 아닌가.'라고 개탄할 사람이 있을지 모른다. 하지만 그는 그렇게 함으로써 욕망의 인간 사회를 거부한다고 분명히 선언했다. 그리고 간디는 사티아그라하를 시작하여 역사에 등장했다.

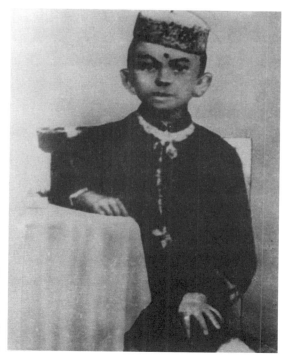

**1876년에 촬영된
어린 간디의 사진.
당시 그는 7세였다.
유일하게 현존하는
간디의 어린 시절 사진이다.**

## 이 책의 등장인물들

이 책은 간디 평전이니 당연히 주인공은 간디지만 그밖에도 많은 사람이 등장한다. 우선 아내 카스투르(Kastur Gandhi, 1869~1944)와 네 명의 아들이다. 카스투르는 흔히 카스투르바(Kasturba)로 불리지만 '바'(또는 '바이')란 '님'을 뜻하는 경칭이니 이 책에서는 그것을 빼고 표기하기로 한다. 간디도 흔히 '마하트마'로 표기하지만 역시 경칭이니 이 책에서는 그냥 간디로 표기한다. 아들들의 이름도 성인 간디를 빼고 표기한다.

그런데 1962년 제작된 영국 영화 〈간디〉에는 아들들의 어린 시절 모습만 나오고, 성인이 된 뒤는 아예 나오지 않는다. 대신 간디가 딸이라고 부르며 미라벤(Mira Behn)이라는 인도식 이름까지 지어준 영국인 메들린 슬레이드(Madeline Slade, 1892~1982)가 나온다. 그리고 고칼레(Gopāl Krishna Gokhale, 1866~1915)와 네루(Jawaharlal Nehru, 1889~1964), 파텔(Vallabhbhai Patel, 1875~1950), 진나(Muhammad Ali Jinnah, 1876~1948)라는 인도와 파키스탄의 국부 같은 사람들과 함께, 그들보다 더 빨리 간디를 돕는 앤드루스(Charles Freer Andrews, 1871~1940)라는 영국인 목사가 나온다. 영국인 총독들도 영국의 저명한 배우들이 연기하여 두드러진다. 그밖에 남녀 미국인 기자 두 명도 당대 유명한 배우들이 연기했지만, 나는 이 책에서 그 둘을 전혀 언급하지 않겠다. 영국인들도 크게 중시하지 않겠다. 우리의 독립투사 영화에서 일본 총독을 중시할 필요가 없듯이 간디 영화에서도 총독들은 중요하지 않은데, 영국 영화여서인지 〈간디〉에는 영국인들이 너무 많이 나온다. 물론 그들이 찬양되거나 미화되지는 않지만 말이다. 이는 이등박문(伊藤博文. 이토 히로부미) 따위가 일본 영화에서 극찬되는 것과는 너무나 대조적이다.

가령 영화 〈간디〉에서 간디를 재판하는 영국인 판사 로버트 브룸필드(Robert S. Broomfield) 역은 트레버 하워드(Trevor Howard)라는 영국의 유명한 배우가 연기하여 영화에서는 대단히 비중 있는 역할로 나오지만, 나는 이 책에서 그의 이름조차 밝히지 않고 그냥 '판사'로 쓴다. 그의 재판에서 기소장을 읽는 검찰총장 스트랭먼(J. T. Strangman) 같은 자의 이름도 당연히 생략한다. 이처럼 생략되는 인물들이 대단히 많으니 그 점에 대해 미리 독자들의 양해를 구한다. 반면 영화에는 처칠이 나오지 않지만, 이 책에서 그는 영국인치고는 많이 언급될 것이다. 간디와 대척점에 선 중요 인물이기 때문이다. 한편 영화에는 인도인 암벳카(Bhimrao Ramji Ambedkar, 1891~1956)와 타고르(Rabindranath Tagore, 1861~1941)가 나오지 않지만, 그들은 네루와 함께 인도 현대사에 가장 중요한 인물들이며 간디와도 깊이 관련된 사람들이기에 이 책에 자주 나올 것이다.

이쯤에서 인도 현대사에서 특히 중요한 여섯 사람에 대해 간단히 설명하겠다. 먼저 고칼레다. 영화에서는 1915년 간디가 인도에 왔을 때 앤드루스에게 고칼레를 소개받는 것으로 나오지만 이는 사실과 다르다. 뒤에서 보듯이 간디는 고칼레를 1901년 말 콜카타에서 열린 국민회의 총회에서 만났다. 그는 간디의 스승이자 선배였다. 뒤에서 보듯이 고칼레는 간디 이전에 인도의 독립을 위해 노력한 사람들 중에서 가장 온건한 편에 속했다.

영화는 또한 1915년 간디가 인도에 돌아올 때 뭄바이 부두에서 후배이자 후계자가 될 네루를 처음 만나는 것처럼 그리지만 그것도 사실이 아니다. 그들은 1916년 말 라크나우에서 열린 국민회의 총회에서 만났다(네루, 67쪽). 그 뒤로 네루가 간디를 따른 것은 사실이지만, 적극적인 파업과 계급투쟁적인 독립운동을 한 사회주의자라는 점에서 간디와 달랐다. 그는 1947년부터 1964년까지 초대 인도 총리를 역임했다. 그의 『자서전』과 인도의 역사를 다룬 저서 『인도의 발견』은 일찍부터 우리말로 번역되었고, 특히 그가 1930년부터 1933년까지 감옥에서 딸 인디라 간디(그는 뒤에 인도의 수상이 된다.)에게 보낸 편지들을 엮은 『세계사 편력』은 꾸준히 번역되고 있다.

파텔도 네루와 같이 1915년에 뭄바이에서 만나는 것처럼 영화에 나오지만 역시 사실과 다르다. 그는 1917년 케다 농민투쟁 때 간디를 처음 만났다. 힌두 민족주의가 성행하는 최근 인도에서 세계 최대의 동상으로 세워진 파텔은 인

도의 정치가이자 국민회의 지도자였다. 별칭은 '사르다르 파텔(Sardār Patel)*'
이고 '인도의 비스마르크'라 불린다. 1918년 이후 간디의 측근으로 활동한 그
는 네루에 비해 보수적인 면이 강하지만, 현실적인 정치가로서 간디를 잘 보
필해 독립 후 부총리와 내무장관을 지냈다. 그가 최근 인도에서 숭상되는 것
은 인도의 보수화, 특히 '간디-네루 깎아내리기'와 관련이 있다.

다음은 진나다. 영화에서는 그가 1915년에 간디를 처음 만나는 것으로 나오
지만, 그들은 1914년에 간디가 영국에 갔을 때 처음 만났다. 그는 간디보다 일
찍 국민회의에서 활동했으나, 국민회의 내에서 힌두교도들이 무슬림을 차별
하자 탈퇴하고 1930년대부터는 이슬람 분리 독립 운동을 시작하여 결국 인도
와 분리 독립한 파키스탄의 '건국 아버지'가 되었다. 영화는 그를 마치 권력
욕에서 간디와 대립하고 분리 독립을 주장하여 독립 전후의 인도를 큰 혼란에
빠트린 자처럼 상당히 부정적으로 묘사하는데, 파키스탄 사람들은 그 점이 마
음에 들지 않았을 것이다.

암벳카도 진나처럼 간디와 적대적이었다. 진나가 간디의 외부 적이라면 암
벳카는 내부 적이었다. 불가촉천민 출신으로 평생 불가촉천민 해방을 위해 싸
운 그는 카스트제도 철폐가 인도 독립보다 더 중요하다고 주장하여 카스트제
도 보존을 주장한 간디와 대립했다. 아룬다티 로이 등 최근 인도에서 간디를
비판하는 진보 세력에 의해 더욱 부각되고 있는 인물이기도 하다.

마지막으로 타고르는 인도에서는 물론이고 한국에서도 간디만큼 유명하
다. 타고르는 처음에 간디의 비폭력 운동을 매우 부정적이고 고립적인 접근법
이라고 비판했다가 1915년에 간디가 인도에 돌아올 무렵 마하트마라고 부른
것으로 유명하다. 하지만 이에 대해서는 진위 논의가 있고, 그 뒤에도 국산품
애용 등과 관련하여 간디와 반드시 생각이 같지는 않았다. 그는 동양인으로서
세계 최초로 1913년에 노벨문학상을 받았다. 1929년에 일본을 방문했을 때 한

---

* 힌디어로 '지도자 파텔'이라는 뜻이다.

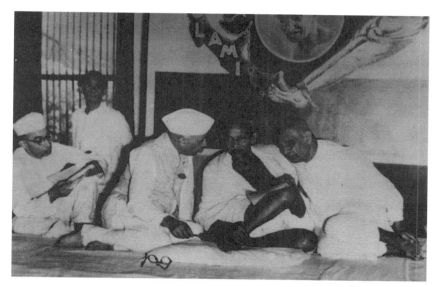

네루와 간디, 파텔.

국을 '동방의 등불'이라고 표현한 시를 써주었다는 일화로 한국에서 특히 유
명하지만, 최근 그 시의 일부는 조작되었다는 연구 결과가 나왔다.

그밖에도 간디와 연관되어 그의 평전에 나올 만한 사람들은 수없이 많지만
이 책에서는 최소한으로 줄이고자 한다. 그런 점에서 이 책은 충실한 평전이
아니다. 한국에 널리 알려진 간디의 제자 비노바 바베(Vinoba Bhave, 1895~1982)
는 영화에 나오지 않고, 이 책에서도 그다지 중요하게 다루어지지 않는다. 간
디에 비판적이었던 공산주의자 바켓 싱(Bhagat Singh, 1907~1931)의 전기도 한국
에 나와 있지만 역시 이 책에서는 중요하게 다루지 않는다.

## 인도

간디를 알기 위해서는 인도를 조금이라도 이해해야 한다. 인도(印度)란 '인디
아(India)'를 중국에서 그 발음에 가까운 한자음으로 표기한 것을 우리말로 그
대로 읽은 것이다. 일본인들이 자기들 발음을 내기 위해 프랑스를 불란서(佛蘭
西)라고 표기한 것을 우리가 그대로 따라 불란서라고 읽으면서 대단히 고상한

양하는 것처럼 황당무계한 짓이다. 따라서 인도에 대해서도 그런 얼빠진 짓을 그만두고 '인디아'라고 읽는 것이 옳겠으나, 이미 외래어로 굳어버렸으니 그 냥 인도라고 부르기로 한다.

인도를 '구원의 나라'니, '힐링의 나라'니, '잃어버린 나를 찾으러 가는 나 라'니, '정신의 나라'니, '명상과 요가의 나라'니 뭐니 하며 신비화하는 것도 마찬가지로 얼빠진 짓이다. 나는 이 책에서 그런 행동의 황당무계함을 밝힐 생각은 없다. 단 간디에 관해서도 그처럼 신비화하는 관점이 없는 것이 아니 니, 그 점만은 분명히 밝히고자 한다. 그 전에 인도에 대해 몇 가지 밝혀둘 것 이 있다.

'인도' '인디아'라는 말이 그곳을 흐르는 거대한 인더스(Indus)강과 관련 있 음은 그 어감만으로도 당장 알 수 있다. 인디아라는 말을 처음 사용한 사람들 은 인도인이 아니라 페르시아제국 사람들이었다. 반면 인도인들은 스스로를 바라타(Bharata)라고 불렀다. 바라타는 1950년 인도 헌법 제정 시에 인디아를 대신하는 새로운 국명으로 채택되었지만 지금도 일반적인 국명은 인디아, 인 도다.

바라타는 인도 최고의 문학 작품인 『마하바라타Mahabharata』를 연상하게 하는데, 그 제목의 뜻은 '위대한 바라타'다. 『마하바라타』는 고대 그리스의 호 메로스가 썼다는 『일리아스』와 『오디세이』를 합친 것보다 몇 배나 길지만 그 내용이 전쟁 이야기라는 점은 같다. 차이가 있다면 『마하바라타』의 이야기 중 하나가 『바가바드 기타Bhagavad Gita』라는 철학적 대화인 점이다. 『바가바드 기타』는 간디가 가장 좋아한 책이다. 그는 그 책에서 자신의 비폭력 사상을 찾 아냈는데, 이와 반대로 그 책을 폭력 찬양이라고 보는 인도 사람도 많다. 사실 인도인 대부분이 그렇다. 심지어 간디를 암살한 자들도 암살의 근거를 그 책 에서 찾았다.

인더스강은 인도 문명의 요람이라고도 할 수 있는 인도의 상징이지만, 1947년 8월 중순부터는 인도가 아니라 인도와 분리된 파키스탄(Pakistan)에 속하게 되었으니 '인더스는 인도'라는 말은 이제 틀린 말이 되었다. 인더스강이 일부 흐르는 인도 북부의 평야 지대는 과거와 마찬가지로 지금도 인도에서 가장 비옥한 땅으로 인구가 밀집되어 있다. 인더스강으로 흐르는 '다섯 개의 강'을 펀자브(Punjab)라고 한다. 1947년 분리 후 네 개의 강이 파키스탄을 흐르고, 인도에는 두 개의 강만이 토양을 비옥하게 하고 있다. 인도 북부의 펀자브 주는 1965년에 시크교도 폭동이 터진 뒤 이듬해 시크교도 중심의 펀자브 주와 힌두교도가 과반인 하리아나(Haryana) 주로 나뉘었다.

시크교도 중에는 '칼리스탄(Khalistan)'이라는 나라로 독립하자고 주장하는 과격분자도 있다. 칼리스탄은 파키스탄과 같이 '순수의 땅'이라는 뜻이다. 둘 다 인도를 '더러운 땅'이라고 생각해서 그렇게 작명한 것일까? 인도를 다녀보면 '더러운 땅'이라고 불러도 무방하다는 생각이 들 정도로 전국 방방곡곡이 더러운 것이 사실이지만 파키스탄도 마찬가지고 펀자브도 다르지 않다.

이렇게 순수를 애타게 추구하는 인도에는 '더러운 인간'으로 낙인찍힌 자들도 있다. 소위 '불가촉천민'이다. 이는 '언터처블(untouchable)'의 번역이지만, 아프리카계 미국인을 니그로라 부르는 것과 마찬가지로 차별적 용어이므로 그 말을 사용함에는 문제가 있다. 간디는 그들을 '신의 자녀'라는 뜻으로 하리잔(Harijan)이라 불렀고, 그들 자신은 1970년 이후 달리트(Dalit)로 불렀으며, 공식적으로는 '지정 카스트(scheduled cast)'라 불리지만, 한국에서는 '불가촉천민'이라는 말이 여전히 일반적이라는 이유에서 이 책에서는 그렇게 표기하겠다. 그들은 현재 13억 인도 인구의 약 4분의 1을 차지하는 최하층 계급이다.

'더러운 인간'이라는 낙인은 그냥 외모가 더럽다는 정도에 그치지 않았다. 그들은 청소, 화장터 관리, 시체 처리, 갖바치, 대장간 일 등을 했는데 이런 것들은 힌두교도들이 금기시하는 직업이었다. 오랫동안 그들 곁에 가는 것은 물론 그들을 멀리서 바라보는 것조차 금지되었다. 그래서 그들은 소처럼 종을 달고 다녀야 했다. 경고하는 종소리가 들리면 힌두교도들은 눈을 감거나 집에 들어가 차양을 내렸을 정도로 그들을 싫어했다.

처음부터 더러운 이야기를 하는 것이 미안하지만, 이왕 시작했으니 좀 더

해보겠다. 인도는 천지가 화장실이라고 해도 과언이 아니다. 시골은 물론 도시에서도 사람들은 아무 데서나 자유롭게 대소변을 본다. 그래서 어딜 가나 오물 냄새가 풍긴다. 공중화장실이 있지만 더럽기 짝이 없다. 아파트나 주택에는 화장실이 있지만 대부분의 빈민 주택에는 화장실이 없다. 있어도 대부분 좌식이고 휴지가 없으며 왼손으로 뒤를 닦도록 되어 있어서 인도에서 당하는 가장 큰 불편이 화장실 이용이다.

공중화장실은 물론이고 개인 화장실도 청소는 불가촉천민 담당이다. 뒤에서 보듯이 간디는 화장실 청소 문제로 부인과 크게 싸워서 집을 나가라고 한적도 있었다. 그는 화장실 청소를 신앙 활동의 하나라 주장하면서 힌두교도의 의식을 바꾸려고 했다. 그러나 그는 인도인들이 자유롭게 용변 보는 것을 금지하는 주장을 하지는 않았다. 그것이 인도에서 끊임없이 발생하는 전염병을 비롯하여 각종 질병의 원인임을 알았을 텐데도 말이다.

## 인도의 역사

흔히 인도는 종교적으로 심오한 신비성을 갖는 나라로 알려져왔으나, 이는 16세기 이후 인도를 침략한 서양인이 만든 고정관념(orientalism. 오리엔탈리즘)이라고 할 수 있다. 특히 그런 생각은 전통적으로 불교가 강했던 한반도에서 불교의 발상지인 인도를 막연히 동경하는 경우에도 일반적이다. 그러나 인도에서는 13세기 이후 불교가 소멸했고, 한국 불교는 그 전에 중국에 전래된 불교를 받아들인 것이다. 지금 인도에서는 불교의 흔적을 거의 찾을 수 없다. 몇 가지 유적이 남아 있기는 하지만 내가 가 본 바로는 불교의 역사를 제대로 전해주지 못하는 것들일 뿐이다. 그리고 불교 창시자인 붓다는 힌두교의 수많은 신 중 하나로 여겨진다. 그러니 인도인들이 보기에 한국인을 비롯한 동아시아인들은 힌두교 신 중 하나를 섬기는 셈이다.

붓다로 숭배되는 고타마 싯다르타(Gautama Siddharta, 기원전 563~기원전 483)는 크샤트리아 출신의 왕자로 평등과 비폭력을 가르쳤다. 당시 카스트제도 위에서 출생만으로 얻어지는 신성불가침을 주장한 브라만들의 탐욕에 지친 인도 사람들은 돈을 받지도 않고 평등을 주장하는 불교에 빠졌다. 같은 시기에 마하비라(Mahavira, 기원전 599~기원전 527)*가 불교보다 더 엄격하게 비폭력을 주장하는 자이나교를 창시했다. 불교와 자이나교는 간디에게도 깊은 영향을 끼쳤다. 물론 간디는 힌두교도였다. 힌두교에서는 자이나교를 힌두교의 한 종파라고 생각했다. 고대 인도에서 이처럼 다양한 종파에 대한 관용과 공존이 이루어진 것처럼 카스트제도도 사회 통합을 위한 다원주의의 일환으로 볼 수 있었다.

간디와 마찬가지로 오래전부터 대부분 힌두교를 믿은 인도인들은 13세기 이후 약 오백 년 동안 무슬림들의 지배를 받다가, 영국이 1600년에 설립한 동인도회사의 지배를 받았다. 동인도회사는 인도의 자연 자원과 값싸고 풍부한 노동력으로 엄청난 이익을 얻었음에도 영국 정부에 약속한 돈을 내지 않아 통제를 받았다. 19세기에 와서 선교 사업이 허용되면서 인도의 영국화-서양화가 본격적으로 시작되었다. 그러나 지금까지도 기독교로 개종한 인도인은 전체 인구의 1퍼센트도 되지 않고, 대부분 최하층 카스트 힌두교도이거나 극빈층 무슬림이다. 인도인에게 성경을 읽힌다는 선교 사업의 가장 중요한 목적을 달성하기 위해 인도의 언어에 대한 연구가 시작되며 인도 문화 전반에 대한 서양식 학문으로 등장한 것이 앞서 말한 고정관념, 즉 오리엔탈리즘이다.

영국의 지배가 더욱 강화되면서 고위 카스트의 힌두교도와 무슬림 들은 영국인에 의해 기독교도로 개종당하거나 불가촉천민 또는 이교도로 전락할지 모른다는 불안감에 휩싸였다. 그래서 터진 것이 1857년의 '세포이** 항쟁'이다. 그것은 일 년간 계속되었지만 결국 영국이 승리했고, 인도는 1858년부터 영국 정부가 직접 지배하는 인도제국이 되었다. 이를 흔히 '세포이의 반란'이라고 하지만, 사실 그들은 반란을 시작한 것에 불과하고 결국 인민의 민족적인 반영 항쟁으로서 북인도 전역을 휩쓸었으므로 '세포이 항쟁' 또는 '최초의

---

* 본명은 바르다마나(Vardhamana)이다.
** sepoys. 페르시아어로 용병을 뜻한다.

독립전쟁'으로 불리기도 한다.

세포이 항쟁은 인도의 전통을 수호하고 힌두교의 황금시대로 되돌아가려고 하는 인도인의 종교적 열망을 서양 문명이 완전히 좌절시킨 결정적인 사건이었다. 인도의 독립운동은 이때부터 본격적으로 전개되기 시작했으며 1947년 독립하면서 두 개의 나라, 즉 인도와 파키스탄으로 분리되어 오늘에 이르고 있다. 1857년 이후 영국의 인도 정책도 달라지고, 인도 사회의 근대화도 현저하게 진행되었으며, 인도인의 민족적 정체성도 결집되기 시작했다. 그로부터 십여 년 뒤인 1869년에 간디가 태어났다. 그는 영국의 빅토리아 여왕이 인도 황제로 취임한 1876년에 초등학교에 들어갔다.

## 인더스문명과 아리아 문명

간디는 『인도의 자치』에서 "역사는 사랑의 힘이나 영혼의 힘이 한결같은 작동을 중단한 모든 사례를 기록한 것(자치, 88쪽)"이라고 했다. 또 "역사란 자연의 과정이 중단된 것을 기록한 것"이고 "영혼의 힘은 자연적인 것이므로 역사에 기록되지 않"는다고 했다(자치, 89쪽). 즉 간디에게 역사란 무의미하다. 특히 인도의 오랜 역사에서 영국의 지배라는 것은 거대한 그림 속 점 하나에 불과했다.

인도 문명은 모헨조다로와 하라파라고 하는 인더스강 계곡에서 시작되었는데 그곳은 간디의 고향인 구자라트(Gujarat)에서 그리 멀지 않다. 하라파 문명의 활기찬 항구인 로타르는 라지코트(Rajikot)에서 삼백이십 킬로미터 정도 떨어져 있다. 그곳에서는 간디가 태어나기 삼천 년 전부터 상인들과 왕족들이 아카드와 수메르의 비옥한 초승달 지대의 상인들과 인도양을 넘어 무역을 했다. 바빌론에서 함무라비법전을 발포하기 오백 년 전인 기원전 2200년에 인더스문명은 도시 사회를 발전시켰으나 기원전 1500년경 인더스강의 범람과 삼림 파괴 등으로 쇠퇴했다. 그러나 간디가 태어날 무렵에는 인도인 누구도 하라파의 존재조차 몰랐다.

인더스문명은 많은 흔적을 남겼다. 힌두어에서 돈을 뜻하는 파나(pana)나

무역을 뜻하는 바니크(avnik) 등도 그 흔적이다. 간디의 카스트인 바니아(Ba-nia)도 인더스 계곡의 후계자들이 부유하고 장사에 능한 무슬림인 바니족에게 준 이름에서 비롯되었다. 전형적인 요가 모습을 취하는 초기 시바 신의 조각 상은 모헨조다로에서 출토된 도기 인장에 나타났다. 간디 이후까지 살아남은 팔찌도 하라파 문명에서 나왔다. 고대 팔찌를 전시하는 타키시라의 고대 간다라 박물관을 찾은 간디는 놀라서 "내 어머니가 차던 것과 꼭 같다"고 소리를 질렀다(Pyarelal, 192쪽).

쇠퇴한 인더스 계곡에는 기마민족인 아리아인들이 들어왔다. 아리아란 '두목'이나 '고귀한 자들'을 뜻하는데, 이름만큼 교만한 그들은 형제인 그리스 민족과 마찬가지로 원주민에게 자신들의 신을 강요했다. 즉 하늘을 지배하는 바루나(Varuna, 그리스신화의 우라노스에 해당), 불의 신인 아그니(Agni), 싸움의 신인 인드라(Indra) 등이었다. 이러한 공격적이고 강력한 종교적 기반에서 아리아인 사제 브라만(Brahman)과 전사인 라자스(Rajyas)라는 정복자와 피정복자로 계층화된 사회를 만들어냈다.

브라만은 특징적인 종교 언어 (뒤에 산스크리트어로 쓰인) 노래를 수반한 정교한 의례를 가져왔다. 산스크리트어는 세계에서 가장 오래된 종교문학인『베다』를 낳았다. 아리아인들은 세계에서 가장 긴 두 개의 서사시『라마야나Ramayana』와『마하바라타』를 지었다. 그것들은『일리아스』와『오디세이』를 합친 것보다 여덟 배나 길고,『성서』보다도 세 배나 길다. 이러한 베다의 영창은 성스러운 것과 세속적인 것을 포함하여 인도와 힌두 문화의 근본 원리가 되었다.

아리아인이 인더스 계곡에서 서서히 동쪽으로 진출했을 때 그들의 네 가지 카스트는 명확해졌다. 즉 성직자 엘리트인 브라만 또는 브라마나(Brahmana), 지배계급의 전사인 크샤트리아(Kshatriya) 또는 라자스, 농민과 기술자인 바이샤(Vaisya), 최하층으로 베다의 종교 관습에서 철저히 무시되는 농노와 노동자인 수드라(Shudra)라는 구분이다. 그리고 인더스 계곡의 선주민 잔존자나 이동 중에 만난 선주민족은 모두 (아리아인 마을에서 보이는 곳에 사는 것을 금지당한) 제외자라는 뜻의 니라바시타(Niravasita)로 불렸다. 화장 등의 천한 일을 하는 그들이 최초의 불가촉천민이었다. 그런 카스트로부터 수백 개의 분파 카스트인 자티(Jati), 거기서 다시 나뉜 고트라(Gotra)가 생겨났다. 인도의 카스트는 오천 개가 넘을 뿐 아니라 매일 새로운 카스트가 생겨난다.

카스트는 본래 신을 숭배하고 베다 제의에 참가하는 자들을 결정하는 단위였으나, 결혼과 동거, 식사, 장식, 신체 표시, 배설, 성생활 등을 지배하는 것으로까지 나아갔다. 게다가 힌두교의 윤회전생 관념으로 인해 현세의 더러움과 카스트의 부패를 피하기 위해 쓰인 규범에도 따라야 했다. 그러나 카스트제도는 창조적인 긴장도 낳았다. 그것은 인간이 베다적 계층의 일부로 행해야 할 의무인 다르마와, 엄격한 제도에서 해방되어 정신적인 일체감과 자유를 얻고자 하는 충동 사이에서 생기는 긴장이다. 이러한 충동은 기원전 8세기에서 기원전 6세기에 만들어지고 1300년경에 문자로 쓰인 『우파니샤드』에서 '세속 정신' 또는 '브라만'이라는 고차의 현실로 나아가는 길로서 제시된 것이었다. 이를 자이나교와 불교가 이었다.

## 힌두교

남아시아에서 발생한 힌두교(Hinduism)는 인도교라고 할 정도로 인도에 교인이 많지만, 남아시아에서도 널리 믿는 종교다. 힌두(Hindū)는 인더스강의 산스크리트 명칭인 신두(Sindhu, 큰 강이라는 뜻)에서 유래한 것으로, 인도와 어원이 같기 때문에 인도교라고도 한다. 일반적으로 힌두교라고 하면 외래 종교인 이슬람교나 조로아스터교(파르시교), 기독교, 인도 고유의 종교인 불교나 자이나교 등을 제외한, 민간 힌두교 전통과 『베다』 힌두교 전통에서 비슈누파와 같은 박티 전통에 이르는 다양하고 복잡한 전통 전체를 포함한다. 그러나 가장 좁은 뜻의 힌두교는 불교와 자이나교의 진출로 한때 후퇴하였던 『베다』 힌두교 전통, 즉 브라만교가 8세기경에 새로운 종교적 형태로 대두한 것을 뜻한다.

힌두교는 세계에서 기독교와 이슬람교 다음으로 신도가 많은 신앙으로, 그 수는 거의 십억 명에 이른다. 힌두교의 발생은 고대 인도의 종교 사상인『베다』에서 비롯하며,『베다』사상은 기원전 1500년 이전으로 거슬러 올라간다.『베다』는 종교이자 문학으로, 오늘날 글로 남아 있는 문학 가운데 가장 오래된 것으로 여겨진다. 힌두교는 여러 신들의 존재를 부정하지 않는 다신교적 일신교(택일신교 또는 일신숭배)로서, 교주 즉 특정한 종교적 창시자가 없는 것이 특징이다.

힌두교는 교조도 없을 뿐 아니라 교단도 경전도 없는 특이한 종교다. 그것을 유지해온 것은 브라만이라는 최고 카스트로서 힌두교의 핵심인 카스트제도와 운명관을 형성했다. 힌두교에 의하면 우주는 생성·발전·소멸을 반복하는데, 삼주신(Trimurti, 三主神)인 브라마(Brahma), 비슈누(Vishnu), 시바(Shiva)가 각각 우주의 생성, 유지와 발전, 소멸을 담당한다. 힌두교에는 그밖에도 신이 많다. 조금 부유한 북쪽 지방과 브라만 및 크샤트리아 계급 중에는 비슈누파가 많고 남쪽의 가난한 지방과 수드라 계급, 불가촉천민 중에는 시바파가 많다.

그러나 공통적으로 윤회를 믿는 힌두교도들은 현세의 부귀를 전생의 보상으로 생각하며 현세의 고난을 내세의 보상을 받기 위한 기회로 여기므로, 현세적이며 세속적인 성격이 강한 기복 신앙의 성격과 명상·요가·고행과 같은 신비주의적 성격을 동시에 지닌다. 힌두교의 영향으로 인도인은 소를 신성시한다. 인도연방 헌법은 소를 도살하는 것을 금하고, 대부분의 주가 '소 보호법'을 두고 있다. 특히 암소를 여신이자 어머니 같은 신성한 존재로 여긴다. 따라서 소가 늙어 더 이상 일을 못하거나 우유를 생산하지 못해도 죽이지 않는다.

불교는 힌두교의 윤회를 극복하기 위한 것이므로 윤회를 인정한다고 할 수 없다. 그러나 오늘날 한국 불교를 비롯해 윤회를 믿는 것이 일반적이다. 이를 불교의 본래 취지와 반대되는 것으로 보고 불교가 힌두교화되었다고 비판하는 사람들이 있다. 나도 그렇게 생각하지만 우리 불교의 문제점은 그 정도에 그치지 않는다. 특히 한국 불교는 흔히 호국불교라고 하는데, 이것이야말로 권력과 담을 쌓고 출가한 붓다의 정신을 근본적으로 부정하는 것이 아닌가? 불교가 권력과 야합하고, 권력의 도구가 되며, 불교도가 왕조나 식민지 시대를 비롯하여 가장 보수적인 체제 유지에 빌붙는 경향이 있음은 물론, 양심적 병역거부와 같은 비폭력적 행동에 전혀 무관심한 것을 우리는 어떻게 보아야 하는가?

한국 불교의 재산이 어마어마하다지만, 인도 힌두교의 재산은 그것보다도 훨씬 많을 것이다. 그것을 인도 빈민을 위해 사용한다면 간디가 꿈꾼 '만인의 복지(Sarvodaya)'는 금방 이루어질 것이다. 그러나 지난 수천 년 동안에도 그런 일은 없었다. 하기야 힌두교도가 다 일어났다면 인도가 영국의 지배를 받았을까? 여하튼 인도는 모병제 국가라 양심적 병역거부 문제가 없다는 점이 우리와 다르다. 이것도 작은 나라의 슬픔일까?

## 인도 지리

이 책에는 인도의 지명이 많이 나오는데, 그곳들을 일일이 찾아가보기 힘든 사람들을 위해 최소한의 설명이 필요하다. 그러나 그마저도 방대할 것 같아 말을 꺼내기가 주저될 정도다. 인도의 면적은 약 450만 제곱킬로미터로 남한의 사십 배가 넘고, 인구도 13억 5천만 명 이상으로 남한의 26배가 넘는 큰 나라다. 그러니 지형과 기후, 사람과 언어, 종교와 문화 등이 다양할 수밖에 없다. 인구 밀도는 남한에 비할 바 못 되지만 그래도 높은 나라에 속한다. 국토의 칠십 퍼센트가 산지인 남한과 달리 인도는 국토의 반 이상이 경작 가능할 정도의 평지(57퍼센트)이거나 평지가 아니더라도 라자스탄 주의 타르 사막이나 카슈미르 같은 고산지대를 제외하면 대부분 사람이 살고, 경제활동을 하고 있다. 사실 인도를 여행하면서 한국과의 가장 큰 차이점으로 느끼는 것은 산이 거의 없다는 점이다. 물론 북쪽에 히말라야가 있지만 그 밑으로는 거의 평야다. 어디를 가나 사방이 산으로 막힌 한국에 사는 사람이 인도에 가면 책에서나 보던 지평선이나 수평선이라는 것을 눈으로 볼 수 있어서 좋다. 막혀 살다가 뚫린 기분을 만끽할 수 있어서 내가 자주 인도에 가는지도 모른다.

인도에는 6월 초순부터 9월 말에 끝나는 우기인 몬순이 있다. 뜨거운 인도에서 몬순은 대단히 반가운 것이다. 특히 농민에게 그렇다. 아니 대부분의 인도인이 얼마 전까지만 해도 농민이었으니 그것은 인도인 모두에게 관련되는 가장 중요한 일인지도 모른다. 인도에서는 농업을 '비의 도박(gambling in rains)'이라 하는데 한반도를 비롯한 농업 지역이라면 어디에서나 마찬가지가 아닐까? 물론 넉 달간 비가 집중해 내리는 정도는 우리의 장마와 다르다.

비가 엄청나게 내리는 인도 남부는 곡창이다. 드라비다족이 사는 남부의 케랄라 주는 지금도 여가장제가 지속되고 사회주의 정당이 집권할 정도로 진보적인 곳이다. 인도에 가부장제가 들어온 것은 아리아족이 북쪽에 침입한 뒤였다. 아리아족은 키가 크고 몸집이 좋으며 피부가 흰 반면, 드라비다족은 키와 몸집이 작고 피부도 검다. 나는 한때 그 외모와 남성적이라기보다는 여성적이라 할 수 있는 성품을 보아 간디가 드라비다족이 아닌가 생각한 적이 있는데, 과학적 근거는 전혀 없다.

인도 중부의 뭄바이(Mumbai, 과거에는 봄베이라고 했다.)는 마하라슈트라 주의 수도로 건조하고 먼지투성이인 데칸고원으로 이어지는데 그 부근에 있는 푸네는 인도 민족주의의 중심으로 유명하다. 사람들은 농사일이 힘겨운 탓에 투박하고 표정이 별로 없어 군인 기질에 맞는 것 같다. 뒤에서 보듯이 간디 암살범들이 그곳 태생이었다. 마하슈트라는 우리가 상식으로 아는 아잔타와 엘로라의 석굴이 있는 곳으로도 유명하다. 간디가 그곳을 방문했다는 기록은 남아 있지 않다. 그는 미술이나 음악에는 별 관심이 없었던 것으로 보인다. 그 유명한 타지마할을 방문했다는 기록도 없다. "음악과 문학, 미술을 모르는 자는 꼬리만 없다뿐이지 짐승과 다름이 없다."라는 인도 옛말이 있는데, 이는 간디에게도 해당하는 말일지 모른다. 그 점에서 시인이자 화가, 작곡가였던 라빈드라나트 타고르와 간디는 대조적이었다.

인도에 대한 최소한의 마지막 설명으로 인도의 마을에 대해 언급할 필요가 있다. 간디는 그 마을의 자치 기구인 판차야트(Panchayat)에 주목했다. 인도 인구의 4분의 3은 주민 수가 오백~오천 명으로 구성된 오십만 개 이상의 마을에 살면서 이십 개 이상의 자티와 그것에 속한 가족들로 구성되어 자급자족했으며, 마을과 마을은 상부상조했다.

간디는 신생 인도를 판차야트를 중심으로 각자 하나의 독립국으로서 존재하는 수십만 개 마을의 연방처럼 만들자고 주장했다. 그 주장은 그의 사후 인도 헌법에 규정되었고, 1954년 이후 중앙정부에 의해 부활되었다. 그러나 판차야트가 과거와 같은 경찰권이나 사법권을 행사할 수는 없고 행정권을 행사하는 데 그쳤다.

앞에서 언급한 암벳카는 간디의 마을 공화국 구상을 거부했음을 우리는 뒤에서 다시 볼 것이다. 암벳카는 기계문명을 부정적으로 본 간디와 달리 그것을 긍정적으로 보았고, 서양 현대 문명을 도입할 것을 적극적으로 주장했다.

## 카스트, 간디, 암벳카

인도에 카스트제도가 있다는 것은 한국에서도 상식이다. 내가 인도에 대하여 가장 싫어하는 부분은 그곳에 카스트제도가 있다는 것이다. 카스트는 우리가 흔히 말하는 4성(姓) 구분과는 달리 수천 개로 나뉜다. 카스트는 인간의 운명이기에, 인간은 카스트를 따라야 한다는 것이 힌두교의 핵심이고 인도라는 나라의 근본적인 인간관이다.

16세기에 포르투갈 사람들이 인도에 처음 왔을 때 인도인이 모여 사는 모습을 보고 하나의 혈통이라 생각해 '단일 혈통'을 뜻하는 포르투갈 단어인 카스타(casta)라고 불렀다. 그것이 뒤에 영국인에 의해 영어식으로 바뀌어 '카스트'가 되었다. 한편 인도에서는 흔히 말하는 네 개의 카스트를 '바르나(Varna)'라고 하는데 이는 '색(color)'을 뜻한다. 그리고 구체적으로 직업을 세분하는 것을 자티라 한다. 이는 '출생'을 뜻한다. 즉 출생에 따른 신분 구분으로, 가족보다는 크지만 부족이나 계층, 계급보다는 작은 단위다.

힌두교 고대 경전인 『리그베다Rigveda』에 의하면 태초의 인간 푸루샤(Purusha)의 머리에서 브라만(시인과 성직자), 팔에서 크샤트리아(왕), 다리에서 바이샤(상인과 농부), 발에서 수드라(노예나 날품팔이)가 생겨났다. 그중 앞의 셋은 윤회에 의해 다시 태어나는 재생족(twice-born)이지만 수드라는 더러워서 다시 태어날 수 없다고 한다. 카스트에도 속하지 않는 최하층의 다섯 번째 계급이 판차마스(Panchamas), '불가촉천민'이다.

간디는 바이샤 출신이었지만 그것을 자랑스럽게 생각했고, 카스트를 분업제도라는 의미에서 인정하면서도 그 차별은 당연히 부정적으로 보았다. 누구나 카스트에 의한 전통적 직업인 세습 가업에 따라 밥벌이를 해야 한다고 하면서, 인도라는 사회가 카스트에 의해 지금까지 존속해왔으므로 그것을 없애면 엄청난 혼란이 생긴다고 주장했다. 그로 인해 암벳카와 대립했다.

간디는 불가촉천민을 '신의 자녀'로 불렀을 뿐 아니라 자신이 발간한 주간지의 이름도 같은 뜻의 힌두어인 '하리잔(Harijan)'이라고 지어 그들에 대한 차별을 비판했지만, 그들을 배제하는 카스트제도 자체를 폐지하려고 하지는 않아 비판을 받았다. 심지어 카스트는 남녀와 마찬가지로 서로 다른 인간의 차이에 의한 자연스러운 반영이라고도 했다. 이 점에서 간디는 지극히 보수적이고 반민주적으로도 보이지만, 인도 독립을 위해 모든 인도인의 단결을 추구하는 입장에서 불가피한 선택을 내린 것이라고 볼 수도 있다.

반면 불가촉천민 출신인 암벳카는 카스트제도 폐지를 주장했다. 간디는 힌두교를 세계 최고의 종교이자 철학이라고 칭송했으나, 암벳카는 힌두교에는 이성이나 도덕이 아예 없다고 주장했다. 이들의 관계에 대해서는 뒤에서 다시 상세히 설명하겠다. 여기서는 암벳카라는 사람이 인도에서는 간디와 쌍벽을 이룰 정도로 중요한 사람이고 불가촉천민은 물론 카스트제도에 반대했다는 점만 기억하도록 하자.

암벳카는 카스트제도의 해소책으로 카스트 간 결혼을 추천했다. 미국과 영국에 유학해 소위 일류대학에서 박사학위 두 개를 받은 그는 유학 중에 미국 여성과 결혼했는데, 그 자신도 그것이 인도에서 다른 카스트와 결혼하는 것보다 쉽다고 생각했을지 모른다. 간디도 자녀나 제자들에게 상이한 카스트 사이의 결혼을 적극 추천했다. 나도 지역 갈등을 해소하기 위해 영호남 간 결혼을 적극 추천한 적이 있다. 그러나 내 주변에서 그런 경우를 거의 보기 어렵듯이,

인도에서도 극히 드물다. 불가촉천민이 상위 카스트와 결혼하면 금시계를 준 적도 있었지만 큰 효과는 없었다.

인도는 세계 4대 문명의 하나인 인더스문명의 발상지이고 찬란한 문화를 자랑하며 지금도 세계에서 중국 다음으로 인구가 많은 강대국이다. 그러나 오랫동안 외국의 지배를 받았다. 그 이유의 하나는 인도인들이 가족·카스트·지역·언어 등으로 나뉘어 있고 그러한 차원을 넘는 정치적 통합에는 철저히 무심하다는 점이다. 그러므로 정복하기에는 너무나 좋은 땅이었다. 그것도 날씨가 더운 탓일까? 그러나 같은 불가촉천민끼리도 서로 차별하는 것을 보면 단지 날씨 탓이라고 하기에는 이상하다는 생각이 든다. 결국 불가촉천민들은 함께 뭉쳐서 자신들을 차별하는 자들에게 대항해보려 한 적이 수천 년 동안 한번도 없었다. 암벳카가 등장하기 전까지. 마찬가지로 외적에게 대항해본 적도 없었다. 간디가 등장하기 전까지.

인도는 그런 나라다. 나는 그런 인도를 조금도 미화할 생각이 없다. 그렇다고 해서 '더러운' 나라라고 욕할 생각도 없다. 따지고 보면 우리도 마찬가지 아닌가? 우리나 인도말고도, 많은 나라와 민족이 그렇지 않은가? 이렇게 말한다고 해서 내가 간디나 암벳카를 무슨 대단한 영웅처럼 생각하는 것은 아니니 오해하지 말기를 바란다. 20세기에 와서 그런 사람들이 등장할 수 있었던 이유가 있었을 것이다. 간디나 암벳카가 없었다 해도 다른 사람들이 등장하여 비슷한 일을 했을 것이다.

## 인도인의 섹스

인도에서는 두 개의 성, 즉 섹스라는 성(性)과 세인트(saint)라는 성(聖)이 싸운다. 인간이면 누구나 그 둘 사이에서 번민하기 마련이지만 평생 진리 실험이니 진실 추구니 하며 살았던 간디에게는 그야말로 심각한 문제가 아닐 수 없었다. 그는 13세에 동갑과 결혼하여 그때부터 섹스를 상당히 밝힌 듯하다. 특히 16세 때 아버지가 죽을 때에도 섹스를 하여 평생 후회할 정도였다. 그러다 37세에 앞으로는 절대 섹스를 하지 않겠다고 공개적으로 맹세하고 79세에 죽을 때까지 그 맹세를 지켰다. 그가 그런 맹세 때문에 성인이나 성자라는 말을 듣는 것은 아니지만, 여하튼 죽기까지 42년간 '수절'했다니 대단한 일이 아닐 수 없다.

그러나 만년의 간디는 상당 기간을 손녀와 나체로 동침하여 문제가 되었다. 섹스하지 않겠다는 맹세를 스스로 시험해보기 위해서라고 했지만, 이는 그를 성인으로 존경한 많은 사람을 실망시켰다. 인도에서 요가를 하며 정신을 집중할 때 동요하지 않는 능력에 대한 실험으로 여성의 유혹이나 섹스를 표현한 에로틱한 장면 같은 것을 이용한다는 점을 생각하면 이해 못할 바도 아닌데 말이다. 여하튼 간디는 평생 성문제로 고민했다. 그 점에서 그는 우리와 크게 다르지 않았다.

이는 인도 특유의 문제도, 간디 특유의 문제도 아니다. 인도에도 매매춘 산업이 있고 인터넷에도 그런 것이 성행하지만 그것이 다른 나라(특히 우리나라)보다 반드시 심하다고 보기는 어렵다. 힌두교 사원에 섹스 행위를 묘사한 조각들이 있고 남녀의 생식기가 숭배 대상이 되고도 있지만, 그것들을 근거로 인도인이 특별히 섹스에 관심이 높다고 할 수는 없다. 그러나 섹스를 종교적 의식으로 숭배하는 사람들이 인도인, 적어도 돌에 섹스 장면을 새겨 넣은 고대 인도인임에는 틀림이 없다.

나는 인도의 명상이나 요가 같은 것에는 흥미가 없다. 그것은 섭씨 오십 도를 예사로 넘는, 생명을 위협할 정도로 강렬한 무더위가 일 년 내내 이어지는 곳에서 체온을 서늘하게 유지하는 나름의 생존 방식이었다고 생각된다. 그러니 과연 그것이 좋은 것인지, 특히 평생을 무더위 속에서 살지는 않는 우리에게도 좋은지는 의문이다.

인도인이 바라나시를 성스러운 도시로 여긴다는 것이 우리에게도 유명하지만 몇 번을 가보아도 나에게는 '오염의 도시' '오염의 강'으로밖에 보이지 않았다. 간디도 그곳 대학의 개교식에 간 적이 있지만, 갠지스강에서 목욕을 한다거나 강물을 성수랍시고 마시거나 담아 오는 짓은 하지 않았다. 간디는 어린 시절 부모를 따라갔을 때 외에는 힌두교 사원에 참배한 적도 거의 없고,

제도로서의 종교에 대해서도 회의했다. 그가 자신의 비폭력 사상을 『바가바드 기타』에서 구한 것은 사실이지만, 그가 힌두교 자체에 관심이 있었다고 보기는 어렵다. 여하튼 그는 성인이 된 뒤로는 평생 힌두교 사원을 찾지 않았는데, 이는 제도 교회를 비판한 톨스토이의 영향 때문이라고 나는 생각한다.

## 소 숭배

누구나 문화 충격을 느끼는 인도의 가장 기이한 면은 길거리를 돌아다니는 소들과 함께 살아가는 사람들이다. 소뿐 아니라 개와 고양이도 길거리를 돌아다니며 사람들과 함께 살고 있다. 흔히 말하는 반려견, 반려묘가 아니다. 물론 인도에도 개와 고양이 등을 키우는 사람들이 있지만, 내가 말하는 것은 우리가 흔히 들개니 들고양이니 하는 것들이 인도에서는 길거리나 마을을 태연하게 돌아다니고 잠을 자면서 사람들에게 음식을 얻어먹고 산다는 것이다. 그런 동물들을 모두 신으로 대접하는 인도인들을 보면 이해가 가지 않는 것도 아니지만, 그 겉모양이 흉해서 전염병을 옮기는 것은 아닌지 걱정스럽다. 다행히도 우리나라 들개들처럼 사납지는 않지만 가까이하기에는 역시 두렵다.

동물 중에서도 단연코 최고는 소, 그것도 암소다. 인도는 세계 최대의 소 보유국이다. 인도에서는 옛날부터 소가 중요했다. 소는 유목시대에는 중요한 식량이었고 농경시대에는 중요한 농사 도구였다. 유목시대에는 제물로서도 중요했는데 농경시대로 바뀌면서 소를 제물로 도살하는 것이 문제시되었다. 여기서 소를 더 이상 죽여서는 안 된다고 강조하는 불교와 자이나교가 나왔고, 뒤에 힌두교에서도 그것을 채택하게 되었다. '살생 금지' '불살생'을 뜻하는 아힘사(Ahimsa)가 바로 그것이다. 간디의 비폭력 사상도 여기에서 비롯된다. 인도에는 수많은 축제가 있지만, 최대의 축제는 소 보호를 기념하는 디왈리(Divali)다.

카스트도 소 숭배와 관련된다. 고대 인도에서 소를 제사 지내거나 숭배하는 브라만이 최고 카스트의 자리를 차지한 반면, 소를 죽이고 그 살과 가죽 등을 가공하는 일을 직업으로 하는 계급이 불가촉천민이 되었다.

# 3             간디 부교재

## 『자서전』의 문제점

이 책을 읽는 독자들은 대부분 간디의 『자서전』을 읽었거나 앞으로 읽을 것이다. 이 평전에서도 『자서전』의 내용을 많이 인용한다. 그러나 모든 『자서전』이 그렇듯이 그 내용이 반드시 정확한 것이라고 믿기는 어렵다. 간디 『자서전』처럼 '나의 진실 추구 이야기'나 '나의 진리 추구 이야기'라는 부제가 붙어 있어도 그 내용이 반드시 진실이나 진리라고 볼 수는 없다. 이는 다른 여러 『자서전』처럼 거짓말을 하거나 허세를 부리고 과장한다는 의미가 아니다. 간디의 『자서전』에는 그런 면이 전혀 없다. 도리어 반대로 스스로를 과도하게 깎아내리는 경향이 있다.

이는 '매우 평범한 소년의 입신출세담'이라는 인도 위인전 특유의 문법을 따른 것이기도 하다. 그러나 그것이 그의 특유한 겸손에서 나와 찬양할 만한 것이라고 해도, 그의 삶을 정확하게 기록해야 하는 입장에서 보면 문제가 많다. 그래서 간디의 손자이자 간디 전기 작가인 라즈모한 간디 같은 사람도 간디의 평전을 쓰면서 『자서전』에는 자기 학대적인 부분이 많으므로 유의해야 한다고 했다. 특히 유일한 정보원인 어린 시절에 대한 회상을 주의해서 읽어야 한다. 그것을 보완하는 자료로 오랫동안 간디의 비서를 지낸 피아렐랄 나야르(Pyarelal Nayyar, 1899~1982)의 방대한 평전을 참고할 수 있으나 그 역시 간디의 유년 시절을 직접 본 것이 아니므로 분명히 한계가 있다. 또한 그가 진실이라고 믿고 쓴 내용이 모두 정확한 기억에 근거한다고도 볼 수 없다. 간디 스스로 아무 계획 없이 쓰기 시작하여 '마음이 움직이는 대로' 썼을 뿐이라고 말한다.

여기서 '마음'이란 간디가 '스피릿(spirit)'이라 한 것을 번역한 표현으로, 함석헌은 이를 '영감' 또는 '영'이라고 번역했다. 간디가 이 말에 종교적인 의미를 부여하고 있음은 분명하나, 그것이 신비주의적인 의미는 아니라는 점에서 '마음'이라고 번역했지만, 마음이 움직이는 대로 썼다는 것을 멋대로 썼다고 해석할 수는 없다. 나로서는 기억력 정도로 이해한다.

우리의 기억력에는 문제가 많다. 물론 그것은 다른 자료나 사람들의 기억에 의해 수정될 수 있다. 그가 『자서전』에 어렸을 때 지능이 낮고 기억력이 나빴다고 하면서 뒤에서 그런 표현을 되풀이한 것을 보면, 어른이 되어서도 기억력이 그다지 뛰어나지 않았을지도 모른다. 그러나 그런 표현도 약간은 자학적인 것이다. 『자서전』을 비롯하여 백 권에 이르는 방대한 그의 전집을 보면 그가 비상한 기억력의 소유자임을 알 수 있기 때문이다. 심지어 『자서전』에는 반세기 전에 나누었던 대화까지 재현되어 있다.

여기서 간디가 『자서전』을 집필하게 된 계기를 살펴볼 필요가 있다. 집필을 시작한 1925년 이전에 간디는 남아프리카에 체류하는 인도인들은 물론이고 인도의 소작농과 노동자 사이에서도 지도자로 부상했다. 최초의 전국적 시민 불복종운동을 이끌기도 했지만, 1925년 무렵에는 일종의 정체기를 맞고 있었다. 그는 1922년 아마다바드에서 육 년 형을 선고받았지만, 실제로 감옥에서 보낸 기간은 훨씬 짧았다. 수감 중 급성 충수염으로 입원하면서 가석방되었기 때문이다. 그러나 간디는 육 년 형이 끝날 때까지 자신을 죄수로 여겨 영국 정부에 대한 공격을 자제하고 인도 내부의 여건을 개선하는 데 집중했다. 당시 그는 인도 민중이 시민 불복종을 할 준비가 되지 않았다고 판단해 그것을 중단하기도 했다. 그 결과 많은 비난을 받았다. 그는 그런 상황에서 『자서전』을 썼다. 그가 자서전을 쓰기 시작했을 때 한 친구가 그를 만류했다. 자서전을 쓰는 것은 서양 특유의 관행이며, 만약 간디가 자서전을 쓴 뒤 자신이 세운 원칙을 부정하거나 계획을 바꾸기라도 한다면 그의 글을 읽은 사람들에게 혼란을 줄 수도 있다는 것이다.

간디는 자서전을 쓰려는 것이 아니라 "단지 나의 진실 추구 이야기를 하고 싶을 뿐"이라고 말한다. 그러나 『자서전』의 중간 부분에서 그는 그 책을 쓰면서 느낀 회의를 다음과 같이 설명한다.

나는 과거에 읽었던 '모든 자서전은 역사로서 부적합하다'는 말을 지금보다 명확하게 이해한다. 나는 이 이야기에 내가 기억하는 모든 것을 기록하지는 않았다. 그러나 진실을 위해 도대체 얼마나 쓰고 또 얼마나 빼야 한단 말인가? 만약 법정에 선다면, 내가 겪은 어떤 사건에 대해 불완전하고 일방적으로 제시한 증거가 얼마나 가치가 있을까? 만일 참견하기 좋아하는 어떤 이가 내가 쓴 것들에 대해 반대심문을 한다면, 그는 더 많은 것을 밝힐 수 있을 것이다. 그리고 그가 만일 나에게 적대적인 비평가라면 그는 '간디의 수많은 거짓'을 폭로했다며 자축했으리라.

따라서 나는 때로 이 글쓰기를 중단해야 하지 않을까 고민하기도 했다. 그러나 내 마음의 소리가 그것을 금하지 않는 한, 나는 계속 써야만 한다. 일단 시작했다면, 도덕적으로 잘못되었다고 판명되기 전까지는 결코 포기해서는 안 된다는 현자의 말씀을 따라야 한다.

내가 이 자서전을 쓰는 것은 비평가들을 즐겁게 하기 위해서가 아니다. 쓴다는 것은 그 자체로 진실을 위한 실험이다. 또 한 가지 분명한 기능은 그것이 내 동료들에게 위안과 반성을 위한 양분을 제공한다는 것이다.

(자서전, 314~315쪽.)

간디가 예상한 대로『자서전』을 낸 뒤 많은 비판이 따랐다. 나도 그런 비평가 중 한 사람일지 모른다. 그러나 나는 지금까지 나온 대부분의 비판이 과연 간디에 대한 충분한 이해 위에서 이루어진 것인지 의심스럽다. 그 이해란 무엇보다도 간디가 우리 모두처럼 연약한 인간이었다는 사실에 대한 것이어야 한다. 그러므로 우리는 스스로 완벽한 인간이라도 되는 것처럼 그를 함부로 비판해서는 안 된다. 그런데 내가 이 책에서 자주 소개하는 아룬다티 로이는 그런 비판을 일삼는 것처럼 보여서 문제가 있다고 생각한다.

## 영화 〈간디〉의 문제점

위에서 말한『자서전』과 마찬가지로, 독자들 중에는 영화 〈간디〉를 보았거나 앞으로 볼 사람이 많으리라 생각되므로 그 영화에 대해서도 간단히 언급하는 것이 좋겠다. 앞에서 언급한 로맹 롤랑의 책이 20세기 전반의 지식인들에게 간디 이미지를 심는 데 공헌했다면, 이 영화는 20세기 후반의 대중에게 간디 이미지를 각인하는 데 기여했다. 일본인이 안중근이나 김구 영화를 만드는 것을 상상도 할 수 없는 우리는 그 영화를 영국인이 만들었다는 점이 기이하게 느껴질 수도 있다. 앞서 언급한 영국 의회 광장의 간디 동상처럼 그 영화 제작에도 어떤 뒷이야기가 있는 것은 아닌지 의심할 수도 있다. 그러나 뒷이야기는 없다. 애튼버러 감독은 "이 뛰어난 인간의 영혼을 발견하고 드라마화하고자 했습니다."라고 말했다. 그의 순수한 의도를 의심할 여지는 조금도 없다.

영화는 간디를 마하트마, 즉 성인으로 묘사하는 데 집중하고 상대적으로 영국이나 영국인은 성인을 학대하는 악당으로 그리는 경우가 많으므로 더욱 그렇다. 특히 간디의 암살과 장례를 다룬 압도적인 첫 장면은 예수의 마지막을 연상케 하는 순교자의 거룩한 모습을 그린다. 따라서 인간 간디의 약점이나 실수 같은 것은 전혀 다루지 않는다. 또 순교자로서 그려지는 반면, 힌두교인으로서의 간디는 전혀 드러나지 않는다. 영화 속 간디는 힌두교와는 무관한 현대적인 개인, 즉 서구적 의미의 개인이다. 장엄한 인도의 풍경이나 음악이 나오지만 그것은 배경에 불과하고, 그것을 들어내면 서양의 위대한 위인이라고 해도 무방하다. 간디에게는 물론 그런 보편적인 측면이 있지만, 그뿐인 것은 아니다. 따라서 '힌두교도 간디' '인도 사람' 간디가 영화에 거의 나타나지 않아 유감이다. 그것은 이 영화가 서양인을 일차 관객으로 하여 만들어졌으므로 당연한 일일지도 모른다. 인도에서는 영화가 인기 있기는커녕 간디를 상당히 폄훼했다는 비판을 받는 현상도 이해된다.

그 영화가 흔히 말하는 오리엔탈리즘에 빠졌다고 생각되지는 않지만, 간디를 우상화한 것은 사실이다. 간디의 복잡한 성격이나 삶을 단순화했다는 비판도 있지만 세 시간 영화에 많은 것을 기대할 수는 없다. 여하튼 세 시간 만에 간디의 삶을 파악하는 데는 더없이 좋은 영화다.

에튼버러가 1982년에 이 영화를 만들 때까지 인도에서 간디 영화가 만들어

지지 않은 것은 아니다. 더욱이 할리우드보다 더 많은 영화를 만든다는 발리우드의 나라가 아닌가? 그러나 이 책에서 보듯이 인도에서는 간디에 대한 평가가 갈리기에 영화를 만들기가 쉽지 않다. 2000년에 남인도 타미르 영화의 대스타 카말 하산이 만든 〈헤이 람!*Hey Ram!*〉에 대한 논의를 보면 잘 이해할 수 있다. 힌두교도 사켓 람은 무슬림의 습격으로 아내를 잃는다. 그는 힌두교도와 무슬림의 대립을 초래한 장본인이 간디라고 생각해 그를 죽이려고 암살단에 가입한다. 하지만 암살이 실패하자 간디에 대한 인식을 근본적으로 바꾸어 죽을 때까지 간디주의자로 살았다는 이야기다. 줄거리에서 보듯이 이 영화는 간디를 예찬한 영화였다. 그런데 영화가 상영되기도 전에, 국민회의를 중심으로 간디를 부정적으로 다루었다는 비판이 제기되었고, 서벵골 주 등에서는 상영을 방해하는 움직임도 나타났으며 실제로 상영이 중지되기도 했다.

## 영화 〈나의 아버지 간디〉의 문제점

우리나라에서 구할 수 있는 또 하나의 간디 관련 영화로 간디의 장남 하릴랄(Harilal Gandhi, 1888~1948)의 일생을 다룬 2007년 영화 〈나의 아버지 간디*Gandhi, My Father*〉가 있다. 하릴랄에 대해서는 뒤에서 설명할 예정이기에 여기서는 그 영화에 대해 간단히 살피도록 한다.

하릴랄은 1888년에 태어났다. 간디와 아내의 나이 19세 때였다. 당시 인도에서는 첫 자녀를 낳기에 어린 나이가 아니었으나, 그 뒤 간디는 영국과 남아프리카에 오랫동안 살면서 아들을 돌볼 시간이 거의 없었다. 영화는 하릴랄이 간디의 의사에 반하여 인도에서 결혼하여 부자 사이가 끊어지는 것으로 시작한다. 하릴랄이 사 년 전 정혼한 여성과의 결혼이었는데, 간디가 반대한 것이다. 그 뒤 하릴랄은 간디처럼 변호사가 되고자 남아프리카에 오지만 아버지는 만남을 거부한다. 그러나 아내 카스투르의 설득으로 간디는 결국 하릴랄을 받아들이고 자신의 신문사에 일자리를 준다. 또 비서의 권유를 받아 하릴랄이 아내를 남아프리카에 데려오게 한다. 하릴랄은 사티아그라하 운동으로 구속된 아버지를 대신해 운동에 참여하지만 곧 포기한다. 영화에서는 운동 때문에 구속된 것으로 나오지만, 그 전부터 그는 무면허 행상 등으로 감옥을 드나들었다.

간디는 그의 자녀에게 주도록 부여된 영국 유학 장학금을 하릴랄보다 우수하다고 여긴 다른 학생에게 주기도 했다. 장학금을 받지 못하게 된 하릴랄은 인도로 돌아가지만 학습 부진으로 고통을 받는다. 1915년 간디가 인도에 돌아왔을 때는 함께 기차 여행을 하지만, 간디는 돈을 달라는 하릴랄의 부탁을 거절하고 그에게 재산도 상속하지 않겠다고 한다. 그러자 아들은 아버지에게 크게 반발한다. 이어 콜카타에서 아버지의 뜻에 반하는 영국제 포지를 수입하다가 사기죄로 걸린다. 간디는 피해자들에게 아들을 고발하라고 권유하고, 하릴랄은 알코올중독에 빠진다.

1918년 전염병으로 아내와 아들을 잃은 하릴랄이 재혼하자 간디와의 갈등은 더욱 커진다. 이후 간디의 권유로 다시 운동에 참여하지만 횡령으로 구속된다. 이 사건을 계기로 간디는 하릴랄은 자신의 아들이 아니라고 공개적으로 선언한다. 1936년에 하릴랄이 무슬림으로 개종하고 압둘라라고 개명함으로써 둘 사이의 갈등은 최고조로 치닫는다. 하릴랄은 뒤에 힌두교로 다시 개종하지만 계속 알코올중독자로 살아간다. 그리고 아버지 간디가 암살된 지 5개월 뒤인 1948년 6월 18일, 아들 하릴랄은 길에서 횡사한다.

영화는 대체로 객관적으로 보이지만 아무래도 주인공인 하릴랄에 대해 동정적이고 간디는 냉정한 아버지로 다룬다. 영화의 끝에서 간디는 평생 최고의 후회가 하릴랄과 진나라고 말하며 아들을 찾지만, 암살당한다.

## 간디를 소재로 한 영화와 연극

간디를 다룬 영화와 연극은 헤아릴 수 없을 정도로 많지만 우리가 보기는 쉽지 않다. 인도에서 제작되어 대중적인 인기를 끈 영화로 2006년 작 〈라게 라호 문나 바이*Lage Raho Munna Bhai*〉가 있다. 엉뚱한 백수건달 문나가 사랑하는 사람의 마음을 얻기 위해 간디의 생애와 사상을 공부하면서 새 인생을 시작하게 된다는 줄거리다.

한국에서 더욱 보기 어려운 것이 연극이다. 하릴랄과 간디의 갈등을 다룬 〈간디 비루드 간디*Gandhi Viruth Gandhi*〉가 1995년에 공연되었으나 비판을 받아 일찍 막을 내렸다. 간디 암살범 고드세를 다룬 연극이 1997년에 초연 후 금지되었다가 2002년에 재공연되자 그것을 공격하는 연극이 같은 해에 공연되기도 했다. 1997년에 초연된 〈간디 암벳카〉도 중단되었던 적이 있다.

그러나 제대로 평가받은 작품도 많다. 가령 인도의 저명한 극작가 프라사나(Prasana, 1951~)는 자신의 작품 〈간디〉(1993)에 대한 인터뷰에서 간디는 독립투쟁이 자기와의 투쟁, 자민족과의 투쟁, 제국주의와의 투쟁이라는 3단계를 거쳐야 한다는 것을 알고 있어서 마르크스주의보다 더 논리적으로 보였다고 말했다.

## 간디를 소재로 한 음악

2016년에 노벨문학상을 받은 밥 딜런(Bob Dylan, 1941~)의 〈그들이 그를 죽였다*They Killed Him*〉(1986)는 마하트마 간디, 마틴 루터 킹 주니어, 예수 그리스도, 존 F. 케네디, 로버트 F. 케네디 등 순교한 개인 영웅들에게 바치는 헌사다. 이는 원래 크리스 크리스토프슨(Kris Kristofferson)이 작곡하고 노래한 것이었다.

> 마하트마 간디라는 사람이 있었어
> 그는 굴복하지 않고, 싸우려 하지도 않을 거야
> 그는 그 거래가 불결하고 지저분하다는 것을 알았어
> 그리고 어떤 잘못도 바로 만들 수 없었어
>
> 하지만 그는 그의 의무와 그가 지불해야 하는 몫을 알았어
> 그냥 서 있으려고 했던 또 다른 성스러운 사람
> 맙소사, 그들이 그를 죽였어!

그는 조지아 애틀랜타 출신의 또 다른 남자
마틴 루터 킹이라는 이름으로
그는 천둥이 치듯 땅을 흔들었어
그리고 오늘 자유의 종을 울렸어

타버릴 수 없는 아름다움을 꿈꾸며
그냥 친구가 되려고 했던 또 다른 성스러운 남자
맙소사, 그들이 그를 죽였어!

전능하신 하느님의 외아들
예수 그리스도로 불리는 거룩한 사람
절름발이를 치유하고 굶주린 자를 먹였어
그리고 그의 사랑 때문에 그들은 그의 목숨을 앗아갔어

이야기가 끝나지 않는 영광의 길에
우리가 결코 이해할 수 없는 인간의 거룩한 아들만
맙소사, 그들이 그를 죽였어!

마하트마 간디에 대해 노래해
마틴 루터 킹을 노래해
전능 예수 그리스도를 노래해
그리고 케네디 형제를 노래해

그밖에도 많은 가수가 간디를 노래했다. 가령 페티 스미스(Patti Smith)의 〈간디〉, 피터 모튼(Peter Morton)의 〈간디와 예수〉, 밥 리빙스톤(Robert Lynn Bob Livingston, 1948~)의 〈간디와 앉아 있는 황소*Mahatma Gandhi & Sitting Bull*〉(2003), 베른트 스텔터(Bernd Stelter, 1961~)의 〈마하트마〉(2004) 등이다.

미국의 미니멀리즘 작곡가 필립 글래스(Philip Glass, 1937~)가 작곡한 오페라 《사티아그라하》(1980)의 가사는 산스크리트어로 되어 있어서 이해하기 어렵지만, 미국과 유럽에서 공연했을 때 항상 만원을 이루었다. 간디가 남아프리카에 있던 시절 인도 이민자들에 대한 불평등 대우와 억압에 항의하다 비폭력 저항운동을 시작하게 되는 과정을 그리고 있다. 1막 '톨스토이'에서는 『바가바드 기타』의 전투, 톨스토이 농장(1910), 악법에 저항한다는 결의가 그려지고, 2막에서는 1896년 인도에 일시 귀국했다가 남아프리카로 돌아온 간디에 대한 백인들의 저항,《인디언 오피니언》발간, 사티아그라하로 인한 투옥이 그려지며, 3막에서는 1913년의 뉴캐슬 광부 행진이 나온다. 2막과 3막에서는 톨스토이, 타고르, 마틴 루터 킹 목사도 등장하여 간디의 비폭력 저항을 뒷받침한다.

글래스는 출신국인 미국을 중심으로 현대 서양음악을 공부하고 작곡을 하다가 1965년에 인도의 고대 악기 시타르(Sitar)의 연주자인 라비 샹카르(Ravi Shankar, 1920~2012)를 만난 뒤, 티베트 불교 등을 공부하면서 인도 음악을 자신의 작곡에 도입하고 미니멀리즘으로 향했다. 불필요한 기교를 최대한 제거하고 사물의 본질만을 남기는 단순함을 추구하는 미니멀리즘은 간디의 정신과도 통한다고 볼 수 있다. 글래스는 그 뒤 노동자로 살면서 아인슈타인을 평범한 인간으로 그린 오페라《해변의 아인슈타인Einstein on the Beach》(1976)을 발표했다. 이어 발표한《사티아그라하》는 그 뒤에 나온《아크나텐Akhnaten》(1983)과 함께 '초상 오페라 3부작'을 이룬다. 글래스는 1972년에 달라이 라마를 만난 뒤 영화배우 리처드 기어 등과 함께 티베트하우스를 세우고 티베트의 독립을 지원하면서 티베트인들을 도왔다.

라비 샹카르는 20세기 후반의 가장 잘 알려진 시타르 연주자로서 세계 각국의 음악가에게 영향을 주어 이름 앞에 명인이라는 뜻의 '판딧'이 붙는다. 1947년 간디가 암살된 직후 〈라가 모한 카운스Raga Mohan Kauns〉를 작곡했다. 이 곡은 1978년 독일의 도이치그라모폰에 의해 녹음되어 세계적으로 유명해졌다. 샹카르는 영화 〈간디〉의 음악도 담당했다.

간디의 죽음에 충격을 받아 작곡된 음악으로는 아일랜드 작곡가인 보이델

(Brian Boydell, 1917~2000)의 〈마하트마 간디를 추억하며*In Memoriam Mahatma Gandhi*〉도 있다. 12분짜리 오케스트라 작품으로 보이델의 최고 성공작이다.

인도 태생의 영국 작곡가 나래시 소할(Naresh Sohal, 1939~2018)도 1997년에 인도 독립 50주년을 기념하는 〈사티아그라하〉 심포니를 작곡했다. 그 첫 악장 은 간디를 찬양한 '람 둔(Ram Dhun)'으로 시작하는 플루트 연주고, 둘째 악장 에서는 독립 인도의 환희를 보여준다.

# 2부
# 식민지 인도에서 자라다
## (1869~1888)

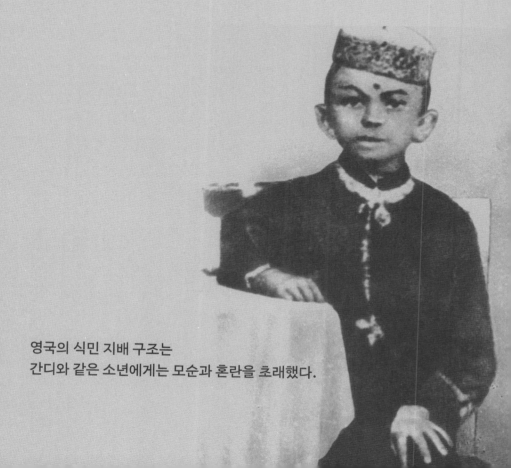

영국의 식민 지배 구조는
간디와 같은 소년에게는 모순과 혼란을 초래했다.

# 1             세포이 항쟁

## 2부

2부에서는 앞서 말했듯이 간디가 태어나기 십 년 전에 일어난 대반란에 대해 살펴본 뒤 간디의 출생과 성장에 대해 다룬다. 간디는 항구 도시인 포르반다르에서 태어나 여섯 살까지 그곳에서 살았다. 이후 열아홉 살 때까지 인근 상업 도시인 라지코트에서 성장했다. 여기서 간디가 도시에서 태어나 성장했다는 점이, 문명이나 도시, 기계에 호의적이지 않고 자연과 시골, 수공에 호의적이었던 그의 일반적인 이미지와 일치하지 않는다는 점이 두드러진다. 간디는 그런 도시들에 대해 어떤 애향심도 가진 적이 없지만, 크게 반감을 갖지도 않았다. 그는 평생 자연이나 시골 생활을 그리워한 적도, 실제로 그렇게 생활한 적도 없었다.

간디의 삶에서 자연주의적 요소를 찾는다면 그것은 채식주의와 동물 보호다. 여기서 동물 보호라는 것은 반려동물을 키우는 취미 따위와는 무관하다. 간디는 평생 어떤 동물도 키운 적이 없다. 간디의 동물 보호는 인도 힌두교에서 대부분의 동물이 신으로 숭상되는 것과 무관하지 않다. 동물 존중, 특히 소에 대한 존중이 불교와 자이나교가 탄생하는 계기가 되었고, 힌두교의 탄생과도 관련된다는 점은 앞에서도 설명했다. 채식주의는 그러한 종교적 분위기에서 나온 것이다.

또 그의 이미지와 반드시 관련되는 것은 아니지만 한 가지 짚고 싶은 점은 그가 아버지를 크게 존경하지 않았고, 학교 공부를 등한시했으며, 출신 학교와 선생들을 경시했고, 심지어 도덕적으로 문제가 있는 선생을 가르치려 하기도 했다는 점이다. 그가 다닌 중등학교나 대학은 인도나 영국에서 유명한 학교들인데 그는 그것들을 하찮게 생각해 『자서전』에서 지극히 간략하게 다루었다. 따라서 그의 애교심 부재는 앞에서 말한 애향심 부재와 함께 2부에서 다

         2부 식민지 인도에서 자라다(1869~1888)

루는 그의 유소년 시절 특징이라고 할 수 있다.

　이러한 특징은 간디가 어려서부터 '나'라는 존재는 어떤 권위에도 의존하거나 보호를 받지 않으며, 절대적인 허위와 악, 그리고 절대적인 진실과 선한 것이라고 하는 강력한 자아의식에 근거한 것이라고 볼 수 있다. 인간은 진실과 허위 사이에서 방황하는 존재지만 항상 진실을 추구하는 방향으로 나아가야 한다고 간디는 생각했다. 그래서 나는 그의 삶을 '진실 추구'라고 생각한다. 그의 사상을 단적으로 보여주는 사티아그라하도 '진실 추구'다. 그의 유소년 시절은 그런 '진실 추구'의 첫걸음을 보여준다.

## 세포이 항쟁 발생의 배경

앞에서 보았듯이 간디가 태어나기 십일 년 전에 인도 최초의 독립운동인 세포이 대항쟁이 터졌다. 세포이 항쟁(1857~1858)은 당시 인도를 지배한 동인도회사에 고용된 인도인 용병들을 중심으로 일어난 반영(反英) 항쟁을 말한다. 인도에 주둔한 영국 육군에는 인도인 용병이 많았는데, 1850년 당시 영국군 26만 9천 명 중 영국인은 4만 6천 명에 불과하고 나머지는 모두 인도인 용병이었다. 세포이들은 이슬람·힌두교·시크교 등 다양한 종교의 신자들로 구성되었는데, 출신 지역에 따라 3개군, 즉 벵골군·봄베이군·마드라스군으로 배치되었다. 당시 수백 개의 토후국으로 나뉜 인도에 살았던 세포이는 물론 대부분의 인도인은 스스로 인도인이라는 의식이 빈약했다. 그들에게는 동인도회사 이전에 인도를 지배한 무굴제국이나 영국이나 지배 왕조의 하나에 불과했다. 세포이 항쟁은 그러한 인도인들에게 처음으로 인도인이라는 정체성을 부각해준 사건이었다.

　항쟁의 원인은 다양했다. 먼저 영국 동인도회사가 1757년 플라시 전투에서 승리한 이후 인도에 대한 지배력을 대폭 확장한 점을 들 수 있다. 19세기에 들어서는 동인도회사의 지배 지역을 더욱 확장하기 위해 인도 내의 제후국들과 종속 동맹을 결성하는 등의 팽창 정책을 펼쳐 인도 아대륙의 대부분을 지배하게 되었다. 동인도회사가 계속 전쟁에서 승리하고 병합 지역을 넓히게 되자,

세포이들을 인도-버마 전쟁과 같은 외국과의 전쟁에까지 동원했지만 그들에 대한 처우는 개선되지 않았다. 게다가 용병의 규모가 커지자 재정 부담을 이유로 퇴직연금 지급을 중단했고, 특히 벵골군의 경우 퇴직금 부담을 줄이고자 마드라스나 뭄바이의 용병보다 적은 급여를 지급했다.

세포이 항쟁을 일으킨 또 다른 중요 요인은 1856년 7월 25일 발효된 '일반 복무 규정'이다. 이전까지는 별다른 차이를 두지 않던 해외 복무를 벵골군에 한해 제한하기 시작하여 특히 불만을 샀다. 진급에 대해서도 불만이 있었는데, 유럽인과는 달리 나이 들어 입대하는 세포이들은 근무 연수에 따라 진급하는 제도를 불공정하게 느꼈다. 유럽 출신 장교들이 계속하여 진급하는 동안 세포이들은 제한 연령에 도달하여 제대할 수밖에 없었고 결국 상급 장교가 되는 경우는 매우 드물었다. 인도인에게 불공평한 사법 체계 역시 반감의 대상이었다. 영국 하원에서 발간한 공식 청서인 《1855~1857년 동인도의 고문 현황》에는 영국 동인도회사의 사관들이 인도인 범죄자를 잔혹하게 대하고 있다고 기록되어 있다.

세포이 항쟁의 직접적 원인은 영국 동인도회사의 종교에 대한 몰이해였다. 1857년 군대에 공식적으로 선교사가 부임하자 많은 세포이가 반발했다. 그들은 1830년대에 침례교 선교사 등이 인도에 들어와 죽은 남편을 화장할 때 부인을 함께 화장하는 힌두교식 장례 풍습 사티를 금지하고, 과부를 재혼시키려할 때부터 불만을 가지고 있었다. 또 영국에서 들어온 서양 의학, 영국 관할지에 있는 하위 카스트 계층에 대한 보호 등으로 인해 전통적 지식체계가 붕괴되고 있었다. 특히 유럽인에 의해 설립된 학교들은 "수학을 이유로 종교적 관습을 배척하고 여자아이들에게 도덕적으로 위험한 사상을 주입한다"는 이유로 증오의 대상이 되었다.

동인도회사에 대한 불만이 고조되던 가운데 1857년 1월 27일 콜카타 인근의 세포이들이 새로 지급된 탄약통을 수령하기를 거부했다. 방수를 위해 탄약통에 소나 돼지의 지방을 먹였는데, 대부분 힌두교나 이슬람교 신자였던 세포이들은 이 탄약통을 입으로 물어뜯어 사용하라는 지시는 자신들의 종교를 멸시하는 행위라고 받아들였다. 힌두교도들은 소를 신성시하고, 무슬림과 힌두교도 모두 돼지를 부정한 것으로 여겼기 때문이었다. 2월 26일 제19 벵골인 연대는 행군을 위해 연병장에 집결해 있었지만 새 탄약통을 수령하라는 연대장의 명령을 거부하면서 맞섰다.

## 세포이 항쟁의 경과

2005년 인도에서 〈망갈 판데이: 봉기*Mangal Pandey: The Rising*〉라는 영화가 상영되었다. 세포이 항쟁의 원인을 제공한 판데이는 1984년 10월 우표로도 제작되었다. 판데이는 1827년 인도 북부의 브라만 가정에서 태어나 1849년 제34 벵골인 연대에 세포이로 들어갔다. 그는 1857년 3월 29일 탄약통을 수령하라는 지휘관의 명령을 거부했다. 이에 부관이 체포하려고 시도하자 판데이는 권총을 쏘아 부관의 말을 공격했다. 연대장은 인도인 사관에게 판데이를 체포하라고 다시 지시하였으나 그는 명령을 거부했고, 이어 연병장의 모든 세포이가 연대장의 명령을 거부했다. 총을 쏜 판데이와 그를 체포하라는 명령을 거부한 사관은 군사법정에서 사형을 선고받고 4월 8일 교수형에 처해졌다. 연대는 해산되고 항명에 가담한 세포이들은 군복을 벗어야 했다. 불명예제대를 하게 된 세포이들은 대부분 고향으로 돌아갔고 그 대다수가 민간인 항쟁에 가담하였다. 영화는 그런 판데이의 전기를 중심으로 영국인 장교와의 우정과 갈등, 창녀와의 사랑 등 흥미로운 허구적 사건들을 엮었다. 하지만 창녀와의 사랑을 다룬 각색은 당시 정치권, 특히 민족주의 우익으로부터 민족 영웅 판데이를 모독했다는 비난을 받았다. 그러나 이 영화를 비롯하여 세포이 항쟁에 참여한 잔시국의 라니(여왕) 락슈미바이의 전기영화나, 공산주의 민족운동가인 찬드라 보세의 전기영화 등이 함께 나온 것은 21세기 전후의 민족주의적 분위기를 보여주는 현상이자, 간디 중심의 비폭력주의보다 폭력주의를 선호하게 된 대중의 취향 변화를 보여주는 것이라고 할 수 있다.

4월에는 다른 여러 지역에서 체포와 총격이 지속되었다. 그러나 실제적인 항쟁은 5월 10일, 영국 출신 병사들의 주요 거점 중 하나인 미루트(Meerut)에서 비롯되었다. 이곳의 세포이 전원이 탄약통 수령을 거부했고, 대부분의 병사에게 십 년 강제 노동형이 선고되었고, 이들은 연병장에 모인 모든 병사가 지켜보는 가운데 군복이 벗겨졌으며 감옥으로 끌려가는 동안 조롱을 받았다. 그 뒤 세포이들은 영국 출신 당직 사관들과 여성과 아동을 포함한 민간인 오십여 명을 살해하고 구금되어 있던 세포이들과 죄수들을 풀어주었다.

세포이들은 델리성에 도착하여 무굴제국의 국왕에게 자신들을 통솔해주기를 요청하였으나 국왕은 별다른 조치를 하지 않았다. 그러나 궁전에 있던 다른 사람들은 빠르게 세포이와 합류했다. 성내에 있던 영국인과 기독교로 개종한 인도인이 살해되었으며 상점 몇 군데가 약탈당하기도 하였다. 당시 델리성 인근에 주둔했던 벵골군도 세포이 항쟁에 즉각 가담했으며, 가담하지 않은 세포이들도 이들을 진압하라는 명령을 거부했다. 이 교전에서 살아남은 영국군은 열 명이 채 되지 않았다. 델리성을 빠져나온 영국인들은 북쪽의 국기계양탑으로 모였다. 그곳에는 전신 사무소가 있어 세포이가 봉기했다는 것을 영국 당국에 알릴 수 있었다. 그러나 지원이 여의치 않아 피신하는 도중에 살해당하거나 약탈당했다.

5월 12일 무굴제국의 황제는 수년 만에 국정회의를 소집하고 자신을 인도 아대륙의 유일한 황제로 선언한 뒤 세포이들에게 충성을 요구하며 항쟁을 용인했다. 5월 16일 국왕은 체포되거나 구금된 유럽인 오십 명을 왕궁 밖 보리수나무 아래에서 처형하였다. 세포이 항쟁이 확산되어가는 동안 여러 세력이 세포이와 결합했다. 황제는 무굴제국의 부흥을 노렸고, 다른 왕국들도 자신들의 통치권을 되찾고자 하였다. 항쟁에 참여한 무슬림들은 이를 지하드로 선언하였다. 이들 중에는 천년 왕국의 도래를 선포한 이슬람 지도자도 있었다. 그러나 황제는 이러한 종교적 움직임이 자칫 자신을 향한 봉기가 될 것을 우려하여 그들의 주장을 인정하지 않았다.

델리에서 일어난 항쟁의 소식은 급속하게 다른 지역으로 전파되었다. 이에 많은 세포이가 항쟁에 합류하며 영국의 지배력이 마비되는 지역이 속출하기 시작했다. 동인도회사의 간부들은 델리에서 날아온 전보를 받고 가족을 안전한 지역으로 대피시키기에 급급했다. 비전투요원 포함 육천 명 이상의 영국인이 델리에서 이백오십 킬로미터 떨어진 아그라 요새에 집결했다. 항쟁이 발생한 지역의 영국인들은 근무지를 급히 벗어났는데, 미처 그러지 못하고 남아 있던 사람들은 무방비 상태에서 약탈당하거나 살해되었다. 군대 역시 혼란에 빠졌다. 일부 영국인 장교는 휘하의 세포이들을 믿고 병력을 유지했지만, 상당수 영국인 장교들은 세포이들을 무장 해제하려 시도하기도 했다. 바라나시와 알라하바드에서는 이 무장 해제 시도가 오히려 항쟁을 촉발하기도 했다.

그러나 영국군이 반격을 시작하자 일관된 사령부가 없던 세포이들은 명령 체계에 있어 구조적인 약점을 드러냈다. 세포이들은 대부분 지역 귀족들의 지휘를 받았는데 그들 상당수는 군사적으로 무능했다. 세포이 항쟁이 발생하자 인도의 각 지역은 세포이 반군을 지지하는 진영과 영국 동인도회사를 지지하는 진영으로 분열되었다. 일부 지역은 중립을 지키거나 별다른 사건을 겪지 않은 채 지나가기도 하였다. 여기서 여러 전투 중 하나를 통해 당시 영국군과 세포이군의 실상을 살펴보도록 하자.

## 칸푸르 전투

1857년 6월 휴 휠러(Hugh Wheeler) 장군 소속의 칸푸르(Kanpur) 세포이들이 봉기하여 영국 측 보루를 포위했다. 휠러는 유능한 군인이었을 뿐 아니라 상류 카스트 출신 인도인 아내를 맞이하여 인도인 사회에서도 영향력 있는 인물이었다. 세포이 반군의 지도자 나나 사히브(Nana Sahib)는 원래 휠러와 매우 가까웠다. 비트와르의 라자인 그는 동인도회사로부터 독립한 토후 중 한 사람으로 휠러의 아내처럼 상류 카스트였다. 그는 5월 말에 영국에 대한 지지를 맹세했기에 휠러는 전혀 걱정하지 않았다. 그러나 그것은 오해였다. 사히브는 1851년에 그의 아버지가 죽은 뒤 콜카타 총독부에게 연금을 박탈당했다. 그래서 동인도회사 런던 본부에 호소했으나 거절당했다. 이 일로 영국인을 혐오하게 된 그는 반란에 앞장섰다.

포위된 지 일주일을 넘기자 영국 측에서 식량 고갈과 물 부족으로 사상자가 나오기 시작했다. 전투 요원뿐만 아니라 여성과 어린이를 포함한 민간인들도 희생되었다. 사태가 심각해지자 6월 25일 사히브는 휠러에게 알라하바드로 안전하게 퇴각하도록 해주겠다고 제안했다. 영국 측은 며칠 분밖에 남지 않은 식량 사정을 감안하여 27일 아침에 경무장으로 퇴각하겠다고 답했다. 27일 사히브는 영국 측에 보트를 제공했고, 이들은 강을 타고 내려가 알라하바드로 퇴각하려 했다. 영국 측에 남아 있던 세포이들은 '배반자'이자 '개종자'라는 이유로 반군에 의해 사살되었다. 영국 측이 갠지스강에 이르러 보트에 타기 시작할 무렵 세포이들이 강의 양쪽을 포위했다. 그리고 보트가 출발하자 총격을 가하기 시작했다. 살아남은 사람들은 세포이 경기병이 달려들어 살해하였다. 세포이들은 모든 남자가 사망한 것을 확인한 후에야 총격을 멈추었다. 여자와 아이들은 비비가르(Bibighar)로 끌려가 그곳에서 살해되었다. 오직 병사 두 명과 장교 두 명만이 탈출에 성공했다.

당시의 총격이 사전에 계획된 것인지 우발적으로 일어난 것인지는 확실하지 않다. 여자와 어린이를 살해한 것은 명백히 세포이들의 잘못이었고 영국 내에서는 이를 비난하는 여론이 비등했다. 그러나 이 사건이 영국 측에 대한 세포이의 보복이었다고 보는 견해도 있다. 비비가르에서 여성과 어린이를 처형하기 2주 전 미루트 봉기가 알려지자 제임스 조지 네일(James George Smith Neill) 소령이 알라하바드로 진격하면서 칸푸르 인근의 파테흐 푸르에서 무차별 총격을 가하고 가옥을 불태웠던 것이다. 이 사건으로 세포이들의 분노가 극에 달해 있었다는 분석이다. 네일은 인도인들에게 "냉혹한 공포"를 보여야 한다며 마을을 불태우고 지역민들을 교수형에 처했다. 네일 자신도 전투 중에 전사했는데, 영국 당국은 그의 무공을 칭송하였다. 후일 사로잡힌 세포이 반군의 한 병사는 "우리는 포로를 학살한 게 아니다. 적군을 남김없이 무찔렀을 뿐이다."라고 답했다.

칸푸르를 탈환한 영국 측은 생포한 세포이 반군들을 비비가르의 현장으로 데려가 남아 있던 혈흔을 핥도록 강요했다. 그리고 그 자리에서 반란에 대한 무굴제국의 전통적인 처벌 방식에 따라 대포에 매달아 처형했다. 한편 사히브는 세포이 항쟁이 끝난 뒤 행방을 알 수 없었다.

세포이 항쟁은 빠른 속도로 인도 각지에 확산하였으나 인도 전역을 포괄하지는 못했고 항쟁의 지도자들은 새로운 질서에 대한 일관적인 이념을 공유하지도 않았다. 항쟁에 참여한 세력은 주로 봉건 귀족, 탈루크달이라 불리던 지주 계급, 농민 등이었다. 항쟁이 중부 인도로 확산되고 소작농민 대다수가 참여하면서 '반란'은 '항쟁' '독립운동'으로 변했다.

1857년 말 영국은 교전의 주도권을 잡기 시작했으며 세포이 항쟁은 1858년 7월 20일 괄리오르 전투를 끝으로 완전히 진압되었다. 붙잡힌 세포이 반군은 무굴제국의 법에 따라 반역죄로 처형되었는데, 대포 앞에 매달아 폭살하는 잔인한 방법이었다. 황제는 랑군(현 양곤)으로 추방되어 1862년 그곳에서 사망하였고, 무굴제국은 역사에서 사라졌다. 영국 정부는 인도를 직접 관할하기로 결정하고 동인도회사를 해체했다. 1877년 영국령 인도제국이 선포되어 빅토리아 여왕은 인도제국의 황제라는 칭호를 더하게 되었다. 영국은 인도를 직접 지배하기 위해 군사·재정·행정 등 각 분야를 개편했다. 인도 내의 영국 병력 역시 재편되어 인도인 부대에 모집된 병사는 대부분 시크교인와 쿠르카로 구성되었다.

세포이 항쟁은 인종·종교·카스트의 구별 없이 광범위한 계층이 규합된 최초의 반영 항쟁이었다는 점에서 인도 독립 운동사에서 중요한 의의를 갖는다. 그러나 간디가 태어난 포르반다르에서 세포이 반란은 먼 나라 이야기에 불과했다. 그곳에는 영국인 장교도 병사도 없었다. 대신 부유한 힌두교도나 무슬림 상인들이 그 지방을 지배했다. 그런 곳이 인도 곳곳에 있었다. 칸푸르와 델리의 거리가 세포이의 피로 젖었던 그해, 35세의 간디 아버지는 22세 연하인 네 번째 아내와 갓 결혼하여 고향인 포르반다르에 즐겁게 도착했다. 두 사람 사이에서 태어난 간디도 세포이와 무관한 유년 시절을 보냈다.

## 토후국

간디가 태어났을 무렵 인도는 백성들에게는 독재 군주로 행세하면서도 영국인 앞에서는 아첨을 일삼은 지방 영주들이 다스리는 수많은 소국으로 나뉘어 있었다. 그 소국을 토후국(土侯國, princely state)이라고도 한다. 1858년 이후 인도는 전국(인도 분리 이전)의 3분의 1에 이르는 565개의 토후국과 나머지 3분의 2를 차지하는 델리의 부왕이 통치하는 영국령 인도로 나뉘었다.

토후국은 독립적으로 영국의 간접적인 지배를 받았다. 그 계기는 위에서 언급한 1857년의 대반란이었다. 그 뒤 영국은 토후국을 무리하게 병합하지 않고 체제를 온존시키면서 포섭하는 방향으로 전환했다. 그러나 군사력은 물론 어떤 정치적 권력도 갖지 못해 나라라고 하기 힘든 허수아비, 영국의 앞잡이에 불과했고, 영국 정부의 대리인이나 주재관으로부터 감시를 받았다. 토후국은 델리와는 독립된 존재로 인도 정부의 법에 구속되지 않고 영국에 충성했다.

영국은 그런 봉건적인 토후국들의 망을 이용해 인도를 효과적으로 분할 통치했다. 토후국은 그 크기가 각양각색이었는데, 특히 카티아와르 지방에는 작은 토후국이 이백여 개나 밀집해 있었다. 이는 인도 전역 토후국의 3분의 1에 이르는 수였다. 재정 규모도 각양각색이었지만 대부분은 지배자 개인의 사치스러운 생활을 유지하는 데 급급했고, 그 군사력을 영국 총독부에 양보한 반면, 총독부가 만든 법령의 지배를 받지 않고 자기 영토를 마음대로 지배하는 특권을 부여받았다.

간디가 태어난 포르반다르는 전형적인 소규모 토후국으로서 당시 인도에서는 가장 후진적인 지역이었다. 이 지역의 간접 지배 방식은 친족이나 유력자의 망을 이용하여 힘 있는 영국 주재관이나 대표자와 긴밀하게 연결시키는 것이었다. 토후국의 왕을 마하라자(Maharajah)라고 했다. 그것은 원래 '위대한 왕'을 부르는 칭호로 규모가 큰 토후국의 왕을 일컬었는데, 식민지 시대에는 중소 토후국의 왕도 그렇게 불렀다.

19세기 인도 사회는 구십 퍼센트 이상이 농촌이었지만, 간디가 자란 포르반다르는 물론이고 라지코트도 도시에 가까운 마을이어서 그는 어렸을 때도 농촌을 경험한 적이 없었다. 그러나 마을 주변 면업 지대의 가난을 알았다. 그것은 뒤에 그가 농민을 이해하고 그들과 함께 활동하는 데 중요하게 작용했다.

# 2 ＿＿＿＿＿＿＿＿＿＿＿ 포르반다르의 유아 시절

## 포르반다르 여행

2008년 2월 1일 《한겨레》는 마크 보일(Mark Boyle)이라는 스물여덟 살 아일랜드 청년이 영국 브리스톨에서 간디의 고향인 인도 서부 포르반다르까지 1만 4천 킬로미터를 도보로 무전여행하고, 영국의 국영방송 BBC가 그것을 중계한다는 기사를 실었다. 프랑스-이탈리아-동유럽-이란-아프가니스탄-파키스탄-인도라는 긴 여정이었다. 보일은 학창 시절 영화 〈간디〉를 보고 감동하여 여행을 시작한다고 했다. 그는 그 여행을 '순례'라고 표현했는데 그 마지막 목표인 성지가 간디의 생가 포르반다르였다. 티셔츠 몇 벌과 샌들 한 켤레, 숟가락과 주머니칼만 넣은 작은 륙색을 지고, 현금이나 신용카드도 없이 시작한 여행이 어떻게 되어가는지 궁금해 후속 기사를 기다리고 BBC 중계를 계속 찾아보았으나 더 이상 이어지는 소식은 없었다.

그러다 한 달 뒤 우연히 그 여행이 한 달 만에 끝났다는 기사를 3월 1일 자 영국 신문 《가디언》에서 읽었다. 칼레 해협을 지나 프랑스에 건너갔는데 언어 장벽에 부딪혀 좌절했다는 것이었다. 출발조차 못했다는 너무나도 황당한 결과에 헛웃음밖에 나오지 않았지만, 그 뒤 그가 오늘에 이르기까지 '돈 없는 생활'을 해온 것은 사실이다. 여행을 시작하기 전부터 그는 프리코노미(Freeconomy)라는 인터넷 공동체 운동을 했다. 프리코노미는 믿음과 친절, 공동체와 사랑을 표현한다. 반면 돈과 신용은 공포와 불안, 욕심을 표현한 것이다. 그는 전쟁과 환경 파괴, 공장형 농장, 노동 착취형 공장, 다국적 기업 등이 거기서 생겨난 '악'이므로 이를 해결하기 위해선 돈 없는 사회를 건설해야 한다고 주장하고 실천해왔다.

내가 그 여행에 특별히 관심을 가졌던 이유는 그 청년 나이 무렵에 한국에서 포르반다르로 가는 무전여행을 계획해본 적이 있기 때문이었다. 한국-중국-인도를 여행하는 것으로 보일의 계획과 반대 여정으로 포르반다르까지 가는 계획이었다. 대구에서 출발해 인천에서 밤배를 타고 중국 칭다오로 가서 충칭과 쿤밍을 지나 인도에 들어가 시킴-파트나-세바그램-아마다바드-라지코트-포르반다르에 이른다는 계획이었다. 당시에는 인터넷도 없어서 지도책과 백과사전을 뒤지며 밤을 지새우기도 했다.

그 뒤 거의 오십 년이 지난 지금까지 가끔씩 그런 꿈을 꾸곤 했다. 불행인지 다행인지 도보 무전여행은 못하고 밤차로 포르반다르에 다녀왔을 뿐이다. 컴파트먼트 하나에 다닥다닥 붙여놓은 좁은 침대 여덟 개 중 하나에 몸을 겨우 눕히고 열 시간을 흔들리며 오가야 하는 밤차는 초행자로서는 참기 어려운 고통이다. 오랫동안 인도를 여행하며 밤 열차에 상당히 익숙해져도 잠을 쉽게 이루기는 힘들다. 비록 잠을 설치더라도 항구인 포르반다르가 열차의 종점이므로 지나칠 걱정은 하지 않아도 되어 좋을 뿐이다.

그러나 밤차나 낮차로 인도를 여행해서는 인도에 대해 잘 알 수 없다. 인도를 여행하는 한국인은 대부분 짧은 패키지여행을 하는데 그 며칠 동안 에어컨이 작동하는 호텔에 묵으며 버스 차창으로 보는 인도란 그야말로 주마간산일 뿐이다. 게다가 패키지 상품은 뻔한 곳만 다닌다. 이 책에서 언급하는 포르반다르, 라지코트, 아마다바드 등의 구자라트 지방은 패키지는커녕 인도 여행 안내서에도 나오지 않는다.

내가 처음 인도를 여행한 삼십 년 전쯤에 받은 가장 강한 인상은 어느 시골에서 인력거를 힘들게 끄는 사람에 대한 것이다. 나는 그가 노인인 줄 알았는데, 알고 보니 당시 삼십 대 후반이었던 나보다 더 어렸다. 그가 강요하다시피 해서 인력거에 탔고 몇 발자국도 못 가서 내렸지만 내 생애에 그렇게까지 부끄러운 적은 다시없었다. 그 뒤로 인도는 물론 동남아시아에 가서도 인력거는 타지 않았다.

그때 인도를 여행하면서 거대하고 비대한 몸집에 멋진 옷과 보석을 걸친 인도인부터 열 살짜리 아이보다 몸집이 작고 허리가 굽은 병이 든 듯한 노인들까지, 그 전에는 상상도 할 수 없었던 남녀노소의 모든 부류를 만났다. 호텔과

에어컨 버스에서는 그런 인도인을 볼 수 없다. 계급과 몸집이 비례한다니 기가 찬다.

며칠의 주마간산으로 인도가 좋으니 싫으니 쉽게 떠드는 사람들을 너무 많이 보았지만 인도를 그렇게 쉽게 이야기할 수는 없다. 다니면 다닐수록 더 싫어질 수도 있겠지만 나에게 인도는 호불호를 떠나 인간의 삶이라는 것을 새삼 생각하는 계기가 되었기에 그 어느 곳보다 인상이 깊다. 서양처럼 풍경이 좋은 곳은 아름답다고 느끼는 데서 끝나는데, 그것은 굳이 직접 경험하지 않아도 대체로 알 수 있다. 그러나 인도는 직접 몸과 마음으로 겪어보지 않으면 잘 알 수 없다.

간디도 그런 인도의 일부다. 인도를 다니다 보면 간디를 닮은 사람들을 많이 보게 된다. 그가 남아프리카에서 인도로 돌아온 46세 이후 78세에 사망하기까지 32년 동안 입었던 비 조각(도티라고 한다.)만 허리에 걸친 사람을 어디에서나 볼 수 있다. 뒤에서 설명하듯이 나는 간디가 그런 옷차림을 한 것이 그의 사회운동에서 대단히 중요한 역할을 했다고 생각한다. 그 전까지 그의 옷차림을 보면 가히 스타일리스트라고 해도 과언이 아닐 만큼 때마다 멋지게 변신하여 자신의 삶과 일치시켰다. 그런 점에서 그는 양복을 입은 인도 지식인부터 비 조각을 걸친 인도 노동자 농민까지 다양한 모습을 살았다.

## 아름다운 해변 마을 포르반다르

'하얀 마을'이라는 뜻의 포르반다르는 흰 석조 사원 건물이 많은 탓에 붙은 이름이다. 높은 곳에서 내려다보면 푸른 바다가 아름다운 전형적인 해변 마을이다. 기후가 나쁘다는 인도지만 포르반다르는 온화한 기후로 유명하다. 햇볕은 따갑지만 바닷바람이 불어 특히 저녁부터 아침까지는 시원하다. 1938년에 그곳을 방문한 영국인 목사 찰스 앤드루스(Charles Freer Andrews, 1871~1940)는 "자연으로부터 상상할 수도 없는 바다와 하늘의 광채를 받았다"고 썼다. 대부분 돌로 세워지고 거대하고 높은 문들로 보호된 그 도시는 "바다로 무한히 확장되는 돌출된 갑(岬)에 면했다." 그곳의 공기는 "바다의 소금기 섞인 물보라와 함께 신선하고"하얀 거품으로 터지는 거대한 파도와 함께 해변을 떠다녔다."(Guha, 17쪽.) 뒤에서 보듯이 앤드루스는 1914년부터 간디의 친구가 되어 평생 그의 동지로 헌신했으니 그곳을 필요 이상으로 찬양했을 수도 있겠지만, 최근에 내가 가 본 바로도 그가 쓴 그대로였다. 물론 인도의 대도시 항구가 아닌 작은 해변 마을은 다 그렇다고도 할 수 있지만. 새벽에 그곳에 닿았을 때는 간디의 출발을 함께 느낄 수 있는 기회 같아 행운이라는 생각이 들었다.

새벽 해변은 어디에서나 아름답지만 그곳에서 보는 아라비아 바다만큼은 정말 아름답다. 붉은 새벽하늘의 변화는 정말 신비롭다. 해가 뜨기도 전에 많은 사람이 해변으로 나와 수영과 요가, 조깅과 산책을 즐긴다. 특히 노인과 청년이 단체로 수영하는 장면이 인상적이다. 할아버지뿐 아니라 할머니도 많다. 바다 멀리 작은 어선들이 보인다. 밤새 잡은 고기들을 아침이 되면 팔려고 항구에 모인다.

역에서 내려 직선 길로 십 분 정도 걸어가면 바로 해변이다. 낮차는 물론 밤차에서도 서로 모르는 남녀노소가 금방 말문을 트고 화기애애하게 담소를 나누는 정경을 인도 어디에서나 볼 수 있지만 새벽 수영을 같이하는 모습은 그곳에서 평생 처음 보았다. 그들은 외국인인 나에게도 스스럼없이 악수를 청하고 말을 걸어 왔다. 인도에 카스트가 남아 있는 것은 사실이지만 일상생활에서는 거의 의식하지 못한다고 인도인 대부분이 말한다.

포르반다르가 속한 구자라트 주를 비롯하여 인도 곳곳에서 힌두교도와 이슬람교도들의 분쟁이 있어왔지만 인도인 대부분의 일상에는 그런 갈등이 전혀 없다고도 한다. 남녀노소가 전혀 거리낌 없이 서로를 즐겁게 대하는 모습은 이 세상 어디에서보다 자유롭고 평등한 인간관계처럼 보였다.

포르반다르는 기후와 해변, 간디의 출생지라는 점 외에는 달리 볼 만한 점이 없는 인구 칠만 명 규모의 시골 해변 마을이다. 와이파이가 있는 식당이나 커피숍도 거의 없다. 식당은 대부분 채식 식당이고 적어도 공식적으로는 술집은커녕 술 판매도 금지된다. 그래선지 하루 종일 다녀도 한국인은 물론 외국인도 보기 힘들다. 요즘 한국인들은 세계 방방곡곡을 다 다닌다는데 인터넷을 아무리 뒤져도 그곳에 다녀왔다는 한국인은 보기 힘들다.

델리에서 포르반다르까지는 직선거리로 거의 1,245킬로미터이니 백두산에서 한라산까지의 거리(969킬로미터)보다 276킬로미터나 더 길다. 지금도 델리에서 포르반다르로 가려면 자동차든 열차든 최소 하루가 걸리고 비행기로 가도 뭄바이를 경유하기 때문에 열한 시간이 넘게 걸린다. 간디가 태어났을 때에는 철도가 없었기에* 걷거나 달구지 또는 마차를 탔을 것인데, 걸었다면 하루 여덟 시간씩 매일 32킬로미터를 걷는 경우 사십 일쯤 걸리고, 달구지를 타도 25일 이상이 걸린다. 간디는 『자서전』에서 그가 1882년에 결혼할 무렵 포르반다르와 라지코트 사이의 120마일을 가는 데에 달구지로 닷새가 걸렸다고 했다.

## 간디 생가

간디의 생가는 지금도 상가가 대부분인 시내 중앙에 있다. 상가라고 해도 수십 년 전 우리 시골에서 보았던 작은 상점들이 모여 거리를 이룬 것이다. 주택가는 따로 없고 상점들과 섞여 있다. 열 시가 되면 상점들이 문을 열고 그때부터 거리는 사람들로 넘쳐난다. 간디의 집은 아마도 매우 시끄러웠을 것이다. 상가에 위치한 데다가 수십 명의 대가족이 함께 살았기 때문이다. 간디가 태어날 무렵에는 인도 전체가 그렇게 대가족으로 살았다. 19세기 말까지 우리도 마찬가지였다.

시끄럽고 복잡한 간디 생가 주변을 걷다 보면 그를 근엄한 종교적 인간으로 생각하기 어려워진다. 그곳은 시골도 아니다. 사실 간디는 평생 시골에 살았던 적이 없었다. 감옥에 갇힐 때 자신의 직업을 농부라고 쓴 적이 있지만 제대로 농사를 지은 적은 한 해도 없었다. 그는 도시인이었다. 평생 가져본 유일한 직업은 변호사였다. 직업 변호사로 법무 보는 것은 일찍이 그만두었지만, 그

---

* 철도는 간디가 열아홉 살이었던 1888년에 개통되었다.

뒤 그가 죽을 때까지 했던 일도 인도를 위해 정의를 추구하는 변호사 생활이었다고 할 수 있다.

그런 생각을 하며 간디 박물관을 찾아갔다. 간디의 생가를 주축으로 한 박물관은 오전 일곱 시 삼십 분에 문을 연다. 해변을 산책하다가 천천히 걸어가면 십 분이면 충분히 닿는다. 포르반다르에서는 모든 곳을 걸어서 다닐 수 있다. 가끔 걸인들이 귀찮게 하지만 몇 루피만 주면 된다. 좁은 도로에 차량, 특히 릭샤가 많아 공해가 심하지만 그래도 델리나 뭄바이 같은 대도시에 비하면 참을 만하다.

생각보다 의외로 좁아 보이는 생가를 포함하여 한 시간 정도면 박물관을 충분히 다 돌아볼 수 있다. 간디 집안이 5세대 동안 살았던 그곳은 두 개의 사원 사이에 있었지만 지금은 없고 그 부지에는 박물관이 증축되었다. 간디가 태어난 집은 3층 건물로서 1, 2층은 방들이 있고 3층은 방과 옥상이다. 간디 가족은 매일 아침 3층 옥상에서 두 시간 기도를 올리고 문밖에 있는 사원을 매일 두 차례 방문할 정도로 신앙심이 깊었다.

간디가 태어난 무렵에는 상당한 규모의 저택으로 여러 가구가 모여 살도록 비좁은 방 열두 개가 다닥다닥 붙어 있었다. 간디 가족은 1층의 베란다로 통하는 방 두 개를 사용했다. 그중 큰 방에서 간디의 부모와 여섯 자녀가 살았다. 간디가 태어난 그곳은 가로 6미터 세로 3.6미터로, 매우 좁고 낮고 어두웠다. 입구를 통과하려면 몸을 숙여야 하고 낮에도 불이 있어야 둘러볼 수 있다. 간디가 살았던 때에는 전기가 없었으므로 호롱불을 켜야 했다. 여름에는 숨을 쉴 수 없을 정도로 더웠는데 방구석에 있는 부엌 때문에 더욱 더웠다. 그 방 옆의 작은 방에는 간디의 외할머니와 이모들이 살았다. 생가를 나와 박물관에 들를 수 있으나 공식적인 사진 몇 장 외에 특별한 것이 없다.

반면 간디 집 뒤로 이삼 분 만에 이르는 골목에 그의 아내가 태어나 자란 곳이 있으니 꼭 찾아가볼 일이다. 간디 생가와 달리 제대로 알려지지 않고 사진 촬영이 금지되어 유감이지만, 간디 집보다 더 높고 넓으며, 장식이 많고 화려하다. 2층 집으로 방이 스무 개나 된다. 인도인들은 집에 장식을 많이 하는 것 간디가 태어난 포르반다르의 집.

으로 부를 과시한다. 화려한 옷에 보석을 많이 두르는 것도 마찬가지로 과시다. 유한계급의 사치는 언제 어디서나 볼 수 있지만, 계급 구분이 복잡한 인도에서는 더욱 심할 수도 있다. 반면 대부분의 서민은 흰옷을 입고 살았다. 지금도 농촌에 가면 흰옷을 입은 농부들이 많다. 그것도 옷이라기보다는 만년의 간디처럼 하얀 비 조각을 하나 걸친 정도다. 그런 점에서 인도 농촌에는 아직도 간디들이 수없이 많다.

간디는 1869년 10월 2일에 태어났다. 다섯째이자 마지막 아이였다. 간디 집안과 같은 비슈나파 교도들은 자녀의 출생에 관한 모든 것을 대단히 더럽다고 여겨서 최하층 산파만이 그곳에 들어갈 수 있고, 출산 뒤에는 정화의 대상이 되었다. 아들을 셋이나 낳은 뒤 다시 아들을 낳은 것이었기 때문에 신의 축복을 받았다고 사람들의 부러움을 샀다.

반면 옛날 한국에서와 마찬가지로 인도에서도 딸을 출산하는 것은 비극이었다. 삼천 년 동안 힌두교도들은 찬송가 〈아이타레야 브라마나*Aitareya Brah-mana*〉를 부르며 "딸을 낳는다는 것은 비참이다"라고 노래했고, 갓 태어난 딸 아이를 죽이는 짓도 공공연히 행했다. 간디의 부모는 아들로 태어난 아이를 데리고 사제인 점성술사에게 가 운세를 받게 했다. 좋은 운을 타고났다는 말을 듣고는 그가 추천한 이름들 중에서 모한다스라는 이름을 골랐다. 생후 열흘 동안 1월임에도 더운 방에서 지냈으나 아기는 건강했다. 어머니는 매일 크리슈나 신에게 모한다스가 영웅 중의 영웅이 되게 해달라고 기도했다.

## 카티아와르, 구자라트

앞에서 보았듯 1858년부터 일 년여간 계속된 세포이 항쟁은 인도의 시골 대부분과는 무관했다. 보통 시골 사람들은 영국인을 본 적도 없고, 영국이 인도를 지배하고 있다는 사실조차 실감하지 못했다. 내가 인도를 마지막으로 방문한 2019년 12월, 그들은 핸드폰이나 인터넷은커녕 텔레비전도 보지 못하고 있었다. 하물며 한 세기 반 이전의 인도에서는 대부분이 하루살이처럼 먹고살기에 바빴을 것이다. 그것은 지금도 변함이 없다. 당시 그들은 자기들이 사는 땅이 인도라는 것도 몰랐다. 자기들의 나라는 그들이 사는 작은 지역이었고, 지배자는 그곳에서 왕 노릇하는 라나였다. 그것은 백오십 년 전이 아니라 천오백 년 전에도 마찬가지였다. 수천 년 동안 변함이 없었다. 154년 전 간디가 태어난 곳도 그런 시골이었다.

간디는 인도 서부의 뭄바이(봄베이라고도 했다.)와 파키스탄의 카라치\* 중간쯤에 있는 카티아와르(Kathiawar) 반도의 작은 해변 마을 포르반다르에서 태어났다. 지금 그 반도는 파키스탄의 신드(Sind) 지방에 인접한 인도 북서부지만, 간디가 태어났을 때에는 인도와 파키스탄이 구분되지 않고 모두 영국령 인도였다.

---

\*    과거 파키스탄의 수도였던 대도시.

사우라스트라(Saurastra)라고도 하는 카티아와르는 인도 서북부 아라비아 해로 튀어나온 반도로서, 포르반다르에서 밤차로 다섯 시간 정도 달리면 닿는 라지코트가 그 중심이다. 간디 시대는 물론 지금까지도 인도에서 가장 빈곤한 지역 중 하나지만, 17세기 유럽 문헌에 구자라트 상인이라는 말이 등장할 정도로 한때는 무역으로 이름을 떨쳤다. 특히 포르반다르는 그 중심이었다. 서쪽의 페르시아나 아라비아로부터 종교나 문화가 그곳에 들어와 특유의 혼합 문화를 형성했다. 그러나 영국 식민지 시대의 카티아와르는 인도 중심부에서 많이 떨어져 영국이나 유럽의 영향을 거의 받지 못했고, 점차 쇠락했다.

카티아와르는 면적이 60,689제곱킬로미터로 남한의 반 정도이며, 구자라트 주에 속해 있다. 구자라트는 면적이 196,024제곱킬로미터로 220,847제곱킬로미터인 한반도보다 조금 작고 남한보다는 두 배 크다. 영역의 상당 부분에 카티아와르 반도를 품고 있다. 아름다운 자연환경 때문에 예전부터 '서인도의 보석(Jewel of Western India)'이라 불리기도 했다. 인구는 남한보다 조금 많아 육천만 명 이상이며, 구자라트어* 문화권이고, 힌두교의 영향력이 강하다. 1960년에 마하라슈트라 주와 함께 봄베이 주를 구성했으나, 사용하는 언어 문제로 분리되었다. 현재 인도 총리 나렌드라 모디가 이곳 출신인데 앞에서도 보았듯이 그는 여러모로 간디와 상극이다.

카티아와르 반도는 포르반다르, 라지코트, 왕카너(Wankanner)라는 세 지역으로 나뉜다. 1872년 인구조사에 의하면 그곳의 인구는 각각 72,077명, 36,770명, 28,750명이었다. 지금은 각각 133,083명(2001년 기준), 335,397명(2008년 기준), 43,881명(2011년 기준)이다. 과거에는 포르반다르 지역의 인구가 가장 많았지만 지금은 라지코트의 인구가 두 배 이상 많다.

간디의 아버지인 카람찬드 간디는 세 지역의 영주들 밑에서 번갈아가며 상급 공무원을 지냈다. 간디도 당연히 아버지의 근무지를 따라 이사했다. 간디

---

\*    인도 중부에서 통용되는 인도·유럽어족의 한 언어. 힌디어나 라자스탄어와 함께 중부군을 이룬다. 구자라트는 인도 서부의 주로 수도는 아마다바드다.

가 태어난 포르반다르는 당시 어부와 선주들이 주로 살았던 카티아와르 반도 아라비아해 연안의 항구로, 도시 지역의 인구는 약 1만 5천 명이었다. 그 지역의 면적은 서울특별시의 두 배 이상이지만 인구는 우리의 읍 정도에 불과했다. 포르반다르는 힌두의 신인 크리슈나의 어릴 적 친구인 수다마(Sudama)의 마을이라고 일컬어지기도 했다. 그래서 지금도 역에 가까운 수다마 템플을 비롯하여 수다마를 모시는 사원이 많다.

## 간디의 어린 시절

포르반다르는 간디의 고향이지만 그보다는 출생지라고 하는 것이 더 정확할지 모르겠다. 태어나 여섯 살까지 살았을 뿐이기 때문이다. 그곳에 대한 『자서전』의 서술도 몇 줄뿐이다.

> **학교에 다녔던 것이 생각난다. 구구단 외우는 것을 어려워했다는 것도. 그러나 무엇보다 또렷한 기억은 친구들과 몰려 다니며 우리 선생님을 여러 가지 별명으로 부르는 법을 배웠던 것이다. 이는 내가 아둔했고 아직 기억력이 좋지 않았음을 잘 보여준다.** (자서전, 25쪽.)

구구단을 외기 힘들었다는 것은 여섯 살 때 입학한 포르반다르 초등학교(둘리샬라) 시절의 경험인 듯하다. 당시 초등학교는 흙바닥에 글씨를 써가면서 아이들을 가르쳤다. 여하튼 고향 마을이나 고향 집에 대해서는 한마디도 하지 않는다. 그리움이나 향수 같은 것도 일체 없다. 혈연이나 지연, 학연을 기반으로 정치나 경제의 차원에서 무엇인가를 이루려고 했다면 달랐을지 모르지만 간디는 평생 그러는 법이 없었다. 그런 점에서 그는 한국식 위인과는 완연히 다르다.

전기 작가들은 어린 간디가 귀여움을 독차지했고, 머리와 귀는 크지만 다리는 가느다란 사랑스러운 아이였다고 묘사한다. 그는 말없이 사라지거나 나무에 오르고 사원에 숨는 일도 있었다고 한다. 뒤에 간디는 하인이 거세한 소가 끄는 수레에 자신을 싣고 포르반다르 부근의 마을에 갔을 때 고관의 아들이어서 과자와 동전을 얻었다고 회상하기도 했다(Payne, 16쪽). 그러나 간디가 기억한 최초의 일은 노래와 음악, 의식의 식사를 준비하는 남녀들, 엄청나게 많은 빨강·보라·청색·황색 꽃들로 가득 덮인, 집 옆에 있는 비슈나파 사원을 방문했을 때의 냄새다(Green, 38쪽).

간디는 어린 시절에 유모로부터 가장 가치 있는 종교적 가르침을 받았다고 회상했다.

**우리 집에서 오래 일했던 그녀의 사랑을 지금도 기억한다. 앞서도 말했듯이 당시 내 안에는 귀신과 유령에 대한 두려움이 가득했다. 유모 람바는 그 두려움에 대한 처방으로서 라마나마\*를 외워보라고 했다. 그 치료법보다도 그녀를 더욱 신뢰했기 때문에 나는 라마나마를 외기 시작했다. 이는 물론 오래 지속되지는 못했으나, 어린 시절에 뿌려진 그 좋은 씨앗이 영 헛수고로 돌아가지는 않았다. 오늘날 나에게 라마나마가 확실한 치료법이 된 것은 그 훌륭한 여성 람바가 씨앗을 뿌린 덕분이다.** (자서전, 53쪽.)

간디가 라마나마(Ramanama)를 외운 것은 4~5세 때였을 것으로 짐작된다(Herman, 52쪽). 라마나마란 라마, 곧 비슈누 신의 화신인 영웅 아바타르의 이름을 반복하여 외는 것으로, 간디는 암살 직후에도 '헤이, 라마(오, 라마여)'라고 외쳤다. 간디는 한센병에 걸린 아버지의 친구가 나은 것도 라마를 향해 기도한 탓이라고 믿었다. 간디 아버지의 사무실에도 라마 예배당이 있었다. 뒤에 간디는 무슬림에 의해 남편을 여읜 여성을 위로하기 위해 라마를 영창하도록 한다.

간디의 집안은 중상류층에 속했다. 그의 아버지는 포르반다르와 라지코트,

---

\*   비슈누의 일곱 번째 화신인 '라마'의 이름을 암송하는 것으로, 간디는 이에 자신의 신앙과 철학 및 수행을 더하여 최고의 영적 도구이자 치료제로 삼았다.

그 부근에 있는 쿠티아나(Kutiana)에 각각 집을 한 채씩 소유했을 정도로 재산이 많았지만 상류층에 속하지는 못했다. 그래도 아버지는 금목걸이를 하고 형은 무겁고 단단한 금팔찌를 찼으며, 간디도 손풍금을 가졌고 유모까지 있었다는 것을 보면 꽤나 잘살았던 듯하다. 오늘날도 인도인들은 금 장신구 착용하기를 좋아한다. 물론 간디는 그렇지 않았다.

지금도 포르반다르 마을 중앙에 남아 있는 집에서의 공동생활 경험이 아슈람을 비롯한 간디의 자발적인 공동생활의 기초를 형성했다고 보는 견해가 있다. 동시에 그 집에서 느낀 답답함이 간디에게 그곳에서 탈출하려는 해방에 대한 열정과 호기심을 자아내 평생 끝없이 움직이는 에너지를 형성했다고 보기도 한다. 그러나 태어나 겨우 육 년 정도 살았던 집에 그 정도로 의미를 부여할 수 있을지는 의문이다. 포르반다르가 아라비아해를 무대로 활동한 거칠고 빈틈없는 어부와 무역 상인들의 세계였다는 점과 간디가 남아프리카에서 1893년부터 1915년까지 22년간 활동한 것을 관련짓는 견해도 있지만 역시 의문이다. 도리어 성인이 되어 스스로 선택한 삶이라고 보는 것이 옳지 않을까?

## 부모

간디의 집안은 대대로 지방 영주를 위해 재무 등의 행정을 담당하는 고위직 공무원 디완(Diwan)이었다. 그것은 수상이나 재상이라 번역되기도 했으나, 인구가 십만 명도 안 되는 매우 작은 왕국의 사무장, 우리나라 같으면 상당히 큰 군이나 시의 행정 책임자 정도로 생각하면 된다. 여기서 카스트제도에 의하면 간디의 집안은 상인이어야 하는데 어떻게 수상이 된 것일까, 라는 의문이 생길 수 있다. 그러나 카스트제도는 실상 그만큼 상당히 유동적인 것이었다.

간디의 카스트는 승려 계급인 브라만과 기사 계급인 크샤트리아 다음인 상인 계급 바이샤에 속했고, 구자라트 지방에서는 특히 바니아라고 불린 신분이었다. 간디 집안은 본래 식료품상이었다. 간디라는 이름 자체가 바로 식료품 상인이라는 뜻이다. 따라서 매우 낮은 신분이었으나, 간디는 그에 대해 불만을 가진 적이 없었고 도리어 카스트에 따른 자신의 출신을 자랑스러워했다.

뒤에 간디는 자금 모집이나 조직 운영에 탁월한 능력을 발휘하고 대단히 검소한 절약가로서 몽당연필이나 이면지까지 소중하게 여긴 것에 대하여 "바니아라서" 그렇다고 웃으며 말하기도 했다.

바니아 또는 바이샤는 카스트 중에서 상당히 애매한 지위였다. 보통 브라만과 크샤트리아는 상층, 수드라와 달릿(불가촉천민)은 하층이라고 했는데 바니아는 그 중간이면서도 상하 계급 모두와 관련되었다. 직업적으로는 주로 상업과 고리대금업에 종사하면서 상하층 계급 모두에게 장사하고 돈거래를 했기 때문이다. 그들의 일은 불가결한 것이었지만, 어느 쪽으로부터도 신뢰를 받지 못해 교활하고 탐욕스럽다는 소리를 들었다. 그러나 간디는 평생 상업을 멸시하지 않았다. 친구들 중에는 재벌급 상인도 있었고 그들의 기부금을 즐겨 받았다. 로이는 이 점을 비판했지만, 상인들의 도움이 없었다면 간디의 독립운동은 불가능했을 것이다.

간디의 증조부로부터 삼대가 카티아와르 지방 여러 나라의 공무원을 지냈다. 할아버지 우탐찬드 간디(Utamchand Gandhi), 통칭 오타 간디는 강직한 사람이었다. 수상이었던 그는 정치적 음모로 인해 포르반다르에서 쫓겨나 그 옆 도시인 주나가드(Junagath)로 피난을 갔다. 거기서 그는 국왕에게 왼손으로 인사를 했다. 누가 이 너무나 무례한 태도의 이유를 묻자 그는 오른손은 이미 포르반다르에서 서약했기 때문이라고 답했다.

오타 간디는 첫 아내가 죽자 재혼했다. 첫 아내로부터 아들 넷, 둘째 아내로부터 아들 둘이 태어났다. 간디는 『자서전』에 어릴 적 오타 간디의 아들들을 모두 한 어머니가 낳은 것이 아님을 느끼지도, 알지도 못했다고 썼다. 카스트에서 서얼의 차별은 없었다. 이 6형제의 다섯째가 카람찬드 간디(Karamchand Gandhi, 1822~1885), 통칭 카바 간디였다. 간디의 아버지인 카바 간디는 아버지를 이어 포르반다르에서 근무했으나, 여섯째 툴시다스 간디에게 자리를 넘기고 라지코트와 왕카너에서 공무원을 지냈다. 포르반다르에서는 6형제와 그 가족이 함께 사는 대가족을 이루었다.

카바 간디는 네 번 결혼했다. 초혼과 재혼에서 두 딸이 태어났지만 두 아내는 모두 일찍 죽었다. 네 번째 결혼할 때, 그는 35세였고 훗날 간디의 모친이 될 마지막 아내 푸틀리바이(Putlibai, 1844~1891)는 13세였다. 당시 세 번째 아내는 거의 절명 상태였지만 생존해 있었다. 간디는 『자서전』에서 셋째 아내도 죽었다고 했지만, 이는 그 사실을 모르고 쓴 것이거나, 알고도 수치심 때문에 거짓말한 것일 수도 있다. 그러나 아버지가 육체적 쾌락에 빠졌다고 말하기를 서슴지 않았던 그가 거짓말을 했을 리는 없을 듯하다. 여하튼 아버지는 셋째 아내가 아들을 낳지 못하고 죽기 직전이어서 간디 어머니를 넷째 아내로 맞았는데, 당시 인도에서는 흔한 일이었다고 해도, 간디가 이를 알았다면 당연히 비판했을 것이다. 그는 푸틀리바이와의 사이에 딸 하나와 아들 셋을 두었는데, 간디는 막내였다. 간디 앞에 십 년 동안 장남 락스미다스(Laxmidas, C. 1860~1914), 장녀 랄리아트벤(Raliatbehn, 1862~1960), 차남 카르산다스(Karsandas, C. 1866~1913)가 태어났는데 뒤에서 보듯이 장남 외에는 간디의 생애에 중요한 역할을 하지 못한다.

아버지에 대해 간디는 다음과 같이 썼다.

**내 아버지는 가족을 사랑했고, 성실하고 용감하며 관대했으나 성급했다. 어느 정도 육체적 쾌락에 빠져 있었던 것 같기도 하다. 마흔이 넘어서 네 번째 결혼을 했기 때문이다. 아버지는 정직했고 가족 내에서는 물론 밖에서도 매우 공정한 사람이라는 평판을 얻었다. 나라에 대한 충성심이 깊기로도 유명했다. 하루는 영국인 주재관이 아버지가 모시고 있던 라지코트 왕 다코레 사헤브\*를 모욕하여 엄중히 항의하기도 했다. 주재관은 화가 나서 아버지에게 사과를 요구했다. 그러나 아버지는 끝까지 사과하기를 거부했고, 몇 시간이나 구속당하기도 했다. 하지만 아버지의 대쪽 같은 성품을 보았기에, 주재관도 결국 석방할 수밖에 없었다.**

---

\*     Saheb. 사헤브란 경칭이다.

아버지는 재물 욕심이 전혀 없었기 때문에 우리에게 남긴 것도 거의 없다.

아버지는 경험으로 배웠을 뿐, 교육도 받지 못했다. 기껏해야 구자라트어 교본 제5권 정도를 읽었을 것이다. 역사와 지리에 대해서는 완전히 무지했다. 그러나 풍부한 실무 경험이 아버지로 하여금 복잡한 문제를 해결하고 수많은 사람을 관리할 수 있게 하였다. 종교 훈련 또한 거의 하지 않았으나, 사원을 자주 찾아 설교를 듣는 많은 힌두교도만큼은 되었다. 말년에 아버지는 유식한 브라만 친구의 권고로 〈기타〉*를 읽기 시작했다. 매일 예배 시간이 되면 몇 구절씩을 큰 소리로 낭송하곤 했다. (자서전, 22~23쪽.)

매일 아침 탄원자들이 간디 아버지에게 편의를 구하거나 불만을 호소하고자 간디 집의 베란다에 모였다. 또 매일 밤 이삼십 명에 이르는 사람들이 함께 만찬을 하면서 최근 사건을 논의했다(Payne, 23쪽). 간디는 『자서전』에 어머니가 문맹이지만 총명했다고 썼다.

내 어머니는 박식했다. 나라 안의 돌아가는 일을 잘 알았고, 조정의 부인들은 그런 어머니의 지성을 높이 평가했다. 나는 종종 어린아이라는 특권으로 어머니를 따라갔는데, 다코레 사헤브의 홀어머니와 자주 토론하시던 것을 지금도 또렷이 기억한다. (자서전, 24쪽.)

어머니는 특히 종교적이었다. 매일 사원 예배에 참석했으며 기도하지 않고는 식사하지 않았다. 긴 단식도 잘 이겨냈고, 매년 4개월간의 우기에 계속되는

---

\* 『바가바드 기타』. 힌두교 3대 경전 중 하나. '신의 노래'라는 뜻으로, 인도의 대서사시 『마하바라타』의 일부이다. 이에 대한 간디의 해석으로는 간디 해설, 이현주 역, 『바가바드 기타』, 당대, 2001 참조.

일종의 사순절 동안 습관적으로 하루 한 끼만 먹고, 어떤 해에는 하루걸러 단식하기도 했다. 그리고 엄격한 채식주의자로서 고기나 생선은 물론 땅속에서 자라는 마늘이나 양파도 먹지 않았다. 간디의 평생을 지배한 생활철학이 된 단식과 맹세, 채식은 바로 어머니에게서 물려받은 것이라고 할 수 있다. 이는 그의 종교 사상의 근본이 되었다. 그는 뒤에 몇 번이나 자신은 어머니의 피를 받았다고 말했다.

어머니는 여섯 형제와 그 가족으로 이루어진 대가족을 이끄는 가장의 처로서도 잘 역할해냈다. 대가족 사이에서 자란 간디는 어려서부터 공동체 생활에 익숙했고, 함께 살기 위해서는 서로의 감정을 배려해야 한다는 것을 자연스럽게 몸으로 익혔을 수 있다. 그러나 그보다 더 중요한 점은 간디가 어려서부터 대가족의 반인 여성들에 의해 성장했다는 것이다. 그것이 그의 평생을 지배하고, 특히 그의 비폭력 사상과 연관되는 여성성을 형성한 기초가 되었다고 생각되기 때문이다.

## 종교적 다원성

간디가 태어난 포르반다르는 그다지 크지 않은 곳인데도 수많은 힌두 사원과 함께 이슬람 사원인 모스크와 기독교 교회, 자이나교 사원 등이 세워져 있다. (단 간디가 태어날 무렵에는 기독교 교회가 없었고, 라지코트에는 몇 개나 있었다.) 이는 포르반다르만이 아니라 라지코트를 비롯한 구자라트 지방의 특성이기도 하다. 인도의 어느 지역보다도 종교적 다원성이 강하게 인정되는 지역 특성이 간디에게도 그대로 이어졌다고 볼 수 있다. 그러나 최근에 와서는 힌두교와 이슬람교 사이의 갈등이 극심하여 종교적 다원성이라는 말이 무색해질 정도가 되었다. 이미 1969년과 1985년, 2002년 세 차례의 폭동으로 수백에서 수천 명이 죽었고, 2006년에도 바도다라(Vadodara)에서 소규모 폭동이 일어나 여덟 명이 죽고 사십여 명이 다쳤다. 현재 수상인 모디가 구자라트 지사를 지냈을 때 특히 종교적 갈등이 심해졌다.

간디가 어릴 적에 그의 부모는 집을 완전히 개방했기 때문에 외부인을 둘러싼 문제는 전혀 생기지 않았다. 뒤에 간디는 런던에 유학했을 때 본업인 법 공부 외에 복음주의자·신지주의자·채식주의자·문명 비판가 등 다양한 종교인 및 사상가를 만났고 그들에게 소개받은 수많은 서적을 탐독했다. 그때 인도의 고전도 처음 읽었지만 그 저변의 신앙심은 이미 구자라트에서 지낸 어린 시절에 부모, 특히 어머니를 통해 몸으로 익힌 것이었다. 간디의 힌두교 공부는 남아프리카에서의 강연 등을 가능하게 했고, 그의 평생에 걸쳐 가장 중요한 정신적 토대가 되었다.

힌두교 4대 성지 중 하나인 드와르카(Dwarka)가 구자라트 주 서쪽 해변에 있고, 그곳에 이천오백 년 전 세워진 드와르키디쉬(Dwarkadhish) 사원이 있어서 옛날부터 성지 순례하는 힌두교 신자가 많았다. 드와르카는 힌두교의 신 크리슈나가 건설했다는 전설상의 도시이고 현재 드와르카는 수몰된 후에 새로 지어졌다고 전해지는데, 2000년대 들어서 수중 탐사 결과 실제로 해변 바닷속에 고대 도시 유적이 발견되어 탐사가 계속되고 있다. 그 규모와 묘사가 『마하바라타』에 나오는 크리슈나의 드바라카(Dvaraka)와 상당히 유사하다.

구자라트 지방은 신의 찬가를 부르는 것으로 신과의 합일을 도모하는 박티(Bhakti) 운동이 극성을 이룬 곳이기도 했다. 박티는 산스크리트어로 '애착' '헌신' '경애'를 의미하며, 어떠한 대가도 바라지 않는 순수한 동기와 사심 없는 마음을 전제로 하는 신에 대한 헌신과 사랑을 통해 해탈을 추구하는 대중적인 신앙 행위를 뜻한다. 베다 전통의 제식주의와 우파니샤드 전통의 사변론과는 달리 일신교적 성격이 매우 강하며, 힌두교 발전과 대중화에 결정적으로 기여했다. 비슈누교·시바교·샥티교 등 거의 모든 종파의 신행으로 수용되고 있으며, 그중 비슈누와 그의 아바타인 크리슈나, 라마에 대한 숭배가 보편적이다.

간디 어머니는 박티 운동의 일종인 메흐라지 다쿠르(Mehraj Thakur, 1618~

1694)*가 창설한 프라나미(Pranami)파에도 속해, 집에서 이백 야드 떨어진 그 사원을 매일 찾아가 예배했다. 프라나미파는 힌두교와 이슬람교(당시 구자라트 인구의 5분의 1이 무슬림이었다.)를 조화시켜서 주류를 자제하고 채식주의를 실행하며 모든 일에 온건하게 대하는 것을 중시했다.

이 종파는 힌두교도들이 무굴제국의 아우랑제브 황제(Arrangzeb, 재위 기간 1658~1707)가 펼치는 잔혹한 종교 정책에 저항하여 분델칸드(Bundelkhand)의 차트라잘(Chatrasal) 왕의 후원으로 만든 종파로, 독립을 주장하기도 했다. 힌두와 무슬림을 가리지 않고 누구나 식사에 초대하기로 유명한 이 종파는 이슬람의 영향을 받아 『바가바드 기타』와 『코란』에서 가장 훌륭한 부분을 끌어내어 하나의 도달점인 신을 목표로 삼았다. 프라나미 사원 제단에는 언제나 『코란』이 놓여 있었다. 이러한 융합형 종교도 간디에게 중요한 영향을 미쳤다 (Payne, 20~21쪽).

또한 간디 어머니의 생가가 15세기 종교 시인이었던 나르신 메타(Narsinh Metha)가 살았던 곳 부근인 주나가드여서 간디는 일생 그의 시를 좋아했다. 나르신 메타는 브라만 출신이지만 불가촉천민을 친구로 두고 함께 비슈누 신을 찬양하는 찬가를 노래했다. 간디는 철학적이거나 이론적인 종교보다도 신의 이름이나 만트라[Mantra, 진언(眞言) 또는 제사(祭詞)], 슈로카[시송(詩頌)] 등을 반복하는 람남(Ramnam)이나 자바 같은 대중적 종교 실천을 중시했다.

간디는 16세기의 성자인 툴시다스(Tulsidas, 1532?~1623)가 번안한 『라마야나』를 반복하여 들었고 뒤에 그것을 "신앙서 중 최고"라고 말했다. 또 툴시다스가 "종교의 근원은 슬픔"이라고 한 말을 중시하여 인도에서도 이 슬픔의 종교를 재고해야 한다고 주장했다.

한편 자이나교도 간디 사상의 형성에 결정적인 역할을 했다. 뒤에 '인도 독립운동의 최초 지도자'로서 간디가 존경한 틸라크(Bal Gangadhar Tilak,

---

* 뒤에는 프라나나트(Prananath)로 불렸다.

1856~1920)*는 간디를 힌두라기보다는 자이나교도였다고 평했을 정도였다. 구자라트는 자이나교가 뿌리 깊은 곳이기도 하고 비슈누파와 결합되기도 했다. 특히 간디는 남아프리카에서 자이나교 시인인 라이찬드라(Raychandra Rav-jibhai Mehta, 1867~1901)의 영향을 많이 받았다.

간디의 부모는 힌두교 중에서도 비슈누파에 속했다. 힌두교는 다신교로 그 숭배 대상인 주신에 따라 몇 개의 종파로 나뉘는데, 대부분은 비슈누파와 시바파에 속했다. 간디 부모가 속한 종파는 『코란』을 힌두 성전과 통합시키되 그중 하나를 지나치게 숭배하려 하지 않고 사원에 어떤 우상도 두지 않았다.

구자라트에서는 힌두교 비슈누파의 사원을 하벨리(Haveli)라고 부른다. 간디의 부모는 그곳을 자주 참배했다. 그런데 그들은 또한 파괴와 창조의 신을 숭배하는 시바 종파나 라마 종파의 사원에도 참배했다. 그의 집에는 자이나교 승려나 이슬람교도, 파르시교도도 자주 찾아왔다. 다양한 종교에 대한 포용은 뒤에 간디 종교관의 원형이 되어 그의 평생을 지배했다. 그러나 힌두 이데올로기를 지배한 브라만적 전통과는 거리를 두었다. 뒤에 그는 브라만적인 힌두 철학과 달리 실천 중심의 해석으로 일관했다. 나아가 성인이 된 뒤에 간디는 사원이 신앙에 필요 없다고까지 말하지는 않았으나, 자신은 거의 가지 않았다. 특히 1901년에 콜카타의 칼리 여신 사원에서 살아 있는 동물의 피가 길 위까지 흐르는 것을 목격하고는 공포에 젖기도 했다. 이는 당시 인도의 최상위 카스트인 브라만이 비슈누파의 열광적인 의식을 저속하고 외설적이라 보아 경멸한 것과 일치했다.

간디의 소년 시절은 인도 사회의 계층화가 진행되고, 거의 변화가 없는 고정된 사회를 향한 전통화가 진행된 시기였다. 그것은 철도 부설에 따른 환금작물의 급속한 확대가 지방의 권력구조를 바꾸고 부유한 상인들이 수소 보호, 사회 개혁, 사원 제사 등을 후원하여 진행된 전통 회귀적인 힌두 개혁을 수반

---

\*     'Lokanama Tilak'라고도 한다.

했다. 가령 간디와 같은 카티아와르 출신 산야시 다야난드 사라스와티(Sanny-asi Dayanand Saraswati, 1824~1883)가 1857년에 창설한 아리아 사마지(Arya Sam-aj)는 기독교의 영향하에 프로테스탄티즘적인 힌두교 개혁을 도모했다. 그러나 간디는 더욱 다원적인 힌두교를 지향했다.

이처럼 포르반다르에서의 유년 시절은, 콜카타와 같은 서양화된 도시나 뭄바이 같은 국제도시와 달리 간디에게 단순하고 솔직한 종교적 기반을 형성했고, 그 점이 뒤에 그를 인도의 모든 지역에서 수백만 빈민과 함께 살아가게 한 것이었다.

## 간디의 정신분석과 여성성

간디를 정신분석학으로 연구한 에릭 에릭슨(Erik Homburger Erikson, 1902~1994)의 『간디의 진실: 비폭력 투쟁의 기원』이 유명하다. 이 책에 대해서는 자주 언급할 것이다.

에릭슨의 제자 수디르 카카르(Sudhir Kakar, 1938~)도 『친밀한 관계: 인도 섹슈얼리티 탐구*Intimate Relations: Exploring Indian Sexuality*』(1990, 시카고대학출판부)에서 간디의 정신분석을 시도한 바 있다. 그에 의하면 간디는 아버지가 성에 지나치게 몰두했다고 의심했고, 어머니를 그 희생자로 보았으며, 그래서 그 후 나이 든 사람이 어린 소녀와 결혼하는 것을 반종교적이라고 배척했다. 간디는 물론 그가 존경한 톨스토이 등은 모두 성욕에 반발했는데 이 점도 부모와 관련된다고 보았다. 나아가 여성주의자인 간디는 남녀의 대립을 해소하기 위해 여성에게 가해진 불평등을 제거하기보다는, 남녀관계에서 성을 배제해야 한다 여겼다고 주장했다. 이는 기본적으로 여성의 성욕을 부정하고, 어머니로서의 여성을 이상적으로 보는 데서 비롯되었고, 나아가 간디의 비폭력 사상에도 여성적인 요소가 있다고 볼 수 있다.

19세기 말 독특한 힌두교파에서 자란 간디에게 그런 여성관이 존재했고 그것이 그의 정신적 토대가 되었다고 볼 여지는 분명 충분하다. 그러나 이는 '폭력=남성, 비폭력=여성'이라는 고정관념의 반복일 수 있다. 적어도 『자서전』 등 간디의 글을 읽어보았을 때는 그런 고정관념을 찾을 수 없다. 그가 아버지보다 어머니에 더욱 가까워 보이는 점은 사실이나, 조국에 대한 사랑이나 진실에 대한 추구 등에서는 분명히 남성적인 용기를 대단히 중시하는 것이 사실이다. 그는 스스로 가족에 대한 남성적 권위주의가 과도했음을 고백하고 있고, 그런 가족적 차원의 문제점을 극복한 뒤에도(자녀의 경우 16세가 되면 관계하지 않았다.) 사회적으로 여전히 권위주의에 고집하는 남성적 측면을 분명히 보여준다.

수다르 카카르는 한국에 소개된 바 없지만 프랑스의 《르 누벨 옵서르바퇴르Le Nouvel Observateur》가 2005년 '25명의 가장 중요한 사상가' 중 한 사람으로 뽑았을 정도로 유명하다.

# 3 ──────────── 라지코트의 학창 시절

## 라지코트

간디가 일곱 살이 된 1876년에 간디 집안은 라지코트로 이사를 갔다. 그의 아버지가 이 년 전에 그곳의 디완이 되었기 때문이었다. 당시 가난한 카티아와르 왕국의 수도였던 그곳에는 우체국도, 전신도 없었으나, 인도인과 유럽인 쌍방의 심판을 위해 항소법원이 설치되어 있었다. 간디 가족으로서는 처음으로 '영국인이 만든 인도'를 만난 셈이었다.

간디가 왔을 당시의 라지코트는 카티아와르 반도의 영국군 주둔지이자 영국인 민간인 거주지의 중심으로 그 지역은 인도인 거주지와 엄격히 구분되었다. 아름다운 흰색 가옥과 곧게 뻗어 직각으로 굽어지는 도로 사이에 넓은 주택가가 영국인 거주지인 반면, 인도인 거주지는 어둡고 굽이진 골목으로 나뉘는 주택가에 많은 인구가 북적이고 있었다.

간디는 뭄바이 지사가 그곳에 왔을 때 왕국의 고관인 아버지가 양복을 차려입어야 해서 집안이 시끄러웠던 것을 기억했다. 그가 "화가였다면 양말을 신고 그 다리에 맞지 않아 불편하기 짝이 없는 부츠에 다리를 집어넣었을 때 그 얼굴에 드러난 혐오와 고통의 표정을 그렸을 것이다(Green, 57~58쪽)." 집에 있을 때나 직장에 있을 때나 아버지는 부드러운 가죽 실내화만 신었다. 부츠를 신는다는 시련은 영국 권력에 들기 위해 지불해야 할 대가였다.

간디가 라지코트로 왔을 때 그곳은 포르반다르보다 작은 도시였지만 지금은 포르반다르에 비할 수도 없을 정도로 대도시가 되었다. 인구도 약 140만 명으로 포르반다르보다 스무 배나 많다. 그만큼 차량도 많고 공해도 심하다. 그래서 걸어 다니기 쉽지 않다. 거리가 그리 멀지 않아도 걷기가 힘들어 릭샤를 타지 않을 수 없는데, 그래도 나쁜 공기를 피하기 어렵다.

일곱 살 간디는 달구지를 타고 닷새나 걸려 라지코트에 왔다. 그곳에 기차역이 생긴 것은 1890년이니 당시에는 이용할 수 없었다. 1890년은 간디가 영국 유학에서 돌아오기 한 해 전이었다. 그 뒤로 간디는 뭄바이와 라지코트를 기차를 타고 오갔을 것이다. 지금도 가장 빠른 열차로 열 시간 넘게 걸리니 간디 시절에는 하루나 이틀 이상이 걸렸을 것이다.

물론 지금도 라지코트에 가는 것은 쉬운 일이 아니다. 간디의 생애를 순서대로 밟아보고자 포르반다르에서 아홉 시 밤 열차를 타고 라지코트에 가고자 하면, 거리가 짧아서 다음 날 새벽 한 시 반경에 도착해 불편하다. 그래서 포르반다르에서 오후 네 시 완행열차를 타면 여덟 시경 라지코트역에 도착할 수 있어 좋다.

간디 박물관 부근에 호텔이 많아 역에서 릭샤를 타면 사십 루피 정도로 닿을 수 있다. 외국인이라고 바가지를 씌우는 경우도 많지만 그래봐야 우리 돈으로 몇 백 원 차이다. 델리에서 라지코트로 밤 열차를 타고 올 수도 있지만 꼬박 하루가 걸려 불편하다. 비행기가 있지만 승객이 많지 않은 탓인지 요금이 비싸다.

라지코트에서 먼저 찾아갈 곳은 '카바 간디의 집(Kaba Gandhi no Dello)', 즉 간디 아버지의 집이다. 간디 가족은 다바르가드(Darbargadh) 부근에 집을 빌려 오 년간 살다가 1881년에 일 킬로미터 정도 떨어진 '카바 간디의 집'을 사서 이사했다. 그 집은 원형 그대로 보존되어 있으나, 정문 2층에 있던 간디의 방은 없어졌다. 나무나 펌프도 간디 가족이 살았을 때 그대로 남아 있다.

라지코트의 간디 집은 포르반다르 집보다 대문도 넓고 방들도 크지만 입구는 카티아와르 스타일의 아치형이다. 모두 간디의 일생을 보여주는 전시실로 꾸며져 있으나, 다른 박물관보다 못하다. 간디가 영국에 유학한 탓에 가세가 기울어 1920년에 그 집을 팔아야 했다. 그동안 간디의 형제들이 그 집에서 사십 년을 살았다. 간디가 임종을 보지 못해 안타까워한 아버지는 1885년에 죽었고, 그렇게도 좋아한 어머니는 1891년에 죽었다. 간디가 유학한 삼 년 동안 간디의 부인과 두 아들도 이곳에서 살았다. 간디의 삼남과 사남은 남아프리카에서 태어났다. 그 집은 1920년 이후 남의 집이 되었으나, 1969년 간디 탄생

100주년 때 정부에서 구입해 지금처럼 전시관으로 만들었다.

1876년 라지코트로 간 간디가 2학년에 전학한 초등학교와 1879년에 다시 전학한 타룩(Taluk) 초등학교는 남아 있지 않다. '카바 간디의 집' 관리인 이야기로는 최근의 지진으로 파괴되었다고 한다. 반면 1881년에 입학해 칠 년을 다닌 라지코트 고등학교(Rajkot High School)는 그대로 남아 있다. 간디 집에서 십 분도 걸리지 않는다. 간디 가족은 간디가 중등학교에 편하게 통학할 수 있도록 이 집으로 이사 왔을 가능성이 크다. 간디는 카티아와르 스타일 옷을 입고 학교에 다녔다. 길고 풍덩한 바지(paheran)에 단추를 잠근 상의(zabho), 꼭 끼는 모자(pakhadi)였다. 이는 뒤에 간디가 남아프리카에서 인도로 올 때 입었던 옷 모양이기도 하다. 중등학교의 수업은 오전 열한 시부터 오후 다섯 시까지고 그사이에 한 시간 점심시간이 있었다. 토요일은 한 시간 반 빨리 마쳤다. 영어 읽기·단어·작문 수업이 일주일에 열 시간 있었는데, 이는 관료가 되기 위해 필수적인 기술이었다.

1853년에 개교한 이 학교는 카티아와르 최초의 영어 학교로, 장대한 영국풍 2층 건물이 지금도 그대로 남아 있다. 원래는 라지코트 영어 학교(Rajkot English School)라고 불리다가 1868년에 중등학교(High School)로, 이어 1907년에 영국 황태자의 이름을 따 알프레드 중등학교(Alfred High School)로 개명되었다. 1947년에는 다시 모한다스 간디 하이스쿨(Mohandas Gandhi High School)로 바뀌었으나, 2017년 폐교되었다. 이후 그 건물은 리모델링을 거쳐 2018년 '라지코트 간디 박물관'으로 개장했다.

인도에는 간디 박물관을 비롯하여 그를 기념하는 건물이 수도 없이 많지만, 라지코트 박물관은 제일 최근에 개장한 만큼 그 규모가 최고로 크고 시설도 가장 현대적이다. 간디 박물관들은 대부분 간디의 생애를 소개하는 사진들로 이루어져 대동소이한 탓에 간디를 아무리 좋아한다고 해도 전부 방문할 필요가 없다. 인도인의 경우는 박물관이 일종의 지역 교육기관으로 기능하기 때문에 대동소이하다고 해도 존재할 필요가 있지만, 외국인의 경우는 델리에 있는 간디 박물관을 보는 것으로 충분하다.

라지코트 간디 박물관.
간디 일가가 살던 집을 박물관으로 꾸몄다.

    라지코트 간디 박물관은 영국풍 2층 건물의 39개 방을 전시실로 꾸며놓았
다. 그라운드 층(우리식 1층)에는 주로 간디의 생애, 1층(우리식 2층)에는 간디의
사상을 주제별로 전시한다. 간디의 생애에 대해서도 다른 박물관보다 더 상세
하게 소개하고, 특히 마하데브 데사이(Mahadev Desai) 같은 비서들에 대해서
도 언급하며, 간디의 힌두 사상에 현대적인 시설로 쉽게 접근할 수 있게 한다
는 장점이 있다.

## 정신의 식민화

간디가 여덟 살이었던 1877년, 빅토리아 여왕이 스스로 영국령 인도제국의 여
왕을 겸하게 된 것을 축하하는 축제가 열렸다. 그가 초등학교에 다녔을 때, 대
영제국은 남하하는 러시아제국의 위협에 대항하기 위해 북방을 고착시켰고,
중등학교에 다녔을 때에는 아프리카대륙에서 대영제국의 제국주의적 지배를
확대했다. 간디는 수단에서 대영제국에 반대하는 마후디 반란이 터진 것을 뉴

스로 전해 듣고 자기도 참가하고 싶다고 생각했다. 그의 주변에도 식민 지배의 거대한 파도가 교육을 통해 밀려왔다.

1835년의 영어교육법은 그때까지 현지어를 중시했던 교육 방침을 완전히 뒤바꿨다. 현지의 문화나 교육이 열등하다는 이유였다. 그 뒤 모든 인도인은 피와 살은 인도인이더라도 기호나 견해, 지성이나 도덕은 영국인인, 우수한 인재로 만들어져야 한다는 주장이 제기되었다. 그 상징이 메콜리(Thomas Babington Macaulay, 1800~1859)의 『인도인 교육에 관한 기록Minute on Indian Education』(1835)에 나타나는 다음 말이다.

**훌륭한 유럽식 도서관의 단일 건물만으로도 인도와 아라비아 전체 민족 문학의 값어치를 한다. (…) 아무런 과장 없이 말해 산스크리트어로 쓰인 모든 책으로부터 얻어진 모든 역사적 자료는 영국의 예비학교에서 사용되었던 아주 하찮은 초본보다도 가치가 있어 보이지 않는다. (…)**
**나는 법률적 언어만이 아니라 종교적 언어에 대해 산스크리트어와 아랍어로 특별히 언급되어서는 안 된다고 분명히 생각한다. 이 나라 사람들을 완전히 훌륭한 영국풍 학자로 만들 수 있고, 그러한 목적을 위해 우리는 노력해야 할 것이다.**
**(…) 우리는 지금 우리가 지배하는 수백만의 사람들과 우리 사이에, 통역자 역할을 할 수 있는 계층을 형성하기 위해 최선을 다해야 한다. 즉 혈통과 색깔은 인도인이지만 사고와 도덕관과 지성에서는 영국적인 사람들이다. (에릭슨, 310쪽 재인용.)**

그리고 당시 인도 총독은 다음과 같이 말했다.

**서구화는 당시에 유행이 되었다. 그리고 서구화는 그들이 자신의 나라 문명을 비난해야 한다고 서구 숭배자에게 요구했다. 서구적인 것에 대한 그들의 찬미가 열렬해지면 열렬해질수록 점점 더 동양적인 것에 대한 그들**

2부 식민지 인도에서 자라다(1869~1888)

의 탄핵이 맹렬해졌다. 옛 지식은 경멸되었다. 옛 관습과 전통은 뒷전으로 밀려났다. 전통 종교는 진부한 미신이라 비난받았다. 힌두 사회의 완벽한 구조를 이루었던 옛 토대가 무너졌다. 그리고 구습 타파인 새로운 세대는 그들이 그렇게 무모하게 그 토대를 무너뜨린 옛 체계를 세우기에 적절한 준비가 되어 있지 않았다. (에릭슨, 310~311쪽 재인용.)

간디처럼 변호사 출신인 네루는 인도법에 대해 다음과 같이 말했다.

인도법은 그 자체가 대개 관습이고 관습은 변화하면서 성장한다. 이러한 융통성은 영국인이 오면서 사라지고, 대신 대부분의 전통적인 국민과의 협의 후에 작성된 견고한 법적 규범이 생겨났다. 그래서 과거에 그러했듯이 느린 힌두 사회의 성장은 멈춰버렸다. (에릭슨, 306쪽 재인용.)

특히 토지법이 문제였다. 영국인이 오기 전 인도에서 토지는 상품이 아니었다. 그것은 세금을 못 내거나 빚을 졌다는 이유로 저당 잡히거나 압류하거나 경매할 수 있는 것이 아니었다. 의무를 다하지 못한 경작자는 투옥되거나 억압될 수 있었지만, 그 가족의 생계 원천인 토지를 박탈당하지는 않았다. 그러나 영국이 오면서 영국식 토지제도가 도입되었고 토지는 상품이 되었다. 영국인 지주 제도는 협동 생활과 공동 참여라는 지역 공동체의 특성을 깨뜨렸고 봉사자와 기능의 협동 체제를 사라지게 했다.

본래 인도의 전통적 재판은 판차야트에 의한 것으로 빠르고 효과적이며 경비가 쌌다. 그것은 정의의 사랑과 공정한 운영을 조성했고, 진실을 말하는 습관을 격려했다. 그곳에 영국인이 세운 사법 조직은 부적당하고 모호하며 현학적이었다. 유럽인 재판관과 치안판사는 배타적이었다. 그들은 언어도, 국민의 관습과 감정도 전혀 이해하지 못했다.

## 중등학교 시절

간디는 일곱 살에 라지코트로 이사 오기 전에 살던 포르반다르에서는 영어를 배우기는커녕 영국인을 본 적도 없었다. 『자서전』에 언급된, 인도인 선생을 감독하는 장학관이 간디가 소년 시절에 만난 최초의 유럽인이었다. 간디는 열 살 때부터 영어 교육을 받아야 했다. 학교 수업이 영어로 진행되었기 때문이다. 오십 년 뒤에 그는 다음과 같이 회상했다.

> **나는 자신의 능력을 높이 평가하지 않았다. (…) 모든 것을 영어로 배워야 했다. 영어의 힘은 매우 강하여 산스크리트어와 페르시아어까지 모국어 (구자라트어)가 아니라, 영어를 통해 배워야 했다.** (Payne, 40~41쪽.)

부모도 영어를 못해 집에서는 완전히 딴사람이 되었다고 했다. 영국의 식민 지배 구조는 간디와 같은 소년에게는 모순과 혼란을 초래했다. 대부분의 인도인은 영국인의 위대함을 배워서 자치할 수 있는 능력도 준비도 없다고 생각되었지만, 지적 능력이 있는 간디와 같은 자만은 영국식 신사가 될 수 있고 제국 체제에 들어갈 수 있다고 여겨졌다.

그러나 라지코트 같은 지방 도시에서 대영제국의 위대함이란 신문이나 교과서, 팸플릿 등을 통해 만들어진 상상의 세계일 뿐이었다. 간디 세대는 그런 인쇄물들을 열심히 읽었다. 이는 간디 아버지 및 그 앞의 세대에서는 상상도 못한 일이었다. 그것들은 처음엔 영국인에 의해 간행되었으나, 인도인들도 차츰 참여했다. 간디는 그런 인쇄물을 보며 성장했다.

라지코트에서도 간디는 포르반다르에서처럼 "공부는 그저 그랬고", "때 되면 학교 갔다가 수업 끝나면 집으로 달려오는 나날의 연속이었다"고 『자서전』에 썼으나, 1879년에는 일 년의 반도 등교하지 않아 성적은 하위권을 맴돌았으니(Guha1, 25쪽) 반드시 성실한 학생이었다고 보기는 어렵다. 중등학교 1학년 때에는 34명 중 32등을 했다. 2학년 때는 아버지 병간호를 하느라 학교에 가기 힘들었고 최종 시험도 보지 못했다. 그러나 3학년 때에는 공부를 열심히

해서 중간쯤의 석차였다.

　일부 전기에서는 성적은 그다지 좋지 못했어도 결석하지는 않았다고 하지만 믿을 수 없다. 간디가 유명해진 뒤 미국의 어느 기자가 누이에게 간디의 학창 시절에 대해 물었다. 그녀는 간디가 매우 우수한 학생이었다고 답했지만, 이는 동생을 사랑하는 누이의 마음이 꾸며낸 거짓말이었다(Guha1, 26쪽).

　소년 간디는 몹시 수줍음을 탔다. 그 시절 간디는 스포츠나 과외 활동에도 참여하지 않는 조용한 학생, 학문적으로 주목할 만한 학생이 아니었다고 하지만, 그의 손자인 라즈모한 간디는 이 견해가 간디가 "스스로를 낮추는"『자서전』을 잘못 읽은 것에 기인한다고 보았다.『자서전』에서 간디는 책과 수업이 유일한 친구였고 자신감이 없어 말도 걸지 못했다고 했다. 심지어 누가 놀릴까 봐 주눅 들어 있기도 했다고 회상했다. 그러나 중학교에서는 열등생이 아니었다. 교사들로부터 사랑받고 장학금을 받기도 했지만, 전부 운이 좋았을 뿐이라면서 성적이 좋았던 기억은 없다고 했다.

　『자서전』에는 몇 가지 사건이 나온다. 중학교 1학년 시험 때는 교사가 커닝하라고 눈치 주는 것을 알아차리지 못했다.『슈라바나의 효성에 대한 희곡 *Shravana Pitribhakti Nataka*』을 읽었으며, 연극 〈하리슈찬드라*Harischchandra*〉에 사로잡혔다. 앞의 희곡은 슈라바나라는 어린 소년이 늙고 눈먼 부모에게 목숨을 바쳐 헌신한다는 이야기다. 간디는 그 책을 무척 재미있게 읽었다. 특히 슈라바나가 눈먼 부모를 업고 순례를 떠나는 장면은 그의 마음에 깊은 인상을 남겼다.

　뒤의 연극은 신들이 하리슈찬드라 왕의 진실성을 시험하기 위해 브라만을 보내 기부금을 요청한다는 내용이다. 왕은 자신의 왕국을 포함하여 모든 것을 내주고 빈털터리가 되어 화장터에서 일하게 된다. 그러던 어느 날 그를 떠난 왕비가 죽은 이를 화장하기 위해 찾아온다. 왕은 돈을 요구하지만, 돈이 없었던 왕비는 이가 당신의 아들, 즉 죽은 왕자라고 한다. 신들은 이 모습을 보고 그에게 왕권과 가족을 되돌려준다. 간디는 이 연극에 완전히 사로잡혀 스스로에게 밤낮 질문했다. '왜 모든 이가 하리슈찬드라처럼 진실하지 못한 것인가?' 그리고 진실을 따르며, 하리슈찬드라의 시련을 모두 겪어야만 한다는 교훈을 마음속에 이상으로 품게 되었다. (자서전, 26쪽.) 간디가 하리슈찬드라가 진실하다고 말한 것은 자신의 모든 재산을 내어준 행동에 기인한다. 이는 간디의 평생을 지배한 무소유의 기원이 되었다.

## 조혼

간디가 입학할 당시 중학교 입학생은 총 38명이었는데, 기혼자는 두 명이었다. 그 둘 중 한 명이 간디였다. 그는 우리 식으로 중학교 1학년*이 된 열세 살 때 결혼했다고 『자서전』에서 말하는데, 그 나이에 대해서는 열한 살이라는 설부터 여러 가지 견해가 있다. 여하튼 간디 본인에 의하면 신부인 카스투르도 열세 살로 그와 동갑이었다. 간디의 집안과 같은 바니아 카스트에 속한 카스투르 마칸지는 옷감과 목화를 거래하는 부유한 상인 마칸지 카파디아(Makanji Kapadia)의 딸이었고, 일곱살 때 간디와 약혼했다. 앞에서 보았듯이 그녀의 집은 포르반다르의 간디 집에서 몇 집 건너에 있었으니 결혼 전부터 서로 알았을 가능성이 있다. 간디는 포르반다르에 있는 그의 옛집에서 형들과 함께 합동결혼식을 올렸다. 경비를 절약하기 위해서였다. 간디는 『자서전』에 힌두교 결혼식의 허례허식에 대해 신랄하게 비판하기도 했는데, 그로부터 한 세기 이상이 지난 지금까지도 그대로 유효한 비판이라 여겨질 만큼 인도인의 결혼식은 화려하다.

> **힌두교도에게 결혼은 단순한 문제가 아니다. 양가 부모들은 결혼을 준비하다가 파산하기도 한다. 그들은 재산을 탕진하고, 시간을 낭비한다. 옷과 장식품을 만들고 식사 비용을 마련하는 데만 몇 달이 걸린다. 상대 집안을 이기기 위해서 이것저것 준비한다. 여자들은 목소리가 좋든 좋지 않**

---

* 인도에서는 7학년으로 중학교 2학년에 해당한다.

2부 식민지 인도에서 자라다(1869~1888)

**든 그저 목이 터져라 노래를 부르다가 몸져눕기도 한다. 이는 이웃들에게
도 폐를 끼치는 일이지만, 그들은 그 모든 소음과 쓰레기를 조용히 참는
다. 그들도 언젠가 같은 짓을 하게 될 것이기 때문이다.** (자서전, 27~28쪽.)

카스투르는 결혼식을 올리고 몇 달 뒤 포르반다르에서 라지코트의 간디 집
으로 왔다. 간디는 그녀에게 집착했으며, 떨어져 있는 것을 견딜 수 없어 학교
에서도 그녀를 생각했고 밤마다 실없이 말을 걸며 잠들지 못하게 했다고 회고
했다.

간디는 곧 남편으로서의 권위를 내세우며 자신의 허락 없이는 카스투르가
아무 데도 갈 수 없게 했다. 그래서 불과 열세 살이었던 카스투르는 나가 놀고
싶을 때마다 동갑의 남편에게 간청해야 했다. 간디는 질투심에 허락하지 않기
일쑤였으나, 고집 센 그녀는 결국 자신이 원하는 대로 행동했다. 그들은 며칠
동안 서로 아무 말도 하지 않기 일쑤였다. 간디는 무학의 처를 교육하여 이상
적인 아내로 만들고자 했으나, 그녀는 거부했다.

간디는 자신의 정욕에 대해 고뇌했다. 특히 아버지가 병상에 있을 때는 간
호하는 것이 일과였으나, 그동안에도 아내를 생각했다. 1885년, 16세였던 그
는 숙부의 허락을 받고 아버지의 병상을 빠져나와 처와 잠자리에 들었다. 그
때 아버지가 죽었다. 그는 두고두고 후회했다. 비슷한 시기에 아내를 임신시
킨 것도 후회로 남았다. 태어난 아기가 일찍 죽은 것도 죄의식이 되었다. 성관
계에 대한 후회와 죄의식으로 인해 그는 1906년 37세의 나이로 아내와 동침하
지 않는 브라마차리아에 들어갔다.

간디는 뒤에 조혼을 타파해야 할 악습이라고 비판했으나, 그것은 부모, 자
녀와 며느리, 손자녀, 때로는 서른 명 이상의 가족이 한집에 사는 인도의 관습
에 의한 것이었다. 따라서 간디와 카스투르같이 나이 어린 신혼부부라도 의식
주를 걱정할 필요는 없었다. 그 뒤 영국 정부는 결혼 최저연령을 높였지만 잘
지켜지는 않았다.

## 친구와 일탈

간디는 나이가 들면서 친구도 사귀었다. 집에서는 같은 카스트의 친구들만 사귀었지만, 중등학교에서는 다양한 카스트의 친구를 사귀었다. 중등학교에는 기독교도는 없었지만 파르시교도와 무슬림도 있었다. 그중에서 가장 친한 친구는 무슬림 셰이크 메타브(Sheik Mehtab)였다. 본래 형의 친구였던 메타브는 간디보다 세 살 위로, 라지코트 경찰서장의 아들이었다. 그는 잘생기고 사교적이며 두려움이 없고 인기 있는 운동선수였다. 지금까지 남아 있는 두 사람의 사진을 보면 메타가 간디를 압도하였음을 느낄 수 있다. 간디보다 키가 크고 터번을 쓴 메타는 당당하게 앉아 있지만, 모자를 쓴 간디는 불안해 보인다.

겁이 많고 유령을 두려워했던 간디는 살아 있는 뱀을 손으로 쥐고 강도나 유령도 무섭지 않다고 자랑하는 메타브에게 현혹되었다. 그리고 그것은 고기를 먹었기 때문임을 알았다. 그러나 간디의 종교는 육식을 금지해 그는 고기에 손도 대지 않았다. 카티아와르에서 영국의 지배는 간접적이었고 거의 눈에 보이지 않았지만 간디의 학교 친구들은 이미 영국을 존중하거나 반대하는 것을 배웠다. 그들은 육식 실험을 하게 했던 구자라트 시인인 나르마다상카르

**간디와 그의 친구 셰이크 메타브.**

2부 식민지 인도에서 자라다(1869~1888)

랄샨카르(Narmadasankar Lalshankar, 1833~1866)*의 다음 시를 암송했다.

> 저 힘센 영국인을 보라
> 허약한 인도인을 지배하네
> 육식을 하기 때문에
> 키가 이 미터 오십 센티라네

영국인을 능가하고 몸과 용기를 북돋우고 싶었던 간디는 결국 메타브의 유혹에 넘어가 아무도 없는 강가에서 메타브가 가져온 삶은 염소 고기를 먹었다. 그날 밤, 간디는 살아 있는 염소가 그의 위 속에서 우는 꿈을 꾸었다. 그럼에도 그는 '육식은 의무'라고 생각해 메타브와 함께 일 년 동안 은밀하게 육식을 계속했다.

그러나 자기 행동의 위선과 부정직이 싫어져 그의 부모가 죽어 당당하게 육식할 수 있게 되기까지 육류 소비를 포기하기로 했다. 메타브는 고기를 먹인 것 외에도 간디를 매춘굴에 데려가기도 하고, 아내에 대한 의심을 부채질하기도 했다. 나중에 남아프리카에서 변호사로 성공한 간디는 집안일을 맡기려고 메타브를 불렀다. 그러나 메타브는 많은 문제를 낳았고, 결정적으로 매춘부와 집에 있는 것을 들키면서 간디와의 관계가 단절되었다. 간디는 메타브와의 관계를 반성하며 다음과 같이 말했다.

**내가 오판했음을 깨달았다. 개혁자는 그가 개혁하려는 자와 친해질 수 없다. 참된 우정이란 영혼의 동질화로서, 이 세상에서는 좀처럼 찾아보기 어려운 것이다. 오로지 천성이 유사한 사람들 간의 우정만이 가치 있으며, 지속될 수 있다. 친구는 서로 영향을 주고받는다. 따라서 친구 사이에**

---

\*   보통 '나르마드'라고 불렸다.

는 개혁의 여지가 희박하다. 나는 모든 배타적인 형태의 친밀함을 피해야 한다는 입장이다. 사람은 선보다는 악을 더 기꺼이 수용하기 때문이다. 신과 벗하고 싶은 자는 혼자가 되거나, 이 세계 전체를 친구 삼아야 한다. 내 생각이 틀렸는지도 모른다. 그러나 친밀한 우정을 길러보고자 했던 나의 노력은 실패했다. (자서전, 39쪽.)

에릭슨은 간디가 메타브를 "선택하여 자신의 내부에 있는 악을 시험하기 위해 집요하게 그와의 관계를 지속하였으리라고" 믿었다. 에릭슨에 의하면 간디는 부모에 의한 노예 상태로부터 자신을 해방시켜주리라고 기대한 아내가 도리어 그를 정욕의 노예 상태로 빠트릴 위험성을 가졌기에, 메타브에 의해 부모와 아내로부터 해방될 수 있기를 기대했으나 실패했다. 두 사람의 관계에는 동성애적 실험 요소도 있다. (에릭슨, 154~156쪽.)

메타브는 간디가 영국으로 유학 갈 때 뭄바이까지 배웅 나온 사람들 중 한 명이었다. 그는 간디가 영국과 남아프리카에서 아내에게 보낸 편지를 모두 읽어주었고 그녀의 답장도 대필해주었다. 에릭슨은 간디의 장남인 하릴랄이 아버지에 반항하게 된 이유 중 하나로 메타브를 지적하기도 했다(에릭슨, 160쪽).

## 일탈과 비폭력 교육

간디는 열두 살 때 담배를 몰래 피우고, 담배를 사기 위해 부모와 형들의 돈을 훔치기도 했으며, 부모의 지배에서 영원히 벗어나고자 함께 자살하려고도 했다. 그는 열다섯 살 때 도둑질을 했다고 고백하는 편지를 써서 아버지에게 용서를 빌었는데, 그때 아버지가 보인 태도가 자신에게 비폭력을 가르쳤다고 했다. 간디는 아버지가 심하게 꾸짖으리라 생각하여 떨면서 그의 침상 곁에 서 있었다. 당시 아버지는 치루를 앓아, 거의 병상에 누워 지냈다. 그는 간디의 편지를 다 읽고는 잠시 생각하는 듯하더니 말없이 찢어버렸다. 구슬 같은 눈물이 그의 뺨에 흘렀다. 아버지의 고뇌를 느낄 수 있었기에 간디 또한 눈물을 흘렸다.

그 사랑의 진주가 내 마음을 깨끗하게 하고, 나의 죄를 씻어냈다. 경험해본 사람만이 그것이 어떤 사랑인지 알 수 있다. 어느 찬송가 구절처럼 "오직 사랑의 화살을 맞은 자만이 그 힘을 안다." 이것은 나에게 아힘사(비폭력)의 실제 교육이었다. 그 순간 나는 그 장면에서 아버지의 사랑 그 이상의 것을 읽어내지 못했지만, 오늘날 나는 그것이 순수한 아힘사였음을 안다. 그러한 아힘사는 모든 것을 끌어안으며, 닿는 모든 것을 변화시킨다. 그 힘에는 한계가 없다.

나는 아버지에게 이처럼 숭고한 용서를 전혀 기대하지 못했다. 아버지가 자기 머리를 치며 화를 내고 나를 꾸짖을 줄 알았다. 그러나 그는 경이로울 정도로 평온했다. 나는 그것이 내가 솔직하게 고백했기 때문이라고 믿는다. 다시는 죄를 짓지 않겠다는 약속과 함께하는 고백은, 그것을 받을 권리가 있는 사람에게 바쳐질 때, 가장 순수한 형태의 회개가 된다. 나는 아버지가 내 고백으로 말미암아 절대적으로 안심하게 되었고, 나에 대한 사랑이 한없이 깊어졌음을 안다. (자서전, 49쪽.)

에릭슨은 아버지가 눈물로써 비폭력 교육을 하게 한 것은 간디의 '솔직한 고백'으로서, 그것이 아버지를 정화시켰음을 간디가 알았다고 했다(에릭슨, 142쪽). 그는 간디가 아버지를 간호한 점을 설명하면서, 간디가 자신보다 "우세한 적이 다치자 그들을 간호한다는" 주제는 "그가 비록 영국 정책에 대항하는 자이기는 하나 대영제국이 전쟁에서 위기에 처하자 야전위생대를 편성해서 영국을 원조하는 역할을 담당하는 데서" 다시 나타난다고 했다(에릭슨, 149쪽). 뒤에서 보겠지만, 간디는 남아프리카에서나 인도에서 영국을 위해 참전하는 것이 그의 비폭력주의에 어긋난다는 비판을 받았다. 그는 자신이 대영제국에 사는 한 대영제국을 위해 참전하는 것이 당연하다고도 했으나, 도리어 영국과의 싸움에서 적인 영국의 불행을 이용하지 않는다는 그의 사티아그라하라는 '진실 추구' 원칙에 입각하여 비전투원으로 참전했다고 보는 것이 타당하다. 따라서 그에게 중요한 것은 폭력인 전쟁을 부정하고 무조건 불참하는 것이 아니라, 상대방의 불행을 이용하지 않고 도리어 상대방을 돕는다는 간디 병법의 기사도적 페어플레이 원칙이다.

## 종교에 대한 반발

간디가 육식을 한 것은 종교에 대한 반발이기도 했다. 그는 화려하고 으리으리한 힌두 사원을 좋아하지 않았고, 참된 신앙도 없었다고 고백했다. 그는 질문했다. 누가 세상을 만들었는가? 누가 세계를 인도하는가? 아무도 그에게 만족스러운 답을 주지 못했고, 경전을 찾아봐도 답은 없었다. 따라서 그는 무신론으로 상당히 기울었다. 그러나 마음은 열어두고 아버지, 자신들의 믿음과 힌두교의 차이점을 토론하고자 찾아오는 무슬림·파르시교도·자이나교도 친구들과 자주 논쟁하며 그들의 말에 귀를 기울였다. 당시 그는 다음과 같은 구자라트의 교훈시에 감동했다.

물 한 잔을 훌륭한 식사로 갚고
정다운 인사를 열렬한 절로 갚고
동전 한 닢을 황금으로 갚고
목숨을 건져주면 목숨을 아끼지 마라
모든 말과 행동을 그렇게 존중하고
아무리 작은 섬김도 열 배로 갚으라
그러나 참된 성자는 모든 사람을 하나로 알아
악을 선으로 즐겁게 갚는다

중학교 시절 간디는 학교 부근에서 기독교 선교사들이 힌두교도와 그 신들을 욕하는 것에 반발했다. 유명한 힌두교도가 기독교로 개종해서 세례를 받자마자 고기를 먹고 술을 마시며 양복과 모자를 쓴다는 소문을 듣고 분노하며 그런 종교는 종교로서의 가치가 없다고 하기도 했다. 그 선교사는 뒤에 아일랜드계 장로파 선교사인 휴 스콧(Hugh Scott)으로 밝혀졌다.

## 대학

결혼 후 간디의 학교 성적은 눈에 띄게 좋아져 장학금도 받았다. 학교 밖의 환경 변화도 간디의 성장에 영향을 미쳤다. 구자라트에서 최초의 소설은 1866년에 나왔다. 간디가 태어나기 삼 년 전이었다. 학창 시절 간디는 시집도 읽고 신문도 읽었다. 간디는 『자서전』에서 앞에서 본 나르마다상카르 외의 독서에 대해서는 말하지 않았으나, 당시의 문학작품 독서가 그의 사상을 형성하는 데크게 기여했다고 볼 수 있다. 가령 나르싱 메다(Narsing Metha)는 타인의 괴로움을 공감할 수 있는 사람에게만 신이 나타난다고 했다. 간디가 가장 좋아한 시인은 나르마다상카르였고, 소설가는 고바르드한람 트리파디(Gorvardhan-ram Tripathi, 1855~1907)였다. 그들은 카스트를 부정하고 종교적 의례와 과부의 재혼 금지에 저항하고 지배자들의 정치적 부패와 전제를 비판했다.

앞에서 보았듯이 간디의 조부나 아버지 시대에는 무학으로도 고급 공무원이 될 수 있었지만, 1880년대부터는 교육열이 높아져 고급 공무원이 되려면 대학을 졸업해야 했다. 그리고 간디 형제 중에 대학을 갈 수 있는 사람은 간디뿐이었다. 간디보다 6세 위인 장남인 락스미다스는 낙제를 해서 포르반다르 토후국의 하급 공무원이 되었다. 차남인 카르산다스는 뭄바이대학 입학시험에 떨어졌다. 간디가 유일한 예외였기에 그의 가족은 그에게 큰 기대를 걸었다.

1887년에 간디는 중고등학교를 졸업하고, 처음으로 간 아마다바드에서 대학 입학시험을 치러 합격했다. 총점 625점의 39퍼센트인 247점을 받았는데 개별 과목당 합격점이 33퍼센트였으니 겨우 통과한 것이었다.

당시 구자라트의 주도인 아마다바드는 17세기 무굴제국 시대에는 이슬람 군인과 힌두 상인 오십만 명이 거주한 대도시였으나, 19세기 말에는 약 십만 명이 사는 중소 도시가 되었다. 1915년에 남아프리카에서 인도로 돌아온 간디가 첫 아슈람을 연 곳이 아마다바드임을 우리는 뒤에서 볼 것이다.

간디는 1888년 1월에 물가가 싼 바브나가르(Bhavnagar)*에 있는 사말다스(Samaldas) 대학교에 입학했다. 라지코트에서 백오십 킬로미터나 떨어진 그 대학은 카티아와르 지방 최초의 대학으로, 창설된 지 사 년밖에 지나지 않았으나 옥스퍼드대학 출신 학장이 경영하여 명문의 수준에 올랐다. 간디는 낙타와 기차를 타고 그곳에 가서 혼자 자취했다. 간디로서는 최초의 타향살이였다. 아내와 어머니의 음식에 대한 그리움이 컸다. 자주 두통을 앓았고 코피가 터지기도 했다.

간디의 반에는 39명의 학생이 있었다. 파르시교도 네 명을 뺀 나머지는 브라만 또는 바니아 출신의 힌두교도였다. 첫 학기에 매일 다섯 시간씩 영어, 수학, 물리, 논리와 역사를 배웠다. 간디는 특히 대수(代數)를 어려워했다. 수학 교수가 간디에게 앞으로 나와서 흑판의 문제를 풀어보라고 했는데도 못 들은 척한 적도 있었다.

그는 『자서전』에서 모든 것이 너무 어렵고 힘들었으며, 최고로 우수한 교수들이었음에도 자신은 그들의 강의를 따라갈 수도 없었다고 당시를 회상했다. 결국 그는 4월에 있었던 첫 시험에서 실패하고 여름방학 때 귀향한 뒤 다시 대학으로 돌아가지 않았다.

## 영국 유학 준비

가족의 친구인 브라만 마브지 데이브(Mavji Dave)는 간디의 어머니에게 사오 년이 걸리는 대학을 그만두게 하고 영국으로 유학 보내는 것이 간디에게 좋다고 권했다. 그곳에서는 삼 년 만에 변호사 자격을 딸 수 있다는 것이다. 어머니는 그 충고를 귀담아듣지 않았지만, 간디는 마음에 들었다. 당시 영국이나 미국으로 유학하는 것이 대유행이었다. 그러나 인도인에게 영국 유학이란 지금도 대단한 일이지만 19세기 말에는 보통 사람이라면 상상할 수 없을 정도였

---

*    바우나가르라고도 한다.

다. 막대한 비용이 드는 것은 물론이고, 당시 인도 사회는 이교도의 나라에 가는 것을 용납하지 않았기 때문이다. 영국 유학이란 술 마시고 고기를 먹는 타락으로 여겨졌다. 친족들이 유학에 반대하자 간디는 어머니에게 고기와 술과 여자를 가까이하지 않겠다고 약속한 뒤 허락을 받았다. 금전적 어려움이 있었지만 간디의 형이자 하급 공무원인 락스미다스가 돈을 대기로 했다.

그들은 간디가 영국행 배를 타기 위해 뭄바이까지 가는 여행을 함께했다. 그때 간디 집안이 속한 모드라는 하부 카스트의 뭄바이 상인들이 간디의 갑작스러운 해외여행 소식을 듣고 반대했다. 그들은 영국에서는 힌두교가 실천되고 있지 않으므로 모드 사람은 그곳에 갈 수 없다고 했으나, 간디는 그들과 만난 자리에서 단호하게 가겠다고 답했다. 그러자 그 우두머리는 "오늘부터 이 아이를 종족에서 추방한다"고 선언하며 그를 내쫓았다.

간디는 그를 지원한 형에게 누를 끼칠까 두려웠으나 형이 허락하여 배표와 짧은 영국제 재킷, 넥타이, 그리고 사우스 햄프턴(South hampton)까지 가는 삼 주간 먹기에 충분한 음식, 주로 과일과 단것을 사들였다. 그는 1888년 9월 4일 배를 탔다. 19세 생일 한 달 전이었다. 그 몇 달 전, 카스투르는 아들 하릴랄(Harilal)을 낳았다. 대학에 다니는 동안 장남을 얻었으나 간디는 이를 『자서전』에 언급하지 않았다. 아마도 알코올중독자로 이름도 바꾸고 이슬람교로 개종한 그가 간디에게는 골치 아픈 아들이었기 때문인지도 모른다.

# 3부
# 제국에서 배우다
# (1888~1891)

런던 시절의 『자서전』은
온통 채식주의와 종교 이야기로 가득하다.

# 1 _____ 런던 유학 시절

## 뭄바이에서 런던까지

3부에서는 19세부터 21세까지의 영국 유학 생활을 설명한다. 1888년(19세) 9월 4일에 인도를 떠나 영국 런던 이너 템플(Inner Temple)에 유학해서 1891년 (21세)에 변호사 자격을 얻고 인도로 귀국하여 뭄바이와 라지코트에서 변호사 사무실을 개업하기까지다. 그 기간은 약 삼 년이지만 2부의 18년 세월에 맞먹는 비중이어서 독립된 하나의 부로 설명한다.

간디의 영국 여행은 간디 생애 최초의 외국 여행이자 최초의 배 여행이었다. 그는 유아 시절 또는 라지코트로 이사 갔다가 결혼식 등으로 포르반다르에 돌아왔을 때 바다에 떠 있는 배를 보았을 테지만, 실제로 배를 타본 것은 영국행 여객선이 처음이었다.

배의 이름은 에스에스 클라이드(SS Clyde)였다. 그는 동향인 구자라트의 주나가드(Junagath)에서 온 브라만 출신 변호사 트람바크라이 마즈무다르(Trambakrai Mazumdar)와 같은 객실을 사용했으나, 대부분의 시간을 혼자 선실에서 보냈다. 당시 간디는 영어회화에 전혀 익숙하지 않아 다른 승객들과의 교류에 문제가 있었다. 이등 선실의 승객은 모두 영국인이었다. 나이프와 포크를 사용하는 법도 몰랐고 무엇보다 고기가 들지 않은 음식이 어떤 것인지도 알 수 없었다. 그래서 혼자 객실에서 미리 사 가지고 온 단것이나 과일로 식사를 해결하곤 했다.

그는 어머니와의 약속을 충실히 지켰다. 그리고 25일 만인 9월 29일에 런던에서 삼십 킬로미터 정도 떨어진 템즈강 하류의 틸베리 부두에 도착했다. 당시 그곳은 영국의 분위기를 상징하듯 안개로 둘러싸였고 주위는 어두웠다. 그곳에서 간디와 마즈무다르는 기차로 런던에 가서 트래펄가 광장 인근의 고급 호텔인 빅토리아에서 첫날 밤을 보냈다.

간디가 도착한 1888년의 런던은 인구 오백오십만 명에 이르는, 당시 세계 최대의 도시였고, 지금도 뉴욕, 도쿄와 함께 세계 최고라고 한다. 인구가 일백만 명이 넘은 1800년대에 산업혁명과 함께 급속히 발전했고 주변의 대규모 지역이 개발되어 런던에 통합되면서 대도시로 확대되었다. 19세기 중반부터 철도 서비스가 시작되었으나, 빈부 갈등으로 가난한 사람들은 대부분 빈민굴에서 살았다. 그 참상을 우리는 찰스 디킨스(Charles Dickens, 1872~1870)를 비롯한 19세기 영국 작가들의 작품을 통해 읽을 수 있다. 그러나 간디의 『자서전』에는 그런 설명이 전혀 없다. 소설이나 시를 즐겨 읽었다는 기록도 없다.

바야흐로 시대는 영국 역사상 최고의 전성기라고도 하는 빅토리아 여왕 시대(1832~1901)였다. 그것은 전기(1832~1880)와 후기(1881~1901)로 나뉘는데 간디는 그 후기에 런던에서 살았다. 당시 영국은 국가에서 제국으로 변하고, 군사화가 현저히 진행되고 있었다. 그러나 간디의 『자서전』에는 그런 시대상이 거의 묘사되지 않는다. 아래에서 보듯이 런던 시절의 『자서전』은 온통 채식주의와 종교 이야기로 가득하다.

## 연쇄살인 사건과 빈민

간디는 1891년 6월, 채식주의 잡지와의 인터뷰에서 영국에 간 이유가 무엇이냐는 질문에 '야심 때문'이라고 답한 적이 있다(전집1, 41쪽). 당시 세계 각국의 야심가들이 런던으로 모여들었다. 미국, 남미, 동유럽의 유대인, 이탈리아인, 인도인, 아랍인이었다. 동시에 새로운 상점과 백화점이 옥스퍼드 스트리트와 웨스트엔드의 피커딜리에 엄청난 손님을 모았다.

그러나 런던은 밝지만은 않았다. 간디가 도착한 날, 영국은 화이트채플(Whitechapel)의 빈민가에서 발생한 매춘부 연쇄살인 사건으로 시끄러웠다. 살인은 8월 31일부터 네 번에 걸쳐 일어났으며, 간디가 영국에 도착한 다음 날인 9월 30일에는 '살인광 자크'라고 서명한 살인범의 메모가 경찰에 전달되었다. 그 사건은 11월 중순까지 런던을 공포의 도가니로 몰아넣었고, 간디가 인도로 귀국하는 1891년까지 이어졌다. 사건이 터지자 언론들은 별안간 사회정의 타령을 해댔는데, 이러한 경향을 두고 조지 버나드 쇼(George Bernard Shaw, 1856~1950)는 "우리 인습적인 사회민주주의자들이 교육이니, 선동이니, 조직화니 하는 것 따위에 시간을 낭비하는 동안, 어느 천재적인 독립군께서는 여자들을 죽이고 그 배를 가르는 것만으로 간단히 문제 해결에 착수하시어 자본 독점 언론들을 얼치기 공산주의자들로 전향시키셨구나."라고 빈정댔다. 여하튼 언론의 비판 등의 결과 1890년 〈노동계급주거법Housing of the Working Classes Act〉, 1890년 〈공공보건수정법Public Health Amendment Act〉 등을 통해 최소한의 거주환경 기준이 마련되었고, 슬럼가 중에서도 특히 상황이 최악인 곳들은 화이트채플 연쇄살인 사건 이후 이십 년에 걸쳐 철거되었다.

런던 빈민가에 대한 최초의 연구는 1883년 조지 로버트 심즈(George Robert Sims, 1847~1922)가 낸 『빈민은 어떻게 사는가How the Poor Live』였다. 이어 이 년 뒤에는 윌리엄 토마스 스테드(William Thomas Stead, 1849~1912)가 런던의 아동 매춘을 폭로한 『바빌론의 처녀 공물The Maiden Tribute of Modern Babylon』을 내 '대영제국에서 가장 유명한 언론인'이 되었다. 새로운 사회의식을 가진 시대가 도래한 것이다.

간디가 연쇄살인 사건에 대해 일기에 기록한 바는 없다. 지금도 런던 관광객을 유혹하는 빅벤이나 영국 박물관에 대해서도 언급하지 않았다. 사실 그는 도착일부터 호텔 방에 갇혀 지낸 것을 비롯하여 거의 고립되어 살았다. 집 생각에 매일 눈물을 흘리고 영어 때문에 악전고투해야 했다. 인도 시골에서 온 유학생의 참담한 나날이었다.

## 간디와 관련된 런던 사람들

간디가 영국에 도착하기 몇 달 전인 1887년 11월 13일 런던에서 '피의 일요일(Bloody Sunday)'이 터졌다. 트래펄가 광장에서 행진하려는 사람들을 경찰 수백 명이 막아서며 벌어진 사건이었다. 간디가 『자서전』에서 이 사건에 대해 전혀 언급하지 않아 그것을 알고 있었는지 몰랐는지 우리로서는 확인할 수 없다. 하지만 그런 사건이 터진 뒤 곧 간디가 런던에 도착했다는 것을 보아 그의 런던 생활은 물론 그 뒤 그의 생애와도 결코 무관하지 않았을 것이라 추측해 볼 수 있다.

'피의 일요일' 당시 사람들은 런던 여러 곳에 모였다. 행진 전에 윌리엄 모리스(William Morris, 1834~1896), 조지 버나드 쇼, 애니 베산트(Annie Besant, 1847~1933) 등이 런던 중심가의 클러큰웰 그린(Clerkenwell Green)에서 연설을 했다. 이어 쇼와 베산트는 함께 행진했고, 에드워드 카펜터(Edward Carpenter, 1844~1929)와 헨리 솔트(Henry Salt, 1851~1939)도 사람들과 함께 따라갔다. 그날의 영웅인 노동운동가 존 번스(John Burns, 1958~1943)와 작가 커닝햄 그레이엄(Robert Bontine Cunninghame Graham, 1852~1936)은 사회주의자인 모리스, 헨리 하인드먼(Henry Hyndman, 1842~1891)과 함께 감옥에 갇혔다.

그 사건의 영향력은 컸다. 공예가이자 시인이며 사회주의자인 모리스는 그것이 혁명의 시작일 수 있다고 생각했을 정도였다. 베산트는 그 뒤 '사회주의자 방어 협회(Socialist Defence Association)'를 만들었고, 1888년에는 성냥 공장 여성들의 파업을 이끌었다. 이어 1889년 번스가 런던 부두 파업을 지휘했다. 그러나 간디는 『자서전』에서 부두 파업과 베산트에 대해서만 종교와 관련하여 잠깐 언급했을 뿐이다. '피의 일요일'과 관련된 사람들 중에서는 카펜터만 『인도의 자치』에서 언급했다. 그러나 그 행진에 참가한 사람들은 뒤에 간디가 추구하게 되는 삶과 생각의 선배들이었다.

간디가 모리스를 알았으리라 짐작할 수 있는 글은 없다. 그러나 극작가이자 페이비언협회의 창설자 중 한 사람인 쇼의 『인간과 초인Man and Supermen』을 읽었다는 기록이 1923년 6월 16일 일기에 남아 있다. 간디가 그를 언제 어떻게 알았는지 알 수 없고 생전에 만났다는 기록도 없다. 뒤에서 보듯이 간디는 영국 유학 시절에 베산트와 솔트를 만났지만, 그들에게 특별하게 기억되지는 않았고, 간디 역시 그들을 특별하게 기억하지 못했다.

영국에 유학한 인도인 유학생으로서 간디는 당시 런던에서 유명했던 인도인들에 대해서는 잘 알았을 것이다. 당시 런던에서 가장 유명한 인도인은 다다바이 나오로지(Dadabhai Naoroji, 1825~1917)와 압둘 카림(Abdul Karim,

3부 제국에서 배우다(1888~1891)

1863~1909)이었다. 파르시교도인 나오로지는 무역 회사의 요원으로 1855년에 런던으로 왔으나, 그 뒤로 정치활동과 사회 개혁에 투신했다. 간디가 영국에 온 1888년에는 영국의 인도인을 대표하는 포럼을 조직했다. 그것은 이듬해 '인도 국민회의 영국 위원회(British Committee of the Indian National Congress)' 로 바뀌었다. 인도 국민회의는 1885년에 뭄바이에서 처음 조직되었다. 나오로지는 1892년부터 1895년까지 영국 하원의원을 지내기도 했다. 그의 책 『인도의 빈곤과 비영국식 통치Poverty and UnBritish Rule in India』는 간디에게 인도의 빈곤을 알게 했다. 간디는 1888년부터 그와 알고 지냈고, 남아프리카에 있던 이십 년간 그와 수백 통의 편지를 교환했다.

카림은 런던에서 나오로지보다 더 유명한 인도인이었다. 아그라 출신 무슬림인 그는 키가 크고 피부가 희었다. 그는 빅토리아 여왕의 참모로 일하며 여왕에게 힌두어와 인도 종교를 가르쳤다. 그의 지도 덕분에 여왕은 인도인 방문객에게 힌두어로 말하게 되었다. 그러나 간디는 카림에 대해 말한 적이 없고, 카림 또한 간디를 몰랐을지 모른다. "빅토리아 시대 영국의 인종과 계급 편견의 예증"의 하나로 드는 카림과 빅토리아 여왕의 이야기는 2017년에 영국의 스티븐 프리어스(Stephen Frears)가 감독한 영화 〈빅토리아와 압둘Victoria & Abdul〉에서 표현되었다.

## 런던 생활의 시작

간디는 첫날부터 문화충격을 받았다. 가령 영국에 내릴 때 어울릴 것이라고 생각한 흰 플란넬 양복을 입은 사람은 그뿐이어서 부끄러웠고, 채식을 하지 못하여 굶주렸다. 그러나 동향 친구들이 도움을 주었다. 구자라트 출신으로 의사를 하다가 변호사가 되고자 유학하고 있는 프란지반 메타(Franjivan Mehta)와 법학도인 달파트람 슈클라(Delpatram Shukla)였다. 특히 프란지반 메타는 그 뒤에도 도움을 주어 간디와 평생 친구가 되었다.

간디는 메타의 권유로 비싼 호텔을 나와 배에서 사귄 사람이 소개해준 방으로 갔지만 여전히 불편했다.

자꾸만 두고 온 집과 조국 생각이 났다. 어머니의 사랑이 그리웠다. 밤이면 눈물이 흘러 두 뺨을 적시고 고향 생각에 잠을 이룰 수가 없었다. 누구에게도 나의 이 비통한 심정을 이야기할 수 없었다. 이야기한들 무엇하겠는가? 나를 위로할 수 있는 것은 없었다.

사람들과 그들의 생활방식, 심지어 주택까지 모든 것이 낯설었다. 특히 나는 영국식 예의에 대해서는 완전히 무지했으니 항상 조심해야 했다. 채식을 하겠다는 맹세도 불편을 주었다. 그나마 내가 먹을 수 있는 요리는 맛이 없었다. 진퇴양난에 빠졌다고 생각했다. 나는 영국을 견딜 수 없었지만, 그렇다고 인도로 돌아가는 것은 상상도 할 수 없었다. 일단 와버린 이상 삼 년은 마쳐야 한다고 스스로에게 말했다. (자서전, 66~67쪽.)

이후 간디는 런던 교외의 리치몬드에 있는 슈클라의 방으로 이사해 그로부터 포크 사용법을 비롯해 런던 생활의 기본을 배웠다. 그 뒤 1888년 10월부터 서부 켄싱턴의 인도계 영국인(Anglo-Indian) 미망인 집에서 8~9개월 정도 하숙했다. 그녀는 인도에 산 적 있는 영국인이었다. 뒤에 간디는 젊은 인도인들에게 편의를 제공하기 위해 당시 런던 생활을 기록한 『런던 안내Guide to London』(1893)를 출간했다. 인도인 유학생이 격증하던 때였다. 간디가 영국에 오기 일 년 전인 1887년에는 47명에 불과했으나, 그가 영국을 떠난 1890년에는 227명이었다. 1907년에는 칠백 명이 넘었는데, 그중 380명이 런던에 있었다. 또 런던 유학생 중 320명이 간디처럼 법학원을 다녔다.

런던에 도착한 지 얼마 안 되어 찍은 간디의 사진이 남아 있다. 검고 숱이 많은 머리칼을 세심하게 빗었고, 누구보다도 큰 귀는 새로운 문물을 열심히 듣겠다는 듯 크게 열려 있다. 코도 크고 날카롭다. 입술이 두툼하고 눈은 날카롭다. 새로운 것을 열정적으로 알아보려고 바쁘게 돌아가는 듯하다. 한마디로 새로운 세계에 온 사람이 갖는 호기심 가득한 얼굴이다.

그 사진에 대해 피셔는 "중심을 잃은 사람처럼 보인다. 상처를 입었거나 그렇게 될까 두려워하는 것 같다. 곧 닥칠 내면세계와의 갈등을 두려워하는 사

학생 시절의 간디.

람의 얼굴이다. 그는 자신이 정열을 지배하고 선행을 할 수 있을지 의심하고 있다"고 썼다(피셔, 19쪽). 그러나 이는 서양인의 선입견에서 나온 부정적인 관점이 아닐까?

누구나 그렇듯이 전혀 다른 세계에 온 간디가 처음 몇 달간 방황한 것은 사실이다. 특히 대가족 사회의 엄격한 규제 속에 살다가 별안간 런던에서 혼자 살게 되었으니 자기를 통제하기가 그렇게 쉽지 않았을 것이다. 그러나 피셔가 간디의 영국식 신사 흉내를 방황으로 보는 것은 잘못이다. 간디는 자신이 채식주의를 고집한 탓에 친구가 실망하자 그를 편하게 해주기 위해 스스로 영국 신사 흉내를 낸 것이기 때문이다. 그러나 그것이 무의미함을 깨닫고 석 달 만에 그만두었다.

간디는 『자서전』을 통해 그렇게 된 계기가 바이올린 선생인 벨 씨라고만 하고 그가 무슨 말을 했는지에 대해서는 언급하지 않았다. 에릭슨에 의하면 웅변 선생은 그에게 정치가 피트 같은 영국인을 흉내 내고 있다고 했으며, 바이올린 여선생은 마음을 완전히 변화시키라고 했다(에릭슨, 170쪽).

여하튼 간디는 검소한 생활로 돌아섰다. 피셔는 간디가 영국 신사 흉내를 낸 것을 두고 그가 언제나 주위와 조화를 이루고자 노력한 탓이라고 했다. 수십 년 뒤 옷 대신 천 조각을 걸친 이유는 수천만 명의 인도 농민들은 그 정도로

입고 살기 때문이라고 보았다. 그러나 런던에서 간디는 그런 조화를 곧 포기했다. 참된 것이 아니라고 생각했기 때문이다. 반면 비 조각을 걸치는 것은 참된 일이라고 생각했기에 평생을 그렇게 지냈다. 한편 영국에서는 물론이고 남아프리카에 가서도 양복 차림은 그대로 유지했다. 그것이 편했기 때문이다.

## 런던의 지적 생활

간디는 법 공부를 비롯하여 런던에서의 지적 생활에 대해서는 『자서전』에 거의 언급하지 않았지만, 이는 『자서전』이 인도의 일반 민중을 계몽하기 위한 것이기 때문일 뿐, 그 자체가 중요하지 않다고 볼 수는 없다.

그는 인도에서는 읽지 않은 신문을 영국에서는 언제나 읽었다. 진보지인 《데일리 뉴스》, 보수지인 《데일리 텔레그래프》, 지식인들에게 영향력이 컸던 석간 《팔 말 가제트》를 거의 한 시간이나 훑어보았다. 간디가 채식 식당을 찾는 대목에서 이 점을 서술하기 때문에, 여러 평전은 그가 식당을 찾기 위해 온 신문을 뒤졌다는 것으로 오해한다. 하지만 당시 간디에게 신문은 대학 이상으로 온갖 지식을 흡수하게 해준 보고였다.

당시 영국은 글래드스턴(William Ewart Gladstone, 1809~1898)의 시대였다. 윈스턴 처칠, 벤저민 디즈레일리 등과 더불어 영국 역사상 가장 위대한 총리로 꼽히는 그는 제국주의가 절정이던 시기에 평화주의적 대외관계를 고수하였으며, 아일랜드 자치법, 비밀투표 실시와 같은 많은 내정 개혁을 시도하는 등 자유주의와 19세기 의회정치를 대표하는 인물이기도 했다. 무려 네 차례에 걸쳐 영국 총리직을 역임했는데 간디가 영국에 있을 당시에는 수상이 아니었다. 간디는 대표적인 도덕 정치(Moralpolitik)의 지지자였던 그에게 관심을 가질 수 있었으나, 그에 대해 언급한 경우는 거의 없다.

특히 그는 신문을 통해 마르크스주의나 페이비언주의 등의 사회사상과 사회운동을 알았다. 카를 마르크스는 1883년에 런던에서 죽었지만, 그의 후계자들은 런던에서 계속 적극적으로 활동했다. 1884년에는 점진적 사회주의 단체인 페이비언협회가 발족했다. 그러나 간디는 그것들에 대해 크게 흥미를 갖지는 않은 듯하다. 1889년 버나드 쇼가 편찬한 논문집 『페이비언 사회주의*Fabian Socialism*』를 읽고서는 베산트가 쓴 '사회주의하의 산업'을 높이 평가했을 뿐이다. 1889년 8월에 있었던 런던 부두 파업에 대해서도 『자서전』에서는 한 줄 정도 썼을 뿐이다.

식민지 유학생이라면 당연히 고민했을 조국의 독립이나 해방에 대한 언급도 『자서전』에는 전혀 없다. 그가 몇 개의 인도인 정치 집회나 유학생 집회에 참석했다는 기록이 나중에 발견되었지만 주목할 만한 활동은 전혀 없었다. 가령 1865년에 변호사인 다다바이 나오로지와 보너지(Womesh Chunder Bonnerjee, 1844~1906)가 만든 런던 인도인 협회(London Indian Society)에 참석하기도 했고, 1886년에 압둘라 알-마문 소흐라워디(Abdullah Al-Mamoon Sohraworthy)가 만든 안주만-에-이슬람(Anjuman-e-Islam) 모임에 참석하기도 했으나 그곳에서 어떤 활동을 했는지는 알 수 없다.

1867년에 창립된 인도인 유학생 지원 단체인 국민 인도인 협회(The National Indian Association)의 대표인 엘리자베스 메닝(Elizabeth Manning, 1828~1905)의

집에서 열린 차모임에 자주 참석하고 영국 가정에서 체류하는 인도인 유학생을 위한 노스브룩 인도인 협회(Northbrook Indian Society)의 도서관도 자주 방문했지만 어떤 활동을 했는지는 알 수 없다.*

## 공부

간디가 런던에 온 주목적인 법 공부는 『자서전』에서 불과 몇 줄 언급될 뿐이다. 그는 런던에 도착하고 한 달쯤 뒤인 11월 6일에 이너 템플에 등록했다. 그곳은 변호사를 양성하는 영국의 교육기관으로 13세기 이후부터 런던에 설치된 네 개의 법학원 중 하나다. 그곳에 들어가기 위해서는 21세 이상이어야 하고, 2회의 시험에 합격하는 것 외에 일 년에 4학기로 삼 년 동안 12학기를 마치고, 각 학기마다 6회씩, 총 72회의 디너에 참가해야 했다. 그래서 당시 영국의 변호사는 '디너 변호사'라고도 불렸다. 옥스퍼드나 케임브리지와 달리 기숙사 시설은 없었다.

간디가 택한 이너 템플은 다른 법학원보다 수업료가 비싸고 규모는 작았지만 수준이 가장 높았다. 반면 미들 템플(Middle Temple)은 비용이 낮아 인도인 유학생들이 가장 많이 등록했다. 간디가 왜 미들 템플이 아니고 이너 템플을 선택했는지는 알 수 없다. 뒤에 그는 다른 법학원인 링컨 인(Lincoln's Inn)이 가장 경제적이고 도서관이 훌륭하다고 말했다.

육식이 주인 디너는 채식주의자인 간디에게는 엄청난 고통이었으나, 그는 이겨냈다. 영국법과 로마법이 주가 되는 법 공부는 쉬웠고 시험도 관대하여, 1년에 4회 치르는 시험에서 응시생 4분의 3이 합격했다. 영국에 오기 전까지 책에는 거의 흥미가 없던 간디로서는 놀라운 일이 아닐 수 없었다. 영국에서 처음 접한 라틴어 공부로 고생을 했으나 『유스티아누스 법전』을 라틴어로 읽어낸 간디는 1890년 3월에 로마법 시험에 합격하여(46명 중 40명이 합격했는데,

---

* 이상에 대해서는 James d. Hunt, *Gandhi in London*, Promilla & Co Publishers, 1993, p. 12 참조.

간디는 6등이었다.) 영국을 대표하는 신문인 《타임스》에 보도되었다. 이어 12월에는 영국법[재산법·에퀴티(equity)·형법] 시험에도 합격했다. 응시자 109명 중 77명이 합격했고 간디는 34등이었다. 그 뒤 면허를 따기 위해 법학원이 주관하는 만찬 모임에 참석해야 했으므로 이듬해 6월까지 런던에 머물렀다.

수업량이 많지 않고 친구도 거의 없어서 간디는 혼자 방에 처박혀 영어 공부에 열중하며 그다지 숙달하지 못했던 영어 능력을 향상시켰다. 물론 이는 간디 특유의 태도는 아니고 인도 유학생 일반의 태도였다.

그는 변호사 자격뿐 아니라 옥스퍼드대학교나 케임브리지대학교에서 문학사 학위도 따려고 했으나 기간이 길어 포기했다. 대신 1889년 8월경부터 런던대학교 입학 자격을 얻기 위해 프랑스어·라틴어·영어·지리·수학·기계수리·물리학·화학 등을 공부했다. 인도인은 외국에서 주는 자격증을 좋아하기 때문이었다. 그러나 라틴어는 그가 생전 처음 보는 외국어였다. 간디는 1890년 1월 시험에서는 실패했으나, 6월 시험에는 합격했다. 이는 간디가 나름의 대학 수준 공부를 하기 위한 것이었지 실제로 런던대학교에 입학하기 위한 것은 아니었다. 그런 공부는 나름 의미가 있었지만 간디에게 대학 교육 정도의 교양을 갖추게 하지는 못했다.

## 유학 생활의 여유

간디는 『자서전』에서 바쁜 유학 생활 속에서도 영국 여성과 데이트했던 것이나 여행에 대해 썼다. 인도인 청년들은 영국인, 특히 젊은 여인에게 조혼 사실을 숨기곤 했다. 간디도 그러했다. 그래서 벤트너(Ventnor)의 하숙집 딸과 데이트를 했다. 영국 남부 해안인 브라이튼(Brighton)에 갔을 때도 비슷한 경험이 있었다.

간디는 1889년부터 이듬해에 걸쳐 파리 만국박람회가 열리자 일주일간 파리를 여행하기도 했다. 그는 채식 식당에 머물면서 당시 막 지어진 에펠탑에 두세 번 올랐고, 꼭대기 식당에서 비싼 점심도 먹었다. 그러나 톨스토이가 그리한 것처럼 간디도 그것을 비난했다. 예술이 아니며 박람회의 참된 아름다움에 기여하는 바도 없다는 것이다. 반면 노트르담 사원을 비롯한 옛 교회에는 깊은 감명을 받았다.

간디는 유학 생활 중 인종차별을 느낀 적이 없었다. 이는 뒤에서 보듯이 그가 활동한 영역이 법학원과 채식주의자협회, 신지협회(神智學會, Theosophical Society) 등이었던 탓으로 보인다. 채식주의자협회와 신지협회 사람들은 당시 영국에서도 가장 진보적인 사람들이었고, 그 누구보다 인종차별을 거부한 사람들이었다. 게다가 식민지 영국보다 영국의 영국인들이 인종에 대한 차별의식이 약했다. 인도에서 영국인은 지배 인종으로서, 어딜 가나 갖가지 방법으로 그들에게 고개를 숙이는 검은 피부의 피지배 인종 인도인을 볼 수 있었다. 따라서 차별이 지극히 자연스러웠다. 그러나 본국인 영국에는 피지배 인종이 거의 없고, 영국인은 모든 일을 스스로 해야 했다.

그래서 1890년대에 런던을 방문한 타밀 출신의 어느 인도인은 "영국인은 천성이 관대하고 자신을 포함한 외국인을 기쁘게 해주려고 갖은 신경을 다 쓴다."라고 말했다. 간디 또한 "나는 그들이 인도인을 대할 때 피부색이 그들에게 조금도 영향을 미치지 않았음을 알고 무엇보다도 그들의 환대에 감사했다."라고 말했다(Guha1, 47쪽 재인용).

# 2 _____ '채식주의자' 간디

## 런던의 채식주의자

간디가 유학한 19세기 말 런던에서는 연극과 스포츠가 가장 인기를 끌었으나 간디는 그것들과 무관했다. 앞에서 보았듯이 제국주의와 사회주의의 정치나 경제에 대해서도 그는 냉담했다. 그의 관심은 오로지 채식주의뿐이었다. 채식주의 주말 집회에 항상 참석했고, 거기서 친구를 사귀었다.

영국 생활을 하며 가장 힘든 것은 식사였다. 영국의 친지들은 간디에게 육식을 권했으나 그는 어머니에게 했던 맹세를 굳게 지켰다. 런던으로 오는 배 안에서 만난 영국인도 런던에서는 건강을 위해 반드시 고기를 먹어야 한다고 말했으나 듣지 않았다. 런던에서는 슈클라도 그에게 육식을 권했으나 거부했다.

육식을 하지 않으면 야채나 빵밖에 먹을 것이 없었다. 그래서 채식주의자 식당을 찾기 위해 매일 15~20킬로미터를 걸었다. 값싼 식당에서 빵과 잼, 익힌 양배추 등을 먹었으나 충분하지 못했다. 당시 런던에는 약 열 개의 채식주의자 식당이 있었으나 간디의 눈에 쉽게 들어오지는 않았다.

그러다 우연히 세인트 폴 대성당(St. Paul Cathedra) 부근의 패링던 가(Farringdon Street)에서 '포리지 보울(Porridge Bowl)'과 '센트럴(Central)' 등의 채식 식당을 발견했다. 모두 간디가 다니는 이너 템플과 가까웠다. 그때는 런던에 도착한 지 1개월 정도 지난 1888년 10월 12일로 추측되지만, 간디가 몇 달 동안 식사 때문에 힘들었다고『자서전』에 쓴 만큼 정확히는 알 수 없다.

간디는 센트럴 식당에서 솔트의『채식주의를 위한 호소A Plea for Vegetarianism』(1886)를 사서 읽고 엄청난 감동을 받았다. 그 책의 앞부분에는 헨리 데이비드 소로(Henry David Thoreau, 1817~1862)가 인류가 그 동료인 동물을 먹는 습관은 서서히 사라질 것이라고 쓴 글이 실려 있었는데, 솔트는 소로의 전기인 『헨리 데이비드 소로의 삶*The Life of Henry David Thoreau*』도 썼다. 간디는 1929년 10월 12일 솔트에게 보내는 편지에, 1907년 이후 소로의 『시민 불복종』을 읽고 『월든』 등의 에세이와 함께 1890년에 나온 그 전기를 읽었다고 썼다. 그것은 솔트가 그해 9월 1일 간디에게 보낸 첫 편지에 대한 답장이었다. 솔트는 채식주의자이자 사회주의자였고 인간의 권리와 동물의 권리가 동등함을 최초로 주장한 사람이기도 했다. 그가 쓴 『동물의 권리*Animal's Rights*』(1894)를 간디가 읽었다는 기록은 없지만 아마도 읽었으리라고 추측된다.

## 솔트

솔트와 간디는 1929년 이후에 친구가 되었으나, 그 전부터 두 사람의 생각과 삶은 비슷했다. 솔트는 이튼과 케임브리지를 졸업하고 이튼의 교사가 되었으나 윌리엄 모리스와 헨리 조지 등의 영향을 받아 1884년에 그만두고 런던 남서부의 틸퍼드(Tilford)라는 시골에 은거하여 농사를 짓고 동물을 키우면서 저술에 몰두했다.

간디는 솔트를 채식주의자로서만 언급하지만, 솔트는 당대 영국에서 쇼를 비롯한 많은 문인과도 친하게 지냈다. 솔트와 쇼는 셸리주의자이자 인도주의자라는 점에서 같았다. 당시 낭만주의 시인 셸리는 이상주의의 상징이었다. 솔트도 테니슨을 좋아하다가 셸리(Percy Bysshe Shelley, 1792~1822)를 좋아하는 쪽으로 바뀌어 최초의 저서를 셸리에 대해 썼다. 그는 '인도주의자 협회(Humanitarian League)'를 만들고 《인도주의자 리뷰*Humanitarian Review*》를 발간해 잔인한 스포츠·체형·사형·공해 등을 비난했다. 솔트는 카펜터와도 친했다. 카펜터의 『문명: 그 원인과 치료』를 편집하기도 했다. 또한 영국 최초의 아나키스트인 윌리엄 고드윈의 『정치적 정의*Political Justice*』도 편집했다.

솔트의 아버지는 인도 군대의 대령이었으나 아내와 사이가 좋지 않았고, 세포이 항쟁이 발생하기 오 년 전에 영국에 돌아왔다. 인도에서 태어난 솔트도 함께 영국에 돌아와 어머니 밑에서 아버지를 적대하며 자랐다. 가부장주의에 대한 반감은 쇼를 비롯하여 당대 반항인들의 공통된 특성이었다. 이튼 출신 솔트는 그곳의 교사로 지내며 하인드먼과 같이 사회주의 논설을 썼다. 같은 교사였던 제임스 리 조인스(James Leigh Joynes, 1854~1893)가 마르크스의 『자본』을 번역하고, 헨리 조지를 지원했다는 이유로 아일랜드에서 체포되면서 해고되자 솔트도 사임했다. 당시 이튼 교장은 솔트가 사회주의자라는 점과 채식주의자라는 점을 싫어했다. 솔트는 조인스의 누이인 케이트 조인스(Kate Joynes)와 결혼했다. 솔트는 어머니에 대한 태도와 마찬가지로 아내에게도 완전히 종속되었다.

"감각을 갖는 동물에게 불필요한 고통을 주는 행동은 모두 인간성의 더욱 고차적인 본성과 상용하지 않는다"고 한 그의 동물 권리 보호주의에는 스포츠나 과학연구를 위해 동물을 죽이는 것에 대한 반대도 포함되었다. 즉 그의 채식주의는 종교적인 것이 아니라 세속적이고 자유주의적인 것이었다. 그것은 영국의 새로운 사회의식의 일부로, 사형·체벌·공업화에 의한 전원 지방의 환경 악화 반대와 함께 나타났다. 따라서 그는 사회주의자이자 에콜로지스트, 아나키스트였다. 쇼는 그를 타고난 혁명가라고 부르기도 했으나 솔트 자신은 야생화를 찾는 것이 직업이라고 할 정도로 소로를 좋아하여 '영국의 소로'라 불리기도 했다. 간디는 그런 솔트의 여러 측면에 대해 언급한 바 없지만, 그 모든 측면의 영향을 받았다고 볼 수 있다.

그전까지 간디는 어머니와의 약속을 지키기 위해 고기를 먹지 않으면서도 모든 인도인이 고기 먹기를 희망했다. 그러나 솔트의 책을 읽은 뒤에 그는 비로소 자발적인 채식주의자가 되었다. 이어 그가 '고대에서 현대까지 인간의 식사에 대한 문헌의 전기식(傳記式) 역사'라고 본 하워드 윌리엄(Howard William, 1837~1931)의 『식사의 윤리The Ethics of Diet』를 비롯하여 여러 책을 읽었다. 그에 의하면 피타고라스와 예수부터 시작하여 현대까지의 모든 철학자와 예언자가 채식주의자였다.

또 한 권의 중요한 책은 안나 킹스퍼드(Anna Kingsford, 1846~1888)의 『완전한 식사법: 인류의 자연스러운 고대 식품에의 회귀에 대한 전문가적 제언The Perfect Diet: A Treatise Advocating a Return to the Natural and Ancient Food of Our

*Race*』(1881)이었다. 저자의 파리대학교 의학 학위 논문(*L'Alimentation Végétale de l'Homme*)으로 제출된 이 책은 육식의 위험을 경고했다.

## 간디의 자발적 채식주의

간디는 채식주의자들의 사상에 대해 다음과 같이 썼다.

> **그들은 인간이 하등동물보다 뛰어나다는 것이 그것을 잡아먹어도 된다는 뜻은 아니며 오히려 보호해야 하고, 인간들 사이에 그리하듯이 인간과 동물도 서로 도와야 한다는 윤리적 결론을 도출해냈다. 또한 인간은 쾌락이 아니라 생존을 위해 먹는다는 진실도 밝혀냈다.**
>
> **그중 몇 사람은 고기뿐 아니라 달걀과 우유도 먹어서는 안 된다고 주장하고 실제로 그대로 실천했다. 다른 사람들은 인간은 생리 구조상 요리를 해먹는 것이 아니라 과일을 그대로 먹는 것에 맞다는 과학적 결론을 찾아냈다. 어려서는 어머니의 젖을 먹다가 이가 나면 딱딱한 식물을 먹게 되어 있다는 것이다. 모든 향료와 양념을 버려야 한다는 의학적 주장을 펼치기도 했다. 그들은 실제적·경제적 논의를 통해 채식이 가장 경제적이라는 사실을 보여주었다. (자서전, 79쪽.)**

간디는 채식 요리법도 배웠다. 특히 당근 수프를 잘 만들었다. 인도의 가족이 단것과 양념을 배편으로 보내주었으나, 그는 그만두게 하고 시금치 같은 채소를 양념 없이 먹었다. 그런 실험 결과 참맛은 혀가 아니라 마음에 있다는 것을 알게 되었다.

약간의 혼란을 거친 뒤에 그는 달걀과 그것을 넣어 만든 과자나 푸딩조차 먹지 않았다. 달걀도 육류라고 할 수 있고, 잠재적인 생물이기 때문이었다. 이에 따르는 영양 결핍과 심심한 맛은 더 건강하고 지속적인 내면의 맛에 의해 보충되었다. 그 내면의 풍미란 맹세의 준수에서 비롯된 것이다.

간디는 의무적인 채식주의에서 벗어나 자발적인 채식주의자로 거듭나면서

3부 제국에서 배우다(1888~1891)

그것을 보급하기 위해 채식주의 운동에 과감하게 뛰어들었다. 당시 영국에서 채식은 단순히 식사 방법의 문제가 아니었다. 빅토리아 영국을 거부하는 하나의 이상주의 사상이었던 채식주의자들의 모임은 채식주의자협회나 1877년에 창립된 런던 식품개선 협회 등의 이합집산으로 이루어지다가 1888년 런던 채식주의자협회(London Vegetarian Society, LVS)로 통합되었다. 그 기관지인《채식주의자》라는 잡지가 1888년 1월부터 나오기 시작했으니 간디가 영국에 오기 9개월 전이었다. 그 사무실은 센트럴 식당 옆에 있었다.

LVS에는 회장인 아놀드 힐(Arnold Hill, 1857~1927) 외에 솔트, 소로, 카펜터, 버나드 쇼, 구세군의 부스, 킹스퍼드, 베산트, 톨스토이 등이 참여했고, 윌리엄 모리스나 러스킨도 그 운동에 공명했다. 기관지에 실린 글은 단식에 대한 것 외에도 종교에 대한 것, 특히 뒤에 간디가 말한 신이 진리가 아니라 진리가 신이라는 사상을 주장한 글들을 볼 수 있고, 1891년 12월 21일 호에는 톨스토이의 비폭력과 불복종에 대한 기사도 실렸다.

간디는 기관지를 편집한 조슈아 올드필드(Josiah Oldfield, 1863~1953)의 권유로 1890년 여름에 런던 채식주의자협회에 가입했다. 간디는 1891년 봄부터 올드필드의 집에서 동거할 정도로 그와 가까웠다. 그는 옥스퍼드 출신 변호사였으나 간디를 만난 즈음에는 의사가 되기 위해 공부하고 있었다. 그는 예수·붓다·마호메트 등 모든 종교의 통합을 간디에게 말했고, 종교의 참된 영역은 개개인의 정신과 마음속에 있다고 주장했다. 이는 뒤에 간디 사상의 핵심이 된 비폭력(사티아그라하)이나 『인도의 자치』에서 표명된 근대문명 비판에 중대한 영향을 미쳤다. 간디는 자기가 살던 베이스워터(Bayswater)에서 올드필드에게 회장을 의뢰하고 자신이 사무국을 담당하는 채식주의자협회를 조직했다. 그것은 기관을 조직하고 운영하는 훈련이 되기도 했다.

간디는 또한 채식주의자이자 산아제한 주창자인 알린슨(T. R. Allinson)과도 만나 건강과 위생학에 관한 그의 저작에 영향을 받았다. 『땅으로 돌아가라』를 쓴 페이튼(J. B. Paton)과도 만났다.

## 카펜터

채식주의자는 하나가 아니었다. 가장 기본적인 구별은 유신론자와 무신론자라는 것이었다. 특히 베산트·아놀드·솔트·카펜터는 무신론자들이었다. 그중 카펜터는 『자서전』에 언급되지 않지만 간디에게 영향을 크게 준 사람으로 검토할 필요가 있다. 영국의 시인이자 사회사상가인 카펜터는 20세에 케임브리지를 졸업하고 그곳의 연구원을 지낸 뒤 26세에 그곳 교회의 부목사가 되었다. 그는 셸리·워즈워스·휘트먼 같은 시인과 신학자의 영향을 받았고, 1873년 이탈리아 여행 후에는 그리스 조각에 심취했다. 1874년 교회를 떠나 대학에서 성인교육에 종사하다가 소로의 전원생활에 공명하여 1883년 셰필드 부근 시골에 땅을 샀다. 그곳에서 노동자 가족과 함께 살면서 야채와 과일을 키우며 채식주의자로 지냈다. 그는 아놀드가 번역한 『바가바드 기타』를 읽고 감명을 받았다.

카펜터는 윌리엄 모리스와 친했고 1883년에는 헨리 하인드먼의 사회민주연맹에 참가했다. 1883~1884년에는 솔트와 함께 미국 초월주의*의 영향을 받아 데이비슨이 만든 신생활우애회의 창설 멤버가 되기도 했다. 케어 하디, 토머스 하디, 버나드 쇼 등도 지지한 신생활우애회는 당시의 생체 해부에 강력하게 반대하고 동물 애호를 주장했다. 소박한 생활·채식·검소한 복장·육체노동·민주주의·공동조직과 같은 그 이념은 간디에게 영향을 미쳤다.

카펜터가 1888년에 쓴 『문명: 그 원인과 대책』은 톨스토이와 간디 모두에게 영향을 미쳤다. 바로 그해 간디는 런던에 도착했지만 그때 그 책을 읽었는지는 알 수 없다. 설령 읽지 않았다고 해도 솔트가 낸 《채식주의자》 가을호에서 그가 그 책을 평했기 때문에 내용을 알고 있었을 것이다. 당시 서양 문명에 심취했던 간디가 그 책을 읽었다고 해도 쉽게 동의하지는 않았겠지만, 1908년 『인도의 자치』를 쓰기 훨씬 전에 그 책을 읽었을 것임은 틀림없다.

---

\* 부단한 자기 초월을 구가하는 이상주의적 종교운동.

3부 제국에서 배우다(1888~1891)

카펜터의 책은 톨스토이가 1893년에 쓴 『신의 나라는 네 안에 있다』보다 오년 먼저 나왔고, 톨스토이의 책보다 훨씬 이교적이었으나, 두 사람은 상호 존경했으며 서로의 생각을 잘 알고 있었다. 둘은 채식주의자라는 점이 같았고, 그 점은 간디도 마찬가지였다. 현대 의학에 대한 톨스토이와 간디의 비판은 카펜터의 이 책에서 비롯되었다. 카펜터는 고대 그리스나 아메리카 원주민, 아프리카인을 예로 들어 건강이란 전체적이고 신성한 것이고, 단순한 질병의 결여가 아니라 더욱 적극적 존재인데, 의학은 질병을 물신화하고 그 주위에서 춤을 춘다고 비판했다. 물론 카펜터의 영향은 의학 이상으로 문명 전반에 걸친 것이었다.

## 채식주의의 역사와 유형

고대 그리스 시대부터 인도에 온 서양인은 육식을 거부하는 인도인들의 식사 습관에 매료되었다. 포르투갈 출신으로 아메리카를 정복한 바스코 다 가마(Vasco da Gama, 1460/1469~1524)도 그중 한 사람이었다. 특히 17~18세기에는 인도 채식주의의 장점을 설명하는 책이 다수 간행되었고, 19세기에는 솔트를 비롯하여 여러 사람에 의해 부활했다.

서양의 채식주의는 기존 기독교를 비판하는 이단 운동으로 나타났다. 즉 초기 기독교 시대의 그노시스파(Gnosticism)나 마니교로부터 중세의 카타리파(Cathar)나 보고밀파(Bogomils) 같은 이단의 중심 개념이었고, 19세기에는 과학주의가 대세인 가운데 종교가 부진해지면 과학과 종교의 타협을 도모하는 종교적 진보주의의 하나로 등장했다. 그것은 당시 성행한 금주운동의 일환으로 마음과 몸의 관계를 통제하는 운동으로 나타났다. 채식주의자들은 알코올의 폐해와 육식 습관을 비난하고 동물을 실험 재료로 삼거나 인명을 뺏는 것에 분개하면서 모든 생명의 신성함을 믿고 불멸의 영혼을 갖는 육체의 가치와 존엄을 믿었다. 즉 성적 억제를 수반한 육식 거부는 육체를 영적 신체화하고 신과의 영적인 합일을 가능하게 한다고 보았다. 그러나 그것은 그리스도에 의한 속죄를 위한 동물 희생도 거부하고, 인간과 신을 매개하는 교회의 권위를 위협하는 이단이자 영적인 파괴 행위로 비난받았다.

반면 간디가 영국에서 접한 채식주의는 본래 인도에서 나온 것으로 서구의 그것과는 달리 본질적으로 종교적인 상식이었다. 그것은 생명의 신성함을 믿어서 생긴 것이 아니라, 동물 제사를 부정하는 것으로 나타났다. 즉 기원전 5, 6세기에 농촌 브라만의 권위에 저항한 도시형 개혁 종교로 생긴 불교나 자이나교의 불살생주의와 함께 나타났다. 동물 제사는 농촌에서는 풍요를 기원하기 위해 불가결했으나, 도시의 귀족이나 상인에게는 불필요했다. 따라서 브라만교를 비판하기 위해서도 불교 등과 채식주의를 신봉해야 했다. 그러나 그 뒤 브라만도 채식주의로 돌아섰고, 근대에 와서는 카스트 상승 운동 속에서 상위 카스트의 규범이 되었다.

그러나 동물 제사가 숭배된 고대 인도에서 육식은 신들의 식사로, 『베다』에서는 "고기는 먹는 것 중 최상의 것"이라고 했다. 당연히 왕을 비롯한 지배 계급은 육식을 했다. 기원전 오백 년경에 인도에 정착한 아리아인인 베다족의 사회적 서열은 당당하게 육식에 근거했다. 그래서 『마하바라타』에서는 "몽구스가 쥐를 먹고, 고양이가 몽구스를 먹듯이 개가 고양이를 먹는다. 사자와 야수가 개를 먹는다. 사람은 그 모든 것을 먹는다. 왜 그런지는 다르마를 보라! 움직이는 것, 계속 움직이는 모든 것은 생명을 위해 먹는 것이다."라고 했다 (Herman, 75쪽).

그러한 베다적 가치가 전도되어 영광·세속적 부·타인에게 고통을 강요하여 얻는 권력은 모두 '악' 또는 정신적으로 공허한 것이고, 자기희생만이 '선'이라고 보게 되었다. 마찬가지로 육식은 악이고 카스트가 낮은 자들에게만 적합하며, 야채뿐인 식사는 금욕과 자기부정의 행위와 같은 것으로 여겨져, 정신적인 순수함을 상징하게 되었다.

식민지 시대에 인도인은 육식을 음주와 함께 식민지 악의 상징으로 보았다. 간디의 채식주의도 그러한 반식민주의를 기반으로 했다. 그러나 런던에서 자발적으로 시작된 그의 채식주의는 서구의 채식주의 이론에 근거한 것이기도 했다. 즉 신체를 정화하는 수단인 채식주의는 정신적 정화에 의한 세계의 변혁으로까지 나아갔다. 그것이 남아프리카에서 시작된 사티아그라하와 브라마차리아, 그리고 방법으로서의 단식이었다. 간디의 영양학·성적 억제·위생학·자연요법 등에 의한 실험은 진리 추구·비폭력 신념·사회정치적 개혁 운동과 분리될 수 없었다. 즉 간디와 같은 인도인에게 채식주의는 식사 이상의 문제였다. 그것은 힌두교 문화와 그 사회질서 속에 심어진 정신적 가치를 유지하는 것이었다.

# 3 _____ '종교인' 간디

## 『바가바드 기타』

채식주의가 간디의 영국 생활에서 가장 중요했음은 그것이 『자서전』 영국 생활 부분에서 가장 많은 분량을 차지한다는 점만으로도 알 수 있다. 그다음 중요한 것이 종교 문제였다. 그것은 그가 영국에 온 지 이 년째 되던 1889년 말에, 신지협회 회원인 버트람 기틀리(Bertram Keightley, 1860~1944)와 그의 조카인 아치볼드 기틀리(Archibald Keightley, 1859~1930)를 알면서 생겨났다. 그들은 『바가바드 기타』를 아놀드의 영어 번역판으로 읽고 있는데 원전을 함께 읽자고 간디에게 제안했다. 번역판의 제목은 『천상의 노래The Song of Celestial』였다. 그들은 간디에게 마담 블라바츠키(Helena Petrovna Blavatsky, 1831~1891)를 소개하기도 했다.

『바가바드 기타』는 '축복받은 자의 노래'라는 뜻으로 장대한 서사시인 『마하바라타』 18권 중 제6권의 일부이다. 총 칠백 개의 시(32음절의 슈로카)는 18장으로 나누어져 판다바 형제들 가운데 셋째인 전사 군주 아르주나와 그 친구이자 마차를 모는 크리슈나 사이에 이루어진 대화 형식으로 되어 있다.

간디는 그 제안에 대해 "나는 그 성스러운 시를 산스크리트어나 구자라트어로 읽지 못했기 때문에 부끄러웠다. 그래서 『기타』를 읽지 못했다고 말해야 했으나, 그것을 함께 읽는 것은 좋고, 나의 산스크리트어 지식은 매우 얕지만 번역의 잘못을 찾을 정도로는 이해할 수 있기 바란다고 말했다. 그들과 『기타』를 읽기 시작했다."라고 회고했다.

당시 간디가 느낀 부끄러움은 간디 개인이나 인도에 한정되지 않는다. 식민지의 엘리트들이 서양어 번역을 통해서 자신들의 전통을 자각하고 그것을 민족주의의 핵심으로 삼는 예는 허다하다. 스리랑카 불교 민족주의의 기수로 한때 신지협회에 몸담은 아나가리카 다르마팔라(Anagarika Dharmapala,

3부 제국에서 배우다(1888~1891)

1864~1933) 등도 마찬가지였다. 그는 6세에 가톨릭 학교에 입학하여 성경을 배웠고, 아버지와 숙부가 스리랑카 신지협회를 지원했기 때문에 서구를 경유하여 불교의 전통을 알았다. 그 뒤 그는 출가주의가 원칙인 스리랑카에서 재속 출가자라는 입장의 개혁 불교를 주도했다. 프로테스탄티즘을 모방한 불교의 현세 내 금욕주의적인 개혁과 불교를 핵심으로 한 민족주의를 추진한 탓에 그의 불교는 '프로테스탄트 불교'라고 불린다.

또한 벵골의 민족주의자인 비핀 찬드라 팔(Bipin Chandra Pal, 1858~1932)도 신지협회를 통하여 자신의 과거 유산을 재평가했다. 신지협회는 힌두 부흥과 사회적 반항 운동에도 강력한 영향력을 행사했다. 즉 인도인들에게 그들의 과거나 그 유산을 부끄러워하지 말고 그들의 고전 문헌에 가장 숭고한 진리가 있음을 자랑스럽게 생각해야 한다고 가르쳤다.

18세기까지는 일부 지식인밖에 몰랐던 『바가바드 기타』는 19~20세기에 일반에게도 알려졌고 동시에 서구에도 널리 알려졌다. 1785년 찰스 윌킨스 (Charles Wilkins, 1749~1836)의 영어역을 시작으로 1808년 아우구스트 슐레겔 (August Wilhelm von Schlegel, 1767~1845)의 일부 독일어역, 1823년의 라틴어역, 1861년 프랑스어역이 나타났다. 『베다』만을 중시한 막스 뮐러(Max Müller, 1823~1900)는 『바가바드 기타』를 중시하지 않은 반면, 미국에서는 에머슨 (1803~1882)과 소로가 '서양에는 그것과 비교할 것이 없다'고 높이 평가했다. 19세기 후반에 힌두 개혁 운동을 이끈 비베카난다는 『베다』 지상주의에 서면서도 『바가바드 기타』에서 크리슈나가 한 말이 『베다』 주석의 최고 권위라고 평가했고 신지협회와 아리아 사마지도 『바가바드 기타』를 중시했다.

그러나 간디는 계급의 의무와 살육을 요구하는 신의 부름이 『바가바드 기타』에 대한 힌두교의 정통 해석임을 알고 불쾌해했다. 심지어 1888~1889년 런던에서 그 책을 처음 읽었을 때 그는 그것을 비유라고 불렀다. 즉 전장은 인간의 마음을 상징하고, 아르주나는 악과 싸우는 인물이라는 것이다.

## 신지학

신지학(神智學, theosophy)이란 신을 직접 체험할 수 있다는 신비주의에 근거하는 종교철학으로서, 1875년 블라바츠키가 창설한 신지협회의 교리가 되었다. 베산트 등이 그 뒤를 이었다.

『자서전』에 언급된 신지협회 회원 두 명의 기틀리는 1884년에 신지협회 런던 지부에 가입하고 신지협회 공동설립자인 H. P. 블라바츠키 여사가 만년에 쓴 『비밀 교리The Secret Doctrine』(1888) 편집에 협력했다. 아치보드 기틀리는 1888년부터 1890년까지 영국 신지협회 사무총장을 지냈고, 버트람 기틀리는 1895년에 인도로 가서 신지협회 인도 지부를 창설하고 1901년까지 사무총장을 지냈다. 그 뒤 영국에 돌아와 1905년까지 영국 지부 사무총장을 지냈다.

그들이 읽은 『바가바드 기타』를 번역한 에드윈 아놀드(Edwin Arnold, 1832~1904)는 간디가 간사로 일한 채식주의자 단체의 부회장으로 간디와는 이미 아는 사이였고 그 뒤 『바가바드 기타』의 번역자이자 붓다의 전기를 시로 쓴 『아시아의 빛The Light of Asia』의 저자로도 만나게 되었다. 그는 영국에서 교사로 일하다가 1856년부터 1861년까지 인도에 가서 교육에 종사한 뒤 '진보지'인 《데일리 뉴스》의 편집인으로 사십 년 이상 일했다. 여기서 진보지라고 함은 '리버럴(liberal)'의 번역어로서 당시 보수당이 아니라 휘그당을 지원했다는 것이지만 제국주의적이기로는 보수당과 마찬가지였다. 특히 그 신문은 헨리 스탠리(Henry Stanley)의 삼 년에 걸친 아프리카 탐험을 재정적으로 지원한 것으로 유명했고, 그 선두에 선 자가 아놀드였다. 그는 1877년 빅토리아 여왕이 인도를 직접 지배하기 시작할 때 그것을 적극 지지했다.

그런 사실을 간디가 알았는지 몰랐는지 알 수 없지만 영국에 유학했을 당시 간디는 아놀드를 매우 좋아했다. 그가 1879년에 쓴 붓다의 전기 『아시아의 빛』은 힌두어를 비롯한 여러 나라의 언어로 번역되었으나 간디는 1889년 말에야 영국에서 영어판을 읽었다. 간디는 아놀드가 1885년에 『바가바드 기타』를 번역한 『천상의 노래』를 먼저 읽었는데 그것이 그가 처음 읽은 인도 고전이었다. 아놀드는 1890년대에는 『코란』을 번역하기도 했다. 아놀드는 저명한 시인 테니슨(간디는 테니슨의 국왕 목가 은유가 많은 시구를 읽기 위해 사전과 악전고투했다.) 사후 그 뒤를 이을 계관시인 후보로 떠올랐지만, 동양 문화에 심취했다는 이유로 선정되지 못했다고 간디는《인디언 오피니언》에 보도하기도 했다.

아놀드의『아시아의 빛』은 종교학이나 시학 어느 쪽에서도 높은 평가를 받지 못했지만 간디와 같은 인도인들에 의해 인도 문화를 영어로 소개한 측면에서 높은 평가를 받았고, 영국에서도 종교적 진보주의를 진작시켰다는 평가를 받아왔다. 아놀드는 그의 친구이자 영국 자유 기독교 수장인 윌리엄 체닝(William H. Channing)의 딸과 결혼했다.

## 블라바츠키의 힌두교

간디에게 아놀드의『천상의 노래』를 권한 신지협회 회원들은 1889년 11월에 간디를 헬레나 블라바츠키에게 소개했고, 간디는 그해 블라바츠키가 낸『신지학의 열쇠 *Key to Theosophy*』를 읽었다. 간디는 "그 책은 힌두교 책을 읽도록 나를 자극했고, 힌두교는 미신투성이라던 선교사들의 잘못된 생각을 씻어주었다."라고 말했다. 그 자리에서 간디는 협회 가입을 권유받았지만 "나는 나의 종교에 대해 거의 알지 못하면서 다른 종교단체에 속하기를 바라지 않습니다."라고 정중하게 거절했다.

간디의 언급은 그것으로 끝나지만, 간디는 그때 힌두교라는 개념을 처음으로 인식했다고 볼 수 있다. 최초에 힌두교를 종교로 개념화한 사람은 19세기 초엽의 R. M. 로이였으나, 인도에서는 그런 인식이 전혀 없었다. 앞에서 보았듯이 간디는 어려서부터 비슈누 신앙을 지녔지만 그것을 힌두교라고 생각하지 않았다. 또한 간디는 그 뒤 일 년 반이 지난 1891년 3월 26일에『과학, 종교, 철학의 종합인 비밀 교리 *The Secret Doctrine, the Synthesis of Science, Religion and Philosophy*』를 읽고 런던 신지협회 블라바츠키 롯지의 6개월 기한 준회원이 되었으나 3개월 뒤 인도로 돌아왔기 때문에 특별한 활동이 없었던 것 같다.

블라바츠키는 지금은 우크라이나 지역인 러시아제국의 독일계 러시아인 가정에서 태어났다. 어릴 적부터 러시아제국의 각 지역을 여행했고, 1849년에는 미국을 비롯하여 서유럽과 인도, 티베트를 여행하면서 자신의 철학적 사상을 세웠다. 그 뒤 미국의 군인이자 철학자였던 헨리 스틸 올콧과 영국의 철학자인 앨프리드 퍼시 시넷을 만나 교류하였고, 1875년에는 그들과 함께 미국 뉴욕에 신지협회를 창설했다. 1878년에는 영국령 인도제국의 뭄바이로 이주하고, 신지협회의 본부를 인도의 첸나이로 이전하는 작업에 착수했다. 1885년에 건강이 악화하여 다시 영국으로 갔으며, 1891년에 인플루엔자에 감염되어 사망했다. 그녀를 만났을 당시 간디는 20세로 한창때였으나, 블라바츠키는 58세로 보행이 불가능한 상태였다.

간디가 특히 감동받은 『비밀 교리』는 고대 동양의 지혜와 현대 과학을 조화시킨다고 주장된 책이다. 1부에서는 우주론, 2부에서는 지구와 인류의 역사를 다루는데 그 내용은 힌두 철학과 신플라톤주의 등을 관통한 것으로 평가되어 왔다. 그 책은 인류를 진화의 흐름에 따라 일곱 개의 근본 인종으로 나누었는데, 간디는 이에 대해 반응하지 않고, 오로지 그 책의 내면적이고 영적인 진화관에만 공감했다. 또 신지학 체계의 비의적인 면이나 사자와의 접촉 실험에는 관심을 두지 않았다.

간디는 블라바츠키가 계몽의 길은 세계에서 가장 오래된 정신적 체계인 힌두교와 불교에 숨어 있는 진리를 발견하는 데 있다고 한 것에 감동했다. 그녀는 두 권의 방대한 저서인 『비밀 교리』의 결론에서 "베다 이전의 바라몬교와 불교는 기독교를 포함한 모든 종교가 나온 두 개의 원천"이라면서 바라몬교와 불교가 다른 모든 신앙의 정신적 기준을 만들었다고 주장하고 "열반은 모든 종교가 목표로 하는 대양"이라고 했다.*

그녀의 말에 감동받은 사람은 간디만이 아니었다. 종교는 과학보다도 더욱 고도의 지식을 나타내고 과학은 종교에서 나왔다는 그녀의 주장은 많은 지식인을 매료했다. 예이츠처럼 베산트도 신지학회에 가입했다. 조이스와 D. H.

---

\*　　Blavatsky, *Isis Unveiled*, vol. 2, p. 639.

로렌스도 그녀의 책을 열심히 읽었다. 특히 아인슈타인은 평생 그녀의 책을 책상 위에 놓아두었다.

그 책에 대해서는 여러 가지 비판이 있지만, 출판 당시에는 대승불교의 정수를 담았다고 하여 많은 지식인에게 환영받았다. 당시 티베트 불교의 2인자였던 타츠 라마(뒤의 판첸 라마)가 추천문을 썼고, 일본의 스츠키나 종교학자 엘리야드 등의 열렬한 지지를 받았다.

블라바츠키는 신지협회란 기존의 종교 개념에 맞지 않고 모든 종교를 초월한 예지종교라고 했다. 따라서 힌두교를 예지종교라고 보지는 않았지만, 그것을 고대의 예지에 이르기 위한 입구라고 높이 평가했다. 그것이 새로운 힌두교라고도 여겨졌으나, 19세기 이후 새로운 힌두교를 지도한 비베카난다는 스리랑카 불교를 지원했다는 이유로 신지협회를 비난했다.

## 애니 베산트

간디가 블라바츠키를 만났을 때 애니 베산트(Annie Besant, 1847~1933)가 동석했다. 당시 간디는 그녀가 무신론에서 신지학회로 개종한 점에 흥미를 가졌다. 그는 베산트가 개종 직후에 쓴 『나는 어떻게 신지협회 회원이 되었나?』를 읽었다. 그리고 베산트의 동료였던 찰스 브래들로(Charles Bradllaugh, 1833~1891)의 장례식에 대해 설명했다. 간디가 『자서전』에서 베산트의 강연에 대해 이야기한 바는 없지만, 강연 마지막에 그녀가 진리에 살고 진리에 죽는다고 말한 것은 그에게 감동을 주었다(전집19, 11~12쪽).

베산트는 블라바츠키보다도 더 간디와 관련이 깊었다. 영국의 사회개혁가로서 1873년에 이혼한 뒤 여성해방운동에 참여했으며 버나드 쇼의 영향을 받아 페이비언 사회주의자가 되었다. 브래들로와 함께 멜더스의 인구론을 보급하여 신멜더스주의자로도 알려졌다. 1889년 신비주의자인 블라바츠키의 영향으로 신지협회에 가입했고 1893년 인도로 가서 1907년부터 국제신지협회 종신회장으로 활동했다. 간디가 인도를 떠나 남아프리카로 간 1893년에 베산트는 영국을 떠나 인도로 왔기 때문에 그 뒤 약 이십 년 동안 둘은 만나지 못했다.

베산트는 베나레스 중앙힌두대학을 설립하고 인도의 사회 개혁과 교육 향상을 위해 노력했다. 제1차 세계대전 직전부터 인도 자치운동에 참여하여 1916년경 자치연맹을 창설했으며, 1916년 국민회의 대회에서 회의파의 재통일과 무슬림과의 연대를 위해 노력해 다음 해에 의장이 되었다. 그러나 그 뒤 간디와 정치적으로 대립하여 정치운동에서 물러났다.

간디는 위의 두 여성 지도자에게 관심을 기울였고, 특히 신지협회가 힌두교를 재흥시키려는 점에 흥미를 가졌다. 그러나 간디는 신지협회의 신비주의와는 거리를 두었는데 이는 당시 그를 신지협회에 가입시키려고 한 사람들에게 어떤 종교 단체에도 소속되기를 원하지 않는다고 했듯이, 그가 평생 지켜온 신념에 따른 것이었다. 그는 힌두교도였으나, 힌두교의 어떤 교단에도 속하지 않았고, 어떤 사원에도 속하지 않았다. 평생 집이나 들, 사원에서 기도하고 『바가바드 기타』 등을 읽었을 뿐이었다.

간디는 브래들로의 무신론에도 관심을 가져서 그와 베산트가 만든 국민세속협회(National Secular Society)에도 참가했다. 그는 무신론에 관심이 없었으나 브래들로만큼은 찬양할 만하다고 생각했다. 브래들로는 베산트와 함께 인도의 개혁과 자치에 관심이 깊었고 인도 국민회의에도 참가했다. 그러나 그들이 결별하자 간디도 무신론으로부터 벗어났다. 그렇지만 1931년 간디는 브래들로를 '무신론자가 아니라 신을 두려워하는 자'라고 하면서 높이 평가했다. 이는 신과 진리를 동일시한 간디의 사상이 브래들로의 무신론에 가까웠기 때문이었다.

## 기독교에 대한 새로운 관심

앞에서 보았듯이 인도에 있을 당시 간디는 기독교도란 술을 마시고 고기를 먹을 거라고 생각했으나, 영국에서 채식주의자들을 만나면서 그렇지 않음을 알았다. 당시 영국을 뒤덮은 종교적 분위기 탓도 있었을 것이다. 간디는 당시 유명했던 회중파의 목사 버커(1830~1902) 경의 설교 등을 들었다. 그리고 런던 생활을 마칠 때쯤에는 프로테스탄트 예배 스타일에 익숙해졌다. 여기서 간디의 기독교 경험이 영국 비국교회 계열의 프로테스탄트에 국한되었음을 주의해야 한다. 즉 그는 가톨릭도, 정교회도, 국교회도 가지 않았고 무관심했다. 뒤에 가톨릭 국가인 프랑스에 갔을 때도 가톨릭교회에는 전혀 관심이 없었다. 그가 크게 흥미를 느낀 것은 킹스퍼드와 메이트랜드에 의한 신비주의 기독교였다.

간디가 흥미를 느낀 비국교회 계열 프로테스탄트는 밥티스트, 메소지스트, 회중(조합)파, 장로파, 유니테리언*, 퀘이커 등이었다. 그것들의 공통점은 의례보다도 신앙에 의한 구제, 성서 지상주의, 신 앞의 평등, 개인의 결단에 의한 신앙 등의 마틴 루터적인 이념이었다. 비국교회에는 목사가 없으므로 성서는 자력으로 공부해야 한다는 점도 공통되었다. 따라서 모두 교육에 힘쓰고 조직과 지도력 함양을 중시했다. 또 신앙이 개인에 귀결하므로 신앙의 자유를 중시했다. 신앙은 다양하게 나타나는데, 이는 근본적으로는 하나의 신앙의 다양한 형태로 이해되었다. 그것은 합리주의적이고 보편주의적이었다.

이는 빅토리아 시대의 특징이자 국제적 조류이기도 했다. 1893년 시카고 세계종교회의는 유니테리언적인 보편 종교를 지향하고, 특히 아시아 종교의 가치를 인정했다. 그것은 콜럼버스의 아메리카 도달 400주년을 기념하는 만국박람회의 일환으로 1893년 8월부터 10월까지 열렸다. 시카고 유니테리언교회의 주도로 인도 무굴제국 아크발 대제의 고사를 모방하여 종교 간의 조화, 즉 "하나의 완전한 종교, 하나의 완전한 신"을 목표로 한다는 이념을 내걸었다. 그래서 세계의 종교를 대표하는 사람들이 초대되었다.

그때까지 종교로 인정되지 못한 힌두교와 불교의 대표가 기독교, 이슬람교, 유대교 등의 대표와 함께 초대된 것은 역사적인 일이었다. 힌두교를 대표한 인도의 스와미 비베카난다와 불교를 대표한 스리랑카의 아나가리카 다르마바라가 회의 이념에 맞는 연설로 인기를 끌었다. 일본의 선불교가 세계적으로 각광받은 것도 이 회의를 통해서였다. 영국의 캔터베리 대주교는 유일한 종교

---

\* 삼위일체를 부정한 합리주의적 기독교.

인 기독교가 종교의 하나로 초대되는 것을 이해할 수 없다는 편지를 보냈으나, 회의는 성공리에 끝났다.

간디는 영국 성서 공회의 어느 판매원이 권유하여 성경을 읽기 시작했다. 그러나 신의 이름으로 모든 신생아를 죽였다는 『출애굽기』의 대목에서 덮어버렸다. 그는 『레위기』와 『민수기』에 질려버려 더 이상 읽지 않았지만 뒤에는 예언서와 『시편』 『전도서』에 열중했다. 그는 신약에 더욱 흥미를 가졌고, 산상수훈은 그의 "가슴에 바로 왔다."

(…) 온유한 자는 복이 있다. 그들은 땅을 기업으로 받을 것이다.

(…) 의를 위하여 박해받는 자는 복이 있다. 천국이 그들의 것이다.

(…) 악한 자를 대적하지 마라. 누가 네 오른뺨을 치면 왼뺨도 돌려 대라.

(…) 사람의 잘못을 용서하라. 그리하면 너희 하늘 아버지께서도 너희 잘못을 용서하실 것이다.

(…) 너희를 위하여 보물을 땅에 쌓아두지 말아라.

(…) 네 보물 둔 그곳에 네 마음도 있는 것이다. (『마태복음』, 5~6장)

힌두교 경전 『바가바드 기타』를 연상시키는 이러한 구절들은 간디를 기쁘게 했다. 부끄럽게도 그는 런던에서 법학원 2학년이 될 때까지 그 경전을 읽지 못했다. 그것은 그의 남은 생애에 걸쳐 엄청난 충격을 주었다. 뒤에 그는 다음과 같이 썼다.

의심에 사로잡히거나 실망하거나 이 세상에서 한 줄기의 희망도 발견하지 못하면, 나는 『바가바드 기타』를 펼쳐 나를 위로하는 구절을 찾아낸다. 그러면 한없는 슬픔 속에 있다가도 즉시 웃게 된다. (YI, 1925. 8. 6.)

오랫동안 그의 비서를 지낸 마하데브 데사이는 "간디 삶의 모든 순간은 『바가바드 기타』의 메시지를 살리기 위한 의식적 노력"이라고 했다. 간디는 그 책을 그의 "정신적 참고서"라고 불렀다.

## 최초의 글들

앞서 말했듯이 간디는 법학원의 마지막 시험을 성공적으로 마친 뒤에도 6개월을 기다려야 했다. 친구인 올드필드는 그에게 채식주의자협회의 기관지인 《채식주의자》에 기고하라고 권유했다. 간디는 6회에 걸쳐 연재했다. 이는 그가 『자서전』에서 언급한 바 없고, 간디에 관련된 국내외의 서적에서도 언급된 적이 없으므로 특히 간디의 사상사에 관심을 두는 이 책에서 다루어보는 것이 적절하다고 생각한다.

간디는 최초의 글에서 카스트에 대해 설명한 뒤 아시아와 유럽의 채식주의자의 차이점을 설명했다. "영국인과 달리 인도인은 그릇을 따로 갖지 않고 많은 것을 함께 섞는다." 나아가 "각각의 그릇은 주의 깊게 준비된다. 실제로 인도인들은 그냥 끓인 야채를 믿지 않고, 다양한 향신료로 맛을 더해야 한다고 생각한다. 즉 후추, 소금, 정향, 강황, 겨자씨 등인데 그중 의학에 사용되지 않는 것들은 영국식 이름을 찾기 어렵다." 인도인들의 식사는 하나의 측면을 제외하면 더욱 풍부하고 다양했다. 그것은 바로 과일이다. 애석하게도, 모든 중요 과일이 앞에서 설명한 견본의 그릇에 없다는 점이 눈에 잘 띈다.

간디는 일반적인 미신이나 오해에 대해서도 언급했다. 만일 인도인이 "흔히 말하듯이 매우 허약하다면" 그것은 그들이 육식을 하지 않기 때문이 아니라, 여자는 12세, 남자는 16세에 출산하게 하는 "조혼이라는 저주받은 관습" 때문인데, "그 뿌리는 너무나 깊다." 간디는 나아가 알코올을 "인류의 적"이자 "문명의 저주"라고 규정하면서 그것은 "영국의 인도 지배가 낳은 가장 나쁜 것의 하나"라고 단언한다.

간디는 자신의 경험과 인도인들에게 미친 영향에 비추어 조혼과 알코올을 비판한 뒤 스스로 보기에 가장 완벽한 인도인의 견본인 양치기에 대해 시적으로 찬양한다. 그의 채식, 숲과 들에서 보내는 일상은 양치기의 삶을 하나의 이상적인 생존 방식으로 만들었다. 그는 필연적으로 규칙적인 습관을 가지며,

대부분의 시간을 밖에서 양 떼와 함께 보낸다. 그는 가장 순수한 공기를 마시고, 적절하게 운동하고, 훌륭하고 영양가 있는 음식을 먹는다. 무엇보다도 허약한 체질이 필요로 하는 많은 배려로부터 자유롭다.

간디는 양치기의 한 가지 결점을 용인했다. 즉 "브라만은 하루에 두 번씩, 바이샤는 하루에 한 번씩 목욕하지만 양치기는 일주일에 한 번씩 목욕한다"는 것이다. 그것을 제외하면 "그에게서 어떤 기형을 보기는 힘들다. 즉 호랑이처럼 맹렬하지도 않으면서 강하고 용기 있으며 양처럼 순하다. 그의 모습은 위협적이지 않으면서도 장엄하다. 전체적으로 인도의 양치기는 채식주의자의 가장 좋은 전형이고, 육체적 강함에 관한 한 어떤 육식주의자보다 훌륭하다."(전집1, 19~29쪽.)

집안에서 영어를 듣지 못하고, 열한 살이 되어서야 처음으로 영어를 배웠으며, 대학 입학 자격 시험에서 성적이 그다지 좋지 못했던 간디가 처음 발표한 글은 놀라울 정도로 명료하고 직접적이다. 알코올 판매와 소비를 조장하는 식민 지배에 대한 비판과 양치기의 생활방식 찬양은 주목할 만하다. 카티아와르의 목축민 사회에서는 몬순이 끝날 때마다 양치기들이 양 떼를 몰고 와서 지역 마을 밖에 있는 초원에 방목했다. 간디는 어린 시절에 그 양치기들을 보았고, 물건을 팔기 위해 오는 시장이나 축제에서 그들을 만났다.

간디의 글에는 솔트나 카펜터, 또는 그들의 선배인 워즈워스 등의 낭만적이고 반산업주의적인 사상도 나타났다. 그들은 농부와 양치기가 사업가나 공장노동자들보다 더욱 순수하고 자연적인 삶의 방식을 가졌다고 믿었다. 간디는 「인도의 채식주의자」에 이어 3편 「인도의 축제」를 《채식주의자》에 실은 뒤, 「인도의 음식」이라는 글을 썼다. 그 긴 글의 마지막에 "영국의 육식 습관과 인도의 채식 습관 사이에 지금 존재하는 상당한 상이점이 언젠가 사라지는 날이 오기를 희망한다"고 밝혔다. 그리고 두 나라 사이에 존재해야 할 공감의 일치를 막고 있는 상당한 정도의 상이점도 사라지기를 희망한다고 했다. "미래에는 관습의 일치, 그리고 마음의 일치를 향할 것"이라고 간디는 희망했다(전집1, 36~41쪽).

## 인도 귀국

간디는 1891년 6월 10일에 법정 변호사가 되어 6월 11일 법원에 등록하자마자 단 하루도 지체하지 않고 6월 12일에 뭄바이로 가는 배를 탔다. 영국에서의 마지막 밤인 11일 저녁에는 채식주의자들과 함께 송별연을 했다. 그는 그날을 실패한 송별 스피치로 기억했다. 연설문을 매우 열심히 썼지만, 막상 자리에서 일어나니 한마디 이상을 말하지 못했다는 것이다. 결국 "다들 와주셔서 고맙습니다."라고 불쑥 말하고는 도로 앉아버렸다.

간디는 모든 말을 신중하게 해야 한다는 교훈을 주기 위해 그 이야기를 썼다. 여하튼 당시 《채식주의자》는 간디가 그날 송별연의 인사에서 채식주의자 협회를 알게 되었고, 그는 영국에 살면서 채식을 했는데 그것은 인도를 떠나올 때 어머니와 한 약속을 지키기 위해서라고 말했다고 보도되었다.

그렇게 빨리 떠난 것을 보면 영국 생활이 그다지 행복하지 않았던 것 같다고 할 수 있을지도 모르지만, 그는 십오 년이 지난 1906년에 인도 외에 살고 싶은 곳이 어디냐는 물음에 런던이라고 답했다. 그러나 1909년에는 런던은 방문해야 하는 곳이지만 살고 싶은 곳은 아니라고 했는데, 현대 문명에 대한 비판이 커진 탓이었음을 같은 해 간행한 『인도의 자치』에서 읽을 수 있다. 삼 년 전 런던으로 갈 때와 마찬가지로 거의 한 달간 선박 여행을 한 끝에 간디는 7월 5일에 뭄바이 항구에 도착했다. 그는 대부분의 승객과 달리 뱃멀미를 하지 않았다. 혼자 갑판에서 파도와 물보라 구경하는 것을 즐겼다고 『자서전』에 썼다. 이는 채식의 힘을 강조하기 위함이었는지도 모른다. 그러나 아무 걱정 없이 마음이 편하기만 했던 것은 아니다. 영국에 오면서 카스트로부터 파문당했기에 종족의 문제가 그를 기다리고 있었고, 직업 생활을 시작하는 것도 자신이 없었다. 또한 본인이 추구하는 개혁을 어떻게 시작해야 할지도 궁리해야 했다. 이밖에도 미처 알 수 없는 문제들이 그를 기다리고 있었다.

# 4부
# 남아프리카에서 서다
## (1891~1901)

"나는 내 의무에 대해 생각하기 시작했다.
내 권리를 위해 싸워야 하는가, 인도로 돌아가야 하는가?"

# 1           남아프리카로 가다

## 4부

간디에 흥미를 갖는 사람이면 누구나 영화 〈간디〉를 보았으리라. 세 시간 넘는 분량으로 간디의 일생을 다루는 영화로, 앞에서 보았듯이 그 최초의 장면은 1893년 남아프리카에서 시작된다. 22세의 영국 신사인 청년 변호사 간디는 남아프리카에 도착한 지 일주일 만에 열차에서 쫓겨나는 수모를 당했다. 일등표를 사서 일등칸에 탔는데 차장은 백인이 아니라는 이유로 짐칸으로 가라고 했다. 간디가 이를 거부하자, 차장은 그를 열차 밖으로 내동댕이쳤다. 영화는 이 인종차별 사건을 시작으로 간디의 일생을 풀어간다.

그러나 이 책의 4부는 간디가 남아프리카로 가기 전에 영국에서 인도로 돌아오는 1891년부터 시작한다. 간디가 영국에서 귀국했을 때 결혼연령을 10세에서 12세로 올리는 법이 제정되었지만 물론 인도가 그 정도로 근대화될 수 있는 것은 아니었다. 도리어 1893년 북인도에서 소 보호를 둘러싸고 힌두교도와 무슬림 사이에 충돌이 발생했듯이 분열과 대립이 심화되었다. 간디는 그런 시기에 영국에서 돌아왔으나, 정치사회 현실에 특별히 민감했던 것 같지는 않다. 살기에 급급했기 때문이 아니다. 앞에서 보았듯이 그는 영국에서도 정치에는 대체로 무관심했다.

인도에 귀국한 뒤 이 년 동안 간디는 어렵게 살았다. 그는 자신의 카스트에서 추방당했기에 아내의 집안으로부터 멸시를 받았고 심지어 아내도 남편의 권위를 인정하지 않았다. 연줄을 이용하려다가 '최초의 충격'을 받는 일은 그 기간의 가장 중요한 경험이다. 지금 한국도 당시 인도 못지않게 연줄 사회인 것을 생각하면 반성이 참으로 절실하다고 생각된다. 그런 현실에 대한 혐오로 인해 그는 남아프리카로 간다.

인도를 떠나 남아프리카에서 성공하기를 빌었지만, 그곳 사정은 더욱 어려웠다. 심지어 열차에서 쫓겨나는 인종차별을 경험했을 정도였다. 그 뒤 인종차별에 비폭력으로 저항하기로 결심했다. 이민법안에 반대하는 청원을 제출하고 나탈 인도인 국민회의를 조직하여 대중운동가로 처음으로 나섰다. 그러면서도 톨스토이를 비롯한 종교 서적을 열심히 공부했다. 이어 1896년, 즉 28세 때 남아프리카에 장기 체재할 결심을 하고 일시 귀국하여 인도에서 남아프리카 인도인을 위해 연설했고, 이듬해 가족과 함께 다시 남아프리카로 갔다. 그때까지 간디는 남아프리카에서 혼자 살았다.

1902년 말 남아프리카로 다시 돌아온 간디는 요하네스버그에 법률사무소를 열고 주간지 《인디언 오피니언》을 간행하기 시작했다. 이어 1904년에는 러스킨의 책 『나중에 온 이 사람에게도』에 감동해 더반 부근에 자급자족 농원인 피닉스 농장을 건설했다. 1906년 남아프리카에서 줄루족 반란이 터지자 간디는 간호부대를 조직해 참전했다.

## 라이찬드라

뭄바이에 돌아온 직후 간디는 어머니가 이미 돌아가셨음을 알았다. 그는 가슴 속 희망 대부분이 부서지는 듯 슬펐지만, 눈물을 참고 일상으로 돌아갔다고 말했다(자서전, 111쪽).

런던에서 일시 동거했던 메타가 뭄바이에 돌아와 있어서 간디는 그 집에 머물면서 그의 소개로 여러 사람을 만났다. 그중 라이찬드라는 간디의 일생에 가장 중요한 사람이 되었다. 보통 라이찬드바이(Raychandbhai)라고 하지만 바이(bhai)는 존칭이고 본명은 라이찬드라 라즈비바이 메타다. 그는 자이나교 시인이자 사상가, 다이아몬드나 진주를 다루는 보석상이었다. 그가 죽은 뒤 제자들이 그의 이름을 산스크리트식으로 라즈찬드라라고 불러 그렇게도 쓴다.

당시 자이나교도는 그들이 믿는 비폭력주의의 실천으로 장사에 뛰어들었으므로 시인이 보석상을 겸하는 것이 전혀 이상하지 않았다. 도리어 소박하고 검소한 그들의 생활은 배금주의 풍조에 반하는 것이기 때문에 신용을 얻을 수 있었다. 기억력이 뛰어나 어려서부터 신동 소리를 들은 그는 상업을 하면서 틈틈이 힌두 종교시를 짓고 자이나 철학서를 썼다.

라이찬드라는 간디와 마찬가지로 구자라트의 상인(바니아) 카스트에 속한 자이나교도였다. 나이 차이도 두 살에 불과했다. 간디는 그를 처음 만나자마자 그가 나이는 젊지만 고매한 인격과 학식을 가졌음을 알았다. 그 뒤 경전에 대한 폭넓은 지식과 자아실현을 향한 불타는 정열을 지녔음을 알고 더욱 그에게 매료되었다.

간디는 1894년 27세의 라이찬드라에게 "아트만이란 무엇인가?"로 시작하는 스물일곱 개의 힌두교 형이상학에 관한 물음을 적은 편지를 처음으로 보냈다. 이에 라이찬드라는 상세한 회답을 보냈으며, 그 뒤 이 년간 두 사람은 편지를 교환했다.

라이찬드라와 대화하면서 간디는 "학교는 기억력을 기를 수 있는 유일한 장소가 아닐 뿐 아니라, 만일 그것을 얻고자 하는 진지한 욕망이 있다면 학교 밖에서도 얻을 수 있다"는 것을 깨달았다고 1926년 11월에 회고했다(전집32, 5~7쪽). 간디는 『자서전』에 라이찬드라만큼 자신에게 깊은 인상을 준 사람은 없었다고 하면서 다음과 같이 썼다.

**나에게 깊은 인상을 주고 내 마음을 사로잡은 현대인이 세 명 있다. 라이 찬드라는 생전의 교류를 통해서, 톨스토이는 『신의 나라는 네 안에 있다』 를 통해서, 러스킨은 『나중에 온 이 사람에게도』를 통해서 그리했다.** (자 서전, 113쪽).

그러나 톨스토이나 러스킨, 인도와 영국 및 남아프리카에서 활동한 간디와 달리 라이찬드라는 당시의 봄베이 관구에서만 활동했다. 구자라트어만 사용 했고 그 명성도 봄베이 지역에 한정되었다. 그는 28세에 가족과 보석상이라는 직업을 포기하고 봄베이 지방의 벽지를 돌면서 은둔 생활을 하다가 33세에 죽었다.

## 사회초년생의 고통

앞서 말했듯이 간디는 영국으로 떠나기 전에 카스트로부터 파문당했다. 그래서 귀국 후 라지코트의 집으로 돌아가기 전에 힌두교 성지 나시크(Nasik)의 성스러운 강 코다바리(Codavari)에서 목욕했고, 라지코트에 도착한 뒤에는 종족을 위해 잔치를 베풀었다. 간디는 그 모든 것이 싫었지만, 자신에 대한 형의 사랑과 정성을 공경하여 그의 뜻대로 행동했다고 했다. 그리고 그로써 종족에 다시 받아들여지는 문제는 사실상 사라졌다고 했다. 그는 파문당하여 장인 장모나 처형, 처남을 포함한 친척 그 누구로부터도 대접받을 수 없게 되었고, 심지어 그들의 집에서 물도 마실 수 없었다. 하지만 그는 순순히 받아들였고, 그런 무저항 덕분에 좋은 결과가 나왔다고 했다(자서전, 114쪽). 그러나 간디는『자서전』에 카스트가 벌금을 요구했고, 자신이 그것을 거부했다는 사실에 대해서는 쓰지 않았다.

근 삼 년간 헤어졌던 아내와도 불화가 있었다. 카스투르는 아름다운 부인이 되어 있었고, 간디는 아내에게 그전보다 더 질투심을 느꼈다. 그러나『자서전』에는 다음과 같이 건조하게 썼다.

> **아내와의 관계는 여전히 내 마음에 들지 않았다. 영국 생활도 나의 질투심을 고치지는 못했다. 나는 사소한 일에도 하나하나 까다롭게 굴며 의심했기 때문에 내가 바라는 것을 전혀 이루지 못했다. 나는 아내가 글을 배워야 한다고 생각했고, 그녀의 공부를 도와주어야 했지만 내 욕정이 그것을 방해했다. 아내는 내 결점 때문에 고통받아야 했다. 한번은 그녀를 친정에 쫓아 보내 엄청난 괴로움을 겪게 한 뒤에 비로소 돌아오게 하기도 했다. 그 뒤 나는 이 모든 것이 오로지 내 어리석음 때문임을 알았다. (자서전, 115쪽.)**

그러나 간디가 귀국하자마자 아내가 바로 임신한 것을 보아 적어도 두 사람의 성생활만큼은 왕성했고, 그만큼 관계도 회복되었으리라 보는 견해도 있다.

여하튼 성공한 유학생 출신답게 간디는 집안 살림도 영국식으로 바꾸려고 했다. 홍차와 커피를 집에 들이고, 코코아와 오트밀을 주식으로 삼는 식이었다. 영국식 부츠와 구두는 이미 사용하고 있었지만, 여기에 유럽식 의복까지 더해 유럽화를 완성했다.

## 최초의 모독

『자서전』 2부에서 간디는 뭄바이에서 맡은 최초의 소송에 실패한 뒤 라지코트로 가서 대서소 업무 같은 것을 할 때 '일생 최초의 충격'을 받은 것처럼 말하지만, 사실은 앞에 다른 사건이 있었고 그 사건을 경험한 뒤 뭄바이로 가서 인도에서 변호사업을 할 수 있도록 법원에 등록한 것이다. 따라서 우리는 간디가 '일생 최초의 충격을 받은 사건'부터 설명할 필요가 있다. 사건은 간디의 형 락스미다스가 그에게 런던에서 만난 적 있는 라지코트 영국인 주재관을 찾아가 화해를 주선해달라고 부탁하는 데서 시작한다. 간디가 그를 런던에서 만난 적 있었기 때문이다. 간디는 『자서전』에 그 경위를 간단히 요약해놓았다.

> **형은 포르반다르의 라나사헤브가 그 자리(gadi)에 오르기 전에 그의 비서 겸 고문으로 있었는데, 그 시기에 그에게 잘못된 조언을 했다는 비난을 듣고 있었다. 그 일이 내 형에 대해 편견을 가지고 있던 주재관의 귀에도 들어간 것이다.** (자서전, 121쪽.)

하지만 사건의 진상은 훨씬 복잡하다. 그것은 간디가 『자서전』을 쓴 1920년대에는 무의미해졌기에 간단히 서술되었지만, 그 사건은 간디의 인생과 경력에 중대한 영향을 미쳤다.

1891년 8월 당시 락스미다스는 카티아와르의 대지주(자민다르) '샤푸르의 타코르(Thakor of Shapur)'의 참모였다. 그런데 종종 포르반다르에서 젊은 왕자인 바브싱지(Bhavsinghji)와 어울렸다. 그때 락스미다스는 바브싱지가 미래에 포르반다르의 라나가 되면 좋은 자리를 차지하겠다는 계산을 했거나, 영국이 법과 권위의 제도를 현대화할 때 런던 변호사 출신인 간디가 미래에 포르반다르의 디완이 될 수 있도록 영향력을 행사하려고 했는지도 모른다. 당시 간디도 이 점을 알고 있었다.

바브싱지는 사치와 정욕에 젖은 자로서 재산을 탕진하여 항상 돈에 목말라 했다. 그래서 그의 조부가 라나로 있는 궁전의 보석함을 털었는데 그 자리에 락스미다스도 있었다. 사건의 진상을 밝힌 영국인 주재관은 락스미다스가 포르반다르로 오는 것을 금지했다. 그래서 락스미다스는 간디에게 도움을 청한 것이다. 간디는 런던에서 주재관을 만난 적이 있었다.

간디는 떳떳한 일이라고 생각하지 않았으나 형의 간청에 못 이겨 그를 만났다. 주재관은 만일 락스미다스가 부당한 대우를 받았다면 적절한 절차를 거쳐 이의를 제기함이 옳다고 말했다. 간디가 계속 붙잡고 늘어지자 주재관은 나가라고 소리쳤다. 그래도 간디가 계속 말하자 주재관의 부하가 그를 잡아 밖으로 끌어냈다. 간디는 "이 사건의 충격이 내 삶을 바꾸었다."라고 썼다. 보통 그가 일생 최초로 충격을 받은 사건은 남아프리카 열차에서 쫓겨난 사건이라 알려졌지만, 사실 그것은 라지코트 사건 다음의 일이다.

이 사건은 단순히 주재관과 간디 두 사람의 개인적인 성격이 충돌한 것이 아니라, 지배국과 식민지라는 관계 때문에 생긴 것이었다. 당시 인도 청년들은 영국에서 좋은 학교를 다녀 일정한 자격을 갖추면 영국인처럼 출세하고 그들과 동등한 대우를 받으리라는 환상을 가지고 있었다. 간디도 예외가 아니었다. 그러나 식민지 현실에서 그들은 좌절했다. 인도인이 런던에서 영국인을 만난 추억 같은 것은 식민지 인도에서 전혀 무의미했다.

이 사건으로 인해 락스미다스의 희망은 완전히 좌절되었다. 즉 자신은 물론 동생인 간디까지 디완이 될 가능성이 영영 사라져버렸다. 이제 간디에게 남은 유일한 선택지는 인도에서 변호사를 하는 것이었다. 소도시인 라지코트에는 변호사의 일거리가 없었다. 그래서 간디는 1891년 11월 초에 뭄바이로 돌아와 법원에 변호사 등록을 했다. 간디는 이너 템플에서 받은 증명서와 영국 변호사의 추천장에 근거해 자격증을 받았다.

## 뭄바이 변호사

1995년 이전에 봄베이라고 불렸던 뭄바이는 인도 마하라슈트라 주의 주도다. 인구가 약 2천 1백만 명(2005년 기준)으로 세계에서 가장 인구가 많은 도시 중 하나이고, 인도 최대의 도시이자 상업 중심지다. 1890년대의 뭄바이도 인구가 2천 1백만 명에 이르는 인도 최대 도시였다. 영국인들은 그곳을 '인도 전국의 축소판'이라고 불렀다. 거리를 걷는 사람은 누구나 사십 개 이상의 언어를 들을 수 있었다. 간디는 이미 그곳에 몇 번이나 왔었지만, 대도시는 여전히 낯설었다. 그는 뭄바이의 인상에 대해 어떤 기록도 남기지 않았다.

간디는 1891년 11월부터 1892년 9월까지 뭄바이에 있었지만 그사이에 자주 가족이 있는 라지코트를 밤 열차로 다녀왔다. 지금도 열두 시간 전후 걸리는 밤 열차가 있지만 19세기 말에는 더욱더 오래 걸렸을 것이다.

간디는 뭄바이 법원에서 사 킬로미터 정도 떨어진 곳에 방을 구해 매일 아침 법원에 출근했지만 인도법 공부는 지루했고 민사소송법전을 이해하기란 너무도 힘든 일이었다. 변호사 일도 제대로 하지 못했다. 소송 사건을 맡아도 중개인에게 사례금을 주지 않아 문제가 생기고, 법정에서는 변론을 하지 못했다. 한번은 변호료로 삼십 루피를 받고 사건을 맡았는데 문자 그대로 너무 부끄러워서 법정에서 입도 못 열고 서류를 동료들에게 넘겨주어야 했다.

**나는 피고를 대신해 섰고 원고 측 증인들에게 반대 심문을 해야 했다. 그런데 막상 자리에서 일어서고 나니 간담이 쪼그라들었다. 머릿속이 팽팽 도는 듯 어지러웠는데, 마치 법정 전체가 돌고 있는 것 같았다. 무엇을 물어야 할지 생각나지 않았다. 판사는 분명 웃었을 것이다. 다른 변호사들도 틀림없이 내 꼴을 우습다는 듯 구경하고 있었을 것이다. 그러나 나는 아무것도 눈에 들어오지 않았다. 그래서 나는 그냥 자리에 앉아버렸다. 중개인에게 변호비를 반납할 테니 나 대신 파텔 씨에게 의뢰하는 것이 좋겠다고 말했다. 파텔 씨는 51루피에 사건을 맡았다. 그에게 이 정도 일은 식은 죽 먹기였다.**

나는 소송에서 이겼는지 졌는지도 알아보지 않고 법정을 황급히 떠났다. 나 자신이 너무나 부끄러웠다. 사건을 다루기에 충분한 용기가 생기기 전까지는 변호 의뢰를 받지 않겠다고 마음먹었다. 그리고 남아프리카로 가기 전까지 다시는 법정에 서지 않았다. 그렇게 결심한 데 특별한 이유가 있었던 것은 아니다. 그냥 그럴 수밖에 없었다. 어떤 바보가 나에게 사건을 맡기겠는가? 질 게 뻔한데! (자서전, 118쪽.)

도리 없이 영어 교사 자리를 찾았으나 대학 졸업장이 없다는 이유로 거부당했다. 그래서 다시 6개월 만에 라지코트로 돌아가 형의 도움으로 대서 사무소를 열어 약간의 생활비를 벌었다. 1892년 10월 28일에 둘째 아들 마닐랄(Mani-lal)이 태어났다.

바로 그때, 포르반다르 출신 무슬림 무역 회사로 남아프리카에 거대한 조선사를 보유한 '다다 압둘라 부자 상회(Dada Abdulla and Sons)'가 그에게 일 년간 남아프리카 더반 지사로 가서 변호 업무를 담당해달라고 제안했다. 구자라트어와 영어를 모두 쓸 수 있는 변호사가 필요해서였다. 먼 친척이 다다 압둘라에게 사만 파운드를 빌렸는데, 갚지 않고 있었다. 그리하여 압둘라의 공동 경영자가 간디를 찾아온 것이다. 그들은 무슬림이었으나 힌두교도인 간디에게 사건을 의뢰했다. 그러나 뒤에 간디는 자신이 법정 변호사가 아니라 회사의 하인으로 갔다고 회상했다.

간디는 승낙했다. 그는 당시에는 어떻게든 인도를 떠나고 싶었다고 슬프게 인정했다. 그러나 새로운 나라에 가 경험을 쌓을 수 있는 기회라는 데에도 끌렸다. 게다가 이 일을 맡으면 형에게 105파운드를 보내 집안 살림에도 보탬이 될 수 있었다. 그는 별도의 보수 협상도 없이 제의를 받아들이고서 바로 남아프리카로 떠날 준비를 했다. 그리고 1893년 4월 24일, 뭄바이를 떠나 더반으로 향했다.

# 2 _____ '인도인' 간디

## 남아프리카

여기서 말하는 남아프리카는 아프리카 남부 지방을 뜻하는 지역명으로 1961년에 건국한 현재의 남아프리카연방공화국(남아연방, Republic of South Africa)과는 다르다. 후자는 트란스발 공화국(Republic of Transvaal, 1852), 오렌지 자유국(Orange Free State), 케이프(Cape) 식민지, 나탈(Natal) 공화국이 제2차 보어전쟁(1888~1910) 이후 통합하여 만든 나라로서 간디가 남아프리카에 처음 간 1896년에는 없었던 나라다. 그 네 개 지역으로 나뉜 것은 1893년이다. 앞의 둘은 네덜란드인 후손 보어인이 지배한 반면, 뒤의 둘은 영국의 지배를 받고 있었다. 간디가 배에서 내린 더반은 나탈 공화국의 수도이자 중요한 항구였다.

남아프리카는 대부분 고원으로서 남쪽에서 불어오는 남극풍으로 인해 여름에는 매우 덥고 겨울에는 매우 춥다. 그리고 인도양에서 계절풍이 불어 11월부터 4월까지는 우기다. 그래서 동쪽에서 서쪽으로 갈수록 건조하다. 반면 가장 남쪽인 케이프타운의 기후는 지중해와 비슷하다.

내륙 지방은 고원 초원 지대로 서쪽으로 약간 기울어져 있는데 그 배수 지류를 따라 오렌지(Oranje)강이 서쪽 대서양으로 흐른다. 그리고 북쪽 고원 끝의 국경에는 림포포(Limpopo)강이 인도양 쪽으로 흐른다. 북동쪽에서 남쪽으로 뻗은 산맥이 동해안의 나탈과 고원지대인 오렌지 자유주(간디 시대에는 오렌지 자유국)와 남부 트란스발을 구분한다.

남아프리카에서는 약 오십만 년~이백만 년 전에 최초의 인간이 거주했다. 간디가 남아프리카를 떠난 뒤인 1924년 여름, 약 백오십 년 전의 어린아이 것으로 추정되는 뼈가 발굴되었다. 남아프리카에 정착한 최초의 종족은 산(San)족으로 추정된다. 이는 보어인들이 '수풀에 사는 사람들'이라는 뜻으로 부른 말로 영어로는 부시맨(Bushman)이라고 하는데 그 말에는 백인들의 경멸이 내포되어 있다. 그들은 지금 일만 명 정도 남아 있다. 대체로 몸집이 작은 산족과 코이코이(Khoikhoi)족이라는 원주민 집단과 달리 몸집이 크고 문명이 발달한 반투(Banthus)족이 서기 10세기경 서아프리카에서 남아프리카에 도래했다. 줄루(Zulu)족은 그 일파다.

이어 1487년 포르투갈의 바르톨로뮤 디아즈(Bartholomeu Diaz)가 케이프를 돌아 알고아만까지 항해했고, 이어 1497년 바스코 다 가마(Basco da Gama)가 케이프를 돌아 나탈에 이르고 다시 인도까지 항해했다. 그들은 케이프에 정착하지 않았고 오로지 황금, 상아, 노예를 가져가기를 원했다. 16세기 말까지 포르투갈은 동방무역을 독점하여 엄청난 부를 축적했다.

1595년 네덜란드인 코넬리스 하우트만(Cornelis Houtman)이 케이프를 돌아 자바까지 여행했다. 그 뒤 네덜란드인들은 1600년, 영국인들은 1602년에 각각 동인도회사를 만들어 무역했는데 어느 쪽이나 기항소를 필요로 했다. 1652년에 설립된 그 최초의 장소가 케이프 앞의 테이블 유역(Table Valley)이었다.

현재의 남아프리카 지역에 처음 들어간 유럽인은 네덜란드에서 종교 탄압을 피하여 1652년에 그곳에 온 개혁파 교회인들이었고 그 뒤로 프랑스와 독일의 신교도들이 들어갔다. 주로 농업에 종사한 그들은 '보어(Boer)'라고 자칭했는데 이는 네덜란드어로 농부를 뜻했다(지금은 아프리카나라고 한다). 보어인은 말레이반도와 자바를 비롯한 태평양의 섬에서 노예를 데려왔다. 1657년에 최초로 노예 열두 명이 온 뒤로 그 수는 수만 명으로 격증하여 인종 우월주의와 인종차별 정책이 시행되었다. 백인들은 스스로 신에게 선택받은 인종이라 여겼고, 흑인은 열등한 인종이며 그들의 하인이라고 간주했다.

1795년에는 영국이 케이프 식민지를 점령했다가 1803년 다시 네덜란드에 빼앗겼으나, 1806년 이후에는 영국의 식민지로 고착되었다. 농토를 둘러싸고 케이프타운(Capetown)에 정착하기 위한 원주민과의 싸움이 백 년 이상 계속되었으나, 1815년 그곳의 광물자원을 탐낸 영국이 개입하여 케이프타운을 점령하자 보어인들은 북쪽으로 이동했다. 1815년에 영국은 현재의 케이프타운에 케이프 식민지를 수립했다. 1820년 최초의 영국 이주민 약 오천 명이 도착한 뒤 보어인들의 대이주가 시작되었고, 줄루족 등 선주민 흑인들의 저항이 커졌다.

영국은 1843년에는 나탈까지 점령했다. 그래서 케이프와 나탈에 영국 식민지가 형성되었다. 한편 영국의 노예해방과 자유주의 정책을 싫어한 보어인은 1830년대부터 내륙으로 이동했고, 당시 북에서 남하한 원주민과 싸우면서 1852년 트란스발 공화국과 1854년 오렌지 자유국을 세웠다.

영국인들은 나탈에서 사탕수수와 차, 커피를 재배할 수 있음을 알았으나, 흑인들은 그들을 위해 열심히 일하려 하지 않았고 자기 땅에서 경작하는 것에 만족했다. 그래서 인도의 영국인들이 인도인을 계약노동자로 남아프리카에 보냈다. 1860년에 그 최초의 계약노동자들이 나탈에 왔다.

이어 1867년 오렌지 자유국의 킴벌리에서 다이아몬드 광산이 발견되자 영국은 1871년에 그곳을 영국령으로 삼았다. 1886년 트란스발에서 금광이 발견되자 그곳 또한 점령하려 했으나 실패했다. 그 후 남아프리카에 근대적인 산업자본이 형성되기 시작했고 보어인과 영국의 갈등은 더욱 커졌다. 그중 하나가 1881년 마주바(Majuba) 언덕의 전쟁이었다. 그 전쟁에서 패한 영국은 트란스발의 자치를 인정했다. 그 뒤 발생한 중요한 사건이 제임슨 습격 사건이다.

1880년 제1차 보어전쟁에서 보어인이 승리한 뒤 영국은 트란스발과 오렌지 자유국의 자치를 인정했으나, 1899년 발발한 제2차 보어전쟁이 1902년에 영국의 승리로 끝나면서 두 공화국은 영국의 식민지가 되었다. 1818년에 줄루족이 세운 줄루 왕국도 1879년에 영국에 의해 멸망하고 1887년에 대영제국에 병합되었다.

당시 케이프 식민지의 총독이었던 세실 로즈는 영국이 트란스발의 자치를 인정한 것에 불만을 가지고 있었다. 그래서 트란스발로 무기를 밀수하여 1895년 친구인 광산업자 제임슨에게 반란을 일으키도록 했다. 이후 영국인 여성과 아동을 보호한다는 미명으로 개입했으나 실패했고, 로즈는 총독에서 물러났다.* 이어 1899년 간디도 참전한 보어전쟁이 터져 1902년까지 이어졌다. 전쟁 직전에 영국 식민지 장관인 체임벌린은 내각에 보낸 편지에서 다음과 같이 말했다. "남아프리카에서 영국의 지위는 위험에 처해 있다. 세계 속의 우리 식민지들로 하여금 우리가 힘과 영향력을 가지고 있다는 것을 알게 할 필요가 있다."

간디는 남아프리카에 도착했을 때 "이곳 사람들은 황금 외에는 아무것도 생각하지 않는다"고 했다(Green, 120쪽). 모든 사람이 황금을 꿈꾸며 그곳에 왔지만, 모두가 황금을 갖는 것은 아니었다. 누군가는 의식주와 도시경제에 불가결한 재화와 서비스를 제공해야 했다. 처음에는 독일인과 영국 국적의 유대인들이 담당했으나, 이어 인도인들이 그 일을 맡았다.

## 남아프리카 인도인

1893년 4월 24일에 뭄바이를 떠난 간디는 꼭 한 달 뒤인 5월 24일에 남아프리카의 영국 식민지인 나탈의 최대 도시 더반(Durban)에 도착했다. 지금 더반은 남아프리카공화국의 항구도시로, 요하네스버그와 케이프타운에 이어 세 번째로 큰 도시이고 인구도 344만 명으로 요하네스버그와 프리토리아에 이어 세 번째다. 2010년 6월, 제19회 남아공 월드컵 축구 대회로 우리에게도 널리 알려졌다.

남아프리카의 동남 끝에 위치한 나탈은 1843년에 영국 식민지가 되었다. 당시 인도인이 많이 살던 지역이었는데, 간디는 남아프리카에 대해 전혀 모르는 상태였다. 벵골풍 프록코트를 입고 터번을 쓴 이상한 모습으로 배에서 내리는 간디를 보고, 그를 초대한 이슬람 상인 압둘라는 놀랐다. 압둘라는 당시 남아프리카에서 인도인으로서는 최고로 성공한 상인이었다.

더반에 내린 간디의 눈에 들어온 풍경은 생생한 녹색 잎이 울창한 나무들이

---

* 　김윤진은 『남아프리카 역사』(명지출판사, 2006) 201쪽에서 그 사건으로 트란스발이 영국의 지배로 되돌아갔다고 하지만, 이는 잘못된 서술이다.

늘어선 붉은 모래언덕, 듬성듬성 서 있는 현지인의 초가집과 흰색 집 들이었다(Herman, 114쪽). 인구는 2만 7천 명이었고 거리에는 유럽인이 소유한 리조트용 별장과 아프리카인이 사는 오두막이 나란히 줄짓고 있었다. 인도인 상인 사회는 벽돌과 판자로 지은 집에 살았다. 그들 대부분은 간디의 고향인 구자라트에서 온 무슬림이었다.

그들은 부유했고 식민 당국과도 연결되어 즐겁게 살고 있었다. 대부분 인도의 학교에서 서양식 교육을 받고 빅토리아 대영제국 내의 중산층으로 사회적인 존경을 받았다. 영국의 젠틀맨처럼 흰 콧수염에 장중한 몸차림을 하고 양복을 걸쳤다. 차이가 있다면 무슬림임을 보여주는 터번을 썼다는 점이었다. 그러나 남아프리카에는 그런 자들만 있는 것이 아니었다. 도리어 인도인 대부분은 가난한 '계약노동자'였다. 사탕수수 농장이나 탄광에 인접한 오두막에 살면서 엄청난 노동을 해야 했던 그들은 1891년에는 나탈 공화국에만 사천 명 이상이었으나 그 뒤 급격히 늘어나 십 년 만에 그 수가 십만 명을 넘었다.

그렇게 많은 계약노동자를 실어 나른 배의 상당수는 간디의 고용주인 다다 압둘라의 소유였다. 그 항해는 지극히 위험하고 위생적으로도 불량했다. 그를 비롯하여 소수의 부유한 인도인 상인들은 인도인 노동자들을 상대로 상업 외에 엄청난 금리의 고리대금업도 했다.

간디는 『남아프리카의 사티아그라하』에서 남아프리카에 인도인이 처음 온 것이 1860년이라고 하는데 그 전후 사정에 대해 충분히 설명하지는 않는다. 이와 관련하여 1833년 영국 의회에서 '제국 내 노예해방법'이 제정되었고, 이로 인해 서인도제도의 사탕수수 농장(플랜테이션) 경영에 파멸적 타격이 가해졌다. 즉 그때까지 공급되었던 노예를 대신하는 노동력이 필요해져서, 당시에는 가장 값이 싸고 과잉이었던 부유(浮遊) 노동력 인도인이 남아프리카를 위시한 영국의 여러 식민지로 공급되었다. 인도인은 1830년대부터 영국의 여러 식민지에 흑인 노예를 대체하는 노동력으로 대량 공급되었다. 그 공급은 1910년대에 정지될 때까지 약 칠십 년간 지속되었다. 그것이 정지된 이유에는 간디를 비롯한 민족운동의 번성도 있었지만, 무엇보다 인도인 이민 급증에 공포를 느낀 백인이 이민을 더 이상 받아들이려고 하지 않았기 때문이었다.

인도인 대량 부유 노동력이 형성된 배경에는 1857년 세포이 항쟁이 있다. 1858년 반란이 진압되며 그 수는 더욱 늘어났다. 그러자 부유 노동력의 일부가 계약노동 이민의 형태로, 그러나 실질적으로는 노인·여성·아동을 포함한 기민(棄民)으로 서인도제도 등으로 보내졌고, 뒤에는 동남아시아로도 공급되었다. 이로써 열대와 아열대 식민지의 부족한 노동력이 보충되었다. 그러나 이름만 계약노동이었지 실질적으로는 노예 노동과 다름이 없었다. 간디는 당시 계약노동의 비참한 실태에 대해 거의 언급하지 않지만, 당시 상황에 대한 연구에 의하면 노예 상태와 조금도 다르지 않았다.

간디도 자주 언급하는 나탈의 경우를 보자. 현재 남아프리카공화국의 케이프 주 동북방으로 이어지는 인도양에 면한 주가 나탈이다. 19세기 중엽 유럽에 흉년이 들고 철도 건설 붐이 붕괴하며 상업이 정체하자 1847년부터 1851년 사이에 영국인 이민이 대량으로 생겨났다. 이들 중 일부가 나탈의 해안 평지 농장 지역에 와서 사탕수수를 재배하기 시작했다. 1870년에 영국인 인구는 약 1만 8천 명에 이르렀으나 노동력은 항상 부족했다.

나탈 북부의 술란드에 사는 반투어계 흑인들을 통해 노동력을 공급받는 것이 원활하지 못해 카리브제도나 모리셔스에서처럼 인도로부터 계약노동자를 수입하게 되었다. 나탈 총독부가 인도에 파견한 모집원은 모집 인원수에 따라 임금을 받았으므로 많은 인도인을 대리인으로 고용하여 계약노동자를 모집하고 나탈로 보냈다. 따라서 인도인 중에서도 최저 카스트에 속한 사람들이 주로 모집되었다. 그러나 모집이라고 해서 자유로웠던 것은 아니었다. 대영제국과 인도 총독부가 조직적으로 통제했고, 나탈에서는 불법 벌금·임금 체불·차금·태형·의료 결여 등이 만연하여 가장된 노예제라고 볼 수 있었다.

오 년 계약을 마친 인도 노동자는 인도로 돌아가거나 나탈에 머물렀고, 자녀를 낳기도 했다. 한편 인도인 무슬림 소매상들이 자비로 나탈에 와서 성공하기도 했다. 그래서 인도인 인구는 급격히 늘어났다. 1869년 오십만 명을 넘은 나탈의 인구 중 팔십 퍼센트인 사십만 명이 원주민 흑인이고, 백인이 오만 명, 인도인이 백인보다 많은 5만 1천 명이었다. 그중 계약노동자가 1만 6천 명, 계약 만료 후 노동이나 행상에 종사한 재류자가 삼만 명, 상인과 그 가족이 오천 명 정도였다.

당시 인도인들을 바라보는 백인들의 시각이 어떠했는지는 영자 신문에서 낮은 생활 수준과 도덕관념, 질병을 수반했다는 명목으로 인도의 카스트제도를 이용하여 인도인 전부를 비난한 것으로 짐작할 수 있다. 즉 농장 노동력을 위해 인도인 수입을 필요로 한다는 것을 알면서도 인도인을 배척하는 모순된 태도였다.

1893년 나탈 정부가 자치 정부로 바뀌자 삼사 년 뒤에 인도인 차별법이 제정되었다. 즉 선거권·재류권·영업권을 제한하거나 박탈하는 차별법이었다. 그러나 제국 정부 식민부의 권고에 의한 것이라면서 차별이 아니라고 가장했다. 가령 영업법의 경우 아시아인 상인으로 명시되지 않고 시청의 영업 면허 관리에게 재량을 주는 것이었으나, 실제로는 아시아인을 대상으로 했고 인도인에 반감을 가진 자가 영업 면허 관리로 임명되었다. 이러한 모순은 제국 정부의 그것이기도 했다. 가령 1897년 제국 정부 식민지 장관인 체임벌린이 나탈 정부에 보낸 다음의 훈령에 나타나는 이중성이다.

**수억의 아시아인 주거에 가까운 토지에 입식한 백인 주민이, 현존 백인 노동자의 정통 권리를 침해할 우려가 있는 아시아 이민의 쇄도를 앞으로 인정하지 않는다고 결단 내림에 대해 우리는 완전히 공감한다. 그러나 인종이나 피부색에 의해 차별하지 않는 제국의 전통을 명심하기 바란다.**

나탈 인도인이 증가함에 따라 행상인이나 소매상으로 트란스발의 보어인 공화국에 들어가는 인도인도 증가했다. 보어인이 반투어계 흑인의 저항을 억압하고 건설한 그곳에서 유색인종에게는 어떤 공민권도 인정하지 않는다는 1858년의 국가기본법하에서 1885년 인도인 차별법이 제정되었다. 공민권과 부동산 소유권의 금지, 등록 의무, 거주와 영업의 지정 지구 설정이 그 내용이었다. 영국은 보어인과 전쟁하면서 보어인의 인도인 차별을 그 이유의 하나로 들었지만, 실질적 개전 이유는 영국은행의 준비금이 급속히 감소했고 금 산출량 증가가 긴박했기 때문이었다.

보어전쟁 후 직할 식민지가 된 트란스발의 총독에 취임한 알프레드 밀너(Alfred Milner, 1854~1925)는 1904년 아시아인은 백인 공동체에 무리하게 들어온 외부인이라고 말하면서도 인종이나 피부색에 따른 차별이 아니라고 주장했다. 당시의 여론은 아시아인 소매상이 백인보다 더욱 낮은 생활 수준으로 살아가므로 백인 소매상을 급속히 쫓아낼 정도로 유리하게 경쟁할 수 있다는 공포심에 근거했다. 1907년에 성립한 트란스발 자치 정부의 수상이 된 보어인 보타나 얀 크리스천 스뮈츠(Jan Christian Smuts, 1870~1950)도 같은 입장에서 인도인을 근절해야 한다고 주장했다.

## 열차 사건

더반에서 간디는 무슬림 가족과 동거했다. 이는 간디의 카스트가 정한 규범에 어긋나는 것이었다. 그러나 간디는 이미 런던에서 기독교도인 올드필드와 동거하여 그 규범을 어겼다. 법원은 그 집에서 그리 멀지 않았다. 도착 후 이삼일 뒤에 두 사람이 더반의 법원에 들어가자 재판장은 간디에게 터번을 벗으라고 명했다. 유럽인은 법정에 들어가면 모자를 벗어야 했으므로 그것은 무리한 요구가 아니었다. 그러나 간디는 그대로 법정을 걸어 나와 지역 신문에 항의문을 투고했다. 그래서 그는 순식간에 당국에게 환영받지 못하는 '불청객'이 되었다. 그는 남아프리카에 있던 마지막 날까지 터번을 썼다.

그러나 그로부터 며칠 안 되어 간디는 낭패와 축출로 끝난 두 번째 사건에 휩쓸렸다. 이번에는 그의 삶이 적극적인 방향으로 가게 되었다. 일주일쯤 지난 5월 31일, 재판 준비를 위해 트란스발의 수도인 프리토리아(Pretoria)에 가다가 생긴 일이었다. 그는 일등표를 끊고 야간열차의 일등석 침대칸에 들어갔다. 침대차라면 인도인 동승도 묵과될 수 있다고 생각했기 때문이었다. 그런데 그는 일부러 좌석에 앉아서 가기로 했기에 문제가 생기지 않을 수 없었다.

아니나 다를까, 나탈의 수도 마리츠버그(Maritzburg)에서 백인 한 사람이 같은 칸에 타면서 문제가 생겼다. 그는 "쿨리가 있다."라고 소리치고 밖으로 나가더니 잠시 뒤 승무원 두 명과 함께 다시 나타났다. 쿨리(Coolie)란 노동자를 뜻하는 고력(苦力)이라는 한자를 중국어로 발음한 것에서 비롯되었다. 서양인이 중국 노동자를 멸시하여 이 말을 썼으나 그 후 유색인종 일반을 모욕하는 말로 사용되었다.

승무원들은 간디에게 짐칸으로 가라고 명령했다. 간디는 일등표를 보였으나 그들은 나가라고 말했다. 그는 나가지 않았다. 그러자 그들은 경찰관을 데려왔고 경찰관은 그를 그의 가방과 함께 플랫폼으로 집어던졌다. 간디는 열차로 돌아가서 짐칸에 탈 수 있었으나 역 대합실에 머물기로 했다. 역원이 그의 짐과 코트를 가지고 있었다. 산속이라 추웠지만 짐을 찾지 않고 밤새 떨며 앉은 채 생각에 잠겨 보냈다. 그때의 심경을 그는 다음과 같이 썼다.

**나는 내 의무에 대해 생각하기 시작했다. 내 권리를 위해 싸워야 하는가, 인도로 돌아가야 하는가? 아니면 모욕을 받았다는 사실에 대해서는 생각하지 말고 일단 프리토리아로 가서 사건을 끝낸 뒤 인도로 돌아가야 하는가?** (자서전, 136쪽.)

고민 끝에 그는 프리토리아에 가기로 했다. 다음 날 아침 그는 철도 회사의 총지배인에게 항의 전보를 쳤다. 그의 연락을 받은 압둘라가 역장에게 부탁하고 마리츠버그의 친구에게도 부탁하여 저녁에는 침대차에 탈 수 있었다.

그러나 최악의 사태는 다음 날 벌어졌다. 아침에 찰스타운역에 도착한 간디는 요하네스버그로 가기 위해 역마차로 갈아타야 했다. 처음 타보는 역마차였다. 그는 표를 가지고 있었기에 역마차 안에 타야 했으나 마부 옆에 앉게 되었다. 그것도 모욕이었지만 도중에 마차 위에 앉으라는 명을 받았다. 거부하자 따귀를 맞았다. 다행히 손님들의 제지로 폭행은 중단되었다. 간디는 뒤에 간담이 떨렸고 살아서 목적지에 갈 수 있을지 두려웠다고 회상했다. 중간역인

스텐더턴에 닿았을 때 그는 역마차 회사 사장에게 편지를 써서 사건의 전모를 알렸다.

다음 날은 좋은 자리에 앉아 요하네스버그*에 도착했으나, 호텔 입장을 거부당하는 수모를 다시 겪어야 했다. 간디가 어느 인도인 상인에게 그 일을 말하자 상인은 말했다. "우리는 모욕당하는 것쯤은 신경 쓰지 않습니다. 돈을 벌기 위해 여기 사는 거죠."라고 했다(자서전, 183쪽). 그는 간디에게 삼등표로 가라고 조언했으나, 간디는 역장에게 편지로 프리토리아행 일등표를 끊어달라고 요청했다. 다행히도 역장은 트란스발 태생이 아니고 네덜란드에서 온 사람이어서 간디에게 일등표를 주었다. 하지만 만일 차장이 삼등칸으로 옮기라고 요구하면 자신을 끌어들이지 말라고 부탁했다. 프리토리아로 가는 열차에서는 동승한 영국인의 호의로 일등칸에 타고 목적지까지 갈 수 있었다. 6월 4일 밤에 그는 프리토리아에 도착했다.

몇 년 뒤 인도의 미국인 선교사 존 모트(John R. Mott)** 박사가 간디에게 생애에서 가장 창조적인 경험이 무엇이냐고 물었다. 간디는 마리츠버그에서의 경험이라고 말했다(피셔, 32쪽). 로맹 롤랑과의 인터뷰에서도 그렇게 말했다. 주디스 브라운(Judith Brown)은 이 일로 간디가 비판적 아웃사이더, 즉 상이한 세계의 주변에서 태어나 자기 나라에 있을 때와는 달리 져야 할 책임이나 기대에도 부응하지 않고, 남몰래 창조력을 가진 인간이 되었다고 했다.*** 누구나 외국에 가면 애국자가 된다는 말과 같이, 외국에서 자국을 바라보면서 민족주의자가 되는 예는 허다하다. 드디어 '인도인 간디'가 탄생한 것이다.

다른 인도인들은 찻간에 들어갔다가도 백인이 나가라고 하면 불편을 감수하고 짐칸으로 갔다. 그들은 다음 날 아침 간디에게 "돌벽에 머리를 부딪힐 수

---

\*      Herman 87쪽은 프리토리아라고 하나 오류다.

\*\*     1946년 노벨평화상 수상자.

\*\*\*   Judith M. Brown & Martin Prozesky (eds), *Gandhi and South Africa: Principles and Politics*, University of Natal Press, 1996, p. 23.

4부 남아프리카에서 서다(1891~1901)

는 없다"고 충고했지만 간디는 마리츠버그에서 불의를 만났을 때 고개를 숙이지 않았기에 피할 수도 있는 벌을 받았다. 간디가 분노한 것은 분명하지만 그것은 불공평에 대한 분노였지, 인종차별이나 식민지주의에 대해 당당하게 반대한 것이라고 보기는 어려웠다. 이는 그가 1893년 9월 23일에 철도 회사 총지배인에게 보낸 편지에서 "이것이 기독교도인가요? 이것이 공평인가요? 이것이 정의인가요? 이것이 문명인가요?"라고 쓴 점에서 볼 수 있다. 간디가 인도인 사업가 모임에서 한 이야기에서도,《나탈 어드버타이저Natal Advertiser》지에 쓴 논설에서도 마찬가지였다.

간디가 실제로 분노한 지점은 그가 받은 교육과 직업상의 지위가 아무런 의미도 없는 듯이 취급되었다는 것이었다. 그가 말하듯이 쿨리로 취급되어 삼등칸에 앉지 않고 열차 밖으로 쫓겨나는 육체적인 위해를 무릅썼다. 인도의 마그마카르타인 빅토리아 여왕의 선언을 믿었기 때문이다. 자신처럼 '훌륭한 능력'을 갖추고 충성을 바치는 인도인은 백인과 같은 대우를 받아야 하고, 아프리카 흑인은 물론 무학의 쿨리와도 같은 취급을 받을 수 없다고 믿었기 때문이었다. 당시의 간디에게는 영국인이 1번이고, 인도인은 2번이었다. 유럽 문명과 비유럽 문명이라는 '야만' 사이에 선을 그은 간디는 자신이 문명 측에 속한다고 생각했다. 그것이 영국에 삼 년간 살면서 몸에 익힌 것이었다.

## 기독교에 대한 실망

프리토리아 여행 경험은 기독교와 관련해서도 중요한 전환점이 되었다. 프리토리아에 도착한 다음 날, 그는 압둘라 회사의 변호사인 베이커(A. W. Baker)를 만났다. 베이커는 변호사이자 열렬한 성공회의 평신도 전도사였다. 런던에서 신지협회 사람들에게 말했듯이 간디는 베이커에게 다음과 같이 말했다.

**"저는 모태로부터 힌두 신자입니다. 그러나 아직도 힌두교에 대해 아는 것이 거의 없습니다. 다른 종교에 대해서는 더더욱 그렇지요. 사실 저는 제가 어디에 있는지, 나의 믿음은 어떠하며 어떠해야 하는지도 모릅니다.**

**그래서 제 종교에 대해 자세히 연구하고 싶고, 가능하다면 다른 종교에 대해서도 그렇게 하고 싶습니다."** (자서전, 144쪽.)

그다음 날 간디는 베이커의 소개로 베이커와 같은 선교회 사람들과 퀘이커 교도인 M. H. 고츠를 만났다. 간디는 고츠가 준 많은 기독교 서적을 읽었지만 고츠가 간디에게 권한 대로 기독교로 개종하는 것은 거부했다. 1893년 10월 웰링턴에서 열린 종교회의에서 느낀 심정이 기독교에 대한 그의 반감을 보여 준다. 그는 거기 모인 사람들의 믿음을 이해했으나 오직 기독교인만이 구원받을 수 있다는 사실을 받아들일 수 없었다. 철학적인 관점에서 기독교 원리에는 특별한 것이 없어 보였고, 희생이라는 측면에서는 오히려 힌두교가 기독교보다 더 뛰어나다고 생각되었다. 그에게 기독교는 가장 완벽한 종교도, 가장 뛰어난 종교도 아니었다.

**나의 고민은 단순히 예수가 신의 독생자이고, 그를 믿는 사람은 영생을 얻는다는 것을 믿는 그 이상의 문제였다. 만약 신이 아들을 둘 수 있다면, 우리 모두가 그의 아들이었다. 또한 만일 예수가 신과 같거나 신 그 자신이라면 모든 사람이 신과 같거나 스스로 신이 될 수 있었다. 나의 상식으로서는 예수의 죽음과 그의 피가 인류의 죄악을 대속했다는 것을 받아들일 수 없었다. 물론 비유로 보면 얼마간은 진실일 수도 있을 것 같았다. 또 기독교에 따르면 오직 인간에게만 영혼이 있고 다른 존재들에게 죽음은 완전한 끝을 뜻한다고 했는데, 나의 믿음과는 정반대였다. 나는 예수를 순교자, 희생의 상징, 신이 보낸 교사로서는 받아들일 수 있었으나, 그가 모든 인간 중 가장 완벽한 인간이라고 생각할 수는 없었다. 십자가 위에서의 죽음은 세계에 본이 되었으나, 거기에 어떤 신비하고 기적적인 가치가 있다는 말은 받아들일 수 없었다.** (자서전, 161쪽.)

그러나 간디는 성경의 산상수훈에는 런던에서와 마찬가지로 여전히 감동

4부 남아프리카에서 서다(1891~1901)

했다. 그리고 당시의 영국은 그 가르침에 철저히 반한다고 보았다. 이는 간디만의 견해가 아니라 당시 영국의 비판적 지식인들의 일반적인 견해였음을 우리는 앞에서 보았다. 간디는 기독교에 대해 비판적이었던 것 이상으로 힌두교에 대해서도 비판적이었다.

**힌두교의 결점은 너무나도 명백했다. 만일 불가촉천민이 힌두교의 일부가 될 수 있다면, 그것은 썩어빠졌거나 불필요한 부분일 것이다. 나는 힌두교에 종파와 카스트가 그토록 많은 이유를 이해할 수 없었다. 『베다』가 신의 영감으로 된 말이라는 데 무슨 의미가 있을까? 만일 그렇다면 『성경』이나 『코란』도 마찬가지일 것 아닌가?** (자서전, 162쪽.)

## 메이트랜드와 킹스퍼드

간디는 남아프리카 시절 초기에 종교에 빠져서 지냈다. 『코란』을 비롯하여 이슬람 관련 책도 많이 읽었다. 기독교에 비판적이었던 에드워드 메이트랜드(Edward Maitland, 1824~1897)와 편지를 통해 교류했지만, 무엇보다도 그가 1894년에 추천한 톨스토이의 『신의 나라는 네 안에 있다』의 독창적인 발상과 원숙한 도덕관, 진실성에 감동받았다. 메이트랜드에 대한 간디의 기록은 더이상 없지만 간디가 말하듯이 편지 교류는 메이트랜드가 사망할 때까지 계속되었다. 그러나 간디가 뒤에 무소유주의로 바뀌며 메이트랜드와의 편지를 모두 소각한 탓에 그와의 관계에 대해 알려진 바는 거의 없다.

영국의 인도주의 작가이자 신비주의자인 메이트랜드는 1843~1847년에 케임브리지에서 공부하고 미국과 호주 등에서 머물다가 1857년 말 영국으로 돌아와서 문학에 전념했다. 1882년에 킹스퍼드와 함께 『완전한 길 또는 그리스도의 발견The Perfect Way or Finding of Christ』을 출판했다. 1883년경에 신지협회에 들어갔으나 곧 탈퇴하고 1884년에 킹스퍼드와 공동으로 '헤르메스 협회(Hermetic Society)'를 설립했고 1884년에는 '런던 심령주의 연합(London Spiritualist Alliance)'에 가입했다. 1888년 킹스퍼드가 사망한 후 1891년에 '비교적

(秘敎的) 기독교 협회(Esoteric Christian Society)'를 설립했고 1894년 남아프리카의 비교적 기독교 협회 회원이 된 간디와 연락을 취했다.

메이트랜드와 협력한 안나 킹스퍼드는 생체 해부 반대자이자 비폭력 운동가, 채식주의자, 여성 권리 운동가였다. 엘리자베스 개렛 앤더슨(Elizabeth Garrett Anderson) 이후에 의학 분야에서 학위를 취득한 최초의 영국 여성 중 한 명으로, 당시 단 한 마리의 동물도 실험하지 않고 졸업한 유일한 의대생이었다. 1880년에 파리에서 학위를 취득하여 동물 옹호를 계속했고, 1881년에 영어로 출판된 마지막 저서 『완벽한 식사』는 채식의 장점에 관한 것이었다. 그해에 '식품 개혁 협회(Food Reform Society)'를 설립하여 채식주의를 보급하고 동물 실험을 반대했다. 그녀는 불교와 영지주의에 관심이 있었고 1883년 런던 신학 협회의 런던 지부장이 되어 영국의 신학적 운동에 적극적으로 참여했다.

간디는 메이트랜드와 킹스퍼드가 말한 기적 등에 대해서는 무관심했으나 영매에 의한 영혼과의 교류, 영계와의 교류를 위한 자동서기 등의 심령주의적인 장치를 부정하지는 않았고, 그것들이 잘못된 목적으로 사용되는 것에 비판적이었을 뿐이었다. 간디는 『완전한 길』을 주목했으나 그 책에 나오는 기독교의 지고성은 무시하고, 보편성을 갖는 종교 이론에만 관심을 가졌다. 또한 메이트랜드와 마찬가지로 유물론과 과학주의에 대해서도 비판했다.

비교적 기독교의 보편종교, 신과 인간의 합일, 육체 극복 등의 사상이 간디의 이상주의에 맞았다. 그 책은 재생, 윤회전생, 신과 개인 영혼(아트만)의 합일 등과 같은 힌두교 개념에 합리적 근거를 부여하고, 힌두교를 지지하기 때문이었다. 또 창세기에서 신이 자신과 닮은 남녀를 만들었으므로 인간은 남성성과 여성성을 함께 갖는다고 이해했는데 이는 간디의 브라마차리아나 양성성 주장과 통했다. 또한 메이트랜드에 의한 성서의 우의적 해석은 인도의 서사시인 『마하바라타』와 『라마야나』 『바가바드 기타』를 우의적으로 해석할 수 있게 해주었다. 『완전한 길』은 『신의 나라는 네 안에 있다』와 함께 간디가 종교에 대해 품은 의문을 해결하는 데 큰 도움이 되었다. 요컨대 정신적으로도 '인도인 간디'가 탄생한 것이다.

## 간디의 힌두교

여기서 주의할 점은 간디가 힌두교를 믿기는 했으나, 매우 독특한 형태였다는 것이다. 가령 힌두교 사원의 존재 가치를 부정하지 않았지만, 자신은 참배하지 않았다. 그의 아슈람에는 힌두교 사원을 만들지 않았고, 아슈람의 예배는 프로테스탄트에 가까웠다. 힌두교의 내용에서도 간디는 이단이었다. 그는 해탈이라는 힌두교 이념을 중시했으나, 성공에 대한 열망, 증명의 추구, 무욕이 되고 싶다는 욕구의 모순 등에서는 힌두교와 달랐다. 간디는 생전에 해탈을 희망했으나, 브라만으로 새로 태어난 다음 긴 시간 뒤에 해탈할 수 있다고 보는 힌두교에서 바이샤 출신인 그가 생전에 해탈한다는 것은 있을 수 없는 일이었다. 반면 간디는 해탈을 활동적이고 사회적인 개념으로 새롭게 정의하고 생전에 해탈할 수 있다고 보았다. 이는 비교적 기독교에서 인정하는 것이었다. 간디는 살아생전에 신을 만나고 싶다고 자주 말했는데, 이것도 비교적 기독교의 영향이었다. 간디는 모든 육체적 욕망을 부정하는 것을 해탈과 동일시하고 그가 완전한 인간이라고 생각했으나, 이러한 생각은 힌두교와는 전혀 다른 것이었다.

반면 힌두교에는 없는 '죄'라는 비교적 기독교의 이념도 간디는 인정했다. 그러나 예수를 믿으면 죄가 없어진다는 정통 기독교의 관점이 아니라, 죄를 없애기 위한 개인의 노력을 중시하는 비교적 기독교의 관점을 수용했다. 간디는 정통 기독교의 죄 개념에 대해 다음과 같이 말했다.

> **"만약 그것이 모든 기독교도가 인정하는 기독교 신앙이라면, 나는 받아들일 수 없습니다. 나는 내 죄의 결과로부터 벗어나기를 바라지 않습니다. 나는 죄 그 자체, 또는 죄의식으로부터 해방되기를 원합니다. 그렇게 되기까지, 비록 불안하더라도 만족하겠습니다."** (자서전, 148쪽.)

간디는 인생의 목적은 해탈이고, 누구나 어떤 특정한 종교에 반드시 귀의할 필요가 없다고 보았다. 따라서 『완전한 길』에 대해서도 똑같이 영원한 진리를 증명하는 하나의 방법으로 기독교와 다른 여러 종교를 서로 화해시킬 수 있다고 생각했다. 이러한 간디의 힌두교관은 신지주의의 그것과 유사했다. 앞에서 보았듯이 간디는 런던에서 블라바츠키의 『신지학의 열쇠』를 읽고 힌두교를 깨달았다. 그것은 "여러 종교, 하나의 도달점"이라는 비베카난다의 사상과 유사했다. 간디는 그로부터 종교 간의 관용에 대해 많이 배웠다.

## 런던 안내

1893년 후반기에 간디는 런던에 유학하려는 학생들을 위해 『런던 안내Guide to London』를 썼다. 1장에서는 "누가 영국에 가야 하는가?" 묻고서 "허약한 가슴이나 소비성향이 강한 사람이어서는 안 되고, 25세 이상이어서도 안 된다"고 한다. "왜냐하면 영국은 충분히 어리고 자격 있는 인도인이 상이한 사업을 관찰하기에 매우 좋은 곳이기 때문이다." "공무원이 되려는 사람, 법정 변호사 자격을 얻으려는 사람, 의학이나 공학을 공부하려는 사람은 누구나 영국에서 인도에서와 마찬가지로 공부할 수 있고 심지어 동일한 시간에 더 많이 배울 수 있다." 교육의 수준은 더욱 높고 집중을 방해하는 것은 적다. 자신의 경험을 그리면서 간디는 인도 학생들에게 다음과 같이 말한다.

> **영국에서 그는 혼자이다. 집적거리거나 아첨하는 아내도 없으며, 응석을 받아줄 부모나 돌보아야 할 아이들, 방해하는 동료도 없다. 그는 자기 시간을 자유롭게 사용한다. 그렇다. 만일 의지가 있다면 그는 더 많은 일을 할 수 있다. 더하여 인도의 기후는 기력을 떨어뜨려 일을 못하게 하지만, 영국의 상쾌한 기후는 그 자체로 일을 자극한다.**

이어지는 여러 장에서는 꼼꼼하고 거의 지칠 정도로 상세하게 영국에서 인도 학생에게 필요한 옷, 구입해야 할 가구와 학용품, 먹을 수 있거나 먹어야 하는 음식에 대해 서술한다. 모든 품목의 가격도 기록되어 있다. 가령 진주 단추가 달린 옷은 8안나스지만 불가결한 모닝코트는 20루피라는 식이다.

그 책의 상당 부분은 합리적인 가격으로 건강에 좋고 영양가가 높은 음식을 먹는 최선의 방법에 관한 것이다. 영국인 친구를 찾고자 하는 사람에게는 "런던 채식주의자협회 사람들은 언제나 친절하고 인도인에게 호의적이며,《채식주의자》의 편집인보다 더 다정한 사람은 찾을 수 없다"고 충고한다. 더 정통적이고 덜 실험적인 취향의 사람들에게는, "영국인은 잘 씻지 않는다는 인상과는 반대로 대부분의 현대 가정은 목욕실을 갖추고 있다. 따라서 그대의 순수한 인도식 생활을 방해하는 것은 아무것도 없다"고 조언한다.

하나의 장은 "법정 변호사가 되려는 사람들"을 위한 것이다. 상이한 법학원의 장단점을 설명한 뒤에 읽어야 할 책, 입어야 할 옷, 참석해야 할 만찬, 반드시 지불해야 할 수업료에 대해 설명한다. 또 "현대 영국의 관습과 습관을 들여다보는" 창문으로서 한 달에 한 번씩 연극을 보러 갈 것을 추천한다.

이 책은 실질적으로 간디의 첫 저서이지만 그의 생시에는 출판되지 않았다. 지금은 『전집』 1권의 55쪽을 차지한다. 그 책을 쓴 동기는 다양했다. 그 책은 뭄바이에서 유명한 변호사가 되고자 한 그의 이름을 널리 알려줄 것이고, 또한 자신이 런던에 가는 것을 방해한 바니아 카스트에 대한 자기 합리화의 시험이기도 했다. 그는 그들을 거부하고 영국에 갔으며, 이제 다른 사람들이 그곳에 가는 것을 북돋우고자 한 것이었다.

# 3 _____ '사회운동가' 간디

## 최초의 연설

마리츠버그 사건이 생긴 지 일주일도 안 되어 간디는 프리토리아의 인도인들을 모아놓고 백인의 차별에 대해 연설했다. 그의 첫 번째 공식 연설이었다. 대의에 대한 열정으로 수줍음도 없이 당당하게 말했다. 청중은 대부분 무슬림 상인이었고 힌두인도 몇 사람 있었다. 그 최초의 단계부터 그의 리더십의 독특한 성격이 나타났다. 그는 그들에게 사업함에 있어 정직할 것, 더욱 위생적인 습관을 기를 것, 종교적 상이와 카스트의 차이를 잊을 것을 요청했다.

그의 목적이 남아프리카 인도인에 대한 공정한 대우였기 때문에, 그 목적을 달성하는 수단인 인도인이 먼저 스스로를 개혁하고 나쁜 습관을 버리도록 해야 했다. 사실 간디는 종종 정치적 목표를 확보하는 것보다도 그 목적을 달성하는 수단이 되는 인간 자체에 더 흥미를 가졌다. 인간 자신이 향상되지 않는데 그의 지위가 높아진다고 해서 무슨 소용이 있겠는가?

간디의 목표는 실제로 보다 나은 인간이 되기 위한 하나의 수단에 불과했다. 그는 항상 개인을 순화시키고자 노력했다. 그래서 "인간이 동료를 굴복시키는 것을 명예롭게 생각함을 나는 도저히 이해할 수 없다"고 『자서전』에 썼다. 그는 틀림없이 답을 알았을 것이다. 즉 세상에는 남을 올려주어 출세하는 사람도 있고, 남을 중상모략하여 깎아내림으로써 출세하는 사람도 있다. 이것이 자비로운 사람과 포악한 사람, 간디와 독재자의 차이다.

소수자에 의한 것이든, 다수자에 의한 것이든 박해는 서로의 차이를 용납하지 못해 생기거나, 자신감 결여에서 오는 두려움 때문에 생긴다. 경쟁 세계에서 대부분은 경쟁자·비순응자·불찬성자·반대자를 싫어한다. 따라서 소수자를 옹호하는 이들은 흔히 소수자를 다수자에게 '팔려고' 한다. 간디도 같은 실수를 했다.

1903년, 트란스발 공화국에 인도인 문제를 처리하기 위해 새로 설치된 아시아국의 국장 리오넬 커티스(Lionel Curtis)에 의하면, 간디는 그를 찾아가 인도인의 미덕인 근면·검소·인내에 대해 설득하려고 노력했다. 그러나 커티스는 이렇게 답했다. "간디 씨, 틀렸습니다. 이 나라의 유럽인들이 두려워하는 것은 인도인의 악행이 아니라 선행입니다." 다른 상황에서 악행은 차별의 구실이 되기도 하지만, 결국 선행도 악행도 결정적인 것은 아니었다. 차별자에 대한 치료가 필요한 것이었다. 간디는 물론 그 일을 맡았다. 압제자와 피압제자의 마음을 동시에 순화시킴으로써 인간의 도덕적 향상에 기여하고자 했다.

## 나탈의 인도인 차별

1893년 나탈 지역 인구는 인도인이 35,411명(6퍼센트), 백인이 45,707명(8퍼센트)이고 나머지는 흑인인 줄루인(86퍼센트)으로 구성되어 있었다. 1896년 나탈에는 흑인이 사십만 명, 인도인이 5만 1천 명, 백인이 오만 명이었다. 1904년에는 인도인이 십만 명(9퍼센트), 백인이 9만 7천 명(8.8퍼센트), 흑인이 90만 4천 명(82퍼센트)이었다. 이를 당시 트란스발에는 백인이 29만 9천 명(24퍼센트), 인도인이 1만 1천 명(0.9퍼센트), 흑인이 94만 5천 명(74퍼센트)이었음과 비교해보면 인도인이 다른 지역보다 나탈에 더 많이 살았음을 알 수 있다.

1896년에 굿 호프 식민지(Good Hope Colony)의 케이프에는 흑인이 구십만 명, 인도인이 만 명, 유럽인이 사십만 명 살았다. 트란스발 공화국에는 흑인이 65만 명, 인도인이 오천 명, 백인이 십이만 명이었다. 1914년에는 흑인이 약 오백만 명으로 백인 125만 명을 훨씬 초과했다.

인도인들은 1860년부터 계약노동자로 남아프리카에 오기 시작해 흑인이 일하기 싫어하는 영국인 소유의 설탕·차·커피 대농장에서 일했다. 그들은 오년 계약의 농노였다. 오 년이 지난 뒤에 자유노동자로 남는 경우도 있었다. 계약노동자들 중에는 인도보다 조건이 더 좋다는 걸 알고 남아프리카에 자유노동자로 머물고자 하는 사람도 많았다. 어느 경우든, 고용자들은 인도로 돌아가는 여비를 지불했다. 계약노동자들은 주로 북인도의 무슬림, 남인도의 타밀어와 텔루구어 사용자들로, '쿨리'라 불렸다.

나탈 인도인의 대부분을 차지한 계약노동자들과 달리, 정기선 일등 선실을 타고 인도와 남아프리카를 드나드는 소수의 '자유 인도인(Passenger Indian)'도 있었다. 그들 대부분은 간디 집안과 같은 구자라트 상인으로 선망의 대상이었다. 그들은 행상이나 상인, 직공이 되거나 간디처럼 전문가로서 생계를 유지하였는데, 그중에는 상당한 재산을 모은 사람도 있었다. 심지어 선박 회사를 소유한 인도인도 있었다. 이러한 자유민 인도인은 영국 왕인 빅토리아 여왕의 하수인이었고 일정한 재산(250파운드)을 가지면 투표권도 행사할 수 있었다.

인도인에 대한 수많은 금지가 있었다. 나탈에서는 인도인이 오후 아홉 시 이후 길거리에 나서려면 증명서가 필요했다. 네덜란드 이주민인 보어인이 세운 오렌지 자유국에서는 인도인의 재산 소유, 상업과 농업 종사가 금지되었다. 영국의 직할 식민지인 줄루에서는 인도인의 토지 소유와 매매가 금지되었다. 트란스발에서도 인도인은 토지 소유권을 갖지 못해 거주를 허가받으려면 추가로 3파운드의 세금을 내야 했고, 빈민굴에서만 살아야 했다. 케이프 식민지의 여러 마을에서는 인도인의 도로 통행이 금지되었다. 그런 규제가 없는 곳에서도 인도인은 폭행을 두려워하여 골목으로 다녀야 했다. 간디도 폭행을 당했다. 인도인은 당시 법령에 '반야만적인 아시아인'이라고 규정되었다.

그는 차별은 법에 의해 제거될 수 없고 오로지 끊임없는 노력과 교육에 의해서만 제거될 수 있으며 즉시 없앨 수 있다고 희망하지도 않았다. "인도인은 배척을 느끼지만 묵묵히 참고 있다"고 말했다. 그가 남아프리카인과 싸운 것은 입법화를 통해 편견을 제거하기 위해서였다. 그는 적어도 법은 공정해야 한다고 주장했다. 그는 법이 공정하게 집행되리라 기대하지는 않았다. 백인은 항상 유리할 것이었다. 그러나 일단 법적 평등의 원칙이 수립되면 실제 생활이 그 복잡한 패턴에 따라 행해지는 것에 만족하고자 했고, 또 선량한 시민들이 그것을 공명정대하게 하리라고 믿었다. 그러나 만일 인도인이 그들의 '열등성'을 그대로 용인한다면 그들은 존엄성을 잃고 도덕적으로 타락할 것이고,

이는 그들에게 열등성을 강요한 백인에게도 마찬가지일 것이라고 생각했다.

## 변호 업무의 종결

프리토리아에서 간디가 처리해야 할 주 업무는 압둘라의 소송이었다. 간디는 처음부터 화해를 생각했다. 그는 사실이야말로 법의 4분의 3이라고 한 선배의 말을 믿었다. 간디는 처음엔 사실의 중요성을 깨닫지 못했으나, 이후 사실을 다시 조사했더니 처음에는 불리해 보였던 사건이 전혀 새롭게 비춰졌다. 간디는 『자서전』에 "사실은 진실을 뜻하므로 우리가 진실의 편에 서면 법은 당연히 우리 편이 된다."라고 썼다. 그는 다다 압둘라 사건의 사실이 정말 매우 강력하기에 법이 그 편을 들 것임을 알았다. 그리고 당사자를 화해시켜 화합하게 하는 것이 자신의 의무라고 생각했다. 소송이 계속된다면 같은 도시에 살며 서로 친척 관계인 원고와 피고가 둘 다 몰락하리라는 것을 알았기 때문이다. 결국 1894년 봄에 다다 압둘라와 사촌 사이의 분쟁은 조정으로 끝났다.

> **나는 법의 참된 적용을 배웠다. 또한 인간성의 좋은 면을 발견하고, 인간의 마음속에 들어가는 법을 배웠다. 나는 변호사의 참된 역할은 분열된 당사자들을 결합하는 것임을 깨달았다. 그 교훈은 나에게 너무도 분명하게 각인되었기에 이후 이십 년간 변호사로 일하며 수백 건의 사건을 맡는 동안 타협을 이끌어내는 데 주력하게 되었다. 금전적으로든 영적으로든 그로 인해 내가 손해를 본 바는 없었다.** (자서전, 158쪽.)

판사는 간디의 고객에게 유리하게 조정했다. 5월 셋째 주에 간디는 프리토리아를 떠나 더반으로 갔다. 더반에서 프리토리아로 갈 때 열차에서 쫓겨난 것에 비해 프리토리아에서 돌아오는 여행은 상대적으로 행복해서였는지 『자서전』에서는 아예 언급되지 않았다. 아마도 그는 일등석으로 여행하려고 하지 않았을 것이다. 여하튼 일이 끝났기 때문에 그는 인도로 돌아갈 준비를 했다.

## 악법에 대한 청원

남아프리카에 온 지 일 년 만에 인도로 돌아가는 송별연 자리에서 간디는 그의 삶을 뒤바꾸는 사건을 다시 만났다. 이별 인사를 한 직후 영자 신문에서 인도인의 선거 문제에 대한 기사를 읽은 것이다. 특히 남아프리카에 머물고자 하는 인도인 계약노동자에게 25파운드의 인두세를 부과한다고 했다. 인도인들을 나탈에서 추방하고 권리를 박탈하는 내용의 법안이 의회에 제출되었으니 인도인은 싸워야 한다는 내용이었다. 사람들은 놀라서 간디에게 남아프리카에 남아 함께 싸우자고 말했다. 송별연은 실행위원회가 되었다. 신은 간디가 남아프리카에서 살아갈 기반을 마련했고, 민족의 자존심을 위한 싸움의 씨앗을 뿌렸다(자서전, 166쪽).

여기서 신이란 백인이 아니라 인종을 초월한 신이다. 오랫동안 나탈의 인도인들은 차별적 행위로 인해 성가셨다. 1884년에 그들은 유럽인 외의 사람들이 밤에 길거리로 나가려면 반드시 통행증을 소지해야 한다는 법에 항의했다. 상인들은 일요일에 물건을 팔지 못하게 하고 시내 중심가에 상점을 열지 못하게 하는 것에도 항의했다. 그들의 주된 고객인 계약노동자들은 일요일에 쉬었다.

간디가 도착하기 전에도 인도인들은 악법에 저항했다. 백인 중에도 그것에 공감하는 사람들이 있었으나, 그들 또한 점증하는 인도인들의 상권 진입에 위협을 느꼈다. 인두세 부과도 그런 공포를 반영한 것이었다. 1893년 말에 나탈에서는 최초의 선거가 행해졌다. 선거로 집권한 존 로빈슨(John Robinson)은 나탈의 인도인이 사회적·상업적·재정적·정치적, 특히 위생적 기반에 치명적이라고 주장했다. 그의 아버지가 창간한 《나탈 머큐리Natal Mercury》는 나탈에서 가장 많이 팔리는 신문으로, 당시 사주는 존 로빈슨이었다.

한편 간디는 인종차별에 익숙하지 않았다. 앞에서 보았듯이 포르반다르와 라지코트에서는 토후국 지배자가 궁극적으로 백인 황제에게 종속되긴 했지만, 그곳의 도시와 시골을 지배하는 것은 어디까지나 인도인들이었다. 뭄바이에서는 영국인의 존재가 더욱 뚜렷했지만, 사회적인 의미에서나 인구 차원에서는 결국 본질적으로 인도였다. 간디가 학생으로 살았던 런던은 거대한 국제

도시로 모든 국적과 인종의 사람들에게 고향 같은 곳이었다. 그곳의 인도인들은 지배자를 위협하기에는 너무나 소수였다. 게다가 간디의 채식주의자 동료들이나 법학원의 동료들은 그의 피부색에 전혀 주목하지 않았다.

앞에서 보았듯이 간디는 런던에서 백인과 동거하기도 했다. 그러나 남아프리카에서는 열차에서 백인과 함께 자리할 수도 없었다. 그가 읽는 신문은 인도인에 대한 백인의 깊은 불신을 대변하고 있었다. 간디는 상업적 업무를 위해 남아프리카에 왔지만, 도착한 지 한 달도 안 되어 열차에서 추방됨에 따라 인종차별을 실감했다.

간디는 어쩔 수 없이 귀국을 한 달 미루고 1894년 6월에 나탈 의회에 전보를 쳐서 법안 심의 연기를 요청했다. 국회의장은 법안 심의를 연기한다고 답했고 인도인들은 흥분했으나 그것만으로 문제가 바로 해결될 리는 없었다. 간디는 다시 국회에 보낼 청원서를 준비했다. 간디는 그 내용에 대해『자서전』에 언급하지 않았으나, 헨리 제임스 섬너 메인(Henry James Sumner Maine, 1822~1888)을 비롯한 유럽의 저명한 저자들의 견해를 많이 인용하여, 인도에는 고대로부터 지금까지 자치의 전통이 있다고 주장했다. 그는 그 예로 고대의 판차야트와 현대의 마이소르(Mysore) 주 입법을 들었다. 나아가 간디는 아시아인의 권리를 부정하는 새로운 입법안이 나탈의 인종 감정을 심화시킬 것이라고 우려했다. 만일 그 입법안이 통과된다면, 영국과 인도 민중의 통합 과정을 지연시킬 것이라고도 했다.

그러나 판차야트가 대의민주주의의 사례라는 간디의 주장은 지배자에 의해 부정되었다. 1894년 6월 29일 자《나탈 머큐리》는 영국의 의회민주주의는 수천 년에 걸친 진화의 산물인 반면, 판차야트는 고대의 화석에 불과하고, 기껏해야 로마 시대 마을 회의에 비교될 수 있는 것이라면서 인도인이 백인 식민자들과 평등하다는 청원서의 주장에는 전혀 근거가 없다고 비판했다. (Guha1, 75쪽 재인용.) 따라서 간디가『자서전』에 신문들의 보도와 논평은 호의적이었고 국회도 비슷한 반응이었다고 한 점에는 의문이 있다. 그러나 결국 그 법안은 통과되었다.

**우리 모두는 결국 그렇게 될 것을 알고 있었다. 그러나 우리의 움직임은 인도인 사회에 새로운 활기를 불어넣었다. 우리 사회는 나뉠 수 없는 하나이며, 상업적 권리뿐 아니라 정치적 권리를 위해서도 싸워야 한다는 확신을 주었다.** (자서전, 168쪽.)

간디는 굴복하지 않았다. 1894년 후반에 아르투어 쇼펜하우어(Arthur Schopenhauer, 1766~1860), 뮐러 등 인도의 문화와 지적 전통을 찬양한 사람들의 견해를 인용한 장문의 청원서를 새로 작성했다. 그리고 인도 총독을 지냈고 당시 영국 정부의 식민상이었던 리펀(Lord Ripon, 1827~1909)을 비롯한 여러 사람에게 서명자 명단과 함께 공개 편지로 보냈다. 당시 서명자는 이 주 만에 일만 명을 넘었다.

**나의 주장은 원칙론과 현실론으로 구성되었다. 먼저 나는 인도인은 인도에서 선거권을 가지므로 나탈에서도 선거권을 가질 권리가 있다고 주장했다. 또 선거권을 행사할 수 있는 인도인은 매우 적기 때문에 선거권을 유지시켜도 현실적으로 문제가 없다고 주장했다.** (자서전, 168쪽.)

간디는 인도인이 이미 영국 의회에서 의원으로 활동하고 있다는 사실도 강조했다. 바로 앞에서도 언급한 나오로지였다. 그는 1892년 런던 북부에서 하원의원에 당선되었다. 간디는 리펀과 동료인 나오로지에게도 청원서를 보냈다. 이제 25세의 간디는 남아프리카 인도인의 지도자로 부상했다.

간디는 청원서인 '남아프리카 영국인에게 보내는 호소'와 함께 '인도인의 선거권(The Indian Franchise)'이라는 팸플릿을 썼다. 이는 나탈 인도인의 선거권에 대한 역사를 수치와 사례를 곁들여 간단히 설명한 것으로, 노력의 성과가 있어 그 두 권은 널리 읽혔다. 간디는 이 모든 활동을 통하여 남아프리카에서 많은 친구를 얻고 인도 각층의 관심을 샀다. 무엇보다 남아프리카의 인도인에게 명확한 행동노선을 정해줄 수 있었다.

## 나탈 인도인 회의파

간디는 인도인의 목소리를 대표하기 위해 1894년 8월에 '나탈 인도 국민회의 (Natal Indian Congress)'라는 조직을 만들었다. 이는 간디가 본국의 국민회의에 상당히 기대했음을 보여준다. 간디를 남아프리카에 초대한 압둘라가 가장 적극적인 지원자였다. 나탈 인도 국민회의는 카스트·종교·언어·지역별로 나누지 않고 모든 인도인이 모여 함께 토론하는 것을 목표로 삼았다. 힌두교도와 무슬림의 융화는 이상으로 주장되었지만, 현실적으로는 대단히 어려워 간디가 무슬림 단체에 습격받아 폭행당하는 일까지 생겨났다.

연회비 3파운드가 인도인 이민 노동자에게는 일 년 치 수입에 해당했음에도 설립 한 달 만에 힌두교도·무슬림·파르시교도·기독교도 등 약 삼백 명이 가입했다. 매월 한 번씩 회의를 열어서 토의하고 회계보고를 상세히 한 뒤 회원의 승인을 받았다. 그러한 조직의 창립과 운영은 영국에서 채식주의자협회나 유학생 협회를 통해 배운 것이었다. 조직 활동의 결과 법안은 철회될 것처럼 보였다. 투쟁의 결과 인두세 25파운드는 3파운드로 낮아졌지만 그것도 과한 것이어서 인도인은 귀국하거나 평생 노예가 될 수밖에 없었다.

정치 활동과 함께 간디는 생활 개선 운동도 시작했다. 정치적 자립은 존엄한 생활에서 나온다고 생각했기 때문이다. 당시 남아프리카에는 인도인이 불결하고 그들의 주거지역은 전염병의 온상이라는 소문이 돌았다. 간디는 집 안을 깨끗이 청소하고 청결한 옷을 입으며, 부유한 상인들은 그 입장에 맞는 생활을 할 것을 요구했다. 아동 교육도 중시했다. 그래서 나탈 회의파의 후원으로 계약노동에서 자유로워진 인도인의 자녀에게 인도에 대해 교육하기 위한 교육교회가 열렸다.

간디는 1894년부터 정치 활동을 시작했지만, 최초로 적극적인 저항운동을 조직한 1904년까지 십 년간은 어디까지나 전통적인 저항 수단, 즉 집회나 서명, 편집자에게 편지 보내기, 영국 및 남아프리카 정부에 진정서 보내기 등에 그쳤다. 따라서 이 시기는 정치적 견습기라고 부를 수도 있다. 간디는 상인이나 상층 인도인뿐 아니라 열악한 노동 조건에서 일하는 계약노동자를 위해서

힘쓰기 시작했다. 고용인에게 구타당한 노동자를 변호하여 고용인을 변경하는 것도 인정받았다.

## 변호사 등록과 활동

간디는 상인들을 변호하면서 권리를 위한 투쟁도 이어가겠다고 결심했다. 변호사로서 활동하기 위해서는 현지 변호사 자격을 얻어야 했다. 간디는 1894년 9월 나탈 변호사회에 허가를 신청했다. 변호사회는 유색인종을 변호사로 등록하기를 거부했으나, 영국 변호사인 간디를 배제할 법적 근거는 없었다.

그래서 대법원은 변호사회의 결정은 무효라는 판결을 내렸고, 간디는 정식으로 남아프리카 변호사 자격을 얻었다. 대법원에서 변호사 선서를 마친 간디에게 터번을 벗으라고 명했을 때, 간디는 지시에 따랐다. 더 큰 싸움을 위해서였다. 여러 신문이 간디의 부드러운 태도를 지지했다. 간디는 더반의 유일한 인도인 변호사였지만 백인 변호사들의 도움을 많이 받았다. 그중 한 사람이 헤리 에스콤(Harry Escombe, 1838~1899)이다.

간디가 더반에서 변호사로서 담당한 사건 중에 발라순다람(Balasundaram) 사건이 있다. 타밀 출신의 계약노동자인 그는 유럽인 주인에게 엄청나게 맞아 앞니 두 개가 부러진 채 피를 흘리며 간디를 찾아왔다. 간디는 그를 의사에게 데리고 가서 상해진단서를 받은 뒤 치안 판사에게 데리고 갔다. 판사는 사용자에게 소환장을 발부했다. 간디는 사용자에게 처벌하지 않는 대신 발라순드람을 넘기라고 요구했다. 사용자가 이에 동의하여 간디는 발라순드람에게 새로운 사용자를 찾아주었다. 그 사건으로 인해 간디는 계약노동자들의 친구가 되었다.

1894년 나탈 정부가 계약노동자들에게 25파운드의 세금을 부과하려 하자 간디는 즉시 반대 운동을 전개했다. 그 결과 세금은 3파운드로 인하되었으나, 간디는 계약노동자의 이익을 완벽하게 옹호하지 못한 것을 아쉬워했다. 세금을 철폐해야 한다는 결의가 완벽히 실현된 것은 이십 년 뒤였다. 나탈 인도인뿐만 아니라 남아프리카의 모든 인도인이 노력한 결과였다. (자서전, 185쪽.)

## 종교다원주의

간디에게는 변호사가 아닌 백인 친구도 많았다. 그중 에스큐(Askew) 부부가 있었다. 간디는 그들의 권유로 일요일마다 웨슬리 교회에 갔고 만찬에 초대받았지만, 좋은 인상을 받지는 못했다. 설교에 특별히 영감이 있는 것 같지 않고 모임도 종교적이라는 인상이 들지 않아, 그저 재미를 위해 습관적으로 교회에 출석하는 세속적인 사람들처럼 보였다는 것이다(자서전, 187쪽).

그래서 예배 참석을 중단하게 되었고 부부와의 인연도 끊어졌다. 간디는 그들 앞에서 예수와 붓다를 비교하며 예수와 달리 붓다는 모든 생물에 대한 자비를 주장한 점에서 더 훌륭하다고 말해 에스큐 부인의 마음을 아프게 했다. 그 집의 다섯 살 난 아이에게 사과는 좋지만 고기는 나쁘다고 하는 바람에 아이가 그의 말을 따라 과일만 먹으려고 해서 부인에게 항의를 받기도 했다. 그것으로 그들과의 인연은 끝났다.

그들 외에도 간디는 많은 기독교인과 친하게 지냈으나 종교에 대한 그의 신념은 다원주의였다. 남아프리카에서 간디는 특히 톨스토이의 저서를 숙독했다. "『간추린 복음서』와 『무엇을 해야 할까?』 등을 읽고 깊은 인상을 받았다. 보편적인 사랑의 무한한 가능성에 대해 서서히 깨닫기 시작했다."(자서전, 187쪽.) 간디의 평전을 쓴 구하는 그가 남아프리카 시절 초기에 킹스퍼드와 메이트랜드의 책을 읽었다고 하지만(Guha1, 83쪽), 그것들은 간디가 런던 시절에 읽었음을 앞에서 설명했다.

간디는 남아프리카에서도 라이찬드라와 계속 편지를 교환했다. 특히 1894년 늦여름에 쓴 많은 편지에서 간디는 영혼의 기능, 신의 실존, 『베다』의 가치, 그리스도의 신성, 동물 보호 등에 대해 질문했다. 라이찬드라는 영혼의 평정이 자기실현의 핵심이고, 분노나 거짓, 욕망은 그 반대라고 답했다. 그는 신은 물질적 존재가 아니고 우주의 창조자도 아니라고 하면서 원자나 공간과 같은 자연의 모든 요소는 영원하고 창조될 수 없는 것이라고 했다. 그리고 그는 모든 종교가 『베다』에서 나왔다고 보는 힌두 교조주의를 거부했다.

1895년 4월에 간디는 나탈 고원에 있는 트라피스트(Trappist) 수도원을 찾았다. 성 베네딕트의 규율을 따르는 가톨릭교회의 관상 수도회인 트라피스트회는 시토회의 분파다. 시토회는 수작업과 자급자족에 생활의 역점을 두고 있기에, 많은 시토회 소속 수도원은 전통적으로 농업이나 맥주 제조 등을 통해 자체적으로 경제를 부양해왔고, 기본적으로 채식을 했다. 그러나 간디에게 가장 인상적인 것은 인종 감정의 결여였다. 그곳에서는 나탈의 어디서나 볼 수 있는 인종적 편견을 전혀 찾을 수 없었다.

## 일시 귀국

인도의 가족과 집을 떠난 지 삼 년이 지난 뒤, 간디는 차별 철폐 운동을 이어가기 위해 남아프리카에 계속 남아 있어야 함을 깨달았다. 그리하여 아내와 여덟 살 하릴랄, 1892년 10월 28일에 태어난 둘째 아들 마닐랄을 데려가려고 1896년 6월 4일에 인도로 돌아갔다. 간디가 탄 배는 24일 만인 6월 28일에 콜카타에 도착했다. 팔 년 만에 하는 네 번째 국제 여행은 여유로웠다. 간디는 승객 중 영국인 관리와 매일 한 시간씩 체스를 두고 타밀어와 우르두어를 공부하기 시작했다.

간디는 콜카타에서 라지코트로 가는 기차를 탔다. 그는 삼 년 만에 만난 가족에 대한 인상을 『자서전』에 기록하지 않았다. 대신 남아프리카에 사는 인도인들의 생활을 기록한 『녹색 팸플릿』*을 한 달 동안 집필하고 출판했다고 썼다. 간디는 일만 부를 인쇄해 인도의 모든 신문사와 모든 당파의 지도자에게 보냈다. 그것은 1만 4천 부나 팔렸다.

책을 집필하느라 바쁘게 지내는 동안 그는 잠깐 뭄바이에 다녀오면서 라나데(M. G. Ranade) 판사와 타브지(Badruddin Tyabji) 판사를 만났다. 그리고 그들의 권유로 페로제샤 메타(Pherozeshah Metha, 1845~1915)를 만났다. 1860년대에 런던에서 나오로지의 영향으로 공부한 그는 국민회의의 창설자 중 한 사람으

---

*    표지가 녹색이어서 붙인 이름이다.

로서 간디가 뭄바이에서 공개 집회를 열게 해주었다. 며칠 뒤 공개 집회가 열렸으나 간디는 연설문을 읽지 못하고 친구가 대독했다.

간디는 그해 11월 말까지 인도에 머무는 동안 주요 도시를 돌면서 여러 지도자를 만났다. 그는 첸나이·푸네·뭄바이·콜카타 등에서 남아프리카 동포들의 곤경에 대해 말하고 국민회의파의 중진들인 틸라크와 고칼레 등을 만나서 남아프리카 문제를 호소했다.

간디 이전에 가장 유명한 인도의 정치 지도자였던 틸라크는 수학자·철학자·교육자·독립운동가로 1890년에 국민회의에 참가했고 노동조합 결성 운동에 기여한 급진주의자였다. 1914년에는 인도자치연맹(Indian Home Rule League)을 만들고 초대 회장을 지냈고, 1916년에는 모하메드 알리 진나와 럭나우 협정을 체결하여 힌두-무슬림 연합을 이루었다.

한편 틸라크와 달리 온건파 민족주의 지도자인 고칼레는 인도 서부의 시골에서 경찰관의 아들로 태어났다. 거의 독학으로 고대 마라타의 수도 푸네에 있는 퍼거슨대학교의 교수가 되었다. 그 대학교는 현대 교육의 선구적 중심이었다. 그곳에서 존 스튜어트 밀과 애덤 스미스를 가르쳤지만 그의 자유주의는 인도에 뿌리박은 것으로, 힌두교도와 무슬림의 조화를 증진하고 카스트 차별을 끝내는 것이었다. 국민회의 연차대회에서 가장 뛰어난 연설가였던 그는 영국을 자주 방문하여 인도를 위해 제국 정부와 교섭했다. 그는 영국인 흄(Allen Octavian Hume, 1829~1912)이 창설한 국민회의를 인도 독립을 위한 국민전선으로 강화하고, 1905년에는 캐나다와 오스트레일리아와 마찬가지로 인도를 자치 정부로 바꿔줄 것을 요구했다. 이는 1904년 나오로지가 주장한 바를 다시 요구한 것이었다.

학생 시절 케임브리지대학교에서 그의 강의를 들었던 존 메이나드 케인즈는 그의 친구에게 "고칼레에게는 사상에 의해 인도되고 조정된 감각이 있고, 정치적 선동의 일반적 유형을 연상시키는 점은 없다(Guha1, 147쪽 재인용)"고 찬양했다. 그는 인도 봉사자 협회(Servants of Indian Society)를 설립한 사회개혁가이기도 했다. 이 협회의 회원은 청빈과 가난한 사람들에 대해 평생 봉사할 것을 서약했다. 하층 카스트 계급인 불가촉천민에 대한 학대에 반대했으며, 1912년에는 간디가 있는 남아프리카를 방문하여 그곳에 사는 가난한 인도인의 문제를 제기하여 간디로부터 존경을 받았다. 간디는 페로제샤를 히말라야, 틸라크를 바다, 고칼레를 갠지스강에 비유했다.

**누구나 거룩한 강에서 목욕함으로써 원기를 새롭게 할 수 있다. 히말라야에 오르기는 쉽지 않고, 바다로 나아가는 것도 쉽지 않지만, 갠지스는 누구에게나 가슴을 열어준다. 그 위에 배를 띄우고 노를 젓는 것은 즐거운 일이다.** (자서전, 206쪽.)

간디는 마드라스의 집회에서 백인들은 "우리를 짐승처럼 대한다"고 말하면서도 백인의 인종차별이 제거되리라고 기대하지는 않았다. 이러한 행동이 남아프리카에 알려지자 백인들은 크게 분노했고, 반년 뒤 그가 탄 배가 더반에 도착했을 때는 간디가 불필요한 인도인들을 데려왔다고 비난했다. 함께 상륙한 다른 한 척의 배를 합쳐 약 팔백 명의 승객이 함께 왔다. 사실 간디는 그들이 오는 것에 대해 할 수 있는 것이 없었다.

## 시련

나탈 정부는 뭄바이에서 전염병에 걸려 온 환자가 있을 수 있으니 검역을 실시해야 한다며 입항을 거부했다. 그러자 백인들은 그 배 두 척을 그대로 인도로 돌려보내야 한다고 요구했다. 간디가 정부와 교섭하여 삼 주 만에 승객들의 상륙이 허가되었을 때, 그는 적대적인 무리로부터 잔혹한 공격을 받았다. 그때 지역 경찰서장의 부인이 폭도를 막아서며 간디 가족을 피신시켰다. 간디의 친구인 에스콤을 비롯한 많은 백인이 간디를 도왔다.

이 폭행이 런던에 알려지자 식민지 장관인 조지프 체임벌린(Joseph Chamberlain, 1836~1914)은 나탈 당국에 폭행자들을 재판에 회부하라고 명령했다. 간디는 그를 공격한 사람들이 누군지 알았지만 그들을 적대하지 않았다. 그는 그것이 그들의 잘못이 아니라 지역과 정부의 잘못이기에 고소하지 않겠다고 했다.

간디는 이 사건을 『자서전』 3부 2절의 「폭풍」과 3절의 「시련」에서 설명했다. 그것은 대영제국에 대한 그의 충성심이 마주한 폭풍이자 스스로의 육체적 용기에 대한 시련이었다. 즉 처음에는 군중에게 용감히 맞섰지만, 그다음에는 도망친 것이다. 이에 대해 간디는 다음과 같이 말했다.

**내가 그렇게 행동한 것이 내 목숨이 위험했기 때문인지, 아니면 내 친구의 생명이나 재산 또는 내 아내와 아이들을 위험하게 만들고 싶지 않았기 때문이었는지 누가 알겠는가? 내가 처음 군중을 용감히 직면했던 것과 나중에 결국 변장하고 그들로부터 도망쳤던 것 모두 옳은 처신이었다고 확실히 말해줄 수 있는 사람이 어디 있겠는가?**

**이미 벌어진 일에 대해 옳고 그름을 가려봐야 아무 의미 없다. 그러나 그 일들을 이해할 수는 있고, 어쩌면 그것들로부터 미래를 위한 교훈을 얻을 수도 있을 것이다. 어떤 사람이 어떤 상황에서 어떻게 행동할 것이라고 예측하기란 어렵다. 또 충분한 데이터에 근거하지 않은 채 겉으로 드러난 행동만 보고 사람을 판단하는 것은 신빙성 없는 추측에 불과하다.** (자서전, 221～222쪽.)

그러나 간디는 나머지 생애를 폭력이 아니라 비폭력으로 살았다. 용기를 가지고 대담하게 행동한 것이 그의 자존심을 형성했다. 그는 용기의 최고 미덕이 비폭력이라고 선언했다. 심지어 "비폭력이란 남자의 미덕"이라고 했다. 이는 간디가 영국에서 배운 '남자다움'이라는 것을 간디식으로 바꾼 것이었다. 그는 인도인의 전형적인 이미지, 특히 남자답지 않고 비굴한 힌두교도라는 이미지를 불식시키고자 했다. 육체적 용기는 간디에게 영국인과 비영국인, 백인과 비백인 사이의 평등을 가름하는 강력한 척도가 되었다. 그러한 육체적 용기에 대한 시련은 뒤에서 보게 될 전쟁에서 더욱 분명하게 나타났다.

## 에스콤 정부의 악법

1897년 3월에 간디의 친구 에스콤이 나탈의 수상으로 선출되었다. 간디는 이 사실을 『자서전』에 쓰지 않았다. 그로부터 두 달 전 간디가 인도에서 돌아왔을 때, 에스콤은 누구보다도 앞장서서 그를 도왔다. 그런 그가* 수상이 되었으니 자신은 물론 인도인에게도 상당히 유리해질 것으로 판단해 좋아했을 것 같은데, 간디는 그 점에 대해 전혀 언급하지 않았다. 그가 언급한 내용은 두 개의 법안이 새로 제출되었고, 간디가 반대했으나 통과되었다는 것뿐이다.

에스콤은 1838년에 런던에서 태어났으니 간디보다 31세나 연상이었다. 청년 시절 더반에 건너와 변호사로 이름을 떨쳤고, 법률 분야 외에도 여러 가지 사회활동을 했다. 그는 변호사로서 나탈과 트란스발의 인도인을 위해서도 일했다. 간디를 고용한 압둘라 회사의 일을 맡기도 하여 서로 알게 되었다. 간디에게 나탈에서 변호사 일을 하라고 권한 사람도 그였다. 두 사람은 해변 고급 주택가의 같은 동네에 살아서 법원뿐 아니라 일상에서도 자주 만났다.

그러나 백인을 대표하는 정치가로서 에스콤은 인도인 문제에 대해 양면적인 입장이었다. 그는 1895년 5월의 3파운드법에 찬성하고 의회 연설에서 인도인을 규제해야 한다고 주장했다. 인도인이 노동자로 나탈에 오는 것은 필요하지만 정주자나 경쟁자로 올 수는 없다고도 했다.

인도인 및 간디에 반대하는 백인들의 시위가 1896년부터 1897년까지 이어져 그의 입장을 더욱 굳게 했다. 수상이 된 뒤에 그는 세 개의 법안을 의회에 제시했다. 첫째는 페스트나 전염병이 발생한 곳에서 온 사람들은 나탈에 입국할 수 없게 하는 것이고, 둘째는 유럽어로 자기 이름을 서명할 수 없는 자의 이민을 금지하는 것이며, 셋째는 영어 증명서가 없는 영업 허가의 갱신을 거절할 수 있다는 것이었다. 법안에는 인도인이나 아시아인이라는 것이 명시되지 않았으나, 그들을 대상으로 한다는 사실은 명약관화했다. 에스콤도 그 점을

---

* 당시 에스콤은 법무부 장관이었다.

인정했다.

간디는 항의하는 글을 신문에 싣고 의회에 청원서도 보냈다. 그래도 의회가 전혀 움직이지 않자 간디는 국민회의의 이름으로 본국의 식민상인 체임벌린에게 호소문을 보냈다. 그러나 그는 개입하기를 거부했고, 결국 법안은 통과되었다. 이는 인종적 모욕이었을 뿐만 아니라 간디가 "뛰어난 계급"이라고 부른 인도인에 대한 도전이었다(1896년 11월 13일의 인터뷰. 전집1, 458쪽). 그 법은 인도인 이민으로 인해 선박 사업과 고리대금업에서 이익을 본 다다 압둘라 같은 상인들뿐 아니라, 사탕수수 재배나 탄광 사업을 값싼 인도인 노동력에 의존하고 있던 백인 사업가에게도 엄청난 타격을 주었다.

## 남아프리카 초기의 간디와 가족의 일상

간디는 성공한 변호사로서 더반 시내 중심부에 있는 인도인 거주지가 아니라, 주로 영국인들이 사는 교외의 비치 글로브(Beach Glove)에 있는 멋진 영국식 저택을 구했다. 그곳은 방이 다섯 개나 되고 가구까지 붙어 있어서 당시에는 최고급이었다. 간디는 그곳에서 어린 시절 친구였던 셰이크 메타브와 함께 얼마간을 지냈다. 메타브는 라지코트에 살다가 더반으로 왔다. 그러나 그가 창녀와 함께 있는 것을 보고 간디가 그를 쫓아냈음을 앞에서 이미 설명했다.

인도에서 데리고 온 가족도 그곳에서 살았다. 십오 년 만에 처음으로 가족끼리 살게 된 만큼 간디 가족의 생활은 겉보기에는 행복해 보였다. 앞에서 보았듯이 라지코트에서 그들은 부모, 형제자매와 그 가족들로 이루어진 대가족과 함께 살았다. 방은 많았지만 부엌은 하나뿐이었다. 하릴랄과 마닐랄은 사촌들과 함께 놀았다. 그러나 더반에서 그들은 핵가족이었다. 부엌도 카스투르만의 것이었다.

간디는 매일 아침 시내에 있는 법률사무소로 출근했다. 그가 다루는 일이나 고객은 다양했다. 그들의 종교나 언어도 다양했다. 간디의 법정 기술은 그를 반대하는 유럽인에게서도 존경을 받을 만큼 뛰어났다. 뭄바이에서 처음 변호사로 일할 때와는 그야말로 천양지차였다.

그러나 가정생활에는 문제가 많았다. 간디는 신혼 초와 마찬가지로 아내와의 격차가 커서 아내의 교사가 되어야 했다고 했다. 아내와 아이들이 입어야할 옷과 먹어야 할 음식, 새로운 생활환경에 어울리는 태도를 세세히 생각해내야 했다. 간디는 되돌아보면 그 일들이 아주 재미있었다고 회고했다.

간디는 인도에서부터 아내와 아이들에게 남아프리카에서 생활하기 위해 파르시교도의 복장을 하도록 요구했다. 그 복장이 인도에서 가장 세련되고 문명적이라고 생각했기 때문이다. 또 그들이 작은 인도 토후국의 상인 카스트 출신이라는 것을 남들이 눈치채지 못하게 행동하라고 요구했다. 구두와 양말을 신게 했고, 나이프와 포크를 사용하게 했다. 가족들로서는 대단히 힘든 요구였다. 구두는 발을 죄고, 양말에서는 땀냄새가 났으며, 발가락이 부르텄다. 나이프와 포크 사용은 더욱 싫어했다. 그래서 간디는 결국 얼마 뒤 그것을 포기했다. 삼십 년 뒤 『자서전』을 쓰면서 간디는 그런 '문명'의 겉치레를 포기하면서 더욱 자유롭고 가벼워졌다고 회고했다.

그러나 그 뒤에도 간디는 복장으로 자신의 아이덴티티를 주장하고자 했다. 그는 남아프리카에서 양복에 희고 빳빳한 칼라가 달린 셔츠를 받쳐 입고 줄무늬가 아름다운 넥타이를 맸으며 반짝반짝하게 닦은 구두를 신었다. 심지어 줄이 달린 금시계와 우아한 맥고모자도 썼다. 그는 변호사 활동으로 매년 오천 내지 육천 파운드(2만 5천에서 삼만 달러)를 벌었다. 그의 생활 전부가 백인을 철저히 모방한 것이었으며, 서양화된 인도인, 대영제국하 인도인의 그것과 같았다.

그러나 생각은 달랐다. 1897년 남아프리카에서 삼남 람다스가 태어났을 때, 간디는 그 양육을 맡았다. 1900년 5월 2일에 사남 데바다스(Devadas)가 태어날 때는 『어머니에게 주는 충고*Advice to Mother*』라는 조산학(助産學) 책을 공부하여 직접 아기를 받았다. 간디는 그 일에 대해 "전혀 걱정하지 않았다"고 말했다.

1897년 1월 더반에 상륙했을 때 간디는 세 아이를 데리고 있었다. 열 살된 조카와 각각 아홉 살과 다섯 살 난 아들들이었다. 간디는 『자서전』에 아이들을 유럽인 학교에 보내려면 백인의 호의와 함께 특혜가 필요했다고 썼다. 자신이 유럽인 학교에 입학 신청을 했으나 거절당했다는 사실은 쓰지 않았다. 학교 측의 거절 사유는 만약 인도인 자녀의 입학을 허용한다면 백인 부모 대다수가 자녀들을 다른 학교로 옮길까 봐 우려된다는 것 등이었다(Guha1, 139쪽). 기독교 측에서 인도인 계약노동자의 자녀를 위해 세운 학교에도 보내고 싶어 하지 않았다. 교육이 부실하다는 이유에서였다.

그래서 집에서 가르치기로 했다. 요즘 말하는 홈스쿨링이었다. 구자라트어는 간디가 가르치고 나머지는 영국인에게 가르치게 했다. 그러나 결국 불충분하여 아이들은 교육 문제에 대해 간디에게 불만을 가지게 되었다. 그들은 석사나 학사는 물론, 심지어 고졸자만 만나도 학교 교육을 받지 못한 데서 오는 어려움을 느꼈다.

## 부부의 갈등

그래도 아이들은 셋이서 함께 놀 수 있었으나 카스투르는 언제나 혼자였다. 사회적 관습이 상이하여 그녀는 혼자서는 더반 시내에 나갈 수도 없었다. 필요한 물건도 남자 하인이 사다 주었다. 남편의 손님은 대부분 구자라트 출신 무슬림이었다. 말은 통했지만 종교가 달라 그 아내들과도 사귈 수 없었다. 설령 그러고 싶어도 세 아들과 조카, 남편을 돌보는 것만도 벅찼다.

간디는 동포가 많은 지역에서 멀리 떨어져 사는 것으로 사회적 지위를 과시하고자 했는데, 영어를 전혀 모르고 인도 관습상 백인과의 대화가 금지되었던 그의 아내나 아이들에게는 잔혹한 일이었다. 아이들이야 영어를 배운다고 하지만 카스투르는 힘들었다. 이웃과의 거리가 도시와 시골의 거리보다 더 멀었다. 구자라트 여성들이 사는 거리까지 혼자 갈 수도 없었다. 간디는 그녀를 그곳에 데려갈 생각도 하지 않았다.

게다가 간디는 카스투르의 가사를 계속 방해했다. 부엌일과 양육에 간섭했을 뿐 아니라, 수많은 손님을 초대하여 그들을 위해 온갖 정성을 다했고, 카스투르에게도 그렇게 하라고 강요했다. 간디 집에는 수세식 화장실이 없었고 대신 방마다 요강이 있었다. 인도에서는 불가촉천민이나 '청소부'가 모든 '더러운' 일을 도맡는다. 그러나 간디는 그러한 이들을 고용하지 않았다. 따라서 요강을 치우는 일은 그와 카스투르의 몫이었고, 가끔은 아이들이 치우기도 했다.

간디는 숙박인 가운데 타밀의 불가촉천민 출신으로 힌두교를 버리고 기독교인이 된 간디 사무실의 서기 빈센트 로렌스(Vincent Lawrence)에 대해 『자서전』에 썼다. 1898년의 일이다. 그러나 전통을 존중하는 카스투르에게 그는 여전히 불가촉천민이었다. 그녀는 그의 요강을 닦다가 화를 터뜨렸다. 사실 그녀는 그 모든 일을 싫어했고, 자신과 남편, 아이들이 왜 그런 일을 해야 하는지 이해하지 못했다.

그러나 간디는 그것이 그녀에 대한 교육의 일부라고 생각했다. 그녀는 자주 울어서 눈시울이 붉어졌다. 그래서 간디는 화를 냈다. 그녀는 그런 일을 단순히 하는 것을 넘어 '즐겁게' 해야 했다. 그녀가 우는 것을 보고 그는 자신에게 말하듯이 소리쳤다. "내 집에서는 이렇게 터무니없는 일이 벌어져서는 안 돼." 그러자 아내가 대꾸했다. "당신 혼자 잘 살아요. 나는 갈 테니까."

그러자 간디는 그녀를 잡아 끌어 문 밖으로 내쫓으려고 했다. 그녀는 울부짖었다. "부끄럽지도 않아요? 지금 제정신인가요? 나보고 어디로 가라는 건가요? 여기엔 나를 맞아줄 부모도 친척도 없어요. 아내라는 이유로 당신이 주먹질을 하고 발길질해도 내가 다 참아야 한다고 생각하나요? 제발 점잖게 굴어요. 문을 닫아요. 남들 앞에서 추태를 부리지는 맙시다!" (자서전, 312쪽.)

이외에도 간디는 모든 가사를 간소화하고 스스로 하기 시작했다. 그것은 개인적이고 직업적인 습관이자, 자기 부정적인 엄격주의의 일부였다. 30세가 되자 그는 갑자기 그때까지 아내나 가사도우미에게 맡겼던 요리, 세탁, 심지어 이발까지 스스로 하겠다고 나섰다.

# 4                                    '군인' 간디

## 대영제국에 대한 충성

간디의 생각이나 생애에는 모순이 많았다. 그중 하나가 비폭력주의자를 자처하면서 참전한 것이다. 그런데 간디는 『자서전』 등에서 참전에 대해 쓰면서도 어떤 문제점도 느끼지 않는 듯이 지극히 담담하다. 도리어 당당하다. 당시에는 제국 밑에서 인도 자치가 실현될 수 있다고 기대하여 참전했다고 말할 뿐이다.

그런데 대영제국에 대한 간디의 충성은 우리가 보기에 지나치다 싶을 정도였다. 『자서전』에서 그는 다음과 같이 말했다.

> 나는 지금까지 나만큼 영국 헌법에 헌신적이고 충성된 사람을 본 일이 없다. (…) 내가 나탈에 있을 적에는 나가는 모임마다 다 같이 국가를 노래하곤 했는데, 그때마다 나도 함께 불러야만 한다고 느꼈다. 영국의 통치에 결함이 있음을 몰랐던 것은 아니나, 그것이 전반적으로는 받아들일 만하다고 생각했기 때문이었다. 당시 나는 영국의 통치가 전체적으로는 이득이 된다고 믿었다.
>
> 내가 남아프리카에서 마주한 유색인종에 대한 편견은 영국의 전통에 반하는 것이었다. 따라서 나는 그것이 일시적이고 지역적일 뿐이라고 믿었다. 그래서 어느 영국인에게도 지지 않을 정도로 왕에게 충성했다. 국가(國歌)를 열심히 익혔고, 그 노래가 흘러 나오면 언제든 따라 불렀다.
>
> (…) 내가 인도에 도착했을 때는 빅토리아 여왕의 즉위 60주년 행사 준비가 한창이었다. 나는 라지코트 지역의 준비 위원회에 참석해달라고 부탁받았다. 나는 그 부탁을 받아들였지만, 그 행사가 그저 허례허식이 되지는 않을지 의심스러웠다. (자서전, 199쪽.)

간디는 자기 아이들에게도, 직업학교 학생들에게도 국가를 가르쳤다. 그러나 뒤에는 그 가사 중 "적들을 흩어버리고 / 그들을 멸하라 / 그 정부를 뒤엎고 / 간악한 흉계를 꺾어라"라는 폭력적인 대목에 대해 불만을 나타내기도 했다. 그들이 적이라는 이유만으로 때문에 반드시 '간악'하다거나 나쁘다고 할 수 있는가? 그에게 정의는 오로지 신으로부터만 요구할 수 있는 것이었다.

뒤에 보어전쟁이 터지자 간디는 영국에 대한 충성심이 자기로 하여금 그 전쟁에서 영국의 편을 들게 했다고 말했다. 설명은 그것으로 충분하다고 했다.

## 전쟁 체험

앞에서 간단히 언급한 제1, 2차 보어전쟁 가운데 간디가 참전한 것은 1898년에 터져 1902년에 끝난 제2차 보어전쟁이다. 간디는 심정적으로는 보어인 편이었지만, 자신의 개인적 판단을 내세울 권리가 없다고 생각했다(자서전, 243쪽). 간디는 인종차별주의자이자 제국 건설자라는 점에서 보어인들을 비판했다. 동시에 그들이 전통적이고 예의 있으며 근대 문명에 저항한다는 점과 그 규율과 투쟁 정신, 특히 전쟁이 터지자 모든 남자가 전쟁에 참여한 것에 호감을 가졌다. 그러나 인도인이 영국인으로 대접받기 위해서는 전쟁에도 참여해야 한다고 생각했고, 그래야 궁극적으로 독립이 가능해진다고 생각했다.

그러나 나탈의 인도인들은 상인과 노동자로서 군대 경험이 거의 없었다. 간디의 제안에 반대하는 의견도 나왔다. 영국인들은 보어인들만큼 인도인을 억압하지 않았는가? 보어 측이 이기면 어떻게 할 것인가? 그때는 보어인들이 인도인들에게 보복하지 않겠는가? 간디는 인도인들이 대영제국의 신민으로 남아프리카에 살고 있다는 점을 상기하며, 지배자를 도우면 인도인은 돈에만 혈안이 되어 있다는 비난을 불식시킬 수 있다고 말했다. 그것이 근거 없는 비난이라는 사실을 증명할 유일한 기회가 지금이라는 것이다.

간디는 운반병과 간호병으로 이루어진 인도인 간호부대를 조직하여 영국을 위해 보어전쟁에 참가하겠다고 정부 측에 제안했다. 처음에 나탈 정부는 그의 제안을 일축했다. 인도인을 혐오한 탓이었다. 그럼에도 간디를 비롯한 인도인들은 자비로 간호병을 훈련하기 시작했다. 정부는 다시금 인도인 봉사자를 거부했다. 그러나 보어인들은 계속 진격해 왔다. 사망자들의 시체가 전선에 쌓이고, 부상자들은 적절한 치료를 받지 못했다. 결국 정부는 인도인 야전 부대 결성을 승인했다. 자유 인도인 삼백 명이 지원했고, 계약노동자 팔백 명도 고용인의 허가를 얻어 지원했다.

요하네스버그에서 발간되는 《일루스트레이티드 스타 *Illustrated Star*》 지의 영국인 편집인 베어 스텐트(Vere Stent)는 1911년, 스피온 콥(Spion Kop)에서 벌어진 1900년 1월의 피비린내 나는 전투에 대한 기사를 썼다. 후퇴하고 있던 영국군 사령관 불러는 인도인들에게 급전을 보내 부상병을 구제해주기를 요청했다. 간디는 부하들을 데리고 전선으로 달려갔다. 그들은 며칠 동안 적이 퍼붓는 포탄의 불길 속에서 울부짖는 병사들을 병원으로 이송했다.

스텐트는 "아무리 건강한 사람이라도 피곤할 만큼 고된 야간작업 후, 새벽 일찍 간디를 만났"는데 그는 "길가에 앉아 보통 군용 비스킷을 먹고 있었다." 영국군은 모두 "지쳐 절망했고, 모든 것이 음산했"으나 "간디는 침착하고 쾌활했다. 확신을 가지고 얘기했고 그의 눈은 친절했다. 그는 훌륭한 일을 하고 있었다"고 보도했다(Guha1, 136쪽 재인용).

당시 사진을 보면 간디는 테가 멋진 중절모에 적십자 완장을 찬 카키색 군복을 입고, 콧수염을 길렀다. 부대가 해산될 때 수훈보고서에 이름이 올라 몇몇 동료와 무공훈장을 받았다.

남아프리카와 영국은 포화 속에서 인도인이 보여준 용기에 대해 듣고서 찬사로 보답했다. 간디는 『자서전』에 "우리의 작은 일은 크게 칭송받았고, 인도인의 위신이 높아졌다. 신문들은 찬양하는 후렴구를 실었다. "우리 모두가 제국의 아들이다." (자서전, 244쪽.)

간디는 전쟁의 결과에 대해서는 언급하지 않았지만, 모든 전쟁이 그렇듯이 보어전쟁의 결과는 비참했다. 군인들뿐 아니라 일반 대중들도 영양실조와 전염병으로 수없이 죽어갔다. 그 대부분이 여자와 아동이었다. 전후 집단수용소에서 죽은 사상자 11만 8천 명 중 1만 6천 명 이상이 보어인 여성이었다.

전쟁은 1902년 페레니힝(Vereeniging) 평화회의로 종결되었다. 그로써 보어 공화국은 영국의 식민지가 되었으나, 보어인은 남아프리카에서의 주도권을 장악하게 되었고 아파르트헤이트 정책이 본격적으로 전개되기 시작했다. 보어인들은 전쟁에서 졌지만, 그동안 싸워온 것보다 더 많이 쟁취한 셈이었다.

간디는 전쟁에서 인도인이 보여준 용기가 남아프리카인의 페어플레이 감정을 자극하여 유색 아시아인에 대한 백인의 적대감을 완화하기를 희망했다. 그것이 참전의 이유이기도 했다. 그러나 상황은 도리어 더욱 나빠졌다. 그럼에도 그는 다시 과세 문제로 1906년 전반기에 터진 '줄루 반란(반바다 반란)'에도 스물네 명의 인도인 운반병 및 위생병 부대와 함께 참전했다.

뒤에 영국 수상이 된 처칠도 보어전쟁에 참전했으므로 어쩌면 간디와 만났을 수도 있다. 1896년에 병사 겸 기자로 인도 북서부에 부임한 것이 그가 최초로 인도를 경험한 순간이다. 1899년에는 영국에 돌아가 의원 선거에 출마했으나 낙선하여 보어전쟁에 참전했다. 일시 투옥되었음에도 불구하고 결사 탈출하여 1900년에 영웅으로서 영국에 돌아왔다. 처칠은 평생 인도 국민회의를 '힌두 도련님의 조직'이라고 비꼬았고, 특히 간디를 혐오했다. 국민회의의 한계는 간디의 눈에도 분명하게 보였다.

간디는 전쟁에서 눈앞에 흐르는 잔인한 유혈을 보고 대영제국의 쿨리 변호사로 사는 삶에 의문을 느꼈을 것이다. 뒤에 그가 생애를 공적 활동에 바치고 성생활을 단념하기로 결심한 데에는 전쟁에서 보고 느낀 바가 어느 정도 작용했을 것이다. 그것은 라이찬드라의 가르침에 따른 것이지만 본래는 산아제한에서 시작되었다. 정신에 의한 신체의 억제라는 그의 고유한 사상이 다시금 실천된 것이다.

단기간의 인도 체류를 포함한 초기 몇 년간의 남아프리카 생활에서 간디는 뛰어난 조직가이자 리더임을 스스로 증명했다. 그러나 역사에서 말하는 위대한 간디는 이제 겨우 싹트기 시작했고, 아직까지 이렇다 할 징조는 보이지 않았다.

보어전쟁 참전 당시 찍은 사진(간디는 두 번째 열 왼쪽에서 다섯 번째).

## 라이찬드라의 죽음

1901년 5월에 라이찬드라가 33세의 나이로 사망했다. 너무나 애석한 죽음이었다. 간디는 이를 『자서전』에서 언급하지 않았으나 그에게는 그 누구의 죽음보다도 슬픈 일이었다. 앞에서 보았듯이 그들은 1891년 7월에 처음으로 만났다. 그 뒤 간디는 그를 자신의 유일한 인도인 멘토로 모셨다. 다른 멘토는 러스킨과 톨스토이였다. 간디의 아버지가 그의 나이 열 살 때 죽고 간디가 정신적 공백에 허덕였을 때, 그리고 어머니의 죽음으로 슬퍼할 때 라이찬드라가 간디의 텅 빈 가슴에 찾아왔다. 1892년 뭄바이에서 변호사로 죽을 쑬 때 간디는 라이찬드라의 보석 상점을 찾아갔다. 남아프리카에서 간디가 종교 문제로 고뇌할 때도 라이찬드라는 긴 편지로 간디의 마음을 달래주었다. 따라서 라이찬드라는 간디의 정신사에 매우 중요한 존재라고 할 수 있다.

간디는 1915년 라이찬드라의 탄생기념일에 그는 "보편주의자로서 세상의 어떤 종교와도 싸우지 않았다"고 말했다(전집13, 143쪽). 그리고 구 년 뒤에는 구자라트어로 쓴 라이찬드라 저서에 긴 서문을 썼다. 그 글에서 그는 상점에서 본 스승의 모습을 다음과 같이 회상했다.

그의 옆에는 항상 종교적 주제의 책들이 놓여 있었다. 그리고 손님과의 거래를 마치자마자 책이나 노트를 폈는데, 떠오르는 생각을 적곤 했다. 그는 매일 나같이 지식을 탐구하려고 찾아오는 사람들을 만났다. 그는 그들과 종교 문제를 토론하는 것을 조금도 주저하지 않았다. (Guha1, 141쪽 재인용.)

라이찬드라는 간디에게 법에 대해 말한 적은 없지만, 믿음을 넓게 가지라고 권했다. 그에 의하면 다르마는 학술적 경전(Shastras)으로 알려진 책을 암기하거나 그것들이 말하는 믿음으로 얻을 수 있는 것이 아니었다. 그것은 이론적 교훈과 실제적 지식의 결합이었다. 경전은 일정 수준의 종교 교육을 받은 뒤에는 더 이상 도움이 되지 않고 오로지 자신의 경험만이 도움이 된다고 했다.

라이찬드라는 모든 종교의 가르침이 거짓과 폭력에 반대한다는 점에서 같다고 주장했다. 신앙의 텍스트를 교조적으로 따르는 사람들은 정신적인 의미에서 그들이 구속되어 있는 참된 감옥을 세운 것이다. 라이찬드라를 따라 간디는 모든 종교는 그 신도의 관점에서 보면 완전하고, 다른 믿음의 추종자가 보기에는 불완전하다는 결론에 이르렀다. 독립된 관점에서 본다면 모든 종교는 완전하기도 하고 불완전하기도 하다고 했다.

남아프리카에서 백인 친구들이 간디에게 기독교로 개종하라고 권했지만, 간디는 라이찬드라의 권고에 따라 힌두교에 머물렀고 동시에 모든 종교에 대해 열린 마음을 가졌다. 라이찬드라는 상이한 믿음이란 남녀가 갇혀 있는 폐쇄된 벽들과 같다고 자주 말했다. 간디는 그의 컴파트먼트를 벗어나지 않았지만 다른 컴파트먼트를 자주 방문하였고 서로를 막는 벽을 파괴하려고 시도했다.

## 다시 인도로

전쟁이 끝나자 정부는 인도인을 보어인에 비해 더욱 차별 대우하는 방향으로 법 개정을 추진했다. 간디는 실의에 빠졌다. 전쟁이 사실상 끝난 1901년에는 남아프리카 일을 접고 인도로 가서 뭄바이나 라지코트에 변호사 사무실을 열고 인도 국민회의파의 활동에 참여할까 생각했다. "남아프리카에 할 일이 없는 것은 아니었으나, 내 일이 단순히 돈벌이에 그치게 될까 봐 두려웠다. 조국의 친구들도 돌아오기를 바랐고, 나 또한 인도에 할 일이 더 많다고 생각했다."(자서전, 248쪽.)

그러나 그가 순전히 그런 동기만으로 인도에 갔다고 보기는 어렵다. 당시 간디의 변호사업은 성업 중이었고, 그는 나탈에서 상당히 유명 인사였기 때문이다. 더 중요한 이유는 아이들 교육이었다. 장남인 하릴랄은 13세, 차남 마닐랄은 9세에 접어들었다. 더반에는 아이들에게 적합한 중등학교가 없었다. 그러나 라지코트에는 간디가 다닌 중등학교가 있었다. 그 정도 학교는 나와야 아이들이 대학에 가고 그럴듯한 직장을 가질 수 있었다. 간디는『자서전』에서 아이들을 대학에 보내지 못한 점에 대해 "내가 1920년에 학교와 대학, 그 노예의 소굴에서 불러낸 젊은이들, 쇠사슬에 매인 채 교육받는 것보다 문맹으로 남아 자유의 부름을 향하여 돌을 깨는 쪽이 낫다고 충고했던 젊은이들은 이제 내가 왜 그렇게 했는지 이해할 수 있을 것이다(자서전, 230쪽)."라고 썼지만 그것이 아이들 교육에 대한 변명이 될 수는 없을 것 같다. 하지만 적어도 1901년에는 대학에 보내기 위해 아이들을 중등학교에 진학시키는 것을 고민했을지 모른다.

게다가 1899년에는 간디를 대신할 만한 변호사가 간디의 나탈 변호사 사무실에 왔다. 라힘 카림 칸(Rahim Karim Khan)이라는 링컨 인 법학원 출신 법정변호사였다. 무슬림인 그는 특히 더반의 무슬림 상인들로부터 신뢰를 받았다. 칸이 옴으로써 간디는 종교적 흥미를 추구하기 위해 트란스발로 여행하기가 쉬워졌고, 인도까지 여행할 수 있게 된 것이다.

또 하나의 이유는 아내인 카스투르가 남편보다 더 간절하게 인도로 돌아가고 싶어 했다는 것이다. 1883년에 결혼할 당시, 그녀는 자기 어머니나 할머니처럼 고향인 카티아와르에서 멋진 가정을 이루고 싶었다. 그러나 그녀는 런던에 유학 간 남편을 기다리며 라지코트에서 독수공방했고, 다시 남아프리카로 떠난 남편을 기다려야 했다. 삼 년 뒤에 가족이 처음으로 함께 살게 되었지만 남편이 언제 백인들로부터 공격당할지 몰라 매일 불안했고, 스스로도 외롭기 짝이 없는 나날을 사 년 반 동안이나 보내야 했다. 그래서 간디는 고국으로 돌아가기로 했다.

오 년 전인 1896년, 간디가 인도로 돌아가기 전날 밤 남아프리카의 인도인들은 그를 위해 생애 최고로 화려한 송별연을 베풀었고 많은 선물을 주었다. 간디는 그것들을 주저 없이 받았다. 그러나 뭄바이로 떠나기 며칠 전인 1901년 10월 12일에 카스투르를 위한 금목걸이와 보석들을 받았을 때는 잠을 이루지 못했다. 다이아몬드와 진주, 루비, 황금으로 된 장신구들이 그에게 가져다줄 안일에 대한 갈망과, 더 적게 소유하여 자유를 확보하려는 욕망 사이에서 헤맸기 때문이다. 마침내 그는 보석을 포기하기로 결심했다. 카스투르가 반대했지만 소용없었다. 그 선물들은 남아프리카 인도인을 위한 신탁 기금을 만드는 데 사용되었다.

## 국민회의 데뷔

간디 가족은 1901년 11월 마지막 주에 인도의 뭄바이에 도착해서 라지코트로 갔다. 카스투르와 아이들을 그곳에 두고 간디는 열차로 인도 대륙을 가로질러 당시 수도 콜카타에서 열린 국민회의 연차대회에 참가했다. 전국에서 온 대표 896명이 참석했는데, 그 반수 이상이 주최주인 벵골에서 왔다. 간디는 뭄바이 대표 43명 중 한 사람이었다.

간디는 선배인 페로제샤 메타와 상담하여 남아프리카 인도인 이민에 대한 결의안을 대회에 제출했다. 그것이 그의 국민회의 데뷔였다. 그의 제안은 무사히 채택되었으나, 간디는 전혀 기쁘지 않았다. 대회에서의 심의가 너무 짧고, 의장이 자신의 설명을 끊어버렸으며, 영어를 사용하는 소수의 엘리트가 멋대로 의사를 진행하는 것에 불만을 가졌기 때문이었다. 그러나 고칼레를 다시 만나 유대를 돈독히 한 것은 수확이었다.

간디는 귀국하여 변호사 활동을 계속하라는 고칼레 등의 권유에는 응하지 않았지만, 그 뒤 고칼레를 스승으로 삼았다. 그의 사적 관계와 교우관계가 모두 공공선을 위한 것이라는 점에서였다. 그 직전에 라이찬드라가 죽어 공허했던 간디의 마음에 고칼레가 들어왔다. 그러나 고칼레가 대중교통이 아니라 자가용 마차를 타는 것은 마음에 들지 않았다. 간디가 그 점을 지적하자 고칼레는 편의를 위해서가 아니라 프라이버시 때문이라고 답했다.

고칼레는 그를 인도 총독이 된 하딩 경(Lord Hardinge, 1858~1944)을 맞는 힌두대학교의 접견식에 데려갔다. 그 자리에서도 간디는 토후국왕, 정치가, 호화로운 옷을 걸친 여인 등 최상류층 인도인들이 영국인들에게 고개를 숙이고 아부하는 꼴에 기가 찼다. 그것은 그들이 노예임을 보여주는 표지였다. "사람들로부터 힘과 특권을 짜내는 죄와 잘못된 부의 대가는 얼마나 무거운 것인가!"(자서전, 261쪽.)

## 미얀마와 인도 여행

1월 마지막 주에 간디는 배를 타고 미얀마의 랑군에 가서 친구인 프란지반 메타를 만났지만 『자서전』에는 그 일을 언급하지 않았다. 메타는 의사 자격증이 있음에도 보석상을 하고 있었다. 그는 런던 시절부터 간디와 절친해 계속 편지를 교환했다. 메타는 1898년 더반으로 와 간디를 방문하기도 했다. 『자서전』에는 랑군에서 본 불교 승려들에 대해서만 다음과 같이 언급했다.

**나는 황금탑을 보았다. 절 안에 작은 촛불을 셀 수 없이 많이 켜놓은 것이 마음에 들지 않았고, 성전 주변을 뛰어다니는 쥐들은 다야난드 선생이 모르비에서 겪었다는 일을 연상시켰다. 자유롭고 활기차 보이는 여자들의 모습이 보기 좋았다. 반면 게을러 보이는 남자들의 모습은 내 마음을 아프게 했다. 짧은 시간 머무는 동안, 뭄바이는 인도가 아닌 것처럼 랑군도 미얀마가 아니라는 걸 알았다. 그리고 우리는 인도에서 영국 상인의 하수인이 되었는데, 심지어 미얀마에서도 영국 상인과 결탁하여 미얀마 인민을 우리의 하수인으로 만들고 있었다.** (자서전, 269쪽.)

간디는 뭄바이에 한 달 정도 체류한 뒤 2월 초에 라지코트로 돌아왔다. 사람들과 사귀기 위해 삼등 열차로 콜카타와 라지코트 사이에 있는 베나레스·아그라·자이푸르·파란푸르에 하루씩 묵으면서 보통 순례자처럼 무료 숙박소에서 지냈다. 간디는 『자서전』에 열차에 대해서도 썼다. 약간 개선되었음에도 삼등 객실과 그 화장실은 여전히 불결하여, 일등 객실과는 천양지차라는 것이다. 유럽에서도 삼등 객실로 여행해보았으나 일등 객실과 큰 차이가 없고 도리어 시설이 더 좋은 경우도 있었다며, 철도 당국의 무관심과 승객들의 몰상식하고 불쾌한 습관이 이러한 현상을 만들었다고 주장했다. 그 몰상식하고 불쾌한 습관이란 곧 객실 바닥에 쓰레기를 버리거나 아무렇게나 담배를 피우고 큰 소리로 떠들며 웃어대는 것이다.

간디는 1902년 탔던 삼등칸과 1915년에서 1919년 사이에 여행하며 탔던 삼등칸이 전혀 다르지 않았다고 했는데, 1919년으로부터 백 년이 지난 2019년까지도 그 형편은 그다지 변하지 않았다. 간디는 구제책은 오직 하나, 곧 교육받은 사람들이 삼등칸으로 여행하면서 인민의 습관을 지적해주고, 필요한 경우 항의하여 철도 당국이 조치를 취하게 하며, 뇌물 등의 방법을 써 개인의 편의를 도모하지 말고, 위법 행위를 절대 참지 않는 것이라고 했다. 지난 백 년 간 교육받은 자들이 그렇게 행동하지 않았기 때문에 변하지 않은 것일까?

간디는 베나레스의 힌두교 사원에서 느낀 점도 『자서전』에 썼다.

**들어가는 길은 좁고 미끄러웠다. 전혀 조용하지 않았다. 날아드는 파리 떼와, 상인과 순례자들이 만들어내는 소음을 견디기가 힘들었다.**
**명상하고 영적으로 교류할 수 있는 분위기는 전혀 아니었고, 개개인이 알아서 해야 했다. 그럼에도 불구하고 주변 환경에 아랑곳하지 않고 명상에 잠긴 신앙 깊은 자매들이 보였다. 사원 당국은 할 말이 없을 것이다. 사원 안에 도덕적, 물질적으로 순수하고 상쾌하며 단정한 분위기를 만들고 유지하는 것은 그들의 책임이니 말이다. 그러나 내 눈에 들어온 것은 교활한 장사꾼들이 군것질거리와 유행하는 장난감을 파는 시장이었다.**

사원 입구에 도착했을 때, 썩은 꽃들의 악취가 코를 찔렀다. 바닥에 멋진 대리석을 깔았는데, 미적인 취향이라고는 전혀 없는 신자들이 그것을 파괴하고 더러운 돈을 쌓아두었다. (자서전, 273쪽.)

## 다시 남아프리카로

간디는 베나레스에서 병상에 누운 베산트를 잠깐 만나고 라지코트로 돌아왔다. 그러나 그곳에서 그는 몇 달 동안 세 건의 소송을 맡았을 뿐이었다. 그중 하나는 베라발(Veraval)에서 열렸다. 페스트가 만연한 탓에 바깥에서 심리가 진행되었다. 그 경험은 간디에게 환자를 위한 기금을 마련할 필요를 느끼게 했다. 그는 의사인 친구 메타에게 환자의 처치에 대한 소책자를 쓰게 하고 그것을 원하는 사람들에게 배부했다.

1902년 7월에 간디는 뭄바이에서 법률사무소를 열기 위해 준비하기 시작했다. 변호사 사무실과 가족을 위한 집을 빌렸다. 간디는 사업이 기대 이상으로 잘되었고, 남아프리카 의뢰인들이 일을 맡겨 그것만으로도 살기에 충분했다고 말했지만, 사실 변호사 일은 순조롭지 못했다. 4개월 뒤인 11월에 간디는 나탈 국민회의로부터 귀국하라는 전보를 받았다. 보어전쟁이 끝나서 영국 식민지상인 체임벌린이 남아프리카를 방문하니 그에게 진정할 호기라는 것이다. 이에 대해 간디는 "신은 내 계획대로 되게 하지 않았고, 자기 뜻대로 처리했다."라고 『자서전』에 썼다. 그러나 사실은 달랐다. 뭄바이에서 변호사 일하는 것이 순조롭지 않아서 남아프리카로 가는 것을 다행이라 여겼다(Guha1, 150쪽). 11월 마지막 주에 간디는 사무실 문을 닫고 가족을 뭄바이에 남겨둔 채로 급거 남아프리카로 갔다. 배는 12월 셋째 주에 더반에 도착했다.

그러나 식민 정부의 간계로 체임벌린을 만나지는 못했다. 그는 보어전쟁 비용 3천 5백만 파운드를 패자인 보어인으로부터 돌려받기 위해 그곳에 왔다. 따라서 영국인과 보어인의 환심을 사려 한 반면, 인도인들은 냉정하게 대해 그들을 실망시켰다. 제국 정부는 식민지에 대해 아무런 권한이 없다면서 유럽인의 호의를 얻도록 최선을 다하라고 충고했다. 이에 대해 간디는 말했다. "사실 체임벌린의 답에는 틀린 점이 없었다. 오히려 돌려 말하지 않아서 좋았다. 그는 우리에게 힘의 지배나 칼의 법이 곧 정의라는 것을 점잖은 방법으로 알려준 것이었다. 그러나 우리에게는 칼이 없었다. 칼끝을 느낄 신경이나 근육조차 없었다."(자서전, 286쪽.) 간디는 청원서 몇 통을 바쁘게 써서 체임벌린에게 보냈으나 결국 그를 만나지 못했다.

## 요하네스버그

간디는 남아프리카에서 본격적으로 변호사 활동을 하겠다고 마음을 고쳐먹었다. 그래서 1903년 4월에는 트란스발에서 변호사 자격을 얻고, 그때나 지금이나 남아프리카 최대의 도시인 요하네스버그 중심가에 사무실을 냈다. 지금은 인구가 팔백만 명에 달하는 대도시지만 간디가 살았을 무렵에는 십오만 명정도였다. 19세기 중반까지는 원주민이 사는 작은 마을 중 하나에 불과했다. 1853년에 트란스발 공화국이 성립하기 이전에도 보어 사람들이 개척을 위해 정착했지만 크게 달라진 것은 없었다. 그러나 1886년, 비트바테르스란트(Wit- watersrand)*에서 황금 광맥이 발견되자 아프리카 각지에서 이민자가 증가했다. 그래서 돈다발의 도시로 변했다. 간디는 모두가 다른 사람들을 쳐다볼 여유도 없이 어떻게 짧은 시간에 최대한의 부를 모을 것인가만 생각하고 있는 것처럼 보인다고 묘사했다.

19세기 말부터 20세기 초에 걸친 보어전쟁에서 영국이 현지 네덜란드 이민자 보어 사람에게 승리하고 금광을 억류했으나 뒤에 영국인과 보어인은 화해했다. 그러나 흑인의 권리를 유린하고 광부 등을 학대하는 인종차별 정책 아파르트헤이트를 실시했다.

20세기에는 아프리카너(Afrikaner) 백인 거주지와 아프리카계 거주 구역, 그리고 소웨토(Soweto)로 나누고, 아프리카너 거주 구역에 대한 우대 정책을 실

---

* '급류의 봉우리'를 뜻하는 아프리카어.

요하네스버그에서의 간디.

시했다. 1990년대에 아파르트헤이트가 폐지되며 거주지 이동 제한이 철폐되어 아프리카계 사람들이 직장을 찾아 대거 이주했다. 그러나 대부분 일자리를 얻을 수 없었고, 실업자들에 의한 범죄가 많이 발생하여 도시의 치안이 극도로 악화되었다. 특히 소웨토 지역이 그렇다.

20세기 초엽에 인도인들은 주도 서부나 서북쪽에 거주했다. 그러나 간디는 도시 중앙에 집과 사무실을 구했다. 그곳에는 그가 항상 드나드는 법원을 비롯하여 증권거래소나 우체국 등의 중요 공공시설이 있었다. 그가 살았던 중앙 비즈니스 지구에는 2003년에 간디 광장으로 명명된 광장이 있다. 간디 동상이 서 있는 그곳은 간디가 자주 드나들던 법원이 있던 곳이다. 동상은 책을 들고 법정 가운을 입은 청년 간디의 머리칼이 바람에 날리는 모습을 묘사했다. 간디가 살았던 집이나 사무실로 이용한 건물은 지금 남아 있지 않다.

그러나 그의 변호 업무 자료는 지금도 남아프리카 국립기록원(Natinal Archives of South Africa)에 남아 있다. 그 자료에 의하면 간디의 고객은 대부분 인도인이었다. 전쟁 전에 트란스발에 살았던 일부는 다시 그곳에 들어가기를 원했고, 트란스발에 이미 살았던 다른 일부는 거래법의 유연화를 희망했지만, 다른 사람들은 여러 지역을 자유롭게 다닐 수 있기를 바랐다. 따라서 일거리는 많아서 연수 오천 파운드 이상을 올렸다. 인도인 서기 네 명 외에 유대계 유럽인 남성 두 사람을 조수로 두고 젊은 유럽계 여성 두 명을 비서로 두었다. 해변에 멋진 집도 구해서 가족을 불렀다.

비서 두 명 중 한 명이 손자 슐레신(Sonja Schlesin, 1888~1956)이다. 1888년에 모스크바의 유대인 가정에서 태어난 그녀는 1892년에 남아프리카로 와서 17세가 된 1909년부터 칼렌바흐의 소개로 간디의 비서로 일했다. 그 뒤 간디의 이념에 공명하여 동지가 되었고 여성운동가로 활동했으며, 러시아에서 망명한 아나키스트들과도 교류했다. 뒤에 간디가 인도에 돌아간 뒤에는 라틴어 교사로 활동했고 대학에서 학위를 받기도 했다. 간디는 그녀와 편지를 교환하면서 인도를 방문해주기를 요청했으나 두 사람은 만나지 못했다.

그런데 이즈음 간디는 뒤섞인 욕망, 특히 미래를 위해 무엇인가를 해야 한다는 욕망 때문에 자기희생 정신이 약화되었음을 느꼈다. 1901년 뭄바이에서 미국 보험회사 직원이 그에게 보험 상품을 팔려고 찾아왔을 때도 그러했다. 간디에 의하면 그는 애교 있는 얼굴을 하고 유창한 언변으로 마치 옛 친구라도 되는 양 그의 미래를 걱정해주었다는 것이다. "미국에서는 당신 같은 지위에 있는 사람이라면 누구나 생명보험을 듭니다. (…) 인생이란 불확실합니다." 그는 간디를 간파하고 "미국에서는 보험 드는 걸 하나의 종교적 의무라고 생각합니다."라는 말도 덧붙였다. 간디는 보험회사보다는 신을 더 믿었지만 그 입심 좋은 미국인이 미래에 대한 간디의 믿음에 충격을 가한 탓에 일만 루피짜리 보험을 들었다. 자신에게 무슨 변고가 생기면 불쌍한 형이 가족의 생계를 책임져야 한다는 우려도 작용했다. 그러나 간디는 이 년 뒤 남아프리카에 돌아왔을 때 마음을 바꾸었다.

남아프리카에서 내 삶의 방식이 변하면서, 인생관도 달라졌다. 그 시련의 시기에 내가 내딛은 모든 발자국은 신의 이름 아래 그를 섬기기 위한 것이었다. 내가 남아프리카에 얼마나 오래 머물게 될지 알 수 없었다. 다시 인도에 돌아가지 못할지도 모른다는 두려움도 있었다. 그래서 가족을 내 곁에 두고 그들이 먹고살 만큼 돈을 벌어야겠다고 결심했다. 그러고 나니 생명보험에 가입한 것이 후회되고 그 보험 판매원에게 넘어간 것이 부끄러워졌다. (자서전, 295쪽.)

간디는 남아프리카에서 자신의 생활방식이 변한 요인 중 하나는 기독교와 신지주의자들의 영향이라고 했다. 특히 그들과 『바가바드 기타』를 읽으면서 무소유와 한결같음을 깨달아 자신과 가족을 창조한 신이 자신들을 돌보아주리라고 확신한 탓이었다. 그래서 큰형에게 더 이상 돈을 보내지 않겠다는 편지를 쓰기도 했다. 그 일로 형은 그와 인연을 끊었으나, 죽기 전에 간디에게 사과했다.

## 유대인 신지주의자들

앞에서 본 비교적 기독교도인 메이트랜드가 1897년에 죽은 뒤 비교적 기독교 협회가 해산되자 간디와의 관계도 단절되었다. 반면 1903년에 요하네스버그에서 사무실을 열면서 신지협회와의 관계가 부활했다. 간디와 교류한 신지협회 회원들은 대부분 동유럽에서 온 유대교도로 그들과의 유대는 간디가 1915년 인도에 귀국한 뒤에도 이어졌다. 그러나 간디는 그들과 유대교에 대해 깊은 대화를 나누지는 않았다.

간디와 유대인 및 신지주의자와의 관계는 그들 모두 주변적 상황에 놓여 있었기 때문에 쉽게 연결되었다. 앞에서 보았듯이 남아프리카는 본래 이민자들의 나라였다. 유대인들이 동유럽에서 이주한 이유는 러시아의 알렉산드르 2세가 1881년에 암살당하자 유대인에게 책임을 돌려 그들을 학살하는 사건(보그롬)이 자주 일어나고 정부의 규제도 극심해졌기 때문이었다. 특히 폴란드와 벨라루스를 포함한 리투아니아 주변에서 도주하는 자가 많아졌는데, 당시 그들에게 문화를 개방한 곳이 미국과 남아프리카뿐이었다. 게다가 1870년부터 다이아몬드가 발굴되자 1886년부터 골드러시를 목표한 유대인 이민이 급증했다. 그 인구는 1880년에는 사천 명 정도였으나, 1914년에는 열 배인 사만 명 정도까지 늘어났다.

이주 유대인은 백인들로 처음에는 보어인과 같은 대우를 받았으나 실제로는 언어 문제가 있어서 상당한 차별을 받았다. 유일한 예외는 전문직이 많아 지위가 높았던 독일에서 온 유대인 이민이었다. 유대인들은 1895년에 아프리카 시오니스트 연합을 만들어 자신들의 권리를 지키고자 했다. 간디는 그들에게 공감했다. 간디가 1894년부터 톨스토이에 매료되고, 뒤에 두 사람이 편지를 교환하게 된 것은 러시아에서 온 유대인들 덕분이었다. 간디와 친했던 유대인들은 대부분 신지주의가 표방하는 보편주의·비인종주의·비종교 등에 공감했다.

제일 먼저 1895년경에 간디와 친해진 사람은 리치(L. W. Ritch)였다. 그는 그 해 신문에 신지협회 참가를 요청하는 광고를 내어 동지를 스무 명 정도 모았다. 그들은 요하네스버그에서 지속적으로 집회를 했고, 그 집회는 1899년 4월 1일에 신지협회의 요하네스버그 지부가 되었다. 더반에서부터 간디의 친구가 된 신지협회 회원 중에는 보어전쟁이 터져 간디가 요하네스버그에 피난했을 때 동행한 허버트 키친(Herbert Kichin)도 있었다. 그는 뒤에 피닉스 농장에도 참가했다.

리치의 영향으로 영국 출신 편집인 헨리 폴락(Henry Solomon Leon Polak, 1882~1959)과 독일 출신 건축가인 헤르만 칼렌바흐(Hermann Kallenbach, 1871~1945)도 신지협회에 가입했고, 그들 모두 간디의 친구가 되었다. 1904년 요하네스버그에서 간디는 영국의 채식주의자이자 유대인 신문《트란스발 크리틱Transvaal Critic》의 부편집인이었던 스물두 살 폴락과 친하게 지냈다. 폴락이 간디가《인디언 오피니언》에 기고한 남아프리카에 사는 인도인에 대한 기사를 읽은 것이 계기가 되었다. 처음 만났을 때 그들은 둘 다 채식주의자이며 자연요법에 관심이 많고 톨스토이와 러스킨의 책을 좋아함을 알고 서로 흥미로워했다. 그 뒤 폴락은 《인디언 오피니언》에 무료로 글을 썼다. 그의 부인 밀리에(Millie Polak)는 여성운동가로 간디의 부인과 친했다. 런던에 사는 그의 아버지 J. H. 폴락은 톨스토이·러스킨·에머슨 등에 심취하였고, 1906년에 간디가 런던을 방문했을 때 간디에게 진보적인 정치가들을 소개해주었다.

간디는 1906년부터 1908년까지 피닉스 농장에서 폴락과 한집에 살았으나, 그 뒤 폴락 가족은 원래로 돌아갔다. 1907년 변호사가 된 폴락은 저항운동가를 위해 무료 변론을 했고, 1909년에는 사티아그라하 운동의 자금을 모으기 위해 인도 각지를 돌았다. 그는 1911년부터 이듬해까지 다시 인도를 방문하여 간디의 귀환을 준비했다. 그러나 폴락은 간디가 제1차 세계대전이 일어나자 영국군을 돕기 위해 인도인 군대를 모집하는 것에 반대했고, 제2차 세계대전 동안 영국군 철수 운동을 벌이는 것에 대해서도 반대했다. 그로써 두 사람의 관계는 단절되었다.

1911년 폴락이 인도에 있을 때 간디는 칼렌바흐를 자주 만났다. 그는 팔자수염을 기르고 코안경을 걸친 부유한 건축가이자 불교 신자였다. 키가 크고 몸집이 좋아 권투와 레슬링의 선수였으며, 유명한 샌도우의 제자인 독일 유대인이었다. 간디는 그를 "감수성이 뛰어나고 동정심이 강하며 어린아이처럼 단순한 사람"이라고 했다.

지금은 리투아니아가 된 구 러시아에서 1871년에 유대계 독일인으로 태어난 그는 1896년에 숙부가 있는 남아프리카로 건너와 건축가로 활동했다. 1903년부터 간디를 알았고, 그 뒤 채식 식당이나 신지협회 요하네스버그 지부에서 자주 만났다. 1907~1908년경부터 1910년까지 간디와 같은 농장에서 동거했고, 1909년부터는 자주 편지를 교환했다. 1910년에는 경제적으로 어려운 간디를 도와 요하네스 부근의 톨스토이 농장을 구입하게 했다.

1914년 간디가 인도로 돌아갈 때 칼렌바흐는 런던까지 동행했다. 두 사람은 편지를 계속 교환했으나, 재회는 23년이 지난 1937년 5월에야 이루어졌다. 그때 칼렌바흐는 간디에게 시오니즘 운동을 지원해주기를 요청했으나, 간디는 유대인들이 히틀러에게 폭력적으로 저항하는 것에 반대하면서 상대를 용서하는 사티아그라하를 권했다. 칼렌바흐는 1939년에도 간디를 찾았으나 간디는 시오니즘에 냉담했다.

## 힌두교 공부와 채식주의

간디는 1903년부터 신지주의자들과 함께 비베카난다의 『라자 요가』, M. N. 드비베디의 『라자 요가』, 기원전 2세기 또는 5세기에 살았다는 인도 사상가로서 『마하바샤Mahabhasya』의 저자로 유명한 파탄잘리(Patanjali)의 요가 사상 역사서인 『요가 수트라Yoga Sutras』와 『바가바드 기타』를 읽었다. 특히 구절을 벽에다 붙이고서 아침 목욕할 때 양치 시간 십오 분 동안 외운 『바가바드 기타』는 그에게 "완벽한 행동 지침"이 되었다.

동시에 간디는 채식주의와 함께 흙과 물 치료법, 식이요법을 실험했다. 요하네스버그에서 변비와 두통을 앓은 탓이었다. 두통은 아침을 먹지 않는 것으로, 변비는 흙 치료로 해결되었다.

흙 치료법은 아돌프 저스트(Adolf Just, 1859~1936)의 『자연으로 돌아가라Kehrt zur Natur zurück!』에서 배웠다. 저스트는 독일 출신으로 서점 도제를 지냈지만 몸이 아파 다양한 자연요법에 대한 연구를 시작하면서 치료사가 되었다. 자연 식품·깨끗한 물·신선한 공기·흙과 찰흙 및 자연 자체에서 보낸 시간을 활용하는 '자연으로의 귀환'을 가장 강력하게 옹호했다. 1895년에 그는 융보른에 자연치료연구소를 설립하여 프란츠 카프카(Franz Kafka)를 비롯한 여러 사람을 치료했다. 그는 자동차, 현대 주택 및 화학 농업에 반대했으며, 의학을 거부하고 예방접종과 생식을 비판했다. 특히 그는 백신이 사람들에게 불행을 일으키는 독약이라고 믿었다. 아침 금식과 가공하지 않은 채식을 옹호했고 과일과 견과류가 사람에게 가장 좋은 자연 식품이라고 생각했다. 어떤 약물 사용도 거부하고 인공적인 요법과 체조에도 비판적이었다.

물 치료법은 루이스 쿠네(Louis Kuhne, 1835~1901)의 복부를 자극하여 신체의 해독 기능을 향상하는 냉수 치료법에서 배운 것이었다. 엄격한 채식주의자인 그는 환자들에게 소금과 설탕을 끊는 식이요법을 제시했다. 간디는 이러한 자연요법을 익혀 약을 먹을 필요가 없다고 믿었다. 거의 모든 병은 식이조절과 흙 치료 및 물 치료, 또는 그 외의 가정요법으로 나을 수 있다며, 조금만 아파도 의사에게 달려가고 약을 먹는 사람은 몸의 주인이 아닌 노예가 되어 자제력을 잃고 사람 구실을 못하게 된다고 믿었다. (자서전, 303쪽.)

간디는 식이요법에 대해서 『건강의 열쇠』라는 책을 썼다.*

**나는 인간에게 아기일 때 먹는 어머니의 젖 이외의 다른 젖은 필요하지 않다고 확신한다. 햇볕 아래서 숙성된 과일과 견과(堅果)면 충분하다. 포도 같은 과일이나 아몬드 같은 견과로 조직과 신경에 필요한 영양을 충분히 섭취할 수 있다. 그런 음식을 먹고사는 사람은 성욕과 다른 욕망에 대한 저항도 훨씬 높다.** (자서전, 305쪽.)

---

\* 우리말 번역은 『마음을 다스리는 간디의 건강철학』.

# 5                '언론인' 간디

## 《인디언 오피니언》

보어전쟁 후 남아프리카에서는 백인 지배 체제가 강화되는 한편, 지금까지보다 더한 차별을 두려워하는 사람들의 저항이 시작되었다. 간디는 인도인의 목소리를 대변하고자 1904년 6월 4일에《인디언 오피니언》이라는 주간지를 창간하여 언론 활동을 시작했다. 구상은 일 년 전쯤인 1903년 여름부터 시작되었다. 그때 두 사람이 그를 도왔다. 한 사람은 뒤에 그 주간지의 최초 편집인이 된 만수클랄 히랄랄 나자르(Mansukhal Hiralal Nazar)다. 간디처럼 구자라트 출신인 그는 뭄바이에서 의학을 공부하고 런던에서 사업하다가 남아프리카로 왔다. 또 한 사람은 마단지트 브야바하리크(Madanjit Vyavaharik)다. 전직 교사로 더반에 출판사를 소유한 그는 다양한 언어로 각종 카드 등을 만들었다. 당시 더반에는 백인 출판사가 열네 개 있었는데, 인도인 소유는 그의 출판사가 유일했다. 두 사람은 모두 나탈 국민회의의 열성분자로 간디를 도왔다.

간디는 신문의 주필이자 재정 담당자였다. 매주 8면을 냈다. 신문 1호를 발간하는 과정은 『자서전』에서 감동적인 장면의 하나다. 인쇄기를 돌리려면 발동기가 필요한데, 간디는 본래 발동기를 구하지 않고 농사일처럼 수동으로 하고자 했다. 그러나 그것이 불가능하여 결국 석유 발동기를 설치했다. 처음에는 모두 발행일 전 늦게까지 일했다. 노소에 관계없이 모두 종이 접는 일을 도왔다. 일은 보통 밤 열 시에서 자정 사이에 끝났다. 그런데 첫날 밤에 조판이 끝났는데 발동기가 멈추었다. 더반에서 발동기를 고칠 수 있는 기술자를 데려왔으나 허사였다. 결국 건축일을 하던 목수들과 함께 아침 일곱 시까지 수동으로 일해 발동기를 돌렸다. 신문은 제때 배달되었고 모두 행복해했다. 간디는 이렇게 강행한 경험이 신문의 규칙적 발행을 엄수하게끔 하는 원동력이 되었고, 피닉스 농장에 독립자존의 분위기를 가져왔다고 말했다. 한때 그들은 일부러 발동기를 사용하지 않고 수동으로 일하기도 했는데, 간디는 그 시절 이야말로 피닉스가 도덕적으로 가장 뛰어난 시절이었던 것 같다고 회고했다. (자서전, 340쪽)

발행 이 년째에 구독자는 887명으로 늘었고 최대 삼천 명에 달했으며, 평균 이천 명 정도였다. 구독자의 다양한 출신을 고려하여 영어·힌디어·구자라트어·타밀어로 발간했다. 《인디언 오피니언》은 당시 그의 "삶의 거울"이었다. 그는 매주 심혈을 기울여 자신이 이해한 사티아그라하의 원리와 실제를 해설하는 칼럼을 썼다. (자서전, 321쪽)

1838년 뭄바이에서 《타임즈 오브 인디아*Times of India*》의 전신인 영자 신문이 발간된 이래 인도 각지에서 신문이 발간되었고, 간디가 낸 그 신문은 남아프리카에서는 처음 나온 인도인 신문이었다. 동시에 간디는 신문의 유일한 목표가 봉사자여야 한다고 믿었다. 언론은 거대한 권력이지만, 통제되지 않으면 파괴만을 초래한다는 것이다. 그러나 밖에서 오는 통제는 오히려 해악이 크며, 내부로부터 나오는 통제만이 유익할 수 있다고 했다. 그러나 그렇다면 그 시험을 통과할 수 있는 언론이 얼마나 될까? 결국 유익과 무익은 함께 갈 수밖에 없으며, 그중에서 선택하는 것은 인간의 몫이다. (자서전, 321~322쪽.)

《인디언 오피니언》제1호에는 '트란스발의 줄루인' '인도에 대한 요청' '남아프리카의 인도인'이라는 기사가 실렸다. 간디는 신문의 힘을 믿었다. 여론이 정부를 움직인다는 영국의 오랜 전통에 따라 남아프리카의 인종차별과 가혹한 노동 조건을 고발하고 정책 변경을 요구하는 논설을 실었다. 이민들의 자기 개혁도 필요하다고 생각해 위생 생활에 대한 기사도 많이 실었다. 아이들에게 인도 역사를 교육하도록 요구하기도 했다.

인도의 민족운동도 중요한 기삿거리였다. 1905년부터 인도에서는 벵골 분리에 반대하는 운동이 고양되었다. 간디도 민족의식에 근거하여 자치와 독립의 길을 모색하는 글들을 실었다. 1909년에 나오는 『인도의 자치』도 그 신문에 실렸다. 1905년 9월 2일 자의 톨스토이에 대한 글을 위시하여 나이팅게일의 사상, 종교 논의도 실었다. 발행 초부터 십 년간 그는 매호에 글을 썼다.

간디는 언론의 자유를 위하여 구독료와 기부금에만 의존하고 광고를 내지 않는 신문을 꿈꾸었으나 광고를 내지 않을 수 없었다. 처음에는 신문 논조가 온건하여 기부금을 많이 받았으나 1906년 이후 사티아그라하를 시작하며 정부와 대립하게 되자 기부금이 줄었다. 그래서 경영난을 타개하기 위해 신문사를 피닉스 농장으로 옮겨야 했다.

## 노일전쟁

노일전쟁은 러시아제국과 일본 제국이 한반도 주도권을 두고 벌인 무력 충돌로, 1904년 2월 8일에 발발하여 1905년 가을까지 계속되었으나 일본의 승리로 끝났다. 그 뒤 일본에서는 제국주의가 더욱 강화되었다. 대한제국은 열강의 묵인 속에 1905년 을사조약을 강요당하는 등 독립을 유지하기 어렵게 되었고, 결국 1910년에 일본 영토로 강제 합병되었다.

노일전쟁에서 일본이 승리한 것은 당시 인도인을 비롯하여 서양 제국주의의 침략하에 있던 식민지 사람들을 열광시켰다. 이를 가장 적극적으로 기록한 사람은 네루다. 그는 『자서전』은 물론 『세계사편력』에서도 노일전쟁으로 인해 민족주의 의식을 갖게 되었다고 말한다. 그런데 간디의 경우 『자서전』을 비롯하여 그가 남긴 글들에서 노일전쟁에 대해 언급한 것을 보기 어렵다. 《인디언 오피니언》에는 중요한 외신도 실렸을 텐데 간디는 네루와 달리 노일전쟁의 특별한 의의를 인정하지 않은 것 같다.

네루는 1904년부터 1910년까지 영국에서 유학했는데, 당시 케임브리지에서는 니체가 대인기였고 성에 대한 진보적인 담론도 유행하여 누구도 성을 죄악시하지 않고 도덕과는 무관한 것으로 생각했다고 한다. 반면 간디는 니체에 대해 언급한 바가 없고, 성을 도덕과 관련되는 것 중에 가장 중요하다 보았다. 네루가 관심을 가졌다는 키레네학파나 와일드, 페이터 같은 유미주의적인 경향도 간디와는 무관했다. 그 뒤로 네루가 인도에 귀국해 관심을 가진 사회주의나 버트런드 러셀의 책도 마찬가지였다.

네루는 1906년 벵골에서 일어난 민족주의 운동 이전의 인도 정치는 상류층

4부 남아프리카에서 서다(1891~1901)

중심으로 대중과 격리되었으나, 1906년 이후에야 중하류 대중에까지 퍼졌고 1915년 이후 간디의 인도 귀국과 함께 그 조류가 완전히 바뀌었다고 본다. 이에 대해서는 뒤에 상세히 설명하겠다.

## 러스킨

간디는 도시에서 나고 자랐으며 도시에서 살았다. 1904년에 35세가 될 때까지 시골에서 밤을 보내기는커녕 낮 시간을 온전히 지낸 적도 없었다. 그러나 그는 오랫동안 시골 생활을 동경했다. 그런 마음을 런던에서 만난 솔트에게 털어놓기도 했다. 그때 간디는 솔트의 친구로서 요크셔 언덕에 살았던 카펜터의 책을 읽고 감동했다. 앞에서 보았듯이 간디가 쓴 최초의 글은 카티아와르의 양치기에 대한 이야기다. 그 뒤에 그는 톨스토이의 책들을 읽고 러시아인들의 농촌 공동체 실험에 관심을 가졌다.

1904년 10월, 간디가 업무 차 요하네스버그에서 더반으로 가는 기차를 타려 했을 때 폴락이 그에게 『나중에 온 이 사람에게도Unto This Last』(1860)라는 책을 권했다. 저자인 존 러스킨(John Ruskin, 1819~1900)은 영국의 수필가이자 미술비평가였지만 무엇보다도 현대 문명에 대한 비판자였다. 그 책은 당대의 정치경제학을 격렬하게 비판한다. 특히 당대 최고의 경제학자들인 리카도나 존 스튜어트 밀이 화폐를 모든 교환과 가치의 단위로 보는 경향을 개탄했다. 공기, 빛, 청결, 또는 평화, 신뢰, 사랑을 무가치하다고 보는 그런 과학은 위대한 종교의 가르침에 반하고 인간성 자체에 대한 더욱 깊은 이해와 반대되는 것이라고 보았다. 리카도 등이 경제를 도덕으로부터 철저하게 분리시킨 것에 반해, 러스킨은 배려와 신뢰가 주인과 하인, 자본가와 노동자 사이의 관계를 지배해야 한다고 생각했다. 도덕적 경제학은 최대한의 화폐적 부를 조장하거나 최대한의 부자를 낳지 않고 고상하고 행복한 인류를 최대한 키울 것이라고 주장했다.

간디는 그 책을 단숨에 읽었고 너무나 감동받은 나머지 잠을 이루지 못했다. 그는 그 책을 위대하다 평하며, 자신의 가장 깊은 확신이 반영되어 있음을 알았다고 했다. 그 책은 그를 사로잡고 그의 삶을 변화시켰다. (자서전, 335쪽). 그는『나중에 온 이 사람에게도』의 교훈은 다음과 같았다고 했다.

**첫째, 개인의 선은 전체의 선에 포함된다.**
**둘째, 변호사 일과 이발사 일의 가치는 같다. 자신의 일로 생계를 유지하는 것은 모두에게 동일하게 주어진 권리이기 때문이다.**
**셋째, 일하는 삶, 즉 농부와 수공업자의 삶이 가치 있는 삶이다.**
**첫째는 이미 알고 있었다. 둘째도 어느 정도는 알았다. 그러나 셋째에 대해서는 전혀 생각해보지 못했다.『나중에 온 이 사람에게도』는 둘째와 셋째가 첫째에 포함되어 있음을 분명히 깨닫게 해주었다. 나는 새벽에 일어나 그 원리를 실천할 준비를 했다.** (자서전, 336쪽.)

러스킨은 건축과 장식예술 분야에서 고딕 복고운동을 전개했고, 자유방임주의와 자본주의는 물론 사회주의에도 반대했다.『나중에 온 이 사람에게도』는 그 두 가지를 부인한 그의 인도주의 경제관을 전개한 책이다. 그 책의 제목은 마태복음 20장에서 예수가 천국을 나중에 온 사람에게 먼저 온 사람과 같은 임금을 주는 일에 비유하면서 나중 된 자로서 먼저 되리라 한 데서 나온 말이다. 노동자는 노동할 권리와 적정한 임금을 받을 권리가 있음을 주장했다. 이러한 그의 주장이 영국의 노동당 창립을 비롯해 노동운동에도 영향을 주었음은 물론이다. 간디는 1908년에『나중에 온 이 사람에게도』를 구자라트어로 의역했는데 그 제목이『사르보다야Sarvodaya』였다. 사르보다야란 '만인의 복지'라는 뜻으로 간디 사상의 핵심이 되었다. 나아가 그것은 독립 후 인도의 간디주의자인 비노바 바베와 스리랑카의 아항가마게 튜더 아리야라트나(Ahan-gamage Tudor Ariyaratne, 1931~) 등에 의해 계승되었고, 지금은 생활 향상을 목표로 하는 사회운동의 대명사로 자리잡았다.

간디는 러스킨의 책을 읽은 즉시 농장에 정착하여 소박하게 살고자 결심했다. 물론 반드시 그 책 때문만은 아니었다. 이미 그는 자연으로 돌아갈 준비가 되어 있었고, 러스킨이 그 결심을 굳혔을 뿐이다. 그는 종종 그가 책으로 말하게 하고 싶은 것을 책 속에서 읽어냈다. 창조적인 독자로서 그는 어떤 책이 그에게 준 인상을 공동으로 저술했다. 그는 흥미에 따라 책에 새로운 것을 포함하기도 하고, 어떤 것은 제외하기도 했다. "싫어하는 것은 잊어버리고 좋아하는 것은 실행하는 것이 나의 버릇이다."라고 썼다.

## 러스킨의 영향

간디는 『자서전』에서 책에 대해 그다지 이야기하지 않았다. 그 점에서 본다면 『나중에 온 이 사람에게도』에 대한 설명은 특기할 만하다. 만약 간디에게 평생 읽은 책 중에서 가장 감명 깊은 책이 무엇인지 묻거나, 젊은이들에게 단 한 권의 책을 권한다면 무엇일지 물었다면 『나중에 온 이 사람에게도』라고 답했으리라. 그러나 이 책은 당시 인도를 지배한 영국인의 책이었다. 이는 마치 단재 신채호가 가장 인상 깊게 읽은 책으로 일본인의 책을 드는 것과 같다. 우리는 그런 것을 상상조차 하기 어렵지 않은가?

존 러스킨(1819~1900)은 영국의 미술비평가이자 사회사상가였다. 그가 간디에 미친 영향은 차치하더라도, 1860년의 『이 마지막 사람에게도』는 사회사상으로서 특히 유명하다. 이 책에서 러스킨은 당시 경제학자들이 생각한 것과 달리, 사회의 진정한 기초는 부가 아니라 인간의 동료애라고 주장하고, 극빈자를 포함한 마지막 사람에게도 충분한 빵과 평화가 주어질 때까지 부자는 사치를 삼가야 한다고 주장했다.

간디는 1932년에 쓴 글에서 러스킨이 1871년 공장노동자들에게 매월 쓴 편지에 대해 언급하며 특히 교육에 대한 그의 생각이 자신과 같다고 설명했다. 먼저 잘못된 교육이라도 무교육보다는 낫다는 사고방식을 비판하며, 반드시 가르쳐야 할 여섯 가지는 '맑은 공기' '깨끗한 물' '깨끗한 땅의 특성과 보존 방법 및 그 이익' '감사' '희망' '자선'이라고 했다. 감사란 진선미에 대한 추구이고, 희망이란 신의 정의에 대한 사랑이며, 자선이란 비폭력을 뜻했다.

그런데 러스킨은 최근에 와서 당대의 가장 철저한 제국주의자로 알려졌다. 간디가 이 사실을 알았는지는 확인할 수 없다. 독서 범위가 한정적이었던 그가 그런 것까지 읽었으리라고는 생각되지 않는다. 그러나 설령 알았다고 해도 그가 러스킨의 사회사상 자체를 부정하지는 않았으리라 생각한다. 사실 어떤 사상가든 완벽할 수 없다. 19세기 말 러스킨이 살았던 시대에 영국이 인도를 지배하는 것은 당연시되었다. 영국은 선진이고 인도는 후진으로 간주되었다. 러스킨의 사회 개혁 사상은 영국의 선진사회를 더욱 진보적으로 개혁하려는 사상이었다. 인도도 그 개혁 대상이었음에 틀림없고, 간디 역시 이 점에 공감했으리라.

# 6 _____ '사회인' 간디

## 사회인

한국 사회, 지역사회, 학교 사회 등 우리는 사회라는 말을 자주 사용한다. 그러나 인간의 집단을 공동체, 제도, 사회라는 세 종류로 구분하고 그 각각의 기반을 감정, 지식, 의지로 볼 필요가 있다. 이는 종래 사회를 게마인샤프트와 게젤샤프트로 구분한 것과 다르다. 게마인샤프트(공동사회)는 공동체이지 사회가 아니다. 게젤샤프트(이익사회)는 국가나 회사와 같은 제도이지 공동체나 사회와 다르다. 공동체에서는 아버지와 아들 등 여러 가지 혈연 차원의 구성원, 제도인 국가나 회사에서는 그 조직의 직급으로 사장과 직원 등을 구분할 수 있지만, 사회에는 인간인 개인밖에 없다.

첫째, 공동체는 가족이나 고향과 같은 혈연 및 지연에 의한 공동체를 말한다. 슬픔에 근거한 상호 부조적 공동체도 있고 증오에 근거한 배외적 공동체도 있으나, 모두 감정적인 것에 집착한다. 그 구성원은 서로 얼굴을 알기 때문에 인격적이지만 규모는 작다. 공동체는 국가나 사회와 달리 결속력이 강하다. 공동체는 '생의 조건', 자연조건이다. 그 자체는 고유한 의미의 인간을 구성하는 것이 아니라, 인간성에 부과된 조건, 즉 인간이 아니라 사람이라는 종의 생물성에 가까운 '무리'다. 이는 사회처럼 의지에 의해 선택되는 것도, 국가처럼 지성에 의해 구축되는 것도 아니다. 자연에 의해 주어진 무리 집단이다.

둘째, 제도란 국가나 회사와 같이 룰(rule)에 의해 조직되는 집단이다. 그것은 현실 자체가 아니라 현실을 규제하고자 하는 형식이다. 따라서 국가에서 각자는 익명적이다. 인간은 국민이라는 형식적 자격으로 나타난다. 각자는 각각의 기능을 수행하는 부품이고 교환 가능한 존재다. 인격이나 유일성은 존재하지 않는다.

셋째, 사회는 타자의 인간성=창조성=자발성=자유의 승인 위에 성립하는 의지 집단이다. 즉 각자가 자유의지로 살아가는 '삶의 내용'이다. 이는 신적 초월성을 거부한다. 사회를 구성하는 '개인인 인간'은 인간성(인권)을 갖는 존재로서, 인간이라는 이유로 능력을 비롯한 어떤 차이에도 불구하고 누구나 평등한 하나의 개인으로서 인간사회를 구성하고, 그런 자격에서 1인 1표가 인정된다. 이러한 사회와 개인은 의지적인 노력에 의해 창조되는 사실이다. 국가나 가족의 전제가 아니고 자명한 사실도 아니다. 개인과 사회가 없어도 국가나 가족은 존재한다. 사회성이란 사람이 자유롭게, 다양하게 산다는 보편성이다. 모두가 인간이라는 인식이다. 다른 공동체와 국적의 인간도, 같은 사회의 인간이라고 보는 인식이다.

이상 세 가지, 즉 국가와 가족과 사회를 혼동해서는 안 된다. 특히 사람을 부품으로 보는 국가는 공동체를 파괴하고 사회에 침입하기 때문에 서로 대립할 수 있다. 총력전이 보기다. 경쟁도 마찬가지다. 능력주의, 성과주의, 자기 책임도 비사회성에서 나온다.

중국이나 일본이나 한국 같은 동북아시아에는 개인으로 구성되는 사회가 존재하지 않고 국민으로 구성되는 국가만이 존재해왔다. 프랑스의 졸라는 19세기 말에 드레퓌스를 지켰으나 중국이나 일본이나 한국에서는 20세기에 와서도 그런 일이 불가능했던 이유는, 사회의 존재 유무의 차이에 근거한다. 각국 국민의 능력이나 성향 때문이 아니다. 국적에 의한 차별이나 배척은 사회가 없기 때문에 가능한 것이다.

내가 아나키즘을 중시하는 것은 동아시아를 비롯하여 많은 국가에는 공동체나 국가가 너무 강하여 사회가 없거나 약하기 때문에 인간으로서의 개인이 존재하기 어려운 까닭이다. 사회는 어느 국가에서나 그 강약이 변하고 그 내용도 달라진다. 나는 국가나 공동체가 없이 사회만 존재할 수 있다고는 믿지 않는다. 종래의 아나키즘은 대체로 공동체의 존재는 인정하면서도(그것을 거부하는 아나키스트도 있겠지만 극소수일 것이다.) 국가는 거부하지만, 나는 제도로서의 국가나 회사 같은 조직이 완전히 없어질 수 있다고는 생각하지 않는다. 그러나 국가는 가능한 한 최소가 되어야 하고, 무엇보다도 공동체나 사회를 억압하거나 국가 속에 매몰시키려 해서는 안 된다. 어디까지나 사회가 집단의 중심이어야 한다.

간디는 영국에서 채식주의자협회를 통해 최초의 사회를 경험했지만 그것은 간디가 만든 사회라고 보기는 어려웠다. 나는 간디가 의식적으로 만든 사회의 최초 형태가 피닉스 농장이라고 본다.

## 피닉스 농장

러스킨의 책을 읽은 뒤 간디는 즉시 나탈의 더반에서 십이 킬로미터 떨어진 피닉스에 오십 헥타르* 넓이의 농장을 천 파운드에 샀다. 이어 몇 달 전에 인수한 주간지《인디언 오피니언》의 인쇄소와 편집실을 그곳으로 옮기고 백 명 정도와 함께 공동 생활할 계획을 세웠다. 자급자족을 원칙으로 하는 공동체를 '피닉스 개척지'라고 부르기도 했다. 신문이 알린 이주일은 1904년 12월 24일 크리스마스이브였다.

간디가 살았던 시절 이후 이곳은 아프리카인들에게 점령당했다가 최근에 더반의 인도인 단체에 반환되었다. 2016년에 인도 수상 모디가 그곳을 찾아 간디 동상에 헌화한 다음 해에 간디의 집을 복원하고《인디언 오피니언》인쇄소를 간디 박물관으로 개관하면서 간디 순례지의 하나가 되었다. 그러나 특별하게 볼 만한 것은 없으니 인천공항에서 더반 공항까지 최소 하루 이상이 걸리고 요금도 엄청나게 비싼 비행을 할 필요는 전혀 없다. 게다가 간디가 피닉스 농장 다음으로 건설한 톨스토이 농장은 폐허가 되어 흔적만 남아 있으니 피닉스 농장을 보려고 남아프리카에 갈 필요는 없다.

간디는 인도에 있던 가족을 1904년 말에 남아프리카로 데려와 요하네스버그 백인 거주지의 넓은 이층집에서 생활하기 시작했다. 그와 가족이 요하네스

---

\* 백 에이커, 약 사십만 평방미터, 십이만 평.

버그에서 살았을 때는 변호사 일로 바빴으나, 줄루 반란에 참전하면서 요하네스버그의 사무실을 정리하고 가족을 피닉스로 옮겼다. 피닉스에서도 간디 부부의 갈등은 계속되었으나 간디는 농장에서는 잡지 일을 하고 망고와 오렌지 나무를 가꾸느라 바빴다. 농장은 간디의 카리스마로 운영되었기 때문에 그가 없을 때는 제대로 기능하지 못했다. 구성원들은 폴락 가족이나 웨스트(Albert West) 가족과 같은 유대계 채식주의자 및 신지주의자, 기독교도, 무슬림, 파르시교도, 힌두교도 등으로 다채로웠다. 그들은 모두 3파운드의 집세를 내고 자급자족할 농토를 부여받았다.

소박함과 절제가 점점 더 그의 생각과 생활을 지배했다. 그는 그의 어머니처럼 기회가 생길 때면 언제나 단식을 했고, 다른 날에는 향신료나 양념 없이 열매나 과일만 먹는 가벼운 식사를 하루 두 번만 했다. 농장에서 그는 육욕을 없애는 식사법에 대한 평생의 연구를 시작했다. 그는 인간은 의식주와 육신의 충족을 위해 사는 것이 아니라 살기 위해 그런 것들을 몸에 공급할 뿐이라고 생각했다. 기독교 윤리는 금욕이고 모든 종교의 성스러움은 자기 부정과 관련된다. 간디는 자제 자체를 목표로 한 자제나 육체를 괴롭히는 것을 믿지 않았다. 그에게 자제란 이기적이지 않은 사랑이었다.

### 『윤리적 종교』

간디는 1905년 미국인 설터(William Salter, 1853~1931)가 쓴 책의 일부*를 구자라트어로 편역하여 1907년 남아프리카에서 《인디언 오피니언》에 연재한 뒤 『윤리적 종교』라는 제목으로 출판했다. 이는 간디가 낸 최초의 소책자 영어 번역으로서 주로 종교와 현대 철학 및 과학의 접근을 강조했다.

같은 이름의 종교단체가 간디가 런던에 있을 때 그곳에 있었다. 당시 간디가 그 지도자들과 알고 지냈는지는 알 수 없지만, 그 뒤 간디가 영국을 방문했

---

\* 열네 개 장 중 앞의 여덟 개 장.

을 때에는 그 단체의 집회에 참석한 것이 분명하고, 남아프리카에서 간디가 친하게 지낸 폴락 부부는 그들이 영국을 떠나기 전부터 그 단체의 회원이었다. 그러나 간디가 『윤리적 종교』를 편역할 때는 폴락 부부를 알기 전으로 추정된다.

1876년 유대인 펠릭스 아들러(Felix Adler, 1851~1933)에 의해 뉴욕에서 세워진 그 단체는 윤리적 교의가 도그마로 세워져서는 안 되고, 사회문제에서는 톨스토이주의처럼 더욱 적극적이고 행동적이어야 한다고 주장했다. 그리고 성적 순결, 지적 발전, 노동자에 대한 잉여 수입 지급을 주장했다.

'윤리적 종교'를 런던에 포교한 사람은 코이트(Stanton Coit, 1857~1944)로 간디의 『윤리적 종교』에는 그가 "정의야말로 신"이라고 한 말이 인용되어 있는데(전집4, 23쪽), 이는 뒤에 간디가 "진리야말로 신"이라고 한 말을 연상시킨다. 간디와 폴락은 코이트를 알았다. 간디가 영국에 있던 1888년부터 1891년 사이에 코이트는 사우스 플레이스 교회의 목사로 있었지만, 간디가 그 교회에서 그를 만났다는 기록은 없다. 그의 신도 중에는 1900년에 『제국주의Imperialism』를 쓴 홉슨(J. A. Hobson, 1858~1940)이 있었고 그는 그 후 약 사십 년간 그곳에서 설교하여 그 교회가 반제국주의 운동의 중심이 되었다. 그들의 생각은 폴락을 통해 남아프리카의 간디에게까지 전해졌다.

코이트는 페이비언주의자이자 페미니스트였다. 그는 『신의 나라는 네 안에 있다』를 포함한 톨스토이와 러스킨의 여러 저술, 힌두교와 불교, 조지 엘리엇과 워즈워스, 셸리와 카펜터, 에머슨으로부터 발췌한 책을 발간했으나 마르크스는 무시했다.

코이트 앞에 사우스 플레이스 교회에서 설교한 목사는 콘웨이(Moncure Conway, 1832~1907)로서 인도 종교에 관심이 깊었다. 그는 신도인 애니 베산트에게 무신론자이자 종교적 자유를 주장한 찰스 브래들로를 소개했다. 간디가 영국에 있을 때 그가 죽어서 간디는 그 장례식에 참석하기도 했다.

'윤리적 종교'에 속한 사람들은 교회나 신학에서 비롯된 모든 것과 단절되어 학교에서 윤리적 가치를 가르치는 일에 흥미를 가졌다. 사우스 플레이스

교회를 대표한 F. J. 굴드는 그런 생각을 가르치기 위해 인도로 갔다. 그는 톰 페인, 하인드먼, 콩트의 평전을 썼다. 굴드의 책을 비롯하여 많은 '윤리적 종교인'의 행동은《인디언 오피니언》과 간디의 수많은 편지에 자주 등장했다. 특히 간디는 '윤리적 종교'의 사무장인 윈터버텀(Florence Winterbottom)과 오랫동안 편지를 교환했다.

## 줄루 '반란'

앞에서 말했듯이 1906년에 간디는 다시 참전했다. 나탈 지역의 줄루인들이 '반란'을 일으키자 영국 정부군이 즉각 진압에 나선 것이다. 반란의 원인은 식민지 정부가 모든 남성 아프리카인에게 인두세를 1파운드씩 부과한 것이었다. 수입을 올리고 줄루족에게 임금 고용을 강제하기 위해서였다. 그것은 엄청난 불만을 초래했다. 여러 마을의 추장들은 세금을 낼 여유가 없다고 항의했으나 그것은 철저히 무시되었다. 그들은 강제 징수를 위해 닥친 경찰에게 무장으로 저항했다. 그 우두머리의 이름을 따서 '밤바타(Bambatha)의 반란'으로 알려진 그 봉기는 순식간에 나탈 전역으로 번졌다.

간디는 정부군이 그것을 '반란'이라고 부르는 데 의문을 가지면서도 보어 전쟁 때와 마찬가지로 영국군을 위해 간호 부대를 조직해야 한다고 생각했다. 당시 그는 대영제국이 세계의 복지를 위해 존재한다고 믿었다. 제국에 어떤 불길한 일도 생기지 않기를 바라는 순수한 충성심이 참전 이유였다고 밝혔다. (자서전, 352쪽.) 당시 그는 1906년 4월 28일 자《인디언 오피니언》에 다음과 같이 썼다.

> **카피르의 반역이 정당한지 부당한지 말하는 것은 나의 일이 아니다. 우리는 영국 덕분에 나탈에 와 있다. 우리의 존재 자체가 그것에 의존한다. 따라서 우리가 줄 수 있는 어떤 도움이라도 주는 것이 우리의 의무다. (…) 그래서 만일 정부가 원한다면 우리는 간호 부대를 만들어야 한다.**
> (Guha1, 194쪽 재인용.)

4부 남아프리카에서 서다(1891~1901)

이어 간디는 "부상자를 간호하는 것은 총을 어깨에 메는 것과 같이 명예롭고 필요한 일"이라고 했다. 첫 주에 스무 명이 자원했다. 간디의 이름이 맨 처음에 올랐다. 타밀 사람들과 북부 인디아 출신들이었다. 구자라트 상인들은 돈과 필요한 물자를 지원했다. 스무 명 중 열세 명은 계약노동자 출신이었다.

간디는 요하네스버그의 집을 비우고 처자를 피닉스 농장으로 보낸 뒤 스스로 전장으로 갔다. 그러나 전장의 상황은 달랐다.

**나는 현장에 도착하자마자 '반란'이라 규정할 만한 사유가 아무것도 없음을 알았다. 누가 봐도 저항은 없었다. 방해에 불과한 사건을 반란으로 확대한 이유는, 어느 줄루 족장 하나가 부족민에게 세금을 내지 말라고 하고, 징세관을 죽였기 때문이다. 나는 심정적으로 줄루족 편이었기에 본부로부터 우리의 주 업무가 줄루족 부상자를 간호하는 것이라는 말을 들었을 때는 기뻤다.** (자서전, 353쪽)

그러나 줄루족 부상자들은 전장에서 다친 게 아니라 용의자로 체포되어 채찍질을 당하면서 상해를 입은 사람들이었다. 그야말로 '인간 사냥'이라고 간디는 생각했다. 인도에서도 그런 일은 비일비재했지만 그는 까맣게 모르고 있었다.

부대를 소독하고 부상자를 치료하고 들것으로 옮기는 등의 작업은 매우 힘들었다. 새벽 세 시부터 이동해야 했고, 항상 가장 위험한 전선까지 접근해야 했다. 육 주 뒤에 간호부대는 해산했다. 그들이 더반에 도착하자 나탈 인도 국민회의가 환영 자리를 마련했다. 그 자리에서 간디는 정부가 인도인 부대를 만들어주기를 제안했다. 그것이 인도인에 대한 편견을 제거해준다는 이유에서였다.

반란을 진압하는 데 거의 백만 파운드라는 엄청난 비용이 들었다. 정부군 병사의 3분의 1이 전사했고, 아프리카인들은 기관총에 창과 방패로 맞서며 거의 사천 명이나 죽었다. 간디 부대는 어느 쪽이나 간호했다.

## 브라마차리아

전장에서 간디는 금욕에 대해 생각했다. 1906년 늦여름이었다. 그러나 그 전에도 그는 금욕을 종종 생각했다. 그 뿌리는 자이나교 시인인 라이찬드라와의 대화였다. 어느 날 간디가 그에게 글래드스턴 부부의 사랑에 대해 말했다. 글래드스턴의 아내는 하원에까지 홍차를 타 와서 남편에게 건넸다. 그러자 시인이 물었다.

> 두 사람 중 누구를 찬양합니까? 아내로서 남편에게 보내는 부인의 사랑입니까? 글래드스턴과의 관계에 무관하게 하는 그녀의 헌신적 봉사입니까? 만일 그녀가 그의 누이라거나 그의 헌신적 하인으로서 같은 관심을 그에게 보낸다면 마찬가지로 찬양하겠습니까? 내가 말한 것을 생각해보세요. (Guha1, 195쪽 재인용.)

라이찬드라와의 대화를 통해 간디는 아내와의 관계를 아무런 이해관계가 없이 순수한 것으로 만들어야 한다는 결론을 내렸다. 특히 아내를 욕정의 '도구'로 여기는 것을 그만두어야 한다고 생각했다. 그녀와의 관계는 성적인 것 이상이어야 했다. 그런 생각은 전장에서 더욱 굳어졌다.

> 한마디로, 나는 영과 육을 동시에 따르며 살 수는 없었다. 가령 현재 상황에서 내 아내가 임신 중이라면 나는 스스로를 이 전장에 내던질 수 없을 것이다. 브라마차리아(금욕)를 준수하지 않으면, 가정에서의 삶과 사회에 대한 봉사가 양립할 수 없다. 반면 금욕을 지킨다면 완전히 양립할 수 있다. (자서전, 355쪽.)

이러한 자각은 간디의 생애에서 가장 중요한 것이라고 해도 과언이 아니다. 그로부터 사티아그라하가 탄생했고 간디는 그것을 죽을 때까지 실천했기 때문이다. 금욕의 맹세는 결코 쉬운 일이 아니었을 것이다. 그러나 간디는 집에

4부 남아프리카에서 서다(1891~1901)

돌아와 가족과 친구들에게 평생 금욕을 지키겠다고 맹세했다. 그는 당시에는 자신이 하려는 일이 얼마나 크고 중요한 일인지 완전히 깨닫지 못했다고 솔직히 고백했다. 그는 평생 금욕을 지키기 위해 싸워야 했다. 하지만 그만큼 그 맹세의 중요성은 갈수록 분명해졌다.

**짐승은 자기 절제를 모른다. 인간이 인간인 이유는 그가 스스로를 절제할 수 있기 때문이며, 또 그렇게 할 때 비로소 인간은 인간이 된다. 과거에 종교 경전을 읽을 때는 그 안에 담긴 브라마차리아에 대한 찬사가 과도해 보였는데, 이제는 그것이 체험에 근거한 정확한 말이라는 생각이 날마다 확고해진다.**
**브라마차리아에는 놀라운 힘이 가득하다. 이것은 결코 쉬운 일이 아니고, 또한 단순히 육신의 문제가 아니다. 물론 그것은 육체적 절제에서 시작하지만, 결코 거기서 끝나지 않는다. 브라마차리아를 완벽하게 이루려면 불순한 생각조차 제해야 한다. 꿈에서조차 육욕을 만족시켜서는 안 된다. 그러한 경지에 이르기까지 아직도 극복해야 할 문제가 많다.** (자서전, 356쪽)

그전에도 그는 두 번이나 금욕하고자 했다. 카스투르도 동의해 침대를 따로 쓰기 시작했고 그는 몸이 지쳐 곯아떨어질 때까지 잠자리에 들지 않으려 했지만, 두 번 다 그는 졌다. 이번에는 달랐다. 간디는 그가 36세였던 1906년부터 1948년에 78세로 죽을 때까지 금욕 생활을 했다. 이는 더 이상 아이를 낳을 필요가 없었기 때문에 가능했을지도 모른다. 그러니 그의 브라마차리아를 특별한 의지에 의한 것이라 하기보다는, 생활의 변화에 의한 자연스러운 결과라고 보는 것이 타당할지도 모른다. 물론 36세에 금욕하는 것은 그렇게 자연스러운 일이 아닐 수도 있지만, 그가 금욕을 위해 특별한 조치를 하지는 않았다는 의미에서 자연스러웠다고 볼 수도 있다.

간디의 금욕 생활은 어린 시절 아버지의 임종과 관련된 성에 대한 죄의식과 연관된다고 보는 견해가 있다. 그는 동물적인 정욕에 맹목적으로 사로잡히지 않았다면 아버지의 임종을 지키지 못하는 일은 없었을 것이라고 고통스럽게 회상하기도 했다. (자서전, 52쪽.) 그러나 나는 간디가 어린 시절의 괴로운 추억 때문에 금욕했다고는 생각하지 않고, 위에서 보았듯이 공공 봉사자 활동을 위해 반드시 필요하다는 자각에 의해 그렇게 했다고 본다.

금욕 또는 브라마차리아는 힌두인의 전설과 생활에서 자주 볼 수 있다. 힌두교인은 가족과 카스트와 나라에 대한 출산의 의무를 다한 뒤 사십 대 후반이나 오십 대에 금욕 생활로 들어가기도 하지만 간디처럼 이른 나이에 금욕하는 것은 예외적이었다. 그것은 자이나교의 전통을 따른 것일 수도 있었다. 자이나교에서는 금욕을 특히 강조했기 때문이다. 열정을 포함한 성행위는 영혼에 유해하고 특히 여성의 몸에 살고 있는 것들을 파괴한다고 보았다. 따라서 금욕은 순수한 아힘사 또는 비폭력 추구의 일부라고 생각했다.

라이찬드라도 삼십 대에 금욕을 선언했다. 성교에서 오는 즐거움은 "순간적일 뿐이고 피로의 원인이며 반복된 흥분일 뿐이라 했다." 처음 만난 1891년부터 라이찬드라가 죽는 1901년까지 그는 간디의 도덕적 척도였다. 심지어 그의 가르침은 그가 죽은 뒤에 더욱 간디에게 호소력이 컸다. 스승이 보여준 세속적 욕망으로부터의 단절, 소유와 물질적 쾌락의 배제는 세월이 지날수록 간디에게 더욱 강하게 다가왔다.

간디는 브라마차리아가 신이나 "브라마에 대한 추구"를 의미한다고 "완전하고 적절하게 이해되었다"고 1924년에 썼다. 그것은 "언제 어디서나 사고하고 말하며 행동하는 경우 모든 감각을 조절하는 것을 뜻한다." 그것은 성적 절제는 물론 음식, 감정, 언어에 대한 절제도 포함한다. 그것은 우리의 폭력, 허위, 분노, 증오를 규제한다. 마음의 평정을 창조하는 그것은 무욕이다. "완전한 브라마차리스는 완벽하게 죄 없음이다. 따라서 그것은 신에 가깝다. 신과 같다"고 간디는 말했다. 그는 그렇게 되기를 원했다. 그것이 자기 변모의 궁극이었다.

자발적인 금욕과 빈곤은 견디기 어려운 일이었으나 그는 강한 믿음과 대의를 가졌기 때문에 이겨낼 수 있었다. 신앙으로 인한 금욕은 희생이 아니라, 쾌락을 대체할 수 있는 것이었다. 금욕적이고 간소한 생활은 간디의 사회적 열정을 강화한 순화를 형성했다. 자제는 공공복리를 위해 일하고자 하는 그의 욕망을 배가시켰다. 육욕을 억제할수록 이기심도 억제되었다. 물질을 초월함으로써 스스로의 이상을 더욱 자유롭고 완전하게 수행할 수 있게 되었다. 자기에 대한 강력한 지배가 다른 사람에 대한 더 큰 통제를 가능하게 했다. 자신과 동료에게 더욱 엄격해지고 새로워진 간디는 남아프리카 정부와 대결하게 되었다. 브라마차리아를 사티아그라하의 준비로 만드는 일이 요하네스버그에서 발생했다. 그는 모든 것이 이 일을 위한 준비였음을 알 수 있었다. (자서전, 358쪽.)

## 브라마차리아와 사티아그라하

여기서 우리는 브라마차리아가 사티아그라하에 앞서는 것으로, 사티아그라하 탄생에 중요한 역할을 했음을 인식할 필요가 있다. 그는 『인도의 자치』에서 다음과 같이 말한다.

> 엄청난 경험 뒤에 알게 된 것은, 나라에 봉사자하기 위해 수동적 저항자가 되고자 하는 사람은 완벽한 순결을 지키고, 가난을 선택하며, 진실에 따르고, 두려움 없는 마음을 길러야 한다는 것입니다.
> 순결은 가장 중요한 원칙의 하나입니다. 꼭 필요한 확고함을 순결 없이 가질 수 없어요. 순결하지 못한 사람은 기운을 잃고 허약해지며 비겁해집니다. 동물적 욕망에 마음을 준 사람은 어떤 위대한 노력도 할 수 없어요. 수많은 사례가 이를 증명합니다. 그러면 기혼자의 경우 어떻게 해야 하는가라는 물음이 자연스럽게 생기지요. 그러나 그럴 필요가 없어요. 부부가 정욕을 만족시키는 것은 동물적 쾌락일 뿐이지요. 그런 탐닉은 종족을 잇는 경우 외에 엄격히 금지되어야 해요. (자치, 95쪽.)

여기서 간디는 사티아그라하 투쟁에는 브라마차리아의 맹세가 불가결함을 강조한다. 여기서 주의해야 할 점은 위 인용문의 "기운을 잃고"라는 말이 "순결하지 못"하고 "동물적 욕망에 마음을 준" 탓에 결과적으로 '정액을 상실한 자(Aviryavan)'를 뜻하는 구자라트어의 번역이라는 점이다. '정액 결집'은 과거 중국이나 조선에서도 중시된 건강법의 하나였지만 특히 인도에서는 요가나 아유르베다, 힌두교의 여러 신화를 통하여 남아시아 지역에 널리 퍼진 신체적 실천의 하나였다.

앞에서 보았듯이 간디는 1903년부터 신지주의자들과 함께 비베카난다의 『라자 요가』, M. N. 드비베디의 『라자 요가』, 기원전 2세기 또는 5세기에 살았다는 인도 사상가로서 『마하바샤Mahabhasya』의 저자로 유명한 파탄잘리(Patanjali)의 요가에 대한 사상의 역사서인 『요가 수트라Yoga Sutras』를 읽었다. 이러한 책들은 간디가 정액 결집의 영적 의의를 발견하고 그것에 철학적인 의미를 부여하게 했다. 특히 비베카난다의 주해서인 『라자 요가』는 앞에서 본 『인도의 자치』 인용 부분과 극히 유사했다.

정액 결집에 대한 간디의 생각은 《인디언 오피니언》지에 1913년 실은 '건강에 관한 일반지식'이라는 연재의 9회 「비밀의 장」에서도 드러났다. 이는 2000년에 미국에서 간행된 『간디의 건강 가이드Gandhi's Health Guide』에도 실렸는데, 이 책은 『마음을 다스리는 간디의 건강철학』이라는 제목으로 우리말 번역되었다. 그 글은 4월 26일 자에 실렸다. 그때는 남아프리카의 사티아그라하 투쟁이 마지막에 이르기 직전이었다. 그는 먼저 다음과 같이 말한다.

**나는 이 장을 특별하게 주의하여 읽고, 그것에 대해 숙고하기를 권한다. 다른 장에도 따라야 하고 모두 유용하다고 생각한다. 하지만 이 주제에 비하면 다른 어떤 장도 중요하지 않다. 건강에는 여러 가지 열쇠가 있다. 그러나 그중에서도 중요한 열쇠가 브라마차리아다. (…) 남녀 모두 건강이라는 부를 저축하기 위해서는 적절한 브라마차리아가 반드시 필요하다. 자신의 정액을 저축하는 사람이야말로 정액 소유자, 힘을 갖는 자라**

고 할 수 있다. (IO, 1913. 4. 26.)

그는 그 뒤 팔 년간 정부와 싸워 마침내 승리한다.

## 브라마차리아와 페미니즘

뒤에서 보듯이 간디는 1935년 12월에 만난 미국의 페미니스트 마가렛 생어 (Magaret Sanger)가 피임기구의 필요성을 강조하자 남아프리카에서 여자를 잘 알았다며 다음과 같이 말했다.

저는 아내가 모든 여자가 거치는 궤도를 따르게 했기 때문에 아내에게서 모든 여자를 연구할 수 있었습니다. (…) 나는 여자들에게 그들이 정치적 분야만이 아니라 가정에서도 남편이나 부모의 노예가 아니라는 것을 말해주려고 했습니다. 그러나 그들 가운데 일부는 남편에게 저항할 수 없다는 것이 문제였습니다.

그 해결책은 여자들 자신의 손에 달려 있습니다. 그들에게는 어려운 일이지요. 나는 여자들을 탓하지 않고 남자들을 탓합니다. 남자들은 여자들에게 불리한 법을 만들었습니다. 남자는 여자를 자기 연장으로 간주해왔습니다. (…) 나에게 남은 세월 동안 내가 여자들의 마음에 그들이 자유롭다는 진실을 일깨워줄 수 있다면 인도에는 산아제한 문제가 없어질 것이라고 생각합니다. 남편이 아내들에게 육욕으로 접근해 올 때 안 된다고 말할 수만 있으면 됩니다.

성적 결합은 출산을 위해서만 필요하다는 간디의 주장에 생어는 당연히 반발했다. 그러자 간디가 안전할 때에만 성적 교섭을 해야 한다고 양보했지만, 두 사람의 의견 차이는 전혀 좁혀지지 못했다. 뒤에 생어는 간디의 『자서전』을 읽고 간디의 태도가 아버지의 죽음 때 겪은 죄의식에서 나왔다고 보았다.

## 형과의 절연

간디의 삶은 가족에게는 고통이었다. 아버지를 대신해 그를 돌본 큰형 락스미다스는 동생 간디가 남아프리카에서 정부를 비판하고 전쟁에 나간다는 소문을 듣고 언제나 불안해했다. 평소에도 사람들과 책 때문에 돌연히 변하고 정치 집회에 참가한다고 집을 비우기 일쑤여서 그가 간디의 가족을 돌보아야 했다. 간디는 『바가바드 기타』를 읽고 무소유를 실천한다며 보험을 해약한 뒤 그 자금을 공적 활동에 투입했다. 동시에 형에게 편지를 보내 인도인 거류민 복지에 사용하기 위해 더 이상 돈을 보내지 않겠다고 선언하여, 오랫동안 절연하기도 했다. 1907년 4월 마지막 주에 쓴 그 편지는 간디의 사상이 상당 정도 드러나는 중요한 문헌이므로 그 내용을 여기서 살펴볼 필요가 있다.

편지는 "존경하는 선생님"이라는 호칭으로 시작한다. '형님'이 아니라 '선생님'이라고 냉정하게 부르고, 본문에서는 '당신(you)'이라고 부른다. 그리고 안부를 묻지도 않고 사무적으로 "불행히도 우리의 견해는 매우 다르고, 지금

**간디와 그의 형 락스미다스.**

4부 남아프리카에서 서다(1891~1901)

은 그 차이를 해소할 가능성이 전혀 없는 듯이 보입니다."라고 말하며 그 차이를 설명한다. 특히 형이 간디에게 가족에 대한 의무를 이행하지 않는다고 비난하는 것에 대해 그가 말하는 가족의 뜻을 이해할 수 없다면서 살아 있는 모든 존재가 자신의 가족이라고 한다.

그리고 자신이 버는 돈은 가족을 위해 사용할 뿐 아니라 남아프리카 인도인들을 위해서도 사용해야 하기 때문에, 그리고 이미 형이 자신을 돕기 위해 사용한 돈보다 훨씬 많은 액수를 보냈기 때문에, 형이 쾌락과 허세와 과시에 돈을 낭비하기 때문에 더 이상 돈을 보낼 수 없다고 말한다. 간디는 힌두교의 가르침에 따라 형을 형으로서 존경하지만, 마찬가지로 종교가 가르치는 진실을 더 존중한다고 한다(Guha1, 236~237쪽).

## 가족의 고통

부인 카스투르에게도 고통이 따랐다. 먼저는 간디가 유학을 가는 바람에 18세에 얻은 장남 하릴랄을 대가족 가운데서 혼자 양육해야 했다. 간디는 삼 년 후 귀국했지만 다시 남아프리카로 떠났기에 삼 년을 독수공방했다. 1902년에 일시 귀국했을 때도 『자서전』에서 말한 것과 달리 가족을 고향에 두었다. 당시 간디는 자신은 가족과 떨어져 남아프리카에 십 년쯤 있고 가족은 삼사 년 정도 고향에 둘 생각이었으나, 카스투르는 반대하고 남아프리카로 갔다. 그러나 남아프리카에서도 간디는 체포되거나, 신문사를 위해 집을 팔고 공동농장을 시작하는 등의 일을 언제나 돌연히, 상의도 없이 결행했다. 그는 아내에게 그 누구보다도 더 엄격하게 자기 말을 따라야 한다고 요구했고, 종교나 카스트가 다른 사람과의 공동생활을 강요했다.

아이들에게는 더 했다. 장남 하릴랄은 간디가 영국에 가기 직전 18세 때인 1888년에, 차남 마닐랄은 23세에 영국에서 돌아온 뒤인 1892년에 라지코트에서 태어났다. 삼남 람다스는 간디가 28세 때인 1898년, 사남 데바다스는 간디 30세 때인 1900년에 둘 다 남아프리카에서 태어났다. 아이들은 1896년에 라지코트에서 남아프리카로 가서 요하네스버그, 피닉스 농장, 톨스토이 농장으로 옮겨 다녔고, 1902년에 다시 인도 라지코트로, 1903년에는 트란스발로 이사했다. 남아프리카에서는 아버지와 함께였으나 라지코트에서는 숙부가 가장인 대가족 속에서 살았다. 아버지와 함께 살 때도 항상 타인들이 집에 들끓었다. 그 속에서도 아이들은 잘 자랐다. 단 장남은 완전히 삐뚤어졌다.

카스투르는 아버지와 장남의 불화 때문에 불행했다. 하릴랄은 열등아였다. 그는 그가 다닌 모든 학교에서 낙제를 했다. 간디도 당연히 걱정했다. 자신도 한때는 그저 그런 학생이었기 때문이다. 그는 아이들을 모두 남아프리카로 데려오라고 했지만 하릴랄은 돌아오지 않았다. 표면적으로는 대학 입시를 치르기 위해서라고 했다. 1905년 12월 28일에 간디는 하릴랄에게 편지를 써 그가 규칙적으로 편지하지 않는 점에 대해 불평했다. 그리고 아들 소식을 들을 때마다 '그의 행동에 대한 불만을 듣는다, 부모에게는 그의 모든 행동이 배신으로 보인다'고 했다.

간디가 그의 친구인 하리다스 보라(Haridas Vora)의 딸인 찬찰(Chanchal)에 대한 하릴랄의 사랑을 알게 되었을 때 부자 관계는 더욱더 악화되었다. 간디는 그들이 결혼하기에는 너무 어리다고 생각했으나, 라지코트에 있던 그의 형 락스미다스가 1906년 5월 2일에 결혼식을 올려주었다. 그 소식을 들은 간디는 형에게 편지를 써서 하릴랄이 결혼을 하든 안 하든 상관없지만, 이제부터 자신은 그를 아들로 생각하지 않겠다고 했다.

간디가 그렇게 심하게 나온 이유는 공부도 하지 않고, 요하네스버그의 가족에게도 오지 않고, 편지도 규칙적으로 보내지 않고, 무엇보다 결혼하지 말라는 아버지의 충고를 듣지 않는 등 계속되는 반항이 유죄라는 사실 때문이었다. 카스투르는 부자간의 갈등을 진심으로 걱정했다. 인도인 어머니로서 그녀는 하릴랄의 일탈에 관대했다. 하지만 간디의 행동이 비난할 만한 것이 아님도 알았다. 그래서 무시하거나 약간 오만한 태도 사이를 오갔다. 화해를 모색하기 위해 그녀는 하릴랄에게 남아프리카로 오라고 설득했다. 간디는 아시아인 담당관에게 어렵게 부탁하여 아들이 무사히 오게 했다.

당시 간디는 삼십 대 중반이었다. 이제 간디는 더 이상 변호사로서 성공하고 번창하며 유명하게 되는 것에 관심이 없었다. 그는 생계를 위해 변호사 일을 했지만, 그에게는 더욱 의미 있는 다른 활동에 관심을 쏟았다. 가족에 대한 그의 도덕적 의무는 확신보다는 의무감에서 나온 것이었다. 그는 전적으로, 그리고 영원히 자식들과 자신을 분리시킬 수 없었지만, 정치적 긴장이나 분쟁의 시절에는 그들을 일 순위에 두지 않았다.

# 5부
# 사티아그라하로 싸우다
## (1906~1915)

"거부하라, 등록사무소를 거부하라!
감옥에 가도 우리는 저항하지 않는 반면,
우리 공동의 이익과 자존심을 위해 고난을 겪는다.
국왕에 대한 충성은 왕중왕에 대한
충성을 전제한다.
인도인은 자유다!"

# 1            '민족주의자' 간디

## 5부

5부는 간디가 남아프리카에서 사티아그라하로 싸우는 십 년의 이야기를 다룬다. 인도인의 인권을 지키기 위한 새로운 운동 사티아그라하의 창조야말로 그의 생애 전반의 최대 공적이다. 앞에서 보았듯이 간디는 1905년에 나탈 인도인에 대한 인두세 징수 법안에 반대했다. 영국이 인도에서 벵골을 분할하려 시도하자 국민회의는 스와라지(자치 독립)·스와데시(국산품 사용)·민족교육을 주장하며 저항했고, 간디도 이를 지지했다.

간디는 1906년에 '아시아인 등록 법안'에 반대하는 운동을 일으켰으며 영국 정부에 탄원하기 위해 영국에도 다녀왔다. 1907년에는 인도인에게 재등록하지 말도록 요청하고 총파업을 하며 사티아그라하를 개시해 39세인 1908년에는 2개월 투옥되었다. 석방된 뒤 다시 등록증명서 소각을 선동하고 등록증명서 미소지를 이유로 재투옥되었다.

간디는 1913년에 사티아그라하를 재개했다가 1914년 정부와 협상 타결 후 중지했다. 그 후 런던을 거쳐 인도에 영구 귀국했다. 그 사이 간디는 1909년 영국에 갔다가 돌아오며 『인도의 자치』를 집필했고, 1910년에 요하네스버그 부근에 톨스토이 농장을 설치하고 본격적인 집단농장 생활에 들어갔다.

영화 《간디》에서 중요하게 다루는 영국인 목사 앤드루스는 간디가 1914년 남아프리카를 떠나기 직전 그곳에 와서 만났으나 간디와의 관계는 사실 간디가 인도에 돌아간 뒤 중요했다. 따라서 영화에서 앤드루스는 과도하게 강조된 측면이 강하다. 영국에서 만든 영화라서 그렇다고 해도 필요 이상이거나 사족이라는 느낌이 강하다.

## 암흑법

간디의 기대와 달리, 보어전쟁 후 영국 식민지 정부는 보어인과는 평화를 추구하면서 아시아인은 더욱 엄격하게 규제했다. 이에 대해 간디는 정치권력을 바라지 않고 인도인이 영국인과 어깨를 나란히 하고 평화롭게 사는 것을 바랄 뿐이라고 했다. 그러나 간디가 바란 그것, 즉 평등과 평화야말로 영국인으로서는 절대로 바라지 않는 것이었다.

1906년 8월 22일, 트란스발 정부는 이민 규제를 강화하는 '아시아인 등록 법안(Asiatic Ordinance)'을 발표했다. 8세 이상의 트란스발 인도인 남녀노소는 일정한 기간 내에 새로운 등록증을 발부받아야 하고, 발부를 신청할 때 이름·주소·카스트·신체 특징을 서류에 기입하고 지문을 날인하며, 등록증 제시를 요구받았을 때 제시하지 못하면 벌금·징역·추방에 처한다는 것이었다. 경찰은 등록증을 조사하기 위해 영장 없이 인도인 집에 들어갈 수 있다는 규정도 있었다. 간디는 그 법을 '암흑법'이라 규정하고, 1906년 9월 11일 오후 요하네스버그의 제국극장에서 열린 삼천 명 규모의 대중 집회에서 그것은 인도인 배척을 목표로 하는 법이고 인도인과 인도에 대한 모독이며 인도인에게는 생사가 걸린 문제라고 주장했다.

당시 트란스발의 인도인 인구가 1만 2천 명 정도였으므로 그 집회에 삼천여 명이 모였다는 것은 열기가 대단했음을 방증한다. 트란스발에서 그 정도 규모의 대중 집회가 열린 것은 처음이었다. 회의는 힌디어와 구자라트어, 그것을 번역한 타밀어와 텔루구어, 영어로 진행되었다. 힌두·이슬람·시크·기독교라는 종교의 장벽이나 출신지 및 카스트의 위계를 넘어서 '우리는 인도인'이라고 연대한 회의였다. 모임에서 선서에 의해 결의안 4호 등이 통과되었다. 그 내용은 아시아인 등록 법안에 반대하고 모든 수단을 강구해도 그것이 통과되는 경우에는 그 법에 복종하지 않고 불복종에 따르는 모든 고난을 이겨낸다는 것이었다. 뒤에 간디는 그 결의가 사전에 준비된 것이 아니라 그 자리에서 우연히 나온 것이라고 회고했다(전집76, 358쪽).

## 수동적 저항

당시 간디는 자신의 운동 방침을 영어로 '수동적 저항(passive resistance)'이라고 했다. 어느 백인은 트란스발의 인도인은 소수이고 약하기 때문에 약자의 무기인 수동적 저항을 택한 것이라고 비판하기도 했다. (남아프리카, 108쪽).

정부 측 신문《스타》지에서도 수동적 저항을 호언장담 또는 영국에서 벌어진 교육법 개정 시 논의된 애매한 관념이라고 비판했다. 교육법 개정은 1902년 당시 보수당 발포어 정권이 중등교육에서 비국교회계의 사립학교를 하나의 제도로 통합하고자 제안한 것인데, 자유당과 비국교회계 프로테스탄트 등은 그 법이 교육의 자유와 다양성을 손상한다는 이유로 강하게 반대했다.

당시 교육법 반대 운동의 중심이었던 밥티스트 교회 목사 존 클리퍼드(John Clifford, 1836~1923)는 소로의 시민 불복종(civil disobedience)을 받아들였고, 간디도 클리퍼드와 같은 교파의 목사이자 친구인 조지프 도크(Joseph Doke, 1861~1913)를 통해 그것을 알았다. 도크는 간디의 전기를 쓴 사람으로 1908년에는 수동적 저항에 대한 에세이도 썼다.

클리퍼드는 1899년에 보어전쟁에 반대하는 유명한 운동가이자 남아프리카 연합의 화해위원회와 전쟁중지위원회의 회장으로서 보어인에 대한 영국의 대우를 비판했을 뿐 아니라 흑인에 대한 불평등 대우도 비판했으므로 간디는 그를 충분히 알 수 있었다. 클리퍼드를 지도자로 한 수동적 저항 운동은 1906년 1월에 보수당 정부의 패배에 큰 영향을 미쳤고, 그 후 그 운동은 비교파적 성격을 갖는 새로운 법을 통과시키기 위한 노력으로 향했으나 결국은 실패하여 수동적 저항에 대한 관심도 사라졌다. 한편 여성 참정권 운동은 폭력을 부정하지 않았으므로 간디의 경우와는 달랐다. 여하튼 영국에서는 소멸한 수동적 저항이 간디를 통해서 부활한 것이라고 볼 수 있었다. 그러나 간디는 수동적 저항이라는 말을 사용하면 엄청난 오해가 생길 수 있음을 분명히 알고 이를 '영혼의 힘'이라고 정의했다.

## 직접 담판의 실패

간디는 법안을 저지하기 위해 정부에 진정서와 청원서를 보냈다. 당시 트란스발은 영국 정부가 직접 관할하는 식민지였다. 따라서 간디는 등록법 시행 중지를 국왕과 영국 정부, 영국 의회에 직접 호소하기 위해 인도인 대표단의 한 사람으로 영국으로 갔다. 물론 그들을 방해하는 세력도 있었다.

1906년 10월 20일, 십오 년 만에 런던에 온 간디는 인도를 지지하는 의원들로부터 환영받으며 다양한 협력을 얻었다. 도착한 당일, 간디는 '런던 인도인 협회'의 모임에 가서 81세의 나오로지를 만났다. 나오로지를 포함한 런던의 인도인 정치인들은 등록법은 사소한 것이라고 무시했으나 간디는 나오로지를 통해 국민회의 인사들을 만났다. 그리고 앞에서 설명했듯이 폴락의 아버지 소개로 인도 관련 영국인 관료 등을 만났다. 당시 영국은 그해 1월 총선에서 자유당이 승리하여 인도 문제에 호의적이었다. 특히 노동당의 키어 하디(James Keir Hardie, 1856~1915)*와 램지 맥도널드(James Ramsay MacDonald, 1866~1937)**, 새로운 인도 장관 존 모리는 인도에 동정적이었다. 그래서 많은 인도 사람은 모리가 벵골 분할을 파기하고 암흑법도 파기할 것으로 기대했다. 간디는 당시 식민지 차관이었던 처칠도 만났다. 간디 생전에 처음이자 마지막 만남이 된 그 자리에서 처칠은 자신이 할 수 있는 한 돕겠다고 했으나, 그 뒤로는 간디와 원수처럼 지냈다.

간디는 영국인 친구들과 인도인 학생들의 도움으로 육 주간 약 오천 통의 편지를 보냈고, 노력의 결과 의회에 검토위원회가 설치되었다. 남아프리카

---

\* 스코틀랜드의 사회주의자이자 노동운동 지도자였으며 영국 의회에 선출된 초대 독립 노동당 국회의원이다. 하디는 후에 노동당으로 합병된 독립노동당(ILP)의 창설 멤버이기도 하다.

\*\* 맥도널드는 1924년 영국 사상 최초의 노동당 내각을 조직하여, 수상 및 외상을 겸임했다. 1929년 재선되었으나, 당시 대공황으로 인한 실업자 격증 및 재정 위기 등을 해결하지 못하여 노동당의 반대를 받고 사직하였다. 1931년 총선거에서 국민의 압도적인 지지를 받아 수상이 되고 1932년 오타와 회의, 런던 군축 회의, 제네바 회의, 1933년 런던 세계 경제 회의 등에서 활약하였으나 수상직을 보수당의 스탠리 볼드윈에게 양보했으며, 남아메리카 여행 중에 사망했다.

로 돌아오는 배 안에서 "내각이 국왕에게 조언했다"는 전보까지 받았다. 그러나 본국으로부터 광범위한 자치권을 부여받은 트란스발 의회가 아시아인 등록법을 통과시켰다. 이에 대해 간디는 자치식민지의 입법 문제라 해도 대영제국이 책임을 피할 수는 없다고 했다. 식민지도 영국 헌법의 기본 원칙을 따라야 하기 때문이다. 가령 어떤 식민지에서도 노예 제도를 받아들일 수는 없는 것이다. 간디는 이것이 대영제국에 의해 정책이 왜곡된 최초의 사례도 아니며 유사 사례를 쉽게 찾아볼 수 있다고 지적했다. (남아프리카, 120~122쪽.)

아시아인 등록법은 1907년 7월 1일에 시행되어 여러 곳에 허가증 발급소가 설치되고 모든 인도인은 월말까지 등록을 신청해야 한다는 명령이 내려졌다. 간디는 즉각 '수동적 저항 협회'를 조직하고 피케팅을 하면서 등록 거부를 호소했다. 프리토리아 전역에 다음과 같은 내용의 벽보가 붙었다.

**거부하라, 등록사무소를 거부하라!**
**감옥에 가도 우리는 저항하지 않는 반면,**
**우리 공동의 이익과 자존심을 위해 고난을 겪는다.**
**국왕에 대한 충성은 왕중왕에 대한 충성을 전제한다.**
**인도인은 자유다!** (Guha1, 240쪽.)

위 문장 중 왕중왕(King of King)이란 신을 뜻한다. 즉 신에 대한 충성이 국왕에 대한 충성에 앞선다는 것이다. 등록 마지막 날인 7월 31일에 프리토리아에서 열린 집회에 이천 명이 모였다. 먼저 등록법의 합법성을 주장하는 영국인 의원의 연설이 있었고, 간디는 이를 청중에게 통역해주었다. 그리고 뒤이어 다음과 같이 말했다.

**우리가 이 법에 복종한다고 해도 이 법으로 끝난다는 보장이 없습니다.**
**이런 법의 자연스러운 결과는 지역적인 격리, 그리고 궁극적으로는 이 땅**
**에서의 추방입니다.** (Guha1, 242쪽.)

이어서 여러 사람이 분노에 차 연설을 했다. 결국 등록 마감일이 계속 연장되었음에도 불구하고 등록자는 전체 인도인의 오 퍼센트 정도에 그쳤다. 그러자 정부는 협박 작전으로 돌변했다. 그 최초의 대상이 라마 순드라(Rama Sundara)였다. 간디는 《인디언 오피니언》에서 그가 "자유의 문을 열었다"고 찬양했으나, 그는 곧 가짜로 판명되었다. 간디는 그 일에 대해 "어느 사회, 어떤 운동에나 교활한 사람이 있게 마련"이라고 하며, 아무리 경계해도 이를 완전히 배제할 수는 없다고 말했다. 그러나 지도자의 마음이 두려움 없고 진실하다면, 만약 바람직하지 못한 사람들이 운동에 개입하게 되더라도 대의를 해치지 않을 것이라고 했다. (남아프리카, 162~163쪽.)

## 최초의 수감

12월 28일, 간디는 26명의 동지들과 함께 소환되어 수감되고 선동죄로 2개월 징역형을 선고받았다. 최초의 교도소 생활이었다. 그는 감옥에서 처음 한 생각을 다음과 같이 기록했다.

> 두 달 동안 무슨 일이 일어날 것인가? 형기를 채워야 할까? 만일 약속한 대로 많은 사람이 수감된다면 형기를 채우는 데 문제가 없을 것이다. 그러나 그들이 끝내 감옥을 채우지 못한다면, 두 달은 평생처럼 지루할 것이다. 그러나 이런 생각은 찰나였고, 나는 곧 수치심을 느꼈다. 얼마나 헛된 일인가! 나는 감옥을 궁전같이 여기라고 했고, 암흑법에 반대하여 당하는 고난을 즐겁게 받으라 했으며 특히 생명과 재산을 바치는 것을 최상의 기쁨으로 생각하라고 하지 않았는가! 이미 알고 있는 이 모든 인식이 지금은 어디로 사라졌단 말인가? 이렇게 생각하자 나는 안정을 되찾게 되었고, 자신의 어리석은 실수를 비웃기 시작했다. (남아프리카, 143쪽.)

감옥 생활은 고통스러웠지만 간디는 독서에 집중했다. 아침에는 『바가바드 기타』를 읽고 낮에는 영어판 코란을 읽었다. 저녁에는 중국인 기독교도들에게 영어판 성경을 읽어주었다. 또 러스킨, 소크라테스, 톨스토이, 헉슬리, 플라톤, 칼라일의『생애들』과 베이컨의 에세이를 읽었다. 그리고 칼라일의 책 한 권과 러스킨의『나중에 온 이 사람에게도』를 구자라트어로 번역하기 시작했다.

수백 명의 인도인이 유치장에서 형의 선고를 기다리고 있었다. 간디가 체포된 뒤에도 보이콧 운동은 계속되어 매주 백 명 넘는 인도인이 체포되었다. 그런 저항에 대해 정부도 대책을 강구했다. 간디가 투옥되고 2주 후에, 이민 담당 장관인 스뮈츠 장군이 교도소로 사람을 보내어 인도인이 자발적으로 등록하면 그 법을 철회하겠다고 제안했다. 간디는 죄수들과 상의하여 그 제안을 받아들이기로 했다. 며칠 뒤에는 죄수복을 입고 스뮈츠의 사무실로 안내되어 토의한 뒤에 그 제안을 수락했다. 그 뒤 1월 30일에 간디와 다른 인도인들이 석방되었다.

간디는 요하네스버그에 도착하자마자 집회를 열었다. 급하게 열린 모임임에도 천 명가량이 운집했다. 그중에는 법을 폐지하기 전에는 등록해선 안 된다고 반대하는 사람들이 있었다. 간디는 그들에게 사티아그라하는 인간에 대한 신뢰를 기본으로 하며, 사티아그라하라는 무기를 쥐고 있는 한 두려움이 없고 자유로우며, 의회가 열리면 법은 폐지될 것이라고 답했다.

2월 10일 아침, 간디는 등록하러 가는 길에 배신자라는 이유로 무슬림들의 습격을 받았다. 배신자라는 이유였다. 그는 "헤이 라마."라고 말하며 기절했다. 삼십 년 뒤 1948년 1월 30일에 암살되던 순간 남긴 말과 같았다. 손에 상처를 입었으나 간디는 무사히 등록을 마쳤다. 간디는 그를 공격한 무슬림들에 대한 분노나 증오가 전혀 없었기 때문에 그들에게 불리한 증언을 하지 않았으나, 유럽인들의 증언으로 가해자들은 3개월 징역형을 선고받았다.

건강을 회복한 간디는 등록을 위해 불철주야 노력했다. 그러나 스뮈츠는 약속한 법안 철폐를 이행하지 않았고, 간디는 그를 비난했다. 스뮈츠는 간디를 무시했고, 간디의 비판자들은 그를 잘 속는 사람이라고 비웃었다. 간디는《인디언 오피니언》에 쓴 '반칙'이라는 제목의 글에서 스뮈츠를 '냉혈한'이라고 불렀다. 이십 년 뒤에 쓴『남아프리카에서의 사티아그라하』에서 그는 하나의

장에 '스뮈츠 장군의 배신'이라는 제목을 붙이고는 물음표를 달았다. 장군의
행동이 의도적인 배신이 아닐지 모르기 때문이라고 하면서.

## 등록증 소각

간디를 비롯한 인도인들은 스뮈츠와의 약속을 지켰으나 스뮈츠는 간디를 배
반하여 등록법을 더욱더 강화하는 법안과 함께 이민 제한 법안까지 의회에 제
출했다. 간디는 분노하여 아시아인 법안을 철폐하지 않으면 자발적으로 등록
증을 불태우는 대중운동을 하겠다고 밝혔다. 그리고 1908년 8월 16일, 등록증
을 태우는 저항운동이 시작되었다. 간디는 교섭의 여러 단계에 대해 상세히
설명한 뒤 다음과 같이 말했다.

> **"만약 등록증을 불태우기 전에 돌려받고자 하는 사람이 있으면 지금 앞
> 으로 나와 가져가기 바랍니다. 등록증 소각은 범죄가 아니고, 감옥에 가
> 고자 하는 사람들을 가둘 수도 없습니다. 우리는 등록증을 불태움으로써
> 암흑법에 복종하지 않겠다고 엄숙히 선언하고, 등록증을 제시하는 권리
> 조차 행사하고 싶지 않다는 결의를 표명하는 것입니다. 물론 오늘 등록
> 증을 불태우더라도 내일 다시 발급받을 수 있습니다만, 만약 그런 비겁한
> 행위를 하고자 하는 사람이나 스스로 이 시련의 시기를 이겨낼 수 있을지
> 확신이 서지 않는 사람들은 아직 시간이 있으니 나와서 등록증을 돌려받
> 기 바랍니다. 부끄러워할 필요는 전혀 없습니다. 그렇게 하는 것도 일종
> 의 용기입니다. 그러나 나중에 등록증을 재발급받는 것은 부끄러운 일일
> 뿐 아니라, 인도인 사회의 이익에 큰 해를 끼치는 일이 될 것입니다. 또한
> 이것이 장기화할 투쟁임을 알아야 합니다. 이미 몇 사람이 대열에서 이탈
> 했고, 남은 사람들의 짐은 그만큼 더 무거워졌습니다. 이 모든 상황을 충
> 분히 고려하여 오늘 용기를 내야 한다고 조언합니다."** (남아프리카, 191쪽.)

간디는 등록증 이천 장을 불타는 거대한 쇠가마 속에 쌓고, 그 안에 파라핀

을 부었다. 등록증에 불을 붙이자 청중은 열렬히 환호했다. 런던의《데일리 메일》지는 그것을 보스턴 차 사건과 비교했다. 보스턴 차 사건은 1773년 미국 독립 전쟁의 계기가 된 사건이다. 당시 아메리카의 영국인들은 영국에서 수입된 차 상자들을 보스턴 항구의 바닷속에 집어던지고 영국에 종속하지 않는다고 결의했다. 그 기사에 대해 간디는 다음과 같이 말했다.

> **여기, 무력한 인도인 1만 3천 명이 막강한 트란스발 정부에 맞선다. 그들의 유일한 무기는 정당한 대의와 신에 대한 믿음이었다. 이는 경건한 사람들에게 충분히 강력한 무기지만, 비무장 인도인 1만 3천 명이 무장한 아메리카 백인에 비해 하찮게 보이리라는 점은 분명했다. 신은 약한 자의 힘이다. 그래서 세상은 그들을 멸시한다.** (남아프리카, 192쪽.)

요하네스버그에 있는 간디의 변호사 사무실은 사티아그라하 운동 본부가 되었다. 간디는 나탈의 피닉스 농장에서 1만 3천 명이 넘는 그 지역 인도인에게 도움을 촉구했다. 농장에서 그는 비가 오지 않으면 얇은 이불을 덮고 야외에서 자면서 검소하고 엄격하게 지냈다. 그는 물질적 쾌락을 멀리하고 장래의 싸움에 집중했다.

## 재투옥

트란스발 정부가 제정한 이민등록법과 수정된 아시아인법은 그 형식에도 불구하고 인도인을 겨냥한 것으로 벌금, 금고, 추방이라는 세 가지 처벌 조항을 두었다. 간디는 나탈에서 트란스발로 허가 없이 경계선을 넘어 체포되는 항의 운동도 함께 했다. 참여한 사람들은 모두 구속되어 3개월 징역형을 받았다. 간디도 1908년 10월에 폴크스루스트(Volkslust) 감옥에 갇혔다. 트란스발의 많은 인도인도 경찰에게 증명서가 없다고 말하여 같은 길을 갔다.

간디는 같은 감방에 있는 75명의 동포들을 위해 식사 당번을 했다. 또한 물집이 생길 정도로 중노동을 했고, 화장실 청소도 자원했다. "행복으로 가는 참된 길은 감옥으로 가서 자신의 조국과 종교를 위해 궁핍과 고통을 견디어내는 데 있다."라고 썼다. 죄수의 영혼이 자유함을 그는 알았다.

정부는 간디를 다른 죄수와 격리하는 것이 또 하나의 징벌이라고 생각하여 그를 프리토리아 감옥으로 이감시켰다. 그곳에는 인도인이 없고 사나운 중국인들과 카피르인들이 있었다. 간디는 다시 옥중에서 『바가바드 기타』, 러스킨, 소로 등의 책을 읽었다. 이후 폴크스루스트로 돌아가게 되어 마음이 놓였으나 아내가 하혈한다는 소식을 들었다. 벌금을 내면 석방되어 아내에게 갈 수 있었지만 간디는 사티아그라하의 대의를 위해 그렇게 하지 않고 아내에게 편지를 써서 아내를 위로했다.

**당신이 죽는다면 그조차 사티아그라하의 대의를 위한 희생일 것이오. 나의 투쟁은 단순히 정치적인 것이 아니라 종교적이며 따라서 매우 순수한 것이오. 투쟁하다가 죽든 살든 그것은 그리 중요하지 않소. 당신도 나처럼 생각하여 불행하다고 느끼지 않기를 바라고 기대하오.** (Guha1, 260쪽.)

폴크스루스트에서 하루 아홉 시간씩 중노동을 했지만 간디는 독서를 그만두지 않았다. 그곳에서 『나중에 온 이 사람에게도』의 번역을 마쳤고, 감옥 도서관에서 빌린 소로의 『시민 불복종』을 처음으로 읽었다. 그는 소로와 러스킨으로부터 사티아그라하 투쟁을 지지하는 주장을 읽을 수 있었다. 간디는 감옥 생활을 행운으로 생각했다. 감옥 밖에는 교도관이 많지만 감옥에는 한 사람뿐이고, 죄수는 먹고살 걱정을 하지 않으며 몸을 건강하게 유지할 수 있었다. 나쁜 습관으로부터도 자유로워져 영혼이 자유롭고 신에게 기도할 수도 있었다. 그래서 감옥에서 고난과 궁핍을 경험하는 것은 행복에 이르는 참된 길이라고도 생각했다.

## 소로

소로가 간디의 글에 처음 등장한 것은 1907년 9월의 《인디언 오피니언》에서였다. 간디는 감옥에서 시민 불복종에 관한 소로의 글을 열심히 읽었다. 그러나 앞에서도 말했듯이 간디는 영국 유학 시절부터 소로에 대해 잘 알았다.

간디는 소로가 『시민 불복종』에서 "나는 한순간도 감옥에 갇혀 있다고 느끼지 않았고, 벽은 진흙과 돌의 거대한 낭비로 보였다"고 한 말을 따왔고, 특히 소로의 다음 말에 공감했다.

**누구나 부정으로 투옥하는 정부 아래서 정의의 인간이 있을 참된 장소는 감옥이다. 자유롭고 결코 좌절하지 않는 정신의 주인에게 매사추세츠 주가 준비한 지금 가장 적절한 유일한 장소는 감옥이다.** (『케이프코드와 논문』, 370쪽.)

두 번째 투옥되었을 때 간디는 소로의 글을 모두 읽었다. 그는 소로의 글을 "나에게 깊은 감명을 준 걸작"이라고 평했다. 소로에게 인도가 영향을 미친 것처럼 간디에게도 소로가 큰 영향을 미쳤다. 소로와 그의 친구 에머슨은 『바가바드 기타』를 읽었고 『우파니샤드』도 일부 읽었다. 따라서 매사추세츠의 소로는 간디의 인도로부터 빌려와 그 은혜를 남아프리카 감옥에 있는 간디에게 도착한 말로 보답한 것이라고 볼 수도 있었다. 소로는 『시민 불복종』에서 다음과 같이 말했다.

**우리는 먼저 인간이어야 하고 그다음 피통치자여야 한다고 나는 생각한다. 정의에 대한 존경심과 같은 정도로 법에 대한 존경심을 기르는 것은 바람직하지 않다. 내가 당연히 받아들여야 하는 유일한 의무란, 언제나 자신이 옳다고 생각하는 대로 실천하는 것이다.** (『케이프코드와 논문』, 358쪽.)

소로는 법을 준수하는 것보다 정의로운 것을 더욱 명예롭게 생각했다. 1849년 그는 노예제에 반대하고 멕시코 침략에 반대하는 글을 썼다. "노예제와 전쟁에 반대하는 '말을 하는' 사람은 수없이 많지만, 그것들을 없애기 위해 실천하는 사람은 아무도 없다. 옳은 일을 하는 사람이 한 사람이라면 999명은 말로만 그렇게 한다."(피서, 58쪽 재인용.)

간디와 마찬가지로 소로도 다수의 악을 시정할 수 있는 도덕적 소수의 결단력을 믿었다. 소로는 『케이프코드와 논문』에서 다음과 같이 썼다.

**나는 확신한다. 천 명이, 백 명이, 또는 내가 이름을 댈 수 있는 열 명**(단 그 열 명이 모두 '정직한' 인간이라면), **아니 단 한 명이라도 '정직한' 인간이 이 매사추세츠 주에서 노예 소유자이기를 그만두고, 정부와의 공범 관계로부터 실제로 벗어나며, 그랬다는 이유로 마을 감옥에 갇히게 되면 그런 행동이 바로 미국에서 노예제를 없앨 것이다.** (소로, 164쪽.)

소로는 납세를 거부하여 감옥에 끌려갔으나 친구가 대신 납부하여 24시간 만에 풀려났다. 에머슨은 그의 『정치론』에서 다음과 같이 썼다. "나는 도덕적 이유만으로 법의 권위를 끝까지 거부한 사람을 한 사람도 알지 못한다." 에머슨은 1882년에 죽었으니, 소로의 글을 읽기 전 간디가 도덕적 이유로 부당한 법을 거부하여 감옥에 갇혔고 나머지 생애에도 그렇게 했음을 몰랐다. 게다가 그것은 하루가 아니라 이천 일이 넘는 긴 세월이었다.

간디는 『자서전』에서 소로의 영향에 대해 말하지 않았으나, 그 뒤 1929년 10월 2일에 솔트에게 보낸 편지에서 그의 『시민 불복종』을 처음 읽은 것이 1907년이거나 사티아그라하가 한창인 때였고, 당시 그것을 일부 번역하고 발췌하여 《인디언 오피니언》에 실었으며, 그 뒤 솔트가 쓴 소로 전기와 『월든』 등도 읽었다고 했다. 그리고 1931년 영국 런던의 원탁회의에 와서는 기자의 물음에 소로의 『시민 불복종』을 1906년에 처음 읽었다고 했다.

그러나 간디는 1935년 9월 10일, 라오에게 보낸 편지에서 자신이 소로를 읽기 전에 시민 불복종을 했기 때문에 그 생각을 소로에서 가져왔다는 주장에는 반대하고, 소로의 시민 불복종이라는 말이 자신의 투쟁을 정확하게 설명하지 못해 시민 저항(civil resistance)이라는 말을 택했다고 했다.

## 사티아그라하의 탄생

『자서전』등은 마치 간디가 아시아인 등록법에 대한 투쟁 직후 자신의 투쟁을 '수동적 저항'이라고 말하는 것이 싫어서 바로 '사티아그라하'라는 말을 만들었다고 오해할 수 있게 서술되었다. 그러나 그 말은 투쟁 이후 일 년 반이 지난 1908년 1월 1일에야《인디언 오피니언》에 발표되었고, 점차 널리 사용되었다. 게다가 단순히 영어 표현이 싫어서 인도식 표현을 만든 것도 아니었다.

앞에서도 보았지만 수동적 저항이든, 소로의 시민적 저항이든, 반드시 비폭력을 뜻하지는 않았다. 특히 영국의 여성 참정권 운동은 비폭력이 아니었다. 그래서 간디는 더 적절한 인도 기원의 말을 찾아 나서서《인디언 오피니언》에 공모 기사를 냈다.

간디의 조카인 마간랄이 만든 말이 공모에서 선정되었다. '사드(sad, 선행)'와 '아그라하(agraha, 확고)'를 결합한 구자라트어 '사다그라하(Sadagraha, 확고한 선행)'였다. 간디는 뜻을 더욱 분명히 하고자 d를 t로 바꾸고 ya를 더하여 그것을 사티아그라하(Satyagraha)로 바꾸었다. 진실(sata)에는 비폭력(shanti)이 포함되고, 무엇을 확고하게 주장하면(agraha) 힘(bar)이 생기기 때문에 주장에는 힘도 포함되었다. 사티아그라하는 진실과 비폭력에서 생긴 힘이라는 뜻이었다. (남아프리카, 109쪽) 즉 물리적이거나 신체적인 힘이 아니라, 그것을 정화하고 포함하는 영혼의 힘, 진실의 힘을 뜻했다. 그리고 사티아그라하에 참가하는 사람을 사티아그라히라고 불렀다.《인디언 오피니언》의 1908년 2월 기사에서 보듯이 한동안 간디는 사티아그라하와 수동적 저항을 명확하게 구별하지 않았지만, 차차 그 차이를 분명하게 구별하기 시작했다.

**우리는 수동적 저항을 통해서는 결코 강자가 될 수 없고, 기회만 주어지면 재빨리 그것을 포기하고 말 것이다. 반면 만일 우리가 사티아그라히가 되어 스스로 강하다 믿고 사티아그라하를 실천한다면 두 가지 확실한 결과를 얻게 된다. 첫째, 힘에 대한 생각을 키우면서 매일매일 더욱 강해질 것이다. 그러면 사티아그라하는 더욱 효과적이 되고 우리는 그것을 포기**

할 이유를 찾지 못할 것이다. 둘째, 수동적 저항에는 사랑의 여지가 없지만, 사티아그라하에는 증오가 설 자리가 없다. 증오는 그 지배 원칙의 중대한 위반이다. 수동적 저항에는 무력 사용의 여지가 있지만, 사티아그라하에서는 어떤 상황에서도 금지된다. 수동적 저항은 종종 무력을 사용하기 전의 준비 단계로 간주되지만, 사티아그라하는 결코 그럴 수 없다. 수동적 저항은 때로 무력 사용을 허용할 수 있다. 그러나 사티아그라하와 야만스러운 힘은 결코 함께 갈 수 없다. 사티아그라하는 우리와 가장 가깝고 가장 사랑하는 사람들에게 주어지지만, 수동적 저항은 그럴 수 없다. 수동적 저항은 항상 적에게 고통을 주는 것과 관련한 생각을 수반하고, 그로 인해 우리는 항상 당혹감을 느끼게 된다. 반면 사티아그라하는 적에게 고통을 준다는 생각과는 거리가 멀다. 사티아그라하는 스스로 고통을 겪으며 상대를 정복하기를 요구한다. (남아프리카, 110~111쪽.)

요컨대 수동적 저항이란 비폭력 저항을 잘못 부른 것이라고 했다. 비폭력 저항은 폭력 저항보다 훨씬 더 적극적인 것이다. 그것은 어떤 형태를 취해도 결코 수동적이고 무기력하지 않다. 즉 악에 대한 모든 투쟁의 포기가 아니라, 부정에 대한 더욱 적극적이고 실제적인 투쟁이다. 구체적으로는 비협력, 시민 불복종, 단식, 피케팅, 파업과 같은 전술이다. 특히 소로의 시민 불복종에 러스킨이나 톨스토이를 원용하여 높은 도덕성을 추구한 것이 간디의 독자적인 사티아그라하다.

간디는 그것이 종교적 운동임을 처음부터 분명히 했다. 그 결과 종교와 정치를 일체화하고자 하는 간디의 바람이 이루어졌다. 간디는 사티아그라하가 예수의 산상수훈에서 말하는 '오른쪽 뺨을 때리거든 왼쪽 뺨도 내주는' 가르침과 같고, 톨스토이가 『신의 나라는 네 안에 있다』에서 말한 것과도 같다고 말했다. 간디의 경우 진실, 사랑, 비폭력, 신은 언제나 같은 것이다. 즉 사랑은 폭력을 배제하므로 비폭력이고, 비폭력은 신의 본성과 관련된다. 이야말로 간디가 당대의 민족주의자들과 가장 분명하게 구별되는 지점이었다.

5부 사티아그라하로 싸우다(1906~1915)

그러나 여기서 종교와 정치의 일체화라는 말은 우리 헌법을 비롯한 모든 민주주의 헌법에 규정된 정교분리를 부정하는 것이 아님을 이해해야 한다. 특정한 종교가 국교가 되어 정치를 조종하거나 지도하는 것, 정부가 특정한 종교를 억압하고 탄압하는 것은 당연히 금지된다. 간디가 그런 의미에서 힌두교를 인도의 국교로 삼아 정치를 조종해야 한다고 주장한 것은 물론 아니다. 간디가 말하는 종교는 특정한 종교가 아니라 보편의 종교다.

## 진실이 신이다

앞에서 보았듯이 간디는 1906년에 사티아그라하를 발견하면서 신과 진실이 같다는 인식에 이르렀고, 그로부터 여러 가지 문제에서 해방되었다. 사티아그라하는 신지주의에서 받아들인 진실(사티아), 톨스토이와 소로 등에서 받아들인 사랑(비폭력, 아힘사), 힌두 철학에서 받아들인 자기희생(다바샤)이라는 서로 관련된 세 요소로 구성되었다.* 그중에서도 핵심은 진실이고 간디는 진실이 신이라고 말했다. 그가 말하는 신은 세상 모든 곳에 존재하고, 우리 각자의 내면에도 존재하는 추상적이고 절대적인 원리로서 의인화된 실체가 아니며, 신상에는 신성이 없으므로 숭배할 대상이 될 수 없다.

또한 진실은 역사의 외부에 있어서 역사에 구속당하지 않으며, 보편이고 불변이다. 따라서 종교나 도덕의 참된 원리도 보편이고 불변이다. 힌두식으로 말하면 '참의 다르마(인간의 본분)는 불변이다.' 나아가 도덕에 근거한 종교는 미신이 아니다. 진리는 역사 속에 없고 과학도 그것에 도달하기 위한 특권적인 위치에는 없다. 진리는 도덕적이고 통합되고, 불변이며 초월적이고 비판적

---

* 아힘사(비폭력, 불살생)는 힌두교와 자이나교의 전통이기도 하다. 간디가 사용한 전략은 평화적 집단파업이나 하르탈과 같은 전 지역 파업 및 벵골 분할에 반대하는 항의에서도 사용되었다. 사티아그라하가 지배자의 동정과 주의를 끌기 위해 궁전 밖에 앉아 단식하는 카티아와르의 풍습인 타나(연좌 파업)에서 비롯되었다고 보는 견해도 있다. (David Hardiman, *Feeding the Baniya Peasants and Usurers in Western India*, Oxford University Press, 1966.)

인 탐구나 철학적 사색의 대상이 아니다. 그것은 합리적이거나 과학적인 것이 아니라, 서정적이고 시적으로 표현될 수 있을 뿐이다. 이러한 보편주의적 종교관은 계몽주의 이후의 사상과는 단절되었다고 간디는 보았다.

사티아그라하에 대해 간디는 그 전부터 모색해왔다. 간디가 《인디언 오피니언》 1905년 4월 자에 쓴 「동양의 진리 개념」이라는 글을 통해 그 흔적을 살펴볼 수 있다. 그것은 진리란 서양에서 나온 것이라는 당시 인도 총독 카즌 경의 주장에 대한 반론이었다. 간디가 문제로 삼은 카즌의 발언은 "가장 높은 진리의 이념은 거의 대부분 서구의 개념이다" "진리라는 개념은 동양에서도 마찬가지로 경의를 표하기 이전부터의 높은 도덕률이고, 그 동양에서는 간사함이나 빈틈이 없는 흉계가 여론을 뒷받침했다." 등이었다.

간디는 영역본으로 읽은 『베다』 『우파니샤드』 『마하바라타』 『바가바드 기타』 등 인도 고전에 대한 지식을 총동원하여 인도에서는 고대부터 진리 개념이 중요한 의미를 가졌다고 주장하면서 "진리보다도 더 높은 다르마는 없다(There is no duty higher than truth)."라는 말을 인용했다. 이는 산스크리트어 'Satyat nasti paro dharmah'의 영어 번역으로, '듀티(duty)'로 번역된 '다르마(dharmah)'가 문제였다. 인도인들은 이를 종교로 번역했고, 블라바츠키도 마찬가지로 번역하여 "진리보다 더 높은 종교는 없다"를 신지협회의 모토로 삼았다.

나아가 간디는 그 말을 힌두교의 핵심 개념으로 보면서 뒤에는 종교가 아니라 신이라는 말로 바꾸어 "진리보다 더 높은 신은 없다"고 하고 그것이 힌두교 사상의 세 가지 기본 원리 중 하나라고 주장했다. 나머지 둘은 "비폭력(사랑)은 최고의 종교(다르마)"라는 것이고, "신만이 진리이고 다른 모든 것은 일시적인 미망에 불과하다"는 것이었다(전집30, 376쪽).

간디에 의하면 사티아는 실재를 뜻하는 사티에서 비롯된다. 진리 외에 실제로 존재하는 것은 없다. 따라서 사티아는 존재하고 있는 상태를 말하고, 사티아나 사트는 신(브라마)을 나타내는 말이다. 진리가 있는 곳에 참된 지식이 있고, 참된 지식이 있는 곳에 환희가 있으므로, 결국 신은 '진리, 지식, 환희'라는 삼위일체를 이룬다. 이 진리에 헌신하는 것이 우리의 존재를 정당화하는 유일한 근거이고, 그 진리를 탐구하는 데는 고행이 필요하다. 진리에 대한 탐구가 바로 신에 대한 사랑이다. 그러한 하나의 원리는 구체적으로 다양한 종교로 나타나지만 어디까지나 하나의 같은 원리에 근거한다(전집29, 190쪽). 간디가 말하는 진리는 실정법이나 사회적·정치적 원리보다도 앞서는 것이고, 선악이나 옳고 그름의 구별도 없이 그러한 대립을 초월하는 곳에 있다. 무신론자가 신을 부정했다고 해도 진리는 신을 초월하므로 어떤 것도 부정할 수 없다.

## 카스투르의 결단과 세 번째 투옥

앞에서 보았듯이 트란스발의 인도인들은 감옥에 가기 위해 나탈로 갔다가 트란스발로 돌아와야 했다. 이로 인해 이민법을 위배하게 되어 3개월 징역형을 받았다. 사티아그라히 중에는 형기가 끝나면 다시 징역형을 받아 8회까지 받은 경우도 있었다. 한번은 트란스발에서 1만 3천 명의 남녀노소 중에서 2천 5백 명이 감옥에 갇히고, 육천 명이 도망치기도 했다. 좀처럼 끝날 것 같지 않았다. 이에 정부는 인도인에 대한 탄압을 더욱 강화하고 범죄자 수가 늘지 않게 하기 위해 인도인을 국외로 추방할 계획을 세우고 상업을 방해하는 경제적 압력을 가했다.

간디는 1908년 12월 12일에 감옥에서 나왔다. 그러나 사티아그라하 투쟁 때문에 병상에 있는 아내에게 바로 가지 못했다. 그러던 중 의사가 그에게 전화를 걸어 아내에게 진한 소고기 수프를 먹여도 괜찮겠냐고 물었다. 그러자 그는 기차를 타고 더반으로 갔다. 의사가 간디에게 환자를 살리기 위해 수프를 먹였다고 말하면서 언쟁이 일자 카스투르는 수프 먹기를 거부했다. 간디는 아내를 피닉스로 데려가 물 치료법으로 보살폈으나 하혈은 계속되었다. 간디는 소금과 렌즈콩을 끊으라고 권했다. 그제서야 하혈이 멈췄고, 간디는 요하네스버그로 돌아와 다시 감옥에 갇혔다. 1909년 2월 25일의 일이었고, 세 번째 투옥이었다. 처음에는 폴크스루스트 감옥이었으나 일주일 뒤에 프리토리아의 새 교도소로 이감되었다. 그곳에서도 간디는 노동과 독서에 열중했다. 기독교와 힌두교, 스티븐슨의 『지킬 박사와 하이드』, 칼라일의 『프랑스혁명』, 에머슨, 소로, 마치니, 러스킨, 톨스토이의 책을 읽었다.

한 달에 한 통씩 편지를 쓸 수 있어서 간디는 1909년 3월 25일 둘째 아들 마닐랄에게 편지를 썼다. 열일곱 살 마닐랄은 공식 교육을 거의 받지 못했지만 아버지 대신 농장과 《인디언 오피니언》을 책임지고 있었다. 간디는 그에게 진실, 아힘사, 브라마차리아라는 세 가지 덕을 실천하는 것으로 자신의 교육은 완성된다고 하면서 가난이 자신들의 운명이자 축복이라고 말했다.

간디는 3개월 형을 마치고 1909년 5월 24일 감옥을 나왔다. 그는 밖에서 그를 기다리고 있던 백여 명의 인도인들에게 석방되었다 하여 기쁘지는 않으며 대의를 위해서라면 언제든지 투옥될 것이라고 말했다. 그러나 간디는 수많은 어려움으로 인해 사티아그라하의 열기가 식어가고 있음을 느꼈다. 게다가 나탈, 트란스발, 케이프 식민지, 오렌지 자유주 등이 남아프리카 연방을 만들어 대영제국 내에서 자치령이 되는 길을 추진하기 시작했다. 그래서 인도인들은 간디를 런던에 대표로 보내어 자신들의 주장을 반영하고자 했다.

## '민족주의자 간디'의 탄생

1909년 7월 10일, 간디는 헨리 폴락을 인도로 보내고 자신은 배를 타고 영국으로 건너갔다. 그는 대영제국의 분노한 국민과 공정한 관리들이 유색인이 압도적 다수를 차지하는 곳에서 벌어진 인종차별에 대항하는 투쟁에 도움을 주리라 생각했다. 만일 인도 총독부가 남아프리카에 관심을 갖는다면 총독이 스뮈츠를 누를 수 있음을 런던에 알릴 수 있었다. 그러나 당시 그는 그러한 이면공작에 능숙하지 못했을 뿐 아니라, 그런 일을 싫어했다. 그런 일을 하는 것보다는 감옥에 가는 것이 사티아그라하에 맞다고도 했다.

영국에서 간디는 많은 자유주의자의 지지를 받았고 제국주의자들에게도 호감을 샀다. 그의 여행은 비록 바로 구체적인 성과를 내지는 못했지만, 남아프리카 인도인 문제를 영국의 주된 관심사로 만드는 것에 성공했다. 최종 승리를 향한 최초의 씨앗이 뿌려진 것이다.

게다가 이번 방문은 그 전까지 심정적으로 영국을 지향한 간디가 40세 전후로 진정한 의미의 인도 민족주의자가 되는 전환의 계기가 되었다. 나는 앞에서 간디가 남아프리카에 막 도착한 25세에 '인도인 간디'가 되었다고 말했다. 이제 십오 년이 지나 그는 '민족주의자 간디'로 다시 탄생했다. 4개월 동안 간디는 런던에서 인도인 민족주의자들과 이야기하면서 테러를 불사한다는 식의 급진적 사고에 위기감을 느낀 한편, 인도 민족주의자들이 반발한 톨스토이의 「인도인에게 보내는 편지」(1908)에 감동했다. 간디에게 그 편지를 소개해준 사람은 간디의 친구 프란지반 메타였다.

앞에서 말했듯이 그는 간디가 처음 영국에 내렸을 때 도움을 준 고향 구자라트 출신 의사로 당시 런던에서 법정 변호사로 일하고 있었다. 메타는 그 뒤 미얀마의 랑군에서 보석 사업을 하면서 간디를 물심양면으로 도왔다. 1909년 간디와 같은 시기에 런던에 와서 같은 호텔에 머물며 서로 논의한 결과가 『인도의 자치』였다. 간디와 헤어진 뒤, 동향의 법정 변호사였다가 보석상이 된 S. R. 라나를 만났다가 「인도인에게 보내는 편지」를 읽었다. 그리고 간디와의 공통점이 너무 많은 데 놀라 그에게 그것을 보냈다. 간디가 톨스토이와 편지 교류를 하게 된 것은 뒤에서 다시 살펴볼 것이다.

메타는 간디가 1915년 인도에 귀환했을 때 아슈람 건설 등의 활동에 필요한 자금을 제공했다. 1920년부터 시작된 비협력운동 때에는 인도에 가서 직접 돕고자 했으나, 병으로 그러지 못했다. 1926년에도 인도에 와서 소금 행진을 상의했으나, 건강 문제로 참가하지는 못하고 1932년에 사망했다.

## '문명 비판가' 간디의 탄생

여기서 간디의 민족주의가 문명 비판적인 것이었음을 다시금 강조할 필요가 있다. 1909년 런던에서 간디는 영국의 정치에 실망하면서 톨스토이나 소로를 따르는 문명 비판가들에게 크게 끌렸다. 그중에는 앞에서 언급한 카펜터와 체스터턴이 있었다. 카펜터에 대해서는 앞에서도 설명했지만, 당시의 간디는 카펜터의 문명 비판, 즉 유럽인에게 내면의 갈등과 불화를 심화시키고 통일성을 상실시켜 병들게 한 기독교 세계는 이교도 세계와 원시 세계의 순수한 태평함과 너무나도 대조적이라는 비판에 감동했다. 그리고 기독교 문명의 유일한 해결책은 자연과 인간 생활의 공동체로 복귀하는 것뿐이라는 주장에 공감했다. 카펜터는『문명: 그 원인과 치유』에서 다음과 같이 주장했다.

> **지상의 야만적 인종이라도 문명의 유해한 영향으로부터 벗어날 수 없다. 문명이 그들을 건드릴 때마다 그들은 문명이 수반하는 천연두와 음주, 그것들보다 더 나쁜 악으로 인해 파리처럼 죽어간다. 문명과 접촉하는 것만으로 민족 전체가 파멸하기도 한다. 그러나 '질병'이라는 것은 신체만이 아니라 사회적인 상태에도 적용될 수 있다. 건강을 형성하는 신체적 통일성을 상실하면 몸에 병이 생기고 이는 각 부분의 투쟁이나 불화라는 형태, 또는 약탈적 병균이나 종양에 의한 신체 파괴의 형태를 띤다. 마찬가지로 현대인의 생활에서도 진정한 사회를 형성하는 통일성이 사라지고, 그 대신 계급과 개인 간의 투쟁, 다른 집단에 피해를 주는 집단의 비정상적인 발전, 사회적 기생충에 의한 유기체의 소모 등이 자리 잡게 된다.**
> (Guha1, 383쪽.)

간디는 카펜터가 말한 문명에 의한 사회 파괴는 유럽뿐 아니라 인도에서도 볼 수 있고, 그것을 극복하기 위한 유일한 방법은 자신이 실천하고 있는 채식과 공동체 생활이라고 생각했다. 특히 욕망을 자극하는 서양식 육식을 피하고, 서양식 의료도 거부해야 몸의 건강뿐 아니라 사회와 민족의 건강도 보장된다고 믿었다.

한편 길버트 키스 체스터턴(Gilbert Keith Chesterton, 1874~1936)*은《일러스트

---

\* 추리소설『브라운 신부의 결백*The Innocence of Father Brown*』(1911)으로 유명한 20세기 영국의 작가. 보어전쟁에 대해 보어인들을 지지하는 입장을 강하게 드러낸 정치적 자유주의자로 출발했으나, 잠시 급진주의 쪽으로 기운 뒤 토지 분배를 옹호하는 분배론자가 되었다.

레이티드 런던 뉴스*Illustrated London News*》의 1909년 9월 18일 자 칼럼에 인도 민족주의를 비판하는 글을 실었다. 인도 식민지에 대한 그의 유일한 글에서, 그는 과격한《인디언 소시올로지스트*Indian Sociologist*》를 읽고 인도 민족주의자가 "인도적이지도, 민족주의적이지도 않다"고 했다. 또한 '그들이 숭상하는 허버트 스펜서류의 사회학은 천박하지만 인도인의 불교 철학에는 고귀한 사상이 있는데 왜 스펜서를 도입해서 인도를 오염시키는가?'라고 비판했다. 그에 의하면 인도 민족주의자들은 다음과 말한다.

**"나에게 투표함을 달라. 나에게 장관의 서류함을 달라. 나에게 대법원장의 가발을 달라. 나에게는 총리가 될 선천적 권리가 있다. 나에게는 예산안을 도입할 선천적 권리가 있다. 내가《데일리 메일》의 편집진에서 배제된다면 나는 굶어 죽을 것이다."**(Guha1, 363쪽.)

체스터턴은 인도인에게 자신을 표현할 권리, 자기답게 행동할 권리가 있는 것이 분명하지만 스펜서는 인도인이 아니고 그의 철학은 인도 철학이 아니라고 한다. 간디는 체스터턴의 글을 구자라트어로 번역하고 다시 영어로 번역하여《인디언 오피니언》1910년 1월 8일 자에 실었다. 뒤에서 보듯이 체스터턴의 생각은 간디가『인도의 자치』를 쓰는 데에 중요한 역할을 했다.

허버트 스펜서(Herbert Spencer, 1820~1903)는 당시 영국 사회를 주도한 사회적 다원주의자로서 19세기 말의 인도 지성인들은 물론 동아시아 지식인들, 특히 조선의 지식인들에게도 큰 영향력을 미쳤다. 그는 다윈이 밝힌 진화론의 자연도태를 통해 부적합한 사람들이 사회에서 도태되면 생물학적 이익을 준다고 주장하면서 개인주의와 자유방임주의를 옹호했다. 그러나 간디의 문명 비판에는 체스터턴보다 톨스토이의 영향이 더욱더 컸다.

# 2 _____ '톨스토이주의자' 간디

## 톨스토이의 영향과 톨스토이 농장

앞에서 보았듯이 간디는 런던 시절에 채식주의자들을 통해 톨스토이를 알았다. 1891년에 톨스토이는 채식주의자협회의 기관지인 《채식주의자》에 비폭력에 대한 글을 기고했다. 톨스토이는 신지협회에 가입하지 않았으나 그의 누이가 그 협회의 회원이었고, 자신도 그 협회에 관심이 컸다. 서양문명을 비판한 톨스토이는 1870년대 이후 중국·인도·이란·터키·일본 등에 관심을 가졌기 때문에 그 협회에도 관심을 기울였다.

톨스토이가 1874년부터 이듬해에 걸쳐 쓴 『러시아어 독본』에 나오는 「인도인과 영국인」이라는 글의 내용이다. 어느 인도 노인이 전쟁 포로로 죽게 된 영국 병사를 구해준 뒤 말한다. "당신의 동료가 내 아들을 죽였다. 그러나 나는 당신의 생명을 구해주었다. 빨리 동료들에게 돌아가서 우리를 죽이도록 하라."

또 간디가 애독한 톨스토이의 단편소설 「바보 이반」(1885)에서는 농민의 신체적 고통과 그것을 향한 인도적인 현자로서의 대응에서 볼 수 있는 이상화된 인민에 대한 공감을 읽을 수 있다. 나아가 단식·채식·불살생·비폭력·금욕 등 간디의 신체적 저항 방법은 톨스토이 사상의 반권력·무사무욕·근면·사랑·평화 등의 이상화된 인도적 지혜와 깊이 감응했다. 그러나 간디가 비폭력 사상을 아힘사로 힌두화한 것은 인도에 돌아온 뒤였다.

간디는 '전쟁의 사악한 결과에 대한 것으로 민중의 도덕을 향상하기 위해 쓴 소설'이라고 본 『전쟁과 평화』와 『부활』 외 톨스토이의 소설에는 거의 무관심했다. 톨스토이는 소설에서 표현한 인간의 본성이라는 현실을 부정하지 않고, 죄를 지은 인간이 신에게서 멀어졌음을 자각하고 신은 별개의 존재로 나타남을 인식했다. 반면 간디는 죄의식을 가지면서도 평범한 인생 속에서 언제나 그것을 생각하고, 마침내 인간으로서의 완성과 신과의 합일을 추구했다.

5부 사티아그라하로 싸우다(1906~1915)

간디는 1894년에 메이트랜드에게 톨스토이의 『신의 나라는 네 안에 있다』를 소개받아 읽고 크게 감동했으며, 1904년의 피닉스 정착촌도 러스킨과 함께 톨스토이의 이상에 따른 것이라는 점에서 톨스토이의 영향은 컸다. 『신의 나라는 네 안에 있다』는 그 부제가 '신비한 교의가 아닌 삶의 새로운 이해로서 기독교 신앙'이었던 만큼 예수를 도덕적 본보기로 보고 기독교의 도덕적 핵심을 사랑과 비폭력으로 본 책이다. 톨스토이가 말한 그런 기독교 이해는 간디의 힌두교 이해와 같았다. 간디는 톨스토이의 책들을 읽고서 가난한 사람을 돕는 가장 좋은 방법은 스스로 노동하는 것이라고 생각했다. 그리하여 피닉스에 톨스토이 농장을 설립했다.

간디는 1905년 노일전쟁 이후 바로 《인디언 오피니언》에 러시아와 일본에 대해 여러 차례 글을 썼다. 그는 러시아와 인도를 비교하면서 인도가 앞으로 선진의 길을 찾아야 한다고 주장하고, 전쟁에 이긴 일본의 아시아적 지혜와 정신, 특히 일본인의 사심 없는 애국심을 찬양했다. 그러나 그 뒤 일본이 동아시아 침략을 시작하자 엄중한 비판으로 돌아섰다.

간디는 1905년 9월 2일 자 《인디언 오피니언》에 쓴 「톨스토이 백작」에서 그의 약력을 설명한 뒤 농민처럼 자신의 노동으로 생계를 꾸렸고 모든 악을 포기하고 매우 간소한 음식을 먹고 어떤 생물도 해치지 않았다고 하며, 그의 반관(反官) 정신과 비폭력주의를 찬양했다. 당시 톨스토이는 80세로 살아 있었다. 그 글에서 간디는 톨스토이의 믿음을 다음과 같이 요약했다.

1. 인간은 부를 축적해서는 안 된다.
2. 아무리 많은 악을 행한 자에게도 선을 베풀어야 한다. 그것이 신의 율법이고 계명이다.
3. 어떤 싸움에도 가담해서는 안 된다.
4. 정치는 악을 낳기에 행사해서는 안 된다.
5. 인간은 창조주에 대한 의무를 수행하기 위해 태어났으니 권리보다 의무에 주의해야 한다.

**6. 거대도시, 공장 기계를 세워 노동자의 무기력과 가난을 착취해 소수가 부를 향유해서는 안 되고, 농업이야말로 진정한 일이다.** (IO, 1905. 9. 2.)

간디는 톨스토이가 러시아인이지만 노일전쟁과 관련하여 러시아를 혹독하게 비판하여 러시아 황제를 비롯하여 여러 사람의 비판을 받았다고도 썼다.

## 간디와 톨스토이의 편지 교환

간디는 1908년 10월에 투옥되어 『신의 나라는 네 안에 있다』를 다시 읽었고, 출옥 후 런던에서 톨스토이의 「인도인에게 보내는 편지」를 읽었다. 간디는 1909년 10월 1일 런던에서 톨스토이에게 처음으로 편지하여 자신의 남아프리카 활동을 소개하고 「인도인에게 보내는 편지」를 이만 부 인쇄하도록 허가해 달라고 요청했다. 그 편지에서 톨스토이는 영국인이 인도에 있는 것을 영국인 탓으로 돌리는 것은 잘못이고, 도리어 인도인 스스로 노예 상태를 받아들였다고 주장하며 영국의 폭력적 지배에 협력하지 말아야 한다고 역설했다. 이러한 주장은 바로 간디 사상을 근본적으로 변화시키며 그 핵심이 되었다.

간디는 톨스토이의 답장을 받은 뒤 11월 10일에 남아프리카로 떠나기 전에 두 번째 편지를 보내면서 도크가 쓴 자신에 대한 책을 동봉했다. 그리고 남아프리카로 돌아오는 배에서 톨스토이의 「인도인에게 보내는 편지」를 구자라트어로 번역하여 '인도의 복종-그 원인과 치유'라는 부제를 붙였다. 이는 분명 카펜터의 책 제목을 연상시켰다. 그리고 배 위에서 쓴 『인도의 자치』는 톨스토이의 영향을 분명하게 보여주었다.

간디는 1909년 12월 25일 자 《인디언 오피니언》에 실린 글에서 톨스토이가 보복하지 않고 사랑으로 보답하면 상대가 나쁜 짓을 그만둔다고 했다면서, 자신의 사티아그라하는 영국의 폭력에 사랑으로 맞선 점에서 톨스토이의 가르침을 따른 것이라고 말했다.* 그리고 톨스토이가 인도인은 영국인의 노예가 아니라 인도인 자신의 노예라고 한 점, 인도인이 원하지 않는다면 영국인이 인도에 머물지 않는다는 점을 중시했다. 그러나 간디는 자기가 톨스토이 사상 전부를 수용하지는 않는다고 했다.

톨스토이는 「인도인에게 보내는 편지」에서 폭력이 민중을 해방시킬 수 없다고 했지만 영국 총독부에 의해 즉각 배포가 금지되었다. 톨스토이가 그 글에서 이억 명이 넘는 수준 높은 인도인이 어떻게 그 발전과 육체적·정신적 힘에 있어 그들보다 저급한 소수에게 지배당하느냐고 물었기 때문인지도 모른다. 톨스토이는 인도인들이 그들의 의식 속에서 '진실을 가로막는 산 같은 쓰레기 더미들'로부터 해방되어야 한다고 썼다. 즉 종교적 편견이나 온갖 미신에서 벗어나고 인도인을 노예화한 것이 영국인이 아니라 인도인 자신임을 깨달아야 한다고 했다. 간디가 평생 지키고자 한 '진실'이란 것도 톨스토이에게서 온 것이다. 그러나 일찍이 타고르가 지적했듯이 언제나 진실과 조화를 추구한 간디와 달리 톨스토이는 분열과 갈등 속에 살았다.

간디는 1928년 9월 10일 아마다바드 청년회에서 열린 '톨스토이 탄생 100주년 기념 연설'에서 자신의 인생에 영향을 미친 사람을 라이찬드라, 톨스토이, 러스킨 순서로 언급했다. 톨스토이의 책 중에서도 『신의 나라는 네 안에 있다』가 가장 큰 영향력을 주었다고 하며, 그 내용을 자제·비폭력·생계를 위한 노동(bread labour)이라고 했다. 간디는 1910년 11월 26일 자《인디언 오피니언》에 쓴 톨스토이 추도문에서 톨스토이가 모든 종교는 영혼의 힘을 폭력보다 우월하게 생각함을 확신했다고 밝혔다.

그 뒤로도 간디는 많은 편지와 글에서 톨스토이의 영향에 대해 말했다. 사실 그 양으로 보면 톨스토이야말로 간디에게 가장 깊은 영향을 끼친 사람이라고 할 수 있다. 이 또한 1929년 8월 26일 아마다바드 청년회에서 톨스토이 탄

---

*  원래는 톨스토이가《자유 힌두스탄》지에 보낸 「인도인에게 보낸 편지」를 톨스토이의 허락을 얻어 실으면서 그 서문으로 1909년 11월 18일 영국에서 돌아오던 배에서 쓴 글.

생 100주년 기념 연설에서 밝힌 것이다. 그 뒤 간디는 종교·가난·채식·평화 등에 대한 톨스토이의 글을 더 열심히 읽었다.

톨스토이는 러시아 정교회가 예수의 산상수훈에 반대되는 것을 가르친다는 이유로 그 권위를 거부했다. 또한 국가가 부유하고 강한 소수의 이익을 옹호하고 가난하고 약한 다수를 박해하며 전쟁의 폭력으로 인류를 죽이기 위해 존재한다고 비판했다. 그리고 국가에 대한 충성이나 법정 선서를 맹세하지 말고, 경찰이나 군인이 되지 말며, 세금을 내지 말라고 했다.

『인도의 자치』의 부록에서 간디는 톨스토이의 책 여섯 권을 추천서 20권 가운데 선두에 두어서 간디에게 가장 큰 영향을 미친 사람이 톨스토이임을 알게 한다. 최근 한국에서나 세계적으로나 톨스토이는 도스토옙스키보다 낮게 평가되는 경향이 있지만, 인간 내지 지식인으로서 반유대주의자이자 러시아 정교주의자이며 국수주의자인 도스토옙스키보다는 세계시민주의자이자 반(反)제도종교주의자이며 비폭력주의자인 톨스토이에 더 공감하는 사람들도 많다. 간디에 대해서도 마찬가지다.

그들 속에서 예술가는 말과 신앙의 통합 그리고 그 둘과 노동의 통합에서 오는 통합을 위해 노력했다. 톨스토이의 영향을 받은 로맹 롤랑은 1924년에 톨스토이와 간디를 멋지게 비교하는 글을 썼다.

> **간디의 경우는 그의 투쟁이 종교적 진지함으로 정화되어 모든 것이 자연스럽고 적절하며 단순하고 순수하다. 반면 톨스토이의 경우는 모든 것이 명예에 대한 명예로운 반발이고, 증오에 대한 증오이며, 분노에 대한 분노다. 톨스토이에게는 모든 것이 폭력이다. 심지어 그의 비폭력 주장도 그렇다.** (피셔, 59쪽 재인용.)

톨스토이는 격렬한 성격이었으나 간디는 조용하고 침착했다. 이 점에서 많은 간디 지지자는 톨스토이주의자였다. 간디는 언제나 스스로 옳다고 생각한 일만 하고, 편하거나 만족스럽거나 이익이 되거나 대중적이거나 안전하거나 인상적인 일을 하지 않음으로써, 마음의 갈등을 없애고, 옳지 않은 일을 하고 있다고 생각되는 사람들에 대하여 지속적이고 평화로운 투쟁을 할 수 있는 힘을 얻었다. 그는 말과 생각에 신중했고, 종교적 교훈을 갖게 되면 반드시 실천해야 한다고 생각했다. 그러면 그는 그것을 설교할 수 있었다. 그는 스스로 실천한 것만 설교했다.

우리 문명의 무수한 과오의 뿌리는 언어와 신념과 행동의 불일치에 있다. 그것이 교회, 국가, 정당, 개인의 결점이다. 그것은 인간과 제도에 분열을 초래한다. 간디는 그러한 상위의 장소에 조화를 창조하여 분열을 치료하고자 노력했고, 그것이 차차 확보됨에 따라 행복했고, 만족했으며, 즐거워했다.

간디는 스스로 말과 신념, 행동이 하나였기 때문에 정신적으로 건강했다. 그는 통합된 인격이었다. 그것이 통합의 의미다. "진실은 당신을 자유롭게 한다." 진실을 통해 간디는 감옥에 가기 위해 스스로 자유롭게 했다.

간디가 톨스토이를 적극적으로 수용하는 1911년경부터 신지협회에 대해서는 더욱 비판적인 태도를 취하게 되었음을 주목할 필요가 있다. 앞서 말했듯이 그는 1899년부터 신지협회에 거리를 두고 가입 요청에도 응하지 않았다. 그는 협회가 힌두교도에게 스스로의 종교를 연구하도록 하고, 힌두교와 유사한 원리를 믿는 점, 그 규약에서 동포애(brotherhood)를 존중한다고 한 점에 끌리기는 했으나, 오컬트 파워를 추구하는 데는 전혀 공감하지 못했다. 간디는 블라바츠키의 사상에는 공감했지만 베산트 등에는 비판적이었다. 그러나 간디를 도운 폴락이나 칼렌바흐 등은 모두 신지협회 사람으로서, 성실했다.

한편 간디는 라이찬드라를 여전히 중시했다. 특히 그가 자기 억제와 무소유를 실천한 점에 언제나 경의를 표했다. 그러나 간디의 종교관이 표면적으로는 힌두교의 개념이나 용어를 사용하였고, 그로 인해 인도에서 우상적 존재가되었지만, 그가 말한 힌두교는 그만의 독자적인 것이었고, 그 본질은 전통이 아니라 번역을 통해 얻은 것이었다. 그런 점에서 간디는 식민지 상황에 대항하기 위해 나타난 '상태적 망명자(chronic exile)'*, 또는 살만 루슈디가 말하는 '번역된 인간(translated man)'이었다.

---

\*    Joseph S. Alter, *Gandhi's Body: Sex, Diet and Politics of Nationalism*, University of Pennsylvania University, 2000.

# 3 _____ '사상가' 간디

## 간디의 저서들

1909년 11월 13일부터 22일까지 열흘 동안, 간디는 영국에서 인도로 돌아오는 배 안에서 『인도의 자치Hind Swaraj or Indian Home Rule』를 썼다. 그것은 간디를 연상하게 하는 편집장이 젊은 독자의 질문에 답하여 인도의 독립과 자치에 대해 논의하는 내용의 책이다. 《인디언 오피니언》에 연재한 뒤 1910년 1월 소책자로 출판했으나 3월 24일 '선동으로 판단되는 내용을 담고 있다'는 이유로 몰수되었다. (IO, 1910. 5. 7.) 이로 인해 1910년 영역판을 냈고 1938년 새로운 서문을 첨가한 신판이 나왔다. 1921년 수정 없이 재판을 낸 그는 1938년 판에서도 "이 책에서 말한 것을 바꿀 생각이 전혀 없다"고 선언했다. 따라서 영어판 76쪽의 팸플릿은 그의 신조를 말하는 것이었다.

그 책은 간디의 인도 재발견이자 인도 전통에 회귀한다는 선언이었다. 40세에 쓴 이 첫 책으로 그는 양심적, 정신적 독립을 선언한 셈이었다. 이 정신적 독립으로부터 정치적 독립이 나왔다. 이 책을 쓴 뒤 14년이 지난 54세에 감옥에서 최초의 자서전인 『남아프리카의 사티아그라하』를 썼고, 이어 56세부터 59세까지 삼 년에 걸쳐 감옥에서 『자서전』을 썼다. 그리고 79세에 죽을 때까지 이십 년간 네 권의 소책자 외에 다른 단행본은 내지 않았다. 그것들은 다음과 같다.

1. 『예라와다 만디르에서』: 1930년 예라와다 감옥에서 매주 사바르마티 아슈람의 사티아그라히 동료들에게 보낸 구자라트어 편지들로 아슈람에서 지켜야 할 수칙을 설명한 소책자다.
2. 『기타 이야기』: 1930년 예라와다 감옥에서 아슈람의 동료들에게 보낸 편지로 『바가바드 기타』를 해설한 18통의 구자라트어 편지를 영어로

번역한 소책자다. 우리말로도 번역되었다.

3. 『건설적 계획: 그 의미와 장소』: 1941년 처음 출판되었고 1945년 개정 판이 나왔다. 독립 후 국가 건설에 대한 계획을 적은 소책자다.

4. 『건강의 열쇠』: 1942년에 집필한 자연 치유에 대한 소책자로 우리말로 도 번역되었다.

『인도의 자치』 뒤에 쓴 자서전 두 권은 이 책에서 밝힌 원칙을 스스로 실천한 기록이라고 해도 과언이 아니다. 간디는 40세에 쓴 이 책의 이념을 78세에 죽을 때까지 변함없이 지켰다. 그런 점에서 이 책은 간디의 삶과 생각을 보여주는 가장 중요한 책이자 유일무이한 책이라고 해도 과언이 아니다.

톨스토이는 "수동적 저항은 인도인만의 것이 아니라, 전 인류에게 매우 중요하다"고 찬양했고, 로맹 롤랑은 그 책이 간디 사상의 핵심인 진보와 유럽 문명 비판을 잘 보여준다고 평했다. 현대 인도 사상가인 채터지는 그것을 시민사회 비판서로 읽었다.* 그러나 이 책이 호평만 받은 것은 아니었다. 가령 간디가 선배로 모신 고칼레는 "너무나도 조잡하고 성마르다"고 혹평했다.

## 『인도의 자치』의 내용

앞에서 보았듯이 간디는 1893년에 남아프리카에 와서 1914년까지 머물면서 그곳의 인도인 인권운동을 지도했다. 그러나 『인도의 자치』에는 남아프리카 문제가 전혀 언급되지 않고, 인도의 자치에 대해서만 언급되어 있다. 1909년 간디가 이 책을 집필했을 당시 그가 언젠가는 인도에 돌아가 인도 자치 운동에 나머지 삶을 바치겠다고 결심했기 때문이라고 볼 수도 있고, 그런 생각과 무관하게 인도의 독립에 대한 자신의 견해를 밝힌 책이기 때문이라고 볼 수도 있다.

---

\*     Partha Chaterjee, *Nationalist Thought and Colonial World*, Zed Book, 1986.

이 책은 간디가 처음으로 쓴 책이다. 앞에서 보았듯이 그 책 이전에 소책자를 두 권 썼지만 모두 편역*이었다. 즉 설터의 『윤리적 종교』와 러스킨의 『나중에 온 이 사람에게도』를 구자라트어로 편역한 것이었다. 이 두 권은 『인도의 자치』에 깊은 영향을 미쳤지만, 그 책은 어디까지나 간디 자신의 책이었다. 물론 간디는 겸손하게도 독창성을 주장하지 않는 것을 서문의 다음 문장에서 볼 수 있다.

> **그런 생각은 내 것이기도 하고 내 것이 아니기도 합니다. 내가 그런 생각에 따라 행동하기 원하기 때문에 내 것이지요. 거의 내 존재의 일부이기도 하고요. 그러나 독창적이라고 주장할 수 없기 때문에 내 것이 아니기도 하지요. 많은 책을 읽고 난 뒤에 그런 생각을 하게 되었기 때문입니다. 그런 책들은 제가 어렴풋이 느낀 것에 대해 도움을 주었어요.**

간디는 번역을 중시했다. 그는 『인도의 자치』 서문에서 번역에 대한 열의를 다음과 같이 표현했다.

> **말할 필요도 없이 내가 독자들에게 제시하는 견해는 문명이라는 것을 모르는 많은 인도인이 갖는 것이지만, 수많은 유럽인도 그런 견해를 갖는다는 점을 독자들은 믿어주기 바랍니다. 더 깊이 알고자 하거나 여유가 있으면 스스로 책을 읽어야 합니다. 시간이 허용되면 그런 책들의 일부를 《인디언 오피니언》 독자들을 위해 번역하고 싶어요.**

그 책의 부록에 간디가 《인디언 오피니언》을 쓰기 위해 읽은 책의 목록이 나오는데, 그중 특히 중요한 것은 톨스토이, 카펜터, 러스킨, 소로의 책들이다.

---

\* 정확히 번역한 것이 아니라 자기 주관으로 줄여서 번역한 것.

에머슨의 책은 목록에 나오지 않으나, 영어판 서문에서는 앞의 네 명과 함께 에머슨을 따르려고 했다고 말했다(IO, 1910. 4. 2). 종래 톨스토이와 러스킨에 대해서는 한국에도 널리 소개되었지만, 카펜터에 대해서는 거의 알려진 바가 없다. 또 전체 스무 권 가운데 톨스토이의 책이 여섯 권이나 있고 목록의 처음에 들어 있으나, 본문에서 간디는 톨스토이나 그의 책에 대해 언급하지 않는다. 간디가 실제로 번역한 책은 러스킨의 『나중에 온 이 사람에게도』뿐이었다. 나는 그가 톨스토이와 카펜터의 책을 특히 번역하고 싶었으리라고 생각한다. 간디가 이 책 앞에 낸 『윤리적 종교』는 마지막의 목록에 들어 있지 않은 책이다.

## 『인도의 자치』의 배경과 핵심

이 책은 편집자와 독자의 대담 형식으로 구성되어 있다. 이러한 형식은 서양인에게 플라톤의 『대화』를 생각나게 하겠지만, 인도인에게는 『바가바드 기타』의 크리슈나와 아르주나의 대화를 연상하게 한다. 편집자란 물론 간디이고, 독자란 혁명가인 듯하다. 여기서 간디는 대단히 부드러운 태도지만, 독자는 대단히 날카로운 태도를 취하여 대조적이다. 이는 1907년에 국민회의가 강경파와 온건파로 갈라진 것을 의식한 듯하다. 말하자면 간디는 온건파를 대신하여 강경파를 설득하려 하고 있다. 그러나 그 구분은 우리나라의 그것과는 다르다. 가령 의회정치에 대해 간디는 부정적이나, 독자라는 자는 긍정적이다.

젊은 독자의 모델이라고 추측되는 인물은 간디가 1906년 런던에서 만난 옛 친구 쉬야마지 크리슈나바르마(Shyamaji Krishnavarma, 1857~1930)와 같은 급진적인 민족주의자들이다. 그는 구자라트 출신의 언어학자로 간디와 동향이다. 런던에 사는 인도인 청년들의 숙소인 인디언 하우스(Indian House, 1905~1910) 창설자 중 한 사람이다. 인디언 하우스는 런던 교외의 하이 게이트에 있었다.

크리슈나바르마는 부유했지만 금욕주의자로 살면서 학생들에게 장학금을 수여하고 혁명적 잡지인 《인디언 소시올로지스트》를 후원하며 테러리스트를 위해 무기를 구입했다. 그는 《인디언 소시올로지스트》 1906년 7월호에 정치적 암살은 살인이 아니라고 썼다. 당시 프랑스에 있었던 탓에 체포를 면했으나, 그 잡지의 영국인 발행인은 선동적 명예훼손을 이유로 체포되었다.

또 그 청년들 중에는 인도 민족주의를 이론화한 법학도 비나야크 다모다르 사바르카르(Vinayak Damodar Savarkar, 1883~1966)도 포함되었다. 틸라크의 추천으로 1906년부터 런던의 그레이즈 인(Gray's Inn) 법학원에 유학한 그는 청년 집단의 두뇌였다. 나중에 간디를 암살하는 고드세는 사바르카르의 사상적 제자였고, 사바르카르도 그 암살 모의에 관여했다는 의심이 있다. 그밖에 인도 총독을 지낸 커즌 와일리 경을 암살한 마단랄 딘그라(Madanlal Dhingra)도 포함되었다. 그는 1909년 8월 17일에 교수형에 처해졌다.

펀자브 출신의 공학도였던 딘그라는 인도의 애국자로서 영국이 인도에서 자행한 공포통치에 복수하기 위해 단독으로 암살했다고 주장했다. 간디는 그의 용기를 인정했지만 그가 이념에 중독되어 술에 취한 상태처럼 행동했다고 비판했다. 그런 살인이 인도에 유익하다는 주장은 무지에서 나오고, 살인자가 흑인이건 백인이건 상관없는 것이라고 경고했다.

1906년 10월 24일에 간디는 사바르카르와 함께 과격파가 주최한 만찬에 참석했다. 그것은 힌두교 신인 라마가 악한 왕 라바나에게 승리하여 시타 여왕을 구한 것을 기념하는 두세라 축제(비자이 다사마)의 일환이었다. 연미복을 입은 간디는 라마는 인도인의 영웅이자 통일의 상징이라고 하면서 라마의 14년간의 망명 생활과 그 형제인 락슈마나의 금욕 생활에서 보는 헌신, 희생, 수난과 같은 자질이 인도를 해방할 것이라고 주장했다.

사바르카르도 모든 종교의 공존을 주장하였으나, 라마가 이상 국가를 세운 것은 억압과 불의의 상징인 라바나를 죽인 탓이라고 주장했다. 그 뒤에 사바르카르는 인도에서 다른 암살범의 배후로 지목되었다. 체포되어 무기징역에 처해졌으나 1924년에 가석방으로 풀려났고, 1930년대에 간디에 반대하는 우익 민족주의 정당 '힌두 마하사브'의 지도자가 되었으며, 앞에서도 말했듯이 간디 암살에 관여했다.

1906년 말에 간디는 영국에서 만난 인도인들이 대부분 사바르카르와 같은 생각을 한다는 점에 충격을 받고 인도로 돌아오는 배 안에서 『인도의 자치』를 썼다. 젊은 독자는 국민회의 온건파에 비판적인 반면 편집자(간디)는 옹호하는 편이다. 하지만 편집자는 영국에 영합하는 인도인 엘리트들에 대해서는 비판적이다. 그러나 간디가 그 책을 쓴 목적은 인도의 정치적 독립이 아니라 서구 문명에 대한 비판이었다. 그는 산업화로 대표되는 서구 문명이 모든 악의 근원이라고 규탄하고, 비폭력, 현세 포기, 내면의 힘과 같은 인도 전통문화를 대결시켜 그것을 극복하고자 했다. 그러나 인도가 영국에 종속된 원인은 영국의 잘못이 아니라 인도인이 쇠퇴하여 서구 문명의 유혹에 빠졌기 때문이라고 보았다. 따라서 도덕에 근거한 참된 문명, 즉 사랑과 비폭력, 정신에 의한 신의 통제의 재건이 급선무라고 보고, 종교가 그 방법이라고 했다. 그리고 그 종교란 개별 종교가 아니라, 보편적인 진리를 신으로 삼는 것이라고 주장했다.

## 국민회의, 지도자들, 벵골, 독립

대화는 먼저 국민회의에 대한 평가로 시작된다. 인도에서는 국민회의를 영국 지배의 영속화를 위한 도구로 보는 태도가 있었다. 물론 영국인이 그것을 세웠고 친영 인도인들이 그 운동을 주도했으니 충분히 그런 도구론이 가능하나, 간디는 이러한 태도를 비판하고 도리어 국민회의의 의의를 인정한다. 간디는 제국주의 영국과 그 앞잡이인 영국인을 비판하지만, 인도를 사랑하는 영국인에 대해서는 그러지 않는다. 영국인에 대한 간디의 태도는 평생 지속된다. 이러한 태도는 인도의 원로 독립운동가들에 대해서도 마찬가지다.

이어 벵골 분할 문제다. 1905년 영국은 인도의 북부 지역 벵골을 이슬람교가 지배적인 동쪽(현재의 방글라데시)과 힌두교가 주가 되는 서쪽(현재 인도의 서벵골 주)으로 분할했다. 당시 반영 운동의 중심지였던 벵골에 종교 대립을 유발하여 민족운동을 약화하려는 음모였다. 이에 국민회의를 중심으로 반대 운동이 전개되어 분할 정책은 1911년에 끝났으나 영국령 인도의 수도가 콜카타에서 델리로 바뀌었다. 그리고 이를 계기로 국민회의는 엘리트 단체에서 대중조직으로 변모했으나 온건파와 강경파로 나뉘기도 했다.

독립과 관련되어 간디는 인도인이 "영국인 없는 영국 통치를 원한다"며 그
것은 인도를 영국으로 바꾸는 것에 불과하다고 비판한다.

> **당신은 호랑이의 본성을 원하지만, 호랑이는 원하지 않는군요. 즉 당신은**
> **인도를 영국으로 만들려고 하지요. 영국이 되면 힌두스탄이 아니라 잉글**
> **리시탄이 되겠지요. 이는 내가 바라는 스와라지가 아닙니다.**

이야말로 식민지 조선에서 우리가 원한 것이고, 지금까지 우리가 "일본인
없는 일본 통치"를 해온 것과 유사하다.

## 영국과 현대문명

간디는 의회의 어머니라는 영국을 '불임 여성(자발적이지 않다는 점에서.)'이나
'매춘부(외압을 받는다는 점에서. 특히 수시로 바뀌는 장관들을 볼 때 그러하다.)'에 비유하
며 그 의원은 위선적이고 이기적이라고 비판한다. 간디는 영국 의회를 비난하
고 있지만 의회 제도 자체를 부정하지는 않았다고 앤서니 파렐(Anthony Parel)
은 지적했다. 그러나 파렐이 그 근거로 든 1920년 발언에서 간디가 원한다고
한 의회는 각 분야 유지들이 뽑은 의회를 뜻한다는* 점에서 국민이 선출한 의
원들로 구성된 의회와는 다르다는 점을 유의해야 한다.

간디는 "의원들은 아무 생각 없이 당을 위해 투표합니다. 소위 규율에 묶여
그렇게 하는 것이지요. 예외적으로 어떤 의원이 독립하여 표를 던지게 되면
변절자로 여겨집니다."라고도 비판한다. 영국의 언론도 '부정직'하고, 인민도
자주 생각을 바꾼다고 한다. 그래서 "인도가 영국을 모방한다면, 인도는 망한
다고" 확신한다.

이어 영국이 그렇게 된 이유를 현대문명 탓이라고 본다. 간디는 카펜터의

---

\*    Anthony J. Parel, *Hind Swaraj and Other Writings*, Cambridge University Press, 1997, p. 30. 주 39.

『문명: 그 원인과 치료』를 인용하여 문명을 병이라고 한다. 특히 기계를 비판한다. 그리고 다시 "영국은 인도를 가진 적이 없어요. 우리가 영국에게 준 것이지요. 그들은 힘이 있어서 인도에 있는 것이 아니고, 우리가 그들을 붙잡아두고 있는 겁니다."라고 말한다. 곧 "영국의 발굽이 아니라, 현대문명의 발굽 때문에 인도가 땅에 떨어져 있다."

현대문명에 대한 대안으로 간디가 종교를 주장하자 독자는 종교의 이름으로 싸운 무수한 전쟁을 말하며 반박한다. 그러나 간디는 그것은 종교가 아니라고 주장하고 문명에 의한 해악은 더 컸다고 말한다.

독자가 대영제국에 의해 인도에 평화가 와서 핀다리(Pindari)와 같은 비적의 위협이 없어졌다고 하자, 간디는 "다른 사람이 핀다리로부터 우리를 보호하여 우리가 나약하게 되는 것보다 핀다리의 위험을 겪는 것이 더 낫습니다. 나는 비겁하게 보호받기보다 빌의 화살을 맞고 죽는 편이 더 낫습니다. 그런 보호가 없을 때 인도는 용감했습니다."라고 답한다. 빌(Bhil)은 구자라트와 라자스탄의 토착민을 말한다.

간디는 이슬람교나 외국인의 침입이 있었다 하여 인도가 하나의 나라가 아니게 되거나 파괴되는 것이 아니라고 주장한다. 인도에는 동화작용의 능력이 있기 때문이다.

## 법률가, 의사, 병원

이어 간디는 법률가와 의사를 비판한다. 당시 본인이 법률가였고 의사인 친구가 많았음에도 불구하고 그렇게 한다. "법률가가 인도를 노예 상태로 빠트렸고, 힌두교와 이슬람교의 불화를 강화했으며, 영국의 권위를 확고하게 세웠다." 간디는 훌륭한 변호사가 있었음을 인정하지만 그것은 변호사로서 한 일이 아니라 사람으로서 한 일이라고 한다.

**"법률가는 분쟁을 무마하지 않고 도리어 부추기기 마련이지요. 게다가
그런 직업을 택하는 이유는 비참한 사람들을 돕기 위해서가 아니라, 부자**

가 되기 위해서지요. 그것은 부자가 되는 지름길의 하나이고, 그들의 관심은 분쟁을 확대하는 데 있어요. 그들은 사람들이 싸워야 기뻐하지요. 시시한 변호사들은 싸움을 조작하기도 해요. 그 끄나풀들은 수많은 거머리처럼 불쌍한 사람들의 피를 빨아먹어요. 법률가는 하는 일이 거의 없는 자들이지요. 게으른 자들이 사치를 즐기려고 그런 직업을 택합니다. 이 모든 것이 사실입니다. 다른 주장은 모두 가식일 뿐입니다. 법률가가 명예로운 직업이라고 하는 자들은 법률가 자신들입니다. 그들은 자신들을 찬양하듯이 법을 만들어요. 그들은 받고자 하는 수수료도 스스로 결정하고, 빈민이 그들을 하늘에서 태어난 사람들로 생각하는 양 뻐깁니다. 왜 그들은 보통 노동자보다 더욱 많은 보수를 원할까요? 왜 훨씬 많이 요구하나요? 어떻게 노동자들보다 이 나라에 더 많이 기여하나요? 착한 일을 하는 사람들이 더 많이 받아야 하지 않나요? (…) 법원이 사람들의 이익을 위해 열린다는 생각은 잘못입니다. 자신의 권력을 유지하고자 하는 자들이 법원을 통해 그렇게 합니다. 만일 사람들이 스스로 분쟁을 해결한다면, 제3자가 그들에게 어떤 권위도 내세울 수 없어요. (…) 게다가 제3자의 판단이 반드시 옳지도 않아요. 당사자만이 누가 옳은지 알지요. 우리는 단순하고 무지하기 때문에, 국외자가 정의를 준다고 상상하면서 돈을 줍니다.

(…) 그러나 기억해야 할 가장 중요한 사실은, 법률가가 없다면 법원은 열릴 수 없고 운영될 수도 없으며, 법원 없이는 영국이 지배할 수도 없다는 점입니다."

간디는 의사와 병원도 마찬가지로 비판한다.

"병원은 죄악을 전파하는 시설이지요. 사람들은 몸을 덜 보살피게 되었고, 부도덕이 증가했어요. 그중에서도 유럽 의사들이 최악이지요. (…) 그 결과 우리들은 자제력을 잃고 나약해졌어요. (…) 그 직업에는 인간에 대한 참된 봉사자가 없고, 도리어 인간에게 해롭다는 것을 보여주고자 노력해왔어요. 의사들은 지식을 과시하며 엄청난 비용을 요구하지요."

그리고 간디는 문명화되지 않은 인도를 찬양한다. 물론 비인간적인 전통은 당연히 비판되고 없어져야 한다. 인도의 후손이 어리석어 인도 문명이 위기에 빠졌으나 그래도 살아남을 힘이 있다고 본다. 간디는 인도의 자치란 "각자가 스스로 경험해야 하는" 것으로 본다. 그리고 만일 인도를 토후국왕의 지배하에 둔다면 영국의 지배하에 두는 것보다 더욱 나쁘다고 본다.

"나에게 애국심이란 모든 인민의 복지를 뜻하고, 영국인에 의해서 그것을 확보할 수 있다면 나는 그들에게 머리를 숙이겠어요. 영국인이 인도의 독립 확보, 전제에 대한 저항, 인도를 위한 봉사에 제 목숨을 바친다면 나는 그런 영국인을 인도인으로 환영하겠어요."

이어 간디는 폭력을 비롯한 여러 가지 독립운동 방식을 비판적으로 검토하고 사티아그라하를 주장한다. 간디의 주장에 의하면 안중근을 비롯한 우리의 모든 독립투사는 잘못된 것이다. 그리고 당시 인도에서 교육의 필요성이 주장되었지만, 간디는 그것이 노예를 키우는 교육이라는 점에서 부정한다. 특히 영어 교육을 비판한다. 요컨대 자제로부터 자치가 나온다고 주장한다.

### 출판 이후

간디는 『인도의 자치』가 인도 철학자들과 함께 톨스토이, 러스킨, 소로, 에머슨 등의 견해를 따른 것이라고 했다. 1910년 4월 4일에는 톨스토이에게 그 영역본과 함께 편지를 보냈다.* 이어 1914년 5월에 나온 구자라트어 제2판 『인

---

\* 편지는 전집10, 303쪽.

도의 자치』 서문에서는 그 책의 가르침이 영국인들에 대한 증오심을 불러일으키고 폭력에 의해 그들을 축출해야 한다고 암시한 것으로 오해되는 점에 대해 해명하면서 영국인을 비롯한 어떤 민족에 대해서도 악의가 없으며, 그 책을 이해하는 열쇠는 "세속적 추구 대신 윤리적 삶을 따라서 살아가야 한다는 생각 안에 있다. 이런 삶의 길은 흑인이든 백인이든 인간에 대해서 어떤 형태로든 폭력을 허용하지 않는다"고 했다. (IO, 1914. 4. 29.) 1921년에는 그 책을 "어린아이 손에 쥐여줘도 괜찮은 책"으로서 "증오의 복음 대신 사랑의 복음을 가르친다"고 했다. (IO, 1921. 1. 26.)

1938년 9월에 『인도의 자치』를 다룬 《아리얀 페드 *Aryan Path*》라는 잡지에 서양의 여러 사상가가 투고했다. 그중 머리(J. M. Murray)는 그 책을 '위대한 책' '세계의 정신적 고전 중 한 권'이라고 했고, 제럴드 허드(Gerald Heard)는 『사회계약론』이나 『자본론』보다 더 위대한 책이라고 평했다(전집73, 355쪽).

간디는 죽기 이 년여 전인 1945년 10월 5일, 네루에게 보낸 편지에 『인도의 자치』에서 그린 "이상적인 마을은 오직 상상 속에서만 여전히 존재합니다. 결국 모든 인간은 자신의 상상 속에서 살아가는 것이 아니겠습니까."라고 하며 다음과 같이 이어갔다.

**내가 꿈꾸는 마을에서 사람들은 어리석지 않고 활짝 깨어 있을 것입니다. 그들은 짐승처럼 오물과 어둠 속에서 살지 않을 것입니다. 남녀 모두 자유롭게 살고 온 세계에 대해 용감하게 맞설 각오가 되어 있습니다.** (전집 88, 255쪽.)

# 4                  '농민' 간디

## 톨스토이 농장

간디가 1906년부터 정치 활동에 전념하게 되면서 변호사업은 중단되고 수입도 사라졌다. 그러나 사티아그라하에 투신하여 체포되는 사람들을 경제적으로 지원하기 위해서는 막대한 자금이 필요했고, 《인디언 오피니언》운영자금도 필요했다. 피닉스 개척지는 삼백 마일(480킬로미터)이나 떨어져 있어서 기차로 삼십 시간이 걸렸기에 다른 정착지를 세워야 했다. 1910년에 타타 재벌로부터 일시적으로 기부금을 받은 것을 비롯하여 여러 곳에서 기부금을 받았으나 턱없이 부족했다. 이십 년 뒤에 간디는 그 기부금에 대해 다음과 같이 회고했다.

> **그러나 그 자금, 혹은 더 큰 기부금이 있었다고 해도, 그 자체로 사티아그라하 투쟁, 곧 자기 정화와 자립을 핵심으로 하는 진실을 위한 싸움을 가능케 하지는 못했을 것이다. 사티아그라하 투쟁은 인격이라는 자본 없이는 불가능하다. 화려한 궁전도 사는 사람이 없으면 폐허가 되는 것처럼, 사람 또한 그러하다. 재산이 아무리 많다 해도 인격이 없으면 폐인이다. 사티아그라히는 투쟁이 얼마나 길어질지 알 수 없음을 알았다.** (남아프리카, 217쪽.)

그러던 중 사티아그라하 운동의 이인자인 헤르만 칼렌바흐가 1910년 5월에 요하네스버그에서 남서쪽으로 21마일(약 34킬로미터) 떨어진 롤리 지역의 1천 1백 에이커(약 445만 평방제곱미터, 약 135만 평)에 이르는 거대한 땅을 무료로 제공했다. 그곳에서 가장 가까운 롤리역까지 1마일(1.6킬로미터), 요하네스버그까지는 21마일(34킬로미터) 거리여서 교통도 편리했다.

간디는 그곳을 톨스토이 농장이라고 불렀다. 그 톨스토이는 당연히『전쟁과 평화』의 톨스토이가 아니라『신의 나라는 네 안에 있다』의 톨스토이였다. 톨스토이의 영향을 받은 사람들은 간디말고도 세계 도처에 있었다. 20세기 초에 러시아에서 팔레스타인으로 이주한 유대인들이 그곳에 키부츠를 만들어 공동생활을 시작한 것도 그 하나다. 그러나 유대인이었던 칼렌바흐가 키부츠에 대해 얼마나 알았는지는 알 수 없다(에릭슨, 240쪽).

간디는 두 번째 아슈람인 톨스토이 농장을 열게 되어 다시 용기를 얻었다. 그 뒤 남아프리카를 떠날 때까지 간디는 그곳을 거점으로 식민지 정부와 싸웠다. 1909년 말 영국에서 남아프리카에 돌아올 때 간디는 시민 저항자들이 "타인과 조화를 이루는 새로운 간소한 생활을 훈련하는 소규모 협동조합 같은 단체"를 만들고자 결심했다. 아힘사, 채식, 금욕 생활, 자연요법 등을 철저히 실천해야 했다. 남녀가 별도의 동에 살고, 농사를 비롯한 노동을 모두가 직접 했으며, 죄수복을 모방한 푸른색 옷을 입었다.

농장에는 약 천 그루에 달하는 오렌지나무와 살구나무가 있어서 농장의 모든 사람이 그 열매를 먹고도 남았으며, 언덕 밑에는 대여섯 명이 살 만한 오두막과 우물 두 개에 샘도 있었다. 피닉스 정착촌에서처럼 간단한 함석집을 짓는 처음 두 달간은 천막에서 살았다.

간디도 칼렌바흐도 그곳에 함께 살았다. 처음에는 다양한 종교의 젊은이 사십 명, 장년 남자 세 명, 여자 다섯 명, 아이들 이삼십 명이 있었는데, 그중 여자 아이가 다섯 명이었다. 구자라트, 타밀, 안도라, 북인도 각지에서 온 사람들이 참여했다. 종교도 힌두교, 이슬람교, 파르시교, 기독교 등 다양했다. 농장의 인구는 감옥에 있는 사티아그라히의 숫자에 따라 달라졌다. 어떤 때는 백 명도 넘었다.

이십 년 뒤에 농장 생활을 회상하면서 간디는 다음과 같이 말했다.

**그 위험한 실험은 자기 정화를 핵심으로 하는 투쟁 위에서 진행되었기에 가능한 것이었다. 톨스토이 농장은 최종 투쟁을 위한 정신적 정화와 고**

행의 장이 되었다. 톨스토이 농장이 없었다면 과연 투쟁이 팔 년간 지속될 수 있었을지, 많은 기금을 확보할 수 있었을지, 투쟁의 최종 단계에 참가한 그 많은 사람이 다 자기 역할을 할 수 있었을지 진지한 의문이 든다. 톨스토이 농장은 결코 크게 주목받지는 못했지만, 공적인 공감대를 형성할 만한 곳이었다. 인도인들은 그 자신들이 아직 할 준비가 되지 않은 일, 힘들어 보이는 일을 톨스토이 농장 사람들이 대신해주었다고 생각했다. 그러한 공적 신임이 1913년에 투쟁이 대규모로 재개되었을 때 큰 자산이 되었다. 그러한 자산을 통해 얻는 이윤을 계산할 수 있는 사람은 아무도 없다. 언제 그 이윤을 얻게 되느냐에 대해서도 마찬가지다. 그러나 나는 반드시 얻게 된다는 것을 의심하지 않는다. 여러분도 그러기를 바란다.

(남아프리카, 240쪽.)

## 농장 생활

간디는 요하네스버그의 변호사 일을 그만두었으나 그래도 그곳에 갈 일이 생겼다. 간디는 농장을 위해 밖에 가는 경우라도 반드시 개인 돈으로 가고 기차 삼등칸을 탔으며, 개인적 용무를 위한 경우에는 항상 걸어 다녔다. 종종 재판에 참석해야 할 때면 새벽 두 시에 농장을 떠나 마을까지 21마일을 걸어갔다가 같은 날 밤에 걸어왔다. 그는 하루 오십 마일(팔십 킬로미터)도 걸었다고 회상했다.

간디는 자신의 육체적 힘이 순수한 생활과 건강한 식사에서 온다고 말했다. 그와 칼렌바흐는 익힌 음식을 먹지 않고 바나나·야자·레몬·오렌지·땅콩·올리브유로 이루어진 '채식'을 제안했다. 인도에서는 우유를 최대한 생산하기 위해 소와 물소를 학대한다는 기사를 읽고서는 우유도 포기했다.

간디는 제빵사였고 잼도 만들었다. 빵에는 이스트나 베이킹파우더를 넣지 않았다. 밀 가운데 일부를 구워 카페인 없는 캐러멜을 만들기도 했다. 칼렌바흐는 그에게 상자나 서랍, 학교 의자를 만드는 법과 가죽 신발 짜는 법을 가르쳤다. 간디는 아내를 위해 세타를 짜주고는 그녀가 실제로 입고 다니는 것을

5부 사티아그라하로 싸우다(1906~1915)

자랑하기도 했다. 그는 부엌일도 도왔고 여인들의 싸움도 말렸으며 관리인 역할도 했다.

남자들은 여자들이 죄수복을 본떠 만든 성긴 파란색 노동자용 바지와 셔츠를 입었고, 면도와 이발을 서로 해주었다. 하루 세 끼 식사는 완전한 채식이었다. 아침은 여섯 시에 빵과 밀로 만든 커피, 점심은 열한 시에 쌀과 렌즈콩, 야채, 저녁은 여섯 시 반에 밀가루죽과 우유 또는 빵과 커피를 먹었다. 음식을 담는 그릇은 죄수용 사발이었고 수저는 농장에서 만들었다. 저녁을 먹은 뒤에는 기도문을 낭송하고 기도 노래를 불렀고, 가끔은 『라마야나』나 이슬람 관련서의 구절을 낭독했다. 그리고 저녁 아홉 시에는 모두 취침했다.

## 교육

농장에는 아이들을 위한 학교도 있었다. 지식 전수보다도 마음 닦기에 중점을 두고, 손으로 하는 노동을 중시했다. 간디와 칼렌바흐가 교사로 나섰다. 그들은 아이들에게 종교, 지리, 역사, 수학 등을 나누어 가르쳤다. 오후에만 열리는 수업에서는 구자라트어, 타밀어, 텔루구어를 사용했다. 뒤에 간디는 농장에서 가장 어려운 일이 교육이었다고 회고했다.

남녀공학에 대한 간디의 생각은 매우 자유로웠다. 그는 사춘기 아이들을 포함한 남녀 학생들에게 야외에서 같이 목욕하라고 권했다. 성에 대해 지극히 보수적인 인도인 사회에서, 게다가 욕망 극복을 특히 중시한 간디가 어떻게 그런 생각을 하게 되었는지 이해하기는 쉽지 않다. 당시 영국에서도 그런 생각은 서머힐을 세운 닐과 같은 진보주의 교육가에게서나 찾아볼 수 있는 정도였다. 간디가 닐의 책이나 닐의 사상을 낳은 프로이트 등에 대해 알았다고 볼 수 있는 증거는 전혀 없다. 어쩌면 단순히 자신의 어린 시절을 떠올렸는지도 모른다. 여하튼 이십 년 뒤에는 남녀공학에 대해 다음과 같이 말했다.

**지금 같으면 내가 톨스토이 농장에서 했던 것같이 아이들을 자유롭게 교육하지는 못할 것 같다. 당시 나는 너무나 순진했다. 어쩌면 무지했는지**

**도 모른다. 그 뒤 정말 쓰라린 경험을 했다. 내가 정말 순수하다고 생각했던 사람들이 실은 타락했다는 사실을 알았다. 나는 내 본성 깊은 곳에 뿌리 내린 악을 보았고, 비겁한 마음이 고개를 들었다.** (남아프리카, 227쪽.)

그러나 왜 무지했다는 것인가? 자신에 대한 무한한 믿음은 가끔 그로 하여금 그의 친구들이 갖는 주저함, 감정, 약점을 보지 못하게 만들었다. 그는 다른 사람의 능력을 자신의 열정으로 재려고 했다. 장애를 제거하고 용감한 모험으로 이끈 것은 그런 종류의 맹목이었다.

간디는 소녀들의 안전을 위해 항상 그들과 함께 있었다. 그의 "눈은 딸을 돌보는 어머니의 눈처럼 소녀들을 따랐다." 밤에는 모두 지붕 없는 베란다에서 잤다. 아이들은 간디를 둘러싸고 자리를 깔았다. 잠자리는 3피트밖에 떨어져 있지 않았다. 간디는 그가 그들을 "어머니처럼" 사랑하고 있음을 그들이 안다고 말했다. 그가 그들에게 절제에 대해 말하지 않았을 리 없다.

그러나 소년들의 눈도 소녀들을 따랐다. 사고를 피할 수는 없었다. 한 소녀와 두 소년이 관련된 일이었다. 그는 밤을 새워 죄인의 눈을 소독하는 방법을 고민했고 새벽에 그 답을 찾았다. 소녀에게 삭발을 권했다. 그녀는 놀랐지만 간디가 단호히 고집하자 결국 응낙했다. 그가 직접 소녀의 머리를 깎아주었다.

# 5 _____ '승리자' 간디

## 여성 주도의 투쟁

1910년 5월 6일에 즉위한 조지 5세의 대관식이 1911년 6월 22일에 거행되었
다. 아시아인 등록법에 대한 사티아그라하는 사 년째에 접어들었다. 식민지
정부는 인도의 여론을 무마하기 위해 등록법을 완화하고자 했다. 스뮈츠는
5월 27일에 간디와 잠정 협정을 체결했고, 그 결과 중국인과 인도인은 본래의
직업으로 돌아갈 수 있게 되었다. 6월 1일에는 투옥된 사람들도 석방되었다.
이어 1912년 초에는 아시아인에 대한 입국 제한이 완화되었다. 협정은 12월
말까지 효력을 유지하여 간디는 다시 대영제국에 대한 충성으로 돌아갔다.

  톨스토이 농장을 운영하느라 바쁘게 지내는 동안 사티아그라하 운동은 정
체 상태에 빠지고 농장의 간소한 생활에 만족하게 되었다. 아무 일도 생기지
않았다. 기염을 토하는 자들이 있었지만 간디는 그러지 않았다. 그는 인도의
지도자들에게 남아프리카로 와서 이주민의 조건을 연구해달라고 요청했다.
국민회의의 온건파 지도자 고칼레가 이에 응했다.

  1912년 10월 22일, 고칼레가 남아프리카를 방문하여 삼 주간 순회했을 때
간디는 그 옆에서 함께 지냈다. 고칼레는 인도인과 영국 지배자들에게 엄청
난 영향력을 행사했다. 보타 장군과 스뮈츠 장군 휘하의 새로운 남아프리카
연합은 고칼레가 좋은 인상을 받고 돌아가기를 바랐기에 그를 따뜻하게 환영
했으며, 여행하는 데 필요한 모든 편의를 제공했다. 고칼레는 정부와의 조정
을 시도했다. 고칼레는 정부 측으로부터 이민법과 해방된 계약노동자들에 대
한 3파운드 세금을 철폐하겠다는 약속을 받고 11월 17일에 남아프리카를 떠
났다. 그러나 그 뒤 정부는 다시금 약속을 깼고, 고칼레의 조정은 실패로 돌아
갔다.

  1913년 8월 1일에 시행된 이민법은 간디의 기대를 완전히 저버렸다. 세금

과 이민 금지라는 두 가지 문제에 세 번째 문제가 더해졌다. 3월 14일에 케이프 식민지의 대법원에서 어느 판사가 기독교 의식으로 거행된 결혼만이 합법이라고 판결한 것이었다. 이 판결에 의해 남아프리카에서 힌두교도·무슬림·파르시교도의 결혼은 법적으로 무효가 되고, 인도인 아내는 첩으로 전락했다. 간디는 그해 9월 13일 자《인디언 오피니언》에 다음과 같이 썼다.

**합의문 없는 합의는 합의라고 할 수 없다. 미봉책으로 휴전하느니 공개적으로 싸우는 편이 낫다. 이번 싸움은 정부와 남아프리카에 사는 유럽인들의 정신을 바꾸는 것을 목표로 삼아야 한다. 이 목표는 길고도 쓰라린 고난을 통하여 정부의 마음, 그리고 우월한 지위에 있는 유럽인의 마음을 녹여야만 성취할 수 있다.** (IO, 1913. 9. 13.)

스뮈츠는 인도인과 아프리카인을 분단시키고자 인도인도 영국인과 마찬가지로 아리아계라는 주장을 폈다. 정부는 기독교식 의식을 치르지 않고 관공서에도 등록하지 않은 결혼은 무효이며 자녀들도 적출자 신분을 잃는다고 발표했다. 여성 대부분이 이에 분노하여 적극적으로 투쟁에 참가했다.

간디는 톨스토이 농장을 거점으로 하여 새로운 투쟁에 나섰다. 먼저 나탈 여성들로 하여금 허가 없이 트란스발에 들어가 구속되도록 했고, 동시에 트란스발 여성들을 나탈로 들어가게 했다. 9월 15일, 열두 명의 남자와 카스투르를 포함한 여자 네 명이 더반을 떠나 폴크스루스트로 갔다. 나탈 여성들은 구속되었다. 분노가 터지고 후속 대원이 나타났다.

그러나 트란스발에서 나탈로 간 여성들은 구속되지 않았다. 간디의 전술에 따라 그들은 58킬로미터나 떨어진 뉴캐슬 탄광으로 행진해 가서 약 삼천 명의 계약노동자들에게 파업에 참가하라고 부추겼다. 그러자 정부는 여성들을 구속하고 모두 3개월 형에 처했다. 파업은 더욱 확대되었다. 간디는 즉시 뉴캐슬로 갔다. 탄광 소유자들은 인도인 파업자들이 점령한 회사 건물의 전기와 수도를 끊어버렸다.

간디는 파업이 장기화된다고 생각하여 담요와 옷을 가지고 점령지를 나와 야영하라고 했다. 며칠 만에 거의 오천 명이 야영을 했다. 야영을 그만두기 전에 그는 정부 당국에 전화를 걸어 그들이 트란스발로 출발하기 전에 구속할 수 있다고 알렸다. 하지만 정부는 그에게 그런 호의를 베풀 생각이 없었다.

일주일 뒤 간디는 프리토리아에서 스뮈츠에게 다시 전화해서, 그들을 나탈에서 즉시 구속하되 3파운드 세금이 철폐되면 광산으로 돌아가게 해달라고 요구했다. 스뮈츠의 비서는 하고 싶은 대로 하라고 답하며 거부했다. 간디는 나탈에서 트란스발로 건너가되 그곳에서도 그의 '평화군'에게 감옥을 제공하려고 하지 않는다면, 하루 20마일씩 걸어서 8일 만에 톨스토이 농장에 도착할 예정이었다. 그 침입을 계획하면서(멈출 때마다 식품이 배달되었다.) 그는 저항자들에게 절박한 곤경이 있음을 경고하고 마음이 약한 사람들은 집으로 돌아가라고 했다.

## 대행진

1913년 10월 28일에 간디는 남성 2,037명, 여성 127명, 어린이 57명과 함께 출발했다. 뉴캐슬에서 국경 소도시인 찰스타운까지 58킬로미터를 이틀 만에 걸었다. 트란스발 국경의 경찰은 그들이 통과하게 했다. 여성 중에는 아이를 업거나 안은 사람들이 있었다. 대부분 맨발이었다. 그들은 타밀어·텔루구어·구자라트어·힌두어 등을 포함한 여러 인도 말을 구사하고 다양한 지방의 옷을 입었지만, 체포에 저항하지 말고 경찰의 매질에 순응하며 도덕적이고 위생적으로 행동하라는 간디의 지시에 따랐다.

간디는 행진 첫날 늦게 체포되었으나, 행진 책임자라는 이유로 풀려났다. 다음 날 저녁에 다시 체포되었으나 역시 풀려났다. 그러나 넷째 날 밤에는 체포되어 구속되고 재판에서 60파운드의 벌금 또는 9개월 징역 및 중노동형을 선고받았다. 간디는 감옥행을 택하여 오렌지 자유주의 블룸폰테인 감옥에 수감되었다. 폴락과 칼렌바흐도 체포되어 3개월 징역 및 중노동형을 선고받았다.

간디가 없는 가운데 톨스토이 농장으로의 행진은 계속되었다. 다음 날 아침 벨포어에 도착한 그들은 미리 대기하고 있던 기차에 실려 나탈의 광산으로 도로 끌려갔다. 철조망 울타리 안에 갇히고 회사가 고용한 임시 경찰의 감시를 받았다. 그러나 그들은 갱에 들어가기를 거부했고, 더 많은 계약노동자가 광부들의 파업에 참가했다. 정부는 그들을 파업권이 없는 노예로 취급하고, 군대를 보내 억압하고자 했다. 군대의 발포로 사상자가 발생한 곳도 있었다. 결국 오만 명의 계약노동자가 파업에 참가했고 수천 명의 자유 인도인이 투옥되었다.

그 소식이 인도와 유럽에 알려지자 저항이 들끓었다. 인도 총독 하딩 경은 마드라스에서 불간섭 원칙을 깨뜨리고, 남아프리카 당국의 처사를 맹렬히 비난하며 조사위원회 구성을 요구하는 강경한 연설을 했다.

## 조사위원회

인도 총독 및 영국 정부의 압력으로 인해 남아프리카 정부는 인도인 거부자의 불만을 조사하는 위원회를 구성했다. 위원회의 최초 행동은 1913년 12월 18일에 간디와 폴락, 칼렌바흐를 석방한 것이었다. 간디는 "우리 모두는 석방에 실망했다"면서 그것은 "가장된 행동이고 영국과 인도 양쪽의 정부와 여론을 기만하려는 것"이라고 비난했다. 간디가 말했듯이 위원장인 윌리엄 솔로몬 경은 공평무사한 사람이지만, 에왈드 에셀렌은 편파적이고 J. S. 윌리 대령은 1897년 1월 인도인 팔백 명을 태운 아홉 대의 증기선이 더반에 도착했을 때 공격한 폭도의 지도자 중 한 사람이었다. 간디는 위원회에 인도인과 인도인에게 우호적인 사람들을 참가시켜야 한다고 했지만 그 주장은 받아들여지지 않았다.

간디는 출옥하고 며칠 뒤 더반에서 열린 대중 집회에 기장이 길고 칼라가 없는 인도식 셔츠 쿠르타를 입고 인도인들이 허리에 걸치는 긴 천 도티를 두른 차림으로 나타났다. 그는 파업 도중에 살해된 광부들에게 조의를 표하고자 양복 입기를 그만두었다고 말했다. 그리고 청중에게 희생된 동포들과 운명을

5부 사티아그라하로 싸우다(1906~1915)

함께 나눌 용의가 있느냐고 물었다. 그들은 큰 소리로 그렇다고 답했다. 이어 간디는 남녀노소 누구나 월급, 직업, 가족, 몸을 돌보지 말기를 바란다고 했다. 그는 보통 사람들로부터 『바가바드 기타』와 같은 자기희생을 보기를 기대했다. 그들에게는 신앙이 있었기에 그는 그들의 자기희생을 확보했다. 그는 그 싸움이 "인간의 자유를 위한 투쟁이고, 따라서 종교를 위한 투쟁"이라고 강조했다.

따라서 스뮈츠가 조사위원을 교체하거나 확대하라는 요구를 거부했을 때, 간디 또한 위원회를 거부하고 인도인 지지자들과 함께 1914년 1월 1일 나탈의 더반에서 행진하여 체포되겠다고 알렸다. 타협을 중시한 인도 총독과 고칼레는 간디에게 반발했다. 고칼레는 앤드루스를 사절로 보냈다. 당시 앤드루스는 산티니케탄(Santiniketan)*에서 교사로 일하고 있었다. 케임브리지대학교에서 고전과 신학을 공부한 그는 33세가 된 1904년에 인도로 가서 델리에서 사제 겸 교사로 일하면서 인도 민족주의에 관심을 가졌다. 그래서 결국은 성직자를 그만둬야 했다. 앤드루스는 1914년 1월 2일에 더반에 도착해 간디를 처음 보고 곧 친구가 되었다.

## 인도인의 마그나카르타

그사이에 남아프리카 철도의 백인 노동자들이 파업을 했다. 간디는 즉시 행진을 중단했다. 그는 사티아그라하 운동은 적의 약점을 이용하거나 우연한 결합을 이용해서는 안 된다고 설명했다. 시민 불복종자들은 자기희생, 성실, 기사도 정신으로 상대의 두뇌를 확신시키고 그 마음을 정복하기를 원하지, 적에게 상처를 입히거나 굴욕이나 고통을 가해서는 안 된다는 것이었다.

인도, 영국, 남아프리카에서 간디에게 감사의 말을 전해 왔다. 스뮈츠 장군은 철도 파업 문제로 바쁜 가운데(당시 계엄령이 선포되었다.) 간디와 대화하기 위

---

* 산스크리트어로 '평화의 집'이라는 뜻.

해 그를 불렀다. 인도인들은 간디에게 속지 말라고 경고하며, 그가 1908년의 약속과 1912년 고칼레와의 약속을 위배한 사실을 상기시켰다. 간디는 '관용은 용기 있는 사람의 장신구'라는 산스크리트 속담을 인용하여 답했다.

스뮈츠와 간디의 대화는 화해로 발전했다. 이러한 우호적 접근은 느리지만 견고하게 진행되었다. 협정의 모든 조문과 용어가 상세히 검토되었다. 1914년 1월 21일에 잠정적 합의가 이루어졌고, 이에 따라 사티아그라하는 중단되고 사티아그라히들은 석방되었다. 마침내 1914년 6월 30일, 미묘한 관계의 두 사람은 약속을 확인하는 문서를 교환했다. 이 문서는 이어서 인도인 구제 법안으로 바뀌어 케이프타운의 연방의회에 제출되었고 스뮈츠가 협조적 정신으로 처리할 것을 요청하여 7월에 통과되었다.

협약에 의해 과거 계약노동자였던 인도인에 대한 3파운드의 세금은 폐지되었고, 힌두교도·무슬림·파르시교도의 결혼이 유효하게 되었으며, 남아프리카에서 태어난 인도인은 케이프 식민지에 자유롭게 드나들되 각 주 사이의 자유로운 왕래는 금지되었다. 또 1920년부터 계약노동자를 제외한 자유 인도인은 계속 입국할 수 있게 되었고, 아내들도 인도에서 남편을 찾아올 수 있게 되었다.

여러 번의 잔치 뒤에 간디는 새 법을 '남아프리카 인도인의 마그나카르타'라고 불렀다. 인도인들은 여전히 그들 지역에 갇힌 처지였고, 트란스발에서는 토지를 소유할 수 없었으며 어디서도 금을 살 수 없게 되었으나, 그럼에도 인종 평등의 원칙을 수호했고 '인종적 오점'을 제거할 수 있었다. 무엇보다 그것은 사티아그라하의 승리였다. 간디는 "만약 그것이 보편화된다면 사회적 이상을 혁신하고, 서양의 여러 나라를 신음하게 하는 전제주의와 계속 성장하고 있는 군국주의를 없앨 것"이라고 《인디언 오피니언》에 썼다.

## 남아프리카의 승리

22년의 노력으로 1914년에 이룬 남아프리카의 승리는 간디가 인도의 기독교인 집회에서 읊은 셸리*의 시에 나오는 영웅을 연상시킨다.

일어서라 조용하고도 단호하게
울창한 무언의 숲처럼
서로 팔짱을 끼고 불굴의 무기 같은
씩씩한 얼굴을 쳐들어
(…)
폭군이 그대를 위협하면
짓밟고 채찍으로 치며 창으로 찌르는
그 포학에 내 몸을 맡겨 난도질로 불구가 되어도
그들 하고 싶은 대로 내버려두어라
서로 팔짱을 끼고 앞을 바라보며
두려움도 놀라움도 없이
그들의 분노가 시들 때까지
제멋대로 하는 것을 지켜보라

남아프리카를 떠나기 전에 간디는 스뮈츠 장군에게 그가 감옥에서 만든 가죽 샌들 한 켤레를 보냈다. 스뮈츠는 프리토리아 부근의 농장에서 그것을 오

---

* 영국의 시인 퍼시 비시 셸리(Percy Bysshe Shelley, 1792~1822). 바이런, 키츠와 함께 영국 낭만주의의 3대 시인으로 꼽힌다. 작품이나 생애가 압제와 인습에 대한 반항, 이상주의적인 사랑과 자유에 대한 동경으로 일관하여 바이런과 함께 낭만주의 시대의 가장 인기 있는 작가였다. 셸리는 사회가 개인을 바꾸는 것이 아니라 개인이 사회를 바꾸며, 개인은 법을 위반해서라도 양심에 따라 행동해야 한다고 주장했는데 이는 간디의 사상에서도 볼 수 있다. 간디가 셸리를 읽은 시기는 런던 유학 시절이었고 그 후 그의 영향을 크게 받았으나, 성에 대한 사고 차이로 인해 간디는 셸리를 적극적으로 평가하지는 않았다. 즉 셸리는 성적 금기를 모두 없애야 한다고 주장하고 섹스 없는 사랑이나 사랑 없는 섹스를 거부한 반면, 간디는 섹스 자체를 금지하고자 했다.

랫동안 신었다. 1939년 우정의 표시로 그것을 인도에 있는 간디에게 돌려주면서 "비록 그렇게 위대한 사람의 신발로 설 자격이 없다고 느끼지만 당신이 이것을 준 뒤로 여름이면 신었습니다."라고 말했다.

타협은 스뮈츠에게 더 이상 싸울 힘이 없을 때가 아니라, 그가 더 이상 싸울 생각이 없을 때 이루어졌다. 당시 스뮈츠는 말했다. "감옥에 인도인 이만 명을 가둘 수는 없습니다." 그 싸움이 끝났을 때 그는 행복감을 느꼈다. 1939년 간디의 70회 생일을 축하하는 두꺼운 회상록에, 당시 유명한 정치가였던 스뮈츠는 다음과 같은 영광스러운 기고문을 썼다.

간디 같은 사람은 우리를 진부하고 경박한 관념에서 구제해주고, 선행을 하는 데 지치지 않도록 자극을 준다. (…) 당시 내가 가장 존경한 사람을 적대자로 삼아야 했던 것은 불운이었다. (…) 그는 상황의 인간적 배경을 잊지 않았고, 증오에 사로잡히지 않았으며, 최악의 상황에서도 너그러운 유머를 잃지 않았다. 그의 태도와 정신은 당시나 지금이나 오늘날 유행하고 있는 냉혹하고 잔인한 폭력과는 너무나도 대조적이다.

25년 뒤 그 일에 대해 쓰는 것은 그것을 경험하는 것보다 쉬운 일이다. 스뮈츠는 계속 이어간다. "당시 간디의 행동은 나에게 어려운 일이었음을 솔직히 인정한다. (…) 간디는 새로운 수법을 보여주었다. (…) 그의 방법은 교묘하게 법을 위반하고 동료를 대중적으로 조직하는 것이었다." 많은 사람이 투옥되었고, "간디는 스스로 원해 감옥에서 휴양과 안정의 시간을 보냈다. 모든 일이 그의 계획대로 진행되었다. 법과 질서의 수호자인 나에게는 언제나 어려운 상황이었고, 강력한 대중의 지지를 받지 못하는 법을 시행하기 위해 비난을 감수해야 했다. 결국은 법을 철폐하며 완전히 패배했다."

## 제1차 세계대전 참전
사명을 완수한 간디는 피곤했지만 행복했다. 제1차 세계대전이 터지기 직전이었지만 간디는 전혀 모르고 있었다. 그는 아름다운 하얀색 꽃무늬 사리를 걸친 부인과 칼렌바흐와 함께 1914년 7월 18일 영국으로 배를 타고 떠나, 8월 6일에 런던에 도착했다. 이는 그 전에 런던에 있던 고칼레의 권유에 따른 것이었다. 도착 이틀 전에 영국은 제1차 세계대전에 참전했다. 당뇨병 치료를 위해 프랑스로 간 고칼레는 여류시인 사로지니 나이두(Sarojini Naidu, 1879~1949)에게 간디를 보살펴달라고 부탁했다. 나이두와의 교류는 간디가 죽을 때까지 계속되었다. 8월 8일에 국민회의의 환영회가 열렸다. 이 자리에서 간디는 진나를 처음으로 만났다.

간디는 전시하에서 영국인이 자기희생적으로 행동한 것을 『바가바드 기타』에서 말하는 희생(yajna)이라고 찬양했다. 그리고 인도인 구급 간호 지원병 팔십 명을 조직했다. 보어전쟁에 참전했을 때 내세운 논리에 따른 것이었다.

**나는 영국에 사는 인도인들이 전시에 어떻게든 역할을 해야 한다고 생각했다. 영국 학생들이 자원 입대하고 있으니, 인도 학생들도 그래야 했다.**

간디와 나이두.

그러나 반대가 컸다. 영국인과 인도인의 세계는 다르다는 것이었다. 우리는 노예이고, 그들은 주인이다. 어떻게 노예가 주인에게 협력하겠는가? 주인이 곤경에 처했을 때를 기회로 삼아 자유를 추구하는 것이 온당하지 않은가? 그러나 나는 받아들일 수 없었다. 분명 인도인과 영국인의 지위는 다르지만, 나는 우리가 정말 노예로 떨어졌다고는 생각하지 않았다. 당시에는 그것이 영국의 체제 자체가 아니라 영국 관리 개인의 잘못 때문이라 생각했으며, 사랑으로 그들을 바꿀 수 있다고 믿었다. 만일 우리가 우리의 지위를 개선하고자 영국의 도움과 협력을 필요로 한다면, 지금 그들 곁에 서서 영국이 승전하도록 돕는 것이 우리의 의무다. (자서전, 392쪽)

그러나 간디는 자신의 생각을 고집했고, 지원병을 찾아다녔다. 반응이 좋아서 지원병에는 모든 지역인과 종교인들이 포함되었다. 간디는 크류 경에게 편지를 써 이를 알리며 야전훈련을 받겠다고 했다. 그러나 폴락을 비롯한 간디의 친구들도 그의 참전에 대해 의문을 제기했다. 그들과 간디는 남아프리카에서 전쟁의 비도덕성을 인정했다. 따라서 친구들은 보어전쟁 이후 간디의 생각이 변했다고 보았다. 그러나 간디는 『자서전』에 사람이 항상 자신의 의무에 대해 분명히 판단할 수 있는 것은 아니며, 진실을 추구하는 자는 어둠 속을 헤매야 할 때가 많다고 썼다.

아힘사(비폭력)는 포괄적인 원칙이다. 우리는 힘사(폭력)의 불길에 갇혀 무력한 인간이다. 생물이 생물을 먹고 산다는 말의 함의는 깊다. 우리는 의식적으로든 무의식적으로든 폭력을 범하지 않고는 한순간도 살지 못한다. 먹고 마시고 움직이는 일, 산다는 사실 그 자체가 아무리 미미할지라도 반드시 어떤 폭력, 생명 파괴를 수반한다.
비폭력을 추구하는 자는 자신의 모든 행동 근거를 자비에 두며, 아무리 작은 것이라도 파괴하지 않으려 최선을 다하고, 폭력의 굴레에서 벗어나기 위해 끊임없이 노력한다면 자신의 믿음에 충실할 수 있다. 그러나 자제와 자비의 마음이 아무리 성장한다 해도, 결국 외부의 폭력으로부터 완전히 벗어날 수는 없다.

그러나 아힘사의 근본은 모든 생명에 통일성이 있다는 것이기 때문에, 한 사람의 잘못이 모든 생명에게 영향을 미친다. 인간이 사회적 존재인 한, 사회 자체가 내포하고 있는 폭력에 참여하지 않을 수 없다. 두 나라가 싸우고 있을 때, 아힘사를 따르는 자의 의무는 전쟁을 그만두게 하는 것이다. 그 의무를 다하지 못하는 사람, 전쟁에 반대할 힘이 없는 사람, 전쟁에 반대할 자격이 없는 사람은 전쟁에 참여할 수 있겠지만, 자신과 국가, 세계를 전쟁으로부터 해방하기 위해 진심으로 노력해야 한다.

나는 대영제국을 통해 나와 내 동포들의 지위를 개선하고 싶었다. 영국에 있는 동안 그 함대의 보호를 받고 그 무력 아래 몸을 숨겼으니, 나는 잠재적 폭력에 직접 참가한 것이다. 그러므로 내가 대영제국과의 관계를 유지하면서 그 깃발 아래 살기 원한다면, 세 가지 중 하나를 선택해야 했다. 첫째, 전쟁에 공개적으로 반대하고 사티아그라하의 규율에 따라 영국이 군사 정책을 바꿀 때까지 협력하지 않는다. 둘째, 영국의 법에 시민 불복종을 하여 감옥에 간힌다. 셋째, 영국 편에 참전하여 전쟁의 폭력에 반대할 수 있는 능력과 자격을 갖는다. 나는 전쟁에 반대할 만한 능력과 자격이 없다고 생각했으므로 전쟁에 참여하는 길밖에 없었다.

아힘사의 관점에서는 전투원이나 비전투원이나 마찬가지다. 강도 패거리에서 일하기로 자원한 자는, 짐꾼 노릇을 하든 망을 보든, 그들 중 부상입은 자를 간호하든 강도나 마찬가지로, 결국 유죄다. 전장에서 오로지 부상자만 간호한 경우에도 마찬가지다. 전쟁의 책임에서 벗어날 수 없다. 폴락의 전보를 받기 전부터 나는 이 모든 것을 스스로 따져보았다. 그의 전보를 받은 직후에는 여러 친구들과 토론하여 참전이 나의 의무라고 결론 내렸다. 지금도 내 판단에 문제가 있었다고 생각하지 않고, 당시 영국에 대하여 호의적인 견해를 가졌던 것도 후회하지 않는다.

하지만 나는 이 미묘한 문제에 대하여 당시에도 모든 친구를 설득할 수는 없었다. 따라서 나는 비폭력을 믿고 삶의 전 영역에서 아힘사를 실천하려고 진지하게 노력하는 사람들에게 내 생각을 최대한 분명하게 전했다. 진실에 헌신하려는 자는 무엇이든 그저 관습을 따라서는 안 된다. 항상 고쳐야 할 수도 있다는 것을 받아들이고, 자신의 잘못을 알면 그게 언제든, 어떤 희생이 따르든 즉시 고백하고 속죄해야 한다. (자서전, 395~396쪽.)

2개월 뒤 고칼레가 죽었다. 간디와 아내도 병약해졌다. 그는 아내를 극진히 간호했다. 그 무렵 인도에 있던 큰형 락스미다스도 병을 앓았다. 간디는 인도에 돌아가 형을 간호하고 싶었으나, 그가 인도에 가기 전에 형이 죽어 슬픔에 잠겼다. 그런 가운데 여제자의 도덕적 실수로 인해 일주일간 금식했고, 차남 마닐랄이 유부녀와 관계를 가진 것이 드러나 다시 금식하고 그의 결혼을 허용하지 않겠다고 했다.

인도로 출발하기 전날 한 인터뷰에서 간디는 인도와 영국이 협조하여 전 세계의 정신적 안정과 앙양을 만드는 것이 꿈이라고 말했다. 그것이 간디가 인도로 간 이유였다. 1914년 12월 19일, 간디는 아내와 함께 런던을 떠나 1915년 1월에 뭄바이에 도착했다.

## 나이두

나이두는 열두 살에 대학에 입학했을 정도로 수재였다. 인도에서 대학을 졸업한 뒤 하이데라바드의 장학금을 받아 런던의 킹스 칼리지와 케임브리지의 거튼 칼리지를 다녔고, 토마스 하디와 헨리 제임스 같은 문인들과 교류했다. 처음에는 영국 낭만주의류의 시를 썼으나, 뒤에는 인도를 주제로 썼다. 1898년에는 건강이 나빠져 인도로 돌아갔다.

나이두는 1905년 벵골 분할 때 인도 독립운동에 가담하면서 고칼레와 타고르 같은 지도자들을 만났다. 첫 시집인 『황금 문턱』은 1905년에 출간되었고, 두 번째 시집인 『시간의 새』는 1913년 영국에서 나왔다. 1915년에서 1918년

5부 사티아그라하로 싸우다(1906~1915)

사이에는 사회 복지, 여성 해방, 민족주의에 대해 강의하면서 인도의 여러 지역을 여행했다. 또한 1917년에 여성 인도 협회(Women's Indian Association, WIA)를 설립하는 데 앞장섰고, 그 회장이자 인도자치연맹 회장인 베산트와 함께 보편적 참정권을 주장했다. 1920년부터 간디의 사티아그라하 운동에 합류하여 1925년에 국민회의 의장으로 선임되었고 취임 연설에서 "자유를 위한 투쟁에서 두려움은 용서할 수 없는 배반과 절망, 용서할 수 없는 죄"라고 말했다. 1930년에는 소금 행진에 참여했다가 구속되었고 그 뒤로도 몇 차례 구속되어 모두 21개월 이상을 감옥에서 살았다. 1947년 인도 독립 후에는 연합주(United Provinces, 현재의 우타르 프라데시 주)의 지사가 되었고, 1949년에 죽었다.

# 6부
# 인도에서 싸우다
# (1915~1928)

간디 일생의 절정은 최고의 출세나 축재 따위가 아니라
가장 치열한 싸움이었다.

# 1            인도로 돌아오다

## 6부

6부에서는 1915년 1월 46세의 간디가 22년 만에 인도에 돌아왔을 때부터 인도 민중의 지도자가 되는 1928년 59세까지의 13년을 다룬다. 누구나 그렇듯이 사십 대 중반부터 오십 대 말까지는 생애의 절정기인데, 간디는 그 십여 년 만에 무명의 정치 초보에서 마하트마로 불릴 정도로 위대한 정치인으로 비약했다. 그 절정은 그전의 방랑을 끝내고 정착하여 생긴 일이기도 했다. 그 뒤로 간디는 1931년 잠시 영국에 간 것을 제외하고는 인도를 떠나지 않았다.

간디 일생의 절정은 최고의 출세나 축재 따위가 아니라 가장 치열한 싸움이었다. 간디는 1917년부터 1918년에 걸쳐 인도 각지에서 사티아그라하를 실천하고 1919년부터는 제1차 세계대전 후의 혼란기에 전국적인 반롤럿법운동을, 1921년에는 국민회의파의 중심으로 비협력운동을 실시했다. 그러나 그것을 독립운동 사건들로만 보아서는 안 된다. 그는 『인도의 자치』에서 말했듯이 인도인의 성격을 바꾸어 영국의 식민지 기반을 무너트리고 사람들을 자유롭게 하고자 했다. 간디가 그러한 목표를 위해 택한 도구는 행동적 비폭력인 사티아그라하였다. 이는 인도 총독부가 강경노선을 포기한 점과 궤를 같이했지만, 영국 문명의 물질적 힘을 인도 문명의 정신적 힘이 이긴다고 하는 문명 비판에 근거한 것이었다. 간디는 정치적 독립 이전에 한 사람의 인간으로서의 정신적 독립이 필요하다고 주장했다. 이는 당시 인도의 독립 노선과는 너무나도 상이했지만, 간디는 평생 그것을 자신의 신조로 삼았다.

이 시기에 간디는 자신은 물론 인도에도 엄청난 변화를 초래했다. 첫째, 22년간의 남아프리카 경험에서 얻은 사티아그라하라는 사상과 행동을 인도 민족해방을 위한 사상과 행동으로 결합하였다. 그리하여 1920년 이후 인도는 간디주의에 의해 인도되었다. 둘째, 인도의 민족해방운동을 지식인 중심의 엘리트 운동에서 민중운동으로 변화시켰다. 간디는 도시의 노동자나 빈민, 농민들과도 연대하고, 그들이 간디에게 기대하여 비폭력 항의운동에 나서도록 했다. 여기서 간디는 엘리트와 민중, 도시와 농촌의 중개자가 되어 인도 독립운동을 명실공히 전국, 전 인민의 운동으로 바꾸었다.

## 인도 귀국

1915년 1월 9일에 인도에 돌아온 간디는 인도인들로부터 열렬히 환영받았지만, 거대한 P&O 기선에서 함께 내린 영국인 사령관을 위해 마련된 요란스러운 공식 환영 행사에 묻혀버렸음을 영화 〈간디〉에서 볼 수 있다. 그러나 간디가 평소 총독이나 왕족이 상륙할 때 사용한 아폴로 암벽에 내렸음을 보면 그는 이미 특별 대우를 받은 것이다. 그는 남아프리카에 있었을 때부터 인도에서도 유명했다. 그래서 1911년 국민회의파는 그를 의장으로 삼으려고 진지하게 고려하기도 했고, 당시 인도 총독이었던 하딩도 간디가 인도 이민의 인권을 보호해준 점에 감사했다.

그때 간디는 남아프리카에서 쿨리라고 조롱받았던 조악한 흰옷에 너무나 큰 싸구려 터번을 쓴 차림이었다. 그전에 영국에 있을 때나 남아프리카에서의 모습과는 사뭇 달랐다. 이는 간디가 남아프리카 투쟁을 겪으며 노동자 및 농민과 하나가 되었음을 여실히 보여주지만, 환영 나온 인도인들에게는 이상한 모습으로 이상한 말을 하는 왜소한 체구의 간디가 너무나도 낯설었다. 영화 〈간디〉에는 환영자 중에 아직 케임브리지 대학생이었던 네루와 파텔이 있었던 것으로 나오지만, 그들이 그 자리에 있었다는 것은 사실이 아니다. 여하튼 많은 축하 모임에서도 간디는 사자후를 연상시키는 웅변이 아니라 작은 목소리로 속삭이듯 말해 사람들을 실망시켰다. 새로운 독립운동 지도자에 대한 기대와 열광적인 환영에 비해 그 주인공은 너무도 허약해 보였다.

한편 인도도 간디에게 낯설었다. 45세의 장년이었음에도 인도는 그에게 외국처럼 느껴졌다. 18세에 영국으로 유학을 떠난 이후 거의 27년을 외국에서 살았기 때문이다. 인도에 돌아온 것도 22년 만이었다. 남아프리카를 떠나기 전 송별연에서도 그는 말했다. "인도는 저에게 미지의 나라입니다." 그는 남 아프리카에서 삼십만 명의 인도인을 이끌었으나, 인도에서 만날 사람들은 삼 억 명이나 되었다. 새롭게 만날 인도인들은 언어나 문화도 더욱 다양했다. 남 아프리카에서 그가 다닌 땅은 인도의 100분의 1도 되지 않았다. 황무지와 다 름없었던 남아프리카와 달리 인도는 오랜 역사와 복잡한 계급이 있고, 특히 수많은 지도자를 직접 상대해야 했다.

게다가 남아프리카의 추억이 아직도 그를 사로잡고 있었다. 1월 12일에 인 도제국 시민 협회가 당대의 엘리트 육백여 명을 불러 마련한 환영회에서 간디 는, 조국에 돌아오면 편할 것이라고 기대했지만 남아프리카에서 계약노동자 들과 지냈을 때가 더 편했고, 그들이야말로 진정한 영웅이라고 말했다. 뭄바 이가 낯설다고도 했다.

인도인에게도 그는 낯설었다. 당시 서구화되어 있던 상당수 인도인에게 간 디는 소박한 금욕 생활을 좋아하는 기인으로 비쳤고, 그의 정치적 노선은 너 무나도 과격하다고 여겨졌기 때문이다. '기인'이니 '과격파'니 '트러블 메이 커'니 하는 비난이 그가 죽을 때까지 따라다녔다. 당시 인도인들에게 사티아 그라하는 도저히 이해할 수 없는 것이었다. 『인도의 자치』도 인도에서 출판되 자마자 대부분 바로 발금되었고, 어떤 충격도 주지 못했다. 반대로 과격파는 그를 '온건파' '타협파'라고 비난했다.

물론 귀국 직후 타고르에게 마하트마로 불렸을(처음 그 호칭을 사용한 이가 타고 르인지에 대해서는 논쟁이 있음을 뒤에서 볼 것이다.) 정도로 일부에게 존경을 받았지 만, 간디는 타고르는 물론 네루나 진나 등의 엘리트주의와는 분명히 달랐다. 타고르도 간디의 민중 동원을 싫어했다. 그래서 간디는 엘리트 사이에서는 고 립되었지만 민중으로부터 압도적 지지를 받았다. 그러나 그것도 힌두 절대주 의의 입장에서 보면 불충분한 것이어서 결국 그는 암살당했다. 그 암살은 하 루아침에 이루어진 일이 아니다. 1915년 간디가 인도에 도착했을 때부터 예상 된 일이었다.

## 암중모색

물론 간디는 그것을 예상하지 못했다. 1915년의 간디는 앞으로의 계획이 명확하지 않았지만 몇 가지 제안을 받은 상태였다. 먼저 고칼레로부터 그가 조직한 푸네의 인도 봉사자 협회를 운영해달라는 부탁을 받았다. 간디는 그곳을 찾았으나, 다른 회원들이 경계하는 바람에 2월에 고칼레가 사망한 직후 곧 물러났다. 또 하나는 영국인 친구 앤드루스의 제안으로 샨티니케탄(Shantini-ketan)에 있는 타고르 학교에 참여하는 것이었으나 그것도 잘되지 않았다.

뒤에 스와미 슈라다난드(Swami Shraddhananda, 아리야 사마지)로 알려진 마하트마 문시 람이 히말라야의 캉그리*에 세운 그루크라 캉그리 학교(Gurukul)를 찾아갔으나 실망해 돌아왔다. 문시 람은 간디에게 히말라야 산기슭에 아슈람을 세우라고 권했고, 간디도 그곳을 좋아했으나 그곳 사두나 순례자들의 너저분하고 위선적이며 이기적인 모습을 보고 실망했다. 승려 집단은 속세의 좋은 것을 누리고 즐기려고 태어난 사람들로 보였다. 그래서 역시 그곳에 살기는 어렵겠다고 생각했다. 그만큼 간디는 인도 사회와 어울리기 어려운 사람이었다. 그해 간디는 남아프리카 활동에 대한 시상으로 인도제국 여왕 메달(Kaisar-i-Hind)을 받았다.

당시 인도인들이 간디에게 기대한 것은 무엇보다도 사티아그라하였다. 그들은 간디에게 언제 사티아그라하를 시작할 것인지 물었다. 간디에게도 의욕이 있었다. 그러나 그가 인도에 오기 전 인도 봉사자 협회 회장 고칼레는 "입은 다물고 귀만 열고서 첫해를 보내라"고 명하며, 경험을 쌓기 위해 인도를 여행하라고 했다. 그것을 끝낼 때까지는 공적 문제에 대해 어떤 말도 하지 말고, 절대로 초조해하지 말라고 했다. 귀국 직후 간디는 삼등 열차를 타고 인도 각지를 여행했다.

---

\* 　지금의 창키리.

## 인도의 정치 상황

귀국 당시 간디는 인도의 정치 상황에 대해 아는 바가 전혀 없었다. 사실 인도에서 그는 구자라트 시골 촌놈에 불과했다. 그렇다고 해서 농촌에 대해 아는 것도 아니었다. 어중간한 시골 동네 출신에 불과했다. 45세에 인도로 돌아올 때까지 그는 인도에 대해 전혀 모르다시피 했다.

여기서 1915년 인도를 살펴볼 필요가 있다. 간디가 『인도의 자치』에서 비판한 철도는 이미 인도 전역에 놓여 인도를 하나로 만드는 데 가장 크게 기여했다. 쌀과 면화부터 영국제 공업제품까지 화물 수송량은 급격하게 늘어났다. 이제 열차는 부에 관계없이 모든 인도인에게 일상이 되었고, 인도 인구의 십 퍼센트가 도시에서 살게 했다. 콜카타, 봄베이, 마드라스, 아마다바드와 거대 도시들이 공업 중심지로 부상했다. 1914년에 처음 가동한 제철소나 탄광, 섬유공장은 제국이 아니라 인도인들에 의해 가동되었다. 1914년 당시 인도는 전 세계에서 여덟 번째로 큰 공업국이었다.* 교육시설도 급격히 늘어났으나 아직은 엘리트 교육이었다. 1915년 당시 인도에는 신문사가 천오백 개 이상 있었고 독자도 이백만 명을 넘었다. 엄격한 검열법에도 불구하고 독립적인 여론을 형성했다. 이 모든 것이 새로운 인도를 가능하게 한 사회적 조건들이었다.

간디가 인도로 돌아온 1915년까지 인도는 조용했다. 19세기 후반 인도의 르네상스 이후 국민회의를 비롯한 많은 단체가 형성되었다. 국민회의는 1885년 12월 28일 뭄바이에서 영국인 퇴직 공무원 앨런 옥타비언 흄에 의해 창립되었다. 최초의 의장인 그는 1907년까지 그 자리에 있었는데, 가끔 공동 의장을 맡기도 했다. 1910년까지 25년간 영국인이 다섯 차례나 의장을 맡았다.

최초의 대의원 73명은 높은 카스트의 힌두교도와 파르시교도인 변호사, 기자, 교사, 사업가, 지주, 상인 등으로 자천에 의해 구성되었다. 그 뒤로는 선출된 대의원으로 구성되었으나 영국에 충성하는 엘리트들이었다는 점은 마찬

---

*    Penderel Moon, *The British Conquest and Dominion of India*, Duckworth, 1989, p. 968.

가지였다. 차차 그들은 영국에 인도 개혁을 요구했지만 그것은 어디까지나 제국주의 유지를 전제로 한 것이었고, 영국이나 총독부는 이를 무시했다. 가령 1888년 인도 총독 더퍼린 경은 이임식 전날에 국민회의는 인도 전체의 의견을 대리할 권리가 없는 미미한 소수에 불과하다고 말했다.

인도에서 영국인이 처음으로 위협을 느낀 것은 1905년 벵골을 무슬림 지역과 힌두교도 지역으로 분할하려고 했을 때였다. 인도인은 이를 단순한 지역 분할이 아니라 두 교도의 분할로 생각했다. 반대 운동이 전국으로 파급되었고, 국산품 구매 운동과 정부 배척 운동도 따랐다. 게다가 총독부의 경제정책이 실패하면서 인민의 불만이 높아져 폭력적 운동이 늘어났다. 국민회의에도 과격파가 등장해 1906년 콜카타 대회부터는 대립이 심각해졌고, 그 후 구 년간 분열을 면하지 못했다.

여하튼 1905년에 시도된 벵골 분할 때문에 약간 시끄러워졌지만 그것도 그리 심각한 문제로 발전하지는 않았다. 그러나 국민회의의 벵골 분할 반대 운동이 좌절되며 당시 국민회의를 주도했던 고칼레의 온건파에 대항하는 강경파가 생겨났다. 그 선구자가 틸라크였다. 1906년 콜카타 총회에서 두 파의 갈등은 심각해졌다. 특히 테러리스트와의 관계로 인해 1907년 틸라크가 국민회의파에서 추방되고 이듬해부터 칠 년간 만달레이 감옥에 갇히자 갈등의 골은 더욱 깊어졌다. 틸라크는 간디가 인도에 가기 일 년 전인 1914년에 석방되었다. 틸라크가 없는 동안 온건파가 주도권을 잡았다.

국민회의파는 힌두교도, 그중에서도 브라만이 압도적이었고, 다른 카스트나 무슬림은 철저히 제외되었다. 무슬림은 민족 정치 문제에 전혀 관여하지 않다가 1906년 국민회의파를 모델로 하여 전 인도 무슬림연맹을 창설했으나 전체 무슬림 칠천만 명 중 천 명가량에 불과한 회원 조직이었다. 그밖에 불가촉천민이 약 오천만 명이었다.

간디는 이미 남아프리카에서 모든 인종과 종교 및 카스트를 아우르는 하나의 국가, 민족을 구성하고 함께 사티아그라하 운동을 했으며 그 모두를 평등하다고 보았다. 그러나 간디가 당시 인도인과 달랐던 것은 그것뿐만이 아니었다. 고칼레를 비롯한 당시 인도인 지도자들은 누구나 자유에의 길은 근대에의 길이라고 생각했다. 간디가 쓴 『인도의 자치』에 나오는 독자와 같았다. 그러나 간디는 반대였다. 간디처럼 서양 학문이나 교육을 혐오하는 사람은 틸라크뿐이었다. 그러나 간디로서는 틸라크의 폭력주의와 이슬람 혐오를 받아들일수 없었다. 간디의 정치적 선배는 고칼레였다. 그러나 그는 간디가 인도에 온직후인 1915년 2월에 죽었다.

한편 총독부는 과격파를 탄압하면서 온건파를 자기편으로 만들고자 노력했다. 1911년 벵골 분할 시도가 중지되었어도 폭력 활동은 중지되지 않았다. 그런 가운데 1915년에는 이슬람동맹과 국민회의가 동시에 연례 총회를 열었다. 간디를 비롯한 여러 힌두교 지도자가 이슬람동맹 회의에 참석했다. 이 시기에 원로 정치인들이 대부분 은퇴하여 새로운 지도자가 요구되었다. 간디는 바로 그 시점에 인도로 돌아와 인도의 새로운 지도자가 되었다.

## 개전을 향한 일제사격

간디가 귀국 직후 조용히 지냈던 것만은 아니다. 구자라트 사람들이 준비한 귀국 환영회에서 소동이 벌어졌다. 그 자리에서 간디는 뒤에 자신과 끝없이 갈등하다가 '파키스탄 독립의 아버지'라 불리게 된 진나를 만났다.

**진나도 구자라트 사람이어서 참석했는데, 그가 거기 회장이었는지 주 연설자였는지는 정확히 기억 나지 않는다. 그는 멋진 영어로 짧게 연설했다. 내 기억에 따르면 다른 연설도 모두 영어였다. 내 차례가 왔을 때 나는 구자라트어로 감사를 표하고, 구자라트어와 힌두어를 사랑한다고 말하며 구자라트 사람들의 모임에서 영어를 사용하는 것에 대해 정중히 문제 제기했다. 물론 주저하지 않았던 것은 아니다. 오랫동안 외국에 있다 온 물정 모르는 사람이 무례하게 관례에 저항하는 것처럼 비칠까 두려웠기 때문이다. 그러나 내 말을 오해하는 사람은 없어 보였다. 사실 모두가 동의해주는 것 같아 기뻤다.**

**이 모임을 통해 나는 용기를 얻고 내 견해를 동포 앞에 편히 내놓아도 된다고 생각하게 되었다.** (자서전, 420쪽.)

그러나 당시 진나는 큰 충격을 받았다. 간디가 말한 것처럼 오해하는 사람이 없고 모두 그의 주장을 받아들인 것이 아니었다. 그 뒤로 진나는 간디에게 적대감을 품었고 둘의 관계는 악화일로를 걸었다. 간디는 남아프리카 후기에 힌두어 절대주의로 돌아섰다. 영어 문제는 진나만이 아니라 다른 여러 사람과 갈등하는 요인이 되었다.

간디는 1916년 2월 6일 바라나시* 힌두대학교(Varanas Hindu University)의 개교식 연설에서 아나키스트를 자처하면서 지배층의 오만과 경찰의 감시를 비난했다. 힌두대학교의 창립자인 베산트가 중지해달라고 해도 연설을 끝까지 계속하여 결국 기념식 자체가 중단되었다.

간디의 연설은 영어로 이야기해야 하는 불편함에 대한 토로로 시작되었다.

**"이 성스러운 도시, 이 거대한 대학의 가호 아래 동포에게 외국어로 연설해야 한다는 것은 치욕적인 일입니다. 만일 우리 언어가 너무 비천하여 최고의 사상을 표현할 수 없다고 한다면 나는 차라리 우리가 사라져버리는 것이 우리를 위해서 낫다고 대꾸하겠습니다. 사람들은 우리를 두고 진취성이 없다고 비난합니다. 외국어를 습득하는 데 귀중한 세월을 바쳐야 하는 상황에서 어떻게 우리에게 진취성이 있을 수 있겠습니까? 그러나 우리는 외국어를 제대로 습득하는 데도 실패했습니다."** (전집13, 210쪽.)

**"지난 오십 년간 우리가 모국어로 교육을 받았다고 해봅시다. 그러면 오늘 우리는 어떠할까요? 자유로운 인도에서 살고 있을 것입니다. 우리 나**

---

* 과거에는 베나레스.

름대로 교육받은 사람들을 가지고 있을 겁니다. 그들은 자기 나라에서 외국인처럼 굴지 않고 민족의 마음을 향해 이야기할 수 있을 것입니다. 그들은 가난한 사람들 가운데에서도 가장 가난한 사람들 사이에서 일할 것입니다. 그들이 지난 오십 년간 얻은 모든 것이 민족을 위한 유산이 되었을 겁니다." (전집13, 214쪽.)

청중에는 총독과 토후국왕들이 있었다. 그들은 간디의 연설을 들으면서 몸을 심하게 움직이며 동요했지만, 간디는 비난을 계속했다. 이어 간디는 국민회의와 이슬람동맹이 자치를 주장하지만 자신은 그것에 관심이 없다고 말했다. 영국인이 떠나면 추악한 사원과 도시와 철도가 깨끗해지겠느냐고 했다. 그러고는 다른 자리의 이야기를 빌어 그곳 손님들을 공격하기 시작했다.

"저는 그 귀족들에게 이렇게 말하고 싶습니다. 당신들이 자신의 보석을 털어 동포에게 주지 않는 한 인도는 구원받지 못할 것입니다." (전집13, 215쪽.)

그리고 영국에 의한 인도 지배의 틱징이라고 하는 허식과 의례를 비난했다. 이어 간디는 총독부가 배치한 사복경찰을 비난했다. 그리고 "오늘의 인도는 그 초조함 때문에 아나키스트 부대를 낳았다"면서 자기도 그렇다고 했다.

"저도 아나키스트지만 종류가 다릅니다. 우리 사이에는 아나키스트 계급이 있습니다. 그들에게 저는, 인도가 정복자를 정복하고자 할 때 아나키스트는 인도에 설 자리가 없다고 말해주고 싶습니다. 아나키스트는 두려움의 표시입니다."
"저는 아나키스트를 존경합니다. 그는 자기 조국을 사랑하니까요. 저는 조국을 위해 죽을 각오가 되어 있는 그의 용기에 경의를 표합니다. 그렇지만 그에게 한 가지 질문을 던져보고 싶습니다. 살인은 명예로운 것인가? 살인자의 칼이 명예로운 죽음을 나타내는 것인가? 아닙니다. 경전 어디에도 그런 것이 정당하다고 하지 않습니다."(전집13, 216쪽.)

그러자 베산트 여사가 간디에게 그만하라고 고함을 질렀다. 그러나 간디는 인도인의 비겁함을 소리 높여 비난했다. 간디는 마하라즈 앞에서 인도의 부자들이 보석으로 장식하면서 자치를 주장하는지를 물어 뒤에 그의 제자가 된 비노바 바베를 포함한 학생들의 갈채를 받았지만, 베산트와 마하라즈를 분노하게 하여 틸라크로부터 질책하는 편지를 받았다.

그 뒤 인도를 여행하면서도 간디는 영어와 기계에 대한 적대감을 노골적으로 드러내며 인도 문화와 힌두 문화의 재건을 주장해 민중의 압도적인 지지를 얻었다. 그 지지를 기반으로 간디는 엘리트 조직인 국민회의 중심으로 들어갔다. 당시 간디는 그전의 태도인 영국과의 협조 노선을 유지하면서 힌두교 전통의 인도에 근거한 사해동포 이념에 인류의 희망을 걸었다.

## 간디와 베산트

앞의 사건이 있기 직전 베산트는 막 귀국한 간디를 만나 제1차 세계대전이 인도에게는 기회라고 설득했다. 간디는 영국을 믿으며 전쟁 중에는 반영 운동을 할 수 없다고 거절했다. 개교식 연설 사건을 겪은 뒤 베산트는 간디를 더욱 불신하게 되었고, 특히 그의 비협력운동을 불신했다. 인도의 교양층은 영국과의 관계를 유지하며 은혜받기를 기대한다고 생각한 탓이었다. 또 비협력운동이 폭력화하여 영국과의 관계를 근본적으로 손상할 것이라고 보고서 신지협회는 그것에 협력해서는 안 된다고 주장했다. 베산트는 간디를 개인적으로 존경했지만, 합법적 수단에 의한 정치개혁이 바람직하다고 생각했다.

베산트에게 인도란 아리아인, 힌두교도, 브라만, 중간층, 교양층을 뜻했다. 따라서 인도의 무지한 대중은 운동에 참가할 수 없고, 힘도 될 수 없다고 보아 대중을 동원하는 간디의 운동을 불신한 것이다. 그러나 신지협회 회원 중에는 베산트와 달리 간디의 사티아그라하에 참여한 사람들이 많았다. 따라서 베산트가 이끈 자치연맹운동은 분열하여 명칭도 '자치협회(스와라지 사바)'로 바뀌었다. 한편 베산트는 새로이 '국민자치연맹'을 만들어 영국과의 관계를 강화하고, 궁극적으로 영국과 인도의 연방을 만들고자 했다. 그러나 간디는 그러한 연방제는 캐나다나 남아프리카와 같은 영국이 없는 영국 지배, 즉 힌두스탄이 아니라 잉글리시탄을 만드는 것에 불과하다고 비판했다.

베산트는 신지주의적인 선민사상에 근거한 진화론을 인정하면서 식민 지배는 보편적 인류애를 실현하기 위해 필요한 단계라고 주장했다. 식민 지배에 의한 혼혈과 혼유가 보편적 인류애의 실현에 필요하다는 주장은 18세기의 디드로나 헤르더의 논쟁에서 비롯되었다. 한편 18세기 후반부터 벵골 아시아 협회 등을 중심으로 문헌주의적인 인도 사상 연구가 진행되었고, 19세기에는 막스 밀러 등에 의해 인도학이 성립되어 대영제국의 인도 지배를 정당화했다.

제국은 인도학을 복음주의적인 기독교 문맥에 따라 읽었다. 즉 힌두교를 통해서는 현실에 대한 합리적인 자세나 개인의 인격에 적합한 경의를 갖는 것이 불가능하다고 보았다. 그래서 영국인은 신의 섭리에 의해 인도인이 자치할 수 있도록 개인주의와 합리주의라는 기독교문화를 인도에 전파해야 한다고 주장했다. 반면 베산트는 인도학을 복음주의적 기독교에 대한 비판으로 읽었다. 인도의 집단주의와 운명론적 다신교를 통해 개인주의를 비판했다. 이는 정신적이고 집단적인 인도와 물질적이고 개인적인 서양의 대비라는 점에서 간디나 네루와도 공통된 점이었다.

## '힌두 사상가' 간디의 탄생

앞에서 보았듯이 간디는 남아프리카에서 '수동적 저항'을 적극적이고 능동적인 의미를 갖는 '사티아그라하'로 바꾸었다. 그리고 인도 귀국 직후, 당시까지 죽은 개념에 불과했던 아힘사를 비폭력으로 바꾸어 마찬가지로 적극적 의미를 부여했다. 간디는 남아프리카에서 '진리(satya)=신(God)'을 탐구하는 과정에서 비폭력을 발견했다. 즉 목적인 진리에 가까워지는 가장 유효하고 불가결한 방법이 비폭력이었다. 비폭력은 물리적으로는 약하지만 사상적으로 가장 강력한 방법이었다.

간디는 인도에서는 그다지 사용되지 않은 아힘사라는 말을 새롭게 해석했다. 먼저 살생이라는 의미의 '힘사'에 대해 분노나 증오, 악의나 자존심 등을 가지고 직간접적으로 인간과 동물을 고통스럽게 하는 것, 나아가 개인이나 집단이 자기 욕망에 의해 약자를 착취하고 굴욕을 주며 기아에 허덕이는 것까지 포함하는 개념으로 넓게 해석했다. 따라서 그것을 부정하는 아힘사는 인간과 동물에 대한 살상에 그치지 않고 영혼의 힘으로 모든 부정과 악행에 대해 적극적으로 저항하는 것을 뜻하게 되었다.

이처럼 간디에게 비폭력은 전통적인 의미의 아힘사인 불살생만을 뜻하지 않는다. 당연히 비겁한 무저항도 아니다. 비폭력은 사랑, 적극성, 불공정에 대한 저항, 폭력에 맞서는 용기, 무소유, 진실, 브라마차리아 등을 의미한다. 나아가 러스킨, 톨스토이, 성서에서 온 빵을 위한 노동까지 포함시켰다.

이러한 해석은 간디가 1916년 2월 14일, 마드라스 선교회의에서 스와데시(국산품 애용)에 대해 강연하면서 자신의 힌두화는 정신적 의미의 스와데시라고 했을 때 나타났다. 그는 2월 16일 YMCA 강연에서 아힘사에 대해 말하면서 이와 같은 취지를 더욱 분명히 말했다. 1921년 8월 14일, 간디는 아힘사는 정신적인 브라마차리아(정화)라고 주장했다. 그리고 아힘사에는 전사의 덕인 용기가 필요하다면서 그 증거로 비폭력을 주장한 마하비라도 붓다고 톨스토이도 모두 전사 출신이라고 주장했다(전집15, 251~254쪽). 나아가 비폭력은 약자가 아니라 강자의 무기이고 복수가 아니라 용서이며, 용서는 강자의 훈장이라고 했다(전집51, 385쪽).

## 대영제국의 인정

인도에 돌아왔을 때에도 간디는 남아프리카에 있었을 때와 마찬가지로 대영제국의 존재를 인정했다. 귀국 직후 간디가 카티아와르의 바가스라에서 사티아그라하의 출범을 언급한 점에 대해 뭄바이 총독의 비서가 항의하자 간디는 사티아그라하가 제국에 대한 위협이 아니라 민중을 교육하자는 것에 불과하고 어디까지나 비폭력적인 것이라고 답하며 영국 정부가 힘 있는 정부임을 믿어 의심하지 않는다고 했다.

> **"그것은 인민에 대한 교육이었습니다. 그들에게 불만을 합법적으로 해결할 수 있는 방법을 알려주는 것이 저의 의무입니다. 자주독립을 원하는 민족은 자유에 이르기 위한 모든 수단과 방법을 알고 있어야 합니다. 보통 그 최후의 수단은 폭력이지요. 그러나 사티아그라하는 절대적으로 비폭력적인 무기입니다. 나는 그 실천과 한계를 설명하는 것이 나의 의무라고 생각합니다. 나는 영국 정부가 강력한 정부임을 의심하지 않습니다. 마찬가지로 사티아그라하가 최고의 해결책이라는 것도 확신합니다."** (자서전, 425~426쪽.)

그 뒤 삼등 열차를 타고 인도 전역을 여행하다가 1915년 4월에 마드라스에 들렀다. 그곳 변호사협회의 연례 만찬에서 대영제국이 몇 가지 이상을 실현했고, 자신은 그 이상들을 사랑하게 되었다고 하면서, 그중 하나가 제국의 모든 신민이 자신의 에너지와 노력을 발휘하고 양심에 따라 무엇이든 할 수 있는 자유로운 영역을 가지고 있는 점이라고 했다. 자신은 정부라는 것 자체를 좋아하지 않고 가장 적게 통치하는 정부가 가장 좋은 정부라고 자주 말하는데, 대영제국에서는 그런 통치가 가능하다고도 했다.

## 간디와 타고르

간디를 처음 마하트마라고 부른 사람은 타고르라고 알려져 있지만, 다른 견해도 많다. 또 타고르가 간디를 언제 그렇게 부르기 시작했는지에 대해서도 논쟁이 있다. 보통은 간디가 돌아온 1915년부터라고 하는데, 타고르가 1919년 4월 12일에 간디에게 쓴 편지에서는 마하트마라고 불렀지만 그 전에는 미스터라는 호칭을 사용했다.

한편 간디의 비서였던 M. 데사이의 아들 N. 데사이는 타고르보다 앞서서

타고르와 간디.

1915년 1월에 어느 저널리스트가 간디를 마하트마로 불렀다고 주장했다. 이는 재판에까지 회부되어 뭄바이 고등법원에 의해 타고르가 2016년 2월에 부른 것이 처음이라는 판결이 내려졌다. 그러나 1915년 1월 27일, 간디 귀국을 환영하는 곤다르 토후국의 아유르베다 약제상들의 집회에서 그렇게 불렸다는 설이 있다(전집14, 350~351쪽). 그 약제상들은 톨스토이 농장으로 약을 수출했다. 베산트가 타고르보다 빨리 신지협회 신문에서 그렇게 불렀다는 견해도 있고, 간디가 남아프리카에 있을 때부터 마하트마라 불렀다 보는 견해를 비롯하여 여러 가지 견해가 있다. 그러나 타고르에 의해 마하트마라는 말이 널리 퍼졌다는 점만은 분명하다. 그런데 타고르의 고향인 벵골에서는 간디를 마하트마라 부르지만, 간디의 고향인 구자라트에서는 자이나교의 성인을 그렇게 부르는 경향이 있다.

　라빈드라나드 타고르는 1861년에 태어나 1941년에 죽었으니 간디보다 여덟 살 위였고 칠 년 먼저 죽었다. 그는 인도의 부유한 명문가 출신으로 열한 살 때부터 시를 썼으며, 열여섯 살에 이미 벵골의 셸리라 불릴 정도로 천재 소리를 들었다. 열일곱 살이 된 1876년에 런던에 유학했으나 1880년에 콜카타로 돌아왔다. 이어 1901년에 산티니케탄에 학교를 세우고 1905년에는 벵골 분할령에 격렬하게 반대했으나 그 뒤로는 정치에 관여하지 않았다. 1913년 동양인 최초로 노벨문학상을 탔다. 그런 점에서 타고르는 간디와 대조적이었다. 간디는 명문가 출신도, 천재도 아니었으며, 평생 노벨상과는 인연이 멀었다. 만약 그가 20세기 말에 활동했다면 모르는 일이었겠으나, 노벨평화상조차 그에게는 불가능했다.

이는 당시 서양인이 간디와 타고르를 얼마나 대조적으로 보았는지를 상징해준다. 간디는 1948년 죽기까지 서양인에게 반역자였으나, 타고르는 세련된 시인이었다. 간디는 서양의 근대를 거부했지만 타고르는 서양의 근대를 받아들였다. 게다가 기질이 관대하고 몽상가이자 음악가, 화가이며 시인이라는 점, 곧 예술가라는 점에서 타고르는 간디와 전혀 달랐다. 두 사람은 용모도 달랐다. 타고르는 키가 크고 풍채가 당당했으며 백발에 흰 수염을 기르고 화려한 가운까지 걸쳤으니 도티 차림의 왜소한 간디와는 비교가 되지 않았다.

그러나 두 사람이 전혀 무관한 것은 아니었다. 가령 노벨문학상을 받은 타고르의 『기탄잘리』라는 시집은 1910년 벵골어로 발표되었으나, 1912년에 자신이 영어로 번역한 것을 신지협회 회원이었던 W. B. 예이츠가 격찬한 뒤에 서구에 널리 알려졌다. 타고르는 노벨상 수상 다음 해인 1914년에 나이트 서훈을 받았으나, 1919년의 암리차르 대학살에 항의하여 그것을 반납했다.

타고르의 노벨문학상 수상 소식은 당시 남아프리카에 있었던 간디에게도 전해졌다. 마찬가지로 간디 소식도 타고르에게 전해져 1923년에 간디를 칭송했다. 두 사람은 앤드루스의 주선으로 1915년 3월 6일에 처음 만났다.

1915년 간디가 타고르를 처음 만나 일주일에서 열흘 정도 머문 산티니케탄은 이미 세계적으로 유명한 곳이었다. 그곳은 그 후 세계적 명문인 비슈바바라티 대학으로 발전해 지금에 이르고 있다. 그런데 그곳에서도 간디와 타고르는 차이를 보였다. 타고르는 그곳 학생들에게 춤을 추고 꽃장식을 하도록 허용했으나, 간디는 그곳에 도착하자 꽃 대신 화장실과 부엌, 가사를 돌보아야 한다고 주장했다. 타고르는 그에게 동의했지만 간디가 떠난 뒤에는 학생들에게 다시 춤과 꽃을 허용했다. 간디는 그곳에서 다음과 같은 실험도 했다.

**나는 여느 때처럼 교사 및 학생들과 곧 친해졌고, 그들과 자주 노동에 대해 토론했다. 나는 그들이 요리사를 고용하지 않고 음식을 스스로 만들면 교사는 아이들의 신체적·도덕적 건강이라는 측면에서 부엌을 통제할 수 있게 되고, 그것이 학생들에게 자주 노동의 실제 교육이 될 수 있다고 말했다. 한두 사람이 고개를 갸웃거리긴 했지만, 나머지는 강력하게 지지했다. 아이들은 새로운 이야기에 대한 호기심 때문인지 환영했다. 그래서 우리는 실험을 시작했다. 내가 시인(타고르)을 불러 의견을 물었더니 교사들만 좋다면 자기는 상관없다고 했다. 그는 아이들에게 "그 실험 속에 자치의 핵심이 들어 있어."라고 말했다.** (자서전, 428쪽.)

앞에서 보았듯이 인도인의 영어 사용에 반발하고 힌두어와 우르두어를 국어로 해야 한다고 주장한 간디는 타고르가 힌두어와 영어를 병용하는 점도 비판했다. 타고르는 다른 언어를 사용하는 지역, 특히 남인도에서 이의가 제기되는 것을 두려워했다. 그리고 영어 교육을 배제하자는 간디에 대해, 이기주의에 빠질 위험이 있다고 비판하기도 했다. 그러나 롤럿법과 암리차르 대학살에 대해서는 함께 반대했다.

그러나 1920년에 간디가 비협력운동을 전개하자 타고르는 외국에 있으면서 그것이 정치적 금욕주의여야 하고 폭력을 수반하는 운동에는 반대한다는 내용의 편지를 보냈다. 1921년 5월에는 간디와 대화한 뒤 콜카타에서 나오는 《모던 리뷰》라는 잡지에 세 편의 글을 발표했다. 그중 몇 구절을 본다.

**인도는 언제나 통일은 진실이고 분리는 악(maya)이라고 선언해왔다. 이통일은 제로가 아니라, 모든 것을 포괄하고 따라서 부정의 길을 통해서는 이를 수 없는 것이다. 서양으로부터 우리의 가슴과 마음을 소외시키는 현**

**재의 투쟁은 정신적 자살을 향한 시도다.**\*

1921년 7월에 귀국한 뒤부터 타고르는 반대자에 대한 불관용이 과격해지는 풍조에 위기감을 느꼈다. 이어 1921년 10월 콜카타 대학 강연 '진리의 상기'에서는 서양에 대한 비협력이 아니라 동양의 정신성과 서양의 과학성이라는 서로의 장점을 합치는 협력을 추구했다.

두 사람은 국제파라는 점에서 공통적이었으나 국가관은 서로 달랐다. 타고르는 국가를 마약과 같은 것으로 '도덕적 도착(倒錯)'에 이르게 할 위험성이 있는 것으로 보았다. 그리고 민중운동은 폭동에 이를 위험이 있고 참된 국제주의에 이르기 위해서는 심성 훈련이 필요하다고 생각했다. 반면 간디는 현실주의적으로 외국 제품을 불태우는 운동도 제창했다.

타고르는 간디가 이성을 무시하고, 민중의 전통 신앙을 정신적인 것으로 찬양하여 비합리적 힘을 이용하려는 것을 비판했다. 간디의 상징인 물레에 대해서도 그 경제적인 효과와 사람들이 사고하게 하는 것이 아니라는 점에 의문을 제기했다. 이는 최근 센에 의해서도 반복된 비판이다. 센에 의하면 간디는 금욕을 주장한 반면, 타고르는 피임과 가족계획을 옹호했다(센, 182~183, 186쪽).

1934년 1월, 비하르 대지진이 일어나 수천 명이 죽었다. 간디는 이에 대해 인도인의 죄, 특히 불가촉천민 차별에 대해 신이 내린 벌이라고 주장했으나, 타고르는 윤리와 자연현상을 연결한 비과학적 견해라고 비판했다. 또한 타고르는 영국의 식민 지배를 비판했으나 서양 문명 자체를 부정하지는 않았던 반면, 간디는 남아프리카 시기 전반까지는 타고르와 같은 생각이었으나 후반에 와서는 서양 문명 자체를 비판했다. 그러나 나는 간디와 타고르는 근본적으로 같았다고 생각한다. 간디가 평생 애송한 타고르의 다음 시는 두 사람을 가장 잘 보여주는 것이리라.

---

\*   Sabyasachi Bhattacharya ed, *The Mahatma and the Poet*, National Book Trust, 1997, p. 61.

그들이 너의 부름에 답하지 않거든

혼자 걸어가라

그들이 무서워하며

몰래 벽에 얼굴을 대고 숨거든

오, 너 불운한 자여

마음을 열고, 혼자 크고 높은 소리로 외쳐보라

그들이 사막을 건너갈 때

돌아서서 너를 버리거든

오, 너 불운한 자여

네 발밑의 엉겅퀴 풀들을 밟으며

피로 물든 길을 혼자 가라

비바람이 어둠을 찢을 때

그들이 너에게 불을 밝혀주지 않거든

오, 너 불운한 자여

고통의 불씨로 네 가슴에 불을 붙여라

그리고 홀로 타게 내버려두라

## 타고르와 한국

타고르는 간디와 함께 인도의 국부로 받들어지고 특히 한국에서는 간디 이상
으로 유명하다. 그것은 그의 문학이나 사상보다도 1929년 4월 2일 자 동아일
보에 실린 「동방의 등불」이라는 시 때문이리라. 당시 타고르가 일본에 왔을
때 동아일보 기자가 조선 방문을 요청하자 응하지 못함을 미안해하며 써준 시
를 주요한 시인이 번역한 것이라고 했다.

일찍이 아시아의 황금 시기에
빛나던 등불의 하나인 코리아
그 등불 다시 한 번 켜지는 날에

너는 동방의 밝은 빛이 되리라.

마음엔 두려움이 없고

머리는 높이 쳐들린 곳

지식은 자유스럽고

좁다란 담벽으로 세계가 조각조각 갈라지지 않은 곳

진실의 깊은 속에서 말씀이 솟아나는 곳

끊임없는 노력이 완성을 향해 팔을 벌리는 곳

지성의 맑은 흐름이

굳어진 습관의 모래벌판에 길 잃지 않은 곳

무한히 퍼져 나가는 생각과 행동으로 우리들의 마음이 인도되는 곳

그러한 자유의 천당으로

나의 마음의 조국 코리아여 깨어나소서

이 시는 타고르가 조선을 '동방의 등불'이라고 불렀다는 것 때문에 유명해
졌으나 시의 두 줄만 읽어보아도 '등불의 하나'라고 했음을 알 수 있다. 타고
르가 생각한 그 등불, 특히 '큰' 등불에는 인도가 당연히 포함되고 중국이나
일본도 포함될 가능성이 크다.

그런데 위 시의 앞 4행은 타고르가 준 것이지만, 그 뒷부분은 『기탄잘리』
35의 11행을 더한 것이고, 마지막 행은 원시의 '마이 파더, 렛 마이 컨트리 어
웨이크(my Father, let my country awake)'에 주요한이 '코리아(Korea)'를 더한
것이어서 왜곡이라는 비난을 면할 수 없다.

여하튼 위에서 묘사된 조선은 사실 일본의 식민지 지배를 받던 당대의 조선
자체가 아니라, 타고르가 이상 국가라고 생각한 '자유의 천당'의 모습에 불과
하다. 이 역시 타고르에게는 인도일 수 있고 중국이나 인도일 수도 있다.

# 2 _____ '수도인' 간디

## 아마다바드

사바르마티강이 도시 중앙을 남북으로 흐르고 그 연변에 간디가 인도에 돌아와 최초로 지은 사바르마티 아슈람이 있는 아마다바드는 인도 서부 구자라트 주 최대 도시로 인구는 770만 명 이상이고 구자라트어 문화권의 중심이다. 1970년에 신도시인 간디나가르가 세워지기 전까지 그 주도였다. 아마다바드라는 이름은 15세기 초에 구자라트 술탄국의 아마드 1세가 건설했다는 점에서 비롯되었고, 16세기 후반에 악바르 대제에 의해 무굴제국으로 편입된 후에도 포르투갈과의 교역 등으로 번영하였다. 무굴제국이 쇠퇴한 후 18세기 초에 폭동이 연이어 일어나는 혼란기를 겪었으나 19세기 초부터 토착 자본에 의해 공장이 세워지고 20세기에 들어선 1915년부터 간디의 아슈람이 독립운동 본부로 기능하여 주목받았다.

시내에는 자마 마스지드 이슬람교 대사원과 아마드샤의 묘를 비롯한 훌륭한 건축물이 많이 남아 있다. 다양한 종교 전통이 조화롭게 공존하는 고유의 문화유산들과 함께, 시내 곳곳에 온전하게 보존되어 있는 예술적인 건축물들이 높게 평가받아 2017년 7월 인도 도시로서는 최초로 유네스코 세계문화유산으로 등재되었다.

그러나 걸어 다니기에는 숨이 막힐 정도로 공기가 좋지 않아 문화유산이 있어도 찾아보기가 어렵다. 인도 8대 도시 중 하나로 지금은 인도인민당이 주도하는 경제 자유화 정책에 힘입어 빠르게 성장하는 도시 중 하나로 평가받지만, 그래서인지, 아니면 그럼에도 불구하고인지, 도시 어디를 가도 숨이 막혔다는 것 외에는 달리 느낀 바가 없다. 특히 여름에는 50도까지 오르는 무더위로 걷기조차 힘들다.

물론 간디가 그곳에 온 1915년에는 달랐을 것이다. 당시 아슈람은 무성한

6부 인도에서 싸우다(1915~1928)

수풀 속에 낮고 흰 흙벽으로 이루어진 오두막들로 구성되었다. 그 부지 밑에 냇물이 흘러 여성들이 그곳의 넓은 돌 위에서 빨래를 하고 소나 물소가 건너 다녔다. 주위는 부드러운 목초지였으나 가까이에는 아마다바드 방직공장들의 추악한 굴뚝 밑으로 아무렇게나 지어진 빈민굴들이 빽빽이 들어섰다. 그 공장의 주인들이 아슈람의 재정을 담당했다.

간디가 떠나고 18년 뒤인 1948년에 그곳을 방문한 피셔는 부드러운 한적함과 고요함이 깃들어 있다고 했지만 무더위는 변함없었을 것이다. 간디가 그곳에 온 지 1세기도 더 지난 지금 그곳은 소란스럽고 덥고 먼지 덮인 도시일 뿐이다. 강변에 있지만 도시 중앙과 다름없는 아슈람도 마찬가지다. 조용한 아슈람에 며칠 머물며 명상을 하겠다고 예정하고 온다면 실망하지 않을 수 없다. 간디가 1933년부터 생활한 와르다의 세바그램 아슈람과 달리 사바르마티는 아슈람으로서의 기능을 잃고 간디 박물관을 포함한 관광지로서만 역할한다.

아마다바드에는 국제공항이 있지만 한국에서 바로 가는 비행기는 없고 델리나 뭄바이를 경유해야 한다. 델리에서 서남쪽으로 780킬로미터, 뭄바이에서 북쪽으로 사백 킬로미터 정도 떨어져 있다. 어디에서나 밤 열차로 갈 수 있다. 가령 델리에서 오후 네 시 열차를 타면 다음 날 아침 여덟 시에 아마다바드에 닿는다. 열여섯 시간 정도 걸리는 셈이다. 공항이나 열차역에서 아슈람까지는 꽤 멀어서 걸어가기는 힘들다.

아마다바드는 과거 수직물업이 번성했으나, 제1차 세계대전 중 영국 제품의 수입이 중지되어 뭄바이와 함께 면공업 지대로 급속히 발전하고 있었다. 그곳에 정착하게 된 이유를 간디는 『자서전』에서 다음과 같이 설명했다.

**나는 아마다바드 쪽이 마음에 들었다. 구자라트 출신인 내가 구자라트어로 나라에 가장 크게 봉사할 수 있으리라는 생각이 들었다. 또한 아마다바드는 예로부터 수공업의 중심지였기 때문에, 가내 면방직 수공업을 부활시키기에 가장 적합한 곳이라고 생각했다. 또 구자라트의 주도이므로**

**부유한 시민들로부터 기금을 받기도 용이할 것 같았다.** (자서전, 442쪽.)

여기서 특이한 점은 구자라트어를 강조했다는 것이다. 구자라트어를 쓰는 인도인은 전체 인도인의 10분의 1도 되지 않았으나, 그는 자유인이 되는 첫째 요건은 자신이 생각한 것을 어린 시절에 익힌 언어로 표현하는 능력이라고 생각했다. 과장되며 흔히 엉터리인 영어로는 자유인이 될 수 없다고 했다.

아마다바드는 단순히 베 짜기의 고대 발상지에 그치지 않고 토착 기술이 길드와 계급, 종교와 밀접하게 관련된 곳으로서 영국에 의해 거의 침해되지 않고 보존되어 있었다. 따라서 그곳은 그가 현대 문명과 대립하여 옹호한 고대 전통 인도 문명의 현대적 보존지였다. 상인과 자본가들의 최대 조합은 자이나교 공동체의 우두머리였고, 옷감 상인들의 대표는 바이슈나파 대표였다.

아마다바드는 무역으로 이미 18세기부터 세계적인 도시로 성장했고 넓은 거리와 거대한 가로수들이 현대적인 모습을 이루었으며, 술탄 아마드의 후손들이 지은 도시 외곽의 유람 정원들로도 유명했다. 간디가 그곳에 정착했을 때 아마다바드는 인도에서 여섯 번째로 큰 도시였다. (당시 도시의 크기 순서는 콜카타, 뭄바이, 마드라스, 히데라바드, 델리, 아마다바드였다.) 25만 명의 주민은 약 십만 명의 직조공과 그들의 가족으로 구성되었다.

## 사바르마티 아슈람

아슈람은 본래 36에이커, 약 4만 4천평 크기였다. 아슈람 주변의 정확한 길이를 알 수 없지만 강변의 가로가 백오십 미터고 세로가 백 미터 정도인 직사각형이다. 지금은 박물관 앞 제1문과 우디옥 만디르(Udyog Mandir) 앞 제2문으로 출구가 나뉘어 있다. 제1문으로 들어가면 1963년에 세워진 박물관이 있고, 그 뒤에 아슈람의 관리자였던 마간랄의 집(Maganlal Nivas)이 있는데 그곳에는 각종 물레들이 전시되어 있다. 지금의 박물관이 있던 곳이 과거에 농지였을 것 같다. 마간랄의 집 앞 강변에 간디와 동료들이 기도를 올리던 계단(Upsana Mandir)이 있다. 그리고 그 맞은편에 간디의 집(Hriday Kunji)이 있다. 최초의 간디 방은 제2문 앞의 집(Udyog Mandir)에 있었으나 간디의 집을 짓고 난 뒤에 옮겼고, 간디의 집은 박물관을 짓기 전까지 박물관으로 사용되었다.

간디의 집은 의외로 크다. 간디와 아내, 손님, 비서 몫의 방과 부엌, 창고까지 큼직한 방이 여섯 개나 있다. 간디의 집 옆에는 작은 규모의 비노바와 미라의 집(Vinoba Kutir and Mira Kutir)가 있고, 그 옆에 손님방(Nandini)이 있다. 간디나 아슈람 사람들이 지었다고는 생각되지 않을 정도로 목재와 시멘트로 튼튼하게 지어졌다. 매우 높은 천장은 더운 인도에서는 꼭 필요한 구조다. 마치 교도소의 감방처럼 모든 방에 창살이 있는 것도 특이하다.

비폭력 저항운동의 상징인 소금 행진도 여기서 시작됐다. 인도 소금에 세금을 부과하는 영국의 소금법에 반대하는 의사를 표명한 비폭력 시위로, 간디는 40도가 넘는 살인적인 더위를 뚫고 무려 380킬로미터를 맨발로 걸었다. 출발할 때만 해도 간디를 포함해 78명이었던 인원이 댄디(Dandi)* 해변에 도착할 때쯤엔 육만 명에 달할 정도로 파급력이 커졌다. 소금 행진은 인도 독립을 향한 중요한 첫걸음이었다.

1930년 소금 행진에 나설 때 간디는 인도가 독립할 때까지 돌아오지 않겠다고 했다. 사바르마티 아슈람은 1933년 7월 22일 소금을 위법하게 거래했다는 이유로 정부에 의해 폐쇄되었다. 가장 활동적인 독립운동 지도자들이 그 정치적 경력을 사바르마티의 간디 밑에서 시작했다. 그곳의 주민은 삼십 명으로 시작하여 최대 이백삼십 명에 이르렀다. 그들은 주위 마을에서 과실수를 돌보고 길쌈하며 곡식을 재배했다. 또 기도하고 공부하고 가르쳤다.

아마다바드에는 1920년 간디가 코차라브 아슈람에 세운 구자라트 비디아피스(Gujarat Vidyapith) 대학교가 있다. 1963년에 대학으로 인정된 그곳은 간디의 사상에 따라, 진실과 비폭력 준수·노동의 존엄성을 가진 생산적인 작업에의 참여·종교의 평등 수용·모든 커리큘럼에서 마을 거주자의 요구에 대한

---

* 지금은 단디라고 한다.

우선순위·모국어 사용을 교육 원칙으로 삼았다.

## 아슈람 생활
그 집의 처마 밑에는 영어와 힌두어로 쓴 생활 수칙이 적혀 있다.

1. **진실**
2. **비폭력**
3. **금욕**
4. **무소유**
5. **도둑질하지 않기**
6. **빵과 노동**
7. **음식 절제**
8. **두려움 없애기**
9. **종교의 평등**
10. **형제애의 법**
11. **불가촉천민에 대한 차별 금지**

아슈람 사람들은 새벽 네 시에 일어나 기도하고 해가 뜰 때까지 쉬었다가 각자에게 주어진 일을 했다. 일곱 시에 아침 식사를 하고 재로 설거지한 뒤 다시 일했다. 그리고 열한 시에 점심 식사를 하고 휴식을 가진 뒤 노동했다. 오후 세 시에는 하던 일을 멈추고 물레를 돌렸다. 그 뒤 자유 시간과 대화 시간을 가진 뒤 다섯 시에 다시 모여 저녁 식사를 했다. 여섯 시에는 아슈람 문을 닫고 기도 터에서 함께 기도했다. 첫 기도문은 남묘호랑교*를 세 번 외우는 것인데 이는 그곳에 머문 일본 승려의 영향으로 채택된 것이다. 그리고 잠시 침묵한

---

\* '나는 깨우친 영혼을 경배합니다.'라는 뜻.

6부 인도에서 싸우다(1915~1928)

**사바르마티 아슈람에서의
간디 부부 모습.**

뒤 힌두교 기도문을 인도 전통 악기에 맞추어 함께 불렀다. 이어 불교, 기독교, 이슬람교, 시크교의 기도문들이 이어졌다.

간디는 이러한 생활을 기반으로 사회를 개혁하고자 했다. 그가 말한 일곱 가지 사회악은 다음과 같았다.

1. 원칙 없는 정치
2. 노동이 동반되지 않은 부
3. 도덕 없는 상거래
4. 개성 없는 교육
5. 양심 없는 기쁨
6. 인간성 없는 과학
7. 희생 없는 제사

## 최초의 아슈람

1915년 5월 25일, 간디는 고향 구자라트의 주도인 아마다바드 교외의 작은 시골 코치라브(Kochrab)에 '사티아그라하 아슈람'을 열었다. 그렇게 이름 지은 데에는 남아프리카에서 시도한 방법을 인도에 알리고 가능하다면 인도에서도 시험해보고 싶었던 간디의 의지가 반영되었다.

아슈람(Ashram)은 인도에서 말하는 인생의 4단계 중 마지막인 출가 시대에 유명한 스승(guru) 밑에서 수도하는 곳을 말한다. 따라서 수도원이나 도장이라고도 할 수 있다. 그러나 그 어느 것도 번역어로 적당하지 않아 여기서는 아슈람 그대로 표기하겠다. 고대 인도에서 아슈람은 승려들을 위한 종교적 피신처였다. 그곳 사람들은 속세로부터 격리되어 내면을 사색하고 죽음을 기다렸다. 그러나 간디의 아슈람은 속세와 긴밀하게 접촉했다. 실제로 그것은 인도의 중심이 되었다. 인도인들은 그것을 숙고하고 새로운 삶을 시작했다.

간디는 친구인 변호사 지반발 데사이(Jivanlal Desai)의 웅장한 방갈로를 빌리고, 다시 집을 두 채 더 얻어 타밀인 13인을 중심으로 한 남녀 스물다섯 명과 함께, 카스트나 종교에 관계없이 평등하게 산다는 규칙을 정하고 마간랄을 오른팔 삼아 사티아그라하 아슈람을 시작했다.

아슈람의 규칙은 목적과 조직으로 구성되었다. 목적은 자신의 일생을 조국에 바치고 봉사하는 방법을 배우는 것이었다. 이어 조직은 회원, 후보자, 학생으로 나뉘었다. 회원에게는 진실·비폭력·순결·식욕 조절·절도 금지·무소유의 맹세를 지킬 것이 요구되었고, 제2차적 준수 사항으로 국산품 사용·두려움 없음·불가촉천민에 대한 맹세를 지켜야 했으며, 산스크리트어와 인도의 중요 언어들을 습득하고, 농사를 포함한 손노동, 손으로 베 짜기, 종교적 각도에서 정치·경제·사회 개혁을 위해 노력할 것이 요구되었다.

학생들에게는 종교·농업·직조·인문을 가르치되, 인문은 학생들의 다양한 언어에 의해 역사·지리·수학·경제학과 함께 산스크리트어와 힌두스탄어 등을 2차 언어인 영어와 함께 가르친다. 교육의 목표는 두려워하지 않는 인간으로 기르고 "내가 독립된 한 인간이 되었을 때 자립하기 위해 어떻게 처신해야 하는가?”를 가르치는 것이었다.

이것이 아슈람의 시작이었다. 모두 공동 부엌에서 식사하며 한 가족으로 살려고 노력했으나, 문제가 생겼다. 뭄바이에서 교사를 지낸 사람의 가족이 9월에 그곳에 왔는데, 그들은 불가촉천민이었다. 이에 이들이 우물물을 더럽힌다며 몇몇 이웃이 아슈람을 떠났다. 아슈람을 도운 사람들도 분노하여 손을 빼자금이 바닥났다. 카스투르도 인도는 남아프리카와 다르다며 반발했다. 익명의 상인에게 도움을 받아 파탄은 면했지만 힘겨운 출발이었다.

## 아마다바드의 사바르마티 아슈람

코치라브에 아슈람을 만든 지 약 이 년 뒤인 1917년 6월 17일에 간디는 사바르마티 강변으로 아슈람을 옮겼다. 마을에 전염병이 퍼져 아슈람 아이들의 안전에 문제가 생겼기 때문이다. 아슈람 안에서 아무리 청결을 신경 써도 주변 마을이 비위생적이어서 영향을 받지 않을 수가 없었다. 『자서전』에서 간디는 그 전후 사정을 다음과 같이 썼다.

> 당시 우리는 코치라브 사람들로 하여금 그 청결 수칙을 지키게 할 수 없었고, 그 마을을 청결하게 해줄 수도 없었다.
> 우리는 안전하면서도 도시 및 마을과 왕래할 만한 거리에 있는 아슈람을 이상으로 삼았다. 언젠가는 우리 소유의 땅에 정착하기로 결심했다.
> 나는 전염병이 코치라브에서 떠나라는 신호라고 느꼈다. 아마다바드의 상인 푼자바이 히라찬드가 순수하고 이타적인 마음으로 여러 방면에서 우리를 도와주었다. 그는 아마다바드 물정에 아주 밝아 우리를 위해 적절한 땅을 구해주겠다고 나섰다. 나는 그와 함께 코치라브를 돌아다니며, 북쪽으로 3, 4마일 떨어진 땅을 구해달라고 부탁했다. 그는 운 좋게 그런 땅을 찾아냈다. 사바르마티 중앙교도소와 가깝다는 것이 내게는 특히 매력적이었다. 감옥에 가는 것은 사티아그라하 투쟁에서 자연스러운 일이었기 때문이다. 교도소 주변은 대개 깨끗하다는 것도 알고 있었다.

약 팔 일 만에 거래가 성립되었다. 그 땅에는 집도 나무도 없었으나 강변에 있고 조용하다는 것이 큰 장점이었다.

우리는 집을 지을 때까지 천막에서 생활하기로 하고 양철 집을 부엌으로 썼다.

아슈람은 점차 커져가고 있었다. 남녀와 아이들을 합쳐 사십 명 넘는 사람들이 공동 부엌에서 식사를 했다. 나는 이사 계획을 세우고 여느 때처럼 그 실행은 마간랄에게 맡겼다.

안정된 주거지를 마련하기 전까지 우리는 무척 고생했다. 곧 장마가 올 것 같았고, 4마일 떨어진 시내에서 물자를 조달해야 했다. 게다가 황무지에는 뱀이 우글거렸다. 어린아이들과 살기에는 너무나 위험한 조건이었다. 뱀을 죽이지 않는 것이 규칙이었으나, 솔직히 아직까지 우리 중 누구도 뱀에 대한 두려움에서 벗어나지 못했다.

독이 있는 파충류를 죽이지 말라는 규칙은 피닉스와 톨스토이 농장, 사바르마티 아슈람 대부분에서 실천되었다. 우리는 매번 황무지에 정착해야 했으나, 뱀에 물려 목숨을 잃는 일은 없었다. 나는 믿음의 눈으로 자비하신 신의 손길을 본다. 이렇게 말하면 신은 그렇게 편파적이지 않고, 그처럼 사소한 일에까지 간섭할 여유가 없다며 비웃을지 모르겠으나, 그 말밖에는 이 일을 설명할 수 있는 방법이 없다. 신의 길을 인간의 말로써 불완전하게 묘사할 뿐이며, 그것은 말로 설명할 수 없는 것임을 나는 잘 안다. 미신이라고 해도, 나는 불살생을 성실히 지켰음에도 이십오 년간 아무런 해를 입지 않은 것은 신의 은혜라고 믿을 수밖에 없다.

아마다바드 방직공들의 파업이 계속되는 가운데, 아슈람 직물 창고의 기초 공사가 진행되었다. 당시 아슈람의 주된 활동은 직조였다. 아직 물레질까지는 할 수 없었다. (자서전, 476~477쪽.)

간디는 감옥에 갔던 때를 제외하고 그곳에서 1930년까지 13년을 살았다.

# 3            사티아그라하의 시작

## 국민회의 데뷔

간디가 국민회의에 등장한 것은 제1차 세계대전 발발 이후 1916년에 처음으로 러크나우에서 열린 국민회의에서였다. 영화 〈간디〉에서 이 장면을 보자. 간디에 앞서 무슬림 지도자인 진나가 독립 확보를 절규하여 우레와 같은 박수를 받는다. 이어 간디의 연설이 시작되나 청중은 일어서서 나가려고 하는 등 어수선하다. 그래도 간디는 천천히 말을 이어간다.

"인도에는 칠십만 개의 마을이 있습니다. 델리와 봄베이의 소수가 인도가 아닙니다."

"매일 뜨거운 태양 아래에서 일하는 인민과 함께 일어나야만 인도를 대표할 수 있고, 영국에 도전할 수 있습니다. 하나의 국가로서."

그러자 조금씩 반응이 일어난다.

사실 이런 이야기는 당시 국민회의 지도자 중 유일하게 제3계급 출신인 간디만이 할 수 있는 것이었다. 여하튼 간디의 데뷔 연설은 반쯤 성공한 정도로 끝난다.

이어 참파란(Champaran) 농촌이 나타난다. 간디는 그곳을 둘러보다가 체포되자 조용히 경찰을 따라간다. 간디는 유치장을 찾아온 앤드루스 목사에게 "세계는 인도의 행동을 경멸하고 있다. 여론의 지지가 필요하다"고 말한다. 이에 목사는 공청회에 신문기자를 보낸다. 간디는 치안방해를 이유로 주에서 퇴거 명령을 받지만 이를 거부한다. 결국 소요를 두려워한 영국 측은 보석금도 없이 그를 석방한다. 그리고 거꾸로 영국인 지주가 부총독 집에 불려 가 질책을 받는다. "당신들이 반란의 간디를 국제적인 영웅으로 만들었다." 이어 "정직과 대나무 지팡이밖에 짚지 않은 남자가 대영제국에 싸움을 걸고 있다"라는 제목의 기사가 신문에 난다.

참파란 투쟁 이전에 계약노동자 이민 제도 폐지 문제가 있었다. 앞서 보았듯이 간디는 남아프리카에서 1914년 스뮈츠와의 협정에 의해 종래의 3파운드 세금을 철폐했다. 그러나 노동계약 이민 제도 자체를 폐지해야 했다.

1916년에 총독 하딩 경은 영국 정부로부터 계약제를 적정하게 폐지한다는 약속을 받았다고 말했으나 간디는 그러한 매우 애매한 보장에는 만족할 수 없고, 즉각 폐지를 위해 움직여야 한다고 생각했다. 간디는 뭄바이에서 유세를 시작하여 카라치, 콜카타 등을 방문했다. 7월 31일이 되기 전, 정부는 인도 계약 이민은 중단한다고 발표했다. 간디가 이 제도에 항의하는 최초의 청원을 작성한 것이 1894년이었는데 22년이 지나서야 끝난 것이었다.

## 참파란 농민 투쟁

1916년 12월, 간디는 러크나우에서 열린 인도 국민회의 정기 총회 석상에서 참파란에서 온 농부 라지 쿠마르 슈클라(Raj Kumar Shukla)를 만났다. 간디는 그를 "그야말로 아무것도 모르는 사람"이라고 했으나, 사실 그는 브라만 출신 농민운동 지도자로서 1914년에는 투옥당하기도 했다.

간디는 참파란이라는 지명을 들은 적이 없었다. 그곳은 네팔 왕국 부근인 비하르 주의 북서부, 히말라야 기슭에 있었다. 그곳에서 불교와 자이나교가 시작되었으나 당시 인도의 수준보다도 못한 곳이었다. 주민 대부분이 무슬림인 그곳에서 힌두교도와 무슬림의 갈등은 볼 수 없었으나, 주민들은 너무나 가난했다. 1857년 세포이 대항쟁 이후 시작된 인도의 변혁도 그곳과는 무관했다.

19세기에 영국인 자본가가 그곳에 진출하여 토지를 확보하고 인디고(남색 물감) 대농원(플랜테이션)을 만들기 시작했다. 인디고는 영국 본국의 면공업이 필요로 하는 염료 물감이었다. 동인도회사는 그곳에 철도, 세무서, 경찰, 법원을 설치했다. 영국인용 방갈로도 세워지고 호텔과 크리켓클럽도 열렸다. 참파란의 군청 소재지인 모티할리(Motihali)에서 소설가 조지 오웰(George Orwell, 1903~1950)이 태어났다. 그의 아버지가 그곳 공무원이었기 때문이다.

백만 명 넘는 소작인들이 그곳에서 영국인들로부터 토지를 빌려 경작했는데, 쌀·보리·밀·옥수수 등의 곡물은 자유롭게 재배할 수 있었지만, 토지의 15퍼센트에는 반드시 인디고를 심어 모든 수확물을 소작료로 지주에게 바쳐야 했다. 1828년에 그곳이 속한 파리도플군의 사법 장관이 농장주에게 사살된 농민들의 시체를 확인하고 "영국에 보내진 인디고 물감은 사람들의 피로 더럽혀졌다"고 보고했을 정도로 그곳 상황은 비참했다.

참파란 농민들은 진정, 재판, 항의, 보이콧 등 갖은 방법으로 저항했다. 1870년대에는 인근 지방으로부터 파급된 쟁의도 있었고 폭동도 벌어졌다. 그러나 농장주들은 조합을 만들고 정부에 압력을 가하여 농민들을 억압했다. 1905년 뱅골 분할 반대 운동이 시작되자 참파란에서도 농민이 농장주를 살해하고 인디고 재배를 거부하는 일이 있었다. 농장주들은 운하의 물을 막고서 물을 사용한 농민들을 절도로 제소했다. 1908년에는 농민 266명이 농장주 등을 폭행하여 유죄 선고를 받는 등 저항은 끊임없이 이어졌다.

20세기 초엽에 독일의 염색공업에서 인조 인디고를 발명하여 천연 인디고 세계 시장은 없어졌다. 이에 따라 지주들은 소작농에게 인디고 재배를 금지하면서 동시에 소작료를 인상했다. 과거 계약할 때 농부가 인디고 재배를 포기하면 소작료가 인상될 수 있다고 한 것에 따라 그렇게 한 것이다. 그러나 소작인들은 인조 인디고가 도입되어 천연 인디고를 재배할 필요가 없어졌다는 사실에 대해 알고 있었기에 소작료 인상에 반대했다. 지주들은 탄압으로 맞섰다. 소작인에게 폭행을 가하고 집을 약탈했으며 가축을 몰수했다. 협박에 못이겨 수천 명의 소작인이 소작료 인상 계약에 서명했다. 분쟁은 1912년에 시작되었다.

슈클라는 1915년 4월 비하르 주의 국민회의 대회에서 참파란 문제를 호소했다. 주 회의 의장이 비하르 주 의회에서 조사위원회를 설치하도록 정부 측에 요구했으나, 정부가 아무 조치도 취하지 않았던 것이다. 그러나 그 대회는 전쟁 협력을 조건으로 인도의 자치를 확보한다는 긴박한 정치 문제를 논의하기 위해 열렸기 때문에 일개 시골 농민인 슈클라의 호소는 주목받지 못했다.

대회 둘째 날, 주 의회 의장은 참파란 인민에 공감하며 조사위원회를 설치한다는 결의안을 제출했고 만장일치로 통과되었으나, 상황은 달라지지 않았다. 그래서 슈클라는 12월에 간디를 찾아왔다. 그리고 엄청난 노력을 기울인 결과 결국 간디를 참파란으로 데려갈 수 있었다.

## 인도에서의 첫 사티아그라하

간디는 그곳에서 소송을 담당했던 변호사들에게 사건의 진상을 듣고서 법정 투쟁은 무의미하며 비하르에서 틴카디아를 추방할 때까지는 가만히 앉아 있을 수 없다는 결론에 이르렀다. 그래서 변호사 등에게 그들의 법률 지식은 소용이 없다고 말했다. "사무를 보조하거나 통역을 지원해주기 바랍니다. 투옥당할지도 모르고 그걸 감수하시기를 바라지만, 여러분 스스로 가능하다고 생각할 때에 비로소 가능할 것입니다."(자서전, 456쪽).

간디는 먼저 영국인 지주 협회를 찾아갔으나 제삼자라는 이유로 거부당했다. 이어 영국인 지방관을 찾아갔으나 그는 간디를 위협하면서 즉시 그곳을 떠나라고 했다. 그런 식의 위협과 거부가 반복되었으나 간디는 끝내 떠나지 않았다. 그래서 결국은 법정에 불려 갔다. 자신들을 돕고자 온 간디가 당국에 의해 곤경에 처했다는 소식을 듣고 농부 수천 명이 법원 주위에 모여들었다. 경찰은 법원에 심리 연기를 요청했으나, 간디는 자신이 퇴거 명령에 불복한 것은 합법적 권위를 존중하지 않아서가 아니라, 우리 존재의 더 높은 법인 양심의 소리에 복종하기 때문이라며 합당한 형벌을 요구했다.

치안판사는 재판을 연기했다. 결국 그 사건은 상부 지시에 의해 취하되었으며, 간디는 자유롭게 조사할 수 있게 되었다. 이로써 그 지방은 시민 불복종 교육의 직접적이고 실제적인 첫걸음을 뗐다. 이 사건은 지방 신문에도 자유롭게 보도되었다. (자서전, 461쪽.)

간디는 농민들의 증언을 정확하게 기록하기 위해 작업팀을 만들었다. 그는 조사 활동의 중립성과 공정성을 확보하기 위해 농민에게 돈을 받지 않고 참파란 외, 즉 이해관계자가 아닌 이웃 마을 부유한 사람들의 기부를 받아 경비를 충당했다. 또 경비를 절감하기 위해 변호사들의 시종들을 돌려보내고 모두 채식과 검소한 생활을 하도록 했다. 그래서 농민들은 영국 신사와 같은 청년 변호사들이 뜨거운 태양 아래서 자신들과 함께 일하는 기적을 보았다. 농장주들이 간디와 그의 동료들에 대해 갖가지 중상모략을 했지만 "극도로 조심하고 극단적으로 진실을 고집하는" 그의 태도가 그들이 칼끝을 거두게 했다.

간디는 매우 짧은 기간에 농민 사천 명 이상의 증언을 모아 「참파란 농민의 농업적 조건」이라는 보고서를 작성했고, 이를 정부에 제출하면서 신속한 대응을 촉구했다. 간디는 7개월간 참파란에 머물렀고 보다 짧은 체류를 위해 두 차례 돌아왔다. 무지한 소작농의 간청에 의해 우연히 시작된 그 방문은 본래는 며칠 정도로 예정되었지만 거의 일 년까지 길어졌다. 결국 지주들은 소작료 인상을 보류하고 이미 받은 소작료의 25퍼센트는 반환했다. 간디는 상환액보다도 지주가 상환에 동의했다는 점이 더 중요하다고 생각했다.

그곳에 머무는 동안 간디는 적절한 마을 교육 없이는 영구적 사업이 불가능하다는 것을 확신하게 되었다. 소작인들의 무지는 비참했다. 그래서 여섯 부락에 초등학교를 열었다. 교사의 숙식은 마을 사람들이 부담하고 다른 비용은 간디 측이 부담하기로 했다. 교사들이 자원했다. 농부들을 치료할 의사 한 명과 농부의 자녀들을 가르칠 교사들을 불러왔고, 카스투르도 합류하여 여성들에게 위생 수칙을 가르쳤다.

간디는 참파란을 떠나기 전에 소작인들을 압박으로부터 지키기 위해, 뒤에 인도의 대통령이 된 라젠드라 프라사드(Rajendra Prasad, 1884~1963)를 포함한, 저명한 비하르 변호사들의 위원회를 조직했다. 인도인 변호사들은 뒤에 간디의 제자가 된 영국의 평화주의자 목사 앤드루스에게 원조를 요청했다. 앤드루스는 동의했지만 간디는 반대했다. 간디는 변호사들을 꾸짖었다. 그 불평등한 투쟁에서 영국인을 제 편으로 삼는 것이 유익하다고 여기는 것은 자신들의 허약함을 보여주는 일이고, 자신들의 대의가 정당하다면 스스로 이겨야 한다는 점에서였다. 뒤에 라젠드라 프라사드는 간디가 그들의 마음을 정확하게 읽었기에 자신들은 아무 대답도 못했으며, 간디는 그런 식으로 독립의 교훈을 가르쳤다고 말했다.

참파란의 농부를 지지함으로써 "간디는 당시까지 철저히 무시된 사람들에게 살과 피가 통하게 했다"고 평가받았다.* 그 일은 간디에게 인도 전역에 걸친 명성을 안겨주었다. 특히 인도 상류층이 그에게 품은 의심을 말끔히 씻어주어 그를 존경할 만한 사람으로 여기게 했다. 간디 자신은 그 일이 정치와 무관하다고 선을 그었으나, 그는 최초의 정치적 동지들을 얻었고, 심지어 영국인 지배층도 그를 지지했다. 그 뒤로 영국인들은 누구보다도 간디와의 교섭을 좋아하게 되었다.

## 아마다바드 노동 투쟁

영화 〈간디〉에는 참파란에 이어 롤럿법 반대 운동이 나오지만 그사이에 아마다바드 쟁의가 있었다. 영화에서처럼 일반적인 간디 평전에서도 이 사건은 가볍게 취급되거나 아예 생략되기도 하지만, 『간디의 진실』을 쓴 에릭슨이 간디 사상과 행동의 출발점을 이 사건에서 찾았을 뿐 아니라 "인도 역사에서도 대단히 중요한 의미가 내재되어 있"고 거기에서 "첫 번째 단식이 역사상 최초로 사용했던 하나의 강력한 무기였다"고 보는 만큼 검토할 가치가 있다(에릭슨, 49쪽).

당시 인도 노동자들은 극심한 빈곤에 허덕였다. 아마다바드 노동자들도 예외가 아니었다. 그래서 그들은 빈약한 임금을 오십 퍼센트 인상해줄 것과 더 나은 노동조건을 요구했다. 간디는 그들의 주장이 정당하다고 생각하고, 노동자들이 주장하는 오십 퍼센트와 사용자들이 주장하는 이십 퍼센트의 중간에 해당하는 삼십오 퍼센트가 적절하다고 판단했다. 그리고 자신이 잘 아는 공장주들을 찾아가 노동자들을 정당하게 대우하라고 요구했으나 거부당했다. 당시 사용자들은 다음과 같이 주장했다.

---

\* Judith Brown, *Gandhi's Rise to Power: Indian Politics, 1915-1922*, Cambridge University Press, 1974, p. 79.

"우리와 노동자는 부모와 자식 같은 관계입니다. (…) 조정의 여지가 어디 있으며, 우리가 어떻게 제삼자의 개입을 묵인할 수 있겠습니까?" (자서전, 475쪽.)

우리나라의 경우 이는 소위 제삼자 개입에 해당된다. 1918년 인도에서도 제삼자 개입 문제가 있었으나, 지금 우리나라처럼 법으로 금지한 것이 아니라 사용자가 거부했다는 점에서 달랐다. 우리나라에서 제삼자 개입을 금지하는 것은 사용자의 뜻 그대로이다. 그래서 우리나라 노동법은 아직도 노동악법이고, 노동자법이 아니라 사용자법이다. 하지만 우리나라 사용자들은 조정을 좋아한다. 왜냐하면 그 조정자가 국가이기 때문이다. 만약 간디가 21세기 한국에 살았다면 파업에 관여할 수 없는 제삼자가 파업에 관여했다는 이유로 무거운 형벌을 받게 된다.

만약 지금 한국에 간디 같은 사람이 있다면 언론은 어떻게 보도할까? 간디 당시 신문은 가령 "손해만 보았지 얻은 것이라고는 거의 없었던" 파업에 간디가 왜 관여했는지 의심스럽고, 단식이라는 "어린애 놀이 같은 유치한 방법으로 타협을 보아 해결되었다"고 했다(에릭슨, 53쪽 재인용). 그나마 정신병자 취급은 하지 않았으니 다행이라고 해야 할까? 그러나 당시 영국 식민지 관료들은 그렇게 생각했을 것이 틀림없다.

여하튼 고용인 측에는 간디를 지지하는 사람도 있었으나 간디는 노동자들에게 파업을 계속하라고 충고하면서 다음 네 가지를 파업 성공의 조건으로 들었다.

1. 폭력을 사용하지 말 것.
2. 파업 방해자를 괴롭히지 말 것.
3. 자선에 의존하지 말 것.
4. 파업이 길어져도 흔들리지 말고 다른 정직한 노동으로 수입을 벌 것.
   (자서전, 474쪽.)

간디는 매일 사바르마티 제방 나무 그늘 밑에서 파업자 수천 명을 만나 그들의 맹세, 평화와 자중 유지 의무를 일깨웠다. 그리고 공장주들을 자주 만나 노동자들을 정당하게 대우하라고 요구했다. 그러나 노동자들은 지치기 시작했고 불온한 기운이 돌았다. 그래서 간디는 파업자들이 뭉치거나, 해결될 때까지 파업을 계속하거나, 그도 아니면 모두 공장을 떠날 때까지 단식하겠다고 선언했다. 동시에 간디는 공장주들을 안심시키기 위해 노력했다. 단식한 지 사흘 뒤인 21일 만에 파업은 끝났다. 간디가 제안한 35퍼센트 임금 인상이 실현되었고, 이 년 뒤에 노동자들은 노동조합을 발족시켰다.

이 사건 몇 년 뒤에 쓴 『자서전』에서 간디는 자신의 단식에 중대한 결점이 있었다고 했다. 간디가 공장주들과 매우 친한 사이였기 때문에 그들이 간디의 단식에 동요한 것이다. 간디는 노동자들의 파업 의지가 흔들렸기 때문에 단식을 시작했다. 즉 노동자들의 잘못에 대항해서 시작된 것이므로 공장주들에게 자신이 단식하더라도 영향을 받지 말라고 말했으나, 그들은 듣지 않았다. 따라서 간디에게는 상당히 문제가 많은 사티아그라하였다.

그럼에도 불구하고 간디 사티아그라하의 많은 요소가 들어 있음을 부정할 수는 없다. 즉 그가 추구한 '진실'은 임금 인상의 근거인 사회적 정의와 그 수단인 조정과 비폭력이다. 간디가 재판에서도 조정을 최선의 대책으로 생각했음을 앞에서도 보았다. 또한 간디는 파업 기간 동안 다른 노동자들로 하여금 노동하게 했다. 이로써 파업 노동자들의 생계를 유지하고 자급자족할 수 있었다.

그러나 무엇보다도 중요한 결과는 이 사티아그라하 이후에 노동조합 활동이 발전했다는 점이다. 1940년대에 아마다바드 방직노동조합은 1만 5천 명의 조합원이 있는 인도에서 가장 강력한 노동조합으로 발전했다. 파업 등의 경우에도 실직하지 않고 자급할 수 있는 보조 직업 훈련을 실시했으며, 중재와 조정에도 뛰어났다(본두라트, 111쪽).

## 케다 농민 투쟁

간디는 구자라트 주 케다(Kheda) 군에서 생긴 농민 투쟁에도 관여했다. 그는 농민들에게 부당한 지세 지불을 거부하라고 했으나, 정부 압력에 지친 농민들을 보고 운동을 중단했다. 이는 간디가 인도에서 조직한 최초의 사티아그라하 운동이었다.

> 농민들의 요구는 명백했고, 너무나 당연하고 온건한 것이었다. 지세법에 의하면 수확량이 4안나 이하면 그해 지세를 전액 면제받을 수 있다. 관리들은 4안나가 넘는다고 했지만, 농민들은 그 이하라고 주장했다. 총독부는 인민의 중재 요구를 전혀 듣지 않았고, 그들의 조정 요구를 대역죄로 간주했다. 결국 모든 진정과 청원이 실패했고, 나는 동료들과 상의한 뒤, 파티다르 사람들에게 사티아그라하를 권했다. (자서전, 482쪽.)

사티아그라하 운동 참가자들은 지세 납부를 연기해달라고 요청했으나 당국에서 거부했으므로 지세 전액이나 미납액을 납부하지 않겠다고 엄숙하게 선언하면서 다음과 같이 맹세했다.

> "우리는 당국이 적절하다고 생각하는 모든 법적 조치를 취하도록 맡기고, 납세 거부에서 오는 고통을 기꺼이 감수하겠다. 자진 납세는 우리의 주장이 허위라 인정하는 것이다. 우리는 토지를 몰수당한다고 해도, 결코 자존심까지 잃지는 않을 것이다.
> 그러나 당국이 우리 지역에 대한 세액 징수를 연기하는 데 동의한다면 우리 중 지불할 능력이 있는 사람들은 세금의 전액이나 잔액을 납부할 것이다. 지금 세금을 지불할 능력이 있으면서도 납부를 거부하는 사람들은, 만일 그들이 세금을 내면 가난한 농민들이 부담을 느껴 살림살이를 팔거나 빚을 내 세금을 내고 그로 인해 고통을 받게 된다는 사실을 알기 때문이다. 그러므로 우리는 여력이 있는 사람들도 가난한 사람을 위해 납부를

**보류해야 한다고 생각한다.**"(자서전, 483쪽.)

간디가 운동을 통해서 무엇보다도 강조한 점은 관리란 납세자로부터 월급을 받는 만큼 인민의 주인이 아니라 종이라는 사실을 깨닫게 하는 것이었다. 그로써 관리에 대한 농민들의 공포를 없애고자 했으나, 사람들은 일단 공포에서 벗어나면 자신들이 받은 모욕을 되돌려주려 했고, 그것을 막을 수 없었다. 그래서 간디는 사티아그라하에서 가장 어려운 것은 겸손이라는 교훈을 깨달았다.

당국은 탄압을 시작했다. 집달리들이 주민의 가축을 내다 팔았고 움직이는 것에는 무엇이나 손을 댔다. 벌금 통지서가 나오고 베지 않은 곡식을 압류하기도 했다. 농민들 중에서 지세를 내는 사람이 나왔고, 집달리에게 살림을 내주어 지세로 압류하게 하는 사람도 있었다. 반면 끝까지 버티겠다는 사람들도 있었다.

간디는 부당하게 압류된 땅에서 양파를 뽑아버리라고 권했다. 그의 말을 따른 농민들이 체포되자 다른 농민들은 분노했다. 재판하는 날 군중이 법정을 둘러쌌다. 단기간 투옥형을 받은 '죄수들'을 군중 행렬이 감옥까지 호송했다. 뒤이어 당국은 부유한 농민들이 납세하면 빈민에게는 면세하겠다는 말을 보내 왔다. 따라서 농민들의 요구는 관철되었지만 간디는 다음과 같이 문제점과 의의를 지적했다.

**가난한 사람은 면세받기로 되었으나 실제로 혜택을 받은 사람은 없었다. 누가 가난한지 결정하는 것은 인민의 권리였으나 그들은 그 권리를 행사하지 못했다. 그 권리를 행사할 힘이 없다는 것이 슬펐다. 이 종결은 사티아그라하의 승리라 축하받았지만, 나는 감격할 수 없었다. 왜냐하면 완전한 승리의 본질이 결여되었기 때문이다.**

**사티아그라하 운동은 그 끝에 사티아그라히를 처음보다 더욱 강하고 생기 있게 변화시킨 경우에만 그 가치를 인정받을 수 있다.**

6부 인도에서 싸우다(1915~1928)

**그러나 그 운동이 낳은 간접적인 결과와 그 혜택이 아주 없는 것은 아니다. 지금도 볼 수 있고, 여전히 그 혜택을 누리고 있다. 케다 사티아그라하는 구자라트 농민의 각성과 진정한 정치적 교육이 시작되었음을 상징한다.** (자서전, 487~488쪽.)

간디는 특히 공공활동가들이 농민과의 일체화를 배웠고 구자라트 사람들의 공적 생활은 새로운 힘과 생기로 넘쳐났다고 지적했다. 농민들은 자신들이 가진 힘을 자각했다. 인민의 구원이 그들 자신의 고난과 희생 정신에 달려 있다는 교훈을 가슴 깊이 새겼다. 케다 투쟁을 통해 사티아그라하가 구자라트 땅에 튼튼히 뿌리내렸다. (자서전, 488쪽.)

1920년대 인도 농촌에서는 농민조합 운동이 번성했다. 그리고 농촌에 문제가 생기면 다섯 명의 원로로 구성된 전통적인 마을원로회의 판차야트에게 부탁했다. 그것은 뒤에 간디가 인도를 수만 개의 나라라고 부르게 한 자치 기구의 핵심이었다. 당시 농민들에게 간디는 거의 신적인 존재였다. 농촌에서는 간디에게 절을 하면 죽은 나무에 꽃이 피고, 마른 우물에서 물이 솟는다는 식의 기적 이야기를 흔히 들을 수 있었다. 정의를 위한 농민들의 싸움을 톰슨(Edward Palmer Thompson, 1924~1993)이나 제임스 스콧(James C. Scott, 1936~)은 도덕경제(moral economy)라고 말했다.

## 모병운동

제1차 세계대전이 말기에 접어들면서 영국은 인도인 병졸 오십만 명을 채용하고자 했다. 1918년 6월, 간디는 영국군을 위해 도시와 시골에서 신병 모집에 나섰다. "강자와 약자 사이에 협동이란 있을 수 없다. 우리는 겁쟁이 민족으로 알려져 있다. 그런 비난을 면하고자 한다면 무기 사용법을 배워야 한다."

간디는 대영제국에 충성하며 모병에 협조하는 대신 책임 있는 자치 정부 수립을 요구했다. 그는 인도가 캐나다, 오스트레일리아, 뉴질랜드와 같은 지위를 향유하기를 원했다. 아직 그의 마음에는 완전한 독립이라는 생각이 자리

잡지 못했다. 인도 민족주의자 대부분도 마찬가지였다. 그는 주장했다. "만일 영국이 멸망하면 동시에 우리가 품어온 희망도 멸망합니다."

그러나 모병에 응한 사람은 거의 없었다. 도리어 "당신은 비폭력을 신봉하면서 어떻게 우리에게 무기를 들라고 하십니까?" "정부가 무슨 좋은 일을 했다고 우리에게 협조하라 하십니까?"와 같은 질문을 받아야 했다. 간디는 비겁자로 보이지 않고 싶다면 무기를 최대한 잘 다루어야 한다거나 폭력을 포기하기 위해서는 먼저 폭력을 경험해야 한다는 식으로 답했다. 그리고 진나와 베산트에게도 모병에 협력하라고 요구했다.

모병을 위해 무리하게 여행하며 간디의 건강은 극도로 나빠졌다. 그러는 사이에 제1차 세계대전이 끝나서 모병할 필요가 없어졌다.

1942년 피셔가 간디에게 제1차 세계대전 중 그가 취한 태도에 대해 묻자 그는 설명했다. "그때 나는 막 남아프리카에서 돌아왔었지요. 그래서 내가 할 일을 몰랐고, 나의 입장에 대한 확신도 없었지요." 그의 민족주의는 스스로 제국의 범위 내에 머물도록 타협했기 때문에, 그의 강요된 성실성은 평화주의와 영국군을 위한 신병 모집을 타협하게 했다. 리얼리즘이 종교를 이긴 것이다. 정치가 그의 평화주의를 약화시켰다.

# 4 _____ 시행착오

## 롤럿법 반대 사티아그라하

영화 〈간디〉에는 참파란에 이어 간디의 본격적인 투쟁이 나온다. 제1차 세계
대전이 끝난 다음 해인 1919년이었다. 간디는 50세를 맞았다. 장년의 시기였
다. 그러나 시대는 암울했다. 전쟁의 여파로 물가가 급격하게 오르고 파업이
잦아졌다. 대전에서의 패배로 사실상 붕괴한 오스만제국을 지지하는 급진적
인 무슬림도 불온한 움직임을 보였다.

　그런 가운데 영국은 치안 방해만으로도 영장 없이 체포할 수 있는 롤럿법을
제정했다. 이어 인도 북서의 암리차르에서 대학살 사건까지 터졌다. 이에 당
시까지 간디를 중심으로 이루어진 대영제국과의 협조 분위기는 하루아침에
급변하여 반영 운동이 본격적으로 전개되었다.

　1915년에 온건파를 대표한 고칼레가 사망한 뒤 국민회의의 중심은 틸라
크와 베산트의 자치연맹 운동이었다. 반면 간디는 보어전쟁 때와 마찬가지
로 1914년에 영국에 체류하며 부상병을 구호하는 인도인 부대를 기획했고,
1918년에는 인도 정부의 모병 운동에 협력하여 많은 비판을 받았다. 당시 그
는 전쟁에 협력하는 것은 대영제국 신민의 의무라고 생각했다.

　제1차 세계대전이 끝나자 상황이 바뀌었다. 이백만 명 이상의 인도인이 전
쟁에 참여했고, 방대한 자금과 물자를 제공했다. 따라서 인도인은 영국이 그
보답으로 인도의 자치를 확대하리라고 기대했다. 그러나 영국은 도리어 치안
정책을 강화했다. 1919년의 롤럿법(Rowlatt Act)이었다.

　정식 이름은 '무정부 및 혁명분자 규제법'으로 1919년 3월 18일에 시행되
었다. 시드니 롤럿(Sidney Rowlatt)을 위원장으로 하는 위원회가 정치적 폭력
을 봉쇄하기 위해 강권적인 대책을 강구하라는 권고에 근거해 만든 이 법은
1908년의 형법수정법, 1910년의 인도언론법, 1913년법, 1915년의 인도방위법

과 같은 탄압법을 잇는 치안유지법이었다. 롤럿법에 의해 인도 총독부는 언론을 통제하고 정치적 반대자를 재판 없이 장기간 억류할 수 있는 절대 권력을 갖게 되었다. 인도 지도자들은 매우 예외적으로 만장일치하여 이 법에 반대했다.

간디는 총독에게 항의문을 보냈다. 그의 주도로 결성한 사티아그라하협회(사바)에는 게타 투쟁에서 간디의 오른팔이었던 파텔, 아마다바드 사티아그라하에서 함께 싸운 아나스야벤, 남인도의 여류시인 나이두 등이 참가하고 진나, 라자고팔라차리(Chakravarti Rajagopalachari, 1878~1972) 등도 찬성했다. 그러나 그들은 어떻게 해야 할지 몰랐다. 롤럿법이 성립된 다음 날 아침, 간디는 친구인 라자고팔라차리에게 말했다.

**"어젯밤 꿈에서 전국적으로 총파업(하르탈)해야 한다는 생각이 들었습니다. 사티아그라하는 자기 정화의 과정이고, 우리의 투쟁은 신성합니다. 그러므로 그날은 인도의 모든 인민이 일을 쉬고 단식하고 기도하며 보내야 합니다. 무슬림들은 하루 이상 단식하지 않을 것이므로 기간은 24시간이어야 합니다. 모든 주가 우리의 호소에 응하리라 판단하기는 매우 어렵지만, 뭄바이, 마드라스, 비하르, 신드만은 확신할 수 있습니다. 그 주들에서 파업이 제대로 시행된다면 우리가 만족할 만한 이유는 충분합니다."** (자서전, 509쪽.)

라자고팔라차리는 즉시 찬성하고 간디의 호소문을 전국의 국민회의로 보냈다. 콜카타를 대체해 1919년부터 수도가 된 델리에서는 힌두와 무슬림이 연대하여 3월 30일에 파업이 실시되었다. 거의 동시에 경찰의 발포로 다수가 죽고 부상당했다. 계획일인 4월 6일, 전국 3억 5천만 명이 기도하여 국가 기능이 마비되었다. 이는 인도 역사상 최초로 인민이 정치 무대에 등장한 사건이었다. 간디는 노동운동인 제네스트(전국 파업)를 전국에서 일제히 기도하고 단식하는 전통적인 하르탈(파업)로 바꾸어 사람들을 쉽게 동원해냈다. 이것이 바로 간디가 말하는 적극적이고 도발적인 저항이었다.

**이와 관련하여 두세 가지가 논의되었다. 시민 불복종은 대중이 불복종하기 쉬운 법에 대해서만 행하기로 했다. 소금세에 대한 불만이 특히 높고 그 철폐를 요구하는 강력한 운동이 일어나고 있었다. 그래서 나는 소금법을 무시하고 각자 집에서 바닷물로 소금을 만들자고 했다. 판매 금지된 책을 팔자고 제의하기도 했다.** (자서전, 511쪽.)

간디는 발금되었던 『인도의 자치』와 러스킨의 『나중에 온 이 사람에게도』 구자라트판을 의도적으로 인쇄하고 발매하여 저항 의사를 보였다. 4월 7일, 간디는 뭄바이에서 델리와 암리차르*로 향했다. 펀자브를 지나려 할 때 경찰이 제지하고 뭄바이로 가는 열차에 강제로 태웠다. 정부의 탄압은 더욱 강화되고 각지에서 폭동도 거세졌다. 간디는 경찰에 항의하면서도 민중들에게 비폭력과 질서를 호소했다.

구자라트 주도 일촉즉발의 상황이 되었다. 아마다바드는 아나스얀이 체포되었다는 소문에 소란해졌다. 나디아드역 부근에는 철로가 없어지고, 비람감에서는 정부 요인이 살해되었다. 정부가 계엄령을 내리자 간디는 경찰청장을 찾아 항의하고 민중 측도 평화 회복을 위해 노력하겠다고 약속했다. 나디아드에서 간디는 처음으로 자신이 '히말라야 같은 오산'을 했다고 말했다.

**그 히말라야 같은 오산이 무엇인지 살펴보자. 시민 불복종을 실천하려면, 반드시 국가 법을 존중하여 따라야 한다. 우리들 대부분은 처벌받는 것이 무서워 법을 지킨다. 특히 도덕적 원칙을 포함하지 않는 법일 때 그렇다. 가령 정직하고 훌륭한 사람은 법이 있건 없건 남의 물건을 훔치지 않을**

---

\*  지금의 암리트사르.

것이다. 하지만 어두워진 뒤 자전거에 불을 밝혀야 한다는 법에 대해서는 설혹 지키지 못하더라도 가책을 느끼지 않을 것이다. 더 주의하라는 친절한 조언조차 받아들일지 의문이다. 그러나 만일 그걸 위반하면 고소를 당한다고 하면 불편을 피하기 위해서라도 지킬 것이다.

그러나 이는 사티아그라히에게 요구되는 자발적인 복종이 아니다. 사티아그라히는 지적이고 자유로운 의지로 사회의 모든 법에 따른다. 그것이 신성한 의무다. 이처럼 사회의 법을 성실하게 지키는 사람이어야만, 어떤 법이 선하고 공정한지, 어떤 법이 부정하고 불의한지 판단할 수 있다. 그런 사람에게만 명확하게 정의된 상황에서 특정 법에 시민 불복종 할 수 있는 권리가 주어진다.

나의 실수는 필요한 제한을 몰랐던 점에 있다. 나는 인민이 스스로 자격을 갖추기도 전에 시민 불복종에 나서라고 요구했다. (자서전, 519~520쪽.)

간디는 사티아그라하를 계속하기 위해서 민중 교육이 필요하다고 생각했다. 사티아그라하 협회를 통해 사티아그라하를 습득한 사람들의 단체를 만들고 소책자를 사용하여 교육하고자 했다. 그러나 사람들에게 사티아그라하의 평화적 측면을 깨닫게 하기란 쉬운 일이 아니었다. 지원자도 많지 않았다. 간디는 삼 일간의 참회 단식을 선언하고, 사티아그라하 정신과 비폭력의 의의를 사람들에게 설명했다. 그 후 구자라트에서는 계엄령이 해제되었다.

롤럿법 반대 사티아그라하는 인도 최초의 범국민적 사티아그라하였다는 점에서 그 역사적 의의를 찾을 수 있다. 간디는 아마다바드에서 행동 계획을 수립했고 회의 본부는 뭄바이에 설치되었다. 가장 치열한 행동은 뭄바이 관구와 북인도에서 일어났고, 마드라스와 콜카타가 투쟁의 중심이 되었다. 전국에서 수백만 명이 참가했다. 그것은 폭력을 수반했다는 점에서 간디에게는 실패였으나, 폭력에 이르기 전까지는 가장 전형적인 사티아그라하로 진행되었다.

그 목적은 개인의 시민권을 침해하므로 부당하고 영국에 의한 인도 정복을 획책하는 점에서 불의라 여겨지는 법률을 철폐하는 데 있었다. 그리고 정부에 대항하는 행동 계획은 철저히 비폭력적이었다. 아무 소요 없이 법률을 위반했고, 경찰에 의해 야기되는 폭력을 최소한으로 줄이면서 가장 손쉬운 위반이 가능하게 했다. 자급자족을 위해서 신문을 간행하고 도서를 판매했고, 협상을 충분히 시도했다. 그러나 대중은 사티아그라하를 충분히 이해하지 못해 결국 폭력화되었다. 따라서 그 실패는 사티아그라하 자체의 실패라기보다는, 그 운동을 계획하고 실행한 사람들이 참여자들을 제대로 교육하지 못했기 때문이었다.

## 암리차르 대학살

긴장은 펀자브에서 정점에 이르러 마침내 암리차르에서 비극을 낳았다. 당시 십오만 명이 살았던 그곳은 지금 백이십만 명이 사는 대도시다. 1604년에 세워진 시크교 성지인 황금사원은 지금도 여전히 아름다운 위용을 자랑한다. 턱수염을 기르고 터번을 쓴 남성적 풍모의 시크교 창시자가 평생을 걸식하며 살았고, 시크교의 교리인 '평등'을 행하는 의미에서 종교나 국적 등의 조건을 전혀 따지지 않고 누구에게나 공짜 식사와 잠자리를 제공하는 곳으로 유명하다. 나도 그곳에서 신세 진 적이 있다.

1918년 4월 10일 암리차르에서는 지방 정치 지도자 두 명을 체포한 데 항의하는 폭동이 있었고, 저명한 영국인 세 명이 살해되었다. 이틀 뒤, 인도 태생으로 정규 영국군 장교이며 원로 인도 전문가인 다이어(Reginald E. H. Dyer, 1864~1927) 준장이 암리차르 지역 위수 사령관으로 취임하고, 4월 12일 시위행진과 집회를 금지하는 포고를 발표했다. 그러나 뒤에 그 사건을 조사한 헌터 위원회의 보고서에 의하면 도시 대부분에는 포고문이 게시되지도 않았다.

이어 헌터 보고서에는 4월 13일 잘리안왈라 바그 대학살 사건이 나온다. 보고서에 의하면 약 한 시경에 다이어 장군은 오후 네 시 반에 인도인들이 대규모 집회를 열려고 한다는 보고를 받았다. 집회 발생을 방지할 조치를 취하지 않은 이유에 대해 묻자 장군은 자신은 즉각 현장으로 달려갔으며, 사태에 대해 숙고해야 했다고 답했다. 보고서에 의하면 그는 현장으로 가는 차 안에서,

집회 금지 명령을 위배하면 즉각 발포할 것을 결심했다. 다이어는 "나는 모든 사람을 죽일 결심을 했다"고 증언했다. 보고서에 의하면 잘리안왈라 공원은 직사각형의 공지로 사방이 대부분 건물 벽으로 둘러싸여 있고, 몇 개 안 되는 출입구는 불완전했다. 다이어 장군이 들어간 입구는 양쪽이 모두 높았다.

공원 맞은편 끝에 엄청난 수의 군중이 모여 있었다. 보고서의 추산에 의하면 만 명에서 이만 명가량 되었다. 아무도 무기를 갖지 않았으며, 막대기를 쥔 사람이 몇 명 있었다. 다이어는 공원에 갈 때 장총으로 무장한 네팔 출신 구르카 병사 스물다섯 명과 발루키스탄 출신 발루키스 병사 스물다섯 명, 단검으로 무장한 사십 명의 구르카, 장갑차 두 대를 대동했다. 그의 부대가 포진한 곳에서 15미터쯤 떨어진 언덕에서 한 사람이 연설을 하고 있었다.

보고서에 다음과 같은 기록이 있다.

**질문: 장갑차가 들어갈 정도로 통로가 넓었더라면 기관총 사격을 하려고 했는가?**
**답: 그렇게 하려고 했다.**
**장갑차는 너무 커서 들어가지 못했고, 다이어 장군이 들어가자마자 입구 언덕 양쪽에 25명씩 배치했다. 군중이 그의 명령을 위반했기 때문에 해산 경고를 할 필요가 없다고 생각한 그는 병사들에게 사격을 명했고 사격은 약 10분간 이어졌다.**
**발포가 시작되자 군중은 흩어지기 시작했다. "모두 1650발이 발사되었다. (…) 일제 사격이 아니라 개인별 발사였다. (…) 약 379명이 죽었다."**
**(피셔, 101쪽 재인용.)**

위원회는 그 3배수가 부상을 입었다고 추산했다. 1,137명이 부상을 입었고, 사망자 379명을 합하면 1,650발로 1,516명이 사상당한 셈이었다. 군중은 완벽한 사격 대상이었다. 군중은 1.5미터 정도 되는 가장 낮은 벽 쪽으로 달려갔다. 다이어는 그곳을 목표로 삼으라고 명했다. 보고서에서 그는 다음과 같이

6부 인도에서 싸우다(1915~1928)

증언했다.

**질문: 종종 발포 방향을 바꾸어 사람들이 가장 많이 모인 곳에 사격하라고 명했는가?**

**답: 그렇다.** (피셔, 101쪽 재인용.)

다이어 장군이 군대 상관에게 보낸 전보 가운데 다음 부분이 그 자신의 강조와 함께 보고서에 인용되었다.

**더 이상 문제는 군중 해산에 그치지 않게 되었습니다. 현장에 모인 군중만이 아니라 펀자브 전역에 있는 더욱 많은 군중에게 충분한 도덕적 효과를 가할 수 있는 대책을 강구해야 합니다. 부당하게 가혹했다는 문제는 있을 수가 없습니다.** (피셔, 101쪽 재인용.)

다이어는 잘리안왈라 바그 대학살에 대해 스스로 너무나도 훌륭한 일을 했다고 경쾌하게 결론 지었다. 그러나 헌터 위원회는 다이어가 "불행히도 자신의 직분을 착각"했다고 판단했다. 그 보고서는 「인도 총독부가 임명한 펀자브 등 폭동 조사 위원회의 동인도 보고서」로 1920년 런던의 영국 정부 출판부에서 간행되었다.

위에서 보았듯이 공식 발표로는 사백 명 정도가 죽었다고 했으나, 인도 측에서는 1천 2백 명이 죽고 3천 6백 명이 부상당했다고 보았다. 간디는 충격받았다. 사티아그라하를 시작한 것이 잘못이었는지 고민했으며, 폭력이 확대되는 것이 두려워 저항 운동 종결을 선언했다. 이듬해인 1920년 8월에는 영국에게 받은 훈장을 반납했다. 타고르는 사건 직후인 5월 4일에 1915년에 받은 훈장을 반납하면서 "그 자체가 추악한 전쟁의 부산물"이라고 했다. 제국은 헌정개혁이라는 떡과 치안유지법이라는 채찍으로 인도의 민족운동을 억누르고자 했으나 결과는 완전히 어긋났다. 그러나 조지 5세는 1919년 12월 24일 롤럿법안을 재가했고 관민의 협력을 요구했다. 따라서 간디의 사티아그라하가 성공했다기보다도 실패했다고 보는 것이 옳았을지 모른다.

간디는 이미 4월에 행동을 제한당했으나 인도 총독이 해제해주어 10월 15일에 라호르에 갔다. 그곳에서 네루를 비롯한 국민회의 유력자들과 현지인들의 열광적인 환영을 받았다. 간디가 네루의 아버지와 처음 만난 것도 이때였다. 국민회의는 영국이 펀자브 문제를 처리하기 위해 조직한 헌터 위원회 참가를 거부하고, 간디를 위원장으로 하는 비공식 위원회를 만들어 대항했다.

1997년 10월에 엘리자베스 여왕이 이곳을 방문하여 희생자를 위해 묵도를 올렸고, 2013년 2월 20일에는 영국의 캐머런 수상이 "영국 역사에서 가장 부끄러운 사건이다. 당시 전쟁상이었던 윈스턴 처칠이 추악한 사건이라고 말한 것은 옳다."라고 기록했다. 그러나 어느 것이나 정식 사과가 아니어서 그것들에 대한 평가는 엇갈린다.

## 비협력운동

1919년 11월 중순에 암리차르를 찾아 대환영을 받은 간디는 무슬림과의 협력 관계를 구축하고자 움직였다. 이슬람의 종교적 수반인 칼리프이기도 한 터키의 술탄은 제1차 세계대전에서 독일 편을 들어 패배했으므로 그 책임을 져야했다. 터키제국의 해체 위기와 칼리프의 운명은 인도 무슬림에게 지속적인 의미를 갖는 것은 아니었지만, 인도 무슬림은 그 일이 영국의 반이슬람적 태도와 관계 있다고 생각했다. 이는 샤우카트 알리(Shaukat Ali, 1873~1938)와 모하메드 알리(Mohammad Ali, 1878~1931) 형제를 중심으로 영국의 '이슬람 배반'에 반대하는 킬라파트(Khilafat) 운동을 낳았다. 킬라파트는 칼리프의 지위를 뜻하는 말이다. 즉 제1차 세계대전 후 이슬람교의 종주권을 지키기 위해 벌어진 반영 운동이 킬라파트 운동이다.

간디는 킬라파트 문제를 토의하기 위해 델리에서 열리는 힌두교와 이슬람교의 합동회의에 참석해달라는 초청장을 받았다. 그 회의는 제1차 세계대전을 마치며 맺은 평화조약에 대한 행사에 힌두교도와 무슬림이 참가할 것인가를 토의하기 위한 것이었다. 그곳에서 연설하던 도중 간디는 '비협력(non-co-operation)'이라는 말을 생각해냈다.

> **"무슬림들은 매우 중요한 결의안을 채택했습니다. 만일 평화 조건이 그들에게 불리하다면 그들은 정부와의 모든 협력을 중단한다는 것입니다. 협력을 중단하는 것은 인민의 불가침적인 권리입니다. 우리에게는 정부가 부여한 칭호와 명예를 유지하거나, 정부의 일을 계속할 의무가 없습니다. 만약 정부가 킬라파트와 같은 대의명분에서 우리를 배신한다면, 우리가 할 수 있는 일은 비협력뿐입니다. 따라서 정부가 배신한다면, 우리에게는 정부에 협력하지 않을 권리가 있는 것입니다."** (자서전, 530~531쪽.)

간디는 이튿날 영국에 대한 비협력을 제안했다. 결과적으로 그것은 인도 민족운동이 서아시아와 연대할 수 있는 가능성을 열었다.

## 간디의 국민회의 참가

1919년 12월 마지막 주에 암리차르에서 국민회의 연례 총회가 열렸다. 그 전에 인도 총독부는 국민회의 연차대회를 학살 장소 부근에서 여는 것을 허가했고, 이슬람 민족주의자인 샤우카트 알리와 모하메드 알리 형제를 석방하여 그들이 감옥에서 회의장으로 바로 갈 수 있게 했다. 인도 측에서는 1만 5천 명이 참가했다. 간디는 이 회의에 참석함으로써 자신이 국민회의 정치에 입문했다고 했다. 의장인 네루는 그 회의를 '첫 간디 국민회의'라고 불렀다.

한편 같은 달 23일, 다이어가 끼친 깊은 상처에 대한 유화책으로 영국 왕이 몬터규-첼름스퍼드(Montagu-Chelmsford) 개혁안을 발표했다. 이 개혁안에 근거한 1919년 인도정부법은 "대영제국과 인도 양자의 통치"라는 "새로운 시대가 시작되었다"고 왕이 선언하고 주 정부의 몇 부서를 인도인에게 넘겨주는 일정한 자치권도 포함했으나, 영국인 총독은 거부권을 가졌고 재정과 경찰권도 장악했기 때문에 인도 측에서 보기에는 전적으로 불충분한 것이었다. 실제로 인도인들은 연방정부에서 아무런 권력을 갖지 못했다. 그럼에도 그 법은 인도 최초의 헌법 문서라고 할 수 있었다.

차세대 지도자로 초대된 간디에게는 두 가지 임무가 주어졌다. 하나는 암리차르 학살 기념 사업을 위한 모금이고, 다른 하나는 새로운 규약의 기초를 세우는 것이었다. 당시에는 대회와 대회 사이에 활동하는 기관도 없었고 돌발적인 사항을 처리하는 기구도 없었다. 간디는 각 지방에서 선거로 대의원을 선출하고, 지방 조직의 피라미드 중심에 사무국을 두게 했다. 연차대회에서 민주적으로 결정된 목표나 정책을 차기 연차대회까지 책임지고 실천하고, 회비를 내려서 당원 수를 확대하고 민중과 함께 활동하는 정당 조직을 형성하게 했다. 이러한 조치는 국민회의를 서구적인 엘리트 회의에서 민중적인 운동 조직으로 바꿨다. 그것은 간디가 제안한 바대로 온건한 조직으로부터 민중혁명을 목표로 하는 국민정당으로 전환하는 것을 의미했다.

간디는 국민회의에 개혁안을 인정하고 그 실행을 돕기를 요청했다. 자신이 한 달 전에 제안한 비협조 노선을 포기하고 협조하자고 했다. 그는 믿음은 미덕이며, 불신은 약자의 것이라고 주장했다. 그는 인도인들이 약자 소리 듣기를 싫어한다는 것을 알고 있었다. 간디는 중산층이었고, 인도 중산층은 그를 따라 정치에 입문했다. 중산층 의원들이 1919년 대회와 그 뒤의 연차대회에서 다수를 차지했다. 국민회의는 몬터규-첼름스퍼드 개혁안을 지지하는 결의를 채택했다.

그러나 다른 지도자들의 맹렬한 반대에 부딪혀 따르지 않을 수 없었다. 틸라크와 진나를 비롯한 다른 민족주의 지도자들은 자치와는 너무나 거리가 먼 개혁안에 반대했고, 전쟁 중 영국 정부가 했던 약속에 대한 환멸이 전후에 더욱 고조되었다. 젊은 세대는 대영제국을 전혀 믿지 않았다.

게다가 5월 말에 나온 헌터 보고서가 다이어 장군을 비난하기는 했지만, 심각한 판단 착오로 상식적 수준을 넘어선 것으로 치부하면서 다이어에 반대하는 어떤 조치도 건의하지 않았다. 첼름스퍼드 총독은 다이어를 무죄로 석방했다. 그는 지휘권을 박탈당했을 뿐, 연금도 받을 수 있었고 그의 부하들도 전혀 징계받지 않았다. 간디는 그 보고서가 공식적으로 자행된 비인도적 행위를 변호하기 위해 열심히 노력한 것에 불과하고, 대영제국 대리인들은 인도 인민의 소망을 존중하기는커녕 인도의 명예를 무시한다고 비판했다.

한편 무슬림들은 같은 이슬람교 국가인 터키에게 가혹하고 일방적인 강화 조약을 강요하고 터키의 술탄-칼리프를 폐위시킨 점에 격분했다. 간디는 언제나 힌두교도와 무슬림이 단결하기를 염원했고 젊은이들에게 반응했으며 높은 도덕적 기준으로부터의 이탈에 민감했기에 초기의 비협조 정책으로 되돌아갔다. 그 뒤로도 식민지 정부와의 교섭은 계속되었으나, 1920년 6월까지는 타협점을 찾지 못하여 간디도 마침내 전면적인 반영 투쟁으로 돌아섰다.

## 반영 투쟁으로의 전환

킬라파트 위원회는 간디의 지도 아래 6월 30일 비협조 정책을 무슬림에게 남은 유일한 수단으로 승인했다. 이슬람 지도자들은 간디를 지지하지 않았으나, 그의 지지와 대중적 영향력을 얻기 위해 동맹을 맺었다. 간디는 사티아그라하 원칙에 따라 그 사실을 총독에게 알렸다. 총독은 어리석은 짓을 했다고 비난했다. 그러나 간디는 1920년 8월 1일부터 비협력운동을 시작한다고 발표했다. 그러나 국민회의는 그때까지 비협력운동을 전혀 고려하지 않았다. 바로 그날 틸라크가 죽었다.

간디는 총독에게 편지를 써서, 남아프리카에서 받은 전쟁 훈장 두 개와 카이저 훈장을 반납한다고 알리고 영국 정부가 킬라파트 문제를 부당하고 비도덕적으로 처리했다고 비난했다. 그는 말했다. "비도덕성을 옹호하기 위하여 날로 나빠지고 있는 정부에 대해서는 존경심이나 애착심을 가질 수 없다."

1920년 9월 콜카타에서 열린 국민회의 임시대회에서는 다수의 찬성으로 간디가 만든 비협력운동 강령을 채택했다. 선배 세대는 반대했으나 후배 세대가 지지하여 채택된 것이다. 그것은 영국과 어떤 접촉도 하지 않고, 공식 행사에 출석하지 않으며, 법원 및 관청과의 관계를 끊고, 외국 제품을 보이콧하며, 각 가정에서 물레 사용하기를 권장한다는 내용이었다. 특히 외제 포지 배제와 물레 사용, 손으로 짠 실 사용과 수직 면포(카디) 장려는 영국 섬유 산업에 타격을 줄 뿐 아니라, 인도 전통의 가내수공업 복권을 강력하게 요구하는 수단이기도 했다.

틸라크가 죽은 뒤 간디는 최고 지도자로 부상했다. 그러나 간디의 노선에서 벗어난 사람들이 있었다. 베산트는 법을 위배할 가능성이 있는 비협력운동에 반대하고, 합법적 권력 위양만을 옳다고 보았다. 그래서 국민회의와 결별한 뒤 신지협회 활동에만 힘썼으나, 평생토록 인도 독립에 관심을 가지고 영국에서도 자신의 주장을 반복했다. 노선이 다른 진나와도 사이가 나빠졌다. 간디는 민족운동에서 변호사는 믿을 수 없다고 말하며 자주 그에게 모욕을 주었으며, 간디의 지지자들은 나그푸르 회의에서 진나의 발언을 막기도 했다. 결국 진나는 국민회의를 떠났다. 다른 무슬림도 마찬가지였다.

진나가 떠난 1920년 12월에 열린 국민회의 나그푸르 연차대회에서 간디는 일 년 전 자신이 제정한 강령을 개정하여 국민회의의 신조를 "합법적이고 평화적인 수단으로 스와라지의 달성을 목표로 한다."라고 정의했다. 대회 의장은 "국민을 이끌어온 의장과 지도자들을 대신하여, 국민이 의장과 지도자들을 이끈 대회"라고 평했다. 그 대회에서는 영국과의 협조에 반대하는 투표도 했다. 또 달릿(불가촉천민)이라는 용어의 폐기, 물레와 손을 이용한 인도 전통 직조 부활과 같은 결의안도 채택되었다. 간디는 비폭력적 비협조에 의해 인도는 일 년 안에 자치 정부를 가질 것이라고 장담했다.

대영제국에 대한 사랑에서 거부로의 변화는 잘리안왈라 바그 유혈 사태에서 비롯되었다. 그것은 간디 자신은 물론 인도 역사에서도 중대한 전환이었다. 그전에 영국 정부와 협조하려 했던 것은 평화적 해결을 갈망하는 간디의 타고난 성품이 반영된 것이었다. 그러나 그것은 대영 감정의 악화로 급격히 붕괴했다. 간디는 만일 자신이 인민을 이끌지 않으면 최악의 사태가 초래될지도 모른다는 두려움을 느끼고, 그것 때문에 행동하는 경우가 많았다. 그러한 경우에 그가 택한 전략은 인민의 목표로 나아가면서 자신만의 방법을 주장하는 것이었다.

간디는 이 메시지를 인민에게 전했다. 자와할랄 네루의 아버지 모틸랄 네루 (Motilal Nehru, 1861~1931)는 수입이 많은 변호사 업무를 포기하고 술도 끊고서 완전한 비협조주의자가 되었다. 콜카타 변호사회의 지도자인 C. R. 다스(Chittaranjan Das, 1870~1925), 엄청난 부자인 아마다바드 검사 파텔, 자와할랄 네루를 비롯한 법조계 인사 수백 명이 영국 법원과 영원히 결별했다. 젊은이들은 대학을 떠났다. 교사와 학생들도 마을로 가서 비협조를 역설했다. 농부들은 비협조를 납세 거부와 금주로 받아들였다. 이는 정부 수입에 이중 타격을 입혔다.

## 암소 보호 운동

간디 주도로 국민회의가 종래 서구적 엘리트 집단에서 민중 조직으로 급속하게 변했다는 것은 회원들의 복장이 유럽식 양복에서 카디로 바뀐 것에서도 볼 수 있었다. 카디 복장을 한 중간 계급 출신 대의원들이 나그푸르 총회 참석자 1만 4천 명 중 대부분을 차지했다. 언어도 영어 아닌 힌두어가 주류가 되었다.

간디의 힌두화는 더욱더 진행되어 1920년 말에는 비협력운동과 연관된 암소 보호 운동을 시작했다. 이는 인도인에게 영국인이 소고기를 좋아한다는 점을 부각시키기 위한 것이었다. 간디는 "무슬림은 가끔 암소를 죽일 뿐이지만 영국인은 소고기를 먹지 않고는 하루도 살 수 없다"는 말로 영국인을 비난하면서 무슬림에 대해서도 힌두의 지지를 얻기 위해 암소를 죽이지 않아야 한다고 주장했다. (YI, 1920. 12. 8.)

무슬림이 자유의지로 힌두교도의 종교적 감정을 배려하고, 이웃이자 같은 땅의 자식이라는 의무감에서 소 도살을 중단한다면, 그것은 또 다른 문제이고, 매우 고결하며 큰 신뢰를 주는 일이다. 따라서 나는 그러한 독립적 태도를 취하는 것이 그들의 의무이고, 그들의 품격을 높이는 길이라고 주장했다. (자서전, 527~528쪽.)

1920년 4월의 불가촉천민 모임에서는 불가촉천민 해방과 암소 보호가 가장 중요한 화두가 되었다. 자칫 잘못하면 무슬림의 이반을 초래할 수 있는 암소 보호에 대해 간디는 힌두교가 세계에 주는 선물이라고 주장했다. 힌두교도는 수백 년간 소를 신성하게 여기고 그 고기를 먹지 않았다. 간디에 의하면 인간은 소를 통해 살아 있는 모든 것과 자신이 같다는 사실을 깨닫게 된다. 특히 "소를 보호하는 것은 약자와 무능한 사람들에 대한 보호를 의미한다"고 했다 (YI, 1921. 6. 8).

**단순히 동물인 소를 보호하는 것만으로 해탈에 도달할 수 있다고 나는 생각하지 않는다. 왜냐하면 해탈은 집착, 증오, 분노, 질투와 같은 더욱 낮은 감정들을 완전히 제거해야 하기 때문이다. 해탈의 관점에서 소 보호의 의의는 일반적으로 알려진 것보다 더 넓고 더 크게 광범위에 걸쳐서 적용되어야 한다. 본질적인 관점에서 우리가 해탈에 도달하기 위한 소의 보호는 말 못하는 유정의 생물까지도 포함해서 보호하여야만 한다. 그러므로 나의 관점에서는 남녀나 어린이에게 가혹한 말을 해서 그들을 괴롭히거나, 지구상에 존재하는 가장 약하고 하찮은 동물에게 고통을 주는 것과 같은 아힘사 원리의 불이행은 소 보호 원리를 위반하는 것과 같고, 어떤 의미에서는 육식의 죄를 범하는 것과 같다. (YI, 1925. 1. 29.)**

## 전국 여행

1921년, 간디는 뜨겁고 습기 찬 기후에도 불구하고 7개월 동안 전국을 여행했다. 무덥고 혼잡하며 더러운 기차로 다니면서, 항상 십만 명이 넘는 대중 집회에서 연설했다. 확성기가 없었던 시절에 그렇게 많은 사람의 마음을 사로잡을 수 있었던 것은 그의 정신력을 통해서였다. 군중들은 어디에서나 운집하여 간디의 모습이라도 보여달라고 소리쳤다. 그의 모습은 사람들을 경건하게 했다. 어느 지역의 주민들은 미리 연락하여 만일 간디가 탄 기차가 그들이 사는 마을의 작은 역에 서지 않는다면 모두 철로 위에 드러누워 깔려 죽겠다고 하기

간디가 기차에서 내리려 하자 그 모습을 보기 위해 군중이 몰려들었다.

도 했다. 기차가 그곳에 멈추고 깊은 잠에서 깬 간디가 나타나자, 군중은 기차역 플랫폼에 무릎을 꿇고 앉아서 울었다. 그 벅찬 7개월의 여행 동안 하루 세 끼 식사는 언제나 같았다. 약 450그램 되는 양의 젖 한 잔과 토스트 세 조각, 오렌지 두 개, 포도나 건포도 열 알. 그것이 그에게 힘을 공급했다.

　무슬림인 알리 형제도 동행했다. 비협조를 위한 간디의 장기 선전 여행은 종교적 부흥 운동이기도 했다. 간디는 청중들에게 외국 옷을 입어서는 안 된 다고 말했고, 사람들이 박수를 치면 그들이 입고 있는 외제 옷을 벗어 그의 앞 에 쌓아놓도록 요구했다. 셔츠, 바지, 코트, 모자, 구두, 내의로 이루어진 옷더 미에 간디는 성냥불을 붙였다. 불꽃이 외국산 물건을 삼키자 그는 모든 사람 에게 스스로 자신의 옷을 지을 것을 호소했다. 그 자신도 하루 삼십 분간 실을 자았다. 그는 나날의 실잣기를 '성스러운 일'이라고 불렀다. 실을 잣는 것이 그 사람의 마음을 신에게 향하도록 하기 때문이었다. 간디 앞에 나타난 사람 은 누구나 손으로 짠 옷을 입게 되었다.

그러나 간디가 기대한 자치는 이루어지지 못하고 한 해가 지났다. 많은 민족주의자가 영국 지배에 반대하는 공적 반란을 책동했다. 국민회의에서도 이탈자가 늘어났다. 실을 잣고, 절제하고, 말을 통해 저항하라는 간디의 주장은 우롱당했다. 특히 젊은이들은 행동을 요구했다. 간디는 답했다. "만일 인도가 폭력 노선을 택한다면 한순간은 승리할지도 모른다. 그러나 그 인도가 내 마음속의 자랑일 수는 없다." 폭력에 대한 거부감은 "거의 광신에 이를 정도"로 완고했다고 간디는 스스로 말했다. 이제 간디는 민족주의 운동에서 불가결한 존재였기 때문에, 국민회의 집행위원회는 1921년 11월 4일 델리에서 만나 비폭력 시민 불복종 운동을 결의하면서, 간디의 동의 없이는 행동하지 않는다고 결의했다.

그러나 비판도 만만치 않았다. 타고르는 간디가 책망하면서 외제 옷을 태운 그 불길이 마음까지 태울 수 있다고 경고했다. 앤드루스도 자신이 집에서 짠 옷을 입기는 하지만 외국에서 만든 고귀한 수공품을 파괴하는 것은 옳지 못하다고 비판했다. 그러나 간디는 외제 옷을 애용하는 일이 외국의 지배와 빈곤, 가정의 수치를 초래했다면서 외제 옷을 태우는 것은 최고의 도덕적 수준에서 비롯된 건전한 행동이라고 주장했다.

간디는 수입 직물을 태운 뒤 인도 공장의 직물로 대체하지 말고 자기처럼 하루 삼십 분씩 물레를 돌려 옷감을 짜자고 했다. 그는 물레가 농한기에 일거리와 수입을 주고 그 결과 영국 자본주의에서 벗어날 수 있게 한다고 주장했다.

1921년 12월부터 이듬해 1월 사이에 만 명의 인도인이 정치범으로 투옥되었다. 모틸랄 네루, C. R. 다스를 비롯한 국민회의 수뇌부들이 그 전부터 투옥되었다. 여러 지방에서는 농부들이 납세 거부 운동을 자발적으로 전개했다. 인도 전역이 험악한 분위기에 휩싸였다. 1921년 12월, 국민회의 아마다바드 연차회의에서 간디는 "최대의 겸손으로" 대영제국에 깊이 호소했다. "영국이 어떤 짓을 해도, 우리를 어떻게 억압해도 우리는 언젠가 영국이 어쩔 수 없이 참회하도록 하겠다. 삼억 명의 인도인들을 영원히 적으로 삼을 수는 없음을 보여주겠다."

　영국의 지배에 대한 이 도전은 동시에 도움을 청하는 호소이기도 했다. 간디는 탄압적 조치의 자극하에서 인도인들이 앞으로 저지를지 모르는 일을 걱정했기 때문이다.

## 바르돌리 시민 불복종

영국에 좋은 인상을 주는 동시에 행동에 대한 그 자신과 인도인들의 요구를 충족시키기 위해 간디는 구자라트 주의 바르돌리(Bardoli)에서 시민 불복종을 하면서 스스로 그 실험을 감독하기로 했다. 바르돌리는 당시 인구 8만 7천 명 정도의 소도시였다.

　1922년 2월 1일, 간디는 새 총독인 레딩(Reading) 경에게 그의 계획을 알렸다. 간디는 시민 불복종을 바르돌리 실험에 국한했다. 전국적으로 확대되었을 때도 평화적으로 이끌 수 있다는 확신이 없었기 때문이다. 또 인도인의 자제력과 슬기로운 행사를 보여줌으로써, 영국이 스스로 생각한 것보다 더 넓은 자치권을 인도에 부여하도록 설득하기 위해서였다.

　바르돌리 실험이 막 시작한 2월 8일, 간디는 그곳에서 천삼백 킬로미터 떨어진 인도 북부의 차우리 차우라(Chauri Chaura)라는 작은 마을에서 사흘 전에 발생한 잔인한 사건에 대해 들었다. 간디가《영 인디아》에 쓴 바에 의하면 다음과 같은 사건이었다.

　**합법적인 시위행진이 있었다. 행진이 지나간 다음 잔류자들이 경찰의 저지를 받고 욕까지 먹었다. 그들이 도움을 필요로 했다. 행진하던 사람들이 돌아섰다. 경찰은 발포하기 시작했고, 총알이 바닥나자 안전을 위해 시청으로 피신했다. 내 정보원에 의하면 군중들은 시청에 불을 질렀다. 경찰관들은 필사적으로 빠져나오려 했으나, 나온 이들은 갈기갈기 찢겼다. 찢긴 시체는 분노의 불길 속에 던져졌다.** (YI, 1921. 2. 16.)

이어 간디는 경찰관 스물두 명을 "잔인하게 살해한" 이 사건이 "불길한 징조"라고 말했다.

> **만일 바르돌리의 비폭력 불복종이 신의 뜻에 의해 성공하고, 바르돌리의 승리자들이 내세운 주장대로 정부가 악법을 폐지한다고 해도, 자극이 있을 때마다 잔악한 행위를 자행할 것으로 예상되는 그 무질서한 분자들을 누가 통제할 수 있겠는가?** (YI, 1921. 2. 16.)

간디는 그들을 통제할 수 있다는 확신이 없었다. 따라서 바르돌리에서의 불복종 시도를 유예하고 인도 전역에서 정부에 도전하는 모든 활동을 금지했다. 간디는 다음과 같이 외쳤다.

> **우리의 굴욕이나 소위 패배 속에서 적들이 영광을 누리도록 하라. 우리의 서약을 스스로 팽개치고 신에게 죄를 범하기보다는 비겁하고 나약하다는 비난을 받는 것이 더 낫다. 스스로에게 진실하지 못하게 사는 것보다는 세상에 대해 진실하지 못해 보이는 것이 백만 배나 더 낫다.**

간디는 말 한마디로 인도에 혁명을 일으킬 수도 있었다. 영국을 즉각 몰아내야 한다고 주장하는 극단주의자들도 있었다. 세계는 아직 전후의 혼란 속에 깊이 파묻혀 있었고, 영국은 지구 여러 곳에서 위기에 직면해 있었다. 그러나 간디는 전국을 유혈에 젖게 하는 대사를 치르면서까지 독립을 쟁취하고 싶지는 않았다. 살육을 통해 탄생한 자유 인도는 그 핏자국을 오랫동안 앞이마에 새기고 다닐 것이다. 그는 방법을 위해 목적을 희생했다. 당시에는 어떤 경우에도 의심스러웠다. 나쁜 방법은 목적을 망치기 때문이었다.

## 구속

시민 불복종을 취소하고 반란을 배격하며 정부에 대한 공공연한 적대 행위를 금지시킨 그때에, 간디는 완전히 무장을 해제한 것이었다. 그리고 레딩 경은 간디를 구속했다. 그는 런던과 인도의 주지사들로부터 간디를 구속하라는 압력을 받아왔으나 저항하고 있었다. 그는 1921년 4월 2일에 인도 총독으로 부임하자마자 간디와 대화하기 시작해 5월에만 열세 시간을 함께 논의했다. 그는 간디가 진지하지만 비현실적이라고 느꼈다. 레딩은 유대인 과일 중개인의 아들로 태어나 어린 시절 배의 심부름꾼으로 시작하여 대법원장을 거쳐 주미 영국 대사를 지낸 뒤에 총독이 되었다. 그의 법적 견해는 단순히 어떤 말을 했거나 그것을 글로 썼다는 이유만으로 구속하는 일에 반대했다.

그는 "나는 간디가 행동한다면 그를 체포하고 그것에 따르는 결과에 대해서는 분명히 책임질 것"이라고 말했다. 그리고 간디가 어떤 행동도 하지 않을 것이라고 스스로 확신한 그때, 그를 구속할 것을 명했다. 바로 그 때문에, 간디도 당국에 대해 어떤 결과도 생기지 않을 것이라고 확신을 주었기 때문이다. 간디는 그의 주간지인 1922년 3월 9일 자 《영 인디아》에 '내가 만일 체포된다면'이라는 제목의 글을 썼다.

> **정부가 개울을 핏물로 흐르게 해도 나를 놀라게 하지는 못한다. 그러나 인민이 나를 위해서, 또는 내 이름으로 정부를 비난한다면 나는 깊은 상처를 받을 것이다. 내가 체포된다고 해서 인민이 평정심을 상실한다면 나를 모독하는 일이 될 것이다.** (YI, 1922. 3. 9.)

그는 3월 18일 오후 열 시 반에 체포되었다. 간디는 체포를 자청했다. 예비심리에서 간디는 자기 직업을 '농부 겸 직조공'이라고 했다. 그의 혐의는 출판된 세 편의 글에서 폭동을 교사했다는 것이었다. 첫째, 1921년 9월 19일 자 '충성심에 간섭하며'라는 제목의 글에서 그는 다음과 같이 말했다.

> **군인이든 공무원이든 간에, 인도의 무슬림을 배반하고 펀자브에서 비인도적 행위라는 죄를 저지른 이 정부에 봉사한다는 것은 죄악이라고 말하**

는 것을 나는 조금도 주저하지 않는다. (…) 선동이 국민회의의 강령이 되어왔다. (…) 비협조 운동은 종교적이고 매우 도덕적인 운동이기는 하지만, 정부의 전복을 의도적인 목표로 삼고 있으므로 법적으로는 당연히 선동이다. 우리는 어떤 자비도 요구하지 않는다. 정부에게 아무것도 기대하지 않는다. 우리는 비폭력을 유지하기만 하면 감옥에 보내지 않겠다고 약속해달라고 조르지도 않는다. 우리는 선동죄로 감옥에 갇힌다고 해도 불평하지 않을 것이다. 따라서 우리가 차분하고 평온하게 비폭력적인 상태를 유지하는 것은 우리의 자존심과 우리의 서양 때문이다. 우리에게는 가야 할 길이 정해져 있다. (YI, 1921. 9. 19.)

둘째, 1921년 12월 21일에 쓴 '수수께끼와 그 답'이라는 제목의 글에서 다음과 같이 주장한 점이었다.

우리가 구속을 바라는 이유는 소위 자유가 노예 상태와 같기 때문이다. 우리는 이 정부의 활동이 완전한 악이라고 생각하기 때문에 정부의 힘에 도전하고 있다. 우리는 정부를 전복하고자 한다. 우리는 정부가 인민의 뜻에 굴복하도록 강요하고자 한다. 우리는 정부란 인민에게 봉사하기 위해 있는 것이지, 인민이 정부에 봉사하기 위해 있는 것이 아님을 보여주고자 한다. 이 정부 밑에서의 자유로운 삶이란 도저히 견딜 수 없게 되었다. 자유를 유지하기 위해 치러야 하는 대가가 너무나도 크기 때문이다. 레딩 경은 비협력운동가들이 정부 당국과 이미 전쟁 상태에 들어갔다는 사실을 이해해야 한다. 그들은 정부에 대한 반역을 선언해왔다. (…) 따라서 레딩은 그들이 해를 끼치지 못하도록 조치할 권한을 가지고 있다. (YI, 1921. 12. 21.)

셋째, 1922년 2월 23일 '갈기를 흔들며'라는 제목의 글에서 간디는 다음과 같이 주장했다.

6부 인도에서 싸우다(1915~1928)

영국이라는 사자가 그 피비린내 나는 발톱을 우리 얼굴을 향해 계속 혼들고 있는데 어떻게 타협이 있을 수 있는가? 권력과 약한 인종에 대한 약탈의 붉은 포도주에 취한 제국치고 오래 간 제국은 없다. 약한 인종에 대한 조직적 착취와 야만적인 힘의 지속적인 과시에 기초한 대영제국은 우주를 다스리는 신이 계신다면 살아남을 수가 없을 것이다. 영국인들은 1920년에 시작된 전투가 끝까지 계속될 것임을 깨달아야 한다. 이 전투가 한 달이 걸리든 몇 년이 걸리든 상관이 없다. 영국의 대표자들이 1857년의 인도 폭동 시절의 광란을 두 배로 재연하든 말든 상관없다. (…) 인도의 쌀을 먹는, 보잘것없어 보이는 수백만 명은 영국의 보호 없이, 무기도 없이, 자신의 운명을 만들기로 결심했다. (…) 1920년에 시작된 이 투쟁은 마지막까지 싸워야 할 투쟁이다. (YI, 1922. 2. 3.)

## 재판

3월 18일 아마다바드 순회 법원의 작은 법정은 만원을 이루었다. 기소장이 낭독되고 검찰총장이 간디에 대한 사건을 서술하자 간디는 일어서서 말했다.

나는 이 법정에서 정부의 기존 체제에 대한 이반을 설교하는 것을 이제는 몹시 좋아하게 되었다는 사실을 숨길 생각이 없다. (…) 검찰총장의 말은 전적으로 옳다. (…) 나는 폭력을 피하고 싶었다. 비폭력은 내 신앙의 첫 조항이고, 또한 내 신조의 마지막 조항이기도 하다. 그러나 나는 선택해야 했다. 즉 내 조국에 복구할 수 없는 피해를 준다고 생각하는 정부에 굴복하거나, 아니면 내 민족이 나의 진실을 이해하게 될 때 그들의 미친 듯한 분노가 폭발할 위험을 무릅쓰거나, 그 둘 중 하나를 선택해야 했다. (…) 내가 여기에 온 것은 (…) 법적으로는 고의적인 범죄고, 나에게는 시민의 최고 의무로 보이는 행동에 대해 내려질 수 있는 최고형을 기꺼이 자청하기 위해서다. 곧 진술에서 말하겠지만 판사가 택할 수 있는 유일한 길은 판사직을 그만두는 것이다. (피셔, 109쪽 재인용.)

이어 간디는 미리 적어 온 진술서를 읽어갔다. 먼저 과거 충실한 충신이며 협력자 입장이었던 자신이 왜 타협할 줄 모르는 불평분자이자 비협력자가 되었는지 설명할 의무가 있는 것 같다며 남아프리카에서의 경험을 이야기했다. 영국 편에 서서 보어전쟁과 줄루 전쟁에 의무병으로 참전한 일, 1914년에 영국군을 위해 신병 모집에 나선 일을 설명했다. 그가 "봉사한 것은 그것을 통해 동포가 대영제국에서 완전히 동등한 지위를 얻을 수 있을 것이라는 신념에 투철했기 때문이다."

그러나 1919년의 롤럿법, 잘리안왈라 바그 학살, 갖가지 태형(笞刑), 펀자브 참사, 터키 칼리프에 대한 비리와 같은 사건들이 계속 터지면서 충격받았다고 말을 이었다. 그럼에도 그는 "협력과 몬터규-첼름스퍼드 개혁의 추진을 위해 싸웠다." 그러나 "영국과의 관련이 인도로 하여금 과거 어느 때보다도 정치적으로나 경제적으로 더욱 곤경에 빠지게 한다는 결론에 어쩔 수 없이 이르게 되었다. (…) 인도는 너무나도 무력해져서 기아를 이겨낼 수 없게 되었다. 영국이 인도를 침략하기 전에는, 수백만의 마을에서 베를 짜 빈약한 농업 자원에 대해 필요한 보완 수단으로 삼았다." 그러나 그러한 마을 가내공업이 영국의 공장 제품으로 인해 완전히 파괴되었다.

도시에 사는 자들은 거의 기아선상에 있는 시골 인민이 서서히 죽어가고 있음을 모르고, 자신들이 누리는 초라한 안락이 외국 착취자들을 위한 일에서 얻는 중개 수수료이며, 그 이윤과 중개 수수료를 인민에게 빨아낸다는 것을 모른다. 또 영국령 인도에서 법에 의해 세워진 정부가 인민을 착취하기 위해 유지되고 있음도 모른다. "어떤 궤변, 어떤 숫자의 장난도 해골처럼 여윈 시골 마을의 수많은 사람이 눈앞에 보여주는 증거를 없앨 수 없다."

인도에 있는 많은 영국 관리는 인도를 돕고 있다고 생각하지만, "한편으로 그들은 치밀하고 효과적인 공포정치 시스템과 조직적인 힘의 과시를 통해, 다른 한편으로는 보복과 정당방위를 할 수 있는 모든 힘을 박탈하여 인민을 거세하고, 그들이 남의 흉내만 내도록 만들었음을 모른다."

그러므로 간디는 "불평분자가 되는 것을 영광으로 생각하고" "가장 엄한 형벌"을 요구한다고 했다. 간디가 앉자 판사는 그에게 절을 하고 판결을 내렸다.

> **법은 누구에 대해서도 편파적이지 않다. 그러나 피고는 내가 지금까지 다루어온 모든 사람, 아니 앞으로 다룰 어떤 사람과도 전혀 다른 범주에 속한다는 사실을 무시할 수 없다. 당신의 동포의 눈으로 볼 때 당신은 위대한 애국자이고 위대한 지도자라는 사실도 무시할 수 없다. 정치적으로 당신과 다른 사람들도 당신을 위대한 이상과 고귀하고 성스럽기도 한 삶의 인물로 존경한다. (피셔, 110~111쪽 재인용.)**

그렇게 말한 뒤 판사는 간디에게 육 년 징역형을 선고했다. 그러고는 다시금 간디에게 절을 했다. 간디도 절을 했다. 폐정하자 많은 청중이 간디의 발밑에 엎드려 통곡했다. 감옥으로 인도되었을 때 그는 미소 지었다. 영국이 간디를 체포하여 투옥한 것은 이번이 처음이 아니었다. 그러나 그들이 그를 재판한 것은 그것이 마지막이었다. 그 뒤로는 재판 없이 투옥했기 때문이다.

## 침묵의 감옥 생활

1922년 3월 20일, 간디는 사바르마티 감옥에서 특별열차 편으로 푸네 교외의 키르키로 이송되어 예라와다 감옥에 투옥되었다. 그곳 감방은 깨끗했고 환기가 잘되었으며 뜰도 있었다. 처음에는 독서를 금지당하고 다른 수감자를 만날 수 없었으며 더운 날 밖에서 잘 수도 없었다. 그밖에도 여러 가지 불편이 있었으나 곧 감옥 도서관에서 책을 빌려보고 밖에서 책이나 정기간행물을 구입할 수도 있게 되었다. 신문은 더 오래 금지되었지만 결국은 읽을 수 있게 되었다.

간디는 독거수 생활을 좋아했다. 그는 천성적으로 고독을 사랑하고 정적을 좋아하며 독서를 즐긴다고 말했다. 새벽 네 시에 일어나 기도하고 명상하다가 해가 뜨면 여섯 시간 동안 독서하고 집필했으며, 네 시간 동안 물레를 돌리고 솔질을 했다. 간디의 독서 계획은 엄청났다. 인도의 종교와 철학은 물론 다른 종교도 깊이 공부했다. 그러나 정통 기독교 책은 받아들이기 어려워했다. 그는 예수를 존경했지만 그의 가르침, 특히 대속에는 반대했다. 예수는 모범일 뿐이고 구원을 얻으려면 우리 모두 십자가에 못 박혀야 한다고 생각했다. 괴테의 『파우스트』, 타고르의 『사다나』, 쇼의 『인간과 초인』, 키플링의 『막사의 발라드』 같은 문학작품은 물론 기번의 『로마제국 흥망사』, 버클의 『문명사』, 웰스의 『역사의 개요』, 게디스의 『도시의 진화』도 그가 감옥에서 읽은 150권에 포함되었다.

그의 감옥 생활은 갑자기 끝났다. 1924년 1월 12일 마하트마는 예라와다(Yerawada) 중앙 교도소에서 푸네시의 사순 병원으로 황급히 옮겨졌다. 그리고 그날 밤 영국 외과의사에게 급성 맹장염 수술을 받았다. 수술은 성공적이었다. 간디는 의사에게 극진히 감사했지만, 종기가 생겨나 회복이 지연되었다.

정부는 병든 죄수를 풀어주는 것이 관대하고 현명한 처사라 생각하여 1924년 2월 5일 그를 석방했다. 그는 매우 쇠약했지만 두 달 만에 영어 주간 신문 《영 인디아》와 구자라트어 잡지 《나바지반Navajivan》을 다시 편집했다. 간디가 감옥에서 22개월을 지내는 동안, 인도의 정치상황은 심각하게 왜곡되었다. 수많은 변호사가 다시 개업했다. 폐업한 것을 후회하는 사람들도 있었다. 국립 학교와 대학을 포기했던 남녀 청소년들도 그들의 행동을 후회하며 학교로 되돌아갔다.

민족주의 지도자 다수, 특히 모틸랄 네루와 C. R. 다스는 영국 당국을 견제하고 계몽한다는 이유로 시도 및 전국적인 각급 회의에 참여하기로 결정했다. 그러나 간디는 반대했다. 그는 1924년 4월 10일 자 《영 인디아》에서 자신은 "정부에 대한 강력한 불신자"로 남겠다고 선언했다. 그러나 대부분의 사람들은 비협조가 요구하는 희생을 치를 수 없었고, 간디는 해이해져가는 민중의 정신 상태로는 반정부 보이콧을 유지할 수 없겠다고 판단했다. 그래서 그는 몇 년간 일반적 의미의 정치에서 물러나 그 자신이 말하는 정치에 헌신했다. 그것은 인민을 고상하게 만들고 인도를 순수하게 만드는 일이었다.

순수화란 어떤 신비로운 의미를 갖는 것이 아니었다. 그것은 힌두교와 이슬람교의 유대처럼 구체적인 것을 뜻했다. 간디는 "그것보다 더 중요하고 급한 것은 없다"고 주장했다. "힌두교-이슬람교의 통합이야말로 자치"라고 본다는 점에서 그는 이슬람 지도자인 진나와 의견이 일치했다. 그러나 당시 두 종교 단체는 통합되지 못하고 철저히 분열되어 있었다. 간디는 "폭력의 파도가 곧 닥칠 것 같다"고 말했다.

1915년 인도로 돌아온 뒤 간디는 힌두교와 이슬람교의 관계가 인도의 장래를 결정한다는 점을 재빨리 깨달았다. 그는 그 문제에 대해 자주 말했고, 1924년 5월 29일 자《영 인디아》의 전면을「힌두교-이슬람교의 긴장. 그 원인과 대책」이라는 육천 자 분량의 글로 채웠다. 그는 그 대책을 몇 마디로 요약했다. 즉 힌두교와 이슬람교의 통합이 가능하다고 하면서, "그것이 양쪽에 매우 자연스럽고 필요하기 때문이고, 내가 인간성을 믿기 때문"이라고 했다. 이 구절은 간디의 핵심을 포함한다. 목표가 선하고 인간이 선하기 때문에, 목표는 달성될 수 있다고 그는 말했다. 실패한들 어떻다는 것인가? 실패해도 그는 위대했다. 인간은 실패했을 때보다 성공했을 때 더 왜소해질 수 있다. 그것은 그가 추구하는 것에 달려 있다.

1946년 인도가 진나의 파키스탄과 네루의 인도공화국으로 분열되어가고 있었을 때 피셔는 진나와 오랫동안 진지하게 토론한 내용을 다음과 같이 요약했다.


**당시 그는 1920년대의 개혁자가 아니었다. 나는 세계가 "불화가 아닌 조화를 필요로 하며," 인도의 분단이 아니라 통합을 필요로 한다고 주장했다. 그는 "나는 현실주의자다. 나는 현실을 있는 그대로 다룬다."라고 답했다. 나는 종교와 민족주의적 분단이 유럽에 초래한 혼란에 대해 주의를 환기했다. 그러나 그는 "현존하는 분파적 성격을 있는 그대로 다루어야 한다"고 고집했다.** (피셔, 114쪽 재인용.)

간디 역시 스스로 "실천적인 현실주의자"라고 공언했다. 그러나 그의 현실주의는 악을 사용하지 않고 악과 대항하여 투쟁하는 것이었다. 공상가가 아닌 그로서는 인간의 본성이 착하다고 해도 그 선은 일깨워주어야 하는 것이고, 만일 그렇게 하지 못하면 누군가가 악을 악용하게 된다고 생각했다. 선을 각성시키고자 한 그는 힌두교와 이슬람교의 유대를 위해 단식에 들어갔다.

## 단식

단식의 계기는 1924년 9월 11일에 북서 국경 지대 코하트에서 힌두교도 36명이 죽고 145명이 부상당하며 수천 명이 탈출한 사건이었다. 이는 그전에 힌두교도가 무슬림을 비난하는 책을 썼기 때문에 빚어진 사건이었다. 간디는 일주일 뒤인 9월 18일부터 델리의 킬라파트 지도자 모하메드 알리의 집에 머물며 삼 주간의 참회 단식을 시작했다.

단식하면서 간디는 물은 마시되 소금을 넣는 정도의 여유는 가지겠다고 했다. 단식 중 마시는 물은 메스껍기 때문에 소금을 조금 넣거나 중탄산소다를 탔다. 물을 마신 이유는 죽고 싶지 않았기 때문이었다. 그는 삶을 사랑했고 몸을 보존하기를 바랐다. 그는 몸을 마사지하고 규칙적으로 잠을 잤으며 체력을 위해 걸었다. 서구인들은 물론 심지어 인도인들에게도 이상하게 보인 그의 특유한 음식물은, 그 자신을 생태적으로 완벽한 도구로 만들어 정신적 목표에 이르기 위해 고안된 것이었다. 총탄에 쓰러지기 전까지 그는 더 오래 살 수 있는 강인한 모범적 체력을 유지했다. 그럼에도 단식이 불가피하다는 도덕적 결정이 내려지면, 거부하지 않았다. 몸이 약해져서 고통을 참지 못하고 쓰러질지언정 거부하지는 않았다.

이슬람-힌두를 위한 21일간의 단식 동안 무슬림 의사 두 명이 계속 그의 건강을 관리했고 기독교 목사 앤드루스가 간호를 했다. 21일간 인도의 관심은 그 무슬림의 집에 집중되었다. 무슬림들은 모한다스와 모하메드가 친구임을 지켜보았다. 힌두교도는 그들이 숭배하는 성인이 자신의 삶을 무슬림에게 맡겼음을 지켜보았다. 여기서 하나의 극적인 동포애가 나타났다.

단식 이틀째에 간디는「다양 속의 통합」이라는 한 쪽 분량의 글을 썼다. 거기서 간디는 지금 필요한 것은 하나의 종교가 아니라, 상이한 종교의 독실한 신자들을 서로 존중하고 인내하는 것이라고 썼다.

6일째에 그는 같은 주제에 대한 다른 글을 썼다. 12일째에 그는 120자를 써서 신문에 실었다. 이 글은 그의 정치적 강조점이 얼마나 많이 변해왔는가를 보여준다.

**나는 지금까지 인도 총독부를 조직하고 있는 영국인들의 마음을 바꾸기를 열망하고 싸움을 벌여왔지만 아직까지도 그들은 변하지 않고 있다. 그러나 지금 이 순간 그 싸움은 힌두교도와 무슬림의 마음을 변화시키는 쪽으로 옮겨야 한다. 자유를 누리고자 생각하기 전에, 그들은 서로를 사랑하고 서로의 종교, 심지어 편견과 미신까지도 인내하며 서로 믿을 수 있을 정도로 용감하여야 한다. 이는 인간 자신에 대한 신뢰를 요구한다. 자신에 대한 믿음은 신에 대한 믿음이다. 만일 우리가 그런 신뢰를 갖는다면 우리는 더 이상 서로를 두려워하지 않을 것이다.**

신뢰를 가지고 공포에 대항하는 것이 간디의 핵심이었다. 20일째 그는 기도하면서 지난 20일간이 "은총과 영예와 평화의 날"이었다고 말했다. 단식 마지막 날, 간디가 앤드루스에게 물었다. "내가 가장 좋아하는 기독교 찬송가를 기억하나요?" 앤드루스가 "그럼요, 지금 불러볼까요?"라고 말하자 간디는 답했다.

**"아니, 지금은 말고요. 내가 단식을 마쳤을 때 종교적 단결을 표현하는 작은 의식을 갖고자 합니다. 그때 이맘 사히브(Imam Sahib)\*가 코란 권두**

---

\*   이슬람교의 의식을 주도하는 사람.

4__시행착오

353

시를 읽었으면 합니다. 그 뒤에 당신이 찬송가를 불러주십시오. 내가 좋아하는 것을 알고 계시지요? "신비의 십자가를 보았을 때"로 시작해 "주님의 사랑 너무 놀랍고 성스러워서 나의 영혼, 나의 삶, 나의 모두를 요구하신다"로 끝나는 찬송가입니다."

이어 힌두교 노래를 부르는 순서로 짰다.

정오가 되자 간디는 속삭이는 목소리로 곁에 앉은 많은 친구에게 "동포애를 위해 필요하다면 생명을 바칠 각오를 해달라"고 말했다. 이어진 노래들을 들은 뒤 삼 주간의 단식을 마치면서 오렌지주스를 조금 마셨다.

## 단식의 의미

간디에게 단식은 동료들과 소통하는 수단이었다. 그전에 간디는 "내가 어떤 말을 하고 어떤 글을 써도 두 사회를 융합시킬 수 없음이 분명해졌다"고 했다. 따라서 남은 것은 단식뿐이었다. 소통을 위해 서양인은 말하거나 움직인다. 반면 동양인은 명상을 하고 앉아서 고통을 겪는다. 간디는 동서양의 방식을 모두 사용했다. 말을 해서 실패하면 단식을 한 것이다.

간디는 평생 소통의 새로운 영역을 개척했다. 그는 대규모 군중집회에 참석하기도 했지만, 연설하는 대신 책상다리를 하고 앉아서 몸을 좌우로 흔들며 아무 말도 하지 않았다. 그러고는 미소 지으며 힌두교 인사법으로 두 손을 들어 합장했다. 그러면 군중은 무릎을 꿇고 울었다. 그것은 소통이었다. 그는 그들의 심금을 울린 것이다. 인터뷰에서도 간디는 단순히 발표하거나 질문에 답하는 것으로 그치지 않았다. 그의 주된 목표는 다른 사람들과 친밀한 관계를 수립하는 것이었다. 그것이 상호 이해하는 데에 말보다도 더욱 기여했기 때문이다.

단식도 사람들의 가슴과 마음에 이르는 방법의 하나였다. 간디는 "나를 사랑하는 사람들을 개조하기 위해 단식한다"고 했다. 그리고 "독재자에 대항하여 단식할 수는 없다"고 덧붙였다. 독재자는 남을 사랑할 줄 모르기 때문에 단

6부 인도에서 싸우다(1915~1928)

식과 같은 사랑의 무기는 그에게 아무런 효과가 없다.

간디가 영국 정부로부터 이득을 짜내려고 단식한 적은 없었다. 그의 단식은 언제나 그의 동포들을 향한 것이었다. 단식이란 그들과 간디 자신을 연결하는 한 가닥 동정의 현(絃) 위에서 이루어지는 것이다. 단식은 이기적일 수 없다. "나는 아버지를 사익으로부터 구제하기 위해 단식할 수 있다. 그러나 아버지의 유산을 물려받고자 단식할 수는 없다"고 그는 썼다. 사람들은 그의 단식이 사익이 아니라 공익을 위한 것임을 알았기 때문에 감동했다.

간디는 부인했지만, 그의 단식에는 종종 협박적인 요소가 있었다. 가령 자신을 따르던 아마다바드의 제분 공장주가 파업 조정안을 거부했을 때였다. 그들은 간디를 죽이지 않으려고 항복했다. 간디의 생명이 자신들 손에 달려 있었기 때문이다. 힌두교와 이슬람교 단합을 위한 단식에는 강제성이 없었다. 알라하바드의 힌두교도들이나 아그라의 무슬림들은 간디가 죽어가고 있다 해도 그런 이유로 두 종교 사이의 관계를 개선하도록 강제되지는 않았을 것이다. 만약 그들이 조금이라도 그렇게 하고 싶었다면, 그것은 오로지 간디의 희생이 그와 그들 사이에 일종의 공통 파장으로 성립될 때였을 것이다. 단식은 그가 동포들에게 다가가 그들의 가슴으로 들어가는 길로서, 그가 느낀 바를 그들이 느끼게 하고, 그가 한 것처럼 반응하게 했다.

단식을 통한 시련이 유효했다고 볼 수 있는 증거는 없다. 간디의 사랑은 힌두교와 이슬람 사이의 대리석 바위 같은 적대감을 용해하지 못했다. 그는 그 적대감이 주로 잘못된 생각과 행동으로 각자의 종교를 방어하려는 것에서 비롯된다고 생각했다. 회교 사원이 기도를 올리는 시간에 힌두교의 종교 행렬이 그 앞을 지나가는 경우가 종종 있었고, 그것이 예언자의 추종자들을 자극했다. 힌두교도가 자신들의 종교가 그렇게 하기를 요구한다고 생각한 것은 잘못이고, 이슬람교도들이 그에 대해 보복한 것도 잘못된 일이다. 마찬가지로 힌두교는 소를 숭배하지만 무슬림은 그것을 먹었다. 그러나 간디는 소를 보호함이 신이 창조한 모든 말 못하는 피조물을 보호하는 것을 상징하고, 따라서 "힌두교의 핵심 사실"이라고 생각했지만, 왜 그것이 이슬람교에 대한 엄청난 반감을 낳는지를 이해할 수 없다고 말했다.

**우리는 영국인이 먹기 위해 매일같이 소를 도살하는 것에 대해서는 아무 말도 하지 않는다. 반면 무슬림이 소를 잡으면 우리의 분노는 극에 이른 다. 그러나 소 떼의 머리가 푸주한의 칼에 잘리는 것은 힌두교도가 소를 팔기 때문이다. (…) 이 세상 어디에서도 인도에서만큼 소가 학대를 받지 않는다. (…) 이 나라 소 떼들이 반쯤 죽어가고 있음은 우리의 치욕이다.**

이슬람교 사원 앞에서 시끄러운 음악을 연주하는 것과 소 도살이 종종 힌 두-이슬람 폭동을 초래했지만, 서로 여성과 아동을 납치하거나 개종시킨 탓 에 폭동이 일어나기도 했다. 또 1938년 뭄바이에서처럼 힌두교도 세 명과 무 슬림 한 명이 공원에서 카드놀이를 하고 술을 마시다가 사소한 말다툼을 벌인 일이 시가전으로 발전해 14명이 죽고 98명이 부상당하며 2,488명이 구속되는 경우도 있었다.

그런 잔인한 폭발은 간디가 거의 언급하지 않고 대체로 무시한 사회·경제 적 상황에서 비롯되었다. 인도의 칠십만 개 마을에서는 힌두교도와 무슬림이 평화롭게 함께 살아갔다. 특히 군에서는 힌두교도·무슬림·시크교도·기독교 인이 아무런 마찰 없이 함께 먹고 자고, 훈련받고 전투했다. 힌두-이슬람 긴 장은 도시 지역에서 생긴 20세기 질병이고 권력에 광분하는 몇몇 정치인들을 침식한 인공의 중산층 질병이었다.

## 무슬림

이슬람교의 가르침에 따라 인도에 있는 무슬림들은 재산을 토지에 투자했다. 산업과 무역은 힌두교도나 파르시교도의 몫이 되었는데, 그들은 종교가 같은 사람들을 우선적으로 고용했다. 그 결과 무슬림들의 중산계급 형성이 늦어졌 고, 20세기 초엽 등장했을 때는 그들보다 더 좋은 교육과 인간관계의 혜택을 받아온 힌두교도나 파르시교도와 경쟁하기 어렵게 되었다. 젊은 무슬림들도 마찬가지로 공직을 얻기 위해 어려운 경쟁에 직면해야 했다. 인도의 경제적 후진성을 고려할 때, 공직은 최상은 아니라고 해도 중요한 직장이었다. 따라서 이슬람교 청년들은 공직의 일정 비율이 자격과 무관하게 그들에게 부여되어야 한다고 주장했다. 이슬람교 지도자들은 이러한 요구를 강조했고, 영국은 정책적 필요와 공정성에 근거하여 이를 받아들였다.

인도 인구의 4분의 1을 차지하는 무슬림과 4분의 3을 차지하는 힌두교도는 가까운 사촌이다. 인도의 무슬림들은 대부분 8세기부터 침략해 온 아랍인, 아프칸인, 페르시아인들에 의해 힌두교에서 개종한 사람들이었다. 진나는 힌두교에서 개종한 사람이 무슬림의 75퍼센트라고 했지만, 판디트 네루는 95퍼센트에 달한다고 했다. 인도의 여러 지역에서 무슬림들은 힌두 사원에서 예배를 보았다. 많은 지역에서 무슬림과 힌두교도는 용모, 옷, 언어, 관습으로 구별할 수 없다. 심지어 무슬림은 힌두교도처럼 카스트도 가지고 있다. 힌두어와 우르두어는 각각 힌두교와 이슬람교의 대표적 언어로서 문자가 서로 다르다. 전자는 산스크리트어 단어를 더 많이 가진 반면 후자는 페르시아 단어를 더 많이 가지고 있지만, 유사한 점이 많다. 게다가 인도 대부분의 지역에서는 무슬림과 힌두교도들이 우르두어도 힌두어도 모르고, 벵골 지방의 벵골어와 같은 공통어를 사용한다. 진나도 간디처럼 카티아와르에서 힌두교도 후손으로 태어나 아버지 집에서는 구자라트어를 사용했다.

그러나 인종적·언어적인 관련성은 종교가 다르다는 이유로 파괴되었다. 또 인도에서 유용한 경제적 기회는 제한되어 있었고, 이를 둘러싼 새로운 경쟁은 사정을 더욱더 악화시켰다. 나아가 힌두교도들은 분리주의적 고립주의로 흘렀고, 무슬림에 대해 속물적 우월감이라 하는 전통적 태도를 가지고 있었다. 가령 무슬림과의 결혼이나 식사를 거부하는 것이었다. 정통 힌두교도가 무슬림의 집을 방문한다고 해도 물을 마신다거나 식사를 하는 경우는 없었다. 이슬람교 정치인들은 그런 데서 오는 대중의 분개를 이용하여 추종자들에게 인도 독립은 다수파인 힌두교도에 의한 억압을 뜻하고, 정부나 기업에서 자리를 구할 수도 없게 되며, 강제적으로 힌두교도로 되돌아감을 뜻한다고 말했다.

1917년 진나는 그러한 위협이 사실이 아니라고 했다. "두려워하지 마라. 이는 도깨비 같은 이야기로, 독립에 필수적인 협조와 단결로부터 우리를 겁주려고 하는 수작에 불과하다." 그러나 그 도깨비는 실물처럼 부각되어 결국에는 진나 자신도 상투적 목적을 위해 그것을 이용하게 되었다.

인도에서 불안을 느낀 영국인들이 힌두교도와 무슬림 사이의 갈등을 이용한 것은 당연한 일이었다. 그러나 영국이 인도를 분열시켜 통치한 것은 아니었다. 인도인 스스로 분열한 것이고, 영국은 더 쉽게 통치하기 위해 분열을 더욱 조장했을 뿐이다.

간디는 힌두-이슬람 단합을 위해 단식했으나 실패하여 좌절했다. 그리고 자치 정부 수립과 민족의 자유 쟁취는 그가 생각한 것 이상으로 요원하겠다고 생각했다. 1924년 후반부터 세계는 전후의 '정상'으로 안정되었다. 독일 경제를 구하기 위한 도즈(Dawes) 계획이 수립되었다. 유럽 열강들은 소비에트 러시아를 승인했다. 장개석 장군이 모스크바와 동맹을 맺은 남부 중국을 제외하면 볼셰비즘은 후퇴하고 있었다. 쿨리지(Coolidge) 대통령과 현실만족주의가 미국을 지배했다. 대영제국도 1919년부터 1923년까지 발생한 아일랜드 독립당(Sinn Fein)과 근동의 폭동으로 인해 위기에 몰렸다가 이제 조용해진 국제 사회의 흐름 속에서 안정을 되찾았다. 인도에서는 암리차르 대학살 이후의 열정이 소진되었다. 회의와 절망, 간디의 비폭력주의에 의해 호전적 민족주의의 열성이 흐려졌다. 이제는 영국에 대해 공공연한 반란을 도모할 시점이 아니었다. 간디는 자유를 위한 국민 재교육이라는 느린 과정에 몰두했다.

## 진나

영화〈간디〉에서도 볼 수 있듯이 진나는 키가 180센티미터로 커서, 162센티미터의 간디와는 대조적이었다. 몸무게는 서로 비슷하지만, 뒤로 곱게 넘긴 숱 많고 긴 은회색 머리칼, 깨끗이 면도된 홀쭉한 얼굴, 긴 매부리코, 움푹 들어간 관자놀이와 양 볼, 광대뼈가 튀어나온 얼굴은 간디의 부드러운 얼굴과 대조적이었다. 그는 말을 하지 않을 때면 아래턱을 안으로 당기고 입술을 굳게 다물며 이맛살을 잔뜩 찌푸려서 가까이하기 힘든 표정이 되었다. 소리 내어 웃는 일도 거의 없었다.

그는 서구화된 국제 신사로 영어를 훨씬 유창하게 구사하는 유능한 변호사였다. 거의 유럽식 복장을 했다는 점도 간디와 달랐다. 공식 석상이나 사적인 자리에서 무슬림 복장을 하기도 했으나 역시 간디와는 달랐다. 무릎까지 오는 밀짚 빛깔 가운을 걸치고 앙상한 다리에 꽉 끼는 인도식 흰 바지를 받쳐 입었다. 그리고 검은 에나멜 가죽 구두를 신고, 검은 테 외알 안경을 썼다.

간디와의 더 큰 차이점은 진나는 호화스럽게 살았다는 점이다. 하루는 무슬림 동료가 그에게 간디처럼 삼등실 열차를 타고 다니면 정치적으로 유익할 것이라고 했다. 그러자 진나는 내가 쓰는 돈은 당신 돈이 아니며, 자신은 하고 싶은 대로 살 것이라고 말했다. 마키아벨리즘에 통달한 정치적 기술자로서 비도덕적이라는 점도 간디와 달랐다. 적대적인 침묵, 배타성, 오만함, 좁은 시야라는 말로 그를 표현할 수 있을 것이다. 진나는 의심증이 극도로 심해 평생 여러 차례 부당한 대우를 받았다고 생각했다. 그의 욕구불만은 거의 정신병에 가까웠다.

진나는 독실한 무슬림이 아니어서 술을 마시고 돼지고기를 먹으며 모스크에도 거의 가지 않아 이슬람교의 계율을 어겼다. 우르두어를 잘 못했고 아랍어는 전혀 몰랐다는 점도 간디와 달랐다. 그는 사십 대에 종교 공동체를 떠나 18세의 파르시교도 여인과 결혼했다. 비종교적인 진나가 두 개의 종교 국가를 원한 반면, 종교적인 간디는 하나의 통일된 세속 국가를 원했다는 점도 서로 달랐다.

진나는 모피와 아라비아고무를 거래하는 부유한 상인의 장남으로 코자(Khoja) 무슬림이었다. 코자인은 힌두교에서 이슬람교로 개종한 사람들이다. 그래서 대부분 힌두식 대가족 제도를 유지하고 힌두식 이름을 사용했다. '진나'도 힌두식 이름이었다. 18세기와 19세기에 코자인들은 힌두교로 되돌아가고자 했지만 계속 거부당했다. 아마도 이것이 진나의 무의식에 힌두교에 대한 증오심을 낳았을 것이다.

**진나와 간디.**

진나도 간디처럼 구자라트 출신이었다. 그의 아버지는 진나가 태어나기 전에 카티아와르에서 신드로 이주했다. 그는 간디보다 여섯 살 어렸지만 그와 비슷한 길을 걸었다. 고향에서 학교를 다니다가 1892년 16세 때 법을 공부하러 영국에 간 것도 같았다. 그때 나오로지가 인도인으로서는 처음으로 영국 의회 의원이 된 것을 목격하고 14년 뒤 그의 비서가 되었다. 그는 변호사 자격을 얻고 뭄바이로 돌아와 정치에 투신했다. 1896년에 국민회의에 가입한 뒤 메타의 비서, 고칼레의 동료로 활동하면서 국민회의의 스타로 군림했다. 최초 목표는 힌두교도와 무슬림의 연합이었다.

그러나 간디가 지도한 국민회의가 비협조운동으로 나아가자 입헌주의자이자 의회주의자였던 진나는 주저했다. 카디를 입거나 법정과 의회, 학교와 영업을 보이콧하거나 스스로 감옥에 가는 간디식 운동은 그에게 맞지 않았다. 그래서 1920년 나그푸르 국민회의 전당대회에서 그는 비협조 프로그램에 홀로 반대했다. 그 뒤 힌두교도와 무슬림 사이에 균열이 일어나자 그는 1931년부터 1934년까지 영국에 살면서 변호사로 성공했다.

그가 다시 인도로 돌아온 것은, 자기가 경멸하고 미워하는 네루가 사석에서

'진나는 끝났다'고 경망스럽게 말했다는 소식을 들었기 때문이다. 화가 난 진나는 '네루에게 보여주고자' 즉각 짐을 꾸렸다. 그대로 배를 타고 삼 년 만에 인도로 돌아와 1934년에 무슬림연맹(Muslim League)을 다시 만들었다.

당시 인도의 중상류층 무슬림들은 힌두교의 지배를 두려워하고 있었다. 1920년대와 1930년대 간디의 노력으로 멀지 않은 장래에 독립이 불가피하게 되자, 그들은 그것을 좌절시키기 위해 조직했다. 그들은 독립 인도가 힌두교도의 인도가 된다고 믿었기 때문이었다. 만일 종교적 감정이 정치를 형성한다면, 약 일억 명의 무슬림은 삼억 명에 이르는 비무슬림(힌두교도, 시크교도, 파르시교도, 기독교도 등) 사이에서 언제나 소수파일 수밖에 없는 것이 사실이었다. 진나가 보기에도 간디는 1937년 선거 이후 국민회의를 힌두교 집단으로 바꾸어 버렸다. 사실 간디는 힌두교를 과도하게 강조했다.

## 비콤 달릿 사티아그라하

1920년대에는 이슬람과 통합하려는 노력과 함께 달릿, 즉 불가촉천민을 위한 사티아그라하도 계속되었다. 그 대표적인 사례가 1924년 봄부터 1925년 가을까지 16개월 동안 진행된 비콤 사원로 사티아그라하였다. 직접적인 목적은 불가촉천민이 사원 입구의 통로를 사용하는 것을 금지한 규제를 철폐하기 위함이었지만, 장기적으로 불가촉천민 제도 자체를 점진적으로 폐지하라는 것이었다.

운동 초기에 사티아그라하 아슈람이 세워지고 물레 돌리기와 학교 설립 등으로 자급자족도 충분히 이루어졌으며 협상을 위한 예비적 행동도 있었다. 그 행동은 다음과 같았다. 1단계, 금지된 도로를 따라 불가촉천민과 힌두교도가 함께 행진하고 체포에 순순히 응한다. 2단계, 경찰 바리케이드와 대치한다. 3단계, 주 정부와 반대자들을 설득한다. 그 결과 비콤 지역의 도로와 지역뿐 아니라 전국의 도로와 지역이 모든 통행자에게 개방되었다. 불가촉천민의 지위가 향상되었으며, 그 후의 불가촉천민 해방 투쟁에 중요한 전환점이 되었다.

비콤 달릿 사티아그라하는 그 전형을 보여준다. 특히 자기 고통(self-suffer-ing)의 전형이다. 참여자들은 정통 힌두교도의 지속적인 공격에 시달렸고, 우기에는 허리까지 차는 물속에 서 있는 육체적 고통을 당해야 했다. 그런 태도로 그들은 공동체를 설득했다. 이를 간디는 《영 인디아》에서 다음과 같이 평가했다.

**사티아그라하는 회심의 과정이다. 나는 개혁자들이 그들의 입장을 공동체에 강요해서는 안 된다고 확신한다. 그들은 공동체의 심금을 울리도록 노력해야 한다. 금전적인 도움 외의 사랑의 과정**(만일 내가 사티아그라하의 방법을 이렇게 서술할 수 있다면)**으로 관여해야 한다.** (YI, 1924. 3. 1.)

# 5 _____ 물레

## 물레

1924년 9월 단식 후 1929년까지 간디의 정치적 위상은 현저히 낮아졌다. 그래서 그 기간을 침체기라고도 한다. 간디는 비록 정계를 떠났지만 자신의 계획을 실천에 옮기는 일을 멈추지 않았다. 다시 삼등 열차로 인도 전역을 여행하면서 카디, 힌두와 이슬람의 단결, 불가촉천민 제도 반대 등에 대한 자신의 신조를 전파했다. 특히 물레(차르카)로 수직 목면(카디)을 생산하는 것과 불가촉천민 문제를 강력하게 호소했다. 그것은 인도 인구의 구십 퍼센트가 사는 전국 오십만 농촌의 재구축을 목표로 삼은 '건설적 계획'으로 불렸다. 그는 무엇보다도 마을 공업의 육성, 특히 방적업의 육성을 바랐다. "정치 세계에서 물레 돌리기보다 더 중요한 것은 없다"고 했다(피셔, 124쪽 재인용).

간디는 1908년에 쓴 『인도의 자치』에서 물레로 인도의 면을 부흥시켜야 한다고 주장했다(자치, 106쪽). 그러나 실천에 옮기기는 쉽지 않았다. 1915년에 남아프리카에서 인도로 돌아왔을 때에도 물레를 실제로 보지 못했다. 그 뒤 백방으로 찾은 결과 원래의 물레를 찾고 그것으로 카디를 짜게 되었다. 간디는 그 힘든 과정을 기록했다. 그가 고안한 카디는 순식간에 전국에 유행하여 비협력운동 집회에 모인 사람들은 모두 흰옷을 입었다. 흰색 모자는 '간디 모자'로 불리며 단결의 상징이 되었다. 그러나 물레와 물레로 짠 옷을 비웃는 사람들도 많았다. 그들에 대해 간디는 다음과 같이 답했다.

**백오십 년 전 우리는 옷을 모두 직접 만들었다. 여성들은 오두막에서 방사(紡絲) 작업을 해 남편의 수입에 보탰다. (…) 인도에서는 1인당 천이 약 십이 미터 필요하다. 그러나 생산량은 그 반도 안 된다. 인도에서는 필요한 양만큼 목화를 재배한다. 인도에 필요한 모든 옷감과 실을 물레와 수**

직(手織) 작업으로 충분히 공급할 수 있는데도, 우리는 매년 수백만 짐이나 되는 목화를 일본과 랭카스터에 수출하고 그것을 제품화한 옷감으로 다시 수입하고 있다. (…) 물레질을 전국에 권하는 또 하나의 이유는 1년에 최소한 4개월을 아무 일도 하지 않는 수백만 명에게 일거리를 줄 수 있기 때문이다. (피셔, 127쪽 재인용.)

간디는 국민회의의 깃발 중앙에 그것을 그려 넣게 했는데 뒤에 그것은 독립 인도의 국기가 되었다. 또한 정치의식이 강한 도시인들을 교육하는 데도 기여했다. 즉 간디는 도시인들로 하여금 가난하고 무식한 농부들을 의식하게 했다. 그것은 지도층과 대중 사이의 일체감을 구축하려는 시도였다. 간디는 인도에서는 금은보석과 코끼리를 가진 호화판 궁정 생활, 현대적으로 말하자면 산업계 거부들의 영광 같은 것이, 전국의 오두막에 깔려 있는 동물 이하의 빈곤을 은폐한다는 점을 알았기 때문이다.

밑바닥에서 위를 향해 일하려고 노력한다고 선언한 그는 지식인들에게 그의 무명베(카디) 정책을 지지하지 않으면 교육받은 인도 지식층은 그들을 대중과 연결시켜주는, 유일하게 가시적이고 실제적인 유대마저 스스로 단절하는 결과를 초래할 것이라고 했다. 따라서 물레질은 또 하나의 대화 통로이자 사랑의 노동이었다.

물레질 운동을 조직하고 재정적 지원을 확보하기 위해 간디는 전국을 몇 번이나 여행했다. 그는 언제나 삼등칸을 이용했다. 총독과 지방 총독, 지방 왕족들이 자기처럼 여행한다면 삼등 객차의 위생 조건이 개선되리라고 주장했다. 가는 곳마다 기부가 이어졌다. 한평생 그는 불굴의 모금 운동가였다. 그 기금은 농부를 위해 물레를 사고, 시골 무명베를 팔기 위한 상점을 열며, 물레질과 베 짜기를 가르치는 교사를 양성하는 데 사용되었다.

간디는 1925년 9월에 전인도방적직협회를 만들었다. 이듬해까지 협회에는 사만 명 이상의 방직공, 3천 4백 명의 직공이 등록했고, 구십 만 루피가 분배되었다. 당시 농촌에는 한 달 평균 3루피 이하의 수입밖에 없는 빈곤층이 전체의

**물레질하는 간디.**

십 퍼센트를 차지했다. 물레는 농촌 발전의 핵이 되었을 뿐만 아니라 그 주변
에서는 말라리아 박멸 운동·위생 설비 개량·분쟁 해결·소 보호와 사육 등 농
촌 부흥에 요구되는 여러 가지 활동이 제안되었다.

## 간디 과학

물레 경제학은 농촌 경제의 과학이 되었다. 당연히 현대 산업주의나 물질주
의에 대한 강한 비판이 있었지만, 간디는 물레를 가르치려고 노력하는 가운
데 그것을 이상화하고 신앙의 차원까지 고양시켰다. 나아가 물레를 외국에 의
한 지배를 부정하는 국민의 결합과 자유의 상징으로 삼았다. 바나라스에서는
방적직이 무슬림 중심이어서 종교 간 융화의 상징이 되기도 했다. 시골의 산
업 진흥에서 상인 카스트인 바니아 출신의 간디가 보여준 사업 수완은 찬양되
었다. 간디는 카디 운동을 통하여 '물레 과학' 뒤에 '목면 과학'이라는 말을 만

들었다. 간디에게 물레와 목면은 현대 과학에 대항하는 민중 과학의 상징이었다. 시골 노동자가 당당히 '면사 과학자' '소 사육 과학자'라 불렸다. 현대 과학자도 그런 지혜를 갖출 필요가 있었다. 그런 재야 과학은 1930년대에 목면 과학으로 집약되었다. 또 진리를 추구하는 '사티아그라하 과학' 같은 것도 구상하여 현대 과학과 상보적인 존재로 보았다.

사바르마티 아슈람은 그런 과학의 중심이 되었다. 간디는 흔히 기계 혐오자로 알려져 있으나 실제는 기계와 도구류를 개량하는 데 힘썼다. 아슈람은 그 실험장으로 사용되었고, 상금을 내걸기도 했다. 1921년 오천 루피로 시작된 상금은 1929년에 십만 루피까지 올라 전 세계의 발명가들이 주목하게 되었다. 좋은 방추(스핀들)를 만드는 기계 개발도 장려했다.

## 마을

물레는 인도 독립의 상징이 되었고, 간디가 실을 잣는 모습은 신성시되었다. 2017년 초엽, 당시 인도 수상 모디가 카기촌락산업위원회(KVIC)의 달력에 간디와 같은 자세로 사진을 찍어 실은 적이 있다. 그 일로 그는 국민회의를 비롯한 간디 지지자들로부터 엄청난 반발을 샀다. 그러나 간디가 당시 실제 농촌의 모습을 제대로 보았는지는 의문이다. 간디가 자본주의 이전의 농촌을 미화하고, 그의 이데올로기 또한 농민의 이데올로기를 그대로 반영한 것이 아니라 엘리트 민족주의자로서 상상한 것에 불과하다는 지적이 있다.*

간디의 마을 이미지는 영국의 법학자 헨리 메인에게서 나왔다. 메인은『동서의 촌락공동체』에서 "인도가 촌락공화국의 집합체라고 말했다. 마을은 촌락에 종속되었다. 그것은 시골의 잉여생산물과 아름다운 제품의 집산지로서 독립 후 인도의 모델로 그려진 그림의 골격에 불과하다. 고대 촌락에는 많은 결점이 있었다"고 했다(전집91, 372쪽).

---

* Partha Chatterjee, *Nationalist Thought and the Colonial World*, Zed Books, 1986, p. 100.

그 결점이란 카스트제도와 고대국가의 전제정치 등으로, 그런 제도는 독립 인도에서는 있을 수 없다고 했다. 즉 간디가 이상으로 삼은 농촌은 자율적이고 평등한 작은 공화국이었다. 개인의 자유에 근거한 완전한 민주주의는 몽상에 불과하다고 비난받았어도, 간디는 그것이 비폭력 사회가 취할 수 있는 유일한 모습이라고 믿었다.

인도의 마을은 인구 과잉으로 인해 거의 모든 기계가 불필요했다. 마을은 선사시대부터 외적의 침입이 있을 때 인도를 방어하는 중요한 역할을 담당했다. 26회에 걸친 침입이 모두 서방에 의한 것이었기에 인도는 서방을 두려워하면서 거부하고 비난했다. 간디는 결코 고립주의를 택하지 않았고, "모든 나라의 문화가 내 집 주변을 가능한 한 자유롭게 날아다니기를" 원했다. 그러나 무장 비무장 여부를 막론하고, 유사시에는 농촌이 핵심 보루이자 최후의 요새가 되었다.

외국인은 연방과 지역의 수도, 도시를 정복하고 지배할 수 있지만, 마을을 지배할 수는 없었다. 마을들은 개별적으로 보았을 때 중요하지 않고, 모두 멀리 떨어져 있지만, 각각 내부적 요새를 가지고 있었다. 그것은 집약적이고 대중적이면서도 내면적인 조직이었다. 간디는 이를 그대로 보존하고 싶었다. 그는 자주 판차야트라고 하는 5인 원로위원회에 대해 말했다. 그것은 고대로부터 각 마을을 자치적으로 지배했다.

간디는 또 마을의 경제적 독립성을 옹호했다. 1942년 7월 26일 자《하리잔》에 그는 이상적인 마을에 대해 썼다.

**필수품에 관한 한 이웃 마을에 의존하지 않지만, 여타 수요 공급의 경우 서로 의존하는 하나의 완전한 공화국이다.** (H, 1942. 7. 26.)

그것은 식량을 자급자족하며 아편을 제외한 "유용한 농작물"을 재배하여 판매하고, 학교·극장·청결한 급수 시설·공회당이 있으며 집집마다 전기를 갖춘 마을이었다. 이는 가난한 사람들에게 이익이 되는 서구의 기술은 받아들였다는 분명한 증거다.

자치하고 자급자족하는 마을은 부근의 자기 충족적인 마을과 주로 거래하고, 복잡한 기계 수입은 최소화하는 것이 아시아 민주주의에 대한 간디의 처방전이었다. 이러한 지역적 단위가 저변의 상호 협력에 의해 수립되는 정도에 따라, 위에서나 멀리서 오는 독재의 여지는 더욱 작아진다는 것이었다. 간디는 무덥고 추악하며 공장 지대에 밀집하여 빈민가를 이룬 도시보다 시골을 좋아했다.

간디가 산업화 이전 사회로의 회귀를 주장했다는 가정이 반복되었지만 근거 없는 것이다. 그는 서양 기술의 도움을 받아 진보하기를 바랐지만, 그 진보가 정신적 존재인 인간을 희생시키지 않는 것이기를 바랐다. 유럽의 산업주의가 초래한 갖가지 죄악, 특히 동방 착취로 인해 더욱 추악하게 된 그것은 인도는 물론 아시아의 어디에서도 보기 좋은 것이 아니었다.

그러나 간디가 이상적 농촌으로 만든 아슈람은 실패했다. 사바르마티는 1925년부터 쇠퇴하고 자금을 가지고 도망가는 사건도 벌어져 결국 1934년에 문을 닫았다. 그 끝 무렵인 1931년에는 미국인 신지주의자 니라 클람 쿡이 그곳에서 분방하게 지냈다. 간디는 그 뒤 1934년에 인도 중부의 세가온에 아슈람을 열었으나 1940년에 문을 닫았다.

## 기계

더욱 고차의 철학적 차원에서 간디는 문명의 위험과 공포를 그 누구보다 앞서 인식했다. 기계는 인간을 해방한다는 본래의 기능을 수행하기는커녕 인간을 노예로 만들지도 모른다. 1931년 런던에서 찰리 채플린이 간디에게 만나기를 청했다. 그 전까지 영화를 본 적이 없었던 간디가 그의 이름을 알 리 없었다. 그래서 그는 배우에 대해서는 흥미가 없다고 답했다. 그러나 그 배우가 런던의 빈민가 람베스(Lambeth) 출신임을 알고는 약속을 잡았다. 서양인 방문자가 기계에 대한 간디의 태도를 오해하는 일은 흔했다. 그들의 대화 또한 그렇게 시작되었다. 그러나 이후 간디의 대답은 채플린에게 너무나 강렬한 인상을

**채플린과 간디. 그들은 런던에서 만남을 가졌다.**

주었고, 그는 인간과 기계 사이에 매일같이 일어나는 경쟁에 대한 영화 〈모던 타임스*Modern Times*〉를 제작하기에 이르렀다.

기계의 움직임이 빠를수록 인간의 삶도 빨라지고 기계에 대한 긴장도 커진다. 문화, 여가, 생활이 기계에 얽매이게 되면 인간의 내면은 빈곤해진다. 개인은 하나의 우상을 만들고 그것을 맹목적으로 숭배하는 야만인의 지위로 타락한다. 간디에게 기계화나 다른 형태의 진보는 그 자체가 목적이 아니었다. 그는 물질적 진보를, 그것이 인간에게 미치는 도덕적·정신적 영향에 따라 판단했다. 개인이야말로 그에게 가장 중요한 관심사였다. 그는 개인을 그가 가진 것이 아니라 그 존재, 즉 재산이 아니라 인격, 외면의 부가 아니라 내면의 부로 판단했다. 그는 재산이 아니라 인격을 기준으로 한 개인주의자였다. 공업화가 인간을 부유하게 만들었다고 말할 수는 있을 것이다. 그러나 그것이 인간을 인간답게 만들었는가? 당시에는 그렇지 않았다고 해도 오늘날 우리에게 20세기의 가장 위대한 인간이자 가장 열렬한 개인주의 옹호자로 여겨지는 간디는, 속된 물질주의가 개인의 존엄성 고취에 기여하는 데 회의했다. 그는 번영한 인도를 꿈꾸었지만, 인도인이 인간을 규격화하여 난쟁이로 만드는 기계의 먹이가 되지 않기를 바랐다. 세계를 관찰한 그는 공업화와 물질주의를 인간의 성장을 위협하는 것으로 동일시하고, 그것들을 모두 멀리했다.

## 공산주의

개인을 믿고 방어하려는 태도는 당연히 그를 공산주의에 반대하게 했다. 그는 공산주의를 다른 비공산주의 국가들을 침식하고 있는 과정의 최종 산물이라고 보았다. 따라서 그 태도는 그를 소비에트 체제의 반대자이자 서양 문명에 대한 비판자로 만들었다. 그 두 가지 사이에는 종류의 차이가 아니라 정도의 차이가 있다고 보았다.

> **볼셰비즘은 현대 물질주의 문명의 필연적 결과다. 물질에 대한 현대의 맹목적 추구가, 물질주의적 진보를 삶의 목표로 삼도록 길러진 유파를 낳았다. 그들은 삶의 참된 의의와는 단절된 자들이다. (…) 나는 예언한다. 물질에 대한 정신의 최종적 우위, 폭력에 대한 자유와 사랑의 최종적 우위라고 하는 법칙에 불복하면, 몇 년 내에 한때 그토록 성스러웠던 이 나라에 볼셰비즘이 판치게 될 것이다.**

이 말은 인도에 관련된 것이지만, 어느 나라에나 해당되는 것이다. 아마도 서양은 그 자체 안에 같은 질병의 균이 있음을 알기 때문에 볼셰비즘이나 스탈린주의, 소비에트주의에 매우 놀라고 있다.

간디는 스탈린주의에 대한 대응책과 해독제를 가지고 있었다. 즉 소유에 대해 원리를 앞세우기 때문에 자유에 대한 침해에 저항할 수 있는 위대하고 용감하며 물질보다 정신을 중시하는 개인이었다. 이런 처방은 공산주의를 격퇴시키고 민주주의를 치유할 수 있다.

모든 연설·저술·단식·정치 행위, 남아프리카에서 스뮈츠 장군에 대하여,

인도에서 영국인 및 동포들에 대하여 벌인 모든 투쟁에 있어서, 간디는 지구 위의 모든 사람이 직면한 하나의 이슈에 부딪혔다. 그것은 '현대의 개인이 어떻게 내면적 평화와 외면적 안전을 유지할 수 있는가' '강력한 정부 권력, 막강한 경제 조직들이 휘두르는 압력, 잔인한 다수파와 호전적인 소수파 속에 공존하는 악의 힘, 지금 원자로부터 나오는 힘이 자신을 정면 공격하고 있는 상황에서 어떻게 양심과 자유와 자신을 지킬 수 있는가'라는 문제였다.

대부분은 이러한 힘들의 결합체를 두려워하여 그것들과 싸울 수 없음을 인정하고 항복한다. 모든 나라에서 그 결과는 인간의 위축이다. 이는 전체주의에 문을 열어주고 민주주의를 위협한다. 권력의 침해에 대항하여 자신을 방어할 각오와 능력을 가진 개인이 없는 곳에서 자유는 말살되기 때문이다.

레닌과 스탈린은 권력에만 집중했다. 그들은 개인은 믿을 수 없는 존재이기 때문에 언제나 감시하고 억압해야 한다고 생각했다. 그래서 지도자의 원칙 위에 혁명 운동과 국가를 건설했다. 즉 '엘리트' 정당을 조직하여 1인의 지배하에 두고, 순종적인 '대중'을 이끈다는 이론이었다. 그리하여 비인간적인 독재가 등장했다. 반면 간디의 주된 관심사는 개인이었다. 영국만이 아니라 어떤 국가에 대해서도 자신의 존재와 의지를 확인해줄 수 있도록 주장하는 개인을 훈련하는 일이었다. "간디는 우리의 등을 바로잡아주고 척추를 튼튼하게 만들어주었다"고 네루는 말했다. 권력은 등이 꼿꼿한 사람을 침해할 수는 없다.

관료적·경제적·과학적 힘이 팽창하면 개인의 정신력 역시 적어도 그만큼은 커져야 한다. 그러지 않으면 로봇과 같은 노예로 억압당하고 만다. 현대 문명의 미래는 인간과 권력 사이의 경쟁 결과에 의존한다.

## 영양 연구

간디는 인생의 대부분을 영양 연구에 바쳤다. 그는 인체에 유익한 비타민과 체구를 키우는 음식을 조사했다. 개인의 성장을 위한 그의 메뉴는 두려워하지 않는 것이었다. 비폭력의 예언자였음에도 불구하고 그는 "비겁과 폭력 사이에서 선택해야 한다면 폭력을 선택하겠다"고 선언했다. 비겁은 인간의 자존심을 해치고, 따라서 존엄성도 해치기 때문이다. 간디는 두려워하지 않았다. 바로 그 자질로 인해 그는 이십 대와 삼십 대 초반까지는 평범한 인간이었으나 태산과 같은 위인이 되었다.

그는 정부, 감옥, 죽음을 두려워하지 않았다. 죽음은 신과 결합하는 일이었다. 그는 질병도 정복할 수 있었기에 두려워하지 않았다. 굶주림, 인기 없음, 비판, 배척도 마찬가지로 두려워하지 않았다.

간디 개인주의의 기본은 용기였다. 비폭력은 폭력보다 더 많은 용기를 필요로 한다고 그는 말했다. 비겁한 사람은 기마병의 발굽이 질주해 오는 곳에 앉아 있을 수 없다. 굴러오는 바퀴 앞에 누워 있을 수도, 방망이를 휘두르며 좌우로 협공해 오는 기동경찰대 앞에 동요 없이 서 있을 수도 없다. 비폭력은 용기 있는 자들의 적극적인 저항이다. 간디의 전술은 양순한 힌두교도가 가졌던 전통적인 유순함을 영웅주의로 바꾸었다. 그 방법은 평범한 인간에 대한 믿음에서 비롯되었다. 그는 가장 비천한 인간과 자신을 동일시했다.

**나의 삶을 규제한 이상은 인류 전체를 포용적으로 받아들이는 것이다. (…) 어떤 사람이라도 내가 했던 것과 같이 노력하고, 내가 품었던 희망과 믿음을 품는다면 누구나 내가 이룬 바를 성취하리라고 믿어 의심치 않는다. 나는 완전한 선을 추구하기 위해 싸우는 보잘것없는 영혼에 불과하다. (…) 나는 내 앞에 여전히 걸어가야 할 어려운 길이 있음을 알고 있다.**

그는 자신이나 타인의 인간적 약점을 알았고, 누구에게도 완전함을 기대하지 않았지만, 각자가 스스로 교정하고 무한히 성장할 수 있는 능력을 가지고 있다고 믿었다. 그는 인간의 약점에 집중하기를 거부하면서 약점을 장점으로 바꾸어 보곤 했다. 즉 결점을 있는 그대로 보지 않고 상대방이 스스로 되기를 원했던 장점인 것처럼 간주하며, 마치 상대방에게 좋은 점밖에 없는 것처럼 대해주기도 했다. 그러한 창조적 낙관주의는 동료들의 인품을 조금씩 키워나갔다. 잠시 방문하는 객들도 그 잠재적 혜택을 느꼈다.

6부 인도에서 싸우다(1915~1928)

간디는 지속적인 인간 개혁가였지만, 그럼에도 사람을 있는 그대로 받아주었다. 사랑이 그를 관대하게 했다. 그는 스스로 엄격한 생활 규범을 두었지만, 남에게는 부드러운 규범을 설정했다. 그는 신이나 비폭력, 순수성은 물론, 심지어 간디조차 믿지 않는 수많은 남녀를 그의 아슈람에 초대하여 행복한 조화를 이루며 지냈다. 사실상 그는 반항이나 부적응을 개인의 발전에 도움이 되는 것으로서 권장했다. 그에 대한 불충을 불쾌해하지 않았지만, 원칙에 대한 불충은 기분 나쁘게 생각했다.

원칙에 불충하는 것은 모든 사회 체제에 보편적인 현상이다. 원칙에 충실하려면 비용이 들기 때문이다. 독재 정권하에서 그 대가는 죽음일 수 있다. 민주주의하에서 그 대가는 불안과 역경이다. 간디는 어떤 대가라도 지불할 준비가 되어 있었다. 물질적으로 궁핍할수록 더 많이 지불할 수 있었고, 정신적으로 더욱 부유할 수 있었다. 정신이야말로 그가 참으로 소중하게 여긴 것이었다.

그는 똑같은 태도를 다른 사람들에게도 길러주었다. 그는 동료들에게 믿음을 위해 간디와의 관계와 친분을 희생하라고 말했다. 그는 운동을 지도하고 그 성공을 위해 투쟁했을 뿐 아니라, 인간 개조를 통해 새로운 민족을 형성했다. 민족의 아버지가 되기보다는 위대한 자식을 기르고 싶었다. 국민회의나 그가 경영하는 아슈람 내에서 반대에 부딪히면, 그는 쉽게 이길 수 있을 때에도 양보하는 경우가 종종 있었다. 그는 반대 의견을 존중했다. 그것은 그의 인격의 상징이기도 했다.

## 『바가바드 기타』 강의

간디는 1919년 5월 8일 자 사티아그라하 리플렛에 「바가바드 기타 가르침의 참된 의미」라는 글을 기고하여, 『바가바드 기타』는 역사서가 아니라 종교서이며 사랑의 책이라고 했다. 그 후 1925년까지 『바가바드 기타』를 집중적으로 연구하여 1926년 2월 24일부터 11월 27일까지 강의한 내용을 책으로 냈다. 어린이를 비롯하여 다양한 계층이 강의에 참석했음을 그 책을 통해 알 수 있다. 학문적 차원의 강의가 아니라 일반인을 위한 강연이어서 반드시 체계적이거나 논리적이지 않고, 타인의 해석에 대해서는 거의 언급하지 않는다. 이를 1926년에 비서 데사이가 『기타 강의』로 정리하고(출판은 1955년), 나아가 1927년에 쓰기 시작한 주석서 『아나샤크티 요가』를 1930년에 출판했다(구자라트판, 영어판은 1931년 출판).

『바가바드 기타』*의 줄거리는 다음과 같다. 전쟁에 나선 주인공 아르주나는 적군에 친척이 있음을 알고 번민한다. 그러나 신인 크리슈나가 "싸우라"고 명령하자 이에 따른다. 이런 내용인 만큼 그전까지는 폭력적으로 해석하는 것이 일반적이었다. 그러나 간디는 『바가바드 기타』에 나오는 동족상잔을 실제 역사상의 전쟁으로 보지 않고 마음의 전쟁으로 해석함으로써 비폭력주의를 뒷받침했다. 간디에게 중요한 것은 그 전쟁의 성격이 아니라, 『바가바드 기타』 전편에 나오는 정신, 즉 욕망으로부터의 자유를 위한 고행과 봉사였다. 간디

---

* 이야기의 전체인 『마하바라타』는 크리슈나 다르마 저, 박종인 역, 『마하바라타』, 나들목, 2008 참조. 이를 아홉 시간 분량의 연극으로 만든 피터 브룩 각색 · 연출, 남은주 역, 『마하바라타』, 예니, 1999도 참조. 김삼웅은 함석헌이 『마하바라타』를 처음으로 번역했다고 하지만(김삼웅, 『저항인 함석헌 평전』, 현암사, 2013, 305쪽.) 이는 잘못이다.

는 『바가바드 기타』가 포함된 『마하바라타』 자체가 전쟁의 무용함을 말한다고 보았다. 이처럼 간디는 자신이 확신한 비폭력의 길을 인도인들에게 설득하기 위해 『바가바드 기타』를 비폭력을 가르치는 경전으로 적극 해석했다. 이천년 역사에서 항상 폭력적으로 해석된 『바가바드 기타』를 처음으로 비폭력적으로 해석한 것이다.

간디가 『바가바드 기타』를 해석한 직접적인 목적은 그가 인도 독립을 위한 사상으로 삼은 비폭력주의를 인도의 전통에서 찾고, 대영제국에 의해 기독교보다 열등한 종교라 무시된 힌두교의 권위를 회복하는 것이었다. 19세기 영국인을 비롯한 서양인은 힌두교와 불교를 우상을 숭배하는 다신교로 보고, 일신교인 기독교나 유대교보다 열등하다고 평가했다. 19세기 당시 서양인은 세계의 종교 형태를 신 숭배·우상 숭배·조상 숭배로 분류하고* 신 숭배에 해당하는 기독교·유대교·이슬람교를 제외한 종교는 이교(異教. paganism)로 묶었다. 이교는 다시 아시아적 이교와 아프리카적 이교로 나뉘었는데, 아시아적 이교에 힌두교·불교·유교가 포함되었다. 그러나 일반적으로 아시아 종교(이슬람교 포함)는 종교로 취급되기보다는 사실상 악마의 가르침이라고 비난받았다.** 간디는 힌두교, 불교 및 이슬람교에 대한 서양인의 멸시를 잘 알고 있었고, 이를 극복하기 위해 힌두교의 비폭력주의를 강조했다.

## 간디가 본 『바가바드 기타』의 본질

간디는 『바가바드 기타』의 다음 구절을 평생의 모토로 삼았다.

> **사람이 감각의 대상을 숙고하면 집착이 생긴다.**
> **집착에서 욕망이 싹트고**
> **욕망은 격렬한 정욕으로 불타오르고**

---

\*     데이비드 치데스터 저, 심선영 역, 『새비지 시스템』, 경세원, 2008, 76쪽.

\*\*    위의 책, 205쪽.

정욕은 무모함을 낳는다.
그러면 기억이 모두 틀리고
고상한 목적은 사라지며
마음은 말라
목적과 마음과 사람 모두 망한다.

위 구절은 2장 63행인데, 간디는 이를 포함한 2장 55~72행에서 말하는 스티타프라즈나(Sthitaprajna), 즉 지혜롭게 행위하는 자를 『바가바드 기타』의 핵심으로 보았다. 그것은 사티아그라히, 즉 진실 관철자, 비폭력주의자, 금욕주의자를 말한다.

간디가 성적인 금욕은 물론 모든 차원에서의 금욕을 주장한 것은 널리 알려져 있다. 이는 『바가바드 기타』를 중요한 근거로 삼는 힌두교의 일반적 원리지만, 간디는 힌두교의 현실 도피적인 점을 받아들이지 않고 현실의 문제를 해결하는 데 도움이 되지 않는 종교는 종교가 아니라고 했다. 간디가 종교를 사회봉사와 연결하고 특히 빈민 구제를 해탈의 길로 본 것은 인도의 종교 전통에서는 지극히 예외적인 것이었다.* 그러나 간디는 이를 힌두교의 범아일여(梵我一如) 사상으로부터 끌어왔다. 모든 생명은 유일한 보편적 근원에서 나온다는 점에서 하나라는 그것을 간디는 최하층 빈민과의 일체성으로 이해했다. 이는 곧 물레 돌리기나 화장실 청소로 이어졌다. 그러나 이 또한 힌두교 전통에서는 지극히 예외적인 것이었다. 특히 간디는 영혼의 윤회나 인과응보에 근거하여 불가촉천민 제도를 정당화한 힌두교를 비판했다.

그러나 전쟁을 소재로 한 『바가바드 기타』에서 비폭력이나 불살생(아힘사)을 찾아보기 어려운 것은 당연하다. 따라서 그것을 적극적으로 주장하는 행동만큼 이단적인 것도 없었다. 『바가바드 기타』 16, 17장에서 아힘사는 각각 "신

---

*    Bhikhu Parekh, *Colonialism, Tradition and Reform: An Analysis of Gandhi's Political Discourse*, Sage Publications India, 1989, p. 99.

적인 자질로 태어난 사람에게 속하는" 것의 하나이고 "신체적 고행(공덕)"의 하나로 나타나지만, 그 책에 아힘사만을 말하는 부분은 없다. 간디는 『바가바드 기타』의 중심이 아힘사가 아님을 인정했지만, 그 중심인 아나사크티(Ana-sakti), 무사(無私)의 행위에 아힘사가 포함된다고 주장했다. 하지만 이 역시 힌두교에서는 지극히 예외적인 주장이었다.

아힘사는 힌두교보다도 힌두교를 비판한 불교나 자이나교의 중심 교리이며, 간디가 불교나 자이나교에 호의적이었던 점도 널리 알려져 있다. 그러나 간디는 힌두교와 마찬가지로 자이나교나 불교의 현실 도피적인 측면에 대해서는 비판적이었고, 사람의 생명을 위협하는 들개를 살해하는 것 같은 불가피한 살생을 인정하여 자이나교로부터 비판받기도 했다. 간디 생시에 불교도는 인도에서 거의 괴멸된 상태여서 비판이 없었지만, 자이나교와 마찬가지 입장이었을 수도 있다.

앞서 보았듯이 간디는 런던 유학 시절에 신지협회 회원들과 교류하면서 『바가바드 기타』의 가치를 처음 깨달았다.

**그 책은 내게 무한한 가치가 있었다. 이후 그 인상이 점점 더 강해져 오늘날 나는 이 책을 진리를 알 수 있는 최고의 책이라고 생각한다. 이 책은 내가 우울할 때 형언할 수 없는 도움을 주었다. 나는 이 책의 거의 모든 영역본을 읽었는데, 에드윈 아놀드 경의 번역이 가장 뛰어나다고 생각한다. 그 책은 원문에 충실하면서도 번역처럼 읽히지 않는다. 나는 친구들과 함께 『기타』를 읽었지만, 그것을 공부라고 할 수는 없다. 그 책을 일상적으로 읽게 된 것은 몇 년 뒤였다.** (자서전, 91쪽.)

그 뒤 1903년 남아프리카에서 다시 신지협회 회원들과 그 책을 산스크리트어 원전으로 읽었지만, 그를 둘러싼 복음주의자들에게 대항하기 위해서였다. 간디가 진정 그 책을 자신의 모토로 삼은 것은 인도에 돌아오고 사 년이 지난 1919년부터였고, 그 뒤로 그 책은 모든 실천의 지침이 되었다. 그런 점에서

1919년은 간디가 진정한 의미의 운동가이자 사상가로 웅비한 시기라고 할 수 있다.

간디가 그 책을 중시한 이유는 그 책 전체의 가르침이 비폭력이라고 생각했기 때문이다(바가, 16쪽). 간디에 의하면 그 책의 참된 목적은 결과를 두려워하지 않고 보답도 구하지 않는 '사심 없는 행위'야말로 자기 시현인 해탈을 달성하는 길임을 가르쳐주는 것이다. 그런 무사의 행위는 비폭력이어야 한다. 그리고 크리슈나 신이 아르주나에게 왜 악에 대해 전사의 본분을 수행하지 않는가, 라고 하는 것을, 역사적인 차원이 아니라 우의적인 차원으로 해석했다. 즉 전쟁이라는 외양을 보이지만, 인간의 마음속에서 끊임없이 이어지는 다툼, 다시 말해 윤리 도덕에 따라 악을 극복해야 함을 그린 것으로 보았다.

간디는 『바가바드 기타』만이 아니라 그것이 포함된 『마하바라타』 전체가 역사가 아니라, 선과 악, 정신과 물질, 신과 악마 사이의 대립을 다뤘다고 보았다. 그 결말은 권력의 무상함을 보여준다. 즉 간디에게 카우라바군은 인간의 비속한 충동, 아르주나군은 인간의 고귀한 행동, 크리슈나군은 인간의 내면에 깃든 신성을 각각 상징한다. 특히 앞서 본 2장 마지막 63행에 나오는 20송은 자기 억제와 무집착이라는 종교 일반의 본질을 표현하는 것이다. 간디는 『자서전』에 이를 영국에서부터 애송한 구절로 인용했다.

간디는 어떤 경전이든 문자 그대로 해석해서는 안 되며, 유일한 해석도 있을 수 없다고 보았다. 이는 그가 신지협회, 특히 메이트랜드의 관점에서 배운 것이었다. 경전뿐 아니라 모든 책과 글이 그렇다고 생각했다. 그러나 다른 사람들의 관점은 달랐다. 가령 브라만 출신인 틸라크는 크리슈나의 가르침을 부정한 욕망에 근거하지 않는 한, 스승이나 친족도 살해할 수 있다는 것으로 보았다. 그리하여 무장투쟁 민족주의자로서 폭력도 불사하는 행동 지침을 찾았다. 이처럼 크리슈나의 가르침을 크샤트리아의 본분인 싸움을 정당화하는 것으로 이해하는 경우가 보통이었다.

틸라크를 비롯한 대부분의 사람들은 『바가바드 기타』에서 강조하는 점은 개인의 영혼을 해방시키는 것이고, 신이 부여한 카스트의 본분을 지키는 것

6부 인도에서 싸우다(1915~1928)

과 신에 대한 사랑 외에는 모두 집착이 되어 해방을 방해한다고 보았다. 본분을 지키는 것은 결과를 추구하는 집착에 대한 위험을 피하는 것이 된다. 따라서 아르주나는 크샤트리아의 본분을 지켜야 하지만, 그것이 반드시 싸움을 뜻하지 않는다. 또 의식하지 않고 신을 믿는 것은 그 행위를 더욱 가치 있는 것으로 만들기 때문에 개인의 의식적인 싸움은 문제가 안 된다. 따라서 무욕이나 무집착은 선업에 대한 욕망 자체도 배제하는 것이다. 이는 '사심 없는 마음'과 '악을 무찌르는 선한 욕망' 사이의 모순으로 나타난다. 틸라크는 간디가 그 점을 간과했다고 비판했다.

간디는 불의의 제국과 투쟁하기 위해 죽음을 무릅쓰는 결전의 각오를 다져야 한다고 생각했다. 그래서 대중에게 의미 있는 설명을 하고자 했다. 한편 1920년대의 서구에서 영속적인 평화에 대한 현실적·추상적·도덕적인 근거를 찾고자 했던 사람들은 간디의 비폭력주의에 공감했다. 그들은 절대적 평화주의나 그 대극점에 선 절대적 전쟁주의가 아니라, 파괴보다는 건설을, 대결보다는 조정을 추구하는 간디의 평화주의에 공감했다. 특히 그것은 신약성서에서 말하는 산상수훈이나 신의 나라의 본질인 평화와 일치했다. 그래서 『바가바드 기타』는 현대세계의 신앙과 행동 지침으로 인정되었다. 간디는 크리슈나가 말한 힌두적인 다르마를 의무(duty)로 번역하여 빅토리아 시대의 의무(본분)와 일치시켰다. 그것은 서구에서 간디를 쉽게 수용할 수 있게 했다. 나아가 『바가바드 기타』만이 아니라 힌두교 자체가 비폭력주의라는 믿음이 서구에 널리 퍼지게 되었다.

간디는 신성을 갖는 아르주나에 사랑과 신심을 구한 크리슈나를, 지상에 현현한 신이 아니라 '신에게 가까워진다'는 자기실현을 수행한 인간으로 보았다. 따라서 사람들은 크리슈나를 신의 화신으로 숭배할 수 있다.

간디는 그런 화신이 되길 바랐으나, 사람들에게 신으로 추앙받기를 원하지는 않았다. 그러나 많은 인도인이 그를 붓다나 크리슈나같이 일시적으로 지상에 내려온 신의 재현이라고 생각했다. 산과 들, 벽지에서 사람들이 몰려와 그를 보거나 만져서 성축(聖祝)을 받으려고 했다. 벵골의 데카(Decca)에서는 목에 간디의 사진을 건 노인이 눈물을 흘리며 간디가 만성 중풍을 치료해주었다고 말했다. 간디는 그 말을 듣고 그를 가로막으며 말했다. "제발 목에서 그 사진을 떼세요. 당신을 치료해준 이는 내가 아니라 신입니다."

지식인들도 예외가 아니었다. 어느 날 간디와 같은 열차로 여행한 변호사가 곤두박질치며 머리를 부딪혔다. 다행히 상처는 남지 않았다. 변호사가 그것을 간디 덕으로 돌리자 간디는 웃으며 "만약 그랬다면 처음부터 넘어지지 않았겠지요."라고 말했다.

## 『바가바드 기타』의 문제점

『바가바드 기타』에는 문제점도 많다. 특히 카스트제도를 옹호하거나 부정하는 데 모두 사용할 수 있는 '교활한 기회주의적 경전'으로 볼 수도 있다.* 마찬가지로 그 책이 다루는 전쟁과 폭력을 찬양하는 경우에도 '교활하게' 이용될 수 있다.** 그러나 이는 『바가바드 기타』나 인도 경전에 특유한 문제는 아니다. 성경을 비롯한 모든 종교의 경전이 그렇게 사용될 수 있고 실제로 그래왔다. 따라서 어떤 경전의 가치를 여러 가지 사용 가능성으로 평가할 수는 없다.

도리어 더 중요한 문제는 『바가바드 기타』가 과연 인도인에게 가장 중요한 힌두교 경전이냐는 점이다.*** 이와 관련하여 날 때부터 힌두교도로 살았던 간디가 십 대 후반까지 『바가바드 기타』를 몰랐다가 영국에 유학하던 중 처음으로 영어판을 읽고 평생의 지침으로 삼았다는 사실을 주목할 수 있다. 이 일화는 여러 가지로 해석할 수 있지만, 적어도 인도 전통 사회에서는 『바가바드 기타』를 읽는 것이 서양에서 성경을 읽는 것처럼 일상적인 일은 아니었음을

---

* 박효엽, 『불온한 신화 읽기』, 글항아리, 2011, 29쪽.
** 심재룡은 『바가바드 기타』가 "일관된 절대주의 철학의 산물로서 인도의 체제를 옹호하는 일관된 논증들로 꽉 짜여 있다"고 비판한다. (심재룡, 『동양의 지혜와 선』, 세계사, 1990, 333~334쪽.) 이러한 비판은 모든 종교 경전에 해당될 수 있다.
*** 힌두교 경전 중 최고(最古)이자 최고(最高)의 것은 『베다』지만, 『바가바드 기타』도 비슷한 권위를 부여받아왔고 상카라 이후 수많은 해석이 이루어졌다.

말해준다. 그렇다고 18세기 말에 최초의 『바가바드 기타』 영역본*이 나온 것을 인도를 지배하기 위한 영국의 통치술 중 하나로 보기도 어렵다.** 정말 그러했다면 간디가 그 책을 평생의 지침으로 삼았을 리가 없기 때문이다.***

간디는 힌두교를 역사상의 힌두교는 물론 기존의 모든 종교를 넘어서는 하나의 새로운 세계 종교 내지 '진실'로 생각했다. 그것이 바로 무소유 비폭력이었다. 따라서 그것은 어떤 교의나 관습 및 예식과도 관련되지 않는 것이었다.

---

* 1787년 찰스 윌킨스(Charles Wilkins)의 영역과 파로(M. Parraud)의 불어역이 나왔으나, 간디가 읽은 것은 에드윈 아놀드(Edwin Arnold)의 영역본 『천상의 노래*The Song Celestial*』다.
** 박효엽은 앞의 책 29~36쪽에서 그럴 가능성을 제시하지만 근거 없는 주장이어서 의문을 갖게 한다. 이와 관련된 논의로는 Richard King, *Orientalism and Religion: Post-Colonial Theory, India, and "The Mystic East"*, Routledge, 1999 참조.
*** 인도에는 많은 해설서와 해석서가 있다. 우리나라에 소개된 것으로는 『천상의 노래』(비노바 바베 저, 김문호 역, 실천문학사, 2002)가 있다. 이 책에서 바베도 간디처럼 카스트제도를 인정한다.

# 7                           세계의 간디

## 롤랑의 간디

서양에서 나온 최초의 간디 관련 책은 1908년 영국 복음주의 목사인 마이어가 쓴 남아프리카 활동에 대한 책이다.* 이어 1909년 영국 목사 조셉 도크가 쓴 책이 나왔다. 도크가 간디를 예수와 비교한 후 주로 기독교 성직자들이 간디에 대한 글을 계속 쓰면서 그를 아시시의 프란체스코와 비교하거나 새로운 메시아로 받아들이게 되었다.** 이처럼 기독교적 관점의 '성인'으로 본 간디상***은 1924년 로맹 롤랑이 쓴 간디 전기가 출판되면서 더욱 확고하게 굳어졌다.**** 이는 그 책머리의 헌정사에서 간디를 '구세주'라고 부르고 인도인을 유대인에 비유하는 점에서 단적으로 드러난다.

> 세계가 갱신하기 위해서는 언제나 한 민족이 희생해야 된다. 유대인들은 몇 세기 동안이나 그들의 희망이 되어온 구세주를 위해 희생하였다. 그러나 그 구세주가 피투성이가 되어 십자가 위에 나타났을 때 그들은 그 구세주를 알아보지 못하였다. 다행히 인도인은 자기의 구세주를 알아보았

---

\*    F. B. Meyer, *A Winter in South Africa*, National Council of Evangelical Free Churches, 1908.

\*\*    그밖에 공자, 부처, 마호메트 등으로도 비유되었다.

\*\*\*    Arthur J. Todd, *Three Wise Men of the East and Other Lecture*, University of Minesota Press, 1927, p. 5.

\*\*\*\*    Romain Rolland, *Mahatma Gandhi: The Man Who Became one with the Universal Being*, The Swatmore Press, 1924. 로맹 롤랑은 프랑스인이지만 이 책은 처음에 영어로 출판되었다.

다. 그리고 자기들의 해방을 위해 어떠한 희생도 기꺼이 받아들였다.*

이는 간디의 힌두교를 기독교의 일종으로 본 것이기도 했다. 롤랑을 비롯한 1920년대 서양 지식인들의 평화에 대한 관심은 간디를 현대 서양의 영웅으로 만들었다. 특히 롤랑은 간디에게 결여된 것은 십자가뿐이라고 했는데, 이는 그 책을 쓴 1923년 당시 간디가 살아 있었기 때문이었다. 롤랑이 1944년에 죽지 않고 1948년까지 살아서 간디의 암살을 보았다면 분명 그를 십자가에서 죽은 예수와 동일시하는 글을 적어 전기에 덧붙였으리라. 간디의 암살은 현대적 십자가형으로 받아들여져 1950년대에도 기독교적 시각의 간디상이 서양에 확산되었고, 이는 1960년대 마틴 루터 킹 등을 통해 세계화되었다.

롤랑의 『간디』는 그 책이 나오기 전까지 유럽에 거의 알려지지 않았던 간디를 널리 알리는 데 크게 기여했다. 그것은 롤랑이 그 책을 쓰기 팔 년 전에 이미 노벨문학상을 받은 세계적인 작가였기 때문에 가능한 일이기도 했다. 그러나 롤랑은 1920년에 인도 청년 로이가 그를 찾아왔을 때 간디를 처음 알았다.** 이듬해 타고르를 만나 간디에 대해 이야기를 들었으나 비판적인 것이었으며, 그 직후 쓴 간디 전기가 주로 당시까지의 문헌 연구에 의존한 것이어서 그 책에 문제가 전혀 없는 것은 아니었다.

특히 20세기 초엽부터 러시아혁명에 찬성한 사회주의자였던 롤랑은*** 사회운동의 방법론적 차원에서 간디와 반드시 일치하지 않았다. 즉 아힘사 사상이 침투하고 있는 종교적인 인도와는 달리 유럽에서는 비폭력주의를 즉각 받아들일 수 있는 환경이 조성되지 못했고, 따라서 인민의 행복을 주장하는 레닌과 같은 사회주의자들의 통제된 폭력주의도 비폭력주의와 함께 허용할 수밖에 없다고 보았다. 물론 간디는 이에 반대했다. 롤랑은 『간디』에서 이 문제

---

*　　로맹 롤랑 저, 박봉식 역, 『간디』, 한림출판사, 1972, 80쪽.

**　　Dilip Kumar Roy, *Among the Great*, Vora & Co., 1945.

***　　프레드릭 존 해리스 저, 조을현 역, 『앙드레 지드와 로맹 롤랑』, 풀빛, 1982, 132쪽 이하.

를 논의하지는 않지만, 그때부터 지금까지 이어져오는 문제라고 할 수 있다.* 그 점에서 롤랑의 책은 기독교적 수용의 원형이자 서양식 간디 수용의 원형이라고 할 수 있다.

롤랑의 『간디』는 1923년과 1942년 두 차례나 일본어로 번역되어 당시의 조선인에게도 읽혔다. 가령 함석헌과 같은 학생들인데, 함석헌이 정확히 언제 읽었는지는 밝혀지지 않았다. 롤랑의 『간디』 전후로 서양에서는 간디에 대한 저술이 많이 출판되었고, 일본에서도 1922년에 간디의 『체포 하옥 전후의 수기』, 1927년부터 1930년 사이에 『자서전』을 포함한 『간디 전집』 다섯 권 등이 1942년까지 계속 발간되었으나, 서양에서와는 달리 간디가 쓴 글의 번역이 중심이었고, 연구서나 전기 등은 롤랑의 『간디』 외에 달리 없었다.

롤랑의 『간디』는 한국에서 이호철(1963), 박봉식(1972), 박석일(1973), 최현(1983) 등에 의해 계속 번역되었고 뒤의 둘은 지금까지도 발간되고 있다. 이는 지금까지 한국에서 나온 어떤 간디 평전보다도 오래, 즉 반세기 이상에 걸쳐 읽혀온 스테디셀러임을 뜻한다. 그런 점에서 이 책은 한국의 간디 수용사에서도 매우 중요하다. 롤랑의 『간디』는 일본은 물론 한국에서도 오랫동안 간디 전기의 전형으로 읽혀왔다고 볼 수 있다.

## 메이요의 간디

롤랑의 책이 나오고 사 년 뒤 미국의 역사가 캐서린 메이요(Katherine Mayo, 1867~1940)는 『어머니 인도Mother India』라는 책을 썼다. 이 책은 그 제목과는 달리 인도와 간디를 모독하는데, 특히 인도에서 벌어지는 유아혼이나 과부 살해와 같은 여성 착취, 불가촉천민과 카스트, 빈곤과 질병 같은 참담한 상태를 폭로하고 비난했다. 인도 여성의 운명은 "빨리 결혼하고 빨리 죽는"것이라면서 매년 삼백만 명 이상의 여성이 출산하다 사망한다고 했다. 영양실조로 인

---

*   박홍규, 「시민저항에 있어서 전략적 수단의 차이 연구」 《인문연구》 57호, 영남대학교 인문연구소, 2009, 519~548쪽.

해 대부분의 여성은 출산하기에 골격이 너무 왜소하거나, 신체 내부가 기형이 거나 병들어 있고, 무지한 산파나 의사에 의해 희생된다고 했다. 남성도 마찬가지로 허약하고 성병에 걸리기 쉽고, 시바 신의 남근을 숭배하여 성적으로 방종하고 동성애 등의 지극히 파렴치한 풍습에 의해 정서적으로 부패해 있다고 했다. 그 결과 30세 이하 힌두교도 중 칠팔십 퍼센트가 성불구여서 서양인 남성의 최고 절정기와는 정반대라고 비난했다.

따라서 인도인 남성은 결코 지도자가 될 수 없다고 결론 내리는데 여기에는 당연히 그녀가 만난 간디도 포함되었다. 메이요는 힌두교나 불가촉천민에 대한 간디의 비판을 인용하면서도, 그가 추구하는 바는 진보에 반하며, 특히 현대적 기술이나 공업 및 의학을 거부하는 것은 인도에게 엄청난 불행이라고 비판했다. 이러한 주장은 윈스턴 처칠 같은 영국인 제국주의자들을 비롯한 서양인들에게 인도를 인도인에게 맡기면 나라를 파괴할 뿐이므로 절대로 맡길 수 없다는 전통적 확신을 거듭 확인하게 했다.

그 책의 내용에 일부 책임이 있는 간디는 《영 인디아》에 실은 「하수구 조사관의 보고서」라는 글에서 그 책을 철저히 비판하면서 자기의 말을 왜곡했다고 주장했다. 대부분의 인도 지식인은 카스트나 빈곤, 여성 착취, 불가촉천민 등에 대한 비판보다도 인도 남성의 성적인 관심이 과도하고 변태적이라는 비난에 분노했다.

서양에서는 롤랑의 주장보다 메이요의 주장이 더 일반적이었다. 그것은 메이요가 아프리카계 미국인에 대한 인종차별적 고정관념을 조장함과 함께 미국 원주민주의와 비백인 및 비가톨릭의 미국 이민을 반대하는 풍조가 나타난 것처럼, 백인 제국주의에 젖은 20세기 전반기 서양의 사고 경향을 보여주는 것이었다. 그녀는 인도인과 마찬가지로 흑인이 성적으로 공격적이고 자제력이 부족하여 '순진한 백인 앵글로색슨 여성'에게 위협이 된다고 주장하였으며, 인도는 물론 필리핀 독립에도 반대하였다. 또한 백인 우월주의에 대한 위협으로 여겼던 노동운동에 참여한 이민자와 아프리카계 미국인을 탄압하려는 백인들의 노력을 지지했다.

## 찬양과 매도의 공존하 실천의 부재

앞에서 보았듯이 간디의 저술은 1927년에 다섯 권의 전집 형태로 발간될 정도로 일제강점기에 왕성하게 소개되었으나, 간디의 비폭력 저항은 일본이나 조선에서 실제로 전개되지는 못했다. 이는 서양에서도 마찬가지였다. 로맹 롤랑도 비폭력 저항에 가담한 적이 없었다. 20세기 초반에 간디의 인도를 제외한 지구 어디에서도 간디식 비폭력 저항은 나타나지 않았다. 인도 외에서의 비폭력 저항은 20세기 후반 간디가 죽고 난 뒤 비로소 나타났다.

생존 시에 간디는 대부분의 영국인은 물론 유럽인에게 식민지의 사기꾼이자 선동가, 위험인물에 불과했다. 우익은 물론 좌익까지 그렇게 비난했다. 일본인들은 1940년대에 적국인 영국의 식민지에서 독립을 위해 싸우는 간디를 성웅으로 대접했으나, 이는 대동아전쟁의 허위 전제인 대동아공영권에 인도까지 포함시키는 모략의 일환에 불과했다. 일제하 조선인들은 한때 간디에 관심을 가졌으나, 그의 비폭력 저항이 조선 독립운동의 방법일 수는 없다고 생각했다. 유대인 사상가 마르틴 부버도 파시즘하에서 비폭력 저항이 불가능하다고 생각했다.* 반면 간디는 어떤 상황에서도 비폭력 저항이 가능하다고 주장했다.

여기서 어느 쪽이 옳은가 혹은 그른가의 판단은 있을 수 없다. 다만 비폭력 저항이란 대단히 엄격한 교육과 훈련을 필요로 한다는 점을 주의해야 한다. 간디 자신도 그 점을 언제나 강조했고 성공과 실패를 되풀이했지만, 서양에서는 처음부터 그 점이 주목되지 못했다. 또한 비폭력 저항이 단순히 방법론적인 수단의 문제가 아니라 운동의 목적 그 자체라는 점도 주목되지 못했다.

간디의 사상을 보편적인 현대 용어로 풀이한 서양인은 1920년대 미국의 퀘이커 변호사 그레그(Richard B. Gregg)다. 그레그는 하버드 출신 법률가이자 기독교인으로 간디와 함께 사 년간 생활한 뒤 1928년 『카다르의 경제학』에서 축

---

\* 박홍규, 『마르틴 부버』, 홍성사, 2011; Gideori Shimoni, *Gandhi, Satyagraha and the Jews: A Formative Factor in India's Policy towards Israel*, Hebrew University, 1977.

적된 태양 에너지로서의 석탄이 아니라 태양 에너지의 현재 소득으로서의 식량과 신체의 힘을 이용하는 물레의 우위성을 주장했다.* 이러한 주장은 20세기 후반의 생태주의로 이어지는 논의의 선구적인 업적이고, 비폭력주의에 관련된 그의 실천적 연구도 그 뒤의 비폭력 실천에서 매우 중요한 역할을 했다.

간디의 비폭력주의에 대한 서양인의 연구는 1923년 케이스(Clarence Marsh Case)를 거쳐 1934년 그레그의 작업에 의해 서양에서 현실적 의미를 갖게 되었고, 특히 1937년의『평화를 위한 훈련: 평화 노동자를 위한 프로그램Training for Peace: A Program for Peace Workers』은 비폭력주의의 교본과 같은 책이었다. 그레그의 연구는 1958년 본두란트(Joan V. Bondurant)의 연구로 이어져 1970년대 샤프(Gene Sharp)의 연구로 대성되었다. 본두란트는 간디의 사티아그라하가 분쟁 당사자를 창조적인 목적으로 이끄는 수단 방법이라고 하고, 그것이 수단 방법의 문제를 무시해온 정치 이론에 중요한 기여를 한다고 평가했다.** 그 책은『간디의 철학과 사상』(현대사상사, 1990)이라는 제목으로 우리말로도 소개되었으나 어느 정도 읽혔는지는 알 수 없고, 그 책에서 소개된 비폭력 운동의 요령이 한국의 사회운동에서 실천된 적도 거의 없다.

이는 1948년 간디 암살 전후로 시작된 냉전이 비폭력 저항운동에 대해 호의적이지 못한 것과 관련되었다. 냉전하에서도 간디는 평화의 상징으로서 예찬되었으나, 더 이상 실천적인 역할을 하지는 못했다. 가령 6·25 전쟁 당시 미국 대통령 트루먼은 간디를 '형제애와 평화의 상징'이라고 했고, 맥아더는 간디를 '평화의 상징 자체이자 권화'라고 찬양했다. 그리고 인도는 간디의 나라로 인식되었다. 그러나 기독교에서는 신약성서의 무저항과 간디의 비폭력을 구분하면서 후자에 대해 소극적으로 평가하는 경향이 서양의 주류를 형성했다.***

---

\*     Richard B. Gregg, *Economics of Khaddar,* S. Ganesan, 1928, p. 133.

\*\*    Joan V. Bondurant, *Conquest of Violence: The Gandhian Philosophy of Conflict,* Princeton University Press, 1958, pp. 189–233.

\*\*\*   이러한 경향은 기독교 내에서 양심적 병역 거부 등을 주장하는 메노나이트의 입장에서도

서양 사회운동의 간디 수용은 1950년대 후반의 반핵운동* 등 다양하게 나타났지만, 우리에게 가장 잘 알려진 것은 미국의 흑인 민권운동이다. 특히 그 지도자인 마틴 루터 킹은 '흑인 간디' '미국의 간디' '간디의 사도' '간디의 위대한 추종자' 등으로 불렸다. 그러나 비유로서 킹에 대한 찬사에 인용될 때도 간디는 예수에 뒤지는 2인자였다. 킹 자신도 "그리스도는 정신과 동기를 부여했지만 간디는 방법을 부여했다"**고 했고 역사학자들도 그렇게 평가했다.*** 그 방법이 비폭력주의였는데, 이는 인도의 카스트 내지 불가촉천민에 해당하는 미국 흑인의 해방운동으로서만 의미를 갖는 것이었다.****

---

나타난다. 그 입장을 대변하는 가이 허쉬버그는 예수가 "가이사의 것은 가이사에게(마태복음 21장 22절)"라고 한 것은 권력에 복종하라는 무저항인 반면, 간디는 비폭력으로 정부에 저항하라고 가르친 점에서 예수와 간디의 가르침이 서로 다르다고 강조했다. (가이 허쉬버그 저, 최봉기 역, 『전쟁, 평화, 무저항』, 대장간, 2012, 258~259쪽.) 이는 라인홀드 니버의 입장이기도 했다. (Rheinhold Niebuhr, *Christianity and Power Politics*, Charles Scribner's Sons, 1940, pp. 10-11.) 마틴 루터 킹은 1970년 4월 13일 니버에게 보낸 편지에서 그의 비폭력 저항은 간디보다도 니버와 폴 틸리히 같은 기독교 신학자들의 영향을 더 많이 받았다고 했다.

\* 1957년부터 시작된 영국의 반핵운동 등에 대해서는 Richard Taylor and Nigel Young eds., *Campaigns for Peace : British peace movements in the Twentieth Century*, Manchester University Press, 1987와 Peter Brock and Nigel Young, *Pacifism in the Twentieth Century*, Syracuse University Press, 1999 참조.

\*\* Martin Luther King Jr., 'The Montgomery Bus Boycott', in A. Paul Hare and Herbert H. Blumberg eds., *Nonviolent Direct Action: American Cases, Social-Psychological Analyses*, Corpus Books, 1968, pp. 76-77.

\*\*\* Sudaeshan Kapur, *Raising Up a Prophet: The African-American Encounter with Gandhi,* Beacon Press, 1992, p. 163; Ramond Arsenault, *Freedom Riders: 1961 and the Struggle for Radical Justice*, Oxford University Press, 2006, p. 71.

\*\*\*\* 마틴 루터 킹 저, 박해남 역, 『왜 우리는 기다릴 수 없는가』, 간디서원, 2005, 53, 163, 224쪽; 마틴 루터 킹 저, 심영우 역, 『한밤의 노크소리』, 홍성사, 2002, 120쪽.

# 7부
# 완전 독립을 향해
## (1928~1939)

행진이 끝난 뒤 간디는 신문에 성명서를 발표했다.
즉 소금법 위반이, 원하는 어떤 곳에서나
소금을 제조함으로써
기소될 위협을 무릅쓰는 모든 사람에게
개방되어 있다고 선포했다.

# 1 _____ '순례자' 간디

## 7부

1928년이 되자마자 인도는 그전까지 자치를 주장했던 것과는 달리 독립을 요구했다. 최초의 독립전쟁인 세포이 항쟁이 터진 지 칠십 년만이었다. 그해 4월까지 간디는 정치 활동을 멈추고 카디 운동과 같은 풀뿌리 활동에 진력했음을 앞에서 보았다. 이후 정치 활동을 다시 시작하여 1929년 완전 독립 선언과 1930년 소금 행진으로 생애의 정점에 올랐다. 완전 독립을 목표로 하여, 자연에서 나는 소금에 세금을 받는 소금법을 어기고 소금을 자기 손으로 만드는 사티아그라하를 실현한 것이다. 이로 인해 구속되었으나 일 년도 안 되어 석방되었다. 이후 어윈 총독과 델리 협정을 체결하고 제2차 원탁회의에 국민회의 단독 대표로 참석했다.

1932년 1월 다시 사티아그라하를 재개하여 투옥되었으나 옥중에서 불가촉천민의 인권을 존중하는 운동을 전개했다. 그리고 힌두교도와 무슬림에 대하여 별도 선거인단 제도를 창설하려는 맥도널드 계획에 반대하는 단식을 하고 1933년 단식 재개로 석방되었다. 그리고 불가촉천민 제도 해소를 위해《영 인디아》를《하리잔》으로 개칭했다.

1936년에는 와르다 부근 세바그램에 제2의 아슈람을 개설하고 이듬해 와르다 국민교육 계획을 발표하는 등 농촌운동에 진력했다. 그러나 그의 나이 70세였던 1939년에 제2차 세계대전이 발발하자 다시 정치에 뛰어들지 않을 수 없게 되었다.

## 1928년의 완전 독립 결의

앞에서 본 『어머니 인도』는 1927년 7월에 출판되었다. 그로부터 4개월 뒤인

1927년 11월에 어윈* 총독은 백인들로만 구성된 사이먼 위원회(Simon Commission)를 발표했다. 1925년에 총독으로 임명된 그는 전임자들과 달리 온건파로서 인도인은 자치를 바라며 영국인이 이를 거부할 수 없다고 생각했다. 사이먼 위원회는 존 사이먼(John Simon) 경을 위원장으로 하는 법정 위원회로서, '1919년 인도통치법(몬파트 개혁)'에서 십 년 후로 예정된 법 개정 시기가 다가오자 협의를 위해 설치한 것이다. 하지만 이미 암리차르 대학살과 헌트 위원회의 배신을 경험한 인도인들로서는 『어머니 인도』가 출판되고 사이먼 위원회가 발족한 시기가 비슷하게 맞아떨어진 것이 단순히 우연이라고 생각할 수가 없었다.

1928년 2월, 사이먼 위원회가 인도에 파견되었으나 국민회의는 백인 7인으로 구성된 그것을 거부했고 동시에 각지에서 항의 데모가 벌어졌다. 전국에서 "사이먼은 돌아가라"는 외침이 터져 나오고 위원회의 조사에 불응하는 운동이 번져나가면서 즉각 독립을 요구하는 소리가 높아갔다.

1928년 5월에 열린 국민회의 임시대회는 1929년 말까지 정권 이양이 이루어지면 자치령의 지위를 받아들이겠지만 그러지 않으면 완전 독립을 요구하고 비폭력 비협력 운동을 조직하여 납세를 거부하겠다고 결의했다. 그 결과 1928년 인도 전역은 노동 분쟁과 민족주의 분쟁으로 들끓었다. 콜카타와 뭄바이의 공장에서는 파업이 빈발하고 노동자를 조직하는 공산당 활동도 적극적으로 나타났다. 농촌에서는 지대나 토지세 감면을 요구하는 쟁의가 생겨났다. 1928년 12월에 콜카타에서 열린 총회에서 국민회의는, 당시 인도에서 가장 존경받던 법률가이자 중앙 의회의 의원이었던 모틸랄 네루를 중심으로 헌법 초안(네루 헌법안)을 검토했다. 그 내용은 영국의 분할통치를 허용하지 않고 '하나의 인도'를 만들기 위한 협력이었다.

그런데 네루 헌법안은 어느 정파의 지지도 얻지 못했다. 특히 진나를 비

---

\*     Lord Irwin, Edward Wood, 뒤에는 Earl of Halifax, 1881~1959.

롯한 무슬림연맹이 반대했다. 반면 힌두 우익은 무슬림에게 과도하게 양보했다고 모틸랄 네루를 비난했다. 한편 사회주의 사상을 지닌 자와할랄 네루나 무력 투쟁도 불사해야 한다고 주장한 찬드라 보스(Subhas Chandra Bose, 1897~1945) 같은 국민회의의 과격파 청년 지도자들은 제국과 대결하여 독립을 쟁취해야 한다고 주장했다. 언제나 소요와 반영 운동의 진원지였으며 국민회의 리더십에 반대한 벵골 지방에서 보스는 "나에게 피를 달라, 그러면 당신에게 자유를 약속한다"는 표어를 내걸고 상당수의 격렬한 추종자들을 모았다. 자와할랄 네루의 "독립은 지금"이라는 연설도 청년층의 인기를 끌었다.

1928년 12월 10일, 라호르 주의 경찰부국장이 암살당하는 사건이 터졌다. 간디는 이를 "비열한 행동"이라고 비난했으나, 살해자인 바갯 싱(Bhagat Singh, 1907~1931)은 체포를 피하여 바로 영웅의 자리에 올랐다. 그는 펀자브의 진보적인 가정 출신으로, 1923년 인도 총독부가 지원하는 학교에 다니지 말라는 간디의 비협조 운동에 호응하여 설립된 대학교에서 공부했다. 19세에 폭격에 가담했다는 이유로 구속되기도 하고, 언론 활동에 참여하면서 무신론자이자 아나키스트, 사회주의자가 되었다. 그 뒤 사이먼 위원회 문제로 전국이 소연해지는 가운데, 라호르에서 펀자브 지방의 민족운동가가 경찰에게 구타당해 사망했다. 싱은 이에 대한 복수로 경찰부국장을 살해하고 도망친 것이다.

1929년 4월 8일 그는 영국인과 인도인 의원들로 가득 찬 뉴델리 의회에 걸어 들어가 그 중심부에 폭탄 두 개를 던지고 권총을 난사했다. 의원 한 사람이 중상을 입었지만, 다행히 대부분은 무사했다. 이는 그전에 영국 경찰이 '펀자브의 사자'로 알려진 저명한 독립운동가 랄라 라지파트 라이(Lala Lajipat Rai, 1865~1928)를 폭행하여 사망에 이르게 한 것에 대한 보복이었다. 바갯 싱 등은 재판에서 종신 유형을 선고받고 1930년 3월 23일에 처형당했다. 처형 전에 간디는 총독에게 싱을 살려주지 않으면 그들 사이의 합의를 파기할 만한 일이 발생할 수도 있다고 경고했으나 어윈은 사면을 거부했다. 간디는 일주일 뒤 《영 인디아》에 국민회의가 그들의 생명을 구하고자 노력했으나 소용없었다고 했다. 죽음의 두려움을 극복한 영웅들에게 경의를 표하면서도 누구도 그들의 행동을 모방해서는 안 된다고 썼다. 그 뒤 간디에게 싱의 처형을 막을 기회가 있었다는 주장이 제기되기도 했다. 그러나 당시 간디에게는 그 정도의 힘이 없었기 때문에 이는 근거 없는 것으로 판단된다. 싱은 간디의 사상에 공감하지 않고 비폭력 저항은 착취자를 교체하는 것에 불과하다고 비난했다.

싱은 2008년 인도 잡지《인디아 투데이》의 여론조사에서 보스와 간디를 제치고 '위대한 인도인'으로 선정되었다. 그의 삶을 묘사한 영화도 여러 편 제작되었다. P. M. S. 그레왈이 지은 그의 평전『바갯 싱: 인도 독립의 불꽃』은 2012년 우리말로도 번역되었다.

## 간디의 재등장

간디가 1922년에 받은 6년 금고형이 1928년 4월에 끝났다. 앞에서 보았듯이 그는 1924년에 석방되었으나, 그 후 남은 사 년간의 형기 동안 정치 활동을 하지 않고 여러 가지 사회 활동을 했다. 사실 당시는 간디가 활동하기 어려운 시기이기도 했다. 1923년의 새로운 통치법하에서는 한정적으로 권한이 위양된 주 의회 선거가 행해졌고, 국민회의도 의회 정당으로서 스와라지당을 결성하여 선거에 참여했기 때문이다. 민중 운동의 거친 파도가 지나가고 엘리트 정치의 화려한 계절이 찾아온 것이다. 그런 때에 간디 같은 대중정치가는 조용히 지내는 편이 좋았다. 그러나 몇 년 뒤 정치적 안정이 흔들리고 정치와 경제의 위기가 심각해지면서 간디가 다시 필요해졌다.

1928년의 운동 중에서 특히 구자라트의 바르돌리(Bardoli)에서 간디의 오른팔인 파텔이 그의 사티아그라하를 모델로 토지세 거부 운동을 전개하여 성공한 것이 있다. 당시 뭄바이 총독부는 명목상으로는 22퍼센트 인상된 토지세를 부과했지만 실제로는 육십 퍼센트까지 인상되었다. 바르돌리 농민들은 인상률이 완전하고 적절한 조사 없이 책정되어 공평하지 못하다고 주장했다. 그러한 주장은 인도 전역에서 공통된 것이었기에 당연히 전국으로부터 주목받았다. 간디는 바르돌리 사티아그라하가 전개된 6개월 동안 여섯 번이나 그곳을 방문했다. 그는《영 인디아》에 다음과 같이 썼다.

**사람들에게 그들의 잘못에 대한 의식을 깨우치고 훈련된 평화적 저항을 위한 능력을 배양하며, 공동의 고통에 익숙하게 하는 모든 것이 우리를 스와라지(독립)에 가깝게 가도록 한다. (YI, 1928. 3. 8.)**

한편 사면초가에 있던 모틸랄 간디가 지원을 요청했다. 간디는 이를 수락하여 1928년 12월 콜카타에서 열린 국민회의 연차대회에 참석했다. 간디가 탄기차가 나그푸르에 정차했을 때 친구들이 간디에게 독립이라는 정치적 전쟁에 대한 입장을 물었다. 간디는 거기에 참가할 생각이 없고 지금은 인민들에게 비폭력적인 수단으로 민족의 위기를 극복할 방법을 가르치고 있다고 답했다. 대회에서 간디는 헌법안 채택을 호소했고, 그것은 만장일치로 통과되었다. 그래서 위기를 넘겼다. 그러지 않았으면 국민회의는 분열되고 종교 대립도 격화했을 것이다.

그러나 연차대회에서 보스와 네루가 지도한 청년들이 간디에게 행동을 요구했다. 그들은 독립 선언을 주장했다. 그것은 독립 전쟁을 뜻했다. 간디는 영국에게 경고하며 이 년간의 시간을 주자고 주장했다. 그러나 행동에 대한 압력이 거세지자 그는 유예 기간을 일 년으로 줄였다. 그리고 말했다. 1929년 12월 31일까지 자치 정부하의 자유가 주어지지 않으면 "나는 스스로 독립 전쟁의 전사임을 선언하겠다. (⋯) 나는 배를 태워버렸다." 그래서 운명적 대결은 1930년으로 미뤄졌다.

당시 총독은 1929년 첫 4개월간의 정치적 테러와 노동 분쟁 위기를 극복하기 위한 행정적 대책을 강구했다. 노동운동의 간부들이 단체로 체포되었다. 물론 해결책은 그런 방식이 아니라 정치적으로 추구되어야 했다. 그 가능성은 인도 독립에 앞장선 램세이 맥도널드(Ramsay McDonald, 1866~1937)를 수상으로 하는 노동당 정부가 1929년 봄 선거에서 승리해 집권함으로써 현실화되는 듯했다. 스코틀랜드 농가 출신인 맥도널드는 독학한 뒤 1844년에 독립노동당에 가입하여 1911년 당수가 되었으나 제1차 세계대전 참전을 반대하고 사임하였다. 이어 1924년 영국 사상 최초의 노동당 내각을 조직하여 수상 및 외상을 겸임하였다. 1929년 재선되었으나, 당시의 대공황으로 인한 실업자 격증 및 재정 위기 등을 해결하지 못하여 노동당의 반대를 받고 사직하였다. 그러나 1931년 총선거에서 다시 국민의 압도적인 지지를 받아 수상이 되었다.

간디는 맥도널드의 집권에 고무되었다. 그래서 1929년 5월 9일 자《영 인디아》에 "영국과의 신사협정을 통해" 비폭력적으로 자유를 획득할 수 있을 것 같다는 희망을 피력했다. 그러나 한편으로는 "신사협정이 성립되자면 영국이 세계 패권을 위한 오만을 팽개치고, 인류의 공통 목표에 기여하고자 겸허하게 노력해야 한다"고 신중하게 주장했다.

## 대공황 직후

1929년 10월, 뉴욕 주식시장이 몰락하고 세계공황이 시작되었다. 그 충격은 종주국뿐 아니라 식민지에까지 미쳤다. 불황에 고통받던 노동자 농민의 불만이 공장주나 지주를 넘어 식민지 정부와 종주국으로까지 향해 가는 것은 시간문제였다.

그해 여름, 총독은 런던에 가서 몇 달 동안 새 정부와 협의하고 델리로 돌아와 1929년 10월 31일 성명을 통해 영국 정부는 영국과 인도의 대표로 구성된 원탁회의를 열겠다고 했다. 나아가 그는 "인도 헌정 발전의 당위적 이슈는 자치권의 확보"라고 말했다.

간디를 비롯한 원로 민족주의 지도자들은 이러한 전망에 호의적으로 반응했다. 그들은 자와할랄 네루와 찬드라 보스, 그 요란스러운 지지자들의 저항에도 개의치 않고 영국과의 타협을 준비했다. 1929년 12월 23일 어윈 경과 만날 약속이 잡혔다. 한편 런던에서는 전 총독이었던 레딩 경이 앞장서서 상원에서 맥도널드의 인도 정책을 비난했고, 하원에서는 보수당과 자유당이 연합하여 어윈의 자치 약속은 시기상조라며 의회 소수파인 노동당 정부에 대항했다. 그래서 간디, 진나, 모틸랄 네루, 파텔, 위대한 헌법학자 테즈 바하두르 사프루(Tej Bahadur Sapru, 1875~1949)와의 면담에서 총독은 "원탁회의에 대해 구체적인 사전 언급이나 약속을 할 수 없다"고 했다.

이는 저 유명한 1929년 12월 마지막 주 라호르* 국민회의 연차대회를 불안하게 만든 전주곡이었다. 그 한 달 전 40세 생일을 맞은 자와할랄 네루가 의장으로서 영국 의회가 인도인에게 명령할 권리를 인정하지 않겠다고 선언했다. 보스는 즉각 독립 정부를 수립하고자 네루를 열렬히 지지했지만 그의 계획은 과도한 것이었다. 간디의 감독하에서 대회는 자유의 깃발을 높이 들고 완전한 독립과 대영제국으로부터의 분리를 위한 결의안을 채택했다. 간디는 주장했다. "자치는 이제 완전한 독립을 뜻한다. 일 년 이내에 완전 독립을 쟁취하자. 그 목적을 위해 비폭력 시민 불복종 운동을 한다. 완전 독립이 실현되지 않는 한 운동은 정지하지 않는다." 그의 제안은 만장일치로 채택되었다.

국민회의는 의원 및 당원 들에게 의회에서 사퇴하고 원탁회의와 관계를 끊을 것, 시민 불복종 하고 납세를 거부할 것을 지시했다. 국민회의 운영위원회는 사티아그라하 운동의 시작을 결정하는 일을 위임받았다. 그러나 실질적 권한은 간디에게 위임되었다.

12월 31일 자정에 국민회의 대의원들과 관중이 라비(Rabi) 강가에 모여 혁명 만세를 외치는 가운데 자유 인도의 삼색기가 하늘 위로 올랐다. 이어 1930년 1월 6일에 네 개의 방침이 결정되었다. 첫째, 식민지 의회와 선거의 거부, 둘째, 운동 조직의 준비, 셋째, 운동 방침의 선전과 집회, 넷째, 1월 26일을 독립일로 정하고 "경제, 정치, 문화, 정신과 모든 영역에서 인도를 착취하고 파괴해온 영국 정부에 대해 인도 민중은 완전 독립을 위해 싸우고 이를 쟁취할 권리가 있다"고 선언하는 것이었다. 마지막 네 번째는 간디가 제안했다.

## 11개 조항 요구

어윈 총독은 본국의 지령에 따라, 인도의 장래를 위한 원탁회의를 런던에서 개최하고 거기에 인도 대표들을 초대한다고 입법의회에서 알렸다. 그러자 간

---

\* 지금은 파키스탄의 도시가 되었다.

디는 그때까지 자치령이라는 지위도 주지 않은 영국을 비판하고 인도인은 완전 독립을 위해 운동한다고 답했다. 1월 26일에는 예정대로 '독립일'을 축하한 뒤에 '완전한 독립'을 선언하는 성명서를 발표했다. 반응은 엄청났다. 그리고 1월 30일에 '11개 조항 요구'를 선언했다. 간디는 영국이 이를 받아들이면 독립한 것과 같다고 여겼다.

1. 완전 금주
2. 루피 인상
3. 토지세를 반감하고 토지세 결정권을 의회에 부여
4. 소금세 폐지
5. 군사비 지출의 반감
6. 여러 가지 조세 수입의 중단과 정부 고관 급여의 반감
7. 외국제 섬유제품에 대한 보호관세 설정
8. 연안 교통규제법 제정
9. 정치범 석방, 정치적 소추 철회, 기타 규제 법규 철폐
10. 형사국(CID) 폐지 또는 그것에 대한 민중적 통제
11. 자위를 위한 총기 사용 허가증 발행을 민중적 규제에 위양

위 11개 조항 중 마지막 11조는 비무장화를 강제당한 식민지 사회가 무장할 권리를 요구한 것이다. 비폭력주의를 주장한 간디가 이런 요구를 했다는 점이 의아할 수 있다. 그러나 이미 보았듯이 간디는 남아프리카에서 전쟁에 참여했다. 당시 그는 영국에게 인정받기 위해 그렇게 한다고 주장했다. 마찬가지로 위 11개 조항도 영국에게 양보받고자 나열한 것이다. 그중 몇 개라도 양보받는 것이 그의 목표였으며, 이는 일종의 교섭 기술이었다.

그러나 국민회의에서는 불만이 터져 나왔다. 그럼에도 중앙과 주의 국민회의 의원 3분의 2가 정부에 대한 비협력의 표시로 사직했으나, 간디는 운동 방안을 제시하지 않았고 운영위원회의 의견도 나뉘었다. 보스는 대체 정부 수

립, 파텔은 농민의 반지대 운동, 라자고팔라차리는 금주 운동, 자와할랄 네루는 혁명 운동을 중심으로 생각했다. 반면 이슬람의 안샤리와 나이두는 운동 자체를 주저했다.

당시 상황을 네루는 다음과 같이 기록했다. "우리들은 어찌할 바를 몰라 약간 당황했다. 왜냐하면 소금과 같이 흔해빠진 것을 가지고 전국적인 투쟁과 교묘하게 결부시킬 수가 없었기 때문이다." (네루자서전, 210~211쪽.) 간디가 11개조를 발표하자 독립을 논의해야 할 때에 왜 그런 정치 및 사회적 개혁을 말하는지 알 수 없어서 독립에 대한 간디의 생각이 네루 등의 생각과 과연 같은지도 의심스러웠다고 했다.

간디의 고뇌는 깊어져갔다. 인도 전국이 불안 속에서 긴장했다. 간디가 가장 깊이 존경한 타고르가 사바르마티 아슈람을 지나다가 1월 18일 그를 방문했다. 타고르가 간디에게 1930년에는 어떻게 할지를 묻자 간디는 답했다. "밤낮으로 열심히 생각 중입니다. 그러나 주위를 둘러싼 어둠 속에서 빛을 찾을 수가 없습니다." 그리고 말했다. "폭력이 생긴다는 풍문이 분분합니다."

간디는 이런 상황에서는 시민 불복종이 '무장 반란'의 유일한 대안이지만, 여러 가지로 위험하다고 했다. 그래서 그는 국가적 차원의 폭력으로 폭발하지 않을 시민 불복종의 형태를 찾았다. 6주 동안 전국은 인내심을 가지고 기다렸다. 인도의 눈은 간디의 오두막을 향해 있었다. 이윽고 간디는 자기가 해야 할 바를 깨달았다.

2월 상순의 국민회의 운영위원회에서 간디는 3단계 운동을 제안했다.

**첫째, 간디와 소수 제자가 비폭력 항의운동을 하고 체포된다.**
**둘째, 각주의 국민회의가 운동하여 대중운동으로 확대하고 주의 지도자가 체포된다.**
**셋째, 새로운 지도자가 운동을 이어간다.**

위원회는 이를 승인하고, 간디에게 운동의 전권을 위임한다고 결정했다. 그

7부 완전 독립을 향해(1928~1939)

러나 운동의 내용은 여전히 백지상태였다. 그러다 2월 중순에 그는 마침내 소금으로 운동해야 함을 깨달았다. 19세기부터 총독부가 인도인이 사용하는 소금에 과세한 소금법에 복종하지 않고 자연이 준 소금을 손에 쥐고 행진하면서 독립을 선언한다는 것이었다.

간디는 재빠르게 행동했다. 데사이 등을 통해 은밀하게 몇 군데를 골라 정보를 수집하고 실현 가능성을 타진하며 최고의 작전을 세우기 위해 2주간 노력했다. 그리고 1930년 3월 2일, 아슈람 동료인 영국인 퀘이커 교도 작가 레지널드 레이놀즈(Reginald Reynolds, 1905~1958)에게 부탁해 뉴델리에 있는 총독 관저로 편지를 직접 전하게 했다. 우편이나 전보를 사용하지 않은 것도 주도면밀한 연출이었다.

## 총독에게 보낸 편지

간디는 계획을 추진하기 전에 총독에게 미리 그 내용을 알렸다. 그는 언제나 "비밀은 민주주의의 참된 정신을 방해한다"고 말했다. 그가 어윈에게 보낸 편지는 정부 수뇌가 받은 그 어떤 편지보다도 이상한 것이었다. 간디는 상대방에게 대안을 줄 수 있는 협상을 지지했다.

> 사랑하는 친구에게.
> 시민 불복종 운동을 전개하기에 앞서, 그리고 지난 여러 해 두려워했던 위험을 감행하기 앞서 나는 당신을 만나 길을 찾기를 원합니다.
> 나의 개인적 믿음은 절대적으로 분명합니다. 나는 살아 있는 어떤 것도 의도적으로 해칠 수 없습니다. 인간에 대해서는 더욱 그렇습니다. 설령 그것이 나와 나의 인민들에게 아무리 가혹한 학대를 했다고 해도 그렇습니다. 따라서 내가 영국의 통치를 잔인한 죄악으로 간주하면서도 나는 영국인 개인에게 해를 끼칠 생각이 없고, 영국인이 인도에서 가질 수 있는 어떤 합법적 이익에도 해를 끼칠 생각이 없습니다.
> (…) 그럼 왜 내가 영국의 지배를 죄악으로 간주할까요? 영국은 점진적인

착취 시스템을 통해, 그리고 인도가 감당할 수 없는 엄청나게 비싼 군사비와 행정을 강요하여 벙어리 같은 수억 명을 굶주리게 했습니다. 영국은 정치적으로 우리를 농노로 전락시켰습니다. 또 우리 문화의 원천을 고갈시켰습니다.

(…) 그리고 가까운 장래에 자치를 부여할 의사도 전혀 없어 보입니다. (피셔, 145~146쪽 재인용.)

이어 간디는 구체적 항목을 열거했다.

인도가 독립하면 세제는 전폭적으로 재검토되어 농민들의 이익을 최대의 관심사로 만들 것입니다. 그러나 영국의 세제는 농민의 생명을 짜내려고 고안되어 있습니다. 농민이 살기 위해 반드시 사용해야 하는 소금에조차 과세가 되어 농민들에게 가장 무거운 부담이 되고 있습니다. 무조건 공정부담 원칙만을 고수한 탓입니다. 소금은 부자보다도 농민이 더 많이 먹는 것임을 생각할 때 소금에 대한 과세는 빈민에게 더욱 큰 부담이 되는 것입니다. (피셔, 146쪽 재인용.)

다른 곳에서도 그는 농민에 대한 연간 소금세는 3일분의 임금에 해당했다고 설명했다. 농부가 부자보다 소금을 더 많이 사용하는 것은 인도의 불타는 햇볕 아래 논밭에서 일하여 땀을 더 많이 흘리기 때문이었다. 간디는 계속 비판했다.

술과 약에 대한 과세 역시 가난한 사람들에게는 가혹합니다. 이는 빈민의 건강과 도덕의 원천마저 고갈시키고 있습니다.

위에 열거한 부정은 세계에서 가장 비싼 경비가 소요되는 해외 식민지 경영을 계속하기 위해 유지되고 있습니다. 당신의 보수를 예로 들어봅시다. 한 달에 2만 1천 루피(7천 달러) 이상이 아닌가요? 그 밖의 여러 가지 간

7부 완전 독립을 향해(1928~1939)

접 수입을 제외해도 말이지요. 당신은 하루 칠백 루피(233달러)를 버는 반면 인도의 평균 수입은 하루 2안나(4센트)를 넘지 못합니다. 따라서 당신은 인도의 평균 수입보다 오천 배 이상을 버는 셈입니다. 영국 수상은 영국인 평균 수입의 구십 배 정도를 버는데 말이지요. 이러한 현상을 심사숙고하기를 무릎을 꿇고 요청합니다. 내가 개인적인 예를 든 것은, 고통스러운 진실을 실감 나게 표현하기 위해서입니다. 나는 당신을 너무나도 존경하기 때문에 당신의 감정을 상하게 할 생각은 전혀 없습니다. 당신은 지금 받는 보수가 없어도 무방하다는 것도 알고 있습니다. 아마 그 보수 전체가 자선단체에 기부되는지도 모릅니다. 그러나 그런 차이를 만드는 시스템은 하루빨리 폐기되어야 합니다. 총독의 보수에 대한 진실은 행정 전반에서도 마찬가지입니다. 오직 조직화된 비폭력 운동만이 영국 정부의 조직화된 폭력을 견제할 수 있습니다.

이러한 비폭력은 시민 불복종을 통해 나타납니다.

(…) 나의 소망은 비폭력을 통해 영국 인민을 개전시켜 그 결과 그들이 영국에서 저지른 잘못을 알도록 하는 것일 뿐입니다. (피셔, 147쪽 재인용.)

이어 간디는 협상을 간청했다.

나는 당신이 이러한 죄악을 즉각 제거하기 위한 길을 닦고, 그리하여 대등한 위치에서 참된 회담을 할 수 있는 길을 열어주기를 진심으로 바라는 바입니다.

그러나 만일 당신이 이러한 죄악을 처리할 방법을 강구하지 못한다면, 그리고 나의 편지가 당신의 가슴에 아무런 호소를 하지 못한다면, 이번 달 11일, 나는 내가 동원할 수 있는 아슈람의 동료들과 함께 소금법의 조항을 무시하는 행진을 할 것입니다. 당신이 나를 체포하여 나의 계획을 좌절시키는 것은 당신의 자유입니다. 나는 수많은 동지가 질서 있게 나의 뒤를 이어 나가리라고 기대합니다. (피셔, 147~148쪽 재인용.)

어윈 경은 직접 답하지 않고 비서를 통해 법을 어기고 공안을 해치는 행동이 유감이라고 전했다. 간디는 실망하여 동료들에게 말했다. "나는 무릎을 꿇고 빵을 달라고 했다. 그리고 나는 빵 대신 돌을 들었다." "우리의 동기는 정당하고, 수단은 강고하며, 신이 우리와 함께 있다." (Herman, 335쪽.)

## 소금 행진

소금 행진, 또는 소금 사티아그라하는 앞에서 본 간디의 모든 행동이 그러했듯이 지극히 쉽고 단순한 것이었다. 무지하고 가난한 인도인들도 즉각 이해하고 따랐을 뿐 아니라 그들에게 최대의 영향력을 발휘했고, 세계 모든 사람에게 깊은 감동을 주었다.

간디는 3월 5일에 소금 행진 계획을 발표했다. 국민회의에서의 발표나 기자회견이 아니라 아슈람 저녁 기도 때 주민들에게 계획을 설명하는 형식을 취했다. 그 소식이 전해지자 국민회의 지도자들은 크게 놀랐다. 간디와 가장 가까웠던 파텔이나 네루조차 실망했다. 파텔의 형으로 국민회의 중앙의원회 의장이었던 비탈바이 파텔(Vithalbhai Patel, 1871~1933)은 '웃기는 짓'이라는 논평을 신문에 발표했다. 반면 정부 측은 좋아했다. 뭄바이 주지사 등은 간디를 체포하고 운동을 저지하기를 요구했지만, 어윈 총독은 그들의 강경한 입장을 누르고는 조용히 있으면서 간디의 실패를 즐겁게 지켜보자고 했다.

간디는 자신이 1920년 아마다바드에 세운 대학교의 교수와 학생 열여덟 명을 선발대로 보냈다. 그들은 휴식할 곳과 식사할 공간, 농민과 집회할 장소 등을 미리 조사하여 준비했다. 뜨거운 여름 행군이었으므로 물을 마시고 목욕하기 위한 우물이 필요했고, 간단히 흙을 파 화장실을 만들기 쉬운 장소를 확보하는 등의 사전 준비가 필수적이었다. 마을의 유력자들과도 미리 교섭해야 했다. 간디 일행 중에는 대학 출신의 브라만뿐 아니라 외국인, 불가촉천민, 무슬림, 기독교도도 있었다. 시골 사람들의 차별 전통을 깨지 않고서는 물을 마시거나 화장실을 사용하는 것이 불가능했기 때문이다.

3월 9일, 간디는 저녁 기도에서 삼 일 안에 출발한다고 선언했다. 이날은 바라브바이 파텔의 체포 후 이틀째 되는 날이었다. 칠십 명 이상과 함께 행진하고 암리차르 학살 추도일의 행동에 맞추기 위해 4월 6일부터 13일까지 술라트 해안에 도착한다는 계획이었다. 3월 10일의 저녁 기도에는 전국에서 모여든 이천 명이 참가했다. 그들은 간디와 함께 행진하기를 희망했지만 간디는 간소하고 엄격한 아슈람 생활을 한 78명으로 제한했다.

예정된 3월 11일이 가까워 오자 인도는 홍분으로 들끓었다. 국내외 기자 수십 명이 아슈람에서 간디의 행적을 취재했다. 수많은 인파가 마을 주변에 캠프를 치고 그가 어떻게 할지 지켜보았다. 전 세계로부터 온 전문이 아마다바드 우체국에 쇄도했다.

3월 12일 기도자들의 노래가 끝난 뒤, 간디와 아슈람의 남자 78명은 맨발로 마을을 떠나 댄디로 향했다. 사티아그라히들은 각자 베와 소량의 음식, 갈아입을 옷, 간단한 침구 등을 지녔다. 대머리 간디는 둥근 안경을 걸치고 야윈 몸에 천만 둘렀다. 나머지는 모두 흰 카디를 입고 모자를 썼다. 경찰에게 편의를 제공하고자 그들의 이름을 포함한 인적사항이 《영 인디아》에 발표되었다. 무슬림 두 명과 기독교도 한 명을 제외하고는 모두 힌두교도였다. 구자라트에서 31명, 마하라슈트라에서 13명, 이외에도 여러 주에서 그보다 적은 수가 참가했다. 간디는 고상한 기사도 정신에 따라 여자를 넣지 않았다고 말했다. 여자를 앞세우면 정부가 심한 벌 내리기를 주저할지도 모르기 때문이다.

그들은 간디를 선두로 바다를 향해 남쪽으로 24일을 걸어갔다. 간디는 두께 1인치, 길이 54인치 정도 되는 막대에 의지해 걸었다. 옻칠을 하고 한쪽 끝에 쇠를 댄 대나무 막대기였다. 그를 위해 말 한 필이 준비되었으나 타지 않았다. 당시 그는 61세였다. 아슈람 동료 몇 사람이 지쳐서 발이 부르텄다. 그는 "요즘 세대는 섬세하고 나약하며 응석을 너무 부린다"고 했다.

행진은 아침 여섯 시 반에 시작되었다. 일출과 일몰 시에는 야외 기도회를 열었다. 행진 중에도 그는 매일 한 시간씩 물레를 돌렸고 일기와 《영 인디아》에 실을 글을 계속 썼다. 사람들과 이야기하다가 아홉 시에 잠자리에 들고, 새벽 네 시에 일어나 달빛에 의지하여 편지를 썼다.

간디와 그의 동료들은 구불구불한 먼짓길을 따라 이 마을 저 마을을 행진했다. 농부들은 길에 물을 뿌리고 그 위에 나뭇잎을 뿌렸다. 행진이 지나가는 마을의 길가마다 민족적 색채의 꽃으로 장식되었다. 순례자들이 지나가면 시골에서 모여든 농부들은 무릎을 꿇었다. 간디와 동료들은 하루에 두세 번씩 행진을 멈추고 집회를 열었다. 그때마다 그들은 사람들에게 무명옷을 입고 그것을 짜도록 권유했다. 또 아편과 술을 멀리하고 조혼 풍습을 버리며 소박하게 살아야 한다고 했다.

그들이 지나간 삼백 개 이상의 지역에서 촌장들이 정부의 직장을 그만두었다. 어느 마을의 주민이 행진을 따라 의장대처럼 다음 마을까지 함께 가는 것이 보통이었다. 인도 도처에서 온 젊은이들이 달려와 아슈람 사람들의 행진에 참여했다. 4월 5일 간디가 댄디의 바다에 도착했을 때, 본래 작았던 대열은 수천 명의 비폭력 부대로 성장해 있었다.

4월 5일, 아슈람 사람들은 밤새도록 자지 않고 기도했다. 그리고 아침 일찍 간디와 함께 바다로 갔다. 간디는 바다에 들어갔다가 해변으로 돌아와 파도가 남긴 약간의 소금을 쥐었다. 그 곁에 서 있던 나이두는 "신이여, 만세!"라고 외쳤다. 영국법은 정부의 소금 전매청에서 구입하지 않은 소금을 소유하는 일을 처벌할 수 있는 범죄로 규정하고 있었다. 간디는 영국법을 어긴 것이다.

행진이 끝난 뒤 간디는 신문에 성명서를 발표했다. 즉 소금법 위반이, 원하는 어떤 곳에서나 소금을 제조함으로써 기소될 위협을 무릅쓰는 모든 사람에게 개방되어 있다고 선포했다. 그러나 간디 자신은 그 뒤 육 년간 소금을 먹지 않았다.

간디가 기차나 자동차를 타고 가서 소금을 만들었다고 해도 그 효과는 상당했을 것이다. 그러나 380킬로미터 거리를 24일간 걸어 여행하면서 인도 전역의 시선을 모으고 "나는 나라에 신호를 보내고 있다"고 외치며 시골을 걷다가 막강한 정부를 공개적으로 무시하면서 소금 한 줌을 쥐었다는 것은, 상상력과 존엄성, 위대한 예술가의 쇼맨십을 필요로 하는 것이었다. 그것은 무식한 농민들에게 호소력을 가졌고, 보스같이 세련되고 비판적인 지식인층까지도 매

7부 완전 독립을 향해(1928~1939)

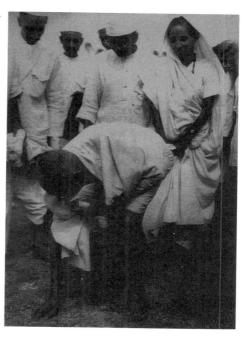

직접 해변으로 걸어 들어가
소금을 쥐는 간디.

혹했다. 보스는 소금 행진을 "엘바섬에서 돌아온 뒤 파리로 입성한 나폴레옹의 행진"에 비겼다. 그러나 소금 행진을 정치적인 의미만 갖는 것으로 볼 수는 없다. 게다가 그것은 행진만으로 끝나지 않았다.

## 소금 행진의 의의

우리의 3월은 꽃피는 계절인 봄의 시작이지만 인도의 3월은 우리네 8월처럼 태양이 내리쪼이는 한여름, 그야말로 불타는 염천이다. 천 한 장 걸치고 지팡이 하나만 든 채로 자동차는커녕 버스나 기차조차 타지 않으며 24일 동안 그 뜨거운 흙길을 380킬로미터나 걷는다는 것은 성스러운 고행의 순례였다. 그것은 인도 전역뿐 아니라 전 세계에 중계되다시피 하여 인도인은 물론 세계 방방곡곡의 많은 사람을 감동시켰다. 특히 노동자들은 간디가 자신들과 같은 모습으로 걷는 점에 깊이 감동했다. 텔레비전 같은 것은 당연히 없었고 신문이나 라디오뿐인 시대였기에 사람들은 그 소식을 읽거나 듣고 스스로 간디의 모습을 상상했다. 즉 간디는 대중에게 상상력을 불러일으킨 정치가였다.

특히 '걷기'란 모든 종교에 공유되고 누구나 지지할 수 있는 행위였다. 간디는 힌두교도였지만 그 종교에 특유한 것이 아니라 모든 종교에 보편적인 것을 몸으로 표현하여 정치에 종교를 포함시켰다. 이는 20세기 초엽 틸라크가 힌두교의 축제라고 하는 사람들의 감정과 밀착된 종교적 상징을 이용하여 대중을 고무시켜 독립운동을 전개한 것과 다른 점이었다. 틸라크의 의도는 영국에 대항한다는 점에서는 성공적이었으나, 동시에 힌두교의 적대감을 영국뿐 아니라 무슬림에게도 향하게 했다. 결국 뒤에 영국이 분할통치를 하게 만들었고, 인도와 파키스탄을 분리시키는 결과까지 초래했다.

간디는 그것을 의식했고, 특정 종교를 넘는 행위를 공유할 필요가 있다고 생각했다. 그래서 '걷기'를 선택했다. 단식, 즉 먹지 않는 것도 간디에게는 중요한 정치 행위였다. 먹는 것은 걷기와 마찬가지로 누구에게나 필수적이고 공통적인 것으로, 먹지 않는 것은 모든 종교에 공통된 고행 방법이다. 간디는 남

**간디의 소금 행진.**

7부 완전 독립을 향해(1928~1939)

아프리카에서 인도에 온 뒤부터 단식을 정치적 행위로 사용했다. 아마다바드에서 노동운동을 지도할 때 처음으로 단식을 했다. 단식도 고행이었다. 간디는 단식하면서 기도했다. 배고픈 자의 기도는 노동자 농민뿐 아니라 모든 불행한 사람에게 희망을 불러일으켰다.

간디의 소금 행진은 현재의 실정법과 다른 다르마, 즉 양심에 따른 법이 있음을 보여주었다. 다르마는 '살아 있는 동안 주어진 의무를 수행하라'는 것으로, 간디는 카스트는 본래 이러한 직업 분화의 방식이라고 생각했다. 간디는 법률가였으나 실정법보다 훨씬 중요한 것이 다르마라고 했다.

## 소금 사티아그라하의 전개

소금 사티아그라하는 1930년 3월의 행진으로 시작되어 이듬해 3월까지 여러 가지 확대된 형태로 일 년간 지속되었다. 앞에서 보았듯이 그 직접적인 목적은 소금법 철폐다. 소금세는 당시 인도의 총세입액 중 삼 퍼센트 정도였으며, 특히 빈민을 가혹하게 일하도록 몰아갔다. 간디는 소금법은 부당하며 그것을 인정하는 영국의 인도 지배도 부당하다고 판단했다. 힌두교도뿐만 아니라 무슬림, 특히 여성의 참여가 두드러진 점도 소금 사티아그라하의 특색이었다.

소금 행진이 진행되던 3월 21일에 국민회의는 간디에게 전권을 위임하여 운동을 조직하고 지도하게 했다. 또한 광범위한 권한이 국민회의 의장인 네루에게 부여되었고, 모든 사티아그라히에게는 카디를 입고 다음을 맹세하게 했다.

1. **나는 국민회의가 시작한 인도 독립을 위한 시민적 저항운동에 참여하길 원한다.**
2. **나는 국민회의의 신조, 즉 인도 국민에 의한 모든 평화적이고 적법한 수단을 통한 완전한 독립의 달성을 지지한다.**
3. **나는 내가 이 운동에 참여함으로써 야기되는 투옥이나 그 밖의 다른 고통을 기꺼이 겪을 준비가 되어 있다.**

4. 나는 투옥될 경우 국민회의의 기금에 나의 가족을 위한 재정적 도움을 청구하지 않겠다.
5. 나는 이 운동을 책임지고 있는 사람들의 명령에 무조건적으로 복종하겠다.

댄디의 아침에는 경찰도 없고 체포도 없었다. 그러나 일주일이 안 되어 인도 전역에서 소금 사티아그라하가 벌어졌다.

## 행진 이후

사티아그라하는 범국민적으로 주목되었고 그것을 통해 인도 독립의 분위기가 강화되었다. 행진이 끝난 뒤 인도 전역에서 소금 제조와 관련된 지침서들이 출판되었고 마을 사람들은 소금세의 의미와 소금 제조 방법에 대하여 교육받았다. 그리고 어디에서나 소금이 제조되었다.

행동을 보여준 뒤 간디는 무대에서 물러났다. 인도는 암시를 받았다. 간디는 해변에서 약간의 소금을 훔쳐 인도와 소통했다. 인도의 긴 해안선, 그리고 무수한 만과 후미에서 농부들이 솥을 들고 바다로 가 불법적으로 소금을 만들었다. 경찰은 그들을 대거 검거했다. 국민회의 대의원들이 도시에서 금지된 소금을 자발적으로 팔았다. 많은 사람이 단기 징역형을 받았다. 경찰은 지붕에 솥을 두고 소금을 만들고 있는 뭄바이의 국민회의 본부를 습격했다. 육만 명 넘는 군중이 항의했다.

수백 명이 수갑을 차고 밧줄에 팔이 묶인 채 감옥으로 끌려갔다. 그러나 소금 행진에 참여한 간디와 일행은 체포를 면했다. 정부 측은 만약 그가 죽기라도 하면 반영 운동의 순교자가 될 것이고, 민중운동을 수습할 수 없게 된다고 생각했다.

댄디 해변에서 간디가 쥔 소금은 경매에 붙여져 1천 6백 루피, 즉 오백 달러 이상에 팔렸는데 그 돈은 뒤에 공공기금이 되었다. 4월 14일에 체포된 자와할랄 네루도 소금법 위반으로 6개월 형을 선고받았다. 콜카타 시장도 같은 형벌에 처해졌는데, 군중집회에서 선동하는 유인물을 낭독하고 외국산 직물 배척을 촉구한 탓이었다. 간디의 가장 충실한 제자 중 한 사람인 키숄랄 마스루왈라(Kishorlal Mashruwala)는 이 년간 투옥되었다.

국민회의 지도자들이 체포되었을 때 많은 도시에서는 불매운동을 벌였다. 모든 주가 그들의 민족주의 지도자들을 빼앗겼다. 연방의회 의장인 발라브하이 파텔은 의장직을 사임하고 정부를 거부하라고 인도인들에게 충고했다. 북서부 국경의 페스하와르에서는 경찰과 군대가 도시에서 추방되었다. 그러나 이어 도시를 탈환한 군대는 칠십 명을 살해하고 백 명에게 부상을 입혔다. 정부는 민족주의 신문에 대한 검열을 실시했다. 어윈 경의 전기 작가에 의하면 당시 총독은 "감옥을 육천 명 이상의 정치적 반대자들로 채웠다."

간디가 댄디의 바다에 들어간 뒤 한 달간 인도는 분노로 가득했으나 그것은 평화적인 반항이었다. 인도인들은 이 운동을 계속하고 싶어 했다. 그들은 만일 운동이 폭력화하면 간디가 중단할 것임을 경험으로 알고 있었다. 그래서 매질을 당하고 발길에 차이고 체포당해도 비폭력을 유지했다. 그러나 카라치와 콜카타에서 폭동이 빈발하자 4월 17일 간디는 다음과 같이 선언했다. "만일 비폭력이 정부의 폭력에 대항해서 싸워야 할 뿐만 아니라 국민의 폭력에 대항해서 싸워야 한다면 어떤 대가를 치르고서라도 비폭력이라는 어려운 과제를 수행해야 한다." 이어 4월 26일에 간디는 자신을 따른 사티아그라히들이 기본적 요건을 채우지 못했다면 자신이 그들에게 대항하는 사티아그라하를 실시할 것이라고 선언했다.

## 간디의 체포

간디로서는 자신이 체포를 면할 것을 예상하지 못했다. 그러나 엄청난 사람들을 내버려둘 수도 없었다. 그래서 부근의 다라사나(Dharasana) 제염소에 대한 비폭력적인 습격을 계획하고 5월 4일 그것을 총독부에게 알렸다. 간디가 소금 범죄인이 된 지 한 달이 채 지나지 않은 그날 밤, 그는 범행 현장에서 얼마 떨어지지 않은 텐트에서 자다가 체포되었다.

간디는 자신이 체포된 뒤 그의 대리가 앞장서고, 각지의 국민회의가 사티아그라하를 추진한다는 계획을 세웠다. 자와할랄 네루가 체포되었으나, 제염소 습격은 추진되었다. 간디의 아내 카스투르와 고령의 판사가 앞장섰다. 그들이 체포되자 시인인 사로지니 나이두가 습격대의 지도자를 대신했다. 스물다섯 명의 자원자가 참가했다. 습격 전에 나이두는 매질을 당하겠지만 저항해서는 안 되며, 피하려고 손을 올리거나 막으려 해서도 안 된다고 경고했다.

UP통신의 저명한 특파원으로 제2차 세계대전 중 영국에서 죽은 웹 밀러가 그 현장에 있었다. 그는 처음에는 속보로 그 사건을 보도하다가 뒤에『나는 평화를 찾지 못했다*I Found No Peace*』라는 책을 냈다. 간디의 둘째 아들인 마닐랄이 행진의 선두에 서서 거대한 제염소에 다가갔다. 그곳은 도랑과 철조망으로 둘러싸여 있었고, 영국인 장교 여섯 명이 지휘하는 수라트* 경찰대 사백 명이 경비를 서고 있었다. 밀러에 의하면 "완벽한 고요 속에서 간디의 사람들은 제염소에 바짝 다가가 철책 구십 미터 앞에서 멈추었다. 피켓을 짠 행동대원들이 연좌 대원의 앞을 나와 도랑을 건너 철조망을 친 경비초소로 접근했다." 경비 장교가 그들에게 물러나라고 명령했으나 그들은 계속 앞으로 나아갔다.

**명령 한마디에 인도인 경찰관들이, 앞으로 다가서는 행렬에 덤벼들어 강철로 끝을 막은 막대기로 그들의 머리통을 무자비하게 갈겼다. 그러나 행렬의 누구도 방망이를 피하려고 팔을 올리지 않았다. 그들은 볼링 핀처럼 쓰러졌다. 내가 서 있는 곳으로부터 나는 맨머리를 곤봉으로 후려칠 때 나오는 끔찍한 소리를 들었다. 기다리고 있던 사람들은 곤봉이 내려칠 때마다 동정의 고통에 숨을 죽인 채 신음할 뿐이었다. 얻어맞은 사람들은 그대로 넘어졌고, 파열된 두개골과 부서진 어깨로 인해 의식을 잃거나 뒹굴었다.**

---

\*     Surat. 뭄바이 출신을 말한다.

(…) 잔존자들은 열을 깨뜨리지 않고 묵묵히, 집요하게, 얻어맞을 때까지 계속 행진했다. 최초 선발대가 완전히 쓰러지자 제2진이 나아갔다. 몇 분 뒤에는 자신도 맞아 넘어지거나, 죽을지도 모른다는 것을 모두가 알았음에도, 주저하거나 두려워하는 표정을 나는 볼 수 없었다. 그들은 머리를 들고서 음악이나 춤의 성원도 없이, 부상이나 죽음으로부터 피할 수 있는 어떤 가능성도 없이 꿋꿋하게 나아갔다.

경찰이 달려 나와 조직적이고 기계적으로 제2진을 때려눕혔다. 싸움도, 격투도 없었고 대원들은 맞아 쓰러질 때까지 오로지 앞으로 걸어갔다. 스물다섯 명으로 된 집단이 연좌(連坐)했다. 경찰이 달려들어 연좌한 대원들의 복부를 발로 차는 것을 나는 보았다.

또 다른 진들이 차례로 나아갔다. 화가 난 경찰이 그들의 팔다리를 잡아 끌고서 도랑 속에 집어 던졌다. 그중 한 사람이 내가 서 있는 도랑으로 끌려왔는데 그가 물속에 떨어질 때 흙탕물이 튀어 나를 적셨다. 또 다른 경찰관이 간디 대원을 도랑에 끌고 가서 물속으로 집어넣고, 물 위로 나오는 그의 머리를 막대기로 내리갈겼다. 여러 시간. 피를 흘리고 쓰러진 수많은 사람을 들것 담당 대원들이 운반했다. (피셔, 132~133쪽 재인용.)

영국 장교가 나이두의 팔을 잡고 체포한다고 말했다. 그녀는 그의 팔을 뿌리치고 말했다. "내 발로 갈 테니 손대지 마시오." 마닐랄 간디도 마찬가지로 체포에 응했다. 제염소에 대한 습격과 경찰의 난타는 며칠 동안 이어졌다. 인도는 이제 자유로웠다. 법적으로, 기술적으로 변한 것은 아무것도 없었다. 여전히 인도는 영국의 식민지였다. 그러나 달라졌다. 타고르가 그것을 설명했다. 그는 《맨체스터 가디언》 1930년 5월 17일 자에 다음과 같이 썼다.

유럽은 이제 아시아에서 종래 가졌던 도덕적 위신을 상실했다. 유럽은 더 이상 세계적으로 공정한 대우의 챔피언이자 높은 원칙의 대변자로 간주되지 않고, 도리어 서양 인종의 우월성을 내세우며 유럽 밖에서는 약탈을 일삼는 착취자로 간주될 뿐이다. 유럽에게 이는 실제로 엄청난 도덕적 패배가 아닐 수 없다. 심지어 아시아가 육체적으로 약하기 때문에 그 자신의 치명적인 이해관계가 위협을 당해도 외부의 도전으로부터 자신을 방어하지는 못하지만, 아시아는 과거에 숭배한 유럽을 이제 내려다볼 수 있는 여유가 생겼다. (피셔, 154쪽 재인용.)

타고르는 그 공적을 간디에게 돌렸다. 소금 행진과 그 여파는 두 가지 사실을 초래했다. 첫째, 그것은 인도인에게 자신들의 어깨 위에 씌워진 외국인의 멍에를 벗어던질 수 있다는 확신을 주었다. 둘째, 그것은 영국인들에게 자기들이 인도를 강압으로 지배하고 있음을 알게 했다. 1930년 이후 인도가 언젠가 지배를 거부할 것임이 분명해졌다. 더욱 중요한 것은 영국이 언젠가 지배하기를 거부할 것이라는 사실이었다. 인도인은 스스로 경찰봉과 개머리판의 세례를 받으면서도 움츠리지 않음으로써 영국은 무력하고 인도는 꺾을 수 없는 존재임을 보여주었다. 나머지는 오로지 시간문제였다.

# 2 _____ '고독자' 간디

## 간디-어윈 협정

앞서 말했듯이 소금 사티아그라하는 1930년 3월의 행진으로 끝나지 않고 이 듬해 3월까지 이어졌다. 영국 정부와 인도 총독부는 당황하기 시작했다. 인도 에서 받는 세금 수입이 급격히 줄어들었다. 경찰과 군대는 법과 질서를 유지 하는 막중한 과업으로 인해 엄청난 고통을 겪었다. 그래서 1930년 11월 12일 에 총독이 임명한 인도인들이 참석한 원탁회의가 런던에서 열렸으나 아무런 소득이 없었다. 인도의 유일한 대중조직인 국민회의는 거기에 대표를 보내 지 않았다. 1930년 11월 19일 원탁회의 폐회식에서 맥도널드는 제2차 원탁회 의에 국민회의가 대표를 보낼 것을 희망했다. 그러나 그들은 모두 감옥에 있 었다.

어윈 경은 간디, 네루 부자, 국민회의의 지도자 스무 명을 국민회의가 선포 한 독립일 전날인 1931년 1월 25일에 석방했다. 수상의 뜻을 받들었거나 아니 면 스스로 주도했는지 모른다. 국민회의는 사티아그라하 운동의 일시 정지를 결정하고, 간디가 총독과 대화하는 것에 합의했다. 그러나 운동의 일시 정지 는 심각한 영향을 초래했다. 국민회의의 지도자 대부분은 그 결정에 놀랐고, 민중의 신뢰를 상실했다. 자와할랄 네루는 거칠게 항의했다. "지금 혁명이 일 어나고 있는데 왜 멈추는가?" 그가 활동한 갠지스강 유역의 연합주*에서는 농 민운동이 거세어 가난한 농민들이 조합을 결성해 지주(자민달)에 대해 지대를 거부하는 등 권리를 요구하고, 채식주의·금주·금연을 확대하면서 영국의 지 배에 도전하는 운동을 전개했다.

---

\*     United Provinces of Agra and Oudh, 인도의 아그라아우드 연합주(州). Uttar Pradesh 의 옛 공식명.

사회주의를 주장한 자와할랄 네루와 달리 바라드바드 파텔도 1928년부터 이끈 구자라트 지방 농민운동의 예상치 못한 중지에 저항했다. 갠지스 지역과 달리 비교적 풍요한 땅을 가진 농민(파티달)들은 정부에게 지대 인하를 요구하고 납세 거부 운동을 전개했다. 감옥에 보내거나 농지나 재산을 조세 대신 압류해도 완강하게 저항하는 사람들이 있었다.

그러나 영국 측의 회유적 태도에 대한 감사의 표시로 간디는 어윈에게 면담을 요청했다. 어윈도 호의적으로 반응했다. 첫 번째 만남은 2월 17일 오후 두 시 반에 시작되어 세 시간 사십 분간 이어졌다. 그것은 역사적이고 결정적인 사건이었다. 총독을 방문하는 대부분의 사람과 달리 간디는 총독의 호의를 간청하지 않았다. 그는 한 나라의 지도자로서 다른 나라의 대표와 '평등하게' 교섭하고자 그를 만난 것이었다. 간디에 반대해서는 인도를 지배할 수 없다는 사실이 소금 행진을 통해 증명되었다. 이제 영국의 통치는 반쯤 헐벗은 탁발승에 의해 좌우되었다.

회담에서 어윈은 사티아그라하를 끝내려고 했고, 간디는 완전 독립을 달성하고자 했다. 여덟 번의 회합과 논쟁을 거쳐 어윈과 간디는 3월 5일에 협정*을 체결했다. 그 내용은 사티아그라하 운동을 정지하는 대신 총독부가 다음을 약속한다는 것이었다. 즉 치안 법령 실시와 체포자에 대한 형사소추 정지, 폭행 이외의 정치범 석방, 술과 외제 면포에 대한 평화적 거부 운동 허가, 운동으로 인해 몰수된 토지와 재산의 반환, 천연 소금 수확과 제조 허가, 국민회의 활동 합법화였다.

그러나 이는 그동안 죽음을 각오하고 사티아그라하 운동에 임했던 사람들이 보기에는 허무한 결과였다. 그들은 간디를 배신자라고 비난했다. 게다가 정부 측이 약속을 어디까지, 언제까지 지킬지도 알 수 없었다. 간디의 결단이었으므로 국민회의도 따르지 않을 수 없었지만, 많은 사람이 1922년 차우리

---

\*    '간디-어윈 협정(Gandhi-Irwin Pact)' 또는 '델리 협정(Dehli Pact)'.

차우라 폭동 뒤에서와 마찬가지로 간디에게 크게 실망했다. 그러나 간디는 항상 그러했듯이 적을 믿어야 하고 평화적 해결을 위해서는 어떤 방법이라도 강구해야 한다는 생각을 고수했다.

여하튼 시민 불복종은 취소되어야 했고, 수감자들은 석방되었으며, 해변에서 소금 제조도 허용되었다. 국민회의는 런던에서 열릴 차기 원탁회의에 대표를 보내기로 결정했다. 그러나 독립이나 자치는 약속되지 않았다. 몇 달 지나지 않아 협정은 그 의의를 상실했다. 일부 국민회의 의원들은 간디가 독립을 위한 어떤 구체적인 내용도 얻지 못했다고 비판했다. 이는 간디가 서서히 고립되기 시작되었음을 뜻했다.

## 제2차 원탁회의

원탁회의는 112명의 대표들로 구성되었다. 영국에서 20명, 토후국에서 23명, 영국령 인도에서 69명이 왔다. 토후국과 영국령 인도의 대표들은 간디와 나이두 등을 제외하고는 모두 인도 총독에 의해 임명되었다. 그들은 주로 지주, 귀족, 종교 지도자, 사업가나 백만장자들로 민주적으로 선출된 사람들이 아니었다. 그래서 간디는 그들이 인도인을 대표할 수 없다고 했다.

간디는 제2차 원탁회의에 유일한 국민회의 대표로 참석했다. 영국 측이 이슬람을 대표한 안살리의 참가를 거부한 탓이었다. 간디는 원탁회의와의 인터뷰에서도 지금까지의 주장을 되풀이했다. 즉 국민회의만이 인도인을 대표하고 자신이 그 국민회의를 대표하며 사티아그라하에 의해 완전 독립을 이룩한다는 것이었다. 토후국·무슬림·시크교·기독교·불가촉천민 등 여러 집단에서 온 인도 측 대표들은 자기가 인도의 유일한 대표라고 주장하는 간디의 말에 상처를 입고 분노했다. 자신들의 존재를 부정하는 말이었기 때문이다. 간디는 종래의 주장을 되풀이했으나 누구도 그의 말을 듣지 않았다. 따라서 회의장의 그는 고립무원이었다.

간디는 회의에서 인도의 칠십만 마을에 사는 수백만 명을 대표하는 국민회의의 목표는 완전한 독립으로 군대·외교·금융·재정 및 경제 정책에 대한 완

**원탁회의에서의 간디.**

전한 통제를 뜻한다면서, 그것에 비해 영국 정부의 정책 성명서는 너무나도 부족하다고 비판했다. 그러나 영국 측은 무슬림·시크교도·불가촉천민·기독교도·파르시교도·유럽인 등 인도에 사는 모든 소수집단을 보호하고 그들의 요구를 충족시킨 뒤에야 자치를 허용할 수 있다고 주장했다. 분열에 의한 통치를 계속하겠다는 것이었다. 따라서 원탁회의는 처음부터 실패가 예상된 것이었다.

간디는 불가촉천민을 소수집단으로 설정하여 선거구를 분리하자는 암벳카의 주장을 거부했다. 간디는 불가촉천민 문제란 힌두교가 치유해야 할 힌두교 내부의 문제이고, 그들을 소수집단으로 설정하면 인도는 분열되며 불가촉천민은 영원히 불가촉천민으로 남는다고 주장했다. 그는 말했다. "불가촉천민 제도가 살아 있게 하느니 차라리 힌두교를 죽이는 쪽을 택하겠다."

그보다 더 심각한 문제는 무슬림 등과의 반목이었다. 시크교도를 제외하고 모든 소수집단이 선거구 분리를 주장했다. 11월 3일 연설에서 영국 수상 맥도널드는 그 주장을 승인했다. 이처럼 자유에 대한 인도의 열망이라는 억제할 수 없는 힘은, 인도에서 물러날 수 없다는 영국의 움직일 수 없는 목표와 충돌했다. 그것은 협정을 불가능하게 만들었다.

## 런던의 간디

회의는 실패로 끝났지만, 간디는 런던에서 즐겁게 지냈다. 아침마다 주변의 빈민가를 산책했다. 일터로 가는 남녀와 미소를 주고받으며, 때로는 그들과 대화하고 그들의 집을 방문하기도 했다. 아이들은 그를 '간디 아저씨'라고 불렀고 그에게 다가와 손을 잡기도 했다. 어느 장난꾸러기 소년이 "어이, 간디, 바지는 어떻게 했소?"라고 소리 지르자 간디는 크게 웃었다. 간디는 이웃집 주부들과도 대화를 많이 했다.

신문기자들은 쉬지 않고 그의 주변을 맴돌았다. 어느 기자가 복장에 대해 질문하자 간디는 "여러분은 팔다리를 덮는 옷을 입고 있고, 나는 팔다리를 드러내는 옷을 입고 있습니다."라고 답했다. 간디가 조지 5세와 메리 여왕으로부터 버킹엄 궁전 다과회에 초대받았을 때에는, 그가 어떤 복장을 할지를 두고 영국 전역이 시끄러웠다. 간디는 평소처럼 허리에 천을 두르고 숄을 걸친 뒤 샌들을 신고 손목시계를 헐겁게 차고서 궁궐로 갔다. 누군가가 그에게 복장을 충분히 갖추었다고 생각하는지 물었다. 간디는 답했다. "왕이 우리 두 사람에게 충분한 옷을 입었습니다." 당시 유행한 '플러스 4'라는 통 넓은 반바지를 보고는 자신은 '마이너스 4'를 입는다고 농담하기도 했다.

간디는 어윈 경, 전시 수상이었던 데이비드 로이드 조지(David Lloyd George), 캔터베리 대주교, 스뮈츠 원수, 조지 버나드 쇼와 그 밖의 많은 사람과 대화했다. 유학 시절에 만났던 채식주의자 솔트도 다시 만났다. 옥스퍼드를 비롯한 여러 대학교에서도 토론을 벌이거나 강연을 했다. 푸네 감옥에서 맹장 수술을 해준 매독 대령을 만나려 리딩 부근의 시골에 내려가기도 했다. 앞서 보았듯 채플린도 간디를 만나고 싶어 했다. 영화를 보지 않는 간디는 채플린을 몰랐으나, 그가 가난한 집안 출신임을 알고 기꺼이 만나 기계 시대에 대한 대화를 나누었다. 그러나 처칠은 간디와 만나기를 거절했다.

그는 또한 수많은 공공 집회에서 연설했다. 옥스퍼드에서는 기념할 만한 주말을 두 번이나 보냈다. 이러한 모임이나 사적인 대화를 통해 간디는 무엇보다도, 그가 뜻하는 인도의 독립에 대해 설명하고자 노력했다.

**만일 내가 인도의 이익을 바라고 다시는 비탄에 빠지지 않기를 바란다면, 인도를 대영제국에서 완전히 분리시켜야 하지만, 국가로서의 영국과는 유대 관계를 형성해야 한다. 제국주의는 반드시 없어져야 한다. 나는 영국과 동등한 파트너로서, 영연방의 같은 주권국가로서 기쁨과 슬픔을 나누기를 염원한다. 그러나 그것은 반드시 동등한 조건 위의 파트너십이어야 한다.** (피셔, 159~160쪽 재인용.)

이러한 발언은 1948년 성취된 영연방 내 자유 인도의 위치를 뛰어난 선견지명으로 정확하게 서술한 것이었다. 그는 더 깊이 나아갔다. 그는 그의 추종자들 대부분이 의식하지 못한 것을 알았다. 그는 선언했다.

**고립된 독립은 우리의 목표가 아니다. 자발적인 상호의존이 우리의 목표다. 해방된 식민지는 자신의 신생 독립을 너무 중시하여 홀로 살아갈 수 있다고 과신한다. 그러나 사랑, 우정, 노동, 진보, 안전에 대한 자연의 법칙은 창조적 상호의존이다.** (피셔, 160쪽 재인용.)

간디는 매력, 솔직함, 인간성, 서민성으로 가는 곳마다 친구를 사귀었다. 심지어 그는 사자의 굴처럼 위험한 랭커셔 지역에 걸어 들어갔다. 방직공장 지대인 그곳은 간디가 인도인들에게 직접 물레로 무명베를 짜고 외국산 옷감을 배척하라고 선동하는 바람에 극심한 실업을 겪고 있었다. 방직공장 직공들의 집회에서 누군가가 말했다. "나는 간디 때문에 일터를 잃었습니다. 그러나 내가 인도에 살았다면 간디와 같이 말했을 겁니다."

간디는 값싼 영국 옷감이 인도의 면직물 산업을 몰락시켰다고 말했다. 당시 인도는 실업자가 삼백만 명을 넘었다. 대다수 농민이 일 년의 반을 일거리 없이 살았다. 게다가 인도인의 평균 소득은 영국인 실업 수당의 10분의 1에 불과했다. 간디는 인도인들에게 일자리를 준다면 그것이야말로 세계 전체를 돕는 일이라고 했다.

다웬(Darwen)의 방직공장 뜰에서 보낸 즐거운 한때가 사진으로 남아 있다. 추운 날이었기에 간디는 목에서 무릎까지 덮는 흰 무명옷을 입고 자신을 열광적으로 환영하는 여성들 사이에 서 있는데, 한 여성이 그의 손을 잡아 크게 당황한다. 이처럼 그는 자신이 해를 끼친 사람들 사이에서도 친구를 만들었다. 그는 런던의 어느 집회에서 말했다.

**나는 내가 할 일이 회의 밖에 있음을 알았다. 그것이야말로 참된 원탁회의다. (…) 지금 뿌려지는 이 씨앗은 앞으로 영국 사람들을 부드럽게 만들고 인간을 잔인하게 대하지 않도록 하는 결실을 맺을 것이다.** (피셔, 160쪽 재인용.)

**다웬 방직공장의 여성들과 간디.**

간디가 영국에 있는 동안 영국 정부는 런던 경찰서(Scotland Yard) 형사 두 사람을 경호원으로 배치했다. 보통 왕족을 경호하는 특별 경찰인 그들은 '거인'이었으나 곧 '소인'을 좋아하게 되었다. 다른 고관대작들과 달리, 간디는 그들을 자기 옆에 있도록 하지 않았고 그들을 무시하지도 않았다. 그는 경찰과 공공문제를 토론하기도 하고, 그들의 집을 방문하기도 했다. 간디는 영국을 떠나기 전에 경찰들에게 인도행 배를 타는 이탈리아의 브린디시까지 함께 가자고 말했다. 경찰서 간부가 그 이유를 묻자 간디는 답했다. "왜냐하면 그들은 나의 가족이기 때문입니다." 인도에서 그는 이탈리아까지 동행한 경찰 두 사람에게 "간디로부터 사랑을"이라고 새긴 시계를 하나씩 보냈다.

## 롤랑과 무솔리니

간디는 회의가 끝난 뒤 프랑스와 스위스, 이탈리아를 방문했다. 간디는 프랑스 파리에서도 열렬한 환영을 받고 롤랑이 사는 스위스의 빌뇌브(Villeneuve)로 갔다. 롤랑은 1923년에 간디 평전을 썼지만 서로 만난 적은 없었다. 그는 타고르와 앤드루스를 통해 간디를 알았다. 그들은 오랫동안 편지를 교환했고, 간디는 오로지 롤랑을 만나기 위해 유럽에 가려고 몇 번이나 시도했다. 그들은 닷새를 함께 보냈다.

12월 6일 간디를 처음 만났을 때 롤랑은 성 프란체스코를 생각하면서 좋아했다. 이튿날 월요일은 간디에게는 침묵일이어서 롤랑은 제1차 세계대전에 이른 현대 유럽의 비극적 상황에 대해 혼자 말했고 간디는 그의 말을 듣고 메모했다. 화요일에는 이탈리아의 현상에 대해 대화를 나누면서 롤랑에게 파시즘에 대한 경고를 들었다. 수요일에는 인도 현실에 대해 대화했고, 목요일에는 정신적 문제에 대해 대화했다. 그리고 로잔과 제네바에서 열린 평화주의자들의 모임에서 연설을 했다. 그 자리에서 무신론자들의 야유를 들었으나 간디는 차분하게 대응했다.

롤랑과 간디는 많은 대화를 나눴다. 간디는 신이 의인화된 의미의 인격이 아니라 영원한 진실이라고 하면서 무신론자도 진실의 필요성을 의심할 수 없다고 말했다. 또 예술도 진실이어야 하므로 '예술을 위한 예술'에는 반대한다고 주장했다. 롤랑은 일기에 두 사람이 매우 다르지만 간디의 길은 그 자신과 그의 민족에게 완벽한 길이라고 썼다.

롤랑과의 마지막 날에 간디는 그에게 베토벤 음악을 연주해달라고 부탁했다. 롤랑은 5번 교향곡의 안단테 악장을 피아노로 편곡한 것을 연주하며 그것이 가장 깊은 우울을 극복하는 영웅적 면을 나타낸다고 설명했다. 그것이 간디의 인격에 대한 자신의 생각과 같다고 했다.

간디는 제네바와 밀라노를 거쳐 로마로 가서 교육가인 마리아 몬테소리 (Maria Montessori)를 만났고 바티칸 박물관을 방문했다. 그는 이탈리아 정부의 국빈 초대를 거부했지만 무솔리니는 십오 분간 만났다. 간디는 무솔리니가 '위대한 인물'이고 애국자이며 "인도 국민회의에 대한 영국의 간섭과 달리, 나라를 좋게 하기 위한 자발적 활동에는 전혀 간섭하지 않는다"는 점에 주목했다(전집54, 329쪽). 간디가 무솔리니를 만난 1931년에는 아직 제2차 세계대전이 시작되지 않았고 에티오피아 침략(1935년) 전이었지만 독재자였던 것은 분명했다. 또 무솔리니의 파시즘이 독일의 나치즘과 함께 유럽에 커다란 문제를 야기하고 있었음에도 간디가 무솔리니를 좋아해 만났다는 점은 이해하기 쉽지 않다.

여하튼 간디는 무솔리니와 함께 인도에 대해 대화했으나 합의점에 이르지는 못했다. 무솔리니가 간디에게 파시스트 국가에 대해 묻자 간디는 카드로 만든 집이라고 답했다. 얼마 뒤 누군가 간디에게 무솔리니는 어땠느냐고 물었다. 간디는 그가 고양이 눈을 하고 계속 맴도는 것처럼 사방으로 움직였고 웃을 때에도 위협적으로 보였다고 답했다. 간디는 럭비 시합도 보았고 파시스트 청년 군사 조직인 발릴라의 사열 장면도 보았다. 로마에 있던 톨스토이의 딸도 만났다. 간디는 교황도 만나고 싶어 했지만 거부당했다.

## 귀국과 구속

12월 14일에 이탈리아의 브린디시(Brindisi) 항을 출발한 필스나호는 28일 뭄바이에 도착했다. 간디가 배의 널판을 디디며 귀국 환영 인파를 향해 외친 첫 마디는 "나는 빈손으로 돌아왔습니다."였다.

**나는 지난 3개월간 영국과 유럽에 있으면서 결국 동양은 동양이고 서양은 서양\*이라는 생각을 단 한 번도 해본 적이 없다. 도리어 반대로 인간의 본성은 그것이 어떤 기후에서 자라든 동서를 막론하고 같다는 신념을 과거 어느 때보다 더욱 절실하게 확신했다. 나아가 우리가 믿음과 사랑으로 접근한다면 그 열 배가 넘는 믿음, 그 천 배가 넘는 사랑의 보답이 우리에게 돌아온다는 사실을 확신했다.** (피셔, 162쪽 재인용.)

그러나 보스는 신랄하게 말했다. "환영식의 따뜻함, 정중함, 감격으로 본다면 간디는 손바닥에 자치라도 쥐고 돌아온 듯 착각하게 만들었다." 간디는 귀국하고 꼭 일주일 뒤에 예라와다 감옥에 다시 수감되었다. 이번에는 재판도 없이 실형을 선고받았다. 이어 간디가 "숭고한 사람"이라고 부른 발라브하이 파텔이 수감되었고, 마하데브 데사이도 뒤를 이었다. 자와할랄 네루와 다른 많은 지도자도 체포되었다. 1932년에 7만 5천 명 이상이 체포되었다. 국민회의는 비합법화되고 각지의 거점이 경찰의 수색을 받았으며 자금은 몰수되었다.

간디-어윈 협정 후 10개월간 시민 불복종 운동은 중단되었지만 사태는 심각했다. 새 총독 윌링턴(Willingdon) 경은 젊어서 인도 주지사를 경험한 탓에 반영 운동에 단호하게 대처해야 한다고 생각했다. 1931년 10월 영국에 새 내각이 들어섰다. 여전히 노동당의 램세이 맥도널드가 수상이었으나, 정부 요직은 보수당이 차지했다. 새무얼 호어(Samuel Hoare) 경이 인도 담당 장관이 되었다. 몇 주 지나서 비상 대권 명령이 벵골, 연합주, 북서 국경 지역에 선포되

---

\*     이는 키플링의 말이다.

었다. 그 지역들은 국민회의가 독자적인 정부를 수립함으로써 영국 총독부를 방해하려고 노력하는 곳으로 간주되었다. 인도 총독부의 내무장관 헤리 헤이그(Harry Haig) 경은 "문제의 핵심은 국민회의가 그 의지를 전국적으로 강행하는가에 달려 있다"고 선언했다. 이때부터 간디는 몇 년간 다시 정체기에 들어갔다.

# 3 _____ 카스트 문제

## 카스트

감옥에서 간디는 카스트 문제로 고뇌했다. 카스트는 혈족을 뜻하는 포르투갈어 '카스타(Casta)'에서 비롯된 말로, 전통적으로 내려오는 고착화된 가문의 직업을 뜻하는 자티(Jati, 출생)에 계급을 뜻하는 바르나(Varna, 색깔)가 부가된 것을 말한다. 즉 자티라는 직업적 족벌들을 브라만, 크샤트리아, 바이샤, 수드라, 불가촉천민 등으로 구분해놓은 것이 바로 '바르나'다. 이는 백인에 가까운 아리아인이 높은 계급이고, 피부색이 짙은 드라비다계 인종이 낮은 계급이었던 과거의 역사에서 비롯된다. 브라만, 크샤트리아 등의 고위 카스트는 키가 크고 피부가 희며 이목구비가 이란인(페르시아인)에 가까운 아리아인이지만, 바이샤는 드라비다인, 수드라는 문다인처럼 비교적 단신에 피부가 검거나 갈색이어서 이목구비가 확연히 다르다. 인도에서 가장 비참한 차별을 받는 달릿, 불가촉천민은 카스트 밖의 존재로 아웃카스트라고도 한다. 영국의 제국주의 분할정책은 다수인 힌두로부터 소수인 무슬림을 보호한다는 명분으로 양자의 종교적 균열을 극대화하고, 카스트제도를 악용하여 불가촉천민을 보호한다고 했다.

간디는 바이샤 카스트와 모드 바니아 종속 계층에 속했다. 바니아는 상인이고 간디 계급은 과거에 식료품상이었다. (간디는 식료품상이라는 뜻이다.) 하지만 힌두교도 사이의 카스트에 의한 직업적 장벽은 19세기에, 지역에 따라서는 그 전부터 급격히 파괴되었다. 그래서 간디의 할아버지와 아버지는 식료품 상인이 아니라 공직자였다. 이처럼 직업 집단으로서의 카스트가 현대의 경제적 압력으로 인해 붕괴되어가지만, 그들 사이의 사회적 차별은 집요하게 유지되고 있다.

간디의 경우 남아프리카에서도 그의 법정 고객과 친구들 중에는 불가촉천민이 많았고, 그중 한 사람은 그의 집에서 함께 살았다. 인도에 돌아온 뒤 그는 1918년 5월 뭄바이에서 불가촉천민의 조건 개선을 위한 집회에 참여했다. 청중들에게 소개된 뒤 그는 "여기 달릿이 있습니까?"라고 물었다. 아무도 손을 들지 않자 그는 연설을 거부했다. 사바르마티에 아슈람을 세운 뒤에는 불가촉천민 일가를 그곳에 초대하여 함께 살게 했다. 그러자 뭄바이와 아마다바드의 부자들이 아슈람에 대한 재정 지원을 끊어버렸다. 간디는 전혀 위축되지 않고 불가촉천민의 오두막에서 살겠다고 선언했다. 그러나 아슈람의 여성들은 부엌에서 불가촉천민 여성들과 일하기를 거부했다. 간디의 아내 카스투르마저도 불가촉천민과 부엌일을 함께하려고 하지 않았다. 간디는 아내에게 불가촉천민이 죄라면 책임은 그에게 있으므로 자신의 죄가 되고, 그녀는 힌두의 아내로서 복종해야 한다고 말했다. 카스투르는 이를 이해했다. 아슈람에 있는 다른 여성들도 묵묵히 그녀를 따랐다.

그러나 말썽은 이것으로 끝나지 않았다. 어느 날 아침 간디는 어린 락슈미를 딸로 삼겠다고 선언했다. 수년간 높은 카스트의 힌두교도가 아슈람으로 찾아와서 간디와 말하고 식사하는 것을 영광으로 느꼈다. 몇몇 사람들은 그곳을 떠나면서 종래의 편견을 되찾았지만, 대부분은 그러한 철면피가 되지 못했다. 불가촉천민에 대한 그들의 차별 의식은 조금씩 약해졌다. 그러나 대중은 여전히 간디를 숭배하면서도 불가촉천민은 싫어했다.

## 암벳카

비힘라오 람지 암벳카는 불가촉천민의 최고 지도자로 강인한 몸과 뛰어난 지성의 소유자였다. 그의 할아버지는 세포이였고, 아버지는 인도 총독부 군의 병사였다. 그들을 통해 암벳카는 바로다의 영주에게 알려졌고, 그로부터 장학금을 받아 봄베이대학과 뉴욕의 컬럼비아대학교, 영국의 LSE(London School of Economics)에서 공부할 수 있었다. 그는 변호사로서 뛰어난 경력으로 유명해졌고, 불가촉천민의 대변자로 여겨지게 되었다.

암벳카는 1931년 9월에서 10월까지 런던에서 열린 제2차 원탁회의에 불가촉천민의 대표로 참석해 불가촉천민을 위한 별도의 선거인단을 설정하거나, 미래 인도 의회의 힌두교도 교섭 단체 안에 불가촉천민을 위한 일정 의석을 사전에 배정할 것을 제안했다. 그러나 간디는 그 두 개의 안이 종파적이고 반동적이며 비능률적이라는 이유에서 반대했다.

암벳카는 그 뒤에도 인도 헌법에 대한 작업을 계속했다. 그것은 오래지 않아 예라와다 감옥의 간디에게도 알려졌다. 그 내용은 무슬림을 위한 별도의 선거인단만이 아니라, '억압받고 있는 계급들'*을 위한 별도의 선거인단도 설정한다는 것이었다. 간디는 그들을 하리잔이라고 불렀는데, 그것은 신의 아들이라는 뜻이다. 그는 새로 발행한 주간지 이름을 《하리잔》이라고 했다.

1909년 영국은 힌두교도와 무슬림에 대하여 선거인단을 각각 별도로 운영하는 제도를 실시했다. 그 결과 영국이 인도를 지배하는 한, 무슬림은 이슬람 후보에게만 투표하고, 힌두교도는 힌두 후보자에게만 투표하게 되었다. 이러한 제도는 엄청난 해악을 낳았다. 그 제도는 종교적 상이를 모든 정치적 경쟁의 결정적 요소로 만들었다. 인도의 정치적 문제의 핵심은 힌두교도와 무슬림 사이의 벌어진 틈을 연결하여 인도를 하나의 국가로 만드는 것이었다. 그러나 개별 선거인단 제도는 종교 간의 정치적 교류를 차단하여 서로를 잇는 유대를 파괴하고 그 벌어진 틈을 더욱 확대하는 것이었다.

한편 국민회의가 출석하지 않은 1932년의 제3회 원탁회의가 끝난 뒤 영국은 불가촉천민을 위한 별도의 선거인단 제도를 계획했다. 당시 감옥에 있던 간디는 1932년 3월 11일, 런던 정부의 내무장관 새무얼 호어에게 이에 대해 항의하면서 동시에 만약 영국이 불가촉천민 선거인단을 창설한 것이 사실이라면 "목숨을 걸고 단식하지 않을 수 없다"고 선언했다. 장관은 죄수에게 선거인단 문제에 대해 결정이 내려진 바 없고, 결정하기 전에 간디의 견해를 고려하겠다고 답했다. 그 뒤 아무 진전이 없었으나 1932년 8월 17일, 램세이 맥도

---

\* 영국에서 불가촉천민을 부르는 공식 용어.

널드 수상은 불가촉천민을 위한 선거인단 제도에 찬성한다는 성명을 냈다. 그 다음 날 간디는 수상에게 "나는 생명을 걸고 당신의 결정에 반대하지 않을 수 없습니다."라고 편지를 보냈다. 그리고 9월 20일 정오에 단식을 시작한다고 썼다. 인도를 두 개의 선거인단으로 나누는 것만으로도 충분히 해악이 컸다. 세 개의 인도는 상상할 수도 없었다.

## 푸네 협정

여러 곳에서 단식 중지를 설득하는 편지와 메시지, 전보가 쇄도했다. 간디의 친구들은 그가 왜 그런 문제로 죽으려고 하는지 이해하지 못했다. 감옥에 있던 네루는 자서전인 『자유를 향하여』에서 "지엽적인 문제로 최후의 희생을 선택한 점에 화가 났다"고 썼다.

그러나 간디는 확고부동했다. 그는 법과 논리를 넘어서 보았다. 그런 제도는 다양성 속의 조화, 이질성을 초월한 사랑이라는 그의 기본 원칙과 충돌했다. 분할은 충돌을 가져오고, 분열은 사상과 행동의 증오와 폭력을 낳는다. 간디는 영국에 대항하여서가 아니라 불가촉천민이 무능하다는 선고를 제거하여 힌두교도와 함께 정치적 통합체를 형성하도록 하기 위해 단식을 했다. 그의 목표는 단합된 인도 공동체였다. 맥도널드는 만일 힌두교도와 불가촉천민이 함께 만족할 수 있는 새로운 선거제도에 동의한다면 영국은 그것을 받아들이겠다고 말했다.

간디가 단식을 시작한 날, 힌두교 지도자들은 뭄바이에 있는 간디의 친구 G. D. 비를라의 집에 모여 불가촉천민의 지도자들, 특히 암벳카와 회담을 했다. 그러나 암벳카는 완강했다. 오랫동안 힌두교도들이 그의 불행한 동포들에게 가해온 잔인한 소행은 암벳카를 분노와 적개심으로 가득 채웠다. 그는 간디의 단식을 '정치쇼'라고 불렀다. 그는 힌두교의 최고 지도자들에 맞서서 말했다.

**카스트가 존재하는 한 카스트 밖 천민도 존재한다. 카스트제도를 없애지**

않는 한 카스트 밖 천민을 해방할 수 없다. 힌두 신앙에서 이 가증스럽고 사악한 교리를 없애지 않고서는 그 어떤 것도 힌두교를 구할 수 없고, 다 가오는 투쟁에서 그들이 살아남을 것이라는 보장도 없다.

그러나 결국 암벳카는 분리 선거구에 의하지 않고 일정 수의 불가촉천민 의 석을 확보한다는 선에서 양보하는 '푸네 협정'에 동의하고 맥도널드 수상은 새로운 통치법안을 발표했다.

## 비하르 지진과 은퇴

1934년 1월 15일, 비하르에서 대지진이 발생하여 팔만 제곱킬로미터의 지역이 큰 피해를 입었다. 만오천 명이 죽고 그보다 훨씬 많은 사람이 부상을 입었다. 3월에 간디는 여행을 중단하고 비하르로 가서 구조를 위해 노력했다. 그런데 간디가 그 지진을 불가촉천민 제도에 대한 '신의 징벌(divine chastisement)'이라고 말하여 문제가 되었다. 가령 타고르는 공개 편지에서 다음과 같이 말했다.

물리적 재난은 물리적 사실들의 일정한 조합에 불가피하고 배타적인 원인에서 비롯됩니다. (…) 인간 본성이 신의 섭리보다 도덕적으로 우월하다고 인정해야 할 것입니다. 신의 섭리는 최악의 행동이 난무하는 곳에서도 선한 행동을 하라는 교훈을 줍니다. (…) 우리는 우리의 죄와 과실이 아무리 엄청나다고 해도 창조의 구조물을 끌어내려 파괴할 정도의 힘은 없다는 확고부동한 믿음을 가지고 있습니다. (H, 1934. 2. 16.)

이에 대해 간디는 다음과 같이 답했다.

가뭄이나 홍수나 지진과 같은 재해는 오로지 물리적으로 생긴 것처럼 보이지만 저는 본능적으로 인간의 도덕과 상당한 관계가 있는 것으로 느낍

대지진 후 비하르를 찾은 간디.

니다. (…) 설령 저의 믿음이 근거 없다고 증명된다고 해도, 그것은 나와 함께 그것을 믿는 사람들에게 좋은 일을 한 것입니다. 우리는 불가촉천민 제도가 엄청난 범죄라는 정당한 가정 아래, 자기 정화를 위해 더욱 노력해야 한다는 자극을 받기 때문입니다.

(…) 저는 구루데브(Gurudev, 타고르)와 달리 "우리의 죄와 과실이 아무리 엄청나다고 해도 창조의 구조물을 끌어내려 파괴할 정도의 힘은 없다"고 믿지 않습니다. 거꾸로 그런 구조물을 파괴하는 데는 우리 자신의 죄가 어떤 단순한 물리적 현상보다도 더 큰 위력을 발휘한다는 믿음을 가지고 있습니다. (…) 우주적 현상과 인간 행동 사이의 관련에 대한 믿음은 저로 하여금 신에게 더 가까이 이끌어주는 살아 있는 믿음입니다. (H, 1934. 2.)

간디에 대한 직접적인 위협도 끊이지 않았다. 간디는 시민 불복종 운동이 더 이상 무의미하다고 느끼고 중단을 선언했다. 이는 당시 감옥에 있던 네루에게 충격을 주었다. 무신론자였던 네루는 간디의 종교적 발언에 당혹했지만, 간디의 사티아그라하가 가장 문명화된 투쟁 방법이라고 생각하고 적극 따랐다. 또 "두려워하기보다는 싸우는 것이 낫고, 달아나기보다는 폭력에 빠지는 것이 낫다"는 간디의 말에도 동의했다.

1934년 5월에 총독부 허가하에 국민회의가 파트나에서 간디의 정책 성명을 승인함으로써 시민 불복종은 철회되었지만, 간디는 필요한 경우 언제든지 재개한다는 단서를 달았다. 여하튼 그 직후 총독부는 국민회의에 내린 금지령을 철회했다. 간디는 국민회의가 자신을 거부한다고 느꼈다. 간디의 근본 사상인 비폭력도 국민회의에게는 하나의 정책에 불과했다. 간디는 1934년 10월 28일 뭄바이에서 열린 국민회의 석상에서 은퇴를 선언했다. 그의 나이 64세였다. 그러나 은퇴가 은거를 의미한 것은 아니었다. 그 뒤로 간디는 '건설적 프로그램'을 위해 다시금 전국을 여행했다.

# 4 _____ 세바그램 아슈람

## 세바그램 아슈람

앞서 간디는 인도가 독립하기까지 사바르마티에 돌아가지 않겠다고 1931년에 서약했다. 감옥에서 나온 뒤 간디는 친척이나 친구와 함께 살았는데, 사색하고 실을 짜고 명상하고 새로운 조직인 '전 인도 촌락 산업 협회(All India Village Industry Association, AIVIA)' 등의 사업을 할 장소가 필요했다. 1936년 워다(Wardha) 아슈람의 재정 후원자인 잔날랄 바자지가 간디에게 워다에서 동쪽으로 약 팔 킬로미터 떨어진 작은 마을 세가온의 농장과 과수원을 주었다. 그곳은 인도의 전형적인 시골로서, 인도에서 가장 빈곤한 마을이었다. 당시 주민 육백 명 중 다수가 불가촉천민이었다.

간디는 그곳을 '봉사의 마을'이라는 뜻으로 세바그램이라 이름했다. 그리고 그곳에서 마을 주변 자연에서 얻은 재료로 집을 짓고 전기나 전화, 우체국도 없이 물레를 돌리고 자급한 식량으로 채식을 하며 살았다. 그것은 극빈한 인도 농촌의 생활을 개선하고자 하는 운동의 시작이었다. 간디가 '촌락 작업'이라고 부른 그것은 하리잔 운동의 자연스러운 발전이었다. 인도 빈곤층은 최하층 카스트 출신들이기 때문이다. 1936년까지 간디에게는 농민 촌락이 모든 희망의 초점이었고, 최후의 희망이었다. 그는 "인도는 칠십만 촌락 속에 살고 있다. 공장 문명에 비폭력을 세울 수는 없지만, 자급자족의 촌락에서는 세울 수 있다"고 말했다(전집70, 296쪽). 그래서 66세의 간디는 만년의 톨스토이처럼 농부로 살고자 했다.

세바그램에서 그가 처음으로 지은 집은 흙으로 만든 오두막으로, 가로 사 미터 세로 팔 미터였는데 그곳에 귀의자와 가족들이 함께 살았다. 그러나 카스투르는 프라이버시가 전혀 보장되지 않는다는 점에 놀라 간디의 후원자인 바자지에게 별도의 집을 마련해달라고 요청했다. 그 뒤에 도로가 만들어지고 전신을 위한 전선도 설치되었다. 지금도 남아 있는 그곳의 집들은 아마다바드 아슈람의 집들보다 작고 소박하다. 그래서 오두막이라고 불린다.

그러나 세바그램에서 편안하게 살기란 쉽지 않았다. 여름에는 섭씨 48도까지 오르는 혹독한 무더위가 이어졌고, 간디를 포함하여 모두가 말라리아와 이질에 걸려 앓아누워야 했다. 부근의 무성한 풀밭에는 코브라 독보다 열여섯 배나 더 강한 독을 가졌다는 크레이트라는 뱀이 출몰했다. 간디는 고혈압으로 인해 육체노동을 장시간 할 수 없었다. 천식도 심했다. 그럼에도 불구하고 새벽 네 시면 반드시 깨어나 기도를 했다. 간디는 1936년부터 1948년까지 십이 년간 세바그램 아슈람에 머물렀다.

인도의 거의 중앙에 있는 세바그램 아슈람을 찾아가기란 쉬운 일이 아니다. 가장 가까운 공항은 나그푸르에 있지만, 버스나 기차로 가려면 뭄바이에서 출발하는 것이 제일 좋다. 세바그램 아슈람에서 간디가 머물렀던 방을 바부 쿠티(Babu Kuti)라고 한다. 그 집 옆에는 간디가 사무실로 사용한 집이 있다. 간디의 방은 지금도 원래대로 보존되어 있는데, 25센티미터 높이 나무 스탠드에 구멍이 몇 개 나 있고, 거기에 만년필과 연필이 꽂혀 있다. 간디는 어두운 흙바닥 위에 짚자리를 깔고 생활했다.

식당은 돗자리로 된 긴 양쪽 벽이 뒷벽과 연결되어 있고, 지붕은 벽과 같은 재료로 덮여 있다. 간디 생전에는 아이들까지 포함하여 모두 삼십 명가량이 짚으로 만든 얇은 돗자리를 깔고 앉았다. 각자의 앞에는 놋쇠 쟁반이 하나씩 놓여 있었다. 그들은 맨발로 소리 없이 다니면서 쟁반 위에 음식을 날랐다. 식사는 옥수수죽이나 야채죽으로 잘게 썬 시금치 잎사귀와 호박 조각이 들었다. 그리고 따뜻한 물과 우유, 껍질째 삶은 작은 감자 두 개와 밀가루로 만든 부드럽고 납작한 둥근 과자 몇 개, 망고를 먹었다. 징 소리가 울리면 짧은 바지를 입은 젊고 건장한 청년이 쟁반 시중을 중단하고, 꼿꼿하게 일어나 눈을 감고 높은 음성으로 성가를 부르기 시작했다. 그러면 모두 함께 불렀다. 기도는 "샨티, 샨티, 샨티", 즉 "평화, 평화, 평화"로 끝난다. 그리고 모두가 밀가루로 만든 과자를 세모로 접어 들고 야채가 든 옥수수죽을 떠먹으면서 식사를 시작한다.

## 1930년대의 간디

1934년부터 1939년까지 간디는 물레 돌리기 운동 촉진, 기본 교육, 국어로서의 힌두어 보급, 위생, 카디, 가내 수공업, 올바른 식사, 자연치료, 불가촉천민 구호, 국민회의 업무 등에 열중했다. 국민회의의 핵심 조직가는 사르다르 발라브하이 파텔이었다. 그는 철의 심장을 가진 법률가로, 사람 이름을 암기하는 데 뛰어났다. 친절하면서도 단호하여 봉건적인 각 주와 지방 사이에 얽힌 이해관계, 사업, 계급, 카스트, 종교, 정치적 이해관계 등을 능란하게 요리하는 명수였다. 국민회의는 그런 다양한 것들을 포괄적으로 덮는 거대한 천막 구실을 했다. 국민회의의 수석 선전책은 자와할랄 네루였다. 그는 잘생기고 예민한 행동파로 사회주의자를 자처했다. 언변과 행동이 능란하여 청년과 지성인들에게도 인기가 있었다.

간디는 국민회의에 관심을 기울였지만 사회적 향상 운동에 더욱 신경 썼다. 자신이 발간하는 잡지에 동물의 변을 처리하는 방식, 뱀에게 물린 상처를 치료하는 처방, 말라리아 처방에 대한 기사를 실었다. 심지어 마른 땅콩의 영양가를 언급할 정도로 외도를 했다. 땅콩은 연회나 선거, 회의에 못지않게 정치적인 것이었다. 그에게는 어떤 것도 인도와 무관하지 않았다. 그가 인도였고 인도가 그를 인도의 간디라고 주장했다. 인도의 모든 문제와 과제가 그에게 갔고, 그의 의견은 종종 법과 상급 법원의 판단에 상응하는 권위를 가졌다. 그는 누구나 쉽게 접근하도록 벽 없이 살았다. 그는 먹고 자고, 걷고 말하며, 일하고 읽고, 실 잣는 일을 공중이 보는 가운데 공개적으로 했다. 그의 모든 행동과 사상은 공공의 소유였다.

간디가 세바그램에 정착할 무렵 국민회의는 총독부가 만든 헌법인 '인도 법령'을 두고 다투었다. 1936년 러크나우 전당대회에서 의장으로 취임한 네루는 그것이 "인도에서 영국 제국주의 지배를 영속화하기 위해 만든 노예 헌장"이라고 비판했다. 그러나 간디가 의회를 거부하는 것은 진실이나 비폭력 같은 영원한 원칙이 아니라는 이유에서 인도 법령을 승인하자, 국민회의는 그 헌법에 따른 선거에 참여하기로 결정했다.

1937년 2월의 선거 결과 국민회의는 11개 주 중 6개 주에서 절대다수를 차지하고 다른 3개 주에서도 단일 다수당이 되었다. 7월에는 6개 주에서 국민회의 내각이 구성되었고 이어 다른 주에서도 내각이 구성되었다. 당시 패한 이슬람동맹은 국민회의와 갈등 관계에 들어갔는데, 이는 십 년 뒤 독립 직전 비극적인 분열의 씨앗이 되었다.

앞서 힌두교도와 무슬림의 갈등에 대해 언급했지만, 분리 선거구 문제에 대해 좀 더 살펴볼 필요가 있다. 무슬림은 영국이 인도를 지배하기 직전에 인도를 지배했다. 그래서 영국인들은 인도 지배를 공고히 하기 위해 무슬림을 억압하는 정책을 폈고, 그 결과 인도의 무슬림은 궤멸 상태에 이르렀다. 그러다가 19세기 후반 인도의 민족주의가 성장하자 영국은 무슬림과 동맹을 맺었고, 특히 인도 북부에서 무슬림과 힌두의 분열을 획책했다. 영국은 1909년의 몰리-민토 개혁안(Morley-Minto Reforms)으로 무슬림을 위한 별도의 선거구를 도입하여 정치적 분열을 강화했으나, 1936년까지는 분열이 그다지 뚜렷하게 나타나지 않았다. 1937년 초 선거 직전에도 무슬림과 힌두교도는 우호적인 것처럼 보였고, 이슬람동맹의 의장인 진나는 국민회의가 선거에서 이겨도 무슬림과 연립정부를 형성할 것으로 기대했다. 그러나 선거에서 이긴 국민회의는 연립정부 구성을 거부했다. 이에 진나는 간디에게 개입하기를 요청했으나, 간디는 거부했다. 1937년 5월의 일이었다. 네루도 무슬림은 힌두의 뒤에 따라와야 한다고 주장했다. 그래서 대립은 더욱 강화되었다. 힌두 측은 무슬림을 무시했지만 그들이 힘겨운 처지가 될 것임을 전혀 눈치채지 못했다.

1938년 좌우익의 통일을 바란 간디의 후원으로 수바스 찬드라 보스(Subhas Chandra Bose, 1897~1945)가 국민회의 의장이 되었다. 그러나 그가 1939년에도 의장이 되려고 하자 간디는 반대했다. 보스는 간디보다 28년 연하로 아들뻘이었다. 그는 1921년부터 간디와 국민회의가 이끄는 민족주의 운동에 가담했으나 간디와는 많이 달랐다. 보스는 인도에 필요한 것이 근대적이고 전투적이며 낙관적인 전망이라고 생각했으며, 간디의 비폭력과 물레 옹호를 수동적이고 퇴보적이라는 이유에서 반대했다. 의장 선거 전날 간디는《하리잔》에「내부의 부패」라는 글을 발표하여 국민회의의 부패와 좌익화의 징조를 개탄하며 보스를 비판했다. 그러나 다음 날 선거에서 보스가 이겼다. 그는 영국 정부에게 최후통첩을 내고자 했으나, 간디는 자신을 지지하는 우익 대의원들을 중심으로 하여 보스가 국민회의를 주도하지 못하게 하고 그를 몰아냈다. 보스는 간디와 달리 비폭력이 외교와 국제적 선전에 의해 보완되어야 한다고 주장했다. 결국 그는 인도 독립을 위해 나치 및 일제와 연대하는 위험한 모험을 벌이게 되지만, 두 사람은 생애 마지막까지 서로를 존경했다.

## 기계 비판

간디는 1934년에 만든 '전 인도 촌락 산업 협회'에서 기계의 개량은 속도와 효과의 규준이 되고, 촌락이 전기화되면 더욱 좋아질 것이라고 말했다. 간디의 목면 과학은 1933년부터 1935년 사이에 구체화되었다. 그러나 인도 사회의 두 가지 문제인 태만과 시골 사람과 도시민 사이의 분리가 촌락경제의 쇠퇴를 초래했다. AIVIA를 설립한 간디는 뛰어난 과학자를 포함해 스무 명으로 구성된 위원회를 만들었다. 행정이 아니라 사상, 이념, 과학적 지식의 중앙집권화가 필요하다고 생각했다.

**간디와 보스.**

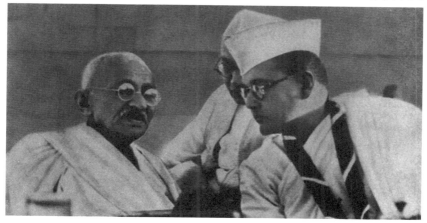

1934년 11월 그와 회견한 사람이 간디의 입장을 요약했다. "그렇다면 당신이 기계화에 반대하는 이유는 오로지 그것이 생산과 분배를 소수에게 집중시키기 때문입니까?" 간디는 답했다. "그렇습니다. 나는 특권과 독점을 싫어합니다. 대중과 함께 가질 수 없는 것은 무엇이든 나에게는 금물입니다. 그게 전부입니다."

간디의 가르침이 대부분 무시되고 있는 오늘날 인도에서, 한때 퇴영적이고 우직하다 간주되었던 그의 경제 이론이, 사회주의자나 정부 인사와 같은 서구화된 현대 인도인들에게 받아들여지고 있음은 흥미롭다. 공업화는 물론 필요하지만, 아시아와 아프리카의 많은 나라에서 대량 번영과 유용한 여가를 가져다주기는커녕 도리어 장기적인 대량 실업만을 초래하고 있다. 복잡한 선반(旋盤) 기계에 밀려난 사람들이 쉽사리 다른 직장을 갖지 못하고 굶주리고 있다.

간디는 서구나 공업화에 반대한 것이 아니다. 인도인인 그의 눈에는, 단지 기계를 위한 기계화를 주장하는 맹목적으로 유럽화된 광인들보다는 인도와 아시아의 경제 문제가 더욱 간단해 보였을 뿐이다. 기계화에 반대하는가, 라는 질문에 지친 간디는 선언했다.

**이 몸이 가장 미묘한 기계의 일종임을 아는 내가 어떻게 기계를 반대하겠는가? 물레는 하나의 기계다. 작은 이쑤시개도 하나의 기계다. 내가 반대하는 것은 기계 그 본래의 용도가 아니라 기계 자체에 광분하는 것이다. 오늘날 기계는 소수가 수백만 명을 착취하도록 도울 뿐이다. 기계가 사람들의 손발을 위축시켜서는 안 된다. 가령 나는 몇 가지 지적인 예외를 말하고자 한다. 싱거 재봉틀이 좋은 예다. 그것은 지금까지 발명된 소수의 유용한 기계의 하나로 그 자체의 모양에도 낭만이 있다.**

간디는 재봉법을 배웠다. 재봉틀을 생산할 거대한 공장이 필요하지 않은가, 라는 질문에도 동의했다. 그러나 그는 전형적인 간디식 순환논법으로 말했다.

7부 완전 독립을 향해(1928~1939)

**이상적으로 말하자면 나는 모든 기계를 배격하고 싶습니다. 영혼의 구제에 도움이 되지 못하면 이 몸까지 거부하고 싶듯이 말입니다. 그래서 나는 영혼의 절대적 해방을 추구하겠습니다. 그런 관점에서 나는 모든 기계를 거부하고 싶지만, 기계는 없어지지 않을 것입니다. 왜냐하면 이 몸처럼 기계도 불가피한 것이기 때문입니다.**

두 미국 여성이 간디에게 속도가 빠른 기차와 같은 교통수단 사용에 반대하는가, 라고 물었을 때도 간디는 위와 같은 논조로 "그것은 사실이기도 하지만 사실이 아니기도 합니다."라고 답했다. 간디는 서구의 기술이나 생활 이기를 부정하지도 않았다.

## 성 문제

간디는 인도인이 섹스 콤플렉스에 사로잡혔고 그것을 칭찬할 일로 본다고 하면서, 섹스가 스와라지의 가장 큰 적이라고 주장했다. 간디는 육체적 사랑은 절제되어야 한다고 했다. 그는 빈번한 성교가 인도인의 체질을 약화시킨다고 믿었다. 앞에서도 말했듯이 1935년 12월, 미국의 페미니스트 마거릿 생어가 그를 방문하여 인도의 산아제한을 위해 적극적인 도움을 요청했을 때 간디는 호응하지 않았다. 그는 다음과 같이 말했다.

**인위적 도구에 의한 산아제한이 어떤 조건하에서 정당화될 수 있다고 해도**(그가 이렇게 긍정한 것은 의미 있는 일이었다.) **그런 방법은 하루 수입이 1센트도 안 되는 수백만 명에게는 지극히 실용적이지 못하다.**

**물론 그는 인도의 인구를 제한할 필요성에 대해서는 적극적으로 인정했다. 찰스 F. 앤드루스에게 보내는 편지에서는 다음과 같이 썼다. "인도가 현재와 같은 비참한 상태에 있는 한, 문명적이고 자발적인 방법으로 출산을 중지할 방도가 있다면 나는 지금 당장 그렇게 하겠다."**

그가 좋아한 방법은 정신적 절제였다. "자제만이 산아를 억제할 수 있는 가장 확실하고 유일한 방법이다." 그는 만혼(晩婚)을 권장함으로써 인구 문제에 실제적으로 기여했다. 즉 여자는 21세, 남자는 25세 이전에 결혼해서는 안 된다고 한 것인데, 자기 아들들도 조혼하지 않도록 애썼다. 1940년대와 1950년대에 연간 오백만 명이라는 인구 증가는 인도의 조건하에서는 지극히 과도한 것이었다. 독립 후 상당한 경제적 진보가 있었음에도, 급격한 인구 증가는 그것을 무의미하게 만들 정도의 좌절을 초래했다. 따라서 인구 급증은 몇 년간 결혼 최저 연령을 올린다고 해결될 수 있는 것이 아니었다.

간디는 생식을 위해서가 아니라 "성교 자체를 위해 성교를 즐기는 것은 인간에게 필수적"이라는 주장을 부인했다. 자신의 청년 시절을 잊은 것이다. 비록 그는 37세부터 암살되기까지 성생활을 하지 않았지만, 성욕은 결코 사라지지 않았다. 1936년 12월 26일자 《하리잔》에서 67세의 간디는 다음과 같이 고백했다.

**몇 달 전 뭄바이에서 나는 말할 수 없이 참담한 경험을 했다. 그것은 유혹의 시간이었다. 잠이 들었는데도 갑자기 여자가 보고 싶었다. 거의 사십년 동안 본능을 초월하려고 노력해온 사람으로서, 이런 끔찍한 경험을 했을 때 너무나도 고통스럽지 않을 수 없다. 나는 결국 그 감정을 이겨냈지만 당시 나는 내 일생에서 가장 참담한 순간에 직면했고, 만일 내가 그것에 굴복했다면 그것은 나의 완전한 파멸이었을 것이다.** (H, 1936. 12. 26.)

대부분의 사람은 그러한 자기 계시의 능력이 없고, 그렇게 할 필요성도 느끼지 않는다. 그러나 그는 세계가 그에 대한 진실을 알기 바랐다. 그래서 자서전의 제목을 『진실의 실험Experiments in Truth』이라고 붙였다. 그 진실은 전체적인 것으로서 다른 사람에게 교훈이 되기를 바랐다. "내가 종래 계속 주장했듯이 한 사람에게 가능한 일은 모두에게 가능한 것이다. 나의 실험은 밀실에서가 아니라 공개적으로 행해졌다."

간디는 어린 과부 문제에 관심을 기울였다. 부모들이 젖먹이 딸을 다른 집의 젖먹이 아들이나 심지어 노인과 결혼시키는 일이 종종 있었다. 그래서 남편이 유아로 죽거나 늙어서 죽는 경우, 세 살이나 여섯 살밖에 안 되는 여자아이들이 과부가 되어 힌두교 법에 따라 재혼할 수 없게 되었다. 이에 대해 간디는 다음과 같이 썼다.

**소녀 과부는 힌두교가 낳은 하나의 오점이다.** (…) **나는 동정 과부의 재혼은 바람직한 일일 뿐 아니라, 그런 과부 딸을 갖게 된 모든 부모의 필수적 의무라고 생각한다.**

완고한 힌두교도들이 그것은 종교적으로 금지된 중혼을 범하는 일이라고 우겼지만, 간디는 "그들은 결혼한 적이 없다"고 응수했다. 그렇게 말한 근거는 그들이 "사랑을 경험하지 못했다"는 것이었다. 간디는 모든 인간은 사랑을 즐길 수 있어야 한다고 주장했으나, 그가 말하는 사랑은 육욕과는 거리가 먼 것이었다.

## 가족

간디는 모든 종류의 개인적 신상 문제나 사회 문제에 깊은 관심을 기울였다. 그의 아슈람 문은 언제나 열려 있어 누구나 무상으로 출입하여 대화할 수 있었다. 간디는 그들을 가족으로 대했다. 그것이 그의 아내나 아이들에게는 다소 비정한 느낌을 주었다. 카스투르와의 초기 관계에는 긴장이 존재했지만, 나이가 들면서 차차 사라지고 모범적인 부부가 되었다. 그녀는 결코 '간디 여사'로 행동하지 않았고, 어떤 특권도 누리지 않았다. 아무리 고된 일에도 비명을 지르지 않았고, 그를 숭배하는 젊은 제자들이나 중년 여성 제자들의 소모임이 자신과 그녀의 유명한 남편 사이에 끼어들어도 전혀 주목하지 않았다.

간디와 카스투르 부부 사이에는 거의 말이 없었다. 식사할 때나 기도할 때 그녀는 그의 왼쪽 어깨 약간 뒤에 앉아서 부지런히 부채질을 해주며 항상 그를 바라보았다. 반면 간디는 거의 그녀를 보지 않았지만 그녀가 그와 가까이 있기를 바랐다. 그녀는 비록 간디의 그림자였으나, 개성이 있었고, 매우 두드러진 자아와 강한 의지력을 지닌 초연하면서도 용의주도한 여성이었다. 수척한 얼굴에 일자로 굳게 다문 얇은 입술과 네모진 턱은 고생과 헌신 및 결단을 그대로 보여주었다. 그녀는 결코 남편에게 굴복하지 않았고, 남편도 그 점을 좋아했다.

간디는 카스투르를 "바(ba, 어머니)"라고 부르면서 "바는 나하고 살면서도 차를 마시는 버릇이 있다."라고 했다. 그녀는 남편의 권위에 도전하여 커피까지 마셨다. 간디는 "심지어 그녀를 위해 커피를 기꺼이 준비했다." 나이가 들수록 그는 그녀를 더욱 사랑했다.

그러나 그는 자식들에게 아버지가 되는 법을 제대로 배우지 못했다. 그는 자식들도 자기를 닮아 성인이 되기를 기대했다. 개성이 지식보다 더 중요하고 공공 봉사가 생업보다 더 중요하다는 이유에서 아이들에게 공식 교육을 시키는 것도 거부했다. 자식들은 그 점을 원망했다.

장남 하릴랄이 자포자기하여 주정뱅이로 타락하자 간디는 하릴랄이 잘못된 길을 간 것이 자기 탓이라고 생각했다. 자신은 그를 가졌을 때 열정의 노

간디와 카스투르.

7부 완전 독립을 향해(1928~1939)

예였고, 그의 유년 시절에는 육욕적이고 사치스러운 생활을 했다는 것이다. 1934년 하릴랄이 세바그램으로 간디를 찾아왔다. 간디는 하릴랄을 재혼시키기 위해 그의 팬인 유럽 여성을 소개했으나 실패했다. 그 뒤 하릴랄은 라지코트로 돌아가 손목시계 장사를 하려고 했는데, 간디는 이를 반대했다. 그의 노력에도 불구하고 하릴랄의 알코올중독은 고쳐지지 않았다. 1936년에 하릴랄이 처자마저 버리고 무슬림으로 개종한 뒤 압둘라로 개명하자 간디는《하리잔》에 '나의 수많은 이슬람 친구에게'라는 제목의 글을 썼다.

**만일 그를 받아들인 것이 마음에서 우러나온 것이고 세속적인 고려에서 자유로운 것이라면 이의를 달 생각이 없습니다. 나는 이슬람도 나의 종교만큼이나 참된 종교라고 믿기 때문입니다.**
**그러나 그를 받아들인 것이 과연 마음에서 우러나온 것이고 세속적인 고려에서 자유로운 것인지 나는 심각한 의문을 품고 있습니다. 내 아들 하릴랄을 아는 사람들은 모두 그가 오랫동안 술에 중독되었으며 평판이 좋지 않은 집에 드나들었다는 것을 알고 있습니다. 그는 한동안 그를 무조건 도와주는 친구들의 자선에 의지해 살았습니다. 그는 파탄 사람들 몇 명에게 높은 이자로 돈을 빌렸는데 아직 갚지 못하고 있습니다. 최근까지도 뭄바이의 파탄인 채권자들에게 목숨을 잃을까 두려워하고 있었습니다. 그런데 그는 지금 그 도시에서 영웅이 되었습니다. 그에게는 그의 부정을 포함한 많은 죄를 용서해준 매우 헌신적인 아내가 있습니다. 또한 장성한 딸 둘과 아들 하나가 있지만 자기 가족에 대한 부양을 포기한 지 오래입니다.**

하릴랄은 부모를 이용해 사업 자금을 모으기도 했다. 간디는 1926년《영 인디아》에 그에게 사기당한 무슬림에게 보내는 글을 실었다.

**그 아이와 내 이상이 다르다는 것을 확인한 것이 십오 년도 넘었습니다.**

그 뒤 우리는 따로 살고 있고 나는 직접적으로든 간접적으로든 그 아이를 도운 적이 없습니다. 아들이 열여섯 살이 넘으면 친구이자 동등한 사람으로 대해야 한다는 것이 나의 변함없는 원칙이었습니다.

반항적인 하릴랄과 달리 차남 마닐랄은 금욕주의자 아버지의 자기희생 정신에 근거한 엄격한 처벌과 수양을 철저히 받아들였다. 그리하여 남아프리카의 유색인종에 대한 말란(Malan) 수상의 현대판 탄압에 저항하는 대중운동의 지도자로서 아버지의 뒤를 이어 아버지의 이상에 가까이 가려고 노력했다. 삼남 람다스는 인도의 작은 마을에서 조용히 살며 모 회사의 지점을 경영했다. 막내 데바다스만이 아버지 곁에 머물며 요청이 있을 때 종종 비서를 지냈다. 그는 간디가 할아버지로서 더 자애롭다는 점을 발견했다. 간디가 갓난아이를 팔에 안고 그 콧등에 자기 콧등을 비벼대며 즐거워하는 사진이 남아 있다. 람다스의 아들이 쥔 막대기의 끝을 잡고 그 뒤를 빠른 걸음으로 따라가는 모습을 찍은 사진도 있다.

7부 완전 독립을 향해(1928~1939)

노소를 막론하고 간디를 두려워하는 사람은 없었다. 아슈람 안팎의 인간관계는 순박하고 직접적이며 다정했다. 그는 엄청난 양의 서신을 교환하면서 모든 답장을 직접 썼고, 어느 경우에나 형식에 그치지 않았다. 사람들이 개인적인 고민거리를 안고 찾아오면 그들을 위로하고 근심을 덜어주었다.

**어린아이와 함께 있는 간디의 모습을 담은 사진들.**

# 8부
# 인도, 독립하다
# (1938~1948)

"소금세를 폐지하십시오.
댄디 행진을 기억하십시오.
힌두와 무슬림을 통일시키십시오.
불가촉천민 제도를 없애십시오.
카디를 이용하십시오."

# 1 _____ 전쟁

## 8부

8부에서는 만년의 간디가 총탄에 쓰러지기까지의 마지막 십 년을 다룬다. 그 시기는 세계사의 차원에서도 이른바 '격동의 십 년'이었다. 제2차 세계대전과 인도-파키스탄 분리 독립과 같은 폭력적인 사태가 줄을 이었다. 비폭력과 참된 독립을 추구한 만년의 간디에게는 엄중한 시련의 나날이었다. 그는 '시대에 뒤떨어진 노인' '현실을 모르는 늙은이'라는 비난을 들었다. 집회에서 이슬람과의 공존을 주장하면 '배신자' '매국노' 소리를 들었다. 또 노동자 농민에게 비폭력을 주장한다는 이유에서 공산당을 비롯한 과격파로부터는 '자본주의의 주구' '반동'이라는 비판을 받았다. 그야말로 사면초가였다.

간디는 그전의 제1차 세계대전이나 보어전쟁 때와는 달리 제2차 세계대전에 대해서는 그 정당성을 부정하며 반대했다. 독일이 폴란드를 침략하자 간디는 즉각 히틀러에게 편지를 보내 전쟁을 중단하라고 호소했다. 또 처칠이 영국의 전시 내각 수상으로 취임하자 인도 총독을 통해 그에게 영국이 독일에 점령당한다고 해도 독일과 전쟁해서는 안 된다는 편지를 보냈다. 그러나 그 편지는 처칠에게 닿지 않았고, 설령 처칠이 받아보았다고 해도 간디의 말에 따를 리는 없었을 것이다. 1941년 12월 일본군이 진주만을 공격했을 때도 간디는 루스벨트 대통령에게 편지를 보내어 전쟁을 중지하라고 요구했다. 루스벨트는 그렇게 할 수 없다고 답했다.

국제적 차원의 폭력과 함께 국내의 폭력도 끊이지 않았다. 특히 간디는 인도에서 벌어진 종교적 폭력에 대해 우려했다. 힌두교가 다수인 지역에서는 무슬림이 공격을 당하고 그 반대인 지역에서는 힌두교도가 공격을 받았다. 살인과 방화, 강간이 이어지고 많은 사람이 피난민이 되어 고향을 떠났다. 정부나 정당은 너무나 무력했다. 정부의 참전 결정에 항의하는 국민회의 지도자가 구속되고 그들을 따르는 민중도 군대와 경찰에 억압되어 있을 때, 무슬림들은 파키스탄 국가 수립을 요구했다.

국민회의나 정부는 간디가 폭력 사태를 누그러뜨려주기를 기대했다. 간디는 스스로 신이 아닌 인간이라면서 폭동 속을 걷고 피난민들을 위로했다. 무기를 든 폭도들에게 사랑과 평화를 말했으나 결국은 그 총에 맞아 쓰러졌다.

## 간디와 유대인 문제

제2차 세계대전이 터지기 직전에 간디는 당시 팔레스타인에서 벌어진 유대인-아랍인 문제에 대해 의견을 구하는 편지를 많이 받았다. 이에 대해 간디는 《하리잔》 1938년 11월 11일 자에 "독일계 유대인은 남아프리카의 인도인보다도 한없이 좋은 원조하에서 사티아그라하를 할 수 있다. 그들은 남아프리카 인도인보다도 천부적인 재능을 타고났기 때문이다. 비무장 남녀의 조용하고 결연한 태도는 그들의 겨울 같은 실망을 여름 같은 희망으로 바꿀 것이다." 그리고 "독일계 유대인은 이교도인 독일인에 대해 영원한 승리를 얻고, 이는 어떤 의미에서 인간의 존엄에 대한 평가가 독일 이교도를 개종시키는 것이 된다."라고 썼다(전집75, 241~242쪽). 그 전에도 그는 체코인에 대해 독일인에게 총탄 대신 비폭력을 사용해야 한다고 주장했다.

간디는 유대인에게 히틀러를 위해 기도하여 그 박해자들을 무장 해제시키라고 말했다. "한 사람의 유대인이 그렇게 행동한다면 그는 자존심을 구하고, 널리 영향을 주게 되면 모든 유대 민족을 구하는 모범을 남길 것"이라고 했다. 그리고 《하리잔》 1938년 11월 26일 자에 다음과 같이 썼다.

**나는 유대인에게 전적으로 공감한다. 그들은 기독교의 불가촉천민이었다. 기독교도가 그들을 대한 방식과 힌두교도가 불가촉천민을 대한 방식은 매우 유사하다. 모두 그들에 대한 비인간적 대우를 정당화하기 위해 종교적 승인에 의지했으나, 독일이 유대인을 학대하는 방식은 역사상 유례가 없는 듯하다. (H, 1938. 11. 26.)**

8부 인도, 독립하다(1938~1948)

그러나 간디는 유대인이 팔레스타인에 들어가는 것에 대해서는 비판적이었다. 특히 영국의 무력 지원하에 팔레스타인으로 들어가는 것을 비판하고 유대인이 팔레스타인에 정착하기 바란다면 오로지 아랍인의 선의에 의해 그렇게 해야 한다고 주장했다. 팔레스타인은 아랍인의 땅이므로 유대인이 팔레스타인에 이주하는 것은 잘못되었으며 비인도적인 범죄라고 비판했다. 유대인의 민족국가 요구는 '정의의 요구'가 아니고 '어떤 도덕규범에도 반한다'고 하며, 왜 유대인들은 자신이 태어난 곳을 조국으로 생각하지 않는지 의문을 제기했다. 그곳에서 정당한 취급을 주장함이 옳다는 것이다. 또 유대 국가를 세우고자 함은 독일에서의 유대인 박해에 정당한 이유를 제공한다고 시사했다.

간디는 성서적 차원에서 팔레스타인이란 지리적 개념과는 별개로서 유대인 마음속에 있는 것에 불과하고, 만일 지리적 차원에서 팔레스타인을 필요로 한다면 영국의 무력에 의해 침입하는 것은 잘못이며, 아랍인에게 손가락 하나 까딱하지 말고 스스로 총탄에 맞아 사해에 몸을 던짐으로써 세계의 동정과 아랍의 호의를 얻어야 한다고 제안했다.

물론 간디는 당시의 히틀러가 얼마나 잔인한지를 알고 있었다.

**옛날의 압제자들도 히틀러처럼 미쳤던 적은 없었다. 만일 인류의 이름으로 인류를 위해 정당화할 수 있는 전쟁이 있을 수 있다면, 인류에 대한 무자비한 박해를 막기 위해 독일에 대항하는 전쟁이야말로 완벽하게 정당화할 수 있을 것이다. 그러나 나는 그 어떤 전쟁도 믿지 않는다.** (H, 1938. 11. 26.)

그리고 비폭력에 의한 저항을 요구했다.

**내가 유대인으로서 독일에 태어나 그곳에서 생계를 유지하고 있다면 독일인과 똑같이 독일이 내 고향이라고 주장하고, 그들에게 나를 쏘든가 아**

니면 지하 동굴에 던지라고 주장할 것이다. (…) 독일의 유대인들은 남아프리카의 인도인들보다 훨씬 더 나은 후원을 받으며 사티아그라하를 제안할 수 있다. 유대인들은 독일에서 아담한 동질적 공동체를 이루고 있다. (H, 1938. 11. 26.)

1938년 12월, 미국의 메소디스트 선교사들이 세바그램을 방문했다. 뮌헨협정과 '수정의 밤' 반유대인 폭동 직후이자 아비시니아에서 이탈리아 군대가 반항적인 주민들을 독가스로 살해한 직후였다. 선교사들은 히틀러와 무솔리니가 도덕적인 반응을 할 리가 없다고 비난했다. 그러자 간디는 그들이 히틀러나 무솔리니에게 구제 가능성이 없음을 전제한다고 비판하며 자신은 극악무도한 자에 대해서도 그러지 않는다고 했다. 반면 1938년 히틀러는 인도 전 총독 할리팍스를 만난 자리에서 인도 문제를 최종적으로 해결하기 위해서는 간디를 사살해야 한다고 말했다.

## 유대인들의 간디 비판

간디의 오랜 친구인 유대인 칼렌바흐를 비롯하여 유대인 언론들은 이에 대해 격렬하게 비판했다. 마르틴 부버(Martin Buber, 1878~1965)를 비롯하여 간디를 존경한 유대인들마저 그의 말에 의문을 품었다. 부버는 1930년에 간디의 소금 행진에 대해 쓴 에세이에서 간디는 '명백하게 통찰적'이고 '믿을 수 있는 사상가'로서 그의 도덕적 용기와 자기비판 능력은 가장 준수한 찬양을 받을 만하고 평했다.*

1939년 4월, 부버는 먼저 유대인에 대한 박해가 과거 인도인이 남아 연방에서 받은 박해와 같다는 간디의 주장을 반박했다. 인도인은 차별을 당한 것에 불과하고 유대인처럼 "학대당하거나, 도둑맞거나, 혹사당하거나, 고문당하거

---

\*     Martin Buber, 'Gandhi, Politics and US', 1930, reprinted in Buber, *Pointing the Way: Collected Essays,* Harper & Brothers, 1957.

나, 살해당하지는" 않았다고 주장하며, 남아프리카의 인도인 십오만 명은 인도의 이억 이상 되는 동포에 의해 지원받았음을 지적했다.

나아가 부버는 성경에 근거하여 유대인 이주를 정당화했다. 아랍인과 유대인의 분쟁에 대한 자신의 입장을 간디에게 밝히기 위해 아랍과 이스라엘의 참된 평화를 위해 노력해왔다고 말하며, 그가 추구하는 것은 대화적 삶, '타자성에 근거한 공동체'라고 했다. 부버는 자신이 밸푸어 선언에서 볼 수 있는 시오니즘과 제국주의의 결합에 반대했다고 하면서, 팔레스타인에 유대인이 들어온 것은 그 35년 전부터고, 영국은 유대인의 이익을 위해서가 아니라 영국의 이익을 지키기 위해서 행동한 것이라고 주장했다.

마지막으로 부버는 간디의 비폭력주의를 반대했다. 자신은 유대인이 참된 영혼의 힘을 발휘하는 것을 수없이 보았지만 그런 행동은 적대자에게 지극히 적은 영향밖에 미치지 못했고, 따라서 악마와 같은 강인한 압력은 저항될 수 없다고 하며 누가 다시금 그것을 요구할 수 있겠느냐고 되물었다. 그러나 부버가 아무리 성경을 근거로 유대인 이주의 정당성을 주장해도 그것이 그 결과 팔레스타인의 삶이 그곳에서 쫓겨난 것까지 정당화해주는 것은 아니다. 또한 유대인이 정의와 평화를 표방했다고 해도 실제로 그렇게 되지 못한 역사를 보면 부버의 설명이 도저히 납득되지 않는다.*

부버와 같은 유대인들은 간디가 나치 독일에 있었다면 오 분도 안 되어 사형을 당했으리라고 했다. 간디도 동의했으나 그렇다고 해서 자신의 주장이 틀렸다고 할 수는 없다고 했다. 그는 《하리잔》 1939년 5월 27일 자에서 비폭력 저항은 장기적으로 효과를 낳는다고 주장했다. 그리고 "복수는 감미롭지만 관용은 신성하다"는 말을 되풀이했다.

그러나 간디의 주장에는 문제가 많았다. 가령 그는 유대인들이 독일인들에게 저주가 내리기를 빌었고 영미가 그들을 대신해 독일과 싸우기를 바랐다고

---

*  박홍규, 『마르틴 부버』, 홍성사, 2012, 238~242쪽.

하는 등 유대인에 대한 편견을 노골적으로 내보이기도 했다. 이는 영국과 영국에 의해 팔레스타인에 들어가는 유대인에 대한 반발과 인도에서 무슬림을 포용해야 하는 자신의 정치적 입지에서 나온 것이지만, 간디의 비폭력 평화주의와는 모순되는 것이라고 하지 않을 수 없다.

## 전쟁의 전개

1939년 9월 3일 제2차 세계대전이 터진 그날, 영국은 인도와 아무런 상의도 없이 일방적으로 인도가 참전해야 한다고 선포했다. 인도인들은 자신의 무능에 대한 또 하나의 모욕적인 증거라고 하면서 요란스럽게 저항했다. 전쟁이 시작된 이튿날, 간디는 앞으로 영국 정부를 괴롭히지 않겠다고 공개적으로 맹세하고, 실제로 영국과 동맹국을 도덕적으로 지지했다. 그러나 그 이상 나아가지는 않았다. 전쟁 자체의 노력에는 참가할 수 없었다.

그다음 날, 간디는 린리스고 총독과 면담하기 위해 여름 수도인 심라로 가는 기차를 탔다. 면담 도중 그는 영국을 생각하면서 눈물 흘렸다. 뒤에 그는 "히틀러주의는 정확한 과학과 과학적 정밀성으로 짜인 적나라하고 무자비한 폭력을 의미한다. 그래서 나는 히틀러가 이 전쟁에 대해 책임져야 한다고 결론 내렸다. 내가 영국과 프랑스를 동정하는 것은 순간적인 감정의 결과가 아니다."라고 썼다(피셔, 203쪽 재인용).

1939년 9월 14일, 국민회의는 영국이 인도에 민주주의적 자유를 주면 전쟁에 협조하겠다고 결정했다. 비폭력을 주장하던 간디는 그 결정에 실망했지만, 그럼에도 불구하고 지지하여 사람들에게 실망을 안겨주었다. 이에 대해 간디는 "비폭력을 확대 적용하려고 할 때 나의 가장 중요한 협력자들이 나를 따르지 않는다는 이유로 그들을 버리는 것은 비폭력의 대의에 봉사하는 길이 아니다. 따라서 나는 그들이 비폭력적 방법으로부터 이탈한 것이 가장 좁은 범위에 한정된 것이고, 또 일시적인 일이라는 믿음에 따라 그들과 함께한 것이다."라고 말했다(차다, 635쪽 재인용).

1939년 10월 17일, 총독은 영국이 인도의 자치령 지위를 목표로 한다는 등

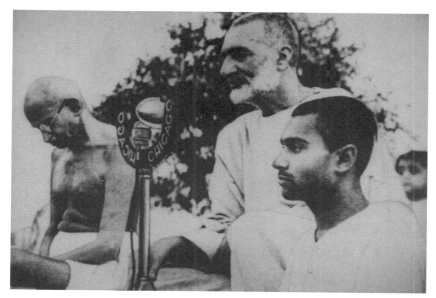

간디와 압둘 가파르 칸.

의 성명을 발표했다. 그러나 국민회의의 지방 내각은 그 내용에 실망하여 11월 15일에 총사퇴했고, 그 뒤 팔 년간 재야에서 활동했다. 이 기회를 틈타 진나와 이슬람동맹은 1940년 3월에 파키스탄이라는 별도의 국가 건설을 결의했다. 간디는 그 결의에 깊은 상처를 입고, 힌두와 이슬람이 두 개의 대립적인 문화와 교리를 갖는다는 진나의 주장을 거부했다. 그런 주장은 그 두 종교에 동일한 신을 부인한다고 했다. 그러나 당시 그보다도 더 필요했던 것은 힌두 통치에 대한 이슬람의 공포를 없애는 것이었다. 그런 노력이 없었기에 힌두와 이슬람의 갈등은 더욱 심화되어갔다.

전쟁이 전개되면서 영국이 점차 곤란한 상황에 처하자 많은 인도인이 시민 불복종 운동을 해야 할 때라고 판단했다. 하지만 간디는 이에 반대하고 도리어 영국인들에게 비폭력 투쟁을 하도록 호소했다. 그러나 간디와 친한 아슈람 동료와 '간디 전위대'인 부드러운 파탄 거인 압둘 가파르 칸(Abdul Ghaffar Khan, 1890~1988)을 제외하면, 국민회의 지도자로서 반전 평화주의나 비폭력주의를 신봉하는 사람은 거의 없었다. 그들이 간디의 비폭력주의를 따른 이유는, 그것이 간디의 리더십을 얻기 위해 지불해야 할 대가였고, 무기가 없는 인도로서는 다른 선택이 불가능했기 때문이었다.

간디는 이를 잘 알았다. 자신에게는 비폭력주의가 신념이지만 국민회의에게는 "하나의 정책"이라고 말했다. 따라서 국민회의는 연합국으로부터 보상을 얻어내기 위해 인도를 참전시킬 적극적인 용의가 있었다. 네루가 초안한 선언에서 국민회의는 "자유 민주 인도는 침략에 대항하는 상호 방위와 경제적 협력을 위해 다른 자유국들과 기꺼이 유대 관계를 맺을 것"이라고 천명했다. 뒤에 네루는 말했다. "나는 손에 칼을 들고 일본과 싸우겠다. 그러나 나는 오직 자유로운 사람으로서 그렇게 할 수 있다." 간디는 개입하지 않았다. 그는 그저 기권했다.

## 히틀러 찬양

1940년 5월에 간디는 기독교도인 제자 라지쿠마리 암리트 카우르(Rajkumari Amrit Kaur) 공주에게 보낸 편지에 "나는 사람들이 말하듯이 히틀러가 나쁘다고는 생각하지 않습니다. 그는 놀라운 능력을 보여주며 별로 피를 흘리지 않고 승리하는 것 같습니다."라고 쓸 정도로 당시 국제 정세에 대한 무지를 드러내기도 했다. 당시 간디가 이슬람과의 협조에 집착했다는 점을 참작하더라도, 히틀러에 대해 과도하게 무지했음에는 틀림이 없다.

앞에서 보았듯이 간디는 무솔리니를 만났고, 히틀러에 대해서도 상당히 호의적이었음이 분명하다. 간디가 유대인들에게 비폭력을 권유한 것도 그런 점과 관련지어 이해할 필요가 있다. 전쟁이 진행된 지 이 년쯤 되어 히틀러 군대가 러시아까지 침입했을 때인 1939년 7월 23일, 간디는 히틀러에게 공개서한을 보냈다.

### 친구에게

**제가 당신을 친구라고 부르는 것은 형식적인 일이 아닙니다. 저는 누구도**

적으로 삼지 않습니다. 제가 지난 33년간 삶에서 가장 중요하게 여긴 것은 인종, 피부색, 신조에 관계없이 인류가 친구가 되도록 하여 인류 전체의 우정을 도모하자는 것이었습니다.

그런 보편적 우애라는 신념의 영향 아래 살아온 인류 다수가 당신의 행동 (…) 체코슬로바키아에 굴욕을 가하고 폴란드를 강탈하고, 덴마크를 집어삼킨 일을 어떻게 보고 있는지 시간을 들여 알아보기 빕니다.

(…) 정도의 차이일 뿐 우리는 나치즘 못지않게 영국 제국주의에도 저항합니다. 인류의 5분의 1은 정당하지 못한 수단에 의해 영국의 발굽에 짓밟혀왔습니다. 우리가 영국 제국주의에 저항하는 것은 영국민에게 해를 주려는 것이 아닙니다. 우리는 전장에서 그들을 물리치기를 바라는 것이 아니라 그들을 개조하기를 바라고 있습니다. 우리는 영국의 통치에 비무장으로 항거하고 있습니다.

(…) 앞서 말했듯이, 비폭력이라는 방법에는 패배라는 것이 없습니다. (…) 따라서 나는 인류의 이름으로 당신에게 전쟁을 중단하라고 호소합니다.

(전집76, 156쪽.)


히틀러는 그 호소를 무시했다. 그러나 간디는 1940년 5월과 6월에 다시 히틀러에게 편지를 보내고, 같은 해 린리스고 총독에게 "히틀러는 나쁜 남자가 아닙니다."라고 말했다. 히틀러의 기갑부대가 프랑스를 휘저을 때 간디는 미래의 독일 세대가 "히틀러 씨를 천재, 용기 있는 사람, 무적의 통솔자, 더욱 많은 재능을 가진 사람으로 존경할 것"이라고 썼다(전집78, 344쪽). 1941년 크리스마스 전날에 히틀러에게 쓴 마지막 편지에서 간디는 "조국에 대한 귀하의 용감한 헌신"이라는 표현을 사용했으며, "귀하의 적이 묘사하는 괴물이라고 우리는 믿지 않습니다."라고 썼다. 그러나 동시에 "귀하의 많은 행위는 괴물처럼 추악하고 인간적 존엄과 맞지 않음은 의심의 여지가 없다"고도 했다. 전쟁이 끝난 뒤 대학살의 전모가 밝혀졌음에도 간디는 "유대인은 살육자의 나이프에 자신을 맡겨야 했다. (…) 그들은 절벽에서 몸을 던져야 했다. (…) 그것은 세계와 독일인의 눈을 뜨게 할 것이었으나 (…) 그들은 수백만의 규모로 굴복하고 말았다"고 했다.*

## 간디의 국민회의

전쟁 중의 인도 정치는 복잡했다. 국민회의에서 떨어져 나온 보스를 중심으로 폭력적 테러 운동도 부활했다. 그는 인도를 해방하기 위해서는 외국의 지원군을 받아 영국에 대항해야 한다고 생각하고, 인도를 탈출하여 일본으로 갔다. 반면 전 인도 무슬림연맹은 총력전을 전개하는 대영제국에 협력하여 파키스탄 독립을 확실히 다지고자 했다. 1939년 8월의 독일-소련 불가침조약, 1941년의 소련-일본 중립 조약에 의해 공산주의 세력의 입장은 복잡하게 되었으나, 1941년 독일이 소련을 침공하자 소련공산당에 충성을 맹세한 인도 공산당은 영국에 협력한다고 선언했다. 그 결과 인도는 여러 갈래로 분단되었다. 그런데 이러한 분단은 전쟁 전부터 시작되었음을 우리는 앞에서 보았다.

1940년 6월 21일에 국민회의는 간디의 노선에 반대했지만, 9월 15일에는 결국 간디가 국민회의를 지휘하게 되었다. 그날 그는 전국 국민회의 위원회에서 "나는 영국이 패하거나 모욕당하는 것을 조금도 원하지 않습니다."라고 말했다. 영국인의 미덕에 대한 간디의 존경은 전쟁 내도록 높게 유지되었다. 간디는 비노바 바베에게 반전운동 금지에 대해 항의하라고 요청했다. 바베는 1940년 10월 17일 와르다에서 항의하기 시작하여 구속된 뒤 3개월 징역형을 선고받았다. 이어 네루를 비롯하여 많은 사람이 구속되어 1941년 5월에는 1만 5천 명이 비폭력적 항의로 투옥되었다. 그러나 언론 통제로 인해 과거에 비해 운동은 지리멸렬했고, 총독부도 1941년 12월 초에 일본의 전쟁 개입을 앞두고 네루 등을 석방했다. 12월 7일, 일본이 진주만을 폭격한 뒤 인도 국경까지 급격히 진격했다. 1942년 2월, 일본 육군은 영국령 싱가포르를 점령하고 인도

---

\* Louis Fisher, *The Life of Mahatma Gandhi*, Collier, 1950, p. 350.

병 이만 명을 포로로 잡았다. 인도-일본 동맹을 약속한 보스는 포로 병사들로 '인도 국민국(India National Army, INA)'을 결성했다. 일본군은 싱가포르를 거점으로 하여 영국군 기지가 있는 실론(현 스리랑카)을 바다와 하늘에서 공격했다. 1942년 3월 7일, 영국령 버마에 진출하여 벵골만의 항구도시 랑군을 함락하면서 일본의 진격 부대는 인도를 위협했다. "만약 일본이 온다면 우리는 그들에게 비폭력으로 저항할 수 있을까?"라는 질문에 간디는 1942년 6월 4일 자 《하리잔》에서 다음과 같이 답했다.

**음식도 피난처도 제공해서는 안 된다. 그들과 어떤 거래도 해서는 안 된다. 그들이 인도에서 환영받지 않는다는 것을 스스로 느끼게 해야 한다. (…) 인민은 적에 대한 강제 봉사를 거부하기 위하여 오염된 지역을 피해야 한다.**

그보다 앞서 어느 일본 국회의원이 "아시아인을 위한 아시아"라는 표어를 내걸고 활동한 일본의 어느 정당을 위해 메시지를 부탁했다. 간디는 즉석에서 거절했다. "아시아를 위한 아시아라는 주장이 반유럽 결합을 뜻한다면 찬성할 수 없습니다."(H, 1938. 12. 24.) 일본의 침략 가능성에 대해 국민회의는 다시 전쟁 지원을 대가로 인도 독립을 얻고자 했으나, 간디는 반대하여 다시 국민회의에서 물러났다. 전쟁 동안 간디는 반(反)일본, 반나치스, 반무솔리니, 그리고 친영국, 친프랑스, 친미국을 견지했다. 전쟁 중 네루가 장개석 총통 부처와 소련에 헌신한 것의 영향을 받아 간디도 중국과 소련을 지지한다는 성명을 발표했다.

**이는 내가 영국인을 사랑하고 독일인을 미워해서가 아니다. 독일인도 하나의 국민으로서는 영국인이나 이탈리아인보다 못하다고 생각하지 않는다. 우리 모두 결점이 있다. 우리는 모두 방대한 인류 가족의 구성원이다. (…) 나는 인도에 어떤 우월성이 있다고 주장할 수도 없다. (피셔, 204쪽 재인용.)**

그는 오로지 침략적 정부에 대해 반대했을 뿐이었다. 그러나 영국 정부는 인도에게 자유, 독립, 자치 지위는커녕 그보다 못한 권리조차 줄 생각이 전혀 없었다. 윈스턴 처칠 수상은 언제나 자신은 대영제국의 와해를 주재하기 위해 수상이 된 것이 아니라는 1942년 11월 10일 선언의 다짐을 고수했다. 영국은 사랑했지만 제국은 미워한 "반라의 탁발승" 간디를 처칠은 증오했다. 1935년에 그는 단호하게 말했다. "간디주의와 그것이 표방하는 모든 것을 일망타진하여 철저히 분쇄해야 한다." 처칠은 왕권과 계급, 제국을 사랑했다. 그것들은 19세기의 것이었다. 19세기는 영국의 세기였다. 나폴레옹의 프랑스가 패하고 카이저 독일이 등장하기 전, 영국이 세계의 패권을 쥔 세기이자 빅토리아 여왕 치하에서 전성기를 꽃피운 세기였다. 처칠은 말했다. "우리는 우리의 것을 철저히 지킨다." 인도는 영국의 재산이었다. 그는 그것을 포기하기를 거부했다. 1940년 수상에 취임한 직후부터 1945년 물러날 때까지 처칠은 간디와 집요하게 싸웠다. 그것은 영국의 과거와 인도의 미래 사이의 싸움이었다. 처칠에게 인도란 왕위를 받드는 받침대에 불과했다.

## 영국 철수 운동

1942년 3월 랑군이 함락되고 나흘 뒤 처칠은 스태퍼드 크립스(Stafford Cripps, 1889~1952)를 영국 정부의 대표로 인도에 보냈다. 그는 여윈 체격에 검소하고 금욕적인 채식주의자였다. 부유하면서도 노동당에 속한 사회주의자로, 간디 및 네루와 공통점을 가진 사람이었다. 그는 전쟁 후 인도를 독립 자치령으로 인정하는 것을 제시했다.

간디는 이에 분노했다. 4월 19일에 쓴 「인도의 외국 병사」라는 글을 일주일 뒤 《하리잔》에 발표하면서 처음으로 영국의 즉각 철수를 주장했다. 당시 간디는 독일과 일본이 승리할 것이라고 보았다. 그리고 싱가포르에서처럼 영국이 인도를 떠나면 일본은 인도를 내버려둘 것이라고 보았다. 또 영국에 반대하는 운동을 시작하면 영국이 타협적으로 나올 것이라고 예상했다.

간디는 「모든 영국인에게」라는 글에서 "모든 아시아와 아프리카의 소유로부터, 적어도 인도로로부터 물러날 것"을 요구했다. 불멸의 화신 크리슈나 신처럼 1942년 6월을 기해 "싸우느냐, 죽느냐(Do or Die)"라는 구호를 내걸고 "인도를 떠나라(Quit India)"라는 반정부 운동을 전개하고자 했다. 행동은 좌절에 대한 그의 탈출구였다. 그것은 8월 국민회의 전국위원회에서 채택되었다.

그러나 8월 9일 새벽에 영국은 72세 간디를 체포했다. 간디와 네루를 비롯한 국민회의 지도자 수십 명이 교도소로 압송되었다. 간디는 나이두, 마하데브 데사이, 슬레이드, 피아렐랄과 함께 푸네 부근 예라와다에 있는 아가 칸(Aga Khan) 궁전에 수감되었다. 이튿날 카스투르와 수실라 나이야르(Sushila Nayyar) 박사도 투옥되었다.

푸네는 뭄바이에서 이백 킬로미터 거리이며, 그가 살았던 세바그램에 비해 교통이 편리하다. 아가 칸 궁전은 1892년에 이슬람의 술탄 아가 칸이 세웠다. 그는 1938년에 국제 연맹 회장으로 선출되었으며 정치와 스포츠 분야에서 유명했다. 궁전은 1969년 간디와 그의 철학에 대한 존경의 표시로 인도에 기증되었다. 그곳 박물관에는 간디가 궁전에 머무는 동안 사용한 식기와 식탁, 옷·수건·말라·채플과 같은 개인 소지품을 묘사한 사진, 간디가 사랑하는 비서의 죽음에 대해 쓴 편지 등이 보관되어 있다. 카스투르가 숨을 거둔 방과 간디가 손녀에게 과학 수업을 하던 방도 있다.

간디가 구속된 직후 거대한 폭력의 수문이 열렸다. 경찰서와 정부 청사가 방화되었다. 철도 침목이 파헤처지고 전선이 파괴되었으며, 영국 관리들이 살해당했다. 강력한 지하운동이 폭발했는데, 대개 국민회의의 일개 분파에 불과한 사회주의자들이 선동한 것이었다. 몇 지역에서는 영국의 통치가 완전히 마비되었다. 여러 도시와 지역에 자유 인도 정부가 수립되었다. 총독부는 모든 난동의 책임이 간디에게 있다고 비난했다. 간디는 교도소에서 총독에게 편지하여 그러한 비난에 강력히 항의했으며, 정부의 "왜곡과 와전"을 공격했다. 비폭력의 사도인 그를 전국에 퍼진 유혈 폭력의 장본인이라 비난한 것은 분명 간디의 초연한 마음의 평온을 뒤흔들었다. 그래서 그는 "육신을 십자가 제물로 바치기 위해" 단식을 했다.

총독은 단식 계획을 "정치적 협박"이라고 비난하는 답신을 보냈다. 그러나 단식 시작 이틀 전, 정부는 간디와 그의 모든 동료를 석방하겠다고 제안했다. 간디는 거부했다. 그는 석방되려고 단식을 계획한 것이 아니었다. 그래서 그는 총독에게 말했다. "단식은 내가 당신으로부터 보장받으려다가 실패한 정의를 최고의 심판자인 신에게 호소하기 위한 나의 노력이다." 그는 죄가 없었다. 그래서 스스로 오명을 벗기를 원했다.

삼 주간의 단식은 간디를 거의 사경으로 몰고 갔다. 그러나 그는 살아남았다. 단식 이후에도 간디는 편하지 않았다. 그는 증거를 가지고 인도와 영국의 관리와 일반인들에게 지하조직과 그들의 억압된 심리에 의해 야기된 파괴와 죽음에 대해 자신은 책임이 없음을 천명했다. 자신이 만일 자유인이었다면 그 폭력을 방지할 수 있었고, 난동에 가담한 국민회의의 동료들에게 반대하는 단식을 했을 것이라고 주장했다.

당시 이 편지는 전혀 공개되지 않았다. 그는 언론과 접촉할 수 없었다. 그는 정부의 부당한 비난에 공개적으로 반박할 수 없었고, 동포의 폭력을 제지할 수도 없었다. 거대한 분노가 그의 가슴에 휘몰아쳤다. 극심한 정신적 고통이었다. 비극을 더욱 가중한 것은, 그의 친구이자 조언자이며 기록자로서 간디가 친아들 이상으로 사랑했던 마하데브 데사이가 교도소 옆자리에서 심장마비로 죽은 것이었다. 이어 1944년 2월 22일, 카스투르가 남편의 무릎 위에 머리를 얹고서 숨을 거두었다. 간디는 비탄에 잠겼다. 그래서 그가 죽을 때까지 매달 22일, 카스투르를 위해 기도회를 열었다. 그 자리에서 기도자들은 노래하고 『바가바드 기타』 전체를 암송했다.

아내가 죽고 6개월 뒤, 간디는 삼일열 양성 학질이라는 병에 걸려 정신착란에 이를 정도로 엄청난 고통을 겪었다. 그를 석방하라는 요구가 인도 전역을 휩쓸었다. 언제든 죽음이 찾아올 수 있었다. 정부는 교도소 주변을 삼엄하게 경비했다. 1944년 5월 6일, 오전 여덟 시에 간디와 그 동료들은 석방되었다. 이것이 그의 마지막 감옥 생활이었다. 인도 교도소에서 거의 육 년에 이르는 2,089일을, 남아프리카 교도소에서 249일을 보냈다.

8부 인도, 독립하다(1938~1948)

간디는 뭄바이 부근 해변에 있는 친구의 아늑한 저택에서 휴양했다. 안주인이 영화 한 편을 보도록 권했다. 그는 유성이든 무성이든 영화를 본 적이 없었으나, 마지못해 동의했다. 그래서 교외 부근에서 상영된 〈모스크바에의 사명 *Mission to Moscow*〉을 집으로 가져와 보게 되었다. 누가 영화가 어땠는지 물었다. 그는 답했다. "나는 마음에 들지 않았습니다." 특히 헐벗은 여인들과 춤추는 장면을 싫어했다. 그는 죽을 때까지 영화와 카메라맨을 싫어했다. 여하튼 그는 몇 주간 요양하면서 원기를 회복했다.

## 진나와의 대결

영국 철수 결의안 제출은 큰 실패였다. 그 뒤 국민회의 지도자 전부가 삼 년간 감옥살이를 했고, 그사이 진나의 이슬람동맹은 세력을 최대한 확장했다. 또 1925년에 결성된 민중의용단 라슈트리야 세바크 상가(Rashtriya Swayamsevak Sangh, RSS)로 대표되는 힌두주의 단체도 영향력을 확대했다. 히틀러가 유대인을 대하듯이 무슬림을 학살해야 한다고 주장한 메다브 골워카(Medhav Gol-walkar, 1906~1973)는 힌두주의의 사상적 지도자로 존경받았다. 당시 그는 자신의 연설을 편집한 『사상의 다발*Bunch of Thoughts*』을 냈으나 발금 처분을 받았다. 골워커가 민중의용단을 지도하는 삼십 년 동안 회원 수는 십만 명에서 백만 명 이상으로 늘어났으며, 오십 개의 전선 조직을 통해 정치·사회·종교·교육 및 노동 분야로 진출했다. 푸네 부근에서 연금 생활을 하던 비나야크 다모다르 사바르카르(Vinayak Damodar Savarkar, 1883~1966)에게도 신봉자들이 몰려들었다. 무슬림의 파키스탄 운동에 대항하는 과격한 힌두주의 단체는 더욱 늘어났고 인기를 끌었다. 이들은 모두 뒤에 간디 암살에 관련되었다.

한편 인도 전선에서는 영국군이 일본군에게 항복했다. 인도군 포로는 보스에게 넘어갔고, 보스는 1943년 10월에 '자유 인도' 임시정부를 구성했다고 발표했다. 3개월 뒤에는 랑군에 임시정부 본부를 설치하고 인도 인민군을 창설했다. 그리고 1944년 3월 보스와 인도 인민군 선봉대는 국경을 넘어 들어가 전투했으나, 1945년 5월에 랑군에서 항복했다. 보스는 사이공을 떠나는 마지막 비행기를 타고 일본으로 탈출했으나, 8월에 프리모사에서 수수께끼의 비행기 사고로 죽었다.

1944년 6월, 간디는 정치 무대로 돌아와 새 총독 워벨(Archibald Percival Wavell, 1883~1950)과 만나고자 노력했으나 거부당했다. 그래서 협상가로서는 간디보다 훨씬 타협적인 라자고팔라차리의 설득에 의해, 무슬림연맹 의장인 진나에게 면담을 요청했다. 간디는 국민회의와 무슬림연맹이 합의하면 영국이 통치권을 양보할 것이라고 생각했다. 엄청난 반대를 무릅쓰고 18일간 만났지만 대화는 아무런 소득 없이 끝났다. 그 뒤로 간디는 자신이 더 이상 정치에 나서는 것은 무리라고 판단했다. 그래서 촌락 산업과 불가촉천민의 대의를 위해 진력했다.

1945년 5월, 독일이 항복했다. 1945년 7월 26일, 영국의 노동당은 보수당에 압승하고 클레멘트 에틀리(Clement R. Attley)가 처칠 대신 수상에 올랐다. 1914년 8월 14일(동양에서는 8월 15일) 일본이 항복했다. 새로운 노동당 정부는 바로 인도 자치 정부의 조기 실현을 추구하겠다고 성명을 발표하고 워벨을 런던으로 불렀다. 델리로 돌아온 총독은 주 정부 지배권을 인도인들에게 돌려주고, 연방헌법의 기초를 위한 회의를 소집하겠다고 약속했다. 그는 또 국민회의-무슬림 동맹 집행위원회를 창설한다고 발표했다. 이는 영국 감독하의 과도기적인 내각으로서 연방 수도에 두기로 했다.

진나는 오로지 인도의 분단만을 받아들이려고 했으나 간디는 그것에 동의할 수 없었다. 그는 인도 분단을 신에 대한 모독으로 간주했다. 진나 식으로 인도를 분할한다는 것은 어떤 경우에도 불가능하고 부당했다. 진나가 파키스탄을 원한 것은 힌두교도가 무슬림을 지배하지 못하게 하기 위해서였다.

# 2 인도의 분열

## 전후

전쟁이 끝난 뒤 인도는 시끄러웠다. 1946년 2월 뭄바이에서 해군 수병의 폭동이 터졌다. 이어 대도시들에서 폭동, 방화, 약탈이 이어졌다. 육 일간 약 이백 명이 죽고 천 명 이상이 부상당했다. 간디는 그들의 폭력을 비난했다.

폭동이 진행 중인 가운데 세 명의 각료로 구성된 영국 사절단이 인도의 민족 해방 과제를 해결하기 위해 1946년 3월 23일 인도에 왔다. 인도 장관인 페식-로렌스(Pethick-Lawrence), 무역위원장인 스태퍼드 크립스, 해군 장관인 앨버트 V. 알렉산더는 영국 통치를 대신할 인도 자치에 필요한 절차에 대해 인도 지도자들과 상의했다. 그러나 국민회의 지도자들과 무슬림연맹의 지도자들은 각자가 원하는 것에 대해 의견 일치를 보지 못했다. 그래서 사절단은 독자적인 계획을 작성하여 1946년 5월 16일 공표했다.

민족 해방이 가까워짐에 따라 정치 활동이 더욱 가열해졌고, 간디는 그 구심점에 섰다. 네루, 파텔, 라자지를 비롯한 여러 지도자가 간디가 사는 불가촉천민 빈민굴을 매일처럼 찾아왔다. 그의 승인을 받기 위해서였다. 그의 승인 없이는 어떤 계획이나 제안도 공공의 지지를 받을 자신이 없었기 때문이다. 마찬가지로 그들은 간디의 지도를 받고자 왔다. 그들은 그의 본능, 또는 직관을 필요로 했다. 이는 애매한 말임에도 인도 해방을 위한 협상에서는 중요한 이슈가 되었다.

인도 민족주의자들은 영국이 권력을 순순히 내놓고 물러가리라고 믿지 않았다. 영국이 물러난다는 것은 비현실적이었다. 사실이라면 너무나 기쁜 일이지만, 영국이 그렇게 할 이유가 전혀 없었다. 몇몇 국민회의 사람들, 특히 1942년과 1943년에 폭력의 세례를 만끽한 사회주의자들은, 인도인들이 독립을 위해 투쟁하고 영국을 추방해야만 비로소 견고하고 영구적인 독립을 이룰

**페식 로렌스와 간디.**

수 있다고 생각했다. 언제나 그렇듯이 인도의 정치적 풍토는 안개처럼 흐려져서 정치인들은 암중모색과 비밀회의에 바빴고, 그것이 그들의 결정에 영향을 미쳤다.

간디의 불안한 예감은 안개를 더욱 짙게 만들었다. 그러나 그는 국민회의가 영국의 안을 거부하게 하지는 않았다. 반대로 그것을 채택하기를 주장했다. 그는 자신의 이성이 자신의 직관을 수긍하지 않으므로 영국에 대한 그의 의심이 사실이 아닐지도 모른다고 말했다. 사절단과의 논의를 주도한 간디는 그 계획을 면밀히 검토한 뒤 그것이 지금 상황에서 영국 정부가 만들 수 있는 최선의 서류라고 말했다. 그는 영국의 유일한 목적이 가능한 한 빨리 인도 지배를 끝내는 것이라고 확신했다.

사절단은 무슬림연맹 지지자들을 제외한 절대다수는 인도의 통일을 원한다는 방대한 증거가 있다고 발표했다. 한편 사절단은 무슬림들이 영원히 힌두교 다수파의 지배를 받을 수도 있다는, 집요하고도 심각한 불안에 빠져 있음을 발견했다. 따라서 인도 분단의 가능성을 면밀히, 공평하게 검토했으나, 분단에 반대하기로 결정하고 다음을 강조했다. "현재 제안된 파키스탄의 두 개 영토는 약 천백 킬로미터나 떨어져 있고, 전시나 평화 시 두 지역 사이의 소통은 힌두교도의 호의에 의존할 수밖에 없다."

사절단은 서부 파키스탄에서는 무슬림이 아닌 소수파 주민이 전체 인구의 37퍼센트, 동부 파키스탄에서는 48퍼센트에 이르는데 파키스탄 밖에서는 이천만 명의 무슬림이 힌두 사회의 소수파가 된다는 점을 강조하면서 다음과 같이 말했다. "이러한 사실은 무슬림연맹이 요구하는 경계선을 따라 독립된 주권을 가진 파키스탄을 건설한다고 해도, 파키스탄이 내세우는 지역 사회의 소수파 문제를 해결할 수 없음을 보여준다."

영국 각료 세 명은 힌두교도와 시크교도를 완전히 제외한 소규모 파키스탄 건설에 대해서도 검토했지만, "그러한 파키스탄은 참으로 비실제적이라고 무슬림연맹이 판단하고 있다"고 말했다. (그러나 현재 존재하는 파키스탄이 바로 이것이다.) 소규모 파키스탄은 아삼, 벵골, 펀자브를 분할해야 가능하다고 본 사절단의 백서는 다음과 같이 서술했다.

**그러한 조치는 그러한 지역들의 대다수 주민의 의사에 반한다. 벵골과 펀자브는 각각 고유한 언어를 가지고 있고, 긴 역사와 전통을 공유하고 있다. 나아가 펀자브를 어떻게 나누든 간에, 필연적으로 분단된 경계선 밖에 남겨둘 수밖에 없다.**

이러한 이유로 인해 각료 사절단은 영국 정부에 대해 인도를 분할하지 말 것을 제안했다. 대신 다음 세 가지를 제안했다. 첫째, 영국이 통치하는 인도, 이슬람교 군주령, 토후국을 포함한 하나의 통일된 인도를 건설하여 국방, 외교 및 통신을 관장하는 연방 정부를 수립할 것, 둘째, 인종 및 종교적 성격의 중요 법안에 대해서는 관련된 힌두교도 외 무슬림의 다수 대표가 찬성투표를 하지 않는 한 어떤 입법 조치도 취하지 않는 연방 의회를 구성할 것, 셋째, 지방 정부에 광범한 권한을 부여할 것. 즉 연방 정부는 소수파를 위한 적절한 안전장치에 의해 견제되고 불가피한 국가적 과제를 처리하는 데 국한되는 반면, 나머지 모든 것은 지방 정부에 위임하는 것이다. 이렇게 하면 무슬림이 다수인 지역에서는 무슬림을 중심으로 주 정부를 구성할 수 있기 때문이다.

영국의 안은 간디나 네루, 국민회의가 기대할 수 있는 최선의 것이었고, 그 뒤 실제로 일어난 인도의 분단보다는 훨씬 나았다. 물론 국민회의가 수락했다고 해도 실현되지 못했을 수도 있고, 실현되었다고 해도 파키스탄은 온갖 구실을 찾아서 결국 탈퇴했을 수도 있다. 그러나 정치의 영역에서, 실제로 일어나지 않은 일이 여건 변화에 따라 일어날 수도 있었으리라는 점을 증명할 수는 없다. 중요한 것은 단순히 1946년 5월의 영국안은 수정되고 개선될 수 있었고, 통일된 인도에게 하나의 연방 정부를 제공할 수 있었다는 점이다. 그랬다

**1946년에 찍은 네루와 간디의 사진.**

8부 인도, 독립하다(1938~1948)

면 그 뒤 분단에서 비롯된 참화가 계속되는 일을 예방할 수 있었을 것이다.

## 정부 구성

1946년 8월 12일, 와벨은 네루에게 정부를 구성하게 했다. 네루는 진나를 찾아가서 각료직을 맡아주도록 요구했다. 간디가 수상이나 국방장관도 맡길 수 있다고 말했으나, 진나는 거부했다. 그래서 네루는 국민회의 의원 여섯 명, 카스트 힌두교도 다섯 명, 불가촉천민 한 명, 무슬림 두 명, 시크교도 한 명, 기독교도 한 명, 파르시교도 한 명으로 각료를 구성했다.

이에 대한 답으로 진나는 8월 16일을 '직접 행동의 날'로 선포했다. 콜카타에서 사 일간 폭동이 터졌다. 약 오천 명의 사망자와 1만 5천 명의 부상자가 발생하고 십만 명 이상이 탈출했다. 폭력 사태에도 불구하고 9월 2일, 네루는 인도 수상으로 취임했다. 그날 아침 네루와 각료들은 불가촉천민의 판자촌에 있던 간디를 찾아갔다. 월요일은 침묵일이어서 간디는 다음과 같이 썼다. "소금세를 폐지하십시오. 댄디 행진을 기억하십시오. 힌두와 무슬림을 통일시키십시오. 불가촉천민 제도를 없애십시오. 카디를 이용하십시오."

반면 진나는 그날을 '애도의 날'로 선포하고 무슬림들에게 검은 조기(弔旗)를 걸도록 지시했다. 뭄바이에서 총질과 칼부림이 터졌고, 펀자브, 비하르, 벵골로 퍼져나갔다. 무슬림연맹은 이제 과거에 지지했던 제헌의회도 거부하겠다고 발표했다.

간디는 나라가 내전 상태에 가까워졌다고 경고했다. 놀란 와벨은 진나계 사람들을 네루의 정부에 참여시키기 위해 배전의 노력을 기울였다. 결국 진나는 다섯 명의 각료를 임명하는 데 동의했다. 무슬림 네 명과 간디에 반대하는 불가촉천민 한 명이었다. 무슬림연맹은 언제나 모든 무슬림을 대표하고 오로지 무슬림만을 대표한다고 주장한 진나가 힌두교도인 불가촉천민을 임명한 이유는 오로지 국민회의와 카스트 힌두교도를 괴롭히기 위함이었다.

국민회의파 각료들 대부분과 그들의 보좌관들이 간디의 조언을 받고자 빈민굴의 오두막으로 찾아왔다. 어떤 사람들은 매일 왔다. 간디는 '수상 위의 수상'이었다. 그러나 그는 핵심 사항인 힌두교도와 무슬림의 관계에 집중했다. 계속되는 살해에 대해 간디는 "힌두교도들이 차라리 보복하지 않고 죽었으면 좋겠다"고 말했다.

극도로 악화된 정세 속에서 그는 다른 근본적인 문제에도 관심을 기울였다. 그는 전염병이 돌자 달릿들이 "폭행당하고 샘에서 물을 긷지 못하는 것"에 항의했다. 또한 소금세 철폐를 촉구함과 동시에, 익숙하지 않은 과업에 노력하는 새 각료들에 대해 인내해줄 것을 인민들에게 호소했다. 나병에 대한 글을 썼으며, 도움을 청해 아슈람에 온 나병 환자를 마사지해주기도 했다. 집단적인 기도의 필요성을 강조하는 글을 쓰기도 했다.

## 참회의 순례

죽을 때까지 간디는 인간 내면의 신성과 인도의 이성을 탐구했다. 동부 벵골의 노아칼리(Noakhali)와 티페라(Tippera) 지방에서 폭력 사태가 터져 무슬림들이 살해되고 강제로 개종당하며 여성들이 강간당했다는 뉴스가 전해졌다. 특히 마을에까지 그런 사태가 번지고 있다는 것이 간디를 괴롭혔다. 그래서 그는 노아칼리에 가기로 결심했다. 동료들은 간디의 건강이 좋지 않고 정부의 국민회의파는 뉴델리에서 그를 필요로 한다고 호소하며 그를 말렸다. 그러나 간디는 답했다. "내가 지금 그곳에 가지 않으면 결코 편할 수 없다는 것이 내가 아는 전부입니다." 그는 사람들에게 그의 축복을 받기 위해 역에 나오지 말라고 부탁했다. 그는 그럴 기분이 전혀 아니었다.

그러나 사람들은 떼를 지어 모여들었다. 벵골로 가는 길에 수많은 군중이 역에 모여 철길을 뒤덮었다. 그들은 역사 지붕 위로 올라가 창문과 창살을 부수고 귀청이 찢어질 정도로 소란을 피웠다. 차장이 몇 번이나 출발 신호를 했음에도 누군가가 비상 밧줄을 당겨 기차가 급정거했다. 어느 역에서는 철도원이 소방용 호스를 가져와 철로 위의 사람들에게 물세례를 퍼붓기도 했다. 간디가 타고 있던 찻간도 물에 젖었다. 다섯 시간 늦게 콜카타에 도착했을 때, 간디는 소음과 슬픔으로 지쳐 있었다.

그가 도착하기 며칠 전, 콜카타에서 종교 폭동이 터져 서른두 명이 살해당했다. 간디는 벵골의 이슬람계 수상인 수라와디(H. S. Suhrawardy)와 함께 폭동이 벌어진 도시 지역을 순방했다. 치우지 않은 쓰레기가 두 자 이상 쌓여 있고, 불에 타서 뼈대만 앙상하게 남은 집과 문 닫은 상점 들이 즐비한 시가지를 차로 돌아보았다. 간디는 "인간을 짐승보다 못한 존재로 전락시킬 수도 있는 대중의 광중이 남긴 소름 끼치는 느낌"에 압도되었다고 말했다. 그러나 그의 결심은 굳었다. 그는 콜카타와 노아칼리에 남기로 했다.

간디가 콜카타에서 노아칼리로 가는 길을 준비하고 있을 때, 이웃인 비하르 지방에서 사태가 악화되고 있다는 뉴스가 전해졌다. 비하르에는 힌두교도가 3천 1백만 명, 무슬림이 오백만 명 있었다. 무슬림들이 노아칼리에서 힌두교도를 습격한 사건이 비하르의 힌두교도들을 격분시켰다. 10월 25일은 '노아칼리의 날'로 선포되었다.

평소 바닥에 엎드린 채 간디의 발가락에 입을 맞추던 국민회의파의 연설과 노아칼리의 힌두교도 희생자 수를 과장하는 신문의 충격적인 머리기사가 힌두교도들을 흥분 상태로 몰고 갔다. 수천 명이 도시 거리와 시골길을 행진하며 "피에는 피"라고 외쳤다. 런던《타임스》의 델리 특파원에 의하면 그다음 일주일 동안, 비하르에서 "폭도에 의해 죽은 것으로 정부가 확인한 사람 수"가 4,580명이었다. 그 뒤 간디는 만 명 이상으로 추산했고, 대부분 무슬림이었다. 조밀한 인구가 걸핏하면 흥분하는 인도에서 집단학살은 언제나 대규모로 일어났다.

비하르 학살에 대한 참회로서 간디는 인간으로서 가능한 '최악의 식사'로 연명할 것이며, "죄를 지은 비하르인들이 개과천선하지 않으면 죽음을 각오한 단식을 하겠다"고 선언했다. 그 무렵 네루 수상과 파텔, 그리고 네루 내각의 무슬림 각료인 리아콰트 알리 칸과 압두르 랍 니쉬타르(Abdur Rab Nishtar)가 비하르로 날아왔다. 네루는 보고 들은 것에 화가 나서 살상이 중지되지 않으면 비하르를 공중 폭격하겠다고 위협했다. 간디는 그것은 영국식 대응이라고 비판했다.

얼마 뒤 비하르가 조용해지고 콜카타의 격분도 식어갔다. 그래서 간디는 힌두교도들이 다수파인 무슬림의 폭력 앞에서 공포에 질려 도망치고 있는 노아칼리 지방으로 떠났다. 노아칼리는 갠지스강과 브라마푸트라강이 만나는 늪의 삼각주에 있어서 인도에서 교통이 가장 불편한 곳 중 하나였다. 통나무배로 노를 저어야만 갈 수 있는 마을도 있었다.

간디는 새벽 네 시에 일어나 오륙 킬로미터를 맨발로 걸어 이웃 마을로 옮겨 갔다. 그곳에 하루나 이삼일 정도 머물면서 주민들과 쉬지 않고 이야기하고 기도를 올렸다. 그러고는 다시 다음 마을로 떠났다. 그는 자기를 재워주겠다고 하는 농부들의 오두막에서 잤다. 그 지방의 과일과 야채를 먹었고, 구할 수 있으면 양의 젖도 마셨다. 이것이 1946년 11월 7일부터 1947년 3월 2일까지 그의 삶이었다. 당시 그는 77번째 생일을 막 지났다. 그 4개월간 49개 마을에서 지냈다.

무엇보다도 걷기가 힘들었다. 발이 헐어서 가려움증이 생기기도 했다. 적대적인 자들이 그가 지나가는 길에 오물을 뿌리거나 가시덤불을 던지는 일도 종종 있었지만, 그는 그들을 책망하지 않았다. 그들은 정치인들에 의해 오도되고 있다고도 했다.

벵골의 무슬림 정부에 의하면, 노아칼리와 그 인근인 티페라 지방에서 폭동으로 216명이 살해되었고 만 개 이상의 집이 약탈당했다. 티페라에서는 힌두교도 9,895명이 강제로 이슬람교로 개종당했다. 노아칼리에서는 그 수가 더 많았다. 수천 명의 힌두교도 여성이 납치되어 강제로 무슬림과 결혼했다. 힌두 집단에서 그들을 되찾아가지 못하도록 하기 위해서였다. 같은 목적으로, 힌두교도들은 소를 도살하고 쇠고기를 먹도록 강제당했다. 힌두교도 남자들은 턱수염을 기르고, 허리에 감는 천을 힌두식이 아니라 이슬람식으로 비틀어 감으며, 코란을 읽도록 강요당했다.

노아칼리-티페라 순례 초기에 어떤 사람들은 간디에게 힌두교도들이 다른 지역으로 이사 가게 해야 한다고 제안했다. 그러나 간디는 그러한 패배주의를 단호하게 거부했다. 주민을 바꾼다는 것은 인도 통합이 불가능함을 시인하는

8부 인도, 독립하다(1938~1948)

것이었다. 그것은 또한 간디 신조의 기본 요소, 즉 서로 다르게 생각하는 사람들 사이에도 친화력이 있을 수 있고, 그것을 조성할 수도 있음을 부정하는 일이기도 했다. 이제 그것이 그의 과제였다.

사람들은 그에게 왜 이렇게 먼 길을 왔는지 물었다. 진나와 합의를 보는 대신 그토록 힘든 순례의 고역을 겪는 이유가 무엇인지도 물었다. 그는 지도자란 그를 따르는 사람들이 만든다고 답했다. 인민이 서로 평화로워야 하고 그러면 그들이 이웃과 평화롭게 지내고자 하는 염원이 그 지도자에게도 반영된다고 했다. 간디는 정치와 입법 조치에 의해 힌두교도와 무슬림 사이에 두꺼운 장벽이 쌓이기 전, 양자 간에 인간적 유대를 조성하기 위해 노아칼리에 갔다. 간디는 힌두교도들에게 군대나 경찰에 의존하지 말고, 자신들의 덕성에 의존하라고 말했다. 그는 민주주의와 군경 의존은 양립할 수 없다고 가르쳤다. 매일 있는 그의 기도회에 빈민층 무슬림들이 떼 지어 몰려들었지만, 부유층과 지식인층 무슬림들은 경제적인 제재로 그들을 위협했다. 콜카타의 무슬림 정치인들도 주민들이 간디와 접촉하는 것을 막으려고 했다.

## 브라마차리아

정치가라면 종교적 폭동이 발생하거나 나라가 두 쪽 나도 자신의 능력이 부족하기 때문이라고 하지 않는다. 그러나 간디는 달랐다. 자신에게 충분한 힘이 있다면 사람들을 구제하고 평화를 보장하며 분리 독립을 멈추고 진나를 이겼으리라고 생각했다. 그 힘은 돈이나 무력이 아니라 자신의 힘이었다. 그는 어릴 적 스승이던 라이찬드라의 말처럼 요가를 실천하여 내면에 있는 힘을 최대한 높이고자 결심했다. 바로 성욕을 억제하는 브라마차리아였다. 노아칼리에서 참회의 순례를 하면서 간디는 자신이 평생 추구한 브라마차리아에 대해 다시 고민했다.

간디는 19세 손녀 마누를 노아칼리로 불러 설득하여 나체로 쉬고 침대에서 함께 자는 수행을 시작했다. 간디는 친구나 동료들에게 자신의 계획에 대해 설명하고 즐겁게 그들의 의견을 구했다. 그러나 누가 반대해도 그의 결심은 변하지 않았다. 나체로 잠들어도 전혀 문제가 없다고 답했다. 그 뒤 그는 건강을 회복하고 주변의 패닉 상태를 벗어날 수 있었다.

하지만 많은 사람이 이를 문제 삼았다. 간디가 돌았다는 소문이 돌고, 그의 곁을 떠나는 제자까지 생겨났다. 특히 미라 벤이 강력하게 항의했다. 《하리잔》의 편집인도 사임했다. 가장 강력한 반발은 이슬람 측에서 나왔다. 손녀 마누도 요가를 시작한 지 한 달 만인 1947년 1월 초에 그만두자고 간청했다. 간디의 손자로 두 권의 간디 평전을 쓴 라지모한 간디는 "비폭력이 완전하게 성취된다면 주변의 적대감이나 여러 악의 힘을 물리칠 수 있"고 "자신을 완전한 무로 만들 수 있다면 거기에 신의 힘이 들어와 폭력을 이길 수 있다"는 믿음을 간디가 가졌다고 말했다. 여하튼 그것은 인도의 정치 상황이 어려워짐에 따라 흐지부지되었다.

간디에 대한 책은 브라마차리아에 대해 거의 언급하지 않지만, 그것을 고령으로 인한 성적 일탈이라고 보는 견해가 있다. 그러나 당시 간디의 정신이 이상했다고 볼 수 있는 근거는 어디에도 없다. 네루나 파텔보다도 더 날카롭게 정세를 분석했고 언제나처럼 냉철하고 온화했다.

## 제헌의회

1946년 11월 말, 에틀리 수상은 12월 29일 뉴델리에서 열리는 인도 제헌의회에 대한 특별위원회를 위해 네루, 진나, 국방장관 발데브 싱(Baldev Singh), 리아콰트 알리 칸을 수상 관저로 불렀다. 진나는 그 전에 국민회의가 세 개 소연방을 위한 헌법 초안 제정을 거부했기 때문에 무슬림연맹은 제헌의회에 참가하지 않는다고 선언했다. 그러나 무슬림연맹이 자유 인도의 헌법 제정에 불참한다면 영국이 어떻게 인도를 해방하겠는가? 누구에게 정권을 이양해야 하는가? 에틀리가 인도 지도자들을 수상 관저로 부른 것은 이러한 문제에 답하기 위해서였다.

런던에 머무는 동안 진나는 인도가 힌두교 국가와 이슬람교 국가로 나뉘기를 기대한다고 공개적으로 선언했다. 이어 "인도의 내란과 폭동 가능성"에 대해 처칠이 말한 우려에 공감한다고 했다. 이 성명은 파키스탄 아니면 내란이라는 경고로 해석되었다. 따라서 수상 관저에서의 회담이 아무런 합의 없이 끝나는 것은 불가피했다.

네루 수상은 인도로 귀국하자마자 노아칼리의 스리람푸르(Srirampur) 마을까지 긴 여행을 하여 런던에서의 실패를 간디에게 보고했다. 그럼에도 간디는 국민회의가 세 개의 소연방 헌법 제정에 참여해서는 안 된다고 주장했다. 그는 그것이 인도를 분열시키는 책략에 불과하다고 생각했다.

이러한 간디의 반대에도 불구하고 1947년 1월 6일, 전국 국민회의 위원회는 찬성 99, 반대 52로 분과회의 참가를 결정했다. 그러나 1946년 5월 16일 영국 각료 사절단의 계획을 되살리겠다는 이러한 노력은 너무 늦었고 무익했다. 사태는 돌이킬 수 없게 되었다. 에틀리는 1947년 2월 22일, 하원에서 영국은 늦어도 1948년 6월까지는 인도를 떠나겠다고 공언했다. 그리고 빅토리아 여왕의 증손자인 마운트배튼(루이스 해군 제독)이 와벨의 뒤를 잇는다고 발표했다. 그는 20대이자 최후의 총독이었다.

에틀리는 인도가 분할된다고 하지는 않았지만 사태는 매우 빠르게 변해갔다. 무슬림, 시크교도, 힌두교도가 섞여 살며 인구가 조밀한 펀자브에서 폭동이 터졌다. 펀자브는 축소판 파키스탄 서부의 중심이자 그 반을 차지하는 지역이고, 벵골은 파키스탄의 동부를 이루었다. 그러나 두 지역의 주민 모두 파키스탄 건설에 아무 관심이 없었고 지원도 하지 않았다. 그들은 대부분 무슬림이어서 힌두교도의 지배를 두려워하지 않았기 때문이었다. 또 하나의 민족 국가에 속하고 싶어 할 정도의 유대도 없었다. 그럼에도 직접 행동을 요구하는 진나의 호소는 두 지역 사람들의 이성을 열정으로 흐리게 했고, 펀자브는 유혈 사태로 치달았다.

3월 첫 주, 국민회의 실무회의가 "펀자브를 두 개 주로 분할하되 무슬림이 다수인 지역과 소수인 지역이 분리될 수 있다"고 결의했다. 이는 하나의 정치적 분수령이었다. 즉 그 결의는 한편으로는 펀자브의 무슬림들에게 폭동이 계속되면 그 지역을 분할한다고 경고한 것이었고, 다른 한편으로는 오늘날의 파키스탄과 같은 더 작은 파키스탄이라는 원칙을 실무회의가 받아들인 것을 뜻했다.

간디는 사태가 이렇게 진전되는 데 불안을 느꼈다. 노아칼리 지방도 상당히 진정되었으므로 펀자브를 향해 서쪽으로 갔다. 도중에 비하르의 유혈 사태로 일시 중단했다. 그는 휴식도 없이 그곳을 여행했다. 그에 의하면 비하르의 힌두교도들은 "광기의 발작으로 인해 자신들이 인간이라는 사실을 잊고 있었다." 그는 그들에게 펀자브에서 무슬림이 힌두교도를 살해한 것에 대해 보복하지 말 것을 경고했다. 그것은 인도 전체를 파멸시킨다고 했다. 그는 폭동에 관련되어 경찰의 수배를 받는 사람들에게 당국이나 그에게 항복하라고 권했다. 수백 명이 그렇게 했다.

하루는 어느 힌두교도가 간디에게 전보를 보내 힌두교도가 한 일을 비난하지 말라고 경고했다. 그는 그것을 기도 모임에서 읽어주며 "내가 만약 동료 힌두교도들의 잘못을 두둔한다면 힌두교도로서의 자격을 박탈해야 마땅하다"고 답했다. 그는 힌두교도에게 무슬림에 대한 경제적 봉쇄를 그만두라고 요청했다. 그러나 아무도 그렇게 하겠다고 말하지 않았다. 따라서 간디는 무슬림이 자기 마을로 돌아가기 두려워하는 것을 충분히 이해할 수 있었다. 그는 힌두교도들에게 폭동이 계속되면 인도는 "독립이라는 황금 사과를 놓칠 것"이라고 했다.

## 마운트배튼

이러한 상황에서 1947년 3월 22일, 멋진 해군 제복을 입은 마운트배튼 경이 부인 에드위나와 함께 뉴델리에 도착했다. 그들은 매력과 격식을 초월한 소박함으로 상하류를 막론하고 많은 사람의 환심을 샀다. 그러나 24시간이 지나기도 전에 진나는 만약 파키스탄을 인정하지 않으면 "엄청난 재앙"이 인도를 기다릴 것이라고 마운트배튼에게 통보했다.

도착한지 사 일째 되는 날, 새 총독은 진나와 간디를 초대했다. 간디는 비하르의 오지에 있었다. 마운트배튼이 그에게 비행기를 제공했다. 간디는 수백만 명이 이용하는 교통수단을 원했다. 파트나역에서 기차가 출발하기 전에, 그는 불가촉천민을 구제하기 위한 모금을 했다.

3월 31일, 그는 총독과 2시간 15분간 회담했다. 이어 4월 12일까지 5회에 걸쳐 회담했다. 진나도 총독과 같은 기간에 같은 회수로 회담을 했다. 그 2주와 뒤이어진 2개월은 인도 현대사에서 가장 운명적인 시기였다.

마운트배튼의 임무는 1948년 6월까지 영국이 인도를 떠나게 하는 것이었다. 영국 의회에 제국 축소에 필요한 입법을 논의하고 통과시킬 시간을 주려면 1947년 말까지는 결정이 이루어져야 했다. 그러나 총독과 그 조언자들은 너무 느긋한 일정표라고 생각했다. 사태는 급속도로 진행되고 있었다.

문제는 1946년 8월 16일, 진나의 '직접 행동일'에서 시작되었다고 총독은 말했다. 이어 노아칼리의 힌두교도 살해 사건, 비하르의 힌두교도 보복, 펀자브 라왈핀디(Rawalpindi) 무슬림들의 시크교도 학살, 북서 국경 지역의 폭동이 이어졌다.

마운트배튼은 무슬림연맹이 내란을 벌일 것으로 확신했다. 그러나 마운트배튼에 의하면, 국민회의는 광범한 비무슬림 지역이 파키스탄에 포함되는 것은 반대했다. 그것은 자동적으로 펀자브와 벵골의 거대 지역은 분할한다는 것을 뜻했다. 그래야 비무슬림 지역이 이슬람의 파키스탄에 병합되는 것을 막을 수 있기 때문이었다.


**내가 진나에게, 인도 분단에 대해 국민회의 측과 합의했다고 말했을 때 그는 미친 듯이 기뻐했습니다. 이어 내가 그것은 논리적으로 펀자브와 벵골의 분할을 포함하게 된다고 하자, 그는 반발했습니다. 그는 그 두 지역이 분할되어서는 안 되는 점에 대한 강력한 논거를 제시했습니다. 두 지역이 민족적 성격을 가지므로 그 분할이 재앙을 초래한다고 했습니다. 나는 동의했지만, 그의 논법을 인도 전역의 분할에 적용할 때 나의 실망은 더욱 크다고 말했습니다. 그는 그런 것을 좋아하지 않았고, 인도가 분할되어야 하는 이유를 다시 설명했습니다. 그래서 우리는 원형 유희처럼 같**

마운트배튼 부부와 간디.

은 내용을 반복했습니다. 마침내 그는 분할되지 않는 펀자브와 벵골을 포함한 통합 인도, 또는 분할된 펀자브와 벵골을 포함한 분단 인도를 택해야 한다는 것을 알았습니다. 그리고 결국 후자를 택했습니다.

사억 인구의 인도는 그렇게 분단되었다. 간디는 동의하지 않았다. 사실 그는 그 결정이 번복되기를 희망했다.

## 두 국가의 탄생

아삼, 벵골*과 펀자브의 일부로 된 파키스탄의 독립은, 그것이 가져올 엄청난 재앙을 너무 과소평가한 결과였다. 네루 수상은 1949년 10월 16일 뉴욕에서

---

\*    분할된 동부 벵골은 1972년 방글라데시로 독립했다.

만일 파키스탄의 분리로 야기된 비참한 결과를 예상했더라면 그 독립을 끝까지 반대했을 것이라고 회고했다. 인도 분단은 수십만 명의 살상과 천오백만 명이 집을 잃고 피난민이 되는 사태를 초래했다. 또한 카시미르에 전쟁을 초래했고, 인도 대륙 전체에 엄청난 경제적 손실을 가져왔다. 종교적·국가적 적대감은 더욱 강화되어 수많은 비참을 낳았고, 그럴 가능성은 여전히 잠재하고 있다.

간디가 이처럼 비참한 결과를 본능적으로 느꼈는지는 중요하지 않다. 그가 인도의 분할을 비판하고 반대한 것은 그것이 초래할 수 있는 결과 때문만이 아니라, 분단 그 자체가 본질적으로 악한 것이었기 때문이었다. 그것이 그에게 투쟁할 힘을 주었으나, 다른 젊은 지도자들은 지쳤고 근시안적이었다.

분단에 반대하는 투쟁은 통일된 국가를 위한 자유의 쟁취라는 희망 속에서 독립을 지연시킬 뻔했다. 그러나 국민회의 여러 지도자 중 최고위층은 물론 그렇지 않았고, 벌써부터 권력의 매력을 느끼며 관직의 달콤한 냄새를 맡고 있었으므로, 투쟁의 고역으로 되돌아가는 것을 끔찍이도 싫어했다. 나아가 통일을 위한 투쟁은 감옥으로 끝날 수도 있었다. 간디에게 감옥은 휴식과 수양을 뜻했으나, 다른 사람들에게는 고통이었다.

네루는 1934년 8월 13일 간디에게 "이번의 감옥 생활은 과거 어느 때의 감옥 생활보다 견디기 어려운 시련이었습니다."라고 썼다. 그러한 시련은 계속 더 나빠졌고, 마지막 감옥 생활인 1942년 8월 9일부터 1945년 7월 14일까지의 거의 삼 년간 네루는 그 이상의 영어(囹圄) 생활에 대한 미련을 완전히 잃어버렸다. 특히 그는 투쟁 자체가 슬기로운 것인지 의문스러웠다.

진나의 내란 위협은 빈번한 폭동의 형태로 그들 앞에 피비린내 나는 그림자를 드리웠다. 영국 정부도 막 제2차 세계대전을 끝냈을 때여서 인도에서 무슬림과 싸울 생각이 전혀 없었다. 마운트배튼은 분할이 불가피하고 독립을 허용해야 한다고 생각했다. 그래서 그는 국민회의에 권력을 제안했고, 간디는 교도소를 제안했다. 이러한 끔찍한 사실을 배경으로 간디는 인도 인민은 하나이고 그들을 분할한다는 것은 민족의 모독이라는, 실증되지 않은 주장을 밀고 나갈 수밖에 없었다.

그는 자기 주장이 약하다는 것을 알았다. 마운트배튼에게 오늘날 인도는 나를 지지한다고 말했을 때도, 사실은 자기 신념을 표명한 것에 불과하였으므로 그것이 액면 그대로 받아들여지리라고 기대할 수 없었다. 그는 스스로 그것을 증명하는 부담을 져야 함을 인식했다.

따라서 간디는 총독과의 회담 후 바로 뉴델리를 떠나 비하르로 돌아갔다. 그 지역의 4월은 열대성 기후로 무더웠고, 여러 마을을 방문하면서 오랫동안 여행하는 고역은 견딜 수 없을 정도였다. 그러나 그는 자기 몸을 전혀 돌보지 않았다. 비하르에 평화가 오면 콜카타나 다른 지역의 소란도 해소할 것이었다. 그는 무학이었던 그의 어머니가 원자는 우주를 반영한다고 말했다고 언급했다. 각자가 자기 주변을 보살피면 세계는 더 좋은 곳이 된다는 것이었다. 간디가 델리로 떠날 때 비하르의 치안을 부탁했던 무슬림 슈아 나와즈(Shwa Nawaz) 장군이 간디에게 도망쳤던 무슬림들이 마을로 돌아오고 있다고 보고했다. 간디는 만족했다.

## 국민회의의 분단 승인

바로 그 무렵인 5월 25일, 네루는 간디에게 연방 수도로 돌아오라는 전보를 보냈다. 국민회의 집행위원회가 파키스탄 인정 여부라는 역사적 결정을 위한 회의를 소집한다는 것이었다. 간디는 숨 막히는 더위를 무릅쓰고 먼지투성이 기차 편으로 팔백 킬로미터를 여행했다.

네루는 파키스탄 인정이 견딜 수 없는 상황을 종식할 수 있는 유일한 탈출구라고 주장했다. 발라브하이 파텔은 흔들렸다. 그는 진나의 내란 위협을 힘으로 시험해보고, 폭동은 철권으로 억압하고자 했지만, 결국은 찬성했다. 이 년 반 뒤 그는 "우리가 모든 것을 잃어버렸을 때, 최후 수단으로 분단에 동의했다"고 말했다. 파키스탄과의 분리 독립과 계속 영국의 지배를 받는 것 중에 선택해야 했다.

간디는 이러한 결정에 불만을 드러냈다. 5월 7일 뉴델리 불가촉천민 지역에서의 기도 집회 중에 그는 말했다.

**국민회의가 파키스탄을 받아들이고 펀자브와 벵골의 분할을 요구했습니다. 나는 과거와 마찬가지로 지금 인도의 어떤 분할에도 반대합니다. 그러나 앞으로 나는 무엇을 할 수 있을까요? 내가 할 수 있는 유일한 일은 스스로 그런 계획과 절연하는 것입니다. 하느님을 제외하고는 누구도 그것을 받아들이도록 강요할 수 없습니다.**

분명히 하느님은 개입하지 않았다. 이제 간디는 참으로 중대한 면담을 하기 위해 마운트배튼에게 갔다. 영국은 그들의 군대와 함께 인도를 떠나라고 충고하면서 "그 뒤에 이어질 인도의 혼란과 무정부 상태에 대해서는 위험을 무릅쓸 수밖에 없다"고 했다. 이는 겉으로 보면 잠꼬대 같은 소리였으나, 실제로는 치밀한 계획을 숨긴 것이었다. 영국은 정부를 세우지 않고 인도를 떠날 수 없음이 분명했고, 따라서 간디는 인도에 세워질 정부는 국민회의 정부라고 마운트배튼에게 말했다. 만일 영국이 거부하면 국민회의는 임시정부에서 탈퇴할 것이고, 소수파인 무슬림연맹은 국민회의의 반대를 무릅쓰고 인도를 통치할 수 없다. 따라서 영국으로서는 인도에서 철수하고 싶어도 어쩔 수 없이 인도에 계속 주둔해야만 하는 상황이 되었다.

그러나 그것은 불가능한 일이라고 간디는 생각했다. 영국이 소수파를 회유하기 위해 다수파를 적대시할 수는 없을 것이기 때문이었다. 그러므로 만일 국민회의가 파키스탄을 인정하지 않으면 영국은 파키스탄을 세울 수 없게 된다고 간디는 생각했다.

그러나 이러한 전략은 영국 정부에게 국민회의의 지원을 받으면서 진나의 폭력 위협에 정면으로 맞서기를 요구하는 것이었고, 이는 영국 정부로서는 결코 하고 싶지 않은 일이었다. 이에 대한 다른 대안은 영국이 인도에서 물러날 경우, 국민회의 혼자서 무슬림연맹과 싸우는 것이었지만, 이는 국민회의로서 하고 싶지 않은 일이었다.

간디는 이러한 비극적 진실을 파악하고 인도 대륙을 횡단하여 콜카타로 달려갔다. 벵골 주민들이 그 뼈와 살을, 두뇌와 가슴을, 동쪽과 서쪽을 분리하는 수술에 동의하지 않는다면, 파키스탄은 태어날 수 없다고 생각한 탓이었다. 그는 콜카타 사람들에게 물었다. "위에서 일이 잘못되었을 때 밑바닥 사람들의 선의가 위로부터의 악영향을 배제하고 스스로를 바로잡을 수 있을까요?"

이는 그의 간절한 염원이었다. 벵골은 하나의 언어와 하나의 문화, 영국이 20세기 초에 그곳을 분할하려고 했을 때에 함께 저항한 공통의 역사를 가지고 있었다. 그러한 벵골이니 이제 진나가 시도하는 분단에 대해서도 마찬가지로 저항하지 않겠는가?

콜카타에서 육 주간 쉬지 않고 일한 간디는 비하르로 갔다. 찌는 듯한 더위에도 불구하고 그는 여러 마을을 방문했다. 그의 주장은 언제나 같았다. "만일 힌두교도가 동포애를 보여준다면 비하르, 인도, 세계에 이익이 됩니다." 당시 그의 주치의 수실라 라야르는 "촛불을 양 끝에서 태우고 있다"는 표현을 써 간디가 생명을 단축하고 있다고 말했다. 그는 분단이라는 대홍수를 막기 위해 노력하고 있었다. 그러나 그 노력이 그를 죽인다면 어떻게 되는가? 그는 감정에 떠는 목소리로 "오늘날처럼 되어가는 인도에 내가 있을 곳은 없다"고 말했다. "나는 125세까지 사는 희망을 포기했다. 1, 2년밖에 더 못 살 것 같다."

그동안 영국 정부는 벵골과 편자브에서 투표로 스스로를 분할한다면 파키스탄을 독립시킨다고 결정했다. 마운트배튼은 "나는 물론 인도 자체의 분할에 반대했듯이, 두 지역의 분할에도 반대한다."라고 뉴델리 방송으로 선언했다. 나아가 그의 계획이 "통일 인도를 위한 여러 단체 사이의 타협을 방해하지" 않는다고 말했다.

1947년 6월 15일, 전 인도 국민회의 위원회에 그 계획이 상정되어 153 대 29라는 다수결로 승인되었다. 국민회의가 간디를 포기한 것이다. 국민회의 대표인 J. B. 크리팔라니는 그 이유를 솔직하게 말했다.

**나는 107명의 여성과 아이들이 명예를 지키기 위해 빠져 죽은 우물을 보**

**았다. 예배하는 다른 곳에서는 오십 명의 젊은 여인이 같은 이유로 남편들에 의해 살해당했다. (…) 이러한 참혹한 경험들이 의심할 바 없이 이 문제에 대한 나의 접근에 영향을 미쳤다. 어떤 의원들은 두려워서 그런 결정을 내렸다고 비난한다. 나는 그러한 비난을 수긍해야 하지만, 그 이유는 비판자들이 말하는 것과는 다르다. 우리가 두려워한 것은, 살해된 생명이나 과부들의 울부짖음, 고아들의 아우성, 불에 탄 수많은 집 때문이 아니다. 그 두려움은, 우리가 살상과 보복을 끝없이 되풀이한다면 우리들은 결국 야만 상태나 그 이하로 전락한다는 데 있다.**

**나는 지난 삼십 년을 간디와 함께했다. 참파란에서 그와 함께했다. 그에 대한 충성을 한 번도 버린 적이 없다. (…) 심지어 그와 의견이 다른 경우에도 나는 그의 정치적 본능이 내가 심사숙고하여 도출한 결론보다 더욱 정확하다고 생각했다. 오늘도 두려워하지 않는 그의 뛰어난 태도가 옳고, 나의 입장에는 결함이 많음을 느낀다.**

간디에 반대한 사람들 대부분도 그와 같이 느꼈으리라. "그러면 왜 나는 그에게 반대했는가?"라고 크리팔라니는 물었다. 간디가 옳다고 생각하면서도 왜 그를 따르지 않았는가? "그것은 그가 대중적 토대 위에서 문제 해결의 실마리를 찾지 못했기 때문이다." 사람들은 평화와 형제애를 향한 간디의 호소에 반응하지 않았다.

이것이 간디가 단식하지 않은 이유였다. 그가 죽음을 무릅쓰고 단식했다면 국민회의는 분단 승인을 저지당했을지도 모른다. 그러나 그 결과는 어떻게 되었을까? 그가 인도 지배를 위해 양성해온 국민회의를 파괴하게 되었으리라. 만일 인민이 그와 같은 뜻이었다면 그는 어떻게든 그렇게 했을 것이다. "만일 인도의 비무슬림이 나와 함께했다면 지금 거론되고 있는 분단 문제를 완전히 와해시킬 수 있었다"고 그는 말했다. 그러나 비무슬림들은 그에게서 떠났다. 그냥 떠나기만 한 것이 아니라 그를 증오했다. 힌두교도는 그가 이슬람을 편애한다면서 그를 '제5열' '진나의 노예' '마호메트 간디'라 불렀다. 반면 무슬림은 그에게 파키스탄 건국을 방해하지 말라고 했다.

그래서 그는 "나의 가장 친한 친구들이 행했거나 행하고 있는 일에 동의하지 않는다"고 말했다. 32년간의 노력이 "불명예스럽게 끝맺게 되었다"고 선언했다. 그것을 자신과 공중에게 말하는 데는 큰 용기가 필요했다. 아울러 그의 영향력은 현저히 약화되었다.

# 3 _____ 마지막 단식

## 비를라 하우스

1947년 8월 15일 인도는 독립했다. 힌두를 상징하는 오렌지색과 이슬람을 상징하는 녹색 띠 사이 흰색 바탕에 물레바퀴를 그린 국기가 전국에 휘날렸다. 그러나 간디는 경축 행사에 참가할 수 없다고 선언했다. 그는 또다시 폭동이 터진 콜카타에 있었다. 국가의 탄생을 알리는 공식 행사에 참가해달라는 초청을 거부하고 어떤 메시지도 보내지 않았다. 하루 종일 단식하며 물레를 돌리고 기도했다. 간디가 콜카타에 머문 사이에 종교 간의 폭풍이 일시적으로 가라앉는 듯이 보였으나 벵골의 양분은 무슬림과 힌두교도 모두에게 해로운 것이어서 그들을 다시금 광란으로 몰아갔다. 분단은 문제를 해결하기는커녕 더욱 키웠다. 8월 31일 밤, 간디가 막 잠자리에 들었을 때 힌두교도 무리가 어느 힌두교도의 시체를 메고 와서 그가 무슬림에게 찔려 죽었다고 주장했다. 그들은 돌과 주먹으로 유리창을 깨고 문을 부수고는, 전깃줄을 연결하여 집을 폭파하려고 했다.

간디는 그들을 진정시키려고 일어나 소리 질렀지만 아무도 듣지 않았다. 무슬림들이 간디를 폭도들로부터 보호하기 위해 몸으로 원형을 짰다. 벽돌 한 장이 간디를 향해 날아왔다. 그의 곁에 서 있던 무슬림이 그것에 맞았다. 폭도 중 한 사람이 쇠를 입힌 긴 나무 곤봉을 휘둘렀다. 그것은 가까스로 간디의 머리를 비껴갔다. 간디는 슬프게 머리를 흔들었다. 마침내 경찰이 도착했다. 경찰대장은 간디에게 침실로 돌아가라고 호소했다. 집 밖에서는 기동대가 최루탄으로 군중을 해산시켰다.

9월 1일 간디는 단식을 시작했다. 이튿날 간디의 집에 사람들이 몰려들었다. 그들은 그의 생명을 위해서라면 무슨 일이든 하겠다고 선언했다. 그것은 잘못된 방식이라고 간디는 설명했다. 그의 단식은 "양심을 일깨워 정신적 나태를 제거하려는 것"이었다. 그의 목숨을 구하는 것은 마음의 변화 다음 문제였다. 저명한 무슬림들이 왔고, 파키스탄 부두노동조합 간부도 와서 종교 간화목을 위해 노력하겠다고 확약했다.

9월 4일, 도시가 완전히 조용해졌다고 시 당국이 보고했다. 영국인 간부를 포함한 경찰 오백 명이 근무 중 1일 동정 단식을 했다. 무뚝뚝한 살인자들과 깡패 두목들이 간디의 침대맡에 서서 쓰러져가는 그의 몸을 보고 울었다. 그들은 약탈 행위를 하지 않겠다고 맹세했다. 상인과 노동자의 대표들이 종교별로 찾아와 그의 면전에서 콜카타에서는 더 이상 분쟁이 없도록 하겠다고 맹세했다.

간디는 그들을 믿었지만, 이번에는 서면화를 요구했다. 그리고 서명하기 전에 만일 맹세를 어긴다면 오로지 그의 죽음으로만 끝날 '돌이킬 수 없는 단식'이 시작된다는 것을 알아야 한다고 말했다. 그들은 신중하게 생각한 뒤 서명했다. 그로써 그는 73시간 만에 단식을 중단했다. 그날부터 여러 달, 펀자브와 다른 여러 주에서 종교적 학살이 계속되었지만 콜카타와 분단된 벵골의 무슬림과 힌두교도는 아무런 말썽을 일으키지 않았다.

9월 7일, 간디는 콜카타를 떠나 펀자브로 갔다. 가는 도중 기차가 델리에 멈추었다. 그곳에서 간디는 델리 전역에 폭동이 일어났다는 우울한 뉴스를 들었다. 간디는 기차에서 내렸다. 그의 친구들이 그에게 불가촉천민 지역에서는 안전할 수 없다고 말했다. 흉한의 습격을 받기 쉽기 때문이다. 그래서 그는 스스로 '화려한 비를라 하우스'라고 부른 곳에 숙소를 정했다. 델리의 방기 마을에 있는 간디의 숙소가 피난민들로 가득 찼기 때문이었다.

간디는 저택 일 층의 넓은 방을 사용했는데, 도착하자마자 그곳에 있던 가구를 모두 치웠다. 손님들은 바닥에 앉고, 간디는 방 바깥의 테라스에서 잤다. 그 방과 그의 침실은 지금도 그대로 보존되어 있다.

뉴델리와 올드델리에서는 소요에 의해 생활필수품 공급이 중단되었다. 야채와 우유, 과일을 구할 수 없었다. 마치 죽음의 도시와도 같았다. 펀자브에서 도망친 힌두교도와 시크교도 피난민들이 수천 명씩 떼를 지어 델리로 밀어닥

쳤다. 그들은 무슬림의 잔인한 만행을 과장하여 유포하면서, 델리의 무슬림들에게 보복하도록 선동하고 그 보복에 광적으로 가담했다. 살인이 거리에서 난무하여 누구도 피할 수 없었다.

천오백만 명에 이르는 불행한 사람들이 자기들의 집을 떠나 재앙과 질병, 죽음을 향해 수백 킬로미터를 걸었다. 파키스탄에 편입된 펀자브의 일부에서는 수백만 명의 힌두교도와 시크교도들이 무슬림의 칼과 곤봉을 피해 델리를 향해 동쪽으로 이동했다. 인도에서는 수백만 명의 무슬림이 힌두교도와 시크교도의 단검과 곤봉을 피해 파키스탄을 향해 이동했다. 이러한 피난민 행렬이 공포에 떨며 무질서하게 도망치는 인민들과 구분되는 점이라고는 지친 경찰과 젊은 봉사자대 몇 명이 있다는 점이었다.

그들은 소달구지를 탔고, 소달구지가 없거나 빼앗겼다면 걸어서 피난길을 갔다. 가족 전체가 먼짓길을 몇 주나 걸었다. 어른들은 아이들을 등에 업고, 병자와 절름발이를 광주리에 넣어 짊어졌다. 노인은 어깨에 걸머지고 갔다. 병자와 노인들을 길거리에 내버려두는 경우도 종종 있었다. 콜레라, 천연두와 그 유사한 질병이 이동 대열을 가혹하게 괴롭혔다.

시체와 그 위를 나는 독수리 떼들이 그들의 행로를 알려주었다. 가끔 서로 반대 방향에서 오던 적대적 행렬이 서로 만나게 되면, 모두 기진맥진하고 고통에 허덕인 가운데서도 몰지각한 살상을 계속했다. 인도의 곡창인 펀자브가 기아에 허덕이는 가운데, 가꾸어진 논밭 위에 자라고 있던 귀한 곡물들이 수백만의 지친 발길에 치여 땅에 짓이겨졌다.

인도도 기근에 허덕였다. 네루 정부는 델리 교외에 수용소를 설치하여 난민들이 범람하기 전에 그들을 모았다. 그러나 대열을 빠져나온 수천 명이 차단선을 넘어 점포를 약탈하고, 문간·마당·처마 밑·사원·버려진 집에서 잠을 자서 수도와 정부를 혼란에 빠뜨렸다. 이처럼 원시생활로 되돌아간 실향민들은 야만적 감정의 노예가 되었고, 그렇지 않은 사람들까지 물들였다.

간디는 광인과 시체의 도시에서 사랑과 평화의 복음을 전하고자 노력했다. 들끓는 격정의 격류를 자기 몸으로 가로막고 서서 냉철한 이성으로 말했다.

피해를 입은 무슬림들은 인도에 그대로 머물러야 합니다. 그들을 짓밟은 힌두교도와 시크교도는 그들의 종교를 모독했고, 인도에 돌이킬 수 없는 해악을 끼쳤습니다. 무기를 가진 사람들은 나에게 넘겨주십시오. 그렇게 하는 사람들이 늘고 있습니다.

간디는 고도의 훈련을 받은 전투적인 힌두교도들의 유격대 같은 격렬한 반무슬림 조직 RSS 단원 오백 명이 모인 집회에 위험을 무릅쓰고 찾아갔다. 그들이 관용을 잃는다면 힌두교를 살해하는 것이라고 말했다. 그리고 파키스탄의 잔인한 행동이 인도의 잔인한 행동을 정당화할 수 없다고 했다. "악을 악으로 갚으면 아무런 이익이 없습니다." 그는 참으로 무슬림의 친구였고, 동시에 힌두교도와 시크교도의 친구였다. "지금은 양쪽 친구들이 모두 미친 것 같습니다."

연설이 끝난 뒤 그는 질문을 받았다. RSS 대원이 물었다. "힌두교는 악한을 살해하는 일을 허용합니까?" 간디가 답했다. "악한은 다른 악한을 살해할 수 없습니다."

그는 하루 종일 시내를 종횡으로 누비면서 피에 굶주린 폭도가 모여 있다는 소리를 들으면 그 장소로 뛰어갔다. 분노하는 인간의 바다도 그가 미소를 띠고 전통적인 기도를 올리며 그들 사이로 지나가면 길을 비켰다. 분노의 파도가 가라앉았다. 그는 턱수염을 기른 시크교도와 그 가족 십만 명이 모인 축제에 참석하여 그들이 무슬림들에게 저지른 폭력을 비난했다. 그는 시크교도들이 술을 마시고 폭동을 일삼고 있는 점도 비판했다. "여러분이 마음을 깨끗이 하면, 다른 모든 집단도 여러분을 따르게 될 것입니다."

기도 집회에서 그는 난민들에게 줄 담요를 사기 위해 모금했다. 난민 수용소에서는 그곳 사람들에게 물레질을 하고 주변을 깨끗이 하라고 말했다. 매일 밤 그는 대부분 힌두교도인 기도 군중을 향해 코란을 몇 구절 낭독하려 하는데 반대하느냐고 물었다. 보통 두세 명 정도가 반대했다. 그러면 간디는 코란을 낭독하는 동안 조용히 있을 것이냐고 물었다. 그들은 그러겠다고 했다. 간

8부 인도, 독립하다(1938~1948)

디는 이어 나머지 다수에게 그 반대자들을 불쾌하게 생각하느냐고 물었다. 그들은 아니라고 했다. 그러자 그는 코란을 낭독했다. 이것이 관용과 수양의 살아 있는 교훈이었다. 모든 사람의 의견이 같을 수는 없지만, 불일치에도 불구하고 비폭력적일 수 있었다.

## 마지막 정치 활동

1947년 10월 2일은 간디의 78세 생일이었다. 축하 인사가 쇄도했지만 그의 마음은 괴로웠다. 그달의 첫 두 주 동안, 그는 믿을 수 있는 동료 가운데 정부 관직을 갖지 않은 사람들을 모아 일련의 회의를 열었다. 그들은 간디가 추진한 불가촉천민 복지, 물레질, 기초 교육, 자연치료 등을 함께 해왔던 남녀였다. 간디는 그들에게 건설적 사업과 정치를 위해 하나로 뭉칠 것을 제안했다. 물론 정치에 들어가기 위해서는 아니었다. 간디는 "그것은 파멸을 초래한다"고 했다. 그래서 그는 말했다. "권력을 포기하고 사심 없이 순수하게 유권자들에게 봉사하면 우리는 그들을 인도하고 영향을 줄 수 있다."

국민회의를 움직일 수 없게 된 간디는 정부에 압력을 가하고 비상시에는 정부를 인수할 수 있는 새로운 조직을 만들고자 했다. 그러자 어느 대표가 물었다. "왜 국민회의나 정부가 건설적 사업을 수행할 수 없습니까?" 간디는 표만 의식하는 그들은 부패했다고 답했다. 크리팔라니는 그 병폐를 "관료주의, 독직(瀆職), 부패, 수뢰(收賂), 암거래, 부당이득"이라고 했다. 간디가 국민회의와 정부에 대한 실망을 숨기지 않았음에도 불구하고 여전히 그는 인도 정치의 핵심이었다. 그때 어느 무슬림 상점 주인이 살해되었다. 간디는 새로운 폭력의 가능성을 직감했다. 그는 단식을 결심했다. 그리고 1948년 1월 13일 아침, 마지막 단식을 시작했다. 그는 그것을 "모두를 위한 단식"이라고 불렀다. 분단된 인도의 양 지역에 있는 힌두교도와 무슬림 "모두의 양심을 향한" 단식이었으며, 필요하다면 죽음까지 불사할 각오였다. 모든 사람이 반응한다면 그는 행복할 것이었다. 그는 자기가 무슬림을 위해 단식한다고 비난하는 사람들이 있는데, 그것은 맞는 말이라고 했다. "누구나 그러해야 하듯이 나는 평생 소수자와 도움을 필요로 하는 사람들의 편을 들어왔습니다. (…) 나는 모든 사람이 마음을 깨끗이 하길 바랍니다."

파키스탄 무슬림들이 무엇을 하고 있는지는 전혀 문제가 되지 않았다. 힌두교도와 시크교도는 타고르의 시에 나오는 "그들이 너의 부름에 답하지 않거든 혼자 걸어가라"라는 구절을 상기해야 했다.

이틀째, 의사들이 기도회에 나가지 말라고 했다. 그래서 메시지를 받아써서 사람들에게 읽어주게 했지만, 예배 시간이 다가오자 견디지 못하고 나갔다. 그는 단식이 자신을 비롯한 모두의 영혼을 순화시키기 위한 것이라고 설명하며 희망에 차 외쳤다. "인도 양쪽에 자기 정화의 물결이 흘러넘치는 것을 상상해보세요!" 종교 간에 참된 친화가 이루어진다면 그는 아이처럼 뛰고 125세까지 살고자 했던 소원을 다시 갖게 될 것이었다.

그는 의사들의 조언을 거부했다. 검진을 받으려고 하지도 않았다. 소금이나 감귤 주스를 넣었든 안 넣었든 물도 마시지 않았다. 몸무게가 매일 2킬로그램씩 줄었다. 신장 기능이 악화되고 체력도 약해졌다. 그는 상관하지 않았다. "나는 이미 신에게 스스로를 맡겼습니다."

사흘째 그는 심각한 결장(結腸)으로 관장을 허용했다. 새벽 두 시 반에 깨어 뜨거운 목욕물을 부탁하고 목욕탕 속에서 피아렐랄에게 네루 정부에 보내는 편지를 받아쓰게 했다. 그 내용은 인도 공화국이 독립 전에 재산 분배로서 파키스탄에게 5억 5천만 루피를 지불하는 것이었다.

그날 저녁 늦게, 네루 정부의 재정 장관인 존 마타이(John Matthai) 박사, 네루, 사르다르 발라브하이 파텔이 간디를 찾아와서 각료가 그 지불에 반대한 이유를 설명했다. 먼저 마타이와 네루가 이유를 설명했고, 파텔이 한 시간 반 동안 그 반대의 정당성을 말했다. 파텔의 말이 끝나자 간디는 간이침대에서 일어나 말했다. "사르다르, 당신은 더 이상 내가 알던 사르다르가 아닙니다." 그리고 눈물을 흘렸다. 마타이와 네루, 파텔은 그곳을 나와 다시 각료회의를 열었다. 각료들은 간디의 반응에 대해 보고받은 뒤 1억 2천 5백만 달러의 지불을 결의했다. 그리고 그것은 지불되었다.

8부 인도, 독립하다(1938~1948)

그날 거의 하루 종일, 국내외의 수천 명 넘는 사람들이 끝없이 줄을 이어 비를라 하우스의 칸막이한 현관 간이침대 위에 누워 있는 간디의 모습을 삼 미터 거리에서 지켜보며 지나갔다. 그는 대부분의 시간을 마치 태아처럼 움츠린 자세로 두 무릎을 복부까지 포개 올리고 주먹을 가슴 위에 얹은 채 누워 있었다. 몸과 머리는 흰 무명베로 덮었고 얼굴의 가장자리도 그것으로 둘러쌌다. 두 눈은 감겨서 자고 있거나 의식이 반쯤 떠난 것 같았다. 심한 고통이 얼굴 위에 그대로 나타났다.

그러나 어쩐지 수면이나 반의식 상태임에도 불구하고, 그의 고통은 승화된 듯이 보였다. 즉 고통은 신념의 희열로 둔화되고, 봉사자의 의식에 의해 완화되었다. 그는 완전한 평화 속에 있는 듯했고, 눈을 뜰 때는 미소 지었다. 그는 기도회에 가고자 노력했으나, 일어설 수가 없었다. 그래서 침대에서 기도자들이 모인 광장의 확성기와 연결된 마이크에 대고 허약한 목소리로 말했다. 그의 말은 '전 인도 라디오'를 통해 전국으로 퍼졌다.

**남들이 무슨 일을 하는지 신경 쓸 필요가 없습니다. 우리들 각자는 탐조등을 내면으로 돌리고 자신의 마음을 최대한 정화해야 합니다. 만일 각자가 충분히 자신을 정화한다면 인도를 돕게 되고 나의 단식 기간을 단축시킬 것입니다. 누구도 죽음을 면할 수 없습니다. 그렇다면 왜 죽음을 두려워할까요? 사실 죽음은 우리를 고통에서 구해주는 친구입니다.**

여기서 그는 쓰러졌다. 나머지 메시지는 다른 사람이 낭독했다.

나흘째, 의사들은 간디에게 살아남는다 해도 심각한 영구 장애를 겪게 된다고 경고했다. 그는 물을 전혀 마시지 않았고, 소변도 보지 않았다. 자기 몸은 전혀 돌보지 않고 마이크로 기도 모임에 대해 이 분간 말하면서 자랑했다. "단식 나흘째인 오늘, 전에 없이 기분이 좋습니다." 그의 목소리는 힘찼다.

닷새째인 1월 17일, 몸무게는 48.5킬로그램으로 고정되었다. 그는 피아렐랄을 시내로 보내어 무슬림이 돌아오기에 안전한지를 살피게 했다. 무슬림 군주들, 파키스탄의 무슬림들, 인도 전역으로부터 수백 통의 전보가 왔다. 그는 만족하면서도 경고장을 보냈다.

**지방의 왕후들이나 무슬림 군주들, 힌두교도나 시크교도들, 그 밖의 누구 든지 나에게는 가장 성스러운 이 시점에 나의 단식을 끝내려고 허위 보고 를 한다면 그것은 자신이나 인도를 위한 것이 아닙니다. 그들은 내가 정 신을 위해 단식할 때 가장 행복하다는 것을 알아야 합니다. 이번 단식은 과거 어느 때보다 나를 행복하게 합니다. 누구도 자신의 일상에서 사탄으 로부터 의도적으로 등을 돌려 신을 향해 간다고 정직하게 주장할 수 있지 않는 한, 이 행복한 상태를 방해할 수 없습니다.**

1월 18일, 그는 더욱 기분이 좋았고, 가벼운 마사지도 받았다. 체중은 48.5킬로그램 그대로였다. 1월 13일 오전 열한 시에 단식이 시작된 이래 국민 회의 새 의장인 라젠드라 프라사드 박사의 집에서는 계속 회의가 열렸다. 폭 력적 공격의 중지만이 아니라 다양한 요소 사이의 참된 평화를 위한 회의였 다. 간디는 회의에 참석한 대표들에게, 단순한 서면 서약은 죽음을 각오한 자 신의 단식 결심을 움직일 수 없다고 했다. 그는 서약에 더해 상세한 실천 계획 까지 요구했다. 대표들은 자기 집단에 속하는 사람들이 실천할 수 있는 것 이 상을 약속해서는 안 되었다. 5일간 그들은 말하고 의논하고 초안하고 동료들 의 자문을 받고 자기 양심에 귀를 기울였다.

마침내 1월 18일 아침, 힌두교도·시크교도·무슬림·기독교도·유대교도의 대표 백 명과 호전적인 RSS와 힌두 마하사브하, 파키스탄 고등판무관, 프라사 드, 네루, 아자드가 간디 앞에 모였다. 그들은 무슬림들의 생명과 재산, 신앙 을 보호한다고 서명하고, 지금까지 무슬림들이 다니기 두려워한 지역을 자유 롭게 다니게 한다고 보장했다. 모스크를 돌려주고, 그곳에 있는 힌두교도 피 난민들은 철수하며, 도망가거나 숨어 있는 무슬림 상인들이 활동을 재개하도 록 했다. 이러한 모든 개선을 경찰이나 군대의 도움 없이 하고, 인민 스스로 감시하기로 했다. 변화의 증거로, 힌두교도와 무슬림의 친화를 보여주는 감격적인 사례가 이미 여러 곳에서 생겨났다. 이는 단식으로 지친 간디에게 보고되었다.

간디는 간이침대에서 허약하고 떨리는 몸을 일으켜 대표들에게 말했다. 신문 보도에 의하면 알라하바드에서 잔인한 폭력 사태가 일어났다고 말했다. 그리고 그곳에 공식 대표를 보낸 RSS와 힌두 마하사브하에게 책임이 있다고 분명히 지적했다.

**만일 여기 모인 대표들이 인도 전체에 힌두교도, 시크교도, 무슬림이 모두 형제라는 사실을 이해시키지 못한다면 분단된 나라에 불행만을 초래할 것입니다. 두 지역이 싸운다면 앞으로 인도는 어떻게 되겠습니까?**

이러한 생각이 그를 흔들어 움푹 들어간 뺨 위로 눈물이 흘렀다. 지켜보던 사람들도 울었다. 그가 다시 목소리를 가다듬었을 때는 소리가 너무 약해서 들리지 않았다. 그래서 수실라 나이야르 박사의 귀에 속삭였고 박사가 큰 소리로 되풀이했다. 대표들이 자기를 속이고 있는 것이 아닐까? 자기의 목숨을 구하려고 거짓말하는 게 아닐까? 그는 파키스탄에 가고 싶었다. 이곳 사람들이 평화를 지켜 그를 여행하게 할까?

국민회의의 무슬림 지도자인 몰라나 아자드, RSS 대변인, 파키스탄 대사, 시크교도가 맹세의 문장을 서약했다. 간디는 간이침대에 앉아 침묵하면서 생각에 잠겼다. 그 순간 그는 자신의 생사에 대해 결심했다. 단식을 중단한다고 말했다. 파르시교, 이슬람교, 일본어 성경 순서로 낭독하고 난 뒤 힌두 경전의 구절이 낭독되었다.

**거짓에서 진실로 나를 이끌어주옵소서**
**어둠에서 빛으로**
**죽음에서 불멸로**

이어 아슈람의 소녀들이 힌두 찬송가를 부르고 간디가 좋아하는 기독교 찬송가 〈영광의 십자가를 바라볼 때〉를 불렀다. 마침내 간디는 오렌지 주스 250그램이 든 잔을 받아 천천히 마셨다. 그 중간에 그는 만일 평화 서약이 준수된다면 125세까지 살고자 하는 희망을 되살릴 것이고, 어쩌면 133세까지 살고 싶을지 모르겠다고 말했다.

같은 날 오후, 그는 영국인이 경영하는 일간지 《스테이트맨Statesman》의 편집장을 지낸 아서 무어(Arthur Moore)와 면담했다. 그는 간디에 대해 다음과 같이 보도했다. "간디는 쾌활하고 명랑했다. 나와 면담하는 동안 그는 그 자신이 아니라 나에게 흥미를 보였다. 그래서 나에게 날카로운 질문을 던졌다."

그날 저녁 기도 모임의 연설에서 간디는 서약의 의미를 다음과 같이 해석했다. "앞으로 어떤 사태가 닥쳐도 힌두교도, 무슬림, 시크교도, 기독교도 사이에는 완벽한 우정, 절대로 깨질 수 없는 우정이 있을 것입니다." 그것이 진통제를 구하는 사람의 경건한 환상 이상임은 파키스탄 외무장관 모하메드 자프룰라 칸(Mohamed Zafrulla Khan)이 서크세스(Success) 호수에서 열린 유엔 안

**단식 5일 차에 집에서 실려 나오는 간디.**

8부 인도, 독립하다(1938~1948)

전보장이사회에서 한 말로 증명되었다. "간디의 단식에 호응하여 두 인접 국가 간에 새롭고 거대한 우정과 열망의 파도가 일어나 아대륙을 휩쓸고 있습니다."

단식을 끝내자 그는 평소의 즐거운 모습으로 되돌아와 힘차게 일을 계속했다. 그는 두려움 없이 죽음에 직면했기 때문에 삶의 새로운 여분을 갖게 되었다. 만일 정치가들이 간섭하지만 않았더라면 얼마나 좋았을까!

# 4 _____ 인도가 간디를 죽였다

## 라지 가트에서

애튼버러(Richard Attenborough, 1923~2014)가 감독한 영화 〈간디〉는 간디의 장례식 장면으로 시작한다. 내가 번역한 루이스 피셔(Louis Fisher, 1896~1970)의 간디 평전도 마찬가지고, 그 책은 영화의 저본이었다. 그 장면을 생생하게 묘사한 피셔의 글을 읽어보자.

> 뉴델리 부근 성스러운 숨나(Sumna)* 강가에 거의 백만 명에 이르는 사람들이 햇빛 속에서 화장터로 가는 장례 행렬을 기다리고 있었다. 온통 흰색이었다. 여성들의 무명 사리와 남자들의 옷과 모자, 둥근 터번이 모두 흰색이었다.
>
> 강에서 그리 멀지 않은 라지 가트(Raj Ghat)에 돌과 벽돌, 흙으로 된 깨끗한 화장단이 세워졌다. 가로세로 2.4미터 넓이에 높이 육십 센티미터였다. 향이 뿌려진 길고 가는 백단나무 장작이 그 위에 쌓였다. 간디의 시신은 머리가 북쪽을 향하도록 장작 위에 놓였다. 붓다가 최후를 맞은 자세였다.
>
> 오후 4시 45분, 간디의 셋째 아들 람다스가 화장단에 불을 붙였다. 장작들이 불길로 타올랐다. 많은 사람이 신음했다. 여자들은 대성통곡했고, 남자들은 흐느껴 울었다. 나무는 딱딱 소리를 내며 타올라 하나의 불길로 모였다.
>
> 그리고 침묵이 흘렀다. 간디의 시신은 차차 재로 변했다. (피셔, 9쪽.)

---

* 갠지스를 말한다.

8부 인도, 독립하다(1938~1948)

인도에 가면 누구나 라지 가트를 찾는다. 그곳은 뉴델리의 야무나강 인근에 위치한 간디 추모공원이다. 간디의 화장의식이 치러진 계단 형식의 선착장 가트와 인접 지대를 추모공원으로 조성한 것이다. 당시 간디를 화장했던 장소에는 흑색 대리석 예단이 놓였고, 그 위로 꺼지지 않는 불이 타고 있다. 예단에는 간디의 마지막 말이라고 하는 "헤이 람(Hai Ram, 오, 라마여)"이 새겨져 있다. 그곳은 간디의 무덤이 아니다.

그 주변에는 국립 간디 박물관 및 도서관이 있다. 박물관에는 수많은 그림과 간디의 개인 용품이 전시되어 있다. 지팡이와 암살당했을 때 착용한 목도리, 도티 등이다. 도서관에는 내가 쓴 『리더의 철학』과 번역한 간디의 『자서전』 등이 한국 책으로는 유일하게 소장되어 있다.

델리에는 간디가 생애 마지막 144일을 보내다가 암살당한 집인 간디 스므리티(Gandhi Smriti)도 박물관으로 남아 있다. 당시 간디는 원래의 숙소가 피난민들로 가득 차는 바람에 비를라 하우스로 가야 했다. 그곳에는 간디의 마지막 발걸음을 체험할 수 있도록 돌로 길을 만들어 놓았지만 그걸 밟고 지나간다고 해도 그의 죽음을 실감하기는 힘들다. 인상적인 것은 그가 지냈던 텅 빈 방이다. 인도 어디의 간디 박물관에서나 볼 수 있는 방이다. 좌식책상 하나와 필기구, 물레와 간단한 침구가 전부다. 이곳에는 2005년에 설립된 디지털 멀티미디어 박물관인 '이터널 간디 멀티미디어 박물관(Eternal Gandhi Multimedia Museum)'도 있다.

인도에는 간디 박물관 내지 기념관이 수없이 많다. 그러나 대부분 대동소이하기 때문에 특별한 이유가 없는 한 델리의 세 곳을 다니는 것으로 충분하다. 각 지역의 박물관은 그 지역에 사는 인도인들을 교육할 용도로 설립된 것이므로 외국인들에게는 특별한 의미를 갖지 못한다. 생가나 출신 학교 및 아슈람 등의 특이한 박물관이나 기념관에 대해서는 앞에 설명해두었다.

## 간디 스므리티와 로이의 비판

간디 스므리티는 원래 타타(Tata) 가문과 함께 인도의 양대 재벌인 비를라(Birla) 가문의 저택이었고, 간디는 1939년부터 1948년까지 델리에 올 때 자주 그 집을 이용했다. 그곳에 있는 안내판에는 간디가 이곳을 열아홉 번 사용했다는 설명과 함께 그 이용 기간도 상세히 적어두었다. 1971년에 정부가 그 집을 매입한 뒤 1973년 8월 15일 간디 기념관으로 탈바꿈하여 재개장했다.

비를라 집안의 계보는 19세기로 거슬러 올라가지만 간디와의 관련은 발데오 다스 비를라(Baldeo Das Birla, 1863~1956)로 시작되고 특히 그의 아들 중 한 사람인 간샤얌 다스 비를라(Ghanshyam Das Birla, 1894~1983)와 깊이 관련되었다. 발데오 다스와 그의 아들들은 힌두교 운동가들과 함께 간디가 이끄는 스와라지 운동의 주요 지지자들이었다. 그들은 바라나스 힌두대학교(Banaras Hindu University)를 적극적으로 후원했고 간디가 시작한 사티아그라하 운동을 재정적으로 후원했다.

아룬다티 로이는 최근 『박사와 성자』에서 간디가 남아프리카에서 돌아온 1915년에 간샤얌 다스 비를라가 콜카타에서 거대한 환영연을 조직했고 그 후 평생 간디의 최고 후원자가 되어 매달 상당한 돈을 기부했다고 주장했지만, 근거는 밝히지 않았다. 이에 대한 반론으로는 간샤얌 다스 비를라 본인이 간디 사후 1953년에 쓴 회고록 『마하트마의 그늘에서: 개인적 추억*In the Shadow of the Mahatma: a personal memoir*』에서, 간디가 1915년 콜카타에 도착했을 때 21세의 자신과 몇몇 사람들이 간디가 역에서 타고 온 말에서 짐을 풀어 들고 왔다고 하면서 당시의 대화에 대해 다음과 같이 언급했다.

나는 그에게 내가 매월 기부할 것이라고 알렸다. "좋아요." 그가 대답했다. 그러나 나는 매우 어리석게도 "네. 나는 매달 편지를 기대할 것입니다."라고 했다. 그러자 그가 이렇게 말했다. "그것은 내가 당신에게 구걸해야 한다는 뜻입니까?" 나는 너무 부끄러웠다. 그래서 간디에게 물었다. "내가 편지를 쓰면 답장을 하시겠습니까?" "물론입니다." 그가 말했다. 그를 시험하기 위해 나는 그가 떠난 지 4~5일 후에 그에게 편지를 썼다. 그는 엽서로 답했다.

간디는 비를라를 비롯하여 수많은 사람에게 재정 지원을 받았다. 1915년에 인도에 돌아와서 죽을 때까지 그리했고, 그전에 살았던 남아프리카에서도 그랬다. 간디는 재벌을 비롯하여 부자들로부터 재정 지원을 받아 사티아그라하 운동을 하는 것을 전혀 부끄러워하지 않고 당당하게 받아 운동을 위해 사용했다. 로이는 이 점을 비판하는데, 그런 지원이 없었다면 간디의 사티아그라하는 불가능했을지도 모른다.

## 최초의 암살 시도

1948년 1월 18일 마지막 단식을 끝낸 간디는 다음 날 들것에 실려 기도회장에 갔다. 마이크를 통해서 겨우 들을 수 있었던 그 연설에서 그는 힌두교도의 우월성을 신봉하며 호전적인 RSS의 이념적 모체인 힌두 마하사바(Hindu Mahasabha)의 간부 한 사람이 델리 평화 서약을 번복했다고 말하며 유감을 표명했다.

이튿날인 1월 20일 저녁, 간디가 기도회장에서 연설하고 있을 때 폭음이 들려 왔다. 간디는 "걱정 마십시오. 내 말을 들으세요."라고 말하며 동요하는 청중을 진정시켰다.

다음 날, 단식 후 처음으로 기도회장까지 걸어서 갔다. 폭탄 사건 때 전혀 동요하지 않은 그에게 찬사가 쏟아졌다. 그러나 그는 대수롭지 않게 생각했다. 간디는 폭탄을 던진 청년에게 자신과 생각이 다른 사람이라고 해도 반드시 적이 아니라는 사실을 기억하라고 간청했다. 그리고 청중들에게 그를 동정하고 개종시키도록 노력하라고 당부했다. 그 청년은 펀자브에서 피난 온 마단 랄 파와(Madan Lal Pahwa)였다. 그는 간디에게 행한 평화 서약에 따라 당국이 이슬람 사원을 정리하기 시작할 때까지 델리에 있는 이슬람 사원에서 살았다.

그는 재판에서 다음과 같이 말했다. "나는 파키스탄에서 벌어진 끔찍한 사건들을 목격했습니다. 또 펀자브의 여러 도시에서 힌두교도들을 총살하는 광경을 보았습니다." 특히 파키스탄에게 5억 5천만 루피를 지불하라고 한 것과 간디의 마지막 단식이 성공한 것이 그를 격분시켰다. 그들은 간디의 권위에 낭패했으나, 대항할 무기를 찾을 수 없었다. 분노에 찬 그는 간디를 살해하기 위해 RSS 공모에 가담했다. 그가 사제 수류탄으로 간디를 제거하는 데 실패하고 체포되었을 때, 공모자인 38세의 나투람 고드세(Nathuram Godse, 1910~1949)가 뭄바이에서 델리로 왔다.

랄은 어느 문맹의 노파가 경찰이 도착할 때까지 그를 붙잡아둔 탓에 체포되었다. 그 뒤 고드세는 간디의 처소인 비를라 하우스 부근을 배회하기 시작했다. 그는 카키 재킷 속에 작은 권총을 감추었다.

1948년 1월 25일 일요일, 기도회에 특별히 많은 사람이 모였다. 간디는 힌두교도와 무슬림이 '마음의 재결합'을 경험하고 있음을 알고 너무나 기쁘다고 말했다. 정부 각료들이 간디에게 경비병을 받아들이고 참배자들을 수색하라고 강권했으나, 간디는 거부했다.

## 간디 헌법의 판차야트

1월 27일에 간디는 국민회의가 정치적 자유를 얻었으나, 그것보다 재미없고 겉보기도 그럴듯하지 않지만 건설적인 자유, 즉 경제적 자유와 사회적 자유 및 도덕적 자유는 얻지 못했다고 썼다.

1월 29일 아침, 간디는 국민회의 규약의 초안을 잡았다. 독립이라는 정치적 목적을 이룩했으니 지금의 형태를 마을 판차야트(다섯 명의 평의회)에 기초한 록세크 상(인민 봉사자 조직)으로 바꾸어, 정치적 권력을 피하고 오로지 사회·도덕·경제적 개혁과 건설적 계획에만 헌신하자고 제안했다. 앞에서 보았듯이 간디는 1894년부터 판차야트에 주목해왔고, 1915년부터는 농촌에서의 마을 판차야트 재건과 농촌 마을의 자치(Gram Swaraj)를 강조했다. 20세기 초엽에는 1919년의 벵골을 비롯한 여덟 개 주 등에서 마을 판차야트법이 제정되었고, 1935년 인도정부법 제정 이후에도 현재의 판차야트 제도와 같은 3단계 시스템이 도입되었다. 간디는 1931년에《영 인디아》에 판차야트 부활을 중심으로 한 인도의 자치를 구상했고, 1946년에도 규약 초안을 작성해 국민회의에 제출한 바 있다. 1948년의 2차 계획은 더욱 포괄적인 것이었으나, 국민회의는 간디의 제안을 받아들이지 않았다. 국민회의가 그 정치적 역할을 포기할 수 없고, 지방분권적인 것이 될 수도 없다는 이유에서였다. 그러나 간디 사후에 개정된 새로운 규약에서는 국민회의의 기초 조직으로 마을에 '기초 국민회의 판차야트(Primary Congress Panchayat)'를 설치하고, 그 대표를 국민회의 연차 총회에 파견하게 했다.

판차야트 제도는 스리만 나라얀 아가르왈(Shriman Narayan Agarwal)이 만든 '자유 인도를 위한 간디 헌법(Gandhian Constitution for Free India)'에도 규정되었는데, 라즈쿠마르(N. V. Rajkumar)가 쓴 『국민회의 규약의 발전Development of the Congress Constitution』의 서문에서 간디는 그것이 자신의 입장과 일치한다고 말했다. 그 초안은 폭력은 집권화를 낳고 비폭력은 분권화를 낳는다는 간디의 원칙 아래 경제·정치적 분권화는 자족적이고 자율적이며 비폭력적인 마을 공동체를 낳는다고 하면서, 일차적인 정치 단위를 마을의 성인들이 선출하는 판차야트로 정했다. 그리고 마을 판차야트가 간접선거에 의해 군과 도시, 주와 국가의 상급 단체 판차야트를 구성하는 것으로 했다.

마을 판차야트는 초우기다르(야경꾼), 파트와리스(토지 및 세금 장부 담당자), 경찰, 학교를 통제하고, 카디(가내 수공 면제품)와 마을 산업 및 토지 수입을 산정하고 징수하며, 협동농장과 관개시설 및 이자율을 통제한다. 주 판차야트(Provincial Panchayat)는 운송·관개·자연 자원·협동 은행을 관장하고, 국가 판차야트(National Panchayat)는 국방·통화·관세·국민경제의 기간산업 운영, 주 경제개발계획의 조정 등을 담당한다.

그러나 1947년 8월 15일 인도 독립 직후 시작된 인도 헌법 제정 과정에서 판차야트는 논의되지 않았다. 그래서 그해 12월 21일 자《하리잔》에서 간디는 심의 중인 헌법안에 마을 판차야트나 권력 분산에 관한 규정이 없는 것은 명백한 누락이라고 성토했다. 그 며칠 뒤에 암살당했기 때문에 간디는 이에 대한 논의를 더 이상 전개할 수 없었지만, 헌법제정회의에서는 계속 논의되었다. 그러나 헌법기초위원회의 위원장이었던 암벳카는 그것을 채택하는 데 계속 반대했다. 그는 마을 공화국이 인도를 망치는 것이라고 비판했다. 그에 의하면 마을은 무지의 소굴이며, 지역주의와 좁은 소견, 종교 집단주의로 뭉친 곳이었다.

그러나 1950년의 헌법에는 '국가 정책의 지도원리' 편 40조에 '마을 판차야트의 조직'이 포함되었고, 1993년의 제73차 개헌에 의해 판차야트 규정은 헌법 본문 제9부 243조에 포함되었다. 간디의 소망이 그의 사후 반세기가 지나서야 겨우 실현된 것이다.

## 암살

1월 29일 밤, 어느 피난민 노인이 간디에게 히말라야로 들어가라고 했다. 간디는 자신의 히말라야는 이곳이라고 답했다. 다음 날 오후 네 시 반, 간디는 마지막 식사를 했다. 양의 젖, 생 야채와 익힌 야채, 오렌지, 생강과 신 레몬과 버터를 섞은 혼합물과 알로에 주스였다. 다섯 시가 되었다. 간디는 기도회장으로 빠르게 걸어갔다. 그가 기도회장에서 앉는 나무 연단에 불과 몇 미터 거리까지 왔을 때였다. 대부분이 일어섰다. 많은 사람이 그에게 가까이 가고자 앞으로 나섰다. 그의 옆에 있는 사람들은 그의 발에 절을 했다. 간디는 두 팔을 들어 올리고 미소 지으며 전통적인 인사법과 축복식에 따라 두 손을 합장했다.

고드세는 앞줄로 파고들어 주머니 속에서 권총을 쥐었다. 간디가 더 이상 지체하지 않고 기도를 시작하게 하기 위해 마누가 고드세를 옆으로 제치려 했다. 고드세는 그녀를 떠밀고 간디와 육십 센티미터 거리에서 몸을 세운 채 세 발을 쏘았다. 그 순간 간디의 얼굴에서 미소가 사라지고 두 팔은 옆으로 늘어졌다. 그는 "헤이 라마, 헤이 라마"라고 중얼거리며 바로 숨졌다. 영화 〈간디〉에서는 "오, 신이여"라고 하지만, 라마는 간디가 어릴 적부터 친숙했던 인도 신화의 영웅이자 『라마야나』의 주인공인 비슈누의 화신이다.

사람들이 모여들었다. 여자들이 간디의 모습을 지켜보거나 『바가바드 기타』의 구절을 낭송했다.

> 거만과 호세로부터의 자유
> 비폭력, 용서, 의로움, 주인에 대한 봉사
> 정결, 확고함, 자제
> 감각적인 것에 대한 혐오, 자만의 부재
> 생로병사의 고통과 악에 대한 깨달음
> 집착의 부재, 자녀, 아내, 가정과 가족에게 둘러싸이는 것의 거부
> 좋은 일이든 나쁜 일이든 평탄한 마음

장례식은 나그푸르에서 오는 셋째 아들 람다스를 기다리느라 다음 날 열한 시에 시작되었다. 람다스와 막내아들 데바다스가 사람들 틈에 끼여 영구차 앞에서 맨발로 걸었다. 그러나 남아프리카에 있던 둘째 아들 마닐랄은 오지 못했다. 장남 하릴랄은 사람들 속에 섞여 있었다.

줌나 강둑까지 십 킬로미터를 가는 데 다섯 시간이 걸렸다. 네 시 십오 분, 람다스가 장례용 장작에 불을 붙였다. 장작은 열네 시간 동안 탔다. 마지막 불길이 꺼지자 유해를 집에서 짠 면 봉투에 담고 재에서 구분한 뼈는 구리 단지에 넣었다.

## 재판

고드세는 사살 몇 분 뒤에 체포되었다. 그는 경찰서에서 만난 기자에게 절대 후회하지 않는다고 말했다. 예비 조사 결과 그가 푸네에서 발행하는 주간지 《힌두 라슈트라》의 편집인 겸 발행인으로서 신분 높은 브라만 출신이자 '힌두 마하사바'의 당원임이 드러났다. 그것은 간디의 비폭력에 반대하여 전투적인 힌두민족주의에 헌신하는 우익 정당이었다. 그는 1910년 정통 브라만 계급이지만 우체국 하급 관리의 대가족에서 태어났다. 마라티어로 교육하는 초등학교를 졸업한 뒤 푸네에서 공부를 계속했으나 대학 입시에 실패하여 16세에 재

봉 일을 배웠다.

그는 스무 살 무렵에 힌두 마하사바의 열렬 당원이 되었고 집회에 참석했다가 단기 징역형을 받은 뒤 정치에 깊이 관여했다. 푸네에서 학교 교사인 나라얀 압테(Narayan Apte)를 만나 마라티어 신문을 발간해 간디가 이슬람에 유화적이라고 비판했다. 그는 간디와 마찬가지로 『바가바드 기타』를 전부 외울 정도로 좋아했는데, 간디와는 정반대로 크리슈나가 아르주나에게 영혼에서 일어나는 전투가 아니라 진짜 전투에 대해 이야기한 것이고, 목적이 올바르면 폭력을 사용해도 좋다고 가르치는 취지라고 이해했다.

간디 암살자들에 대한 재판은 1948년 5월 2일 델리의 역사적인 재판정인 레드포트에서 배심원 없이 단일 재판관에 의해 열렸다. 살인과 살인 모의 및 폭약물질법 위반으로 여덟 명이 기소되었다. 레드포트에서는 구십 년 전 무굴 제국의 마지막 황제가 무기 추방형을 받은 것을 비롯하여 중요한 정치적 재판들이 열렸다. 재판은 복잡해서 증인 조사와 증언 기록에만 6개월이 걸렸다.

재판에서 고드세는 단독범이라고 주장했으나 곧 암살단의 전모가 밝혀졌다. 암살의 주역은 고드세와 압테였다. 압테도 고드세처럼 브라만이었으나 중산층 출신이었다. 이학 학사를 따고 교사가 된 뒤 고드세와 함께 우익 정당 활동을 했다. 1943년 공군에 입대해 장교가 되었으나 가정 사정으로 넉 달 뒤에 퇴역하고 고드세와 함께 신문을 발간했다.

한편 사바르카르는 오랜 테러리스트 경력의 소유자로서 안다만 제도에 추방되기도 했다. 힌두 마하사브의 전 당수인 그는 암살 음모의 주역인 고드세, 그와 같은 신문사에 근무한 나라얀 압테와 오래전부터 알고 지냈다. 나중에 참석한 단순 가담자들은 암살 몇 주 전까지도 서로 모르는 사이였다.

당시 65세였던 사바르카르는 영국에서 간디와 만났고 사십 년 전인 1927년 3월에 라트나기리에서도 만나 서로 가깝게 지낸 적이 있었다. 당시 그는 안다만에서 석방되어 가택 연금 상태에 있었다. 간디가 존경한 틸라크의 고향인 라트나기리를 방문했을 때 간디는 사바르카르가 희생정신과 애국심이 뛰어난 사람이라고 찬양했지만 서로 의견이 맞지는 않았다.

재판에서 사바르카르가 암살 음모에 가담했는지가 문제가 되었으나, 검찰은 그가 직접 가담한 증거를 제출하지 못했다. 그는 1905년에 뭄바이대학교를 졸업하고 영국의 그레이즈 인에서 공부했으나 정치 활동에 관여하지 않아야 변호사 자격을 준다는 제의를 거절하여 변호사가 되지 못했다. 그러나 문학에 대해 저술한 공로로 나그푸르대학교로부터 명예 박사 학위를 받았을 정도로 지성인이었다.

증거에 의하면 암살 모의는 1947년 8월 인도 분단 때 고드세와 압테에 의해 시작되었고, 11월에는 무기와 탄약, 협조자를 물색했다. 협조자 중 한 사람인 파와는 이슬람교도가 다수인 곳의 힌두교도 가정에서 태어났다. 해군에 입대하려고 가출했으나 시험에 떨어져 육군에 입대했다. 그러나 훈련 뒤에 제대하고 고향에 머물다가 1947년 폭동 시에 무슬림이 힌두교도를 학살하는 것을 목격했다. 이후 고향에서 쫓겨나 푸네 부근의 수용소에서 살다가 1947년 12월경 고드세와 만나 암살에 가담했다.

또 한 사람의 협조자인 카르카레는 가난한 집안 출신으로 고아원에서 자랐으나 십 대에 탈출하여 유랑극단, 식당, 여관 등에서 일했다. 힌두 마하사바의 열성 당원으로 압테의 도움을 받아 시의원이 되었다. 노아칼리 이슬람 폭동의 피해자들을 지원하면서 이슬람을 비판하는 기사를 고드세가 신문에 실어주어 암살단에 가입했다. 재판받을 때 37세였다.

49세로 피고인 중 가장 나이가 많은 의사 다타트라야 파르추레는 고위 공직자의 아들로 태어났으며 힌두 마하사바의 열성 당원이었다. 한편 샨카르 카스타이야는 가장 어렸는데 빈민의 아들로 태어나 일정한 직업도 없이 무기 제조 및 거래에 관여하다가 돈을 벌 목적으로 암살 모의에 가담했다. 재판에서는 다른 피고인들의 일을 고자질하여 사면받았다. 마지막 협조자인 고드세의 동생 고팔은 재판 당시 27세로, 나투람이 일하던 양복점에서 일했다.

이상의 준비를 거쳐 간디가 단식을 시작한 1월 12일에 암살 결정이 내려졌다. 다음 날, 고드세와 압테는 기차를 타고 푸네를 떠나 뭄바이로 갔다. 1월 14일 협조자들과 회의한 뒤 1월 15일 파와와 카르카르가 먼저 기차로 델리로 떠났고, 고드세와 압테는 17일 비행기를 타고 델리에 도착했으며, 나머지도 19일까지 델리에 도착했다. 20일에 파와가 면화약 폭탄을 터뜨렸으나 암살에 실패하고 체포되었음을 앞에서 보았다. 그 뒤 나머지 암살단은 뭄바이와 푸네 등으로 피했다가 27일에 비행기로 델리에 와서 무기를 구했다. 고드세는 간디를 암살한 뒤 도망가지 않고 그 자리에 그대로 서 있었다. 며칠 내에 암살에 가담한 사람들이 모두 체포되었다.

판결은 1949년 2월 10일에 내려졌다. 고드세와 압테는 사형, 사바르카르를 제외한 나머지는 무기 유형이었다. 사바르카르는 무죄로 석방되었다. 고드세 등은 항소했는데, 파르추레와 카스타이야는 석방되었지만 나머지는 원심의 형이 확정되었다. 고드세와 압테는 1919년 11월 15일 교수형에 처해졌다.

## 고팔 고드세

암살범 중 나머지 네 명은 무기징역을 받았다가 출감했다. 그중 한 명이 나트람 고드세의 동생 고팔 고드세(Gopal Godse, 1919~2005)다. 그는 사건 발생 십육 년 뒤인 1964년에 출감하였다. 이후 가진 언론과의 인터뷰에서 간디 암살에 관여한 것을 결코 부끄러워하거나 후회하지 않고 자신들의 행위는 오로지 조국에 대한 사랑에서 나온 것이었다고 역설했다.

무엇보다도 그는 간디가 겉으로는 인도와 파키스탄으로 나뉘어 영국으로부터 독립하는 것을 반대했지만 속으로는 파키스탄 탄생을 기뻐했다며, 사실상 간디는 '파키스탄의 아버지'라고도 주장했다. 또한 간디의 '비폭력주의'도 사실은 무슬림들이 힌두교도들을 살육하도록 하는 음모의 일부라고 하며 "인도에서 힌두들에게 가장 잔인했던 사람"이라고 비난했다. 그런 간디를 살려두면 힌두교도들에게 더욱더 해를 끼칠 것이 분명했기 때문에 그가 자연스러운 죽음을 맞도록 내버려둘 수 없었다는 것이다. 비록 자신과 형, 친구들이 목숨을 잃게 된다 하더라도 말이다. 게다가 그는 간디가 사망하면서 "오, 라마여."라는 마지막 말을 남겼다는 것도 성인을 숭배하기 좋아하는 인도 민중을 이용하기 위한 당시 정부의 조작이라며 간디는 사망할 때 그런 말을 한 적이 없다고도 주장했다. 고팔 고드세는 그런 주장을 41년간 계속하다가 2005년에 86세로 죽었다.

그 말은 그의 형을 비롯하여 암살단, 나아가 그들에게 암살을 사주한 민족 의용단 RSS의 주장이었으므로 크게 새로울 것도 없었지만, 그래도 십육 년 간 옥살이하면서 반성한 바가 있을 것이라 기대한 사람들에게는 상당한 실망 을 주었다. 도리어 RSS를 비롯하여 간디에 반대하는 세력이 커지고 있는 현실 에서 그의 말은 그들에게 도움을 주었다. 그러나 누구도 부정할 수 없는 분명 한 사실은, 간디가 힌두주의자였지 이슬람주의자가 아니었다는 점이다. 생시 에는 물론이고 지금도 간디는 이슬람 사회에서 인기 있기는커녕 철저히 무시 된다.

간디를 중심으로 민족주의 운동이 활발하게 일어났던 1925년에 조직된 RSS는 간디 암살을 주도했고, 파키스탄에서 이주한 힌두교도들을 중심으로 조직을 확대하여 1992년 12월에는 아요디아(Ayothya)*의 모스크를 파괴하고 오백 명 이상의 무슬림을 살해했다. 이 사건은 인도 현대사의 최대 비극이라 여겨진다. 인도 국민당과 같은 계열인 그것은 국내외에 삼만여 개 지부를 두 고 있는 거대 정치조직이다. 간디 탄생 150주년일인 2019년 10월 2일에 도둑 이 인도 중부의 바푸 바완(Bapu Bhavan)에 있는 간디 기념관에서 간디의 유골 을 훔치고 기념관에 있는 간디의 사진에 '반역자'라고 낙서한 사건이 벌어졌 다. 그것도 RSS의 짓으로 추측되지만 범인은 잡히지 않았다.

지금 인도 수상인 나렌드라 모디(Narendra Modi, 1950~)도 RSS 출신이어서 그런 일이 있을 수 있었는지도 모른다. 2014년 수상에 취임한 모디는 2018년 6월에 역사 교과서에서 간디 암살에 대한 서술과 네루의 이름을 삭제하고, 대 신 간디 암살을 사주한 자를 실으라고 지시했다. 이런 자가 2018년 서울평화 상 수상자라니 기가 찰 노릇이다. 그 삼 년 전인 2015년 힌두 마하사바라는 단

---

* 한국에서는 아유타라고 하는 인도 고대 왕국으로서 허왕후가 살았다고도 하는 힌두교의 성지.

체는 고드세를 추모하여 그가 사형당한 11월 15일을 '순교자의 날'로 정하고 거창한 행사를 주도했다.

그보다 훨씬 빠른 1958년에 남부디리파드(E. M. S. Namboodiripad, 1909~1998)라는, 케랄라 주의 첫 번째 총리로 재직했던 공산주의자가 나트람 고드세를 "광범위하게 조직된 힌두 정치 세력의 대리인"이라고 보고, 국민회의를 주도하던 힌두교 중심의 부르주아 정치인들이 국가 권력을 획득하면서 간디의 '힌두-무슬림 단결' 주장을 정치적 장애로 간주하고 암살을 암묵적으로 사주했다고 주장했다. 이것이 한국에서는 2011년 『마하트마 간디 불편한 진실』이라는 제목의 책으로 소개되어 간디를 비판하는 소재로 회자되었다. 간디를 힌두 근본주의자로 보았던 남부디리파드는 간디 암살을 힌두 세력 내부의 갈등으로 본 것이다.

## 조문

그때나 지금이나 간디의 죽음에 대해 인류가 슬픔을 느끼는 것은, 피셔가 말하듯이 그가 죽었을 때도 그전과 마찬가지로 부·재산·명예·공적 지위·학문적 칭호·과학적 업적 등 78년을 산 인간으로서 남길 수 있는 영광이 하나도 없는 평범한 일개 시민으로, "가장 가난하고 고독하며 불행한 사람들의 친구"였기 때문이다. 이것은 인도를 오랫동안 지배한 영국의 조문 대표 필립 노엘-베이커(Philip Noel-Baker, 1889~1982)의 말이지만 간디를 가장 정확하게 본 것이었다.

간디가 남긴 것은 안경과 회중시계, 가죽 샌들, 피 묻은 비 조각뿐이었다. 그 흔한 학위나 무슨 단체의 장 자리 하나 없었다. 박사나 석사는커녕 학사 학위도 없었다. 젊은 시절 영국 유학을 마친 뒤 살길이 없어 영어 교사에 지원했으나 대학 졸업장이 없다는 이유로 거절당했다. 인도의 국부라고 불린 그가 받고자 했으면 무수히 수여되었을 그 흔한 명예 박사 학위 하나 없었다.

영국의 정치가 스태퍼드 크립스 경은 "정신력이 물질계를 초월한다는 것을 그처럼 강력한 확신을 가지고 증명한 사람을 나는 그 어느 시대에서도, 최근

8부 인도, 독립하다(1938~1948)

역사에서도 일찍이 보지 못했다"고 선언했고, 당시 미국의 국무장관이었던 조지 C. 마셜(George C. Marshall, 1880~1959) 장군은 "마하트마 간디는 인류 양심의 대변자였다"고 했다. 간디는 분명 인류 양심의 대변자였지만, 그것이 그의 정신이 물질을 이겼기 때문이라고 할 수는 없다. 인간으로서 갖기 마련인 물욕이나 성욕 등의 모든 욕망을 이겼다고 하면 모를까.

피셔는 1954년 말했다. "가난한 한 사람의 죽음으로 인간성이 메말랐다. 그 뒤에 남겨진 사람 누구도 국내외의 강력한 적에 대해 그처럼 친절, 정직, 겸손, 비폭력이라는 무기로 대항하여 수많은 승리를 거두지 못했다. 그는 남다른 방법으로 비범한 성공을 거두었다." 이것은 그 뒤 반세기가 지금 2023년에도 여전히 옳은 말이다.

## 중산층, 그리고 근대 문명이 간디를 죽였다?

미국의 철학자인 프레드 달마이어(Fred Dallmayr, 1928~)는 프랑크푸르트학파에 대하여 주장했다. "원래 서양 자본주의의 전개에 대한 비판적인 분석으로서 근대성의 밑바닥에 잠재된 어둠에 대한 연구에 몰두해야 했으나, 최근 그것은 서양적 근대성과 글로벌한 근대화 및 세속화의 중요한 주창자가 되어버렸다. 이와 달리 델리의 발전사회연구소야말로 최근의 프랑크푸르트학파가 버린, 또는 축소한 초기 프랑크푸르트학파적인 시도의 계보를 재현하고 있다고 말할 수 있다." 프랑크푸르트학파는 한때 우리나라에서도 각광받은 바 있다. 프레드 달마이어는 발전사회연구소(The Centre for the Study of Developing Societies)의 아시스 난디(Ashis Nandy, 1937~)야말로 남아시아 등의 발전도상 세계에서 가장 자극적이고 선견성을 지닌 학문적, 정치적 '이의 주창 세력'이라고 본다.*

---

\*     Fred Dallmayr, Global Development?: Alternative Voices from Delhi, *Alternatives*, 21, p. 276.

아시스 난디는 『친밀한 적Intimate Enemy』(1983)이라는 번역서로 우리에게도 널리 알려진 인도의 정치심리학자다. 식민지 지배가 끝나도 그 정신적 지배는 이어진다고 주장한 책인데, 이는 인도만이 아니라 한국을 비롯한 여러 식민지 경험 국가에서 볼 수 있는 현상이다. 그는 같은 맥락에서 간디를 암살한 고드세는 식민지적 심성을 가진 인도 중간층을 대변하여 식민지에 대한 이의 제기자인 간디를 암살했다고 보고, 규격화된 간디나 국부로서의 간디가 아닌, 강력한 이의 제기자이자 회의주의자로서의 간디를 되살려야 한다고 주장했다.

1937년 벵골 태생인 그는 아버지를 따라 기독교를 믿었으나, 9세 때인 1946년 8월 16일, 인도가 두 개의 주권 국가인 인도와 파키스탄으로 분할되면서 발생한 갈등과 잔학 행위를 목격한 뒤 종교가 그런 폭력을 야기한다고 보고 종교를 버렸다. 대학에서 처음에는 의학을 전공했다가 그것은 장래를 예측할 수 있는 것이라는 이유로 포기하고 인문학으로 전환했다. 아마다바드에서 심리학으로 학위를 받고 1965년부터 발전사회연구소에서 근무했다. 그가 간디를 중시하게 된 것은 1975년 6월 인도에 비상사태가 시작된 이후였다. 당시 인디라 간디 수상이 비상사태를 내린 이유는 개발·인구 조절·근대화·국방이었는데, 난디는 그것에 대한 가장 유효한 이의 신청의 모범이 간디라고 보았다.

그러나 당시 인도를 비롯하여 세계에 남은 간디는 인도 국가나 인도 민족주의에 알맞은 것으로 변용된 것이었다. 특히 그것은 간디 사상에 내포된 강력한 아나키즘, 공사 분리의 거부, 종교적 영역과 세속적 영역의 분리 거부 등을 무시한 신화적 간디였다. 이는 폴란드의 바웬사나 남아프리카의 만델라, 미국의 마틴 루터 킹, 미얀마의 아웅 산 수지 등이 만든 간디였다. 즉 비인간적인 취급을 받아도 언제나 인간성 회복을 위해, 부정에 대해 의연히 싸우는 투사의 상징으로서의 이미지였다.

반면 난디는 간디 사상을 자율을 추구한 정치학으로 재발견했다. 특히 간디가 종래 주변적으로 치부된 하층 계급의 민중문화를 인도 정치문화의 중심에 가져와 민중과 서민을 주체로 이끌어냈다고 보았다. 간디 이전에는 18세기 말부터 19세기 전반까지 '자기를 다시 정의'하는 노력이 있었고(진보주의=인습 타파), 19세기 후반부터 1920년대까지는 '자기를 긍정하는' 노력(보수주의=정통파)이 엘리트 계층에 의해 이루어져왔다고 난디는 분석했다.

반면 간디는 1, 2단계의 진보파와 보수파의 중간에서 영국을 발전 모델로 삼는 것을 거부하고 영국의 해독이 미치지 않은 토착 농촌사회에서 참된 문명을 발견했다. 민중의 현세적인 개인주의, 생존을 위한 자연과의 투쟁, 농촌 공동체의 유효성 등에 주목한 것이다. 즉 비정치적이었던 인도 사회에서 정치와 공적 생활의 중심성을 강조한 점에서 진보와 보수 양자의 단절을 통합하고 양자에 공통된 브라만주의를 파괴했다. 그리하여 간디는 인도 사회의 중심과 주변을 뒤바꾸고, 인도 전통과 식민지적 상황에 내재한 남성성 및 여성성이라는 개념의 분단을 거부한 점에서 브라만주의적인 전통적 권위 시스템에 고도로 파괴적인 결과를 초래했다. 이는 동시에 영국에 의한 문명화라는 가면을 벗기고 식민지주의는 인종차별주의이자 착취 체제에 불과하다는 비판으로 이어졌다. 나아가 간디는 인간의 문명화를 가져오는 힘으로 농민 문화에 내재한 여성 원리를 재발견했다. 따라서 간디는 살해되어야 했다는 것이 난디의 분석이었다.*

반면 고드세는 브라만 출신이지만 사회·경제적 지위는 매우 낮아서 불만 세력이었다고 보았다. 고드세는 16세부터 보통 낮은 카스트가 하는 직물상 일에 종사했지만, 얼마 뒤 도산하여 더욱 낮은 카스트의 일인 재봉을 해야 했다. 게다가 그는 형 세 명이 일찍 죽어서 여성으로 성장했다. 그가 속한 치트바반 브라만은 본래 푸네를 중심으로 했지만 19세기 말부터 뭄바이가 발전하면서 뒤처졌다. 그것도 간디의 고향인 구자라트 출신 상인이나 파르시교도의 진출

---

* Ashis Nandy, Final Encounter: The Politics of the Assassination of Gandhi, *At the Edge of Psychology: Essays in Politics and Culture*, New Delhi: Oxford University Press, 1980, pp. 70-98.

에 의한 것이었다. 그가 태어난 마하라슈트라 주에는 크샤트리아가 없어서 브라만에게는 전사 문화의 성격이 강하고 대단히 남성적이었다.

간디 암살 직후 당시 수상이었던 네루는 고드세를 아무 생각이 없는 광인으로 취급했지만, 난디는 그에게 당대 지배계층의 잠재의식이 그대로 반영되어 있다고 보았다. 즉 도시에 사는 고학력, 고계급으로서 서양적 사고방식을 지니며 3차 산업에 종사하면서 가진 불안 속에서 자신감을 상실한 전통적 엘리트들이 진범이었다는 것이다.[*]

그 뒤 1983년에 난디는 고드세가 근대를 대표한다고 분석했다.[**] 그 근대란 군사적으로 강력하고 획일적이고 완전히 산업화된 테크노크라트적이고 민족주의적이며 세속적인 국가를 뜻했다. 1987년에는 근대문명을 동서양이라는 구분과는 무관하게 근대 서양과 동일화되는 전통이나 정신상태 일반으로, 비억압·평등·도시·산업·테크노크라트 중심의 단일 문명을 말한다고 주장했다. 반면 간디는 비억압·평등이라는 점에서는 동일하지만, 농촌·비산업·비테크노크라트 중심의 문명을 추구했다고 난디는 보았다.[***]

---

[*]     Ibid., p. 93.

[**]    Ashis Nandy, Godse Killed Gandhi?, *Resurgence*, 96, 1983, pp. 28-29.

[***]   Ashis Nandy, From outside the Imperium: Gandhi's Cultural Critique of the West, Traditions, *Tyranny and Utopias: Essays in the Politics of Awareness*, New Delhi: Oxford University Press, 1987, pp. 127-162.

# 꼬리말: 지금 우리에게 간디는?

## 한반도와 간디

한반도에 간디가 소개된 지도 백 년이 훨씬 넘었다. 대부분 찬양 일변도였다. 하지만 간디가 한반도를 어떻게 생각했는지에 대해서는 알 수 없다. 비록 조작되었다는 의혹이 제기되기도 했지만, 타고르가 코리아를 '동방의 등불'이라고 찬양한 시를 써주었다는 기사가 1929년《동아일본》에 발표되었던 반면, 간디가 코리아에 대해 언급했다는 기록은 본 적이 없다. 도리어 간디는 '동양'의 일본이 '서양'을 대표하는 러시아를 승리한 점을 찬양했는데, 그 점을 비판적으로 소개한 한국인의 글조차 본 적이 없다.

간디는 1905년 러일전쟁에서 일본 함대가 러시아 함대를 격파하고 약 이 주 뒤에 일본이 승리한 것을 "서사시적인 영웅주의"라고 하면서 그 비밀은 모든 일본인이 "통일, 애국심 및 생사를 건 결의"라는 동일한 정신에 고무된 데 있다고 찬양했다. 인도인은 '이기심'을 떠나 그런 일본의 선례를 배워야 한다고 호소하기도 했다(YI, 1905. 6. 10). 이어 두 달 뒤에는 당시 일본 외무대신의 공식적 주장, 즉 일본의 요구는 옳고, 일본에는 통일이 있으며 일본인은 게으르지 않고 그 생활은 매우 검소하다는 말을 그대로 인용했고(YI, 1905. 8. 5), 그 일주일 뒤에는 영일동맹이 양국만이 아니라 세계에도 유익하고 "그것이 더욱 계속되기를 희망하는 모든 이유가 있다"고 했다(YI, 1905. 8. 12). 그리고 러일전쟁을 승리로 이끈 일본 참모총장이 죽었을 때는 그의 군인으로서의 능력과 전공을 극찬하며 애도했다. 나아가 일본인을 '통합된 국민'으로 만든 것으로 군인칙유와 교육칙어를 들고 그 내용을 언급한 뒤에 그것이 일본을 "위대하게 만든 원동력"이라고 말하기도 했다. 군인칙유는 1882년 일왕이 사관학교에 하사한 것으로 "우리나라 군대는 대대로 천황께서 통솔해주셨다"로 시작하여 상관의 명령은 일왕의 명령이라며 상관과 천황에 대한 복종, 충절과 예의, 신의를 강조했다. 1890년부터 사용된 교육칙어는 충효를 강조하였고 군인칙어와 함께 1948년에 실효되었다.

1931년에 일본이 만주를 침략하고 1932년에 일본에 의해 만주국이 세워진 뒤에야 간디는 친구에게 보낸 편지에서 중국을 동정하며 러일전쟁의 승리는 그 정책을 다른 나라가 모방할 만한 가치를 갖지 않는다고 재평가했다. 또 일본의 정책을 감시해야 한다고 주장했다. 하지만 간디는 당시 영국으로부터의 독립을 주장하면서도 한반도의 독립에 대해서는 전혀 관심을 갖지 않았다. 네루가 1933년 6월 29일 감옥에서 딸에게 보낸 편지에 "러시아에 대한 일본의 승리가 아시아 여러 민족을 기쁘게 하고 만족시킨 것처럼 보였다. 그러나 그 직접적 결과는 소수의 침략적 제국주의 집단에 또 하나를 더한 것이다. 그 최초의 영향을 받은 것이 코리아였다. 일본의 융흥은 코리아의 몰락을 뜻했다." 라고 한 것이 한반도 문제에 대한 인도인 최초의 언급이었다.

간디는 1920년대 초엽부터 인도에 소개되었는데, 그 내용은 주로 간디의 반근대 내지 반서양 사상과 '무저항주의' 내지 '비폭력주의'라는 정신적 내지 윤리적 측면만을 강조한 것이었다. 그것은 일본이 아시아의 지도국이어야 한다는 '아시아주의'에 입각한 것으로 이는 '대동아전쟁'의 이념으로도 이어졌다. 당시 일본은 영국이 인도를 식민 지배한 것은 순수하게 영리적 목적 때문이라고 하면서 일본의 조선 병합은 독립할 능력이 없는 조선을 위한 것이라고 주장했다. 조선이 타국의 지배를 받는다면 일본의 국방에 치명적인 위협이 되고 동아시아 전체의 평화를 위협하기 때문이라는 것이다. 또한 영국은 인도를 철저히 무시했으나, 일본은 옛날부터 조선을 잘 알았고, 영원히 영국의 친구이고자 했던 간디가 영국에 대해 독립을 주장한 것은 영국이 배신한 탓이라고 하면서, 일본과 합일된 조선에서는 그런 일이 있을 수 없다고 주장했다.

1945년 이전의 일본과 조선, 그리고 해방 후 지금까지 한국이나 일본에서 간디는 여전히 1920년대에 일본 제국주의에 의해 왜곡된 간디상이 아닐까? 하는 의문으로부터 이 책을 썼다. 간디를 비롯한 인도인의 노력으로 인도는 영국의 식민지 지위를 벗어나 독립했지만 파키스탄과 분리되었고, 간디는 독립 일 년 만에 암살당했다. 그리고 지금까지 인도에서 간디는 국부로 추앙되어왔지만 간디 정신이 살아 있다고 볼 수는 없다. 간디는 영국의 인도 지배가 옳은 일이 아니어서 반대한 것이지 그 지배자가 영국이어서 반대한 것이 아니다. 그래서 지배자가 영국인에서 인도인으로 바뀔 뿐인 독립은 아무 의미가 없다고 생각했다. 그는 인도가 영국의 지배를 받게 된 것은 인도인이 영국의 문명을 인정한 탓이라고 보고, 인도의 독립은 그런 영국 문명으로부터의 독립이어야 한다고 주장했다. 그리고 독립된 인도는 하나의 강대한 나라가 아니라 수만 개의 마을 독립국으로 이루어진 연방이기를 바랐다. 그런 발상은 인도에서는 물론이고 어떤 제3세계 지도자들에게서도 볼 수 없다. 한반도에서도 볼 수 없다.

혈연 공동체를 완전히 벗어날 수는 없지만 그런 인연에서 벗어나 남들과 함께 살고자 하는 의지를 가진 자유롭고 평등한 개인들이 함께 만들어 스스로 운영하는 작은 사회를 간디는 아슈람이라 했다. 그는 아슈람을 자기 삶의 기본으로 삼았고, 새로운 인도를 아슈람과 같은 작은 사회들로 구성된 작은 나라들의 연방으로 구상했다. 그리고 그 아슈람과 개인들은 자연과 조화롭게 살기 위해 동물들을 존중하여 육식을 하지 않고 채식을 하는 것을 이상으로 삼았다.

## 간디에 대한 추억

나는 초등학교 저학년 시절에 간디를 처음 알았다. 몇 학년 때인지는 정확하지 않고, 교과서에서 읽었는지 위인전으로 읽었는지도 정확히 기억하지 못하지만, 간디가 남아프리카에 도착하고 며칠 뒤 프리토리아로 가는 기차간에서 백인들에 의해 쫓겨난 이야기를 통해 그를 처음 알았다. 그때 어떤 느낌을 받았는지는 생각나지 않지만, 중학교에 들어간 1964년에 함석헌이 번역한 그의 『자서전』에서 그 부분을 다시 읽었을 때에는 크게 분노했다. 나는 아직도 그때 수업 시간에 몰래 읽었던 손바닥만 한 크기의 삼중당 문고판을 기억한다.

그 뒤로 나는 하루도 간디를 생각하지 않은 날이 없다고 할 정도로 그를 좋아했다. 그 사건은 1982년 리처드 애튼버러가 감독한 영화 〈간디〉의 첫 장면이 된 장례식 묘사 이후 간디 생애의 첫 사건으로 그려졌다.

영화에서 역무원은 흑인과 백인이 각각 한 명씩 나오고, 다른 곳에서는 둘 다 백인으로 그려지기도 하지만 정확한 것은 알 수 없었다. 그 영화를 촬영할 당시 직접 간디를 봤던 인도의 노인들이 정말로 간디가 살아 돌아왔다고 착각하여, 간디 역을 맡은 배우 벤 킹슬리가 꽤나 고생했다는 이야기도 있지만, 킹슬리는 키나 몸집, 피부색이 간디와 비교도 안 될 정도였다. 가령 간디의 키가 162센티미터였던 반면, 킹슬리는 173센티미터였다. 몸집이나 피부색의 차이는 더욱 컸다. 뒤에 인도 서북부의 포르반다르에 있는 간디 생가에서 대문이 너무 낮은 것을 보고 놀란 적이 있는데, 간디 집안 사람들이 모두 키나 몸집이 작았던 탓이 아니었을까 생각했다. 어려서부터 내성적이었던 것도 그런 점과 관련이 있었는지 모르고, 신체적 콤플렉스를 극복하고자 평생 노력했을 수도 있다.

인도를 여행하면서 자주 느낀 것은 인도에는 적어도 두 종류의 인간이 있다는 점이다. 하나는 서양인처럼 키가 크고 몸집이 좋으며 그다지 검지 않은 사람들이고, 또 하나는 평균적인 한국인보다 훨씬 작고 깡마르고 매우 검은 사람들이다. 인도에 관한 책에서는, 주로 인도 남부에 사는 원주민인 드라비다족이 후자이고, 북부에 사는 전자는 아리아(Arya)족이라고 설명한다. 이런 구별에 대해 신경을 쓰는 이유는 외양의 차이가 신분이나 직업, 수준의 차이 등과 직결되는 것처럼 느껴지기 때문이다. 가령 인도에서 가장 심각한 계급 문제인 카스트와 불가촉천민이 외모로도 나타나는 것이 아닌가 한다. 아리아인들이 원주민인 드라비다족을 정복하고서 자신들의 신분은 높으며 드라비다족의 신분은 낮은 것으로 정했다는 이야기도 있지만, 그것은 잘못되었다고 한다. 즉 아리아인들은 들어올 때부터 드라비다족과 융화했고, 그런 이유로 북인도가 아리아화되었다고 한다. 드라비다족이 주인 인도 남부는 북부보다도 학력과 소득 수준이 더 높다. 간디가 아리아인인지 드라비다인인지 알 수 없고 알 필요도 없지만, 키가 작고 몸집이 작으며 얼굴이 검었던 것은 분명하다.

## 추억을 반추하다

기차에서 쫓겨난 이야기는 1893년 5월, 간디가 남아프리카에 도착하고 몇 달 뒤 겨울에 벌어진 것으로, 흔히 간디가 유색인종에 대한 편견에 대항하여 인도 독립운동을 시작하게 된 계기로 회자된다. 영화에서도 그렇다. 나도 인도에서 평범한 어린 시절을 보내다가 출세해보겠다고 대영제국에 유학 가서 영국 신사가 되는 길을 걷던 간디가 인도에 대해 조금씩 알아가면서 이런저런 차별과 모욕을 당한 뒤 드디어 '인도인 간디'로 거듭나게 되는 결정적 계기로 그 사건을 이해한다. 요컨대 철딱서니 없던 식민지 중산층 도련님이 이런저런 수모를 겪은 끝에 제국의 본질을 꿰뚫어 보고 그것에 대항하려고 최초의 기지개를 펴게 만든 사건이라는 것이다.

내가 간디를 좋아하는 이유도 그의 삶에 이런 굴곡이 많기 때문이다. 어려서부터 똑똑하고 민족정신이니 애국심에 불탔다는 식의 위인 전기는 얼마나 건조한 것인가! 나는 그런 전기를 믿지 않는다. 이 사건을 맞은 24세에야 그는 스스로 인도인임을, 유색인임을 '겨우' 자각했다. 그러나 어쩌면 그 전에도 자각할 수 있는 사건은 많지 않았을까? 인도는 그때보다 더 오래전부터 영국의 지배를 받았다. 그가 태어나 자란 구자라트가 인도 서북부 끝자락이었다고 해도 제국을 형성한 영국인의 마수가 전혀 뻗치지 않았을까? 그런데도 24세가 될 때까지 그 마수를 전혀 느끼지 못했다니 간디는 상당히 우둔한 편이 아니었을까? (그 자신도 자주 우둔하다고 했다.)

특히 영국에서 삼 년간 유학하면서 인종차별을 조금도 느끼지 못했을까? 이는 20세기 후반을 산 내 경험으로도 도저히 이해할 수 없는 점이었다. 나는 나이 서른이 넘어 일본과 미국, 유럽에서 공부했는데 단 하루도 인종차별을 느끼지 않은 적이 없었기 때문이다. 물론 간디처럼 차별받는다는 느낌을 전혀 받지 못한 사람들도 많았는데 나는 항상 그들이 이상하다고 생각했다. 우둔해선지, 착해선지. 자신을 서양인이라고 착각하고 살아서인지 모르겠다고 생각했을 정도다.

여하튼 이 사건이 있은 뒤에도 간디는 실수 많고 약점도 많은 인간임을 보여준다. 나이 쉰 살이 넘어 인도의 민족 영웅이 되고 난 뒤에도 스스로 '히말라야 같은 오산'을 했다고 고백할 정도였다. 그러나 그것은 영국이 아니라 인도인에 대해서 한 말이었다. 쉰 살이 넘어서도 그는 영국을 여전히 좋아해서 나를 당혹하게 했다. '대단한 오산'이라는 말은 인도인들이 자신의 비폭력 주장을 듣지 않고 영국인들에게 폭력을 행사할 것을 몰랐다는 반성에서 나온 것이었다. 일제강점기의 독립운동가가 간디『자서전』에서 그 부분을 읽었다면 혀를 차며 분노했을지 모르지만, 나는 그것이 그의 비폭력주의에서 나왔다는 점에서 나름대로 이해하려고 노력했다.

또 간디는 자신이 당한 수모가 "유색인종에 대한 편견이라는 깊은 병의 증상에 불과하다. 어떤 고통을 겪는다고 해도 가능하다면 그 병의 뿌리를 뽑도록 노력해야 한다"고 했지만, 당시 아프리카에서 인도인보다 훨씬 심하게 차별받던 흑인의 해방에 대해서는『자서전』은 물론 평생 어디에서도 언급한 적이 없다. 왜 그랬을까? 이는 역사에 대한 최소한의 상식밖에 갖지 못한 사람이라도『자서전』을 읽으면서 당연히 가질 만한 의문이다. 그러나 간디가 어떻게 전지전능한 존재일 수 있겠는가? 그도 한 사람의 인간에 불과한 것이 아닌가? 이제 갓 24세가 된 간디가, 식민지 인도인인 간디가, 동포를 보살피기는커녕 제 몸 하나 간수하기도 힘겨운 간디가, 무슨 재주로 흑인까지 배려할 수 있었겠는가? 당시의 간디보다 훨씬 더 많은 나이에 외국에 갔어도 내 몸 하나 지탱하기가 너무나 어려웠던 경험이 있는 나로서는 그런 간디가 당연하다고 생각했다. 여하튼 그렇기에 나는 그를 좋아했다.

## 간디의 흑인관 비판

나는 간디의『자서전』을 읽고 번역하면서 그 정도로 이해했지만, 간디 다음으로 내가 좋아하는 인도의 작가 중 한 사람인 아룬다티 로이는 2004년 9월 25일, 독일 주간지《차이트Zeit》와의 인터뷰에서, 당시 간디가 일등표를 산 이유는 상류 계급 출신 부자 인도인이 '검둥이(Kaffir)*'와 함께 값싼 좌석에 앉아 여행해서는 안 된다고 믿었기 때문이라고 주장했다.

과연 그러했을까? 간디의 『자서전』을 보면 그가 남아프리카로 가기 직전에 일등석 배표를 구하지 못하자 변호사가 어떻게 갑판 승객이 될 수 있느냐며 당혹스러워하는 장면이 나온다. 그래서 나는 기차표를 일등석으로 구한 것도 마찬가지로 변호사로서의 체면을 생각한 탓이었으리라 보았고, 흑인과 함께 앉기 싫어서였으리라고는 생각해본 적이 없었다.

그래서 나는 그 주장을 믿을 수 없었지만, 로이가 이어서 간디가 남아프리카에 있었던 22년간 백인 정부와 우호 관계를 맺기 위해 노력했고, 결국 영국인과의 '제국주의적 동포애'를 추구했다고 비판한 점에 대해서는 동의한다. 사실 간디는 보어전쟁 때 영국군 측에 가담해 들것 운반자로 활동했는데 그 이유를 『자서전』에 다음과 같이 썼다.

**내가 영국 국민으로서 권리를 요구한다면 대영제국의 방어에 참여하는 의무도 져야 한다고 생각했기 때문이다. 그때 나는 인도가 대영제국 안에서, 또 대영제국을 통해서만 완전한 해방을 이룰 수 있다고 생각했다. 그래서 최대한 많은 동지를 모았고 어렵게 구급대원으로 받아들여졌다.** (자서전, 243쪽.)

이는 간디가 남아프리카에서만이 아니라, 인도에 돌아와서도 오랫동안 지녔던 생각이었다. 적어도 『자서전』에 따르면 그렇다. 우리는 일제강점기에 일본에 협력하는 것은 민족에 대한 배신이라고 배웠고, 특히 일제 말기의 지식인들이 젊은이들에게 일본군에 지원하도록 독려한 것을 그렇게 생각하지만 간디의 생각은 달랐다. 그러나 이 문제에 대해서는 앞서 자세히 언급했으니,

---

* 남아프리카에서 흑인을 멸시하여 부른 말로서, 간디가 흑인을 항상 그렇게 불렀다는 점도 비판받을 지점이다. 그러나 간디가 살았던 시대에는 누구나 그렇게 불렀다.

여기서는 간디의 흑인관에 대한 최근의 시비만을 소개하도록 한다.

2015년 요하네스버그대학교의 에쉰 데사이(Ashwin Desai) 교수와 쿠아줄루나탈대학교의 굴람 바헤드(Goolam Vashed)는 함께 쓴 『남아프리카의 간디: 제국의 들것 운반자The South African Gandhi: Stretcher-Bearer of Empire』에서 다음 몇 가지 사실을 밝혔다. 마리츠버그 사건이 벌어지고 6개월이 지난 1893년 12월 19일, 간디는 나탈 주에 보낸 공개서한에서 영국인과 인도인은 인도 아리아족이라는 같은 뿌리임에도 불구하고 흑인보다 크게 나을 게 없다는 인식이 퍼져 있다고 하면서, 문명화된 생활 습관을 갖는 인도인을 원주민이나 토착민과 같은 상태로 끌어내릴 것으로 우려했다.

**나는 영국인과 인도인은 모두 인도 아리아라는 같은 인종에서 나왔음을 감히 지적합니다. (…) 이러한 신념은 오해이든 사실이든 간에 두 인종의 마음을 통합하는 활동의 기반이 되는 것입니다. 그것은 법적으로도, 외견상으로도 같은 깃발 아래에서 양자를 결합합니다. (…) 인도인은 아프리카 야만인이나 토인보다 나은 것이 정말 조금밖에 없다는 신념은 식민지에 널리 퍼져 있습니다. 아이들도 그렇게 배우고 있고, 인도인은 때 묻지 않은 검둥이 정도의 위상으로 멸시받고 있습니다. (…) 감히 말하건대 인도인은 산업적으로도 지적으로도 정치적으로도, 어떤 의미에서도 영국인 동포에 못한 점이 없었고, 지금도 못하지 않습니다.** (전집1, 192~193쪽.)

이 글을 보면서 일제강점기에 주장된 일선동조론(日鮮同祖論)을 떠올릴 분이 계실지 모르겠다. 조선과 일본의 조상이 같은 뿌리라는 이 주장은 일본 제국이 조선에서 벌인 식민지 침탈과 동화정책, 황국신민화, 민족말살정책을 정당화하는 이론적 바탕으로 한국인의 민족정신을 근원적으로 말살하려는 이론이었다. 인도 아리아인이라는 것은 일선동조론보다는 더 학문적으로 인정받으며, 영국이 인도를 지배하기 위해 만든 것도 아니지만(영국이 그렇게 주장한 것은 아프리카인과 인도인을 분단하기 위해서였다), 인도 독립을 외친 자들의 입장에서는 역시 반민족적이라 보지 않을 수 없다.

게다가 그 편지에서 간디는 흑인을 카피르라고 하면서 그들에 대한 차별을 노골적으로 드러냈다. 그는 평생 그 말을 사용했고, 일생 동안 흑인 해방에 대해 어떤 공감도 표한 적이 없었다. 1895년의 청원서 등에서도 간디는 인도인의 낮은 위상이 흑인과 마찬가지의 대우를 받는 결과를 초래하는 일을 우려했다. 실제로 더반 우체국의 출입문을 흑백으로 구분하고 인도인에게 흑인용 문을 사용하도록 하자 이를 거부하고 인도인용 문을 새롭게 만들어달라 요구해 관철시키는 등 인도인이 흑인보다 나은 대우를 받도록 노력했다.

간디는 어떤 근거에서 저렇게 말한 것일까? 아프리카인들도 인도인 이상으로 역사와 문화를 가졌고 식민지하에서 독립을 원했으며 독립운동을 했다. 아프리카 어디에나 간디와 같은 지식인과 종교인, 독립운동가가 많았다. 가령 요하네스버그의 간디 집 부근에 살았던 어느 줄루족 목사는 간디와 꼭 같은 시기인 1900년에 간디처럼 민족 단체를 만들고 민족 신문을 발간했다. 그는 인도인들이 아프리카에 와서 아이들의 빵과 어른들의 임금을 빼앗고 민족 유산도 파괴했다고 비난했다. 22년을 아프리카에서 살았던 간디도 그것을 알았을 텐데도 스스로 '진실 추구'니 '진리 탐구'라고 번역되는 부제목을 붙인『자서전』에서는 줄루족을 비롯한 아프리카인들의 참상에 대해, 특히 인도인의 흑인 착취에 대해 한마디 언급도 없었다.

## 아프리카의 간디 비판

이 사실들이 밝혀진 해에 남아프리카 학생들이 데모하며 간디상을 더럽히는 일이 일어났다. 인터넷에서는 간디를 비판하는 해시태그 #Gandhimustfall, #GandhiForComeDown 등을 다는 운동이 벌어졌다. 2016년 12월 가나대학교에서는 인도 정부가 기증한 간디 동상을 이전하는 소동이 벌어졌고, 2018년에는 말라위에서도 같은 논란이 생겼다. 그 전부터 간디의 손자인 라즈모한 간디(Rajmohan Gandhi, 1935~) 등에 의해 흑인에 대한 간디의 편견은 비판되었지만, 간디가 남아프리카에 왔을 당시 24세로 빅토리아시대의 흑인에 대한 일반적인 무지와 편견에 사로잡혀 있었으며, 현재의 기준으로 그를 단죄함은 공정하지 않다고 반론했다. 나도 그 반론에 동의한다.

그러나 남아프리카의 만델라(Nelson Rolihlahla Mandela, 1918~2013), 탄자니아의 니에레레(Julius Kambarage Nyerere, 1922~1999), 가나의 은크루마(Kwame Nkrumah, 1909~1972) 등이 "인도는 우리에게 모한다스를 주었지만, 우리는 인도에게 마하트마를 주었다"고 한 간디가 더 이상 아님을 부정할 수 없다. 특히 만델라는 간디가 아니라 앞서 말한 줄루족 독립운동가를 받들어야 했던 것이 아닌가? 무엇보다도 미국 흑인 인권운동가 마틴 루터 킹이 스승으로 삼은 간디가 아니었다. 그들이 흑인에 대한 간디의 편견을 알았다면 그를 존경했을지도 의문이다.

그런데 문제는 흑인에 대한 편견에 그치지 않았다. 간디의 그런 편견이 인도 국내의 소위 '달리트*'에 대한 편견으로 이어졌다는 비판이 로이에 의해 제기되었다. 1931년 영국 정부는 달리트를 대변하는 암벳카가 의회에서 달리트의 대표를 두자고 요구한 것을 받아들였다. 그러나 간디는 이에 반대하고 단식으로 맞서서 암벳카의 항복을 받아냈는데, 로이는 이를 "인도 역사상 최악의 순간"이라고 보았다. 로이는 간디가 인도 원주민인 아디바시(Adivasi)도 차별했다고 비판했다. 그 인구는 구 퍼센트에 이르므로 달리트와 아디바시를 합치면 인도 인구의 4분의 1을 차지하지만 간디 시대는 물론 지금까지도 철저히 무시당해왔다.

간디에 대한 비판은 그밖에도 무수히 많다. 살아생전에도 그는 광신자, 과격파, 트러블메이커, 위선자라는 비난을 받았다. 교활한 전략가니 기묘한 섹스광이니 하는 소리도 들었다. 나는 그런 소문의 근거와 진위에 대해 이 책에 하나도 빼지 않고 언급하려 했다. 누차 말하지만 간디는 신이 아니라 인간이

---

* 달릿이란 영어 '언터처블(untouchable)'의 번역으로, 현재 인도 인구의 16퍼센트를 차지하는 최하층 계급 불가촉천민을 말한다. 1970년 이후 인도에서는 이들이 스스로를 달리트(Dalit)라고 부르는 운동이 생겨났다. 그래서 이하 달리트라고 표기하도록 한다.

었다. 약점도, 결점도, 문제도 많았다. 어쩌면 우리 같은 보통 인간보다도 더 많았다. 나는 그 모든 것을 은폐하기는커녕 조금도 미화하거나 신비화하지 않고 밝혔다. 잘못은 추궁하고, 그에게 변명거리가 있으면 그 점도 밝혔다.

또한 간디는 많은 사람에 의해 이용당했음도 밝혔다. 우리나라에서 간디와 함께 인도의 국부 정도로 불리는 초대 수상 네루도 예외가 아니었다. 사실 간디는 철저한 비엘리트주의자였으나 네루는 철저히 엘리트주의자인 점에서 상극이었다. 만델라도, 바웬사도, 아웅 산 수지도, 킹도, 오바마도 간디의 권위를 이용했다.

가장 최근의 예는 간디가 남아프리카에서 22년을 지내다가 인도로 돌아온 1915년으로부터 백 년이 지난 2015년 3월 14일, 런던 국회의사당 앞 광장에서 거행된 거대한 간디 동상 제막식이었다. 영국 수상과 인도 재무상, 간디의 손자 등이 참석한 그 자리에서 수상은 간디를 '세계 정치의 정점에 선 인물'이라고 하면서 그가 이제 '영국에 영원한 본거지'를 얻었다고 말했다. 그러나 간디 동상은 영국인이 아니라 인도 측 재벌 등의 기부로 만들어졌다. 또한 2014년 7월 영국의 수상과 재무상이 인도를 방문했을 때 인도 공군이 2억 5천만 파운드로 미사일을 구입한다고 결정된 직후 동상 건립이 발표되었다. 그래서 간디의 다른 손자는 동상 제막식에 참석하기를 거부하면서 그것이 간디의 명성을 악용한 '잘못된 숭배'라고 비판했다. 영국과 인도의 권력이 비폭력과 영국 제품 보이콧을 호소한 간디를 살인 무기 무역을 가리는 장막으로 이용한 것이다. 영국 국회의사당 광장에는 처칠의 동상도 있다. 간디를 불구대천의 원수로 미워했던 처칠이지만, 후손들이 대영제국의 후예답게 미사일을 팔기 위해 원수 중 원수인 간디의 동상을 자기 옆에 세웠다고 하면 조금도 싫어하지 않았을 것이다.

따라서 한국의 정치가나 언론인이 그 동상을 보고 식민지 독립운동가까지 존중하는 영국의 양식을 운운하며 일본 또한 안중근 동상을 일본 국회의 이등박문이나 풍신수길 동상 옆에 세워야 한다고 주장하더라도, 그 말을 존중할 필요는 조금도 없다. 그렇다고 해서 그 간디 동상의 의의를 부정할 필요도 없다. 그곳에 서 있는 동상은 그 두 사람 외에 디스레일리뿐이다. 유대인 출신 영국 수상인 디스레일리, 대영제국의 상징 처칠, 그리고 처칠이 끔찍이도 싫어한 간디를 세계 식민지 독립의 상징으로서 민주주의의 상징인 영국 국회의사당 앞 한자리에 모아둔 것은 나름의 의미가 있다.

## 이 책의 입장

앞에서 소개한 간디의 흑인관 비판에 대해서는, 20세기 초 남아프리카에서 간디에게는 인도인의 처지 개선이 가장 중요했고, 흑인은 그의 눈에 들어오지도 않았다는 점을 다시금 강조하고 싶다. 앞에서 말했듯이 실제로 『자서전』이나 『남아프리카의 사티아그라하』 등에는 흑인에 대한 언급이 거의 없다. 간디는 카스트나 달리트, 무슬림에 대해서도 어디까지나 '독립을 위한 인도 통합'이라는 차원에서 생각했다. 그것들을 분리하는 것은 인도를 분열시키는 짓이며, 식민당국이 바로 그것을 원했다는 점을 강조하고 싶다. 따라서 과거의 암벳카나 지금의 로이 등이 반드시 옳다고 할 수 있는지 의문이다. 그러나 간디에 대한 비판은 얼마든지 제기되어야 한다.

이 책을 쓰는 것은 지금 이 땅, 21세기 한국에 간디 동상을 세우는 짓 같은 것을 하기 위함이 아니다. (최근 한국에서도 영국에서처럼 전신상은 아니지만 반신상이 세워졌고 그 개막식에 한국 대통령 부부와 인도 수상 등이 참석했는데, 뒤에서 밝히듯이 그 인도 수상이라는 자는 간디를 암살한 단체 출신일 뿐 아니라 그 생각이 간디와는 완전히 반대인 사람이다.) 간디 동상은 인도 도처에서 볼 수 있지만 지금 인도가 간디의 길을 따르고 있다고는 도저히 생각할 수 없다. 인도에서 통용되는 모든 지폐에는 간디의 초상이 들어 있지만 그것은 존경의 염 때문이 아니라 그 돈이라는 것을 간디의 권위로 통용하기 위함인지도 모른다. 인도 전국에 간디의 이름이 붙은 길이 있지만 역시 마찬가지로 잘못된 길이라도 간디의 권위를 빌려 바른 길이라고 우기려는 것이 아닐까? 2019년, 마틴 루터 킹의 이름으로 명명된 길이 미국에만 최소 955개 이상이고 전 세계적으로는 천 개가 넘는데 유독 캔자스시티에만 없어서 그해 1월에 흑인들이 많이 사는 동네의 길 이름을 바꾸었다는 소식을 들었다. 그런데 그해 11월에 주민투표에 의해 본래 이름으로 돌려놓았다는 기사가 났다. 적어도 인도에서는 아직 그런 일이 없다.

그러나 인도의 변화도 대단하다. 우리보다 이 년 늦지만 묘하게도 날짜는 같은 1947년 8월 15일 영국에서 독립한 인도는 1989년까지는 제3세계 비동맹권에 앞장섰으나, 그 뒤로는 미국의 동맹자로 변했다. 그래서 비슷한 신세인 한국과도 가까워졌지만 간디와는 더욱더 멀어졌다. 그러니 이미 간디 동상이나 간디 돈, 간디 길은 인도의 그러한 실상을 가리는 장막에 불과했다. 한국의 간디는 더욱더 그러하다. 해방 후는 물론이고 그전부터 철저히 반간디적인 한국에서 간디는 말로서나 그럴듯하게 가장하는 수단으로 숭배될 뿐이다.

숭배가 반드시 나쁜 것은 아니지만, 잘못을 가리기 위한 숭배는 위선일 뿐이다. 반간디가 창궐하는 지금, 간디의 목소리를 본래 그대로 들어야 그의 길을 갈 수 있다. 나는 어떤 의미에서도 간디를 숭배할 생각이 없어서 이 책을 쓴다. 무조건적인 숭배의 대상으로 방치하기보다 그의 삶과 사상을 통해 '오늘 우리가 본받아 따라야 할 점'이 무엇인가를 적확하게 짚어야만 비로소 그의 참뜻이 온전하게 부활할 수 있다고 믿는 까닭이다. 나는 비폭력과 청빈의 표상이라는 점만으로도 간디는 우리에게 중요한 사람이라고 생각한다. 지금 우리는 무한한 폭력과 욕망의 세상에 살고 있기 때문에 더욱 그렇다고 생각한다.


## 맺음말

간디가 비폭력주의를 절대적으로 고수했다고 보는 시각은 사실 인도보다 서양에서 주류를 이룬다. 반면 제국주의의 폭력에 직접 노출되어 있던 인도는 물론 제3세계에서는 비폭력주의를 원칙으로 하되 상황에 따라 포기할 수도 있는 것으로 이해되었다. 이는 간디의 채식주의나 공동체주의, 문명 비판에 대해서도 마찬가지다. 문명이나 기계에 대한 그의 비판도 근본주의적이라기보다는 대단히 유연하다는 것을 주의해야 한다. 특히 공동체주의의 경우 아슈람을 이상적으로 보는 경향이 있지만, 간디는 누구보다도 개인의 가치와 자유를 중시한 개인주의자라는 점을 무시해서는 안 된다. 또한 간디의 사상과 행동은 비폭력주의를 훨씬 벗어난다는 점도 주목해야 한다.

지금 우리 사회에는 간디를 만병통치약처럼 생각하는 사람도 있지만, 나는 결코 간디가 지금 우리의 문제를 모두 해결해줄 수 있는 만능인이라고 생각하지 않는다는 점을 분명히 밝히고 싶다. 도리어 간디를 따라서는 안 되는 것이 너무나 많다고 생각한다. 가령 간디는 병원을 싫어했다. 아내를 비롯하여 많은 사람을 병원에 못 가게 했고 그 때문에 죽음을 면치 못하는 일도 있었다는 말도 들었다. 간디가 그들을 병원에 보냈다면 과연 살았을지는 아무도 모르기 때문에 그 말의 진위를 알 수는 없지만, 분명한 것은 그가 서양의학뿐 아니라 전통 의학도 신뢰하지 않았다는 점이다. 한국에서는 이 점을 오해하여 서양의학을 불신하고 동양의학 내지 한(국)의학을 절대적으로 신뢰하는 사람들이 여전히 많기 때문에 이 점을 강조할 필요가 있다. 이 점은 서양의학만이 아니라 서양 문명 전반에 대해서도 마찬가지라고 할 수 있다. 간디를 반(反) 서양 문명은 물론 반문명의 사상가로 오해하는 사람들도 있기 때문이다.

간디가 반대하는 문명은 현대 서양의 기술 만능, 물질 만능, 화폐 만능 문명이다. 그는 정신문명으로서의 동서양 고대문명을 참된 문명으로 본다. 따라서 그에게 동양 문명과 서양 문명이라는 구분은 없다. 다만 참된 문명의 핵심은 자율이다. 간디 사상의 핵심도 자율이다. 건강도 배움도 정치도 경제도 가능한 한 자율적으로 해야 한다는 것이다. 이는 물론 완벽한 자율을 말하는 것은 아니다. 할 수 있는 한 자율적으로 해야 한다는 것이고, 건강에 대한 과학을 추구하는 의학이나 의술은 그 자율성을 보완하는 것이어야 한다. 그러한 과학적 추구에 있어 간디는 서양 의학이 동양 의학보다 더 철저한 점을 인정하고, 동양 의학이 과학적 탐구 없이 상투적 전통을 답습하는 것을 비판했다. 그런 과학이 아닌 엉터리 만능 치료나 돈벌이에 치중하는 의사라는 직업에 대해서는 단호히 반대했다. 따라서 그가 의사라는 직업이나 의학의 필요성을 부정한 것이 아니었다.

나아가 간디는 인도를 식민지로 지배하는 영국 내지 서양의 문화 자체를 부정하지도 않았다. 사실 그의 사상은 상대적으로 인도 문화보다도 서양 문화의 영향하에 형성되었다고 할 수 있다. 이는 그가 평생 읽은 책들이 대부분 서양의 책이라는 사실로도 확인된다. 가령 위에서 말한 의학의 경우 그는 우리의 『동의보감』 등에 해당하는 인도의 전통 의학서에 의존하지 않았다. 그가 평생 읽은 인도 고전 『바가바드 기타』에 대한 그의 해석은 인도의 전통인 역사적 해석과는 전혀 다른 문학적·비유적 해석이었다. 간디는 그런 해석의 관점을 서양의 신화 해석 방법에서 배웠다.

최대한의 자율을 전제로 하여 그 자율을 보장하는 불가피한 수준의 제도만을 인정하는 것이 옳다고 한다면, 전통적인 계급은 그런 제도라고 할 수 없다. 그런데도 간디가 카스트를 인정한 점에 대해 지금까지도 비판이 이어지고 있다. 간디는 카스트를 고정된 계급으로서 인정한 것이 아니라 본래적인 직업 분화 제도인 바르나(Varna)로 인정하고 그것이 영국의 지배 뒤에 계급화한 점을 비판했다. 특히 달리트에 대한 차별에 반대했지만, 그 정도의 논의도 결국은 현존하는 계급적 카스트를 인정한 것이었기에 당연히 비판할 필요가 있다. 따라서 간디 생존 시의 암벳카는 물론 최근까지도 아룬다티 로이를 비롯한 인도의 많은 지성인이 간디에 대해 비판적인 것은 당연한 일이라고 할 수 있다.

그러나 카스트제도에 대한 견해로 인해 간디를 비판한다고 해서, 그것만으로 간디의 모든 것을 부정할 수는 없다. 간디는 종교인이나 학자가 아니라 정치인이었다. 그의 최대 과제는 인도의 자율성을 회복하는 것이었다. 그것이 인도의 자치, 자유의 확보였다. 이를 위해 그는 인도인이 단결해야 한다고 생각했다. 따라서 카스트를 그 본래의 직업적 분화 제도 정도로 인정하여 파기하지 않기를 바랐다. 흔히 간디의 사상이나 행동은 마키아벨리즘과 반대되는 것으로 여겨져왔지만, 적어도 그의 행동은 정치적이라고 보아야 하는 경우가 많았다. 가령 그의 비폭력주의도 당시 인도에서 벌어진 수많은 폭력 행위에 대해 주장된 것임을 주의할 필요가 있고, 특히 그가 폭력 행위를 묵인한 경우도 있음을 주의해야 한다. 간디는 필요에 따라 말을 바꾸는 것도 두려워하지 않았다.

간디에게도 비판할 점이 많다. 그러나 그럼에도 간디의 자율성 철학이나 비폭력주의에는 배울 점이 많다. 서양 물질문화로부터의 해방을 주장한 점에서도 그렇다. 특히 한국은 서양의 기술 문명에 대한 신앙과 동양의 정신문화에 대한 이분법과 함께 그 각각에 대한 미신에 젖어 있다. 그 단적인 보기가 동도서기론(東道西器論)이다. 이는 한국만이 아니라 동아시아와 식민지를 경험한 나라들을 비롯하여 비서양 전반에서 나타났지만, 그중에서도 한국에서 가장 깊고 지속적으로 나타났다. 그러나 그 '동도'라는 것이 기본적으로 반민주적이고 반과학적인 한 '서기'의 수용에도 문제가 있기 마련이다.

'동도서기'의 예외가 전통 의학인 한의학이지만, 중국이나 인도에서 전통 의학이 서양의학과 융화되는 경향을 보임에 반해 한국에서는 철저히 분리되어 있으며 극도의 마찰을 빚고 있어서 사실은 '동도'와 '서기'가 철저히 대립하고 있음을 알 수 있다.

# 간디 연보

| | |
|---|---|
| 1869년 10월 2일 | 구자라트 포르반다르에서 4남매 중 막내로 출생. |
| 1876년(7세) | 라지코트로 이사 가 초등학교 입학. |
| 1881년(12세) | 중학교 입학. |
| 1882년(13세) | 중학교 2학년 때 카스투르 마칸비와 결혼. |
| 1887년(18세) | 대학 입학 자격 시험 합격. |
| 1888년(19세) | 맏아들 하릴랄 출생. |
| | 9월 4일, 영국 런던 이너 템플에 유학. |
| 1891년(21세) | 6월 11일, 변호사 자격을 얻고 12일 인도로 귀국하기 위해 영국 출발. |
| | 뭄바이와 라지코트에서 변호사 사무실 개업. |
| 1893년(24세) | 압둘라 회사의 초청으로 남아프리카로 감. |
| 1894년(25세) | 톨스토이를 포함한 종교 서적을 공부하고 나탈 인도인 국민회의를 조직. |
| | 나탈과 트란스발 등에서 인도인 인권 박탈 법에 대한 반대 투쟁 전개. |
| 1895년(26세) | 이민 법안에 반대하는 청원서 제출. |
| 1896년(27세) | 남아프리카에 장기 체재할 결심을 하고 인도에 일시 귀국하여 인도에서 남아프리카 인도인을 위해 연설. |
| 1897년(28세) | 가족과 함께 다시 남아프리카로 감. |
| | 나탈의 인도인 인권 투쟁을 승리로 이끔. |
| 1898년(29세) | 차별 법률에 대한 청원서를 제출. |
| 1899년(30세) | 간호 부대를 조직해 보어전쟁 참전. |
| 1901년(32세) | 남아프리카에 다시 돌아오기로 약속하고 인도에 귀국하여 국민 회의에 남아프리카에 대한 결의안을 제출. |
| 1902년(33세) | 12월, 다시 남아프리카로 감. |

| | |
|---|---|
| **1903년(34세)** | 요하네스버그에 법률사무소를 열고 주간지 《인디언 오피니언》을 간행. |
| **1904년(35세)** | 러스킨의 책에 감동해 더반 부근에 자급자족 농원을 건설. |
| **1905년(36세)** | 나탈 인도인에 대한 인두세 징수 법안에 반대. |
| **1906년(37세)** | 간호 부대를 조직해 줄루족 반란에 참전하고 아시아인 법안 수정을 탄원하고자 영국에 다녀옴. |
| | 전 인도 무슬림연맹 결성. |
| **1907년(38세)** | 인도인에게 재등록하지 말 것을 요청하고 총파업하여 진실 관철 투쟁 개시. |
| **1908년(39세)** | 2개월 투옥. |
| | 등록증명서 소각 선동. |
| | 등록증명서 미소지를 이유로 재투옥. |
| **1909년(40세)** | 다시 두 번 투옥. |
| | 영국에 갔다가 돌아오며 『인도의 자치』 집필. |
| **1910년(41세)** | 요하네스버그 부근에 톨스토이 농장 설치. |
| **1913년(44세)** | 진실 관철 투쟁 재개. |
| | 대행진 이후 투옥. |
| **1914년(45세)** | 정부와 협상 타결 후 진실 관철 투쟁 중지. |
| | 7월 14일, 런던을 거쳐 인도에 영구 귀국. |
| **1915년(46세)** | 1월, 22년 만에 귀국해 사바르마티에 아슈람을 개설하고 불가촉천민 가족을 받아들임. |
| **1916년(47세)** | 12월, 국민회의 연차대회에 참석해 과격파와 온건파의 화해를 종용하고 인도 자치를 위한 무슬림연맹과의 공동강령 채택. |
| **1917년(48세)** | 비하르 주 참파란에서 농민 해방 운동. |
| **1918년(49세)** | 아마다바드의 방적노동자 파업 지원. |
| | 케다 소작농민의 진실 관철 투쟁을 지도. |
| **1919년(50세)** | 3월, 롤럿 법안에 반대하여 전국 파업 지도 후 진실 관철 투쟁 중단. |

| | |
|---|---|
| | 4월 6일, 영국 상품 불매 운동을 전국적으로 추진. |
| | 4월 13일, 암리차르 대학살 발생. |
| | 《영 인디아》와 《나반지반》 창간. |
| **1920년(51세)** | 12월, 국민회의 연차대회에서 대영 비협조 결의안 가결. |
| | 전국을 순회하며 진실 관철 투쟁 및 물레 돌리기 운동 지도. |
| **1921년(52세)** | 뭄바이에서 영국산 옷 소각. 비협력운동 추진. |
| **1922년(53세)** | 비하르 주 초우리초우리 폭동으로 인해 비협력운동 중단. |
| | 3월 10일, 투옥되어 육 년 형 선고받고 예라와다 교도소에 수감. |
| **1923년(54세)** | 교도소에서 『남아프리카의 사티아그라하』 집필 |
| **1924년(55세)** | 1월 12일, 맹장 수술 후 2월 5일 병으로 석방. |
| | 9월, 힌두와 이슬람 일치를 위한 21일 단식. |
| **1925년(56세)** | 콜카타 폭동 해결. 11월 말에 『자서전』 집필 시작. |
| **1927년(58세)** | 카디를 위해 전국 일주. |
| **1929년(59세)** | 완전 독립 선언 가결. |
| | 『자서전』 완성. |
| **1930년(61세)** | 3월 22일, 댄디 해안을 향해 소금 행진 시작. |
| | 5월 4일, 구속됨. |
| | 12월, 제1차 원탁회의에 국민회의 참여 거부. |
| **1931년(62세)** | 2월, 석방. |
| | 3월 5일, 어윈 총독과 델리 협정 체결. |
| | 9월 12일~12월 5일, 제2차 원탁회의에 국민회의 단독 대표로 참석. |
| **1932년(63세)** | 1월, 진실 관철 투쟁 재개로 투옥. |
| | 옥중에서 불가촉천민 인권 존중 운동 전개. |
| | 힌두교도와 무슬림에 대해 별도 선거인단 제도를 창설하려는 맥도널드 계획에 반대하며 단식. |
| **1933년(64세)** | 5월 8일, 단식 재개로 석방. |
| | 불가촉천민 제도 해소를 위해 《영 인디아》를 '하리잔'으로 개칭. |

| | |
|---|---|
| **1936년(67세)** | 와르다 부근 세바그램에 아슈람 개설. |
| **1937년(68세)** | 와르다 국민교육 계획 발표. |
| **1939년(70세)** | 제2차 세계대전 발발. |
| | 국민회의 주 내각에서 총사퇴. |
| **1940년(71세)** | 참전 반대. |
| **1941년(72세)** | 개인적으로 진실 관철 투쟁 시작. |
| **1942년(73세)** | 영국 정부에게 인도를 떠나라고 최후통첩. |
| **1943년(74세)** | 전국적 폭력 사태로 인해 삼 주간 단식. |
| **1944년(75세)** | 2월 22일, 아내 사망. |
| | 5월 6일, 간디 석방. |
| **1945년(76세)** | 제2차 세계대전 종결. |
| | 무슬림연맹의 모하메드 알리 진나가 파키스탄 독립 요구. 간디는 통일 인도 주장. |
| **1946년(77세)** | 3월 22일, 인도 독립을 위한 영국 각료 사절단이 인도에 옴. |
| | 5월 16일, 제헌의회 구성을 국민회의 및 무슬림연맹이 거부. |
| | 9월 2일, 임시정부 수립, 네루가 수상에 취임. |
| | 진나의 극한 투쟁 선언으로 힌두교도와 무슬림 사태 악화. |
| | 힌두교도와 무슬림 사이의 종교 분쟁으로 인해 12월부터 4개월간 동벵골과 노아칼리 지역을 방문해 해결. |
| **1947년(77세)** | 6월 15일, 인도 국민회의 전국위원회가 간디의 반대를 무릅쓰고 인도 분단과 파키스탄 독립안을 153 대 29로 가결. |
| | 7월 2일, 힌두교도와 무슬림 사이의 평화를 촉구하는 73시간 단식. |
| **1948년(78세)** | 1월 13일, 힌두교도와 무슬림 사이의 평화를 위한 최후의 단식. |
| | 힌두교·이슬람교·시크교 등의 대표가 평화 협정에 서명하여 단식 중단. |
| | 1월 30일 저녁 5시 10분, 델리 비를라 하우스에서 힌두교도에 의해 암살됨. |